龙泉年鉴

LONGQUAN YEARBOOK

2020

龙泉市地方志研究室　编

方志出版社
Publishing House of Local Records

图书在版编目（CIP）数据

龙泉年鉴. 2020 / 龙泉市地方志研究室编. -- 北京 :
方志出版社，2020.12
ISBN 978-7-5144-4703-3

Ⅰ. ①龙… Ⅱ. ①龙… Ⅲ. ①龙泉—2020—年鉴
Ⅳ. ①Z525.54

中国版本图书馆 CIP 数据核字（2020）第 271701 号

龙泉年鉴（2020）

编　　者： 龙泉市地方志研究室
责任编辑： 刘方圆

出 版 者： 方志出版社
地址　北京市朝阳区潘家园东里 9 号（国家方志馆 4 层）
邮编　100021
网址　http://www.zgfzcb.cn
发　　行： 方志出版社图书经销中心
电话（010）67110500
经　　销： 各地新华书店
印　　刷： 浙江遂昌印业有限责任公司

开　　本： 889 × 1194　　1/16
印　　张： 25.5
字　　数： 571 千字
版　　次： 2020 年 12 月第 1 版　　2020 年 12 月第 1 次印刷
印　　数： 001~800 册

ISBN 978-7-5144-4703-3　　**定价：** 180.00 元

龙泉市地方志编纂委员会

《龙泉年鉴》编辑部

编辑说明

一、《龙泉年鉴》是由中共龙泉市委、龙泉市人民政府主办，龙泉市地方志编纂委员会及其办公室负责编纂的综合性地方年鉴，每年编纂出版一卷，《龙泉年鉴（2020）》卷是第三卷。

二、本卷年鉴以马克思列宁主义、毛泽东思想、邓小平理论、“三个代表”重要思想、科学发展观、习近平新时代中国特色社会主义思想为指导，坚持辨证唯物主义和历史唯物主义的立场、观点和方法，实事求是记述龙泉地情和史实，全面客观真实地反映2019年龙泉市政治、经济、文化、社会发展以及生态建设的基本情况，充分发挥存史资政、为现实社会服务的作用，为广大读者了解和研究龙泉提供信息资料。

三、本卷年鉴记载时期为2019年1月1日至2019年12月31日，凡在文中未特别注明年份的，均为2019年发生。

四、本卷年鉴分类编辑，除特载、专辑、附录外，其他类目均采用条目体。全卷设类目、分目和条目三个层次。本卷年鉴分为39个类目，共设246个分目，收录1067个条目。

五、本卷年鉴文体、称谓、数字、纪年、标点符号等均按国家颁布的有关规定书写。文中计量单位和符号以中华人民共和国法定计量单位为准，考虑到社会使用习惯，年鉴中的“亩”不统一换算为“公顷”。

六、本卷年鉴由龙泉市直单位、乡镇（街道）和驻龙泉企事业单位提供初稿，经龙泉年鉴编辑部编辑，返回原单位复审确认，送出版社核稿、主编审改，报龙泉市人民政府批准后出版。年鉴中图片、数据均由各撰稿单位提供。由于各部门（单位）统计口径、方法不同等原因，致使同一项目数据有不一致现象，书中未全部作统一处理，请读者在使用时参照龙泉市统计部门发布的统计公报和统计年鉴斟酌采用，建议以各级统计部门发布的数据为准。

七、本卷年鉴编撰得到龙泉市委、市政府、市直部门和乡镇（街道）各位领导的大力支持，各单位撰稿人员及时提供稿件和照片资料、准确核对相关数据，为《龙泉年鉴（2020）》顺利编撰出版及时提供丰富翔实的素材，谨此致谢！由于我们人手不足，编撰水平有限，编辑时间仓促，书中难免有疏漏和差错，恳请广大读者批评指正。

2019年7月15日，由故宫博物院、浙江省博物馆、丽水市政府联合主办的“天下龙泉——龙泉青瓷与全球化”特展在故宫斋宫开幕，四任故宫博物院院长为特展剪彩　　（潘世国/供图）

2019年1月11日，故宫博物院龙泉窑研究中心揭牌仪式在龙泉大剧院举行，掀开了龙泉青瓷文化发展的崭新篇章　　（周晓寅 /供图）

2019年11月16日，第二届世界青瓷大会·第十一届龙泉青瓷龙泉宝剑文化旅游节在龙泉举行，浙江省政协副主席张泽熙宣布活动开幕　（袁俊龙/供图）

2019年11月15日，"天下龙泉——龙泉青瓷与全球化"特展在浙江省博物馆开展。故宫博物院院长王旭东、丽水市委书记胡海峰等领导和嘉宾参加开幕式　（季　丹/供图）

2019年7月10日，丽水市委书记胡海峰赴龙泉市，深入一线实地检查防汛工作。图为胡海峰在查田镇检查
（戴昕律/供图）

2019年9月18日，丽水市领导赴龙泉市住龙镇开展“不忘初心、牢记使命”主题教育的第一次集体活动
（戴昕律/供图）

2019年2月18日，全市干部大会在龙泉大剧院召开　　（周晓寅/供图）

2019年8月22日，龙泉市委十四届七次全体（扩大）会议暨十六届政府第三次全体（扩大）会议举行。龙泉市委书记王顺发代表龙泉市委常委会作工作报告　　（季　丹/供图）

2019年9月19日，龙泉市举行“平安护航70周年大庆”誓师大会　　（杨震山/供图）

2019年10月22日，龙泉市全体副处以上领导开展“使命之行”，重走习近平总书记在浙江工作期间来龙泉的调研之路，重温习近平总书记对龙泉的殷切嘱托，对照初心、担当前行，引领推动“不忘初心、牢记使命”主题教育不断走深走实。图为在国镜药业　　（杨震山/供图）

2019年3月29日，“海丝之路·南海I号龙泉青瓷归源展”开幕仪式在龙泉青瓷博物馆举行
（张有钢/供图）

2019年11月16日上午，国际陶瓷邀请展、首届中国龙泉·青瓷双年展、国际（龙泉）冷兵器文化艺术展暨第九届名刀秀、全国刀剑手工技艺大赛作品展等四大展会同时在龙泉市青瓷展览展示中心拉开帷幕。图为陶瓷展区现场
（张有钢/供图）

2019年11月17日上午，第二届世界青瓷大会·第十一届龙泉青瓷龙泉宝剑文化旅游节之“追寻初心之源”——己亥年剑祖欧冶子祭祀大典在欧冶子公园举行 （张有钢/供图）

2019年11月15日—17日晚，“天下龙泉”大型实景演出在龙泉青瓷博物馆广场上演。演出首次采用现代高科技、声、光、电等技术，将实景剧、音乐剧、光影剧合而为一，充分展示了“天下龙泉”的文化魅力 （张有钢/供图）

2019年2月1日，龙泉市住龙镇跻身第七批中国历史文化名镇名村名录　　（住龙镇/供图）

2019年7月28日，龙泉市宝溪乡入选第一批全国乡村旅游重点村　　（张有钢/供图）

目　录

特　载

专　辑

大　事　记

市情概览

中国共产党龙泉市委员会

龙泉市人民代表大会

龙泉市人民政府

政协龙泉市委员会

纪检监察、巡察

民主党派　工商联

工会　共青团　妇联

人力资源和社会保障

法　治

公安工作

军　事

农村建设

水利水电　气象

林　　业

工业　开发区

交　　通

网络　信息　传媒

城市建设与管理

环境保护

自然资源

财政　税务

金　　融

经济　商贸

综合管理

市场管理与监督

教　育

科学技术

旅　　游

文　　化

体　　育

卫生健康

社会生活

乡镇　街道

人物　名录

附 录

特　　载

创新实践“两山”理念　坚定厉行“丽水之干”以县域治理现代化更高质量推进新时代美丽幸福好龙泉建设

——在龙泉市委十四届八次全体(扩大)会议上的报告(摘要)

(2020 年 1 月 10 日)

中共龙泉市委书记　王顺发

这次全会的主要任务是:以习近平新时代中国特色社会主义思想为指导,深入贯彻党的十九届四中全会、中央经济工作会议精神,全面落实省委十四届六次全会、省委经济工作会议和丽水市委四届七次全会决策部署,审议通过《中共龙泉市委关于认真学习贯彻党的十九届四中全会精神高水平推进县域治理现代化的决定》,回顾总结去年工作,研究部署今年任务,动员全市上下创新实践“两山”理念,坚定厉行“丽水之干”,以县域治理现代化更高质量推进新时代美丽幸福好龙泉建设,确保高水平全面建成小康社会和“十三五”规划圆满收官。

下面,我代表市委常委会向全会报告工作。

一、认真学习贯彻党的十九届四中全会精神,高水平推进县域治理现代化

党的十九届四中全会深入研究了坚持和完善中国特色社会主义制度、推进国家治理体系和治理能力现代化的重大问题。全会作出的《决定》系统总结了中国特色社会主义制度十三个方面显著优势,深刻回答了中国特色社会主义制度和国家治理体系需要“坚持和巩固什么、完善和发展什么”这个重大问题,对推进国家治理体系和治理能力现代化作出了完备的顶层新设计。省委十四届六次全会就认真学习贯彻党的十九届四中全会精神、高水平推进省域治理现代化作出了全面部署,提出要争当省域治理现代化排头兵,成为展现中国特色社会主义制度优越性的重要窗口。丽水市委四届七次全会立足市域治理规律特点和发展态势,提出要以制度建设现代化推进市域治理现代化。这些为我们高水平推进县域治理现代化指明方向。

县域治理是国家治理体系和治理能力在县域层面的落实和体现,是立足县域贯彻中国特色社会主义制度和国家治理体系、推进现代化建设的具体治理实践。这次全会将审议通过《中共龙泉市委关于认真学习贯彻党的十九届四中全会精神高水平推进县域治理现代化的决定》,对推进县域治理现代化的总体要求、基本原则、重大举措等作出全面部署。这里,

我作三方面说明：

(一)围绕一个目标。就是要固根基、扬优势、补短板、强弱项，牢牢把握制度建设这个根本，以制度建设现代化推动实现县域治理现代化。到我们党成立一百年时，在县域治理上积累形成一整套更加完善的制度体系，为与全省同步高水平全面建成小康社会提供更有效能的坚实保障。到2035年，基本实现县域治理现代化，治理效能得到全面提升。到中华人民共和国成立一百年时，高水平全面实现县域治理现代化，形成与全省同步高水平全面建设社会主义现代化的强有力制度保障。

(二)聚焦两个关键。就是要聚焦“制度设计”和“制度运行”两个关键，把制度建设成果全面转化为县域治理效果，实现立治有体、施治有序。一方面，要使制度设计更趋完备。以服务有效制度运行为目标和方向，完善党的领导制度体系、现代化法治体系、高质量绿色发展制度体系、生态文明制度体系、民生保障制度体系、基层社会治理制度体系，打造多元立体、集成关联、动静有序的系统性治理规则体系。另一方面，要使制度运行更加有效。加强县域治理现代化的组织领导，提高领导干部制度执行力和治理能力，发扬新时代新担当新作为的精神和作风，推动全社会自觉遵守维护制度，彰显完备制度设计的有效治理力，以制度建设现代化推动实现县域治理现代化。

(三)强化三种理念。就是要强化胡海峰书记在丽水市委四届七次全会上提出的“全领域、共同体、高效能”理念，努力走出一条具有时代特征、龙泉特色的县域治理现代化路子。全领域即推进经济、政治、文化、社会、生态跨领域治理合作，强化多领域协同配合，构建形成全领域覆盖、全方位协同、全要素联动的县域治理制度体系。共同体即坚持人人有责、人人负责、人人尽责，推动政府、社会、群众同心同行，实现县域治理资源整合、力量融合、功能聚合、手段综合。高效能即系统性推进治理制度创新和体制机制改革，统筹运用系统治理、依法治理、综合治理、源头治理的思路和方法，以科技助推治理模式创新，以数据提高治理系统动能，切实提升县域治理科学化、精细化、智能化水平。

二、坚持稳中求进工作总基调，新时代美丽幸福好龙泉建设展现新局面

2019年，市委常委会高举习近平新时代中国特色社会主义思想伟大旗帜，认真落实中央、省委、丽水市委各项决策部署，牢牢把握稳中求进工作总基调，高举发展的行动旗帜，坚定高质量绿色发展方向，用汗水浇灌收获，以实干笃定前行，经济社会发展呈现稳中有进、进中出新的良好态势。预计全年GDP增长8%以上，固定资产投资增长13%以上，社会消费品零售总额增长10%以上，城乡居民人均可支配收入分别增长9%和10%左右。一年来，我们主要抓了六方面工作：

第一，我们坚持创新引领，高质量绿色发展开创新局面。高质量发展体系指标综合得分位列丽水第3，科技进步统计监测综合评价排名丽水第1，汽车空调产业创新服务综合体“公共平台提升式”建设模式成为全省七大典型之一，产业创新服务中心被评为全国中小企业公共服务示范平台。年初以来，我们以开展“产业培育大比拼、项目建设大比武”活动为抓手，聚力推动生态工业扩量提质、生态农业提档升级、项目建设提速提效。其中，龙泉汽车空调产业集群融合试点入选省首批现代服务业与先进制造业深度融合试点名单，龙泉经济开发区入选省数字化试点园区、省美丽园区示范名单，预计全年规上工业增加值增长12%以上；我市获评中国茶业百强县，入选省乡村振兴产业发展示范建设县、省农业绿色发展先行县，预计全年农林牧渔业增加值增长2.5%左右；1—11月，固定资产投资增长13.8%、增幅位居丽水首位，成功引进中国龙泉鞋城•鞋产业链回归工程等大项目12个，完成土地征收1500余亩。我们扎实开展“稳企业、增动能、强信心”精准服务企业专项行动，累计为企业减负5.6亿元，清理拖欠账款5000余万元，应急转贷16.5亿元，制造业贷款增长11.2%，企业难题办结率达91%。我们以小微企业园建设推动集聚发展，新开工建设小微园9个，建成标准厂房15.4万平方米，完成工业供地近400亩。

第二，我们坚持文化铸魂，剑瓷文化“三化”开创新局面。剑瓷文化更具世界影响力。先后在北京故宫、省博物馆举办“天下龙泉•龙泉青瓷与全球化”特展，成功举办“一带一路”沿线国家重要城市巡展、世界青瓷大会、故宫龙泉青瓷回家展、南海Ⅰ号和四川遂宁龙泉青瓷归源展、“龙泉论剑”传统武术大赛、“相约龙泉山、奔向最高峰”名家采风创作成果展等系列活动，龙泉青瓷第六次入选世界互联网大会礼品，龙泉东土入选2022年杭州亚运会首批特许生产企业。剑瓷产业发展势头更强劲。青瓷小镇、宝剑小镇分获全省特色小镇考核优秀、良好等次，龙泉青瓷、龙泉宝剑双双入选全省首批优秀非遗旅游商品，预计全年剑瓷产业规上产值、税收均增长20%左右，刀剑出口额逆势实现

翻番以上。文旅融合更富新活力。龙泉青瓷文化省级旅游度假区挂牌成立,"天下龙泉""不灭窑火"等特色文旅品牌进一步打响,"山水茶瓷"休闲养生度假线路成为中国美丽乡村休闲旅游行精品线,预计全年旅游总收入增长25%以上。

第三,我们坚持改革开放,借势借力发展开创新局面。"最多跑一次"改革群众满意率和改革事项"最多跑一次"实现率位居丽水前3。财政资金绩效管理获国务院督查激励通报、系丽水唯一。获评全国林业信息化建设十佳县。"国镜药业"模式入选全国生态产品价值转化典型案例。党政机构改革高质量完成,事业单位改革同步推进。我们主动融入长三角一体化发展,与上海奉贤区、宝山区对接建立战略合作关系,秀洲"飞地"产业园主体工程完工,萧龙科创园开工建设。坚决扛起东西部扶贫协作的政治责任,龙泉•昭化电商精准扶贫模式入选全国典型案例50佳。我们深入推进市校合作,成功举办浙江大学龙泉办学80周年纪念大会,与浙江大学共建浙大龙泉创新中心,建立中国计量大学龙泉科创中心、浙江农林大学龙泉科技特派员工作站,柔性引进专家教授30人,获省2018年度市县党政领导人才工作目标责任制考核优秀、系丽水唯一。

第四,我们坚持生态优先,美丽龙泉建设开创新局面。农村人居环境整治工作获国务院督查激励通报、系全省唯一,分类治理农村污水做法成为全国典型,创成省新时代美丽乡村示范县,PM2.5及空气质量指数均处于全省最好水平。国家公园创建试点取得实质性进展,凤阳山—百山祖区块成为我省"一园两区"国家公园创建体制重要组成部分,有望首批创成国家公园。全省首批大花园典型示范县建设初显成效,城区两岸江滨绿道、宏山兰巨休闲绿道入选第一届"丽水最美绿道"。创成省"基本无违建县"。小城镇环境综合整治圆满收官,累计创成省级样板8个,宝溪溪头村被列入全国首批乡村旅游重点村。

第五,我们坚持植根人民,富民惠民安民开创新局面。全省26县发展实绩考核连续四年列入第一档次、系丽水唯一实现"四连优"的县(市),低收入农户增收工作获省政府办公厅督查激励通报,集体经济薄弱村消除任务圆满完成,农民收入继续保持较快增长势头。少数民族乡村加快发展,竹垟畲族乡获评全国民族进步模范集体、系全省唯一。我们高规格召开全市教育提质行动动员大会,市四套班子连续三年走进课堂听课,连续两年开展十大模范教师评选表彰,成功引进希溪谷蒙台梭利实验班,高考总上线人数比去年增加361人、实现"九连升",中职校获评全国教育系统先进集体,龙泉青瓷宝剑技师学院顺利摘筹。我们深入实施健康龙泉2030行动,省市县乡四级医疗融合体、县域医共体更加便民惠民,中医院迁建工程开工建设,基本养老保险、医疗保险参保率分别达95.4%和99.3%。我们坚决打好防范化解重大风险攻坚战,深入开展扫黑除恶专项斗争,连续14年获"平安县(市)"称号,成为全省法治工作示范县(市),创成省食品安全市。

第六,我们坚持政治统领,全面从严治党开创新局面。认真开展"不忘初心、牢记使命"主题教育,精心谋划"三学三思、三照三改"总载体。全体副处以上领导干部赴住龙革命老区开展初心之行,重温入党誓词,接受思想洗礼;重走习总书记在浙江工作期间来龙泉的调研之路开展使命之行,重温习总书记寄予龙泉的殷切嘱托,实地调研高质量绿色发展,砥砺使命担当。各级党组织和广大党员干部聚焦"守初心、担使命、找差距、抓落实"总要求,一体推进四项重点措施,努力实现五方面目标。各级领导干部累计完成各类调研课题663个,转化调研成果500余个,帮助基层解决问题7948个,实现了主题教育高质量、有特色、见成效。我市主题教育得到中央第二巡回督导组陈际瓦组长、省委第十一巡回指导组章文彪组长等上级领导肯定。牢牢把握意识形态工作领导权,深入弘扬社会主义核心价值观,精心策划开展"庆祝中华人民共和国成立70周年""学习贯彻党的十九届四中全会精神"等重大主题宣传报道,扎实开展弘扬践行浙西南革命精神活动,举办"最美龙泉人"暨第六届道德模范颁奖典礼,启动创建省示范文明城市,住龙镇入选省级爱国主义教育基地,市融媒体中心挂牌成立,"天下龙泉"APP上线运行。持续深化"文化统战"工作,画好最大同心圆,全面汇聚以"丽水之干"担纲"丽水之赞"、共推高质量绿色发展的磅礴伟力。深入实施组织力提升工程,"两新"组织党建工作切实加强,村党支部书记、村委会主任"一肩挑"稳步推进,行政村规模调整高标准完成。激励干部新时代新担当新作为,选派43名优秀年轻干部到重点工作一线和吃劲岗位实战摔打、提升能力,提拔11名在全市中心工作中实绩突出的干部,5名干部入选"丽水之干"担当作为好干部,为27名干部澄清正名。深入推进清廉龙泉建设,深化市纪委监委派驻机构改革,开展各类正风肃纪明察暗访152次,查处违反中央八项规定精神问题10起,党纪政务处分123人,完成19个单位和撤并后111个村(居)党组织政治巡察。以高度的政治自觉配合省委巡视组对龙泉市委开展为期两个月的巡视，同时坚持“当下改”与“长久立”结合，坚决抓好省委巡视反馈问题整改，将省委巡视反馈的10个方面29项45个问题细化为165项具体措施,目前已落实到位的136项、基本落实到位的7项、持续推进的22项，特别是将历时近10年之久的5个山庄违建别墅问题按要求基本整改到位。

市委常委会高度重视加强自身建设，带头增强“四个意识”、坚定“四个自信”、做到“两个维护”；带头落实加强和维护党中央集中统一领导若干规定，贯彻民主集中制；带头参加主题教育和“三服务”活动；带头弘扬斗争精神，妥善应对各种风险挑战；带头执行中央八项规定精神和廉洁自律准则，努力为全市党员干部作表率。

同志们，这些成绩的取得，是以习近平同志为核心的党中央和省委、丽水市委坚强领导的结果，是全市各级党组织、广大党员和干部群众奋力拼搏的结果，也是各民主党派、工商联、人民团体、各界人士、驻龙部队以及各级驻龙单位共同努力的结果。在此，我代表市委常委会向大家表示衷心的感谢和崇高的敬意！

在总结成绩的同时，市委常委会分析了面临的挑战和存在的短板。比如，经济下行压力和一些领域潜在风险还在加大，经济发展中的困难和挑战仍在增多；转型升级仍待深化，制造业竞争力、数字化程度仍有待进一步提高；科技创新投入仍然偏少，高端人才引进、科技成果转化等效果仍然不够明显；文化资源开发还不充分，文化产业离“火”起来仍有较大差距；对照高水平全面建成小康社会目标，群众持续加快增收任务仍然较重，民生服务水平、基层治理能力仍有待提升；少数党员干部宗旨意识不强、作风不严不实问题仍有存在，等等。对这些问题，我们一定要高度重视，并切实加以解决，也希望同志们对市委常委会工作提出宝贵意见和建议，帮助我们把今后的工作做得更好。

三、坚定不移贯彻新发展理念，高质量提升新时代美丽幸福好龙泉建设水平

2020年是高水平全面建成小康社会和“十三五”规划的收官之年，既是决胜年，又是攻坚年，也是为现代化长远打基础的关键一年，做好今年工作意义重大、影响深远。当前，国际国内形势复杂严峻，大变局中困难与机遇同在，挑战与希望并存。我们要客观全面辩证积极看待形势，既不杞人忧天，又不盲目乐观，趋利避害、化危为机，坚定信心、主动作为，确保与全省同步高水平全面建成小康社会，实现“十三五”圆满收官。

做好今年各项工作，总的原则是——

一要坚持以新发展理念推动高质量绿色发展。新发展理念五个方面是一个整体，不能只顾一点不及其余。我们必须以整体观、系统论的思维来落实新发展理念，坚定不移推进改革开放，坚定不移践行“两山”理念，下好创新“先手棋”，打开转型“大通道”，加快推动质量变革、效率变革、动力变革，奋力开启龙泉高质量绿色发展新征程。

二要坚持以集中精力办好自己的事赢得主动。先忧事者后乐，先傲事者后忧。在中美战略博弈呈现长期性、复杂性、艰巨性的态势下，必须始终做到未雨绸缪，见微知著，牢牢把握稳中求进工作总基调，找准龙泉产业发展的薄弱环节，坚定不移加大科技创新力度，积极主动开拓多元市场，把能抓在手上的事做好，用大概率思维应对小概率事件，用工作的确定性应对形势的不确定性，努力争取最好结果。

三要坚持以锚定目标补短板提高全面小康成色。补短板的成效，直接关系到全面建成小康社会的成色。我们必须对标对表高水平全面建成小康社会目标，围绕影响工作落实的关键性问题、关乎百姓幸福的普遍性问题、制约龙泉高质量绿色发展的长远性问题，持续深化“三服务”，打赢三大攻坚战，抓重点、补短板、强弱项，决战决胜高水平全面建成小康社会。

做好今年工作的总体要求是——

以习近平新时代中国特色社会主义思想为指导，全面贯彻党的十九大、十九届四中全会和中央经济工作会议精神，认真落实省委、丽水市委决策部署，牢牢把握稳中求进工作总基调，坚持新发展理念，坚定高质量绿色发展方向，铸就龙泉“精神之剑”，坚定厉行“丽水之干”，高水平推进县域治理现代化，高质量提升新时代美丽幸福好龙泉建设水平，确保圆满完成“十三五”规划目标任务，与全省同步高水平全面建成小康社会。

今年的主要预期目标是：全市生产总值增长7.5%左右，在高质量基础上能快则快；城乡居民收入和财政收入增长与经济增长基本同步，城乡居民收入比持续缩小；城镇登记失业率控制在4%左右；供给侧结构性改革取得新进展，金融风险有效防控，能源和环境指标完成上级下达的计划目标。新的一年，我们要着力抓好五方面工作：

（一）紧扣稳中提质，推动转型升级再加速。把稳增长作为经济工作的重中之重，集中精力谋发展，全神贯注抓经济，以稳求进、以进固稳，推动经济发展行稳致远。

一要坚持以管用实招稳企业。把

"六稳"落脚点建立在稳企业上，持续深化"五个一百"精准服务企业活动，真心实意帮扶企业，确保企业问题解决率达90%以上、满意率达95%以上。深入实施融资畅通工程，建立企业需求表、创新产品表和金融政策表，继续发挥应急转贷中心等作用，组建混合所有制政策性担保公司，引导金融机构加大对制造业、小微企业的支持力度，确保商业银行制造业中长期贷款和小微企业贷款增速不低于各项贷款平均增速。建立完善金融风险防控长效机制，加大化旧控新、化圈解链力度，确保不良贷款率稳控在较低水平。统筹实施"凤凰行动""雏鹰行动"和小微企业成长行动，在持续壮大龙头骨干企业的同时，推动小微企业健康成长。坚决落实各级稳外贸政策举措，做深做实"订单+清单"监测预警系统，支持企业坚守美国、欧盟等重要市场的同时，大力开拓"一带一路"、东盟、非洲等新兴重点市场，确保出口增速稳固回升、市场份额不降。

二要坚持以有效投资增后劲。深入实施"投资新政"，确保交通投资、民间投资、高新技术产业投资以及生态环保、城市更新、水利基础设施投资均增长15%以上，全面完成省市县长工程任务。实施重点基础设施补短板行动，扎实做好温武吉铁路、528国道住龙至小梅段改建等项目前期，开工建设500千伏丽西输变电工程、双枪生态产业园等项目，加快推进中国龙泉鞋城•鞋产业链回归、"四好农村路"改造提升等项目建设，云和至龙泉天然气管道建成通气，衢宁铁路建成通车，322国道安仁至西街段和八都至上垟段公路完成改建。持续深化选商引资比拼活动，聚焦"建链、补链、延链、强链"，大力开展平台招商、专业招商、三次产业联动招商，积极探索总部招商、基金招商、中介招商，力争引进大项目15个，实际利用市外内资28亿元以上。

三要坚持以创新驱动促转型。围绕推动生态工业高质量发展，全面实施科技新政、人才新政。深入实施数字经济"一号工程"，推动数字技术和实体经济深度融合，加快发展高端装备、新能源汽车、健康医药等先进制造业，努力打造一批引领未来的产业集群。联合上海艾歌展览公司精心办好浙江•龙泉国际车用空调展览会，进一步打响中国汽车空调零部件制造基地品牌，向打造世界汽车空调集散地目标奋进。以完善公共科创平台提升科技服务能力，全面建成汽车空调产业创新服务综合体，建设青瓷刀剑、竹木制品等产业创新服务平台，推进先进制造业与现代服务业深度融合。以全省实施四个科技攻关计划为契机，依托浙江大学龙泉创新中心、中国计量大学龙泉科创中心，全力攻克五金汽配、剑瓷等产业关键共性技术难关。强化企业创新主体地位，支持制造业企业数字化智能化改造，鼓励企业主动上云、深度用云，新培育高新技术企业6家、科技型中小企业20家以上。完善科技人才、创新型人才、高技能人才培养激励和服务机制，加大高层次人才和创业团队引进力度，健全人才政策体系，努力打造人才生态最优县(市)。

(二)紧扣战略深化，推动改革开放再出发。围绕"'八八战略'再深化、改革开放再出发"这一主题主线，强化问海借力，突出改革赋能，不断增强绿色发展新动能。

一要全方位融入长三角一体化。按照丽水市委胡海峰书记提出"争当长三角一体化发展的'快马'"的定位要求，主动接轨大上海，加快融入长三角，借力发展好龙泉。围绕"一带一路"、中国制造2025、长三角一体化、乡村振兴、军民融合等国家战略，全省大花园等"四大"建设，以及丽水"一带三区"发展格局，精准对接各级规划，加强对重大问题、重大政策、重大改革、重大项目的研究，高水平编制我市"十四五"规划。充分利用长三角一体化战略机遇和"山海协作"制度优势，深化与上海奉贤区、宝山区等战略合作，全面建成秀洲"飞地"产业园，开工建设平湖"飞地"产业园，加快建设萧龙科创园。

二要全面深化重点领域和关键环节改革。持续深化"最多跑一次"改革，扎实推进个人和企业"一件事"提升、扩面和标准化，积极推动"最多跑一次"改革向机关内部、公共服务、司法服务、中介服务等各领域拓展，加快实现跑一次是底线、跑多次是例外、一次不用跑是常态。把"最多跑一次"改革所蕴含的理念、方法、作风运用到其他各领域改革。全面推进生态产品价值实现机制改革试点，不断拓展生态产品价值高效实现路径。积极推进要素市场化改革，深化"亩均论英雄"改革。推进环评审批改革，完善企业治污正向激励机制。深化国资国企改革，推进金融、财税管理制度改革。着力抓好产权保护制度、投融资体制创新、教育医疗等群众和企业最关心的改革。一体推进农村产权制度改革、"三位一体"农合联改革和农村金融改革，纵深推进全国集体林业综合改革试验区建设，不断激发农村发展活力。

三要全力打造营商环境最优县市。实施优化营商环境"10+N"行动，打造市场化、法治化、便利化的营商环境，把构建亲清政商关系落到实处。全面对接"浙里办"功能，更新完善"浙政钉"和咨询投诉举报平台，健全线上线下融合的政务服务体系。深化机关效能建设，强化部门协调配合，深入推进简政放权、放管结合、优化服务，加快全面实现企业全生命周期“一件事”全流程“最多跑一次”。深化商事登记制度改革，推进“证照分离”全覆盖，实现企业开办全流程“一日办结”和部门设置涉企事项“零许可”。深化投资审批制度改革，完善“标准地+承诺制”，迭代升级在线审批监管平台，加快实现一般企业投资项目全过程审批“最多80天”。深化公共资源交易服务和监管机制改革，健全中介市场规范管理机制，降低企业制度性交易成本。扎实推进信用龙泉建设，健全守信联合激励和失信联合惩戒机制，不断优化金融生态环境。

（三）紧扣特色竞争，推动文旅发展再融合。深入实施文旅兴市发展战略，深度挖掘以剑瓷文化为核心的龙泉文化，促进文旅深度融合发展，打造文创经典聚落区块，不断提升特色竞争力。

一要坚持不懈做响文旅品牌。坚持“请进来”“走出去”相结合，继续办好世界青瓷大会，组织企业参加深圳文博会、长三角文博会等各类展会，持续深化与中外文化交流中心、故宫博物院、世界互联网大会等战略合作，继续推动剑瓷走进“一带一路”沿线国家城市，走进全球孔子学院、国家博物馆、国际游轮等，不断提升剑瓷文化世界影响力。综合运用新媒体、大数据和创意策划等方式，通过旅游促销、电商促销、展会促销，进一步擦亮“天下龙泉”“不灭窑火”“非遗探秘”“江南之巅天空越野”等特色文旅品牌。

二要坚持不懈做大文旅产业。大力发展根植于龙泉本地优势的剑瓷文化游、山水生态游、农旅融合游、健康养生游、红色文化游、畲乡风情游等全域生态文化旅游业，依托大窑龙泉窑国家考古遗址公园、龙泉青瓷文化省级旅游度假区、青瓷小镇等文旅平台，全力打造瓯江山水诗路黄金旅游带，确保旅游总收入增长25%。以我市入选省文化产业重点县（市）、青瓷宝剑列入首批国家传统工艺振兴目录为契机，精准对接省万亿文化产业发展规划，深入实施剑瓷产业倍增三年行动计划，培育壮大剑瓷历史经典产业，确保文化产业增加值占GDP的比重达到8%，力争9%。

三要坚持不懈做强文旅经济。深入挖掘龙泉文化潜在价值，提升打造瓯江山水诗之路、瓯江文化产业带。鼓励创意创新创造，开拍龙泉宝剑题材影视剧，推动剑瓷文化与影视动漫等融合创新。把剑瓷文化与历史名人文化、水文化、茶文化、篆刻文化等融为一体，结合茶道、香道、花道、剑道，开发一批以龙泉非遗传承、工艺美术品为特色的文化项目，推出“禅茶瓷”“侠剑酒”等文旅组合产品，切实提高文旅融合度、经济支撑度。

（四）紧扣美丽创建，推动城乡品质再提档。深入创建省大花园典型示范县，联动创建“国家公园+美丽城市+美丽城镇+美丽乡村”，全域打造一座山水与文化和谐相融的风雅之城。

一要致力城镇特色塑造。用文化的力量引领城市建设，突出鲜明性、独特性、统一性，把剑瓷元素融入城市空间营造，呵护城市绿心，扮靓瓯江两岸，打造瓯江绿道线、城市外环线、城市旅游精品线，优化城东新城、城南火车站场、宝剑小镇、西街历史文化街区、凤起路、七星井等区块城市组团功能，将散落的文化遗迹、旅游景点串珠成链，使剑瓷文化与自然生态相得益彰。以全省实施“百镇美丽、千镇样板”工程为契机，突出规划引领、分类推进、注重内涵、全面融合，启动创建省级样板乡镇4个。

二要致力乡村蝶变振兴。深入实施乡村振兴五年行动计划，更高质量做好新时代“三农”工作。大力发展现代生态精品农业，做强做优“竹茶菌蔬”主导产业，做精做特中蜂、水果、中药材等特色产业，加快推进“600”绿色有机农林产品基地建设，高质量建设农业绿色发展先行县（市），全力打造长三角最天然、最安全、最健康的生态精品农产品供应地。全面实施“大搬快聚富民安居”工程，培育壮大乡村旅游、农家乐（民宿）、农村电商等富民产业，让百姓住得更安全、过得更富裕、生活更幸福。巩固深化省级美丽乡村示范县创建成果，全面实施新时代美丽乡村建设行动，打造“十村示范、百村整治”升级版。匠心培育农村优秀传统文化，传承“剑瓷文化”“耕读文化”“慈孝文化”“长寿文化”等本土特色文化，让乡村留住记忆、留住文化、留住乡愁。完善共建共治共享的乡村治理制度，致力打造乡村治理现代化龙泉样本。全面实施“两进两回”行动，切实增强美丽乡村吸引力、发展活力和整体竞争力。继续做好东西部扶贫协作，实施低收入农户全面小康计划，坚决打赢低收入百姓增收攻坚战，确保高水平全面小康路上一个不少、一户不落。

三要致力生态环境提标。落实主体功能区和环保“三线一单”生态空间管制制度，加强“三江源头”地区生态保护，更高标准建设国家重点生态功能区，筑牢“美丽浙江”生态屏障。全力推进省级生态文明建设示范县（市）创建，积极谋划创建“两山”实践创新基地、清新空气示范区。深入开展“污水零直排区”“美丽河湖”创建，统筹推进治水治土治气治废，扎实开展垃圾、污水、厕所“三大革命”，确保生态环境质量继续保持全省领先。全力打好污染防治攻坚战，坚决抓好上级环保督察问题整改，深入开展环境监管执法专项行动，坚决守牢生态环境底线。多措并举，综合施策，有效治理公共场所噪音扰民问题。

（五）紧扣百姓期待，推动民生福祉再增进。坚持以人民为中心的发展思想，积极回应百姓对美好生活的新期待，努力使群众的获得感、幸福感、安全感更加充实、更有保障、更可持续。

一要持续办好民生实事。用心用力推进普惠性、基础性、兜底性民生建设。继续以人代会票决产生年度民生实事项目。促进高质量就业，重点解决好高校毕业生、农民工、退役军人、城镇就业困难人员等人群就业问题，加强职业教育和技能培训，落实援企稳岗政策，全面实现“无欠薪”。稳步推进社保提质扩面，深化社会保障卡全域应用，确保全市基本养老保险参保率达95%以上。完善社会救助、社会福利、社会慈善制度，大力发展残疾人事业和红十字事业，切实保障弱势群体和困难群众生产生活。办好垃圾分类、老旧小区微改造、幼儿园提升、婴幼儿照护等便民利民的“关键小事”。

二要大力发展社会事业。以创建省级示范文明城市为契机，持续推进新时代文明实践中心、农村文化礼堂建设，管好用好青瓷博物馆、图书馆、体育馆等公共设施并推进数字化建设，持续打造“百姓大舞台”“小城艺术周”等百姓艺术“嘉年华”和公共文化服务区域性品牌。以“促进教育优质均衡，打造新时代教育强市”为目标，以“优先发展、立德树人、提高质量、促进公平”为任务，不断深化教育领域综合改革，努力办好人民满意的教育。打好国家卫生城市复评攻坚战。充分发挥四级医疗融合体、县域医共体作用，推进人民医院科教中心、月子中心、影像中心等建设，加快实施中医院迁建工程，建设居家社区机构相协调、医养康养相结合的养老服务体系，进一步推进“三医联动”“六医统筹”，更高质量建设健康龙泉。

三要持续深化平安创建。深入推进平安龙泉、法治龙泉建设。坚持发展新时代“枫桥经验”，扎实推进社会治理领域“最多跑一地”，建好用好市社会矛盾纠纷调处化解中心，发挥“基层治理四平台”和全科网格作用，妥善处理各类矛盾纠纷和群体性事件，奋力夺取全省首批“二星级平安金鼎”。全面打好防范化解重大风险攻坚战，完善社会风险防控机制，健全扫黑除恶长效机制，严厉打击违法犯罪。落实安全生产责任，加强各类灾害防范和应急管理，发挥自然灾害中保险的积极作用，尽最大努力保障人民群众生命财产安全。

四、坚持新时代党的建设总要求，高标准推动全面从严治党向纵深发展

坚持党要管党、全面从严治党，全面推进党的政治建设、思想建设、组织建设、作风建设、纪律建设，不断提高党的建设质量，以党建水平提升带动县域治理现代化水平提升，为我市各项事业发展提供坚强保证。

一要强化思想引领，筑牢理想信念。坚持把政治建设摆在首位，学深悟透习近平新时代中国特色社会主义思想，严明党的政治纪律和政治规矩，切实增强“四个意识”，坚定“四个自信”，做到“两个维护”。构建“不忘初心、牢记使命”的长效机制，保障和推动党员干部自觉经常性地“守初心、担使命，找差距、抓落实”，锤炼忠诚干净担当的政治品格。全面落实党委（党组）意识形态主体责任，发挥社会主义核心价值观的引领作用，持续深入弘扬践行浙西南革命精神、剑瓷精神，做强融媒体中心主阵地，牢牢掌握意识形态工作领导权管理权话语权。发挥市委总揽全局、协调各方的领导核心作用，加强和改进新时代人大和政协工作，发展壮大爱国统一战线，坚持党管武装原则，进一步发挥工青妇等人民团体的桥梁纽带作用，最大限度地凝聚各方智慧和力量，进一步形成思想同心、目标同向、行动同步的生动局面。

二要强化制度引领，激励实干担当。坚持把提高制度执行力和治理能力作为新时代干部队伍建设的重大任务，强化制度意识，引领广大党员干部带头维护制度权威，做制度执行的表率。贯彻落实新时期好干部标准，牢固树立实干担当的鲜明导向，建立健全“干部为事业担当、组织为干部担当”良性互动机制，健全优秀年轻干部“选育管用”的全链条机制，切实提升干部抓治理、优环境、促发展的能力。深化实施干部关心关爱工程，扎实做好公务员职务与职级并行工作，落实容错纠错机制，努力让广大党员干部真正打消顾虑、心无旁骛干事创业。

三要强化组织引领，夯实基层基础。坚持一切工作到支部，认真贯彻执行《中国共产党支部工作条例（试行）》等法规，统筹推进城市基层党建、两新组织党建、机关党建、特色小镇党建，深化街道“大工委”、社区“大党委”建设，重点抓好支部“抓两头带中间”，切实推动基层党建全领域建强、全市域提升。深化开展“整乡推进、整县提升”，健全“党建统领+四个平台+全科网格+集成服务”工作机制，更好地推动组织力转化为服务力、竞争力。深入实施“头雁工程”，持续用好村干部“履职档案”机制，提前谋划新一轮村级组织换届“一肩挑”，使基层

党组织成为坚强战斗堡垒。

四要强化作风引领，涵养清廉生态。深入推进清廉龙泉建设，强化党委（党组）主体责任和监督责任贯通协同，深入挖掘清廉基因，打造清廉文化品牌，着力打造基层清廉建设示范区。高质量做好省委巡视反馈“后半篇文章”。深化纪检监察体制改革，扎实推进乡镇纪检监察工作、派驻机构工作、巡察机构工作“三个规范化建设”。进一步完善纪律监督、监察监督、派驻监督、巡察监督“四个全覆盖”的监督网络和工作机制，扎实推进精准监督、主动监督、动态监督、立体监督，深化运用监督执纪“四种形态”，构建新时代大监督格局，使监督常在、形成常态。保持正风肃纪反腐高压态势，严格执行中央八项规定及其实施细则精神，力戒形式主义、官僚主义，坚决防止“四风”问题反弹回潮。坚持重遏制、强高压、长震慑，严管微权力、严查微腐败，构建一体推进不敢腐、不能腐、不想腐体制机制，不断巩固发展反腐败斗争压倒性胜利。开展政治生态评价指数建设，坚持日常预警、定期分析、整体把控、靶向整改，有效拓宽成果运用，涵养山清水秀的政治生态。

同志们，初心如磐、使命在肩。让我们更加紧密地团结在以习近平同志为核心的党中央周围，在省委、丽水市委的坚强领导下，只争朝夕，不负韶华，不忘初心担使命，万众一心加油干，全面提升县域治理现代化水平，为高质量建设新时代美丽幸福好龙泉而不懈奋斗！

政府工作报告

——在龙泉市第十六届人民代表大会第四次会议上

（2020 年 4 月 27 日）

龙泉市人民政府市长　吴松平

一、2019 年工作回顾

2019 年是中华人民共和国成立 70 周年。一年来，在上级党委、政府和市委的坚强领导下，在市人大、市政协的监督支持下，市政府团结依靠全市人民，高举习近平新时代中国特色社会主义思想伟大旗帜，坚持以"丽水之干"担纲"丽水之赞"，深入弘扬践行浙西南革命精神，扎实开展产业培育大比拼、项目建设大比武活动，经济社会保持了较快速度的高质量绿色发展态势，圆满完成了市第十六届人大三次会议确定的各项目标任务。全市实现地区生产总值 142.6 亿元，增长 8.1%，三次产业结构进一步调整为 10.7:36.5:52.8；一般公共预算收入 9.8 亿元，增长 7.6%；社会消费品零售总额 67.6 亿元，增长 10.5%；城镇、农村常住居民人均可支配收入达 48439 元、23459 元，分别增长 9.1%、10.4%；完成上级下达节能减排降耗任务。财政绩效管理、农村人居环境整治两项工作获国务院办公厅督查激励通报，系全省唯一；在全省 26 县发展实绩考核中排名第二，连续四年列入第一档次；在丽水九县（市、区）综合考核中，获评优秀等次。

（一）狠抓绿色发展，生态经济更趋高质量。汽车空调产业集群入选全省首批现代服务业与先进制造业深度融合试点，科技进步统计监测综合评价跃居丽水首位。

企业服务持续深化。高效落实上级民营经济发展系列政策，出台实施生态产业、外贸、招商、科技、金融、总部经济等系列新政，深入开展"稳企业、增动能、强信心"精准服务企业专项行动，累计为企业减负 6.5 亿元，其中减免税费 5.1 亿元，应急转贷 16.9 亿元，全面完成拖欠民营企业中小企业账款清理，各类企业难题办结率达 91%、满意度达 97%。出台实施促进制造业信贷投放政策，制造业贷款余额增长 11.2%，不良贷款率为 1.08%。新拓展工业用地 747 亩，盘活闲置低效用地 800 亩，新建成标准厂房 15.4 万平方米，新开工建设小微园 9 个，面积达 10.8 万平方米。新增亿元企业 4 家、上规企业 18 家、"个转企"77 家。顺利完成第四次全国经济普查。

产业升级高效推进。深入实施生态工业大比拼活动，大力开展"五个一百"精准服务企业行动，规上工业增加值增长 12.5%，工业投资、工业技改投资分别增长 16.9%、76.5%，亩均增加值、亩均税收分别增长12.8%、20.9%。完成"低散乱"企业整治 194 家，汽车空调、竹木加工、健康食品加工产业规上产值分别增长 18.4%、4.9%、16.7%，战略性新兴产业增加值、装备制造业增加值、新产品产值分别增长 19.7%、12.6%、23%。数字经济发展综合评价跃居丽水第一，数字经济核心制造业增加值增长 31.8%，经济开发区（芳野小微园）成为全省数字化试点园区，国镜药业、三田压缩机入选全省第五批大数据应用示范企业。生产性外贸企业出口增长 13%，郑氏刀剑被认定为全国文化出口重点企业。现代服务业蓬勃发展，服务业增加值增长 8.5%，新增上规上限企业 23 家。

项目比武扎实开展。固定资产投资增长 13.5%，增幅位居丽水首位，交通投资、民间项目投资、高新技术产业投资、生态环境和公共设施投资分别增长 20.1%、20.4%、48.7%、44%。两次举办项目谋划大比武，谋划推出抽水蓄能电站等一批大项目。全面完成省市县长工程，省、丽水重点项目投资分别完成年度目标的134.3%和133.7%。引进大项目12个，实际利用市外内资27.5亿元，分别完成年度目标的120%和137.5%。总投资50亿元、用地面积1450亩、建筑面积80余万平方米的龙商鞋产业链回归工程等35个项目落地开工，总投资5.1亿元、用地面积180亩、建筑面积12.9万平方米的三田产业园一期工程等28个项目竣工投产，分别完成年度开(竣)工项目任务量的140%和186%。完成土地征收1524亩、房屋征收12.9万平方米。统筹整合各类资金5.7亿元，化解政府各类债务11.4亿元，竞争性分配资金增长15.8%，连续两年获评全国县级财政管理绩效综合评价优秀县。

创新动能不断积聚。深入实施科技创新大比拼活动，规上工业企业研发费增长91.4%，高新技术产业增加值增长17.5%。汽车空调产业创新服务综合体“公共平台提升式”建设模式成为全省七大典型之一，产业创新服务中心被评为全省服务型制造示范平台和全国中小企业公共服务示范平台。挂牌成立浙江大学龙泉创新中心、中国计量大学龙泉科创中心、浙江农林大学龙泉科技特派员工作站，与景德镇陶瓷大学签订战略合作协议，成功举办浙江大学龙泉办学80周年纪念活动。新认定国家级高新技术企业12家、省级科技型中小企业19家、众创空间2家、企业研发机构3家，发布“浙江制造”标准2项。新引进各类急需人才416名，获评全省市县党政领导人才工作目标责任制考核优秀单位。

(二)狠抓特色彰显，文旅产业更具竞争力。龙泉青瓷、龙泉宝剑双双入选全省首批优秀非遗旅游商品，旅游总收入增长25.7%。

文旅平台加速打造。中国青瓷小镇获评省级特色小镇考核优秀等次，入选全省首批诗路旅游目的地培育名单。龙泉宝剑小镇一期投资合同正式签订，宝剑大师园开工建设。《丽水市大窑龙泉窑遗址保护条例》正式出台，源口窑遗址列入全国重点文物保护单位。青瓷创意小微企业园、宝剑小微企业孵化园投入使用，青瓷创业园(工业地产)主体工程结顶，创新工坊开工建设。剑池街道被命名为省级非遗主题小镇，住龙镇、宝溪乡获评省级文旅特色型美丽城镇。

文旅产业提速发展。新增剑瓷行业“浙江老字号”企业4家、“个转企”52家、上规上限企业12家，剑瓷规上工业企业产值、税收分别增长20.7%和21.3%，剑瓷出口逆势增长186.2%。成功举办龙泉日用青瓷杭州品鉴会，投入运营龙泉青瓷商城平台，申请注册“天下龙泉”全类别商标和“龙泉宝剑行业协会”集体商标，剑瓷电商销售额增长31.2%，青瓷商城平台销售额突破1.3亿元。龙泉青瓷被列入中欧地理标志互认互保清单。《故宫龙泉日历》首次出版发行，青瓷文创产品进驻故宫线下实体店和线上网店。龙泉青瓷宝剑技师学院成功“摘筹”，入选国家级高技能人才培训基地。集中开展剑瓷科技攻关，青瓷易碎过重、隔热性能差等难题破解取得实质性进展。成立全国首个非物质文化遗产(青瓷、宝剑)司法服务和保障中心，组织实施刀剑行业专项联合整治和“破与立”集中碎瓷行动。

文旅惠民全速升级。高规格举办第二届世界青瓷大会•第十一届龙泉青瓷龙泉宝剑文化旅游节，“天下龙泉”实景演出、“龙泉论剑”传统武术大赛首度精彩亮相，南海Ⅰ号、四川遂宁龙泉青瓷珍品首次回家展览。龙泉青瓷走进世界园艺博览会、世界进口博览会、世界互联网大会，东土公司成为2022年第19届亚运会组委会首批特许生产企业。成功举办“相约龙泉山•奔向最高峰”名家采风创作、环浙骑游•瓯江山水诗路龙泉总决赛、“天籁之音•长三角音乐会”等文体活动，龙泉披云线获评最美骑游线路。建成开放章溢纪念馆，投入使用城市书房3个，新增中国传统村落12个。

(三)狠抓城乡融合，最美花园更富代表性。创成全省新时代美丽乡村示范县，被评为全省实施乡村振兴战略优秀单位和省级乡村振兴产业发展示范建设县。

城市复兴加快实施。龙泉火车站初现雏形，站前广场开工建设，连接市区的剑川大道隧道成功贯通。城东新城加速开发，总投资50亿元、用地面积200余亩、建筑面积40余万平方米的城东综合体开工建设，绕城东线建设有序推进。西街历史文化街区保护利用稳步实施，建成开放龙渊公园，完成九姑山叠嶂楼主体工程建设。江滨南岸南秦原国镜药业周边区块、七星井区块土地和房屋征收签约率达100%。建成绿道197公里，城区两岸江滨绿道、宏山休闲绿道入选第一届“丽水最美绿道”，瓯江两岸美丽夜景广受好评。启动全省示范文明城市创建，创成园林式居住区1个、优质综合公园1个、街容示范街1条。

乡村振兴高标推进。农林牧渔业增加值增长2.9%，入选中国茶业百强县，被评为全省首批农业绿色发展先行市和全省第三届“河姆渡杯”粮食生产先进单位。兰巨乡创成省级农业“机器换人”示范乡，屏南镇、小梅镇、竹垟乡、兰巨乡获评省级农业绿色发展示范区。投入运行农产品“供销e城”运营中心和丽水山耕公用品牌龙泉服务中心，“丽水山耕”农产品营销额突破9亿元，“丽水山居”营业总收入增长32.7%，被列入全省政采云平台农业(扶贫)馆建设试点县。"龙泉红"入选全国名特优新农产品名录。高质量完成小城镇环境综合整治三年行动任务,八都、查田、锦溪、龙南等8个乡镇街道(整治点)获评省级样板乡镇。新增国家森林乡村5个、省级美丽宜居示范村4个、美丽乡村特色精品村3个、森林康养小镇2个、休闲农业与乡村旅游精品线1条、避暑气候胜地3处。八都镇获评省级美丽乡村示范乡镇,住龙镇入选全省第四批旅游风情小镇培育名单,宝溪乡溪头村被列入全国首批乡村旅游重点村名录,住龙镇西井村成为第二届中国美丽乡村百佳范例,"山水茶瓷"休闲养生度假线路被评为中国美丽乡村休闲旅游行精品线。超额完成农村宅基地确权登记颁证年度目标任务,创新发行"农房贷""乡贤贷",新增"三权"抵押贷款7790万元。新组建油茶、竹笋两大产业农合联,有效助推特色产业抱团发展。建成省级善治村27个、民主法治村4个,宝溪乡溪头村村域治理模式成为省级样板,入选全省首批美丽乡村美育村试点。

生态保护高效落实。凤阳山—百山祖区块被纳入浙江省国家公园"一园两区"框架,进入首批国家公园设立序列。全年PM2.5平均浓度20微克/立方米,空气优良率100%,成为省级清新空气示范区。水质达标率"三个100%",在丽水率先三夺治水"大禹鼎",农村污水分类治理工作成为全国典型。龙泉溪、岩樟溪、八都溪入选省级美丽河湖,小梅镇黄南田园、础石街道李山头梦幻田园获评省级最美田园。率先成立浙江省首个生态保护联络站,浙江龙泉生态环保教育基地成为省级生态文明教育基地。农村供排水一体化建设成为全省样板,获评全省农村饮用水达标提标行动成绩突出市,创成"污水零直排"乡镇1个、生活小区3个,省级高标准农村垃圾分类示范村2个,经济开发区被评为省级美丽示范园区。静脉产业项目——垃圾资源协同化处理工程完工并试点火。

(四)狠抓改革开放,发展格局更显立体化。"最多跑一次"改革事项实现率、群众满意率均居丽水前列;成功在北京故宫、省博物馆举办"天下龙泉——龙泉青瓷与全球化"特展。

综合改革日趋深入。率先开展部门间"最多跑一次"改革,"互联网+政务服务""互联网+监管""互联网+社会治理"各项晾晒指标持续领跑丽水。全面实现企业投资项目全过程审批"最多90天",正式启用投资项目在线审批监管平台3.0版,新批工业用地"标准地"供地率达100%。全面启动生态产品价值实现机制试点示范乡镇创建,挂牌成立西街街道、兰巨乡"两山"生态发展公司,"国镜药业"模式入选全国生态产品价值转化典型案例。全国首创公益林数字化转型管理模式,获评全国林业信息化建设十佳县、中国林业产业突出贡献奖和全省公益林建设成绩突出集体。资源配置市场化改革稳步推进,户外广告经营权市场化试点取得实质性进展,旅投公司完成股份制改造,国资公司实现市场化转型。党政机构改革高质量完成,事业单位分类改革加速推进。融媒体中心挂牌成立,"天下龙泉"APP上线运行。

开放合作日趋多元。与文化和旅游部中外文化交流中心签订全面战略合作协议,龙泉青瓷走进美国波士顿、俄罗斯莫斯科、韩国首尔等"八国九城"。与上海宝山区、奉贤区建立紧密型合作关系,开工建设总投资近8亿元、建筑面积15万平方米的萧山—龙泉科创园,完成总投资2亿元、建筑面积4万平方米的秀洲—龙泉山海协作产业园主体工程建设。成功举办"国之重器•龙泉官窑"专题展,与上海复旦大学合作的龙泉窑考古学研究课题被列为国家社科基金重大项目。龙泉•昭化电商精准扶贫模式入选全国典型案例50佳,东西部扶贫协作和对口支援工作考核获评最高等次。

立体交通日趋完善。衢宁铁路龙泉段政策处理全面完成,沿线隧道、桥梁全部贯通。温武吉铁路启动项目预可研,一类通用机场进入选址可研方案预审阶段。322国道八都至上垟段改建工程、安仁至西街段改建工程和住溪至上垟红色旅游公路项目分别完成年度投资计划的200%、100%和251%,村沈线提升改造一期工程、赵麻淤至下堡公路改建二期工程开工建设。云和至龙泉天然气管道工程建设有序推进。组织开展交通运输综合执法百日大会战,创新推行城市智慧停车,新投入使用停车场1个、停车位215个。

(五)狠抓民生改善,人民生活更有品质感。民生支出占一般公共预算支出的比重达85.5%,省市县三级民生实事全面完成。

群众获得感持续提升。农村常住居民人均可支配收入增幅位居丽水第二,低收入农户增收工作获省政府办公厅通报表扬,脱贫攻坚专项资金管理经验在全省推广。创新推行村企结对、物业经营、飞地经济模式,全面完成消除集体经济薄弱村任务。大力推进"大搬快聚、富民安居"工程,实现搬迁1973户8006人,基本建成上凉亭安置小区二期、八都玉园小区。圆满完成行政村规模调整,行政村减少46.9%。全力支持民族乡村发展,竹垟乡获评全国民族进步模范集体。实现新增城镇就业4152人,城镇登记失业率为1.98%。成功举办"奇思妙想•创赢龙泉"就业创业大赛。

群众幸福感持续跃升。高考总上

线人数比上年增加361人，创成全省示范性学习型城市。中职校获评全国教育系统先进集体，青瓷工艺专业入选全省中职与应用型本科一体化培育试点。投入3300余万元，全面完成“蛋奶”和“空调进教室”工程。龙泉青瓷文化旅游度假区、住龙红色小镇入选全省首批研学实践教育基地，住溪苏维埃政府旧址成为省级爱国主义教育基地。新组建医共体2家，医共体建设考核丽水第一，县域就诊率同比增长1.88%，是丽水唯一增长的县(市)。市人民医院被授予中国基层胸痛中心，成为温州医科大学实习医院。萧山中医院龙泉分院挂牌成立，总投资2.8亿元的中医院迁建项目开工。住龙镇、城北乡、道太乡、竹垟乡创成国家卫生乡镇。基本医疗保险、养老保险参保率分别达99.3%和97.7%，成功与上海实现异地门诊医保实时结算。全面完成临时救助改革试点。

群众安全感持续攀升。连续15年获评省级平安县(市、区)，勇夺全省首批“一星平安金鼎”，创成全省法治工作示范县。投入使用“雪亮工程”，推广应用“一体化办案”系统，挂牌成立社会矛盾纠纷调处化解中心和行政争议调解中心。获评全省农村危房治理改造绩效评价优秀市，创成“基本无违建市”，有效破解“五个山庄”违建别墅、原欧亚龙公司、原巨泰公司等历史遗留问题。全方位构建应急指挥体系，成功应对“利奇马”超强台风等各类自然灾害，有效遏制重特大事故发生。创成省食品安全市，新增省级放心农贸市场1家。成功破获“1•16”百亿特大虚开增值税发票案和“7•9”特大非法经营案，“3•16”传播淫秽物品牟利案入选全省“扫黄打非”十大案件。“扫黑除恶”专项斗争取得阶段性胜利。成立残疾人评定中心，住龙镇入选全国无障碍示范小镇创建名单。不断深化双拥共建，率先在丽水成立退役军人服务中心。关工委、工会、共青团、妇联、侨台、科协、移民、气象、工商联、文联、地方志、档案、民族、宗教、慈善、红十字、外事、社会科学等工作持续加强。

与此同时，狠抓政府自身建设，政府运行更加高效。扎实推进政府系统“不忘初心、牢记使命”主题教育，深入实施政府自身建设十大行动计划，大力开展浙西南革命精神弘扬践行活动。高效执行政府学习会、政府常务会、市长碰头会、市长办公会“四会”制度，持续提升政府及组成部门行政效能。切实增强法治思维和法治能力，获评法治政府建设(依法行政)工作优秀县。坚决落实中央“基层减负年”要求，精简各类发文39%、会议36%。自觉接受人大、政协监督，办结人大代表建议171件、政协委员提案106件。切实履行全面从严治党主体责任和党风廉政建设“一岗双责”，“三公”经费支出保持零增长。机关食堂正式投入使用。

各位代表，过去的一年，我们解决了许多长期想解决而没有解决的难题，办成了许多过去想办而没有办成的大事，这是上级党委、政府和市委正确领导、科学决策的结果，是市人大、市政协有效监督、大力支持的结果，是全市广大党员干部和人民群众奋力拼搏、奋斗实干的结果。在此，我代表市人民政府向全市人民，向人大代表、政协委员、离退休老同志，向各民主党派、工商联、人民团体和社会各界人士，向驻龙部队、驻龙各单位，向所有关心和支持龙泉发展的同志们、朋友们，表示最衷心的感谢！

在看到成绩的同时，我们也清醒认识到，我市经济社会发展还存在不少矛盾和问题：一是经济发展仍需持续加力。协同推进GDP和GEP“两个较快增长”的探索还不够深，较快速度的高质量绿色发展基础还不够实。经济结构不够合理，工业占GDP比重偏低，经济面临较大的下行压力。二是特色培育仍需提速给力。剑瓷文化元素融入城市还不够深，剑瓷产业实力和剑瓷文化名气不相匹配；全方位开放格局尚未形成，多元化创新体系有待完善；生态产品价值实现路径不够多元，生态资源优势未能完全发挥。三是民生保障仍需精准发力。与全省同步高水平全面建成小康社会的任务仍然较重，农民持续增收、教育医疗提质、养老服务、防灾减灾、基层治理等方面还存在短板，财政增收节支保平衡的难度加大。四是政府建设仍需加倍努力。政府数字化转型步伐仍需加快，少数干部担当意识不强、创业激情不足，开放理念、创新精神有待进一步增强。对于这些问题，我们一定高度重视、认真对待，切实予以解决。

二、2020年主要目标和任务

2020年是高水平全面建成小康社会和“十三五”规划的收官之年，也是龙泉撤县设市30周年和衢宁铁路通车元年，做好今年工作至关重要。客观分析当前经济运行之“形”与经济发展之“势”，世界经济正面临百年未有之大变局，全国经济发展正处于速度变化、结构优化、动力转化的关键期，风险挑战增多，下行压力加大，特别是突如其来的新冠肺炎疫情对我国经济社会发展带来前所未有的冲击。但随着疫情应对政策叠加效应的充分释放和全面建成小康社会组合拳的集中发力，必将为我国经济发展注入强劲的动力。我们一定要准确识变、科学应变、主动求变，危中寻机、化危为机，在疫情防控常态化条件下，以“丽水之干”创新实践“两山”理念，主动顺应疫情应对催生新产业、新业态和生态文明兴起、文化繁荣兴盛、消费迭代升级等发展趋势，积极抢抓长三角一体化发展战略、全省“四大”建设、丽水生态产品价值实现机制国家试点和衢宁铁路通车等发展机遇，高效落实应对疫情新政、民营经济新政、投资消费新政和科技人才新政等发展政策，充分发挥自身生态、文化、开放等发展优势，以“等不起、慢不得、坐不住”的紧迫感、危机感、责任感，马不停蹄加油干、快马加鞭奋起追，全力推动经济社会高质量绿色发展，奋力实现GDP和GEP高效转化，努力争当新时代“两山”发展的“挺进师”。

综合考虑方方面面因素，今年政府工作的总体要求是：坚持以习近平新时代中国特色社会主义思想为指导，全面贯彻党的十九大和十九届二中、三中、四中全会精神，深入学习贯彻习近平总书记考察浙江重要讲话精神，坚决落实上级党委、政府和市委决策部署，大力弘扬践行浙西南革命精神，坚定厉行“丽水之干”，铸就龙泉“精神之剑”，突出高质量绿色发展，坚持稳中求进工作总基调，坚持新发展理念，坚持稳企业、增动能、补短板、保平安，坚持走开放创新之路，统筹抓好新冠肺炎疫情防控和经济社会发展，努力将疫情影响降到最低，奋力推动经济在高质量发展前提下实现必要适度的高速度增长，确保与全省同步高水平全面建成小康社会和“十三五”规划圆满收官，为我省努力成为新时代全面展示中国特色社会主义制度优越性的重要窗口贡献更多力量。

2020年全市经济社会发展主要预期指标为：GDP力争增长7.5%左右，加快推进GDP和GEP实现“两个较快增长”；规上工业增加值力争增长10%；研发投入强度达到2.0%；主要生态指标保持全省领先；财政收入适度增长；城乡居民收入增速高于经济增速，农民收入增幅继续保持丽水前列；投资总量较快增长，投资结构持续优化；城镇新增就业人数、单位生产总值能耗等指标完成上级下达任务，资源效率、环境效率、劳动生产率和科技贡献率稳步提高。

在具体实践中，要在毫不放松抓好疫情防控的基础上，致力做到“三个加快”：

（一）加快高质量绿色发展，努力为小康增色。秉持“企业为基、项目为王”理念，以“绣花功夫”精准服务企业、服务项目，全力以赴培育绿色发展新动能，持之以恒推进“生态经济化、经济生态化”，加快构建现代化生态经济体系，加速形成优势互补、高质量发展的经济新格局。

（二）加快特色竞争力培育，努力为城市扬名。按照发挥比较优势、培育竞争优势的大逻辑，加强资源整合、特色结合、优势组合，用好跨山统筹、创新引领、问海借力三把“金钥匙”，不断厚植生态底色、彰显文化特色、增添开放创新亮色，加快重现“青瓷之路——开放之路”辉煌，加速建设一座与世界对话的精彩城市。

（三）加快治理现代化升级，努力为百姓造福。坚持把“最多跑一次”的理念方法作风运用到治理各方面，把数字化转型贯穿于政府工作各领域，统筹推进政府治理、经济治理、社会治理、生态治理、文化治理，以政府有为促进市场有效、企业有利、社会有序、百姓受益，切实把制度优势转化为治理效能、竞争胜势。

今年以来，面对突如其来的新冠肺炎疫情，在市委的坚强领导和统一指挥下，全市上下同舟共济、守望相助，万众一心、众志成城，牢牢聚焦“两手都要硬、两战都要赢”总体目标，精准实施点线面立体防控、抗疫助企•暖春行动二十一条、“一长两员两车”等政策举措，以“服务力”赋能“管控力”跑赢了疫情“传播力”，我市成为全省11个零病例的县（市、区）之一，企业复工率、复产率持续走在全省前列，疫情防控人民战争、总体战、阻击战取得阶段性重大成效。大疫如大考，考出了大担当、考出了高境界，特别是广大党员闻令而动、基层干部冲锋在前、医护人员逆行出征、人民群众全力支持、企业家们慷慨解囊、海内外龙泉人涓滴汇海，汇聚起同心战疫、共克时艰的磅礴伟力，这股强大的正能量必将有力推动龙泉发展行稳致远。在此，我代表市人民政府，向大家致以最崇高的敬意！

当此非常之时，我们必须担非常之责、举非常之力、下非常之功，以自身工作的确定性有效应对外部环境的不确定性，聚焦发力点、培育增长点，重点抓好五个“突出”：

（一）突出开放带动、创新驱动，高质量构建问海借力新格局。坚持借船出海、借梯登高、问海借力，坚定不移走开放创新之路，全力争当开放创新发展的“快马”。

打造多元立体的开放格局。按照“融入长三角、接入海西区、走入‘一带一路’”的基本思路，加快构建“贯通南北、连接东西、面向全国、放眼世界”全方位、多层次、有梯度的开放体系。深度参与长三角一体化发展进程，谋划设立龙泉驻上海联络处，策划举办长三角客商龙泉行和龙泉特色文化申城行活动，全面加强与浙江清华长三角研究院、上海复旦大学、上海瑞金医院等知名高校医院合作，加快推动龙泉优质农产品、优质文化资源“走出去”，长三角优质客源、优质社会资源“引进来”。突出抓好产业精准对接，谋划设立文化旅游上海推广中心，策划举办龙泉日用青瓷上海品鉴会和龙泉投资环境上海推介会，全面建成秀洲—龙泉山海协作产业园，加快建设萧山—龙泉科创园，谋划打造奉贤—龙泉文创园。主动投身海西经济区建设，以衢宁铁路为纽带，重点加强与武夷山、宁德、德化、景德镇、吉安等地在生态旅游、茶文化、陶瓷产业等方面合作，携手打造“雁荡山—龙泉山—武夷山—井冈山”生态文化旅游精品线，联动建设衢丽花园城市群和浙皖闽赣国家生态旅游协作区。积极参与“一带一路”建设，拓展与文化和旅游部中外文化交流中心、故宫博物院合作，策划举办龙泉青瓷龙泉宝剑“一带一路”沿线国家巡展。持续推进大窑龙泉窑国家考古遗址公园和龙泉青瓷省级文化旅游度假区建设，有效依托“海上丝绸之路”保护和联合申遗城市联盟，稳妥有序推动“海上丝绸之路”联合申遗工作。坚持以大交通引领大开放，探索与上海铁路局、中铁二院建立全面战略合作关系，确保衢宁铁路按时建成通车，322国道安仁至西街段改建、八都至上垟段改建如期完成，奉化至庆元公路龙泉段主线工程开工建设，温武吉铁路完成可研评审，一类通用机场、金遂松龙铁路、义乌—龙泉（庆元）高速、528国道住龙至小梅段改建工程等项目前期持续深化，创成全省美丽经济交通走廊示范县和“四好农村路”示范县。

打造多元联动的创新生态。全面落实“科技新政”“人才新政”，力争规上工业企业研发费增长30%以上，工业技改投资增长12%以上，加快构建“产学研用金、才政介美云”十联动的创业创新生态系统，加速形成“小山城、大科技”龙泉模式。深入开展科技平台创建示范行动，建成汽车空调产业创新服务综合体，联动推进青瓷刀剑产业创新服务综合体建设，争创全省示范类综合体。有效整合省级产业创新服务平台、龙泉青瓷宝剑技师学院、丽水学院中国青瓷学院等资源力量，谋划打造国家级科创基地。深入开展科技企业、科技项目“双倍增”行动，新认定国家级高新技术企业20家、科技型中小企业15家、省级企业研究院2家，争取实施省级重点研发计划项目2项。深入开展市校合作升级行动，探索推广产业“一院一园一基金一政策”和企业科创在外地、生产在本地模式，持续深化与浙江大学、浙江农林大学、景德镇陶瓷大学等高校合作，切实加强主导产业关键共性技术难题攻关。深入开展科研人才培养行动，大力促进校企合作、院企协作、产教融合，积极推行订单式、定向式人才培养模式，着力培育引进各类紧缺型人才200人以上。

打造多元包容的改革环境。纵深推进“最多跑一次”改革，深入开展优化营商环境“10+N”行动，加快打造“三服务”数字化升级版，有效实现个人、企业、机关内部全生命周期“一件事”全流程“最多跑一次”，机关内部90%以上非涉密事项“一窗受理、一网通办”。持续深化企业重大投资项目开工前“零审批”试点，启动实施一般企业投资项目审批“最多80天”改革，加快实现投资项目在线平台3.0全面应用。统筹推动资源配置市场化改革，力争山水林田等自然性资源市场化配置和园林绿地、农村垃圾市场化运维取得实质性突破。大力推行国企市场化改革，全力支持旅投、国资公司做大做强，加快推动城投、水投、交投、剑瓷公司转型为市场主体。探索构建“互联网+监管+风险+信用”综合监管闭环，实现部门联合“双随机、一公开”监管常态化，加快打造信用城市。稳妥实施事业单位分类改革，扎实做好机构改革后续工作。

（二）突出企业为基、项目为王，高质量打造现代化生态经济体系。聚力打好高质量绿色发展组合拳，着力推动资源要素向优势领域、优势产业、优势企业集中，全力夯实发展后劲、增强发展动能。

尽心尽力优服务。认真宣传贯彻全省民营企业发展促进条例，旗帜鲜明支持民营经济发展，高效落实上级应对疫情系列新政，根据企业需求动态集成、量身定制惠企政策，大力实施“五减”共克时艰行动，不断深化抗疫助企·暖春行动21条、“一长两员两车”等举措，确保为企业减负5亿元以上。持续开展“五个一百”精准服务企业行动，确保企业问题解决率达90%以上、满意率达95%以上。深入实施融资畅通工程，建立企业需求表、创新产品表和金融政策表，加快组建政策性担保公司，积极引导金融机构扩大中小微企业贷款，增加制造业中长期融资，力争制造业贷款增长12%以上。切实加大化旧控新、化圈减链力度，坚决守住不发生区域性金融风险底线，力争不良贷款率、关注类贷款率均稳控在较低水平。组织开展环保服务高质量发展行动，探索实行环境信用差别化管理，健全完善企业正向激励、反向倒逼机制。高效落实稳外贸新政，健全完善“订单+清单”监测预警机制，加快构建上下联动、部门协同的外贸风险防范体系。深入实施市场多元化和企业“走出去”战略，策划举办浙江·龙泉国际车用空调及制冷技术展览会，大力开拓东盟、非洲和“一带一路”沿线国家市场，积极抢占国内市场。大力弘扬优秀企业家精神、工匠精神，举办2020年工人运动会。

聚心聚力育产业。紧扣“整合、转型、赋能、开放、改制”十字方针，全面启动平台“二次创业”，奋力推进生态工业高质量发展。聚焦大平台打造，加快推动省级经济开发区和安仁、塔石、查田、八都4个乡镇功能区整合提升。开工建设中国龙泉鞋城产业基地等工业平台，完成新拓展空间500亩、盘活闲置低效土地300亩、新出让工业用地600亩，新建成标准厂房15万平方米以上。持续开展全省小微企业园建设提升试点，新开工建设小微园3个以上。聚焦大企业培育，统筹实施“凤凰行动”“雏鹰行动”和小微企业三年成长计划，鼓励支持企业兼并重组，力争净增5亿元以上企业1家、亿元以上企业5家、“小升规”企业10家。聚焦新兴经济发展，扎实推进经济开发区（芳野小微园）省级数字化试点园区建设，确保数字经济核心制造业增加值增长20%以上，力争实现城区范围5G信号基本覆盖。聚焦打造百亿健康产业，扎实推进浙江科伦国镜药业二期等项目建设，力争宝溪水文化园等项目开工建设，不断深化查田青坑底矿泉水等项目前期，持续完善以医疗服务、休闲养生等健康服务业为先导，以医药药品、灵芝加工等健康制造业为重点，以食用菌、茶叶等健康农业为基础的健康产业体系，战略新兴产业增加值力争增长20%以上。聚焦传统制造业升级，开工建设竹木电商园和五金汽配小微园，全面建成汽配云大数据服务中心，加快打造汽车空调零部件产业园，力争“一优三特”主导产业产值均增长10%以上，规上工业企业亩均增加值、亩均税收均增长7.5%以上，通过全省“两化”深度融合国家综合性示范区试点验收。聚焦服务业提质，出台实施服务业发展新政，深入推进省级现代服务业和先进制造业深度融合试点，力争服务业增加值增长8%。高效落实促消费新政，力争社会消费品零售总额增长10%。

全心全力扩投资。精准对接全省“六个千亿”产业投资工程，深入实施“投资新政”，切实加大“新基建”投资力度，全力抢时间、补增量，确保固定资产投资、交通投资、民间项目投资、高新技术产业投资、生态环保、城市更新和水利设施投资均增长12%，工业投资增长15%以上，省市县长工程任务全面完成。抢抓“窗口期”机遇，谋划推出一批战略性、引领性及补短板重大项目，争取列入省“2+6”项目清单，全力争取中央专项债、预算内资金。坚持选商引资“一号工程”不动摇，按照“新兴产业建链、优势产业强链、传统产业延链”的思路，有效抓好产业链、价值链、创新链全链条招商，重点突出工程机械、生物医药、鞋产业招商，切实推进总部经济招商，创新推行“云上招商”，引进大项目12个，实际利用市外内资20亿元以上。牢固树立“项目为王”理念，加快构建“项目招引—项目落地—项目建设—项目投产”闭环式服务链条，全面建成云和至龙泉天然气管道工程、塔石隧道应急工程等项目，开工建设500千伏丽西输变电工程、双枪生态产业园等项目。持续优化要素保障，确保完成土地征收1000亩以上、房屋拆迁5万平方米以上，争取竞争性分配资金增长15%以上。

（三）突出文化扬名、文旅融合，高质量培育文旅特色竞争力。坚持文化为魂、旅游为体，做深做实剑瓷文化“三化”，加速文化旅游融合，持续提升“剑瓷名城、天下龙泉”的世界影响力和国际美誉度。

致力打响文旅品牌。持续推动特色文化“走出去”，策划举办龙泉青瓷龙泉宝剑境外巡展，组织引导文化企业参加深圳文博会、长三角文博会、厦门茶博会等系列展会，探索推行特约经销、连锁经营、竞价拍卖等营销模式，确保全年举办各类巡展会展10次以上。持续推动文旅品牌“响起来”，继续办好第三届世界青瓷大会，精心办好“不灭窑火”龙窑烧制、“海丝之源”寻踪探秘、瓯江水文化夜游等文旅体验类活动。制定出台旅游消费券政策，策划推出“一剑钟情·从瓷开始”——龙泉人游龙泉和万人游龙泉系列活动，大力推进研学游，培育发展“云旅游”等新模式。不断推动文化研究“深下去”，充分挖掘剑瓷文化资源，争取求学之路、人生之路宝剑文化研究取得实质性进展。启动开展“红色铸魂、绿色赋能”浙西南革命精神弘扬行动，加快发展红色文化研学游，全力支持住龙创建全国红色旅游示范小镇。

致力发展文旅产业。出台实施文旅融合发展系列新政，加快推动文旅产业大融合，旅游总收入力争增长25%左右，文化产业增加值占GDP比重超过8%，入选全省文旅产业融合试验区。实施主体培育工程，新增剑瓷“个转企”25家、上规上限企业3家，力争剑瓷规上工业企业产值增长15%。实施平台升级工程，青瓷创业园（工业地产）、青瓷文化园、青瓷小微企业创意基地、剑瓷电商园投入使用。实施标准生产工程，谋划建设青瓷原材料标准化产学研基地，加强青瓷标准化生产、刀剑材料运用等技术难题攻关。实施人才兴业工程，谋划建设剑瓷产业人才实训基地，策划举办剑瓷创意创新设计大赛。实施市场开拓工程，全面推广“天下龙泉”商标，策划举办龙泉日用青瓷走进机关大院、走入千家万户活动，确保剑瓷电商销售额增长25%以上、剑瓷外贸出口增长15%以上，龙泉青瓷宝剑商城平台销售额突破1.6亿元。

致力丰富文旅产品。聚力推进文旅旗帜性、标杆性项目建设，加快打造高品质文旅拳头产品和“月亮”景区，力争文旅项目投资增长15%以上，确保创成全省全域旅游示范市。举全市之力打好国家公园创建攻坚大会战，全域联动打造国家公园，扎实推进自然资源资产本底调查和确权登记、生态移民搬迁、地役权改革等工作，加快推动兰巨氧吧长寿小镇、泉灵谷国家级森林康养基地等项目建设，持续深化屏南中国越野小镇、龙南农耕文化小镇等项目前期，为丽水全国首批创成国家公园发挥好龙泉主阵地、主战场、主力军作用。加速打造青瓷小镇升级版，大力推进青瓷产业园建设，积极申报省级特色小镇创建验收命名，力争成为第四批省级特色小镇。全速推动宝剑小镇开发，完成宝剑大师园一期主体工程建设，加快推进风情一条街、小镇客厅、文创商业街和秦溪山道路建设，争取启动实施宝剑小镇二期开发。

（四）突出名城提质、乡村振兴，高质量建设全域最美大花园。秉持“不以规模拼大小、更以品质论高低”的理念，持续提升城乡建设的“面子”和“里子”。

高标准推动名城提质。坚持规划引领、多规合一，有效融合主体功能区规划、土地利用总体规划、城乡规划等各类规划，高质量完成国土空间规划编制。坚持文化注魂、匠心塑形，全面实施名城提质“1139”工程，确保城镇化率提升至65%以上，争取入选全省“千年古城”复兴计划名单，力争2021年前创成景区城。精心扮靓城市“绿心”，全面完成九姑山环形绿道和叠嶂楼建设，高品质规划建设棋盘山、凤凰山。全线贯通瓯江绿道，组织实施留槎洲及周边水环境系统提升工程，全面建成黄灌防洪堤景观工程二期，持续推进瓯江两岸绿化、亮化、美化。谋划实施剑川大道北段市政工程，完成剑池路文旅商业街区改造提升，加快推进绕城东线、村沈线提升改造一期工程建设，力争建成城市精品旅游线路2条。统筹推动新城开发、名城保护、旧城改造，建成龙泉火车站货场东通道和西街历史文化街区江滨北路西街段，加快推进龙泉火车站站前广场、城东综合体项目建设，全面启动城市艺术区、七星井区块开发，稳妥实施老旧小区改造和城区截污纳管三年行动计划。坚持智慧管理、人性管理，持续推进新时代文明实践中心建设，不断深化综合行政执法改革，确保创成浙江省示范文明城市，通过国家卫生城市复评。

高站位推进乡村振兴。深入实施乡村振兴“两进两回”行动，提标打造新时代美丽乡村示范县。壮大产业增实力。携手阿里巴巴共建县域农业特色产业数字化发展示范区，做强做优“竹茶菌蔬”等主导产业，做精做特“蜂果药”等新兴产业，扎实推进种植业“五园”示范基地和“600”绿色有机农林产品基地建设，力争农林牧渔业增加值增长2.5%。加强“丽水山耕”母子品牌运作，谋划建设食用菌网上交易中心，持续打响“龙泉红”“龙泉绿”“龙泉灵芝”等区域公用品牌，力争“丽水山耕”农产品销售额增长30%以上。深化改革激活力。持续深化“三位一体”农合联改革，统筹推进农村产权制度改革、林权制度改革和农村金融改革，确保新增“三权”抵押贷款1亿元以上，全力争取新时代美丽乡村综合集成改革试点。有效落实粮食安全市长责任制。美化环境添魅力。编制实施花园乡村建设标准，扎实推进“千万工程”和美丽城镇建设，统筹实施中国传统村落保护、古村复兴示范工程、农村饮用水达标提标行动，打造美丽城镇省级样板2个，创成省级景区镇3个、美丽乡村示范乡镇1个，省级美丽宜居示范村3个、特色精品村3个。优化治理聚合力。健全完善“五治融合”乡村治理体系，加快打造数字乡村，建成善治示范村3个，创成国家乡村治理示范村2个。

高效率促进价值转化。扎实推进生态产品价值实现机制国家试点，探索建立GDP和GEP双核算、双评估、双考核机制，加快构建生态发展指数体系、生态产品标准体系和政府购买生态产品机制，切实推动兰巨乡和西街街道生态产品价值实现示范乡镇创建。充分依托空气清新、水质清冽、土壤清洁、气候清爽、环境清幽的生态优势，突出抓好源底田园综合体、住龙田园综合体、“梦里桃源”等项目建设，大力发展田园经济和休闲康养业，持续推动生态产品价值实现机制试点提质扩面。启动实施瓯江流域山水林田湖草生态保护与生态修复工程三年行动计划，全域推动土地综合整治和生态修复。统筹实施碧水、蓝天、净土、清废“四大战役”和垃圾、厕所“两大革命”，加快推动“污水零直排区”创建，突出抓好第二轮中央环保督察和各级环保督察问题整改，联动推进松材线虫病防治和河道采砂、秸秆焚烧、明火上山、烟花爆竹禁止工作，投入运营静脉产业——垃圾资源协同化处理工程，力争城区垃圾分类覆盖面达70%以上，农村生活垃圾分类处理村达100%，水质继续保持“三个100%”，环境空气质量优良率和PM2.5指数持续领跑全省，创成美丽河湖市和省级生态文明建设示范市。

（五）突出百姓幸福、社会和谐，高质量推进县域治理现代化。坚持以百姓心为心，继续将新增财力的三分之二以上用于民生领域，倾心倾力发展民生事业、促进社会和谐。

推动富民增收再提标。严格对照《浙江省高水平全面建成小康社会十大领域补短板工作清单》，集中力量、集聚资源、集成政策，全面打赢精准补短攻坚战。深入实施低收入农户高水平全面小康计划，统筹推动“下山脱贫”和“上山致富”，确保完成生态搬迁4000人，农村常住居民人均可支配收入增长10%左右，低收入农户收入增长12%左右。高效开展消除集体经济薄弱村攻坚提升行动，持续巩固农村“消薄”成果，力争年收入达15万元以上且年经营性收入达8万元以上的村占比不低于30%。扎实做好行政村规模调整“后半篇文章”，变“人合”为“心合”、“集中”为“集约”、“新村”为“强村”。聚力打造东西部扶贫协作示范区，有效助力昭化与全国同步全面建成小康社会。统筹优化就业、社保、住房保障等服务，确保城镇登记失业率控制在4%以内，基本养老保险、医疗保险参保率分别巩固在95%、99%以上。聚焦因病致贫、因病返贫等问题，建立健全动态监测和精准帮扶机制，切实加强大病统筹和社会救助。着力破解“一老一小”问题，新建成一批居家养老服务中心、嵌入式养老机构，切实加强养老机构规范化管理。持续完善农村留守儿童、留守妇女、空巢老人、残疾人的关爱服务体系，推进“儿童之家”建设。

推动教育卫生再提质。大力开展教育提质深化落实年行动，深入实施学前教育精准补短和初中“壮腰”工程，扎实推进“互联网+义务教育”，不断夯实全国义务教育优质均衡发展县(市、区)创建基础。高效落实产教融合实施意见，高质量建设龙泉青瓷宝剑技师学院。持续优化教育资源布局，投入使用南大洋小学、城东小学，建成中职校二期扩建等项目，加快推进第四中学扩建工程建设，开工建设第五中学、第二中学扩建二期。全面落实立德树人根本任务，启动开展“德润人心、礼伴成长”五心德育品牌创建行动。不断深化中小学教师“市管校聘”人事管理制度改革，创新实行教师“积分制”管理。升级建设高品质健康龙泉，持续深化“省市县乡”四级医疗融合体和医共体建设，加快推动医疗资源整合、人才聚合、服务融合。坚持平战结合，不断完善重大疫情防控体制机制，健全公共卫生应急管理体系，加大人力、物力、财力统筹力度抓紧补齐短板，开工建设公共卫生应急救治中心，谋划打造集疾控中心、妇计中心、龙泉市红十字医院等为一体的医疗综合体。突出“外防输入、内防反弹”，慎终如始抓好疫情防控各项工作，切实抓好无症状感染者筛查管控，扎紧织密精密智控网和全员自控安全网，全链条加强从“国门”到“家门”的闭环管理。组织开展健康文明生活方式养成行动，大力倡导使用“公勺公筷”。继续实施偏远山区医疗服务全覆盖精准对接计划，致力打造“流动医院”金名片。支持中医药传承创新发展，加快推进中医院迁建工程建设。创新提供安宁疗护服务，稳步推进安泽园项目建设。加快构建全民健身公共服务体系，推动体育产业市场化。

推动社会治理再提效。聚焦社会治理社会化、法治化、智能化、专业化，努力构建“一中心四平台一网格”上下联动、左右协调的社会治理新模式，扎实推进社会矛盾纠纷调处化解中心规范化建设，全力打造“最多跑一地”基层治理体系。全力推动应急模式、应急机制标准化升级，规范推进政务信息化建设，加快打造“花园云•城市大脑”平台。启动开展新一轮地质灾害防治能力提升三年行动，确保即查即治、动态清零。深入实施安全生产综合治理三年行动，全面完成道路交通安全整治三年行动任务，组织开展消防安全、工矿商贸等行业领域专项治理，坚决遏制重特大安全事故发生。坚守食品安全底线，切实抓好猪肉、蔬菜、水果等农产品稳产保供工作。持续推进扫黑除恶专项斗争“长效常治”，严厉打击黄赌毒、盗抢骗等违法犯罪，集中整治“套路贷”、电信网络诈骗等新型犯罪。完成“七五”普法终期验收，争创全省“七五”普法先进县。扎实开展“双拥模范城”创建，健全完善退役军人服务保障体系。高质量完成第七次全国人口普查工作。重视关工委、工会、共青团、妇联、侨台、科协、老年体协、移民、气象、工商联、文联、地方志、档案、民族、宗教、慈善、红十字、外事、社会科学等工作。

各位代表，今年我们将继续坚持“人民有所呼、政府有所应”，带着感情、带着责任、带着担当，全力以赴办好十件民生实事。

三、致力打造人民满意的服务型政府

新的一年，我们将全力推动政府治理体系和治理能力现代化，更好、更实、更精准服务企业、服务群众、服务基层。

(一)不忘初心，忠诚干事。学懂弄通做实习近平新时代中国特色社会主义思想，把不忘初心、牢记使命作为永恒课题、终身课题，不断增强“四个意识”、坚定“四个自信”、做到“两个维护”。切实把党的领导贯彻到政府履职尽责全过程，高效落实上级党委、政府和市委各项决策部署，始终做到初心如磐、使命在肩。不断推动“三服务”制度化长效化，下更大力气解决企业、群众、基层反映强烈的共性问题、深层次问题、老大难问题和悬而未决的难题。

(二)尊崇宪法，依法办事。健全完善政府常态化学法制度，不断深化政务公开，扎实推进法治政府建设，力争创成法治政府示范县。严格落实重大行政决策法定程序，全面实施政府法律顾问和公职律师制度，以规范的程序、科学的决策维护重大公共利益和人民合法权益。严格规范公正文明执法，推动形成办事依法、遇事找法、解决问题用法、化解矛盾靠法的良好氛围。持续完善府院联席会议制度，不断优化行政调解与人民调解、司法调解衔接机制。自觉接受人大依法监督、政协民主监督以及巡视巡察、监察、司法、审计、群众、舆论监督，深入推进审计全覆盖，认真办理人大代表建议和政协委员提案。

（三）牢记使命，担当成事。致力打造“唯实、惟先”的政府文化，组织实施“生态经济大追赶”“文化旅游大融合”“作风建设大家评”活动，全力营造实干至上、奋勇争先的发展氛围。牢固树立“整体、智治”理念，不断深化政府系统性变革和数字化转型，力争“互联网+政务服务”“互联网+监管”“互联网+治理”等工作走在丽水前列。扎实推进“十四五”规划编制工作，切实加强重大政策、重大产业、重大平台、重大工程、重大项目、重大改革研究，不断提升制度设计和政策供给水平。加快推动容错免责机制落地见效，有效促进“干部为事业担当、组织为干部担当”的良性互动。

（四）清正廉洁，干净处事。认真落实全面从严治党主体责任和“一岗双责”，扎实推进政府系统党风廉政建设和反腐败斗争。高标准落实中央八项规定及其实施细则精神和各级党委实施办法，全力整治形式主义、官僚主义，持续深化基层减负。坚持政府过“紧日子”，集中财力办大事，非刚性、非重点项目支出压减15%，日常公用经费支出压减8%，“三公”经费支出压减5%，统筹整合各类财政性资金5亿元以上，持续推进政府隐性债务化解。坚持党员领导干部争当表率、勇当示范，带头廉洁修身、廉洁齐家、廉洁用权、廉洁从政。

各位代表，奋斗创造历史，实干成就未来。让我们更加紧密地团结在以习近平同志为核心的党中央周围，在市委的坚强领导下，只争朝夕、不负韶华，为高质量开创新时代美丽幸福好龙泉建设新局面，确保与全省同步高水平全面建成小康社会而努力奋斗！

政府工作报告有关名词解释

1.“五个一百”：指百名涉企干部进企减负服务、百场企业人才招引交流服务、百名专家进企科技创新服务、百名银行人员进企金融服务、百场企业人才培训服务。

2. 数字经济：指一个经济系统，也是一个信息和商务活动数字化的全新社会政治和经济系统，其本质在于信息化。

3. 浙江制造：指以“标准＋认证”为主要方式，集质量、技术、服务、信誉为一体，代表浙江制造业先进性的区域品牌。

4. 供销e城：指优质农产品销售平台，主要采用市场端的信息形式订单，指导生产，形成完整的生产销售链条，为杭州等大中城市居民提供安全、放心的优质生态农产品。

5.“三权”抵押贷款：指使用农村土地流转承包经营权、林权及农民住房财产权进行抵押贷款。

6.“一园两区”：指浙江省将凤阳山—百山祖等区域与钱江源国家公园体制试点区域整合，所形成的一个国家公园下辖两个相对独立园区的创建架构。

7. 清新空气示范区：指由浙江省大气办评定，打赢蓝天保卫战成效显著、环境空气质量达到国家二级标准、基本消除重污染的县级以上城市。

8.“三个100%”：指平均地表水水质Ⅰ—Ⅱ类比例为100%，跨行政区域河流交接断面水质达标率达100%，城市集中式饮用水源水质达标率达100%。

9.“标准地”：指浙江省要求土地出让前明确每块建设用地的规划建设标准、能耗标准、污染排放标准、产业导向标准、单位产出标准等，再行挂牌出让。企业拿地后，经相关部门“一窗受理”后就可直接开工建设，待建成投产后，按照既定标准与法定条件验收。

10.飞地经济：指两个相互独立、经济发展存在落差的行政地区打破原有行政区划限制，通过跨空间的行政管理和经济开发，实现两地资源互补、经济协调发展的一种区域经济合作模式。

11.医共体：指以县级医院为龙头、乡镇卫生院(社区卫生服务中心)为成员整合形成的医疗卫生共同体。

12.“雪亮工程”：指以县、乡、村三级综治中心为指挥平台、以综治信息化为支撑、以网格化管理为基础、以公共安全视频监控联网应用为重点的群众性治安防控工程。

13.“三公”经费：指因公出国(境)经费、公车购置及运行费、公务招待费。

14.GEP：指生态系统生产总值，是由世界自然保护联盟提出，旨在建立一套与国内生产总值相对应的、能够衡量生态良好的统计与核算体系，主要指标是生态供给价值、生态调节价值、生态文化价值和生态支持价值。

15.“两山”理念：指习近平总书记任浙江省委书记时提出的“绿水青山就是金山银山”理念。

16.“四大”建设：指浙江省大湾区、大花园、大通道、大都市区建设。

17.“一长两员两车”：指龙泉市为做深做细“三服务”，统筹推进疫情防控和经济发展，建立的派企服务长、驻企服务员、健康指导员、服务企业直通车、巡回体检服务车服务机制。

18.“一带一路”：指丝绸之路经济带和21世纪海上丝绸之路。

19.“四好农村路”：指把农村公路建好、管好、护好、运营好。

20.“产学研用金、才政介美云”十联动：指把产业、学术界、科研、成果转化、金融、人才、政策、中介、环境、服务十方面因素融合提升，打造一个创新创业的生态系统。

21.“10+N”：“10”指营商环境便利化主要指标，按照企业全生命周期分为企业开办、办理建筑许可、用电报装、用水报装、用气报装、不动产登记、获得信贷、纳税、跨境贸易、企业注销。“N”指若干个无法量化的支撑性指标，具体有惠企政策、执行合同、知识产权保护、办理破产等。

22.“三服务”：指服务企业、服务群众、服务基层。

23.“五减”：指减税、减费、减租、减息、减支。

24.“凤凰行动”：指浙江省推动产业转型升级的重要举措，核心是推进企业上市和并购重组。

25.“雏鹰行动”：指浙江省推动中小企业高质量发展，着力培育一批“隐形冠军”“单项冠军”。

26.“一优三特”：指龙泉市汽车空调零部件一大优势产业和青瓷宝剑、竹木加工、健康食品加工三大特色产业。

27.“两化”：指工业化和信息化。

28.“六个千亿”产业投资工程：指浙江省谋划开展的千亿数字经济工程、千亿生命健康工程、千亿高端装备工程、千亿文化旅游工程、千亿能源环保工程、千亿技术改造工程。

29.新基建：指以5G、大数据中心、人工智能、工业互联网等为代表的新型基础设施。

30.省“2+6”项目清单：“2”即抢抓窗口期争取国家支持重大项目清单、抢抓实物量提速推进重点项目清单。“6”即中央预算内投资项目清单、政府专项债清单、企业债发行项目清单、重大产业项目清单、数字浙江基础设施建设项目清单、央企合作重大项目清单。

31.总部经济：指招引企业集团总部、区域总部在本地区落地布局、登记纳税，进而带动形成总部集聚效应的经济形态。

32.名城提质“1139”工程：指龙泉市谋划实施的以“一心一江三线九区”为重点的城市品质提升工程。前“1”即九姑山、棋盘山、凤凰山这一城市绿心；后“1”即瓯江两岸；“3”即城市绿道线、城市中轴线、城市外环线三条线；“9”即城东新城、龙泉火车站区块、西街历史文化街区、宝剑小镇区块、凤起路区块、江滨南秦区块、中国龙泉鞋城——鞋产业回归工程区块、江滨南岸上水南区块、江滨南岸下水南区块九大区块。

33.“两进两回”：指科技进乡村、资金进乡村，青年回农村、乡贤回农村。

34.种植业“五园”：指道地药园、生态茶园、精品果园、放心菜园、特色菌园。

35.“三位一体”农合联：指具有生产、供销、信用“三位一体”服务功能的农民合作经济组织联合会。

36.“千万工程”：指“千村示范、万村整治”工程，是浙江省“绿水青山就是金山银山”理念在基层农村的成功实践。

37.“五治融合”：指政治、德治、法治、自治、智治融合。

38.消薄：指消除集体经济薄弱村。

39.“一老一小”：指养老服务、托幼服务。

40.儿童之家：指依托村(社区)、中小学校等设施资源建立，为留守儿童提供临时照料、课后托管等服务的综合性服务设施。

41.初中“壮腰”工程：指针对我市初中教育短板，通过培育初中强校，带动初中整体办学质量、优质教学资源覆盖面全面提升的教育提质工程。

42.流动医院：指以巡回诊疗服务车为基础，进村入户开展医疗健康服务，破解偏远山区看病难的一项举措。

43.“套路贷”：指以非法占有为目的，假借民间借贷之名实施的违法犯罪行为。

44.“四个意识”：指政治意识、大局意识、核心意识、看齐意识。

45.“四个自信”：指中国特色社会主义道路自信、理论自信、制度自信、文化自信。

46.“两个维护”：指坚决维护习近平总书记党中央的核心、全党的核心地位，坚决维护党中央权威和集中统一领导。

龙泉市人民代表大会常务委员会工作报告

——在龙泉市第十六届人民代表大会第四次会议上

（2020 年 4 月 27 日）

龙泉市人民代表大会常务委员会主任　叶砝仙

2019 年工作回顾

2019 年是中华人民共和国成立 70 周年，高水平全面建成小康社会的关键之年，也是地方人大设立常委会 40 周年。一年来，在中共龙泉市委的坚强领导下，在丽水市人大常委会的指导下，市人大常委会高举习近平新时代中国特色社会主义思想伟大旗帜，坚持党的领导、人民当家作主、依法治国有机统一。增强“四个意识”、坚定“四个自信”、做到“两个维护”。贯彻习近平总书记关于坚持和完善人民代表大会制度的重要思想，大力弘扬践行浙西南革命精神、剑瓷精神，自觉砥砺“丽水之干”，助力高质量书写创新实践“绿水青山就是金山银山”理念龙泉新篇章，全面履行宪法法律赋予的职责。一年来，共召开常委会会议 6 次、主任会议 12 次，听取和审议“一府一委两院”专项工作报告 22 个，开展执法检查 2 次，开展专题调研 21 个，作出决议决定 12 个，提出审议意见10 个，督促办结代表建议、批评意见 171 件，较好地完成了市十六届人大三次会议提出的各项任务。

一、坚持为党传声，服务大局有力有为

坚持和加强党对人大工作的领导，认真贯彻落实市委重大决策部署，坚持重大事项向市委请示报告，确保常委会工作与市委决策部署同向发力。

（一）深入开展“不忘初心、牢记使命”主题教育。按照中央、省委、丽水市委、龙泉市委的统一部署，认真开展“不忘初心、牢记使命”主题教育。坚持习近平新时代中国特色社会主义思想这一主线，组织开展集中学习和“八个专题”交流研讨。把主题教育和“三服务”“八联八促”活动结合起来，通过集中视察、执法检查等多种形式，推进工作落实。认真对照党章党规找差距，检视剖析问题，听取各方面意见，高质量召开民主生活会，共梳理出 8 个方面问题。制定问题整改清单和责任清单，扎实推进“8+1”专项整治，制定和完善了 9 项规章制度，有效解决了一些突出问题。积极指导乡镇（街道）人大开展主题教育，以乡镇（街道）人大代表联络站为主阵地，组织各级人大代表开展主题教育活动，为代表补钙强身，使代表在理论学习上有收获、思想政治上受洗礼、履职建言上出成果。

（二）全面助力“三大攻坚战”。常委会自觉担当时代使命，在打好“三大攻坚战”中真抓实干，展现作为。一是助推脱贫攻坚。常委会持续关注小城镇环境综合整治、“大搬快聚”等富民安居工程，积极开展专项监督，在完善政策、项目推进等方面发声助力。常委会主任会议成员驻点联系 12 个贫困村，机关干部结对贫困家庭，身体力行参与脱贫攻坚工作。二是助推污染防治。围绕打好环境污染攻坚战，切实加强环保监督。审议市政府关于龙泉市 2018 年环境状况和环境保护目标完成情况报告，建立乡镇（街道）环境报告制度。组织代表视察龙泉市静脉产业项目——垃圾资源化协同处理工程和“垃圾分类处理工程”等民生实事项目，持续关注城市截污纳管三年行动计划实施。三是助推政府重大风险防范。监督政府推行隐性债务三年化解计划，提升科学防范和化解债务风险的能力和水平，审查批准年度政府债务限额，助力政府加强和改进债务管理，进一步降低债务风险。针对超强台风“利奇马”、重大干旱等自然灾害，及时关注政府抗灾资金拨付，保障受灾地区恢复生产生活。

（三）积极推进重大事项决定。围绕全市中心工作，作出实施“文旅兴市”发展战略，加快建设文化龙泉，促进文旅深度融合发展的决议，号召全市上下把思想统一到全面实施“文旅兴市”发展战略的行动中来，把市委的决策部署转化为全市人民的自觉行动。常委会贯彻落实省委、丽水市委人大工作会议精神，协助市委出台《关于高水平推进新时代人大工作和建设的意见》，提出以习近平新时代中国特色社会主义思想指导统领新时代人大工作、支持和保证人大依法行使职权、推进人大工作创新发展等五个方面16条具体举措，全方位推动我市人大工作高质量高水平发展。始终把讨论和决定重大事项作为关注民生、维护民利、促进发展的重要措施，修订完善《市人大常委会讨论决定重大事项的规定》，进一步保障和规范常委会依法行使讨论、决定重大事项的职权。

（四）依法作出决定任免。常委会完善《中共龙泉市人大常委会党组议事规则》，坚持党管干部原则与人大依法任免权相统一，进一步规范任免程序，依法依程序任免干部112人次，圆满实现了丽水、龙泉市委人事安排意图。完善宪法宣誓制度，在组织做好人大常委会任命干部向宪法宣誓的同时，督促“一府一委两院”组织开展对任命的国家工作人员向宪法宣誓，共组织宪法宣誓190人次。进一步强化干部任后监督，出台履职工作评议办法，对6个政府组成部门负责人开展履职评议，并将评议意见反馈给市委，切实增进评议刚性，督促任命人员依法行权、勤勉履职。

二、坚持依法履职，专项监督精准有效

坚持以人民为中心，把发展、民生作为监督的重点，突出“盯住法”“管好钱”“把牢图”，综合运用监督手段，依法有序开展监督，进一步提升了人大监督的刚性和实效。

（一）强化财政预算监督和审查。审查批准了市政府2018年度决算草案，促进预决算编制更加科学、合理和完整。加强预算执行、预算调整、财税改革等重大事项监督，听取和审查了市政府2019年1—6月预算执行情况的报告，审查批准市政府2019年度财政预算调整，推动政府及财政部门更好落实中央财税经济改革发展部署和省委、市委决策要求。持续监督财政专项资金整合和使用管理，督促专项资金使用绩效，2018年我市获得国务院办公厅和省政府办公厅对财政管理工作绩效督查通报表彰，2019年又被评为全国县级财政管理绩效综合评价优秀县。高度重视审计查出问题整改情况监督，听取和审议市政府关于2018年度预算执行及其他财政收支情况审计工作的报告，听取市政府关于2018年度预算执行和其他财政收支情况的审计工作报告整改落实情况报告，支持和监督政府管好“钱袋子”，集中财力办大事。加强国有资产监督，协助市委出台市人民政府向市人大常委会报告国有资产管理情况制度的意见，审议市政府2019年国有资产管理情况报告、听取和审议关于国有企业市场化改革有关情况的报告，要求市政府完善监管体系、改进监管方式、提升国有资产监管效能，加快实现国有企业市场主体转型，不断完善国有企业法人治理结构。

（二）强化生态经济高质量发展监督。积极开展促进民营经济高质量发展专项监督，要求形成合力，完善机制，精准帮扶，努力破解民营经济发展要素制约，进一步优化发展软环境，营造良好氛围。市政府高度重视审议意见落实，出台《关于推进生态工业高质量绿色发展的若干政策》，全面推动我市生态工业高质量绿色发展。听取和审议市政府关于文化旅游产业发展报告，要求完善项目规划、提升管理服务、强化保障措施。听取和审议市政府竹产业、水果产业发展情况报告，要求加强产业规划、加大资金扶持、提高管理服务水平，促进农民增收。

（三）强化司法领域监督。促进依法监察，主任会议听取市监委贯彻落实《中华人民共和国监察法》情况专项工作报告。健全完善常态化监督司法工作机制，深化和落实《监督司法机关工作实施细则》，明确司法机关重大情况报告制度。跟踪督促检察机关开展公益诉讼工作意见的落实。组织开展法院执行工作调研，围绕工作机制、队伍建设等问题，要求通过强化联动机制，强化执行管理，进一步加大执行工作力度。支持和监督法院开展“春雷”行动执行会战，重点清理了一批特殊案件和重点疑难案件。支持和监督扫黑除恶专项斗争，为扫黑除恶专项斗争营造良好的法治环境和社会舆论氛围。按照省、丽水市人大要求，进一步做好规范性文件备案审查系统的普及使用，推进备案审查信息化工作。全年共接受市政府报送的规范性文件20件，经审查均无异议。

（四）强化民生领域监督。开展《浙江省学前教育条例》执法检查，提出小区配套幼儿园规划、公办幼儿园占比、城区幼儿园布局等6个方面的问题及整改建议，有效推进我市学前教育工作。联动开展《浙江省残疾人

保障条例》等执法检查。认真配合《丽水市文明行为促进条例(草案)》《丽水市城市养犬管理规定(草案)》和《丽水市大窑龙泉窑遗址保护条例》等民生领域立法调研工作。开展《丽水市城市市容和环境卫生管理条例》实施情况执法检查,听取和审议市政府贯彻实施情况报告,要求通过完善基础设施、解决突出问题等方式,提升市民文明素质,保证条例落到实处。市政府高度重视审议意见,积极推进市容环境综合治理,全面营造良好社会氛围,确保工作责任落到实处。开展《浙江省宗教事务条例》实施情况调研,提出了加强《条例》学习活动、完善宗教管理机制、打击非法宗教活动、规范宗教场所建设和强化爱国主义教育等建议。听取关于"最多跑一次"改革工作情况报告,要求通过找问题、补短板,精准发力,切实推进全市"最多跑一次"改革。监督政府落实小城镇环境综合整治审议意见。持续关注农村饮用水安全问题,三年来,全市农村饮用水达标提标工程投入资金1.66亿元,完成提升项目163个,改善了14.24万农村人口的饮用水条件。常委会关于监督政府落实农村饮用水安全情况的工作,得到上级人大的充分认可,丽水电视台《人大关注》节目进行了专题报道。

(五)强化政府"十件民生实事"项目跟踪监督。积极开展实事项目全程跟踪监督,监督方案早谋划、监督任务早部署、监督效果早体现,采取专题视察、走访群众、听取汇报、查阅资料等形式,就项目推进过程中存在的47个问题提出了56条建议意见,有力助推市政府民生实事顺利实施、按期完成。同时,督促政府落实2019年度乡镇(街道)民生实事项目建设资金860万元,使民生实事项目票决制工作真正落到实处。

三、坚持为民尽责,代表作用更好发挥

常委会积极适应新时代人大工作发展要求,牢固树立尊重代表、依靠代表、服务代表的理念,不断加强和改进代表工作,引导和支持代表更好地投身服务大局的"主战场",当好人民群众的"代言人"。

(一)进一步加强履职平台建设。注重基础建设。按照我市规范化人大代表联络站建设三年规划,2019年对西街、剑池等9个代表联络站进行提升,按标准建设固定场所、配置会议桌椅和资料柜等硬件设施,完成场内外布置工作。建立"二簿三制度",给每位代表建立工作档案,并充分利用互联网技术,在提高信息化上下功夫,发挥网上代表联络站密切联系群众的功能作用。注重特色建设。部分乡镇(街道)人大结合当地实际,将剑瓷文化、红色文化、乡贤文化、五金文化等本土元素融入代表联络站规范化建设内容当中,充分彰显了个性和特色,实现了"场所便民、人员到岗、制度完备、活动有序、富有特色"的目标。注重建设成效。充分发挥代表联络站平台作用,市乡两级代表认真开展密切联系人民群众主题活动,按照"走访一批选民、提出一条意见和建议、办好一件实事、结对一个困难户"的要求,开展好代表履职工作。努力将代表联络站建设成为"学习之家""履职之所""服务之地"。2019年,全市代表联络站共组织学习培训52次,组织视察调研156次,组织代表走访接待选民3116人次,结对困难户783户,收集意见建议864件,解决落实643件。

(二)进一步加强代表服务工作。落实"双联制度"。主任会议成员带头走访联系代表,及时掌握代表履职情况,帮助解决履职过程中的问题和困难,认真听取代表意见、批评和建议。市人大代表通过走访、接待来访、召开座谈会等方式,倾听群众诉求,反映群众意愿,推动解决了一批事关群众切身利益的问题。同时,通过邀请代表参加会议、视察、执法检查、专题调研等活动,激发代表履职活力,彰显代表主体作用,推动工作高效开展。优化代表履职培训。常委会以提高代表履职能力为目标,精心组织开展代表履职培训活动。组织常委会组成人员和部分人大代表参加人大履职能力培训班。通过培训学习增强了履职意识,拓宽了监督视野,加强了工作交流。强化履职保障。进一步完善和落实人大代表履职保障机制,激发代表履职积极性和主动性。出台代表履职登记管理、代表述职等办法,如实掌握代表履职情况,更好地发挥代表主体作用,优化代表履职服务,推进市人大代表向选区选民述职工作的制度化、规范化和程序化,2019年共组织130名市人大代表向选民述职,引导和激励代表履好职、尽好责。

(三)进一步加强代表建议办理。常委会坚持把办好代表建议作为保障代表民主权利的有效途径,全力推动代表建议落实。紧盯时间节点。坚持代表建议会议交办制度,9月底全面完成建议办理工作,比2018年提前3个月。紧盯工作重点。坚持重点建议"主任督办、市长领办、阳光办理"制度,确定《关于加快推进龙商鞋产业回归工程项目建议》等10件为重点建议,常委会主任、副主任重点督办。针对重点问题,深入基层,认真听取办理工作情况汇报,吸纳代表和群众意见建议,提出有效措施,有力推动问题解决。紧盯办理质量。扎实推进各工委(办)联合督办工作机制,督促各承办单位加快办理进度,努力提高代表建议办理质量。全年对建议

办理态度表示满意169件，占98.8%，基本满意1件，占0.6%，不满意1件，占0.6%；对办理结果表示满意164件，占96%，基本满意5件，占2.9%，不满意2件，占1.1%。

四、坚持固本强基，人大建设不断优化

常委会机关按照"全面担负起宪法法律赋予的各项职责的工作机关、同人民群众保持密切联系的代表机关"的定位，始终把加强自身建设作为促进工作的"硬指标"，以政治建设为统领、以制度建设为保障、以作风建设为抓手，努力提高依法履职、服务大局的能力和水平。

（一）推进理论武装。始终把党的建设放在突出位置，坚持完善理论学习制度，丰富学习内容。常委会坚持会前学法制度，认真组织学习中小企业促进法、旅游法等6部法律法规。坚持落实党组（扩大）理论学习会制度，第一时间传达中央、省委、丽水市委、龙泉市委相关会议精神。全面加强思想建设、作风建设、能力建设，进一步提高了常委会组成人员服从服务大局、依法推动解决问题的能力。

（二）加强内部建设。成立社会建设委员会，组建社会建设工委，各项工作规范有序推进。组建社会建设专家咨询组，进一步汇集专家的智慧和力量。严格遵守政治纪律和政治规矩，全面落实从严治党要求，坚持以制度管人管事。结合省委巡视反馈意见，修订完善会议请假制度和机关公务接待实施细则等制度，完善常委会机关政务、事务、财务等各项管理制度，保证了机关各项工作有序运转。加强代表队伍的管理，对个别代表在思想、工作、生活上存在的一些苗头性问题进行约谈提醒。加强机关党建，主动参与社区共建，并在其中真抓实干，善作善成。重视机关老干部工作，密切联系，主动关怀，努力为老干部提供热情优质的服务。

（三）传播人大声音。及时发布人大决议、决定，将常委会工作始终置于人大代表、人民群众和社会各界的有效监督之下，充分发挥新闻媒体作用，及时报道常委会的重要会议、重大活动和创新举措，大力宣传人大代表先进事迹。一年来，共有200多篇人大信息被省、丽水市相关媒体刊发。认真做好信访工作，全年共接到来信来访53件，其中来信23件，来访30批次。人大机关认真做好省人大常委会在我市召开的省人大农业农村工作座谈会和省人大代表丽水中心组会前视察座谈会相关工作。精心组织纪念地方设立人大常委会40周年系列活动，通过纪录片、展板、座谈会等形式，全面回顾市人大常委会40年的工作历程和历史成绩，在倾听历史的回声中进一步激发机关战斗力、提升执行力。

（四）加强乡镇（街道）人大工作指导。切实加强与乡镇（街道）人大的工作交流和指导联系，制定出台规范乡（镇）人民代表大会会议意见，指导乡镇人大开好一年两次人代会。定期召开乡镇（街道）人大工作例会，通过学习互动、工作联动和制度促动，不断提高乡镇（街道）人大工作水平。

各位代表，岁末年初，我们共同经历了抗击新冠肺炎疫情战役，市人大常委会认真履行工作职能，及时贯彻部署省、丽水市两级《关于依法全力做好当前新型冠状病毒感染肺炎疫情防控工作的决定》；及时发布倡议书，号召全体代表、机关干部投身疫情防疫；常委会领导积极开展"三服务"活动，走访联系乡镇和联系企业，有序指导疫情防疫和复工复产；全市各级人大代表积极响应号召，以高度的责任感和使命感，立足各自岗位，发挥自身优势，积极投身抗疫一线，当好战斗员、监督员和宣传员，用实际行动诠释了"人民选我当代表，我当代表为人民"的庄严承诺。为你们点赞！

各位代表，一年来市人大常委会紧紧围绕全市发展大局依法履职，各项工作取得明显成效。这是市委坚强领导的结果，是全体人大代表和全市各级人大工作者共同努力的结果，也是"一府一委两院"及有关部门、乡镇（街道）和社会各界大力支持的结果。在此，我代表市人大常委会表示衷心感谢！

回顾一年来的工作，常委会的工作与宪法和法律的要求，与各位代表和人民群众的期望还有一定的差距，主要是在完善讨论决定重大事项常态化机制、精准有效开展专项监督、更好发挥代表作用等方面还有待加强。我们将自觉接受全市人民的监督，虚心听取代表和各方面意见建议，在今后的工作中不断加以改进。

2020年工作思路

2020年是高水平全面建成小康社会和"十三五"规划的收官之年，也是龙泉撤县设市30周年和衢宁铁路通车之年。今年市人大常委会工作的总体要求是：以习近平新时代中国特色社会主义思想为指导，深入学习习近平总书记关于坚持和完善人民代表大会制度的重要思想、习近平总书记考察浙江时的重要讲话精神，深入贯彻落实党的十九届四中全会精神，按照省、丽水市委人大工作会议的要求，围绕"高水平推进县域治理现代化，高质量提升新时代美丽幸福好龙泉建设水平"这一个主题，弘扬践行浙西南革命精神，铸就龙泉"精神之剑"，创新实践"两山"理念，坚定厉行"丽水之干"，为党传声、依法履职、为

民尽责，高水平推进我市新时代人大工作和建设。根据这一总体要求，着重做好以下四个方面的工作：

一、着力彰显高质量的服务作为。 准确把握人民代表大会制度的性质、地位和作用，明确使命任务，以高度的责任感和使命感，高水平推动我市人大工作高质量发展。坚持围绕中心。持续深入学习习近平中国特色社会主义思想、习近平关于坚持和完善人民代表大会制度的重要思想。自觉把坚持党的领导作为对党忠诚的核心要义来落实，坚持重大事项向市委请示汇报，认真行使重大事项决定权和人事任免权。深入贯彻市委高水平推进县域治理现代化的决定，助推县域治理体系和治理能力高质量发展。坚持服务大局。积极推进市委高水平推进新时代人大工作和建设意见的贯彻落实，切实把文件精神贯穿到落实市委决策部署中去，融汇到推进经济社会高质量发展的全过程，确保常委会的每一项工作、每一项举措都自觉服从大局，坚决服务大局，有效助推大局。坚持助推发展。深度聚焦高水平全面建成小康社会，“打好三大攻坚战”，面对突如其来的新冠肺炎疫情，助力政府守好不发生重大风险的底线，全面完成脱贫攻坚任务，切实保护好绿水青山源头。践行“两山”理念，围绕生态产业价值转化，继续在推动企业转型、产业融合、平台升级等方面充分发挥人大作用。

二、着力实施高质量的人大监督。 综合运用专项审议、视察调研、执法检查等手段，打好监督组合拳，增强监督刚性，提升监督权威和实效。进一步加强预算计划监督。开展“十三五”规划纲要执行情况及“十四五”规划纲要编制情况报告监督。加强国民经济和社会发展计划的审查监督，促进龙泉社会经济健康发展。继续推进《预算法》的贯彻落实，促进财政管理水平提升。做好预算和预算执行情况的审查监督。加强政府性债务的审查监督，促进政府有效防范和化解债务风险。做好财政预算联网监督工作，确保按省、丽水市人大有关要求顺利实现对财政的联网监督。积极推进市人民政府向市人大常委会报告国有资产管理情况制度的实施。进一步加强行政司法监督。围绕回应全市人民重大关切，促进“一府一委两院”担当作为、优化服务。围绕推进依法治市，进一步强化人大法律监督，促进依法行政和公正司法，开展民事行政检察和人民调解工作监督。进一步加强人大任命干部监督工作，不断提高国家行政和司法机关法律工作水平。进一步加强社会民生监督。围绕生态环境保护，继续落实环境报告制度。审议《龙泉市国土空间总体规划》，保障规划的科学性、严谨性和有效性。扎实推进民生实事项目代表票决制工作，推动以“十件民生实事”项目为基础的重大民生事项高质量实施。关注突发公共卫生事件处置能力建设和民生诉求，听取和审议市政府关于新冠肺炎疫情防控和复工复产工作报告。专题调研卫生服务体系和养老体系建设。认真贯彻执行《全国人大常委会关于全面禁止非法野生动物交易、革除滥食野生动物陋习、切实保障人民群众生命健康安全的决定》，加强对《决定》和涉及野生动物、动物防疫法律法规落实执行情况的监督。继续关注农村饮用水安全，保障食品安全和群众身体健康。开展食用菌产业发展情况监督，助推农业产业数字化转型发展，促进农民收入持续增长。

三、着力打造高质量的履职平台。 尊重代表主体地位，充分发挥代表作用。着力为代表依法履职拓展渠道、优化服务、强化保障。进一步加强代表履职培训。不断提高代表的思想政治素质、法律政策水平和专业知识素养。认真做好代表专题调研和集中视察的组织工作，引导代表在实践中不断提高履职水平。认真做好代表“双联”工作。进一步做好常委会联系代表和代表联系群众工作。扎实开展代表走访活动，有针对性地组织常委会组成人员与人大代表结成对子，帮助人大代表提升参与行使国家权力的能力。积极拓展代表履职渠道。积极搭建信息化平台，让代表及时便捷地了解经济社会发展、预算编制执行、常委会履职等方面的新情况。健全常委会、专门委员会、工作委员会的重要工作定期向人大代表通报机制，适时向代表发送相关参阅材料，为代表们审议各项工作报告提供服务，提高会议审议质量。按照内容高质量、办理高标准的要求，不断提升代表建议办理质量，切实把代表建议从“纸上”落到“地上”。加强对乡镇（街道）代表联络站工作和建设的指导，促进代表联络站场所、经费落实到位，确保代表联络站规范化建设计划的完成。

四、着力建设高素质的人大队伍。 继续抓基层强基础，不断总结实践经验，强化责任担当，推动人大工作与时俱进。加强人大自身建设。深入推进“不忘初心、牢记使命”主题教育常态化、制度化。加强制度建设，健全人大组织制度和议事制度。强化作风建设，深入推进全面从严治党和党风廉政建设，教育和引导人大干部始终牢记党的宗旨，坚决抵制各种不良风气，做到作风正派、勇于担当，维护好人大队伍和人大机关的良好形象。积极提升工作效能。进一步提高人大机关党建工作水平。大兴理论学习和调查研究之风，提升人大代表和人大干部政治素质和履职能力。大力加强人大新闻舆论工作，进一步营造有利于提振精神、推进工作的良好环境。推动基层人大工作。进一步加强对乡镇（街道）人大工作的指导，加强乡镇人大干部队伍建设。全面贯彻落实《浙江省街道人大工作条例》，建立健全街道人大工委工作机制。积极探索在经济开发区开展人大工作，引导各方面力量，促进开发区经济社会发展。

各位代表，“红日初升，其道大光”，让我们合着撤县设市30周年的强劲节拍，凝聚29万龙泉人民的奋进共识，以习近平新时代中国特色社会主义思想为指导，在中共龙泉市委的坚强领导下，聚焦新目标，同心促发展，高水平推进新时代人大工作和建设，为更高质量推进新时代美丽幸福好龙泉而努力奋斗！

中国人民政治协商会议第九届龙泉市委员会常务委员会工作报告

——在政协第九届龙泉市委员会第四次会议上

（2020年4月26日）

政协龙泉市委员会主席　刘赤波

2019年以来工作回顾

2019年是中华人民共和国和人民政协成立70周年，也是我市决胜高水平全面建成小康社会、推进“十三五”规划顺利实施的关键之年。在中共龙泉市委的坚强领导和市人大常委会、市政府的大力支持下，市政协及其常委会团结带领全体政协委员和各参加单位，深入学习贯彻中共十九大、十九届历次全会精神和习近平总书记关于加强和改进人民政协工作的重要思想，全面贯彻落实上级党委政协工作会议精神，在把握新方位新使命中主动担当作为，在发挥专门协商机构作用中服务中心大局，在加强思想政治引领中广泛凝聚共识，圆满完成市政协九届三次会议确定的各项工作任务，为高质量开创新时代美丽幸福好龙泉建设新局面作出了积极贡献。

一、笃定前行航向，党对政协工作的领导更加强化

市政协常委会始终旗帜鲜明讲政治，把加强党对政协工作的全面领导作为政治忠诚的首要原则来把握，自觉接受和服从党的领导，确保新时代政协工作沿着正确的政治方向阔步前进。

深入开展“不忘初心、牢记使命”主题教育。按照市委统一部署，紧扣“守初心、担使命、找差距、抓落实”总要求，将深化主题教育与加强市政协常委会的履职工作及自身建设有机结合起来，认真做好主题教育各项工作。紧扣主题主线，学原著、读原文、悟原理，重点围绕党的政治建设等8个专题开展集中研讨，讲好专题党课，共开展专题学习讨论活动13次。积极走乡入村进企深化“三服务”，聚焦乡村振兴、企业发展、民生保障、基层治理、基层组织建设五大难题，形成调研报告16篇，提出建议意见90余条，帮助基层解决企业发展、农民增收、民生改善等实际困难30余个。深刻进行对照检视，高质量开好专题民主生活会，认真制定检视剖析问题“两张清单”，扎实开展“8+1”专项整治，确保各项整改任务落地见效。

认真贯彻党委政协工作会议精神。中央、省委和丽水市委相继召开政协工作会议，市政协党组均第一时间组织认真学习会议精神，深刻领会精髓要义，推动会议精神层层学深悟透。结合龙泉实际，认真做好市委政协工作会议各项筹备，配合市委制定出台《中共龙泉市委关于新时代加强和改进人民政协工作的实施意见》，明确了做好新时代人民政协工作的总体要求，对充分发挥专门协商机构作用、准确把握政协履职中心环节、着力强化政协委员责任担当、健全完善人民政协工作制度、切实加强党对人民政协工作的全面领导等方面作出了具体规范，为今后政协作用的充分发挥提供了遵循和支持。

切实加强政协系统党的建设。制定下发《市政协党组2019年工作要点》，明确各项目标任务，切实发挥市政协党组把方向、管大局、保落实的核心保证作用，努力把党的主张转化成市政协各参加单位、各党派团体和全体政协委员的共识，推动党的决策部署在政协组织中落到实处。成立了市政协党建工作领导小组，召开了全市政协系统党建工作会议，印发了《市政协党组议事规则》《市政协机关党组工作规则》，设立了党员委员活动小组，实现了党的组织对党员委员和党的工作对政协委员的“两个全覆盖”。组织开展弘扬践行“浙西南革命精神”主题党日、“七一”主题党日活动，努力提高市政协机关干部的思想政治素质和服务保障水平。

二、聚焦发展大局，专门协商机构的价值更加彰显

市政协常委会始终坚持突出协商主责主业，不断丰富协商形式，规范协商程序，切实提升协商质量和价值，使协商民主的重要渠道和专门协商机构的重要作用得到有效发挥，27个专题协商计划全面完成。

广泛深入组织全会协商。市政协九届三次会议期间，全体政协委员通过大会发言、分组讨论等形式协商讨论了“一府两院”工作报告，围绕我市经济、政治、文化、社会、生态文明建设等各个方面与市党政领导开展互动协商，共谋发展大计。围绕“加快西街历史文化街区保护和利用”“助推我市汽车（空调）零部件产业转型升级”“扎实推进乡村振兴”3个专题进行全方位协商讨论，形成意见建议32条，得到市委市政府积极采纳和研究落实。

扎实有力推进“请你来协商”。认真落实省委、省政协关于开展“请你来协商”工作的部署，制定了“6+X”年度协商计划，围绕“文旅兴市”“剑瓷文化深化、物化、转化”“乡村振兴”“民营实体经济发展”“国家公园创建”“工程车治理”“三治融合治理”等开展了7次“请你来协商”活动。王顺发书记、吴松平市长及市委市政府相关领导亲自参加协商活动，与广大政协委员和群众代表面对面总结经验、剖析问题、商讨对策、凝聚共识，取得了良好成效，其中“文旅兴市”专题被省政协列为年度“请你来协商”优秀案例，“请你来协商”逐渐成为政协专门协商机构建设的重要品牌。

积极有效落实协商计划。通过召开常委会会议、主席会议对市委全会工作报告、年度政府工作报告等重要文件，城市空间发展规划调整及城市建设等重大事项，产业创新服务综合体等重点项目进行全面协商，就发展定位、平台建设、措施保障等关键性问题提出协商意见，为市委市政府重要决策提供参考。同时，市政协各专委会组织开展了专题协商、对口协商、提案办理协商20余次。以全体会议为龙头，常委会会议、主席会议、“请你来协商”为重点，重点提案办理协商、专题协商、对口协商为补充的协商议政格局基本形成。

三、围绕中心履职，助推高质量发展的成果更加丰硕

市政协常委会始终坚持在全局中思考，在大局下行动，紧扣全市中心工作建言资政，为加快后发地区建设、提高经济发展质量、共享社会发展成果履职尽责，贡献政协智慧和力量。

助力实现“两手硬、两战赢”。历史上所罕见的新冠肺炎疫情发生以来，市政协常委会认真落实上级政协和市委有关“两手都要硬，两战都要赢”的各项决策部署，第一时间发出《倡议书》，制定《积极助力做好新型冠状病毒感染的肺炎疫情防控工作实施方案》。主席会议成员和机关全体干部走进乡镇（街道）、村（社区）、企业开展“一对一”“点对点”的精准“三服务”40余次，协调解决基层在疫情防控和复工复产中面临的困难20余项。全体政协委员积极响应号召，主动投身人员排查、卡点管控、志愿服务、后勤保障等工作，特别是医疗卫生界别政协委员始终奋战在抗疫一线主战场，彰显了政协委员的责任担当和履职风采。全体政协委员充分发挥自身优势，积极捐款捐物，截至目前，政协委员及各参加单位累计捐款捐物300余万元，助力打赢疫情防控阻击战和发展总体战。

切实提高建言资政质量。没有调查，就没有发言权。市政协常委会始终坚持把调查研究作为履职尽责的重要任务，作为建言资政的基础和前提，全年围绕我市重大项目建设、实体经济发展、城乡统筹协调、民生事业保障以及实施重要改革事项组织开展多种形式的调研，针对完善铁路站场规划、有效推进旧城改造、加快温州龙商鞋产业回归等重点难点问题提出具体建议意见，2019年底还围绕新一年政协工作思路分三组集体组织外出考察学习。全年共形成具有较高质量的调研报告20余份，其中《龙泉市与全省同步高水平全面建成小康社会短板与对策建议》《扎实推进乡村振兴的实践与思考》《加快剑瓷产业“三化”融合发展的对策建议》等多份报告得到市委市政府主要领导的高度重视和充分肯定。全年收集社情民意信息107件、编发《社情反映》专报16期，上报丽水市政协40件，录用18件，其中《加强疫情防控志愿者的培训指导》得到丽水市政府吴晓东市长的批示，《龙泉市铁路项目建设存在的困难问题及对策建议》《关于加快统筹推进城区相关重点项目建设的建议》等多篇专报得到王顺发书记、吴松平市长的批示，被相关分管领导和职能部门积极吸收和采纳。

努力增强民主监督实效。三次全会以来，共收到以提案形式提出的建议意见174件，立案160件，并案后为106件，提案办复率为100%，提案人对提案办理过程和办理结果的满意率分别为99.1%和98.1%。继续实行党政领导共同领办政协重点提案制度，组织开展重点提案办理民主评议，有效推动了提案办理和落实。根据省政协统一部署，持续开展"城乡生活垃圾分类处理"三级政协联动专项集体民主监督，共开展民主监督活动11次，参加的省市县三级政协委员共92人次，提出意见建议36条，有效推动了该项工作的有序开展。积极推荐政协委员参与医共体建设、"民生调解超市"和"公益诉讼检察开放日"等重点民生活动及重要案件审判现场民主监督。全年共组织开展各类监督活动30余次，累计参加政协委员550余人次，提出意见建议190余条。

全力助推中心工作任务。按照市委统一部署，市政协班子成员在认真完成市委"八联八促"工作任务的同时，继续主动深入一线，全力助推党政中心工作，所直接负责和联系领衔的重点项目成效明显。温武吉铁路完成预可研和初步设计招投标，与铁二院达成共识并形成会议纪要，目前已正式列入国家铁总年度前期项目计划，有望2020年内完成工可及初设工作。衢宁铁路龙泉段及站前广场区块配套项目建设正如火如荼进行，将于年内建成通车。西街历史文化街区保护利用项目有序推进，氧吧长寿小镇一期顺利签约，瑞垟引水工程（一期）、宝剑小镇建设、天然气"县县通"管道建设、龙泉溪治理二期工程、梅溪河综合治理工程、九姑山提升改造等重点工程项目均进展顺利。

四、发挥特色优势，广泛凝聚共识的效果更加显现

市政协常委会始终把握新方位新使命，发挥人民政协的特色和优势，加强思想政治引领，夯实共同思想政治基础，广泛凝聚共识，为全市改革发展营造宽松和谐的社会环境。

积极畅通知情明政渠道。坚持"重要工作情况通报机制"，在常委会会议、主席会议上邀请市政府领导和市直有关部门主要负责人到会通报半年度全市经济社会发展、"平安龙泉"建设、全市教育提质行动实施和行政村规模调整等情况，有效拓展了政协委员知情明政平台，激发了履职热情，推动了相关重要工作落实和完成。召开庆祝人民政协成立70周年暨市政协参加单位工作交流座谈会，使全体政协人对人民政协"是什么、干什么、怎么干"的理解和认识更加透彻。

全面深化团结联谊协作。加强与各民主党派、工商联、无党派人士、社会团体和各族各界人士的密切联系，认真做好协调关系、增进共识的工作，不断巩固和扩大爱国统一战线。认真贯彻党的民族宗教政策，加强与民族宗教界代表人士的沟通联系，及时帮助协调解决清修寺扩建、龙祥观确权等具体问题。积极走访异地龙泉商会，为龙泉籍在外人士回乡创业牵线搭桥，提供支持和帮助。不断深化对外交流，全年共接待外地政协来龙考察活动77批1050人次，配合省、丽水市政协来龙调研10余次，省政协副主席孙景淼、张泽熙、马光明等领导还先后莅临我市参加第十一届龙泉青瓷龙泉宝剑文化旅游节和剑瓷龙泉政协委员会客厅及相关调研活动。

传承发扬文史特色传统。《大美龙泉》文史资料专辑正式出版发行。完成"浙江文化印记"推送工作，青瓷列入候选名单。协助丽水市政协征集"改革开放四十周年"和"教育印记"专辑稿件20余篇。举办庆祝中华人民共和国暨人民政协成立70周年书画摄影展，展出作品70余幅。在《今日龙泉》上继续推出文史专版，全年出刊12期。丽水市级以上媒体全年共采用宣传报道30余篇，其中全国政协《人民政协报》录用2篇，省政协《联谊报》录用7篇。龙泉一中模拟政协委员团队在第六届全国青少年模拟政协活动中再次荣获多项大奖。

大力弘扬社会正能量。坚持把"六送下乡"活动贯穿市政协全年工作中，受到了广大群众欢迎和好评。开展"送法下乡"暨"学习宣传宪法建设法治龙泉"活动，提供现场法律咨询和法律援助100余人次。结合"科技强国科普惠民"主题科技周活动，组织开展"送科技下乡"活动，让科技创新成果走进千家万户。先后走进岩樟、上垟、兰巨等乡镇开展"送文化、教育、卫生下乡"活动，累计受益群众达2000余人次。开展"百名政协委员帮困联百户"行动，进一步提升了政协委员助力低收入农户增收的针对性和实效性，组织全体政协委员积极投身社会公益事业。

五、坚持固本强基，政协履行职能的保障更加严实

市政协常委会始终把加强自身建设作为基础性工作来抓，努力使政协工作符合发展要求，更具时代特色，为新时代人民政协事业创新发展奠定坚实基础。

认真开展"新时代人民政协的新样子"专题讨论活动。紧扣省政协提出的如何把新时代人民政协的政治责任担当起来、如何把新时代人民政协的精神风貌焕发出来等"五个如何"要求，市政协成立了专门组织，制定了具体实施方案，认真组织和参加各项专题讨论活动。全体政协委员积极参与新时代新风貌笔谈、金点子征集等"六个一"活动，共上报笔谈文章20多篇、金点子50余条，我市政协选送的《峥嵘岁月——纪念浙大在龙泉办学八十周年》节目在丽水市政协系统“弘扬践行浙西南革命精神，树立新时代人民政协新样子”朗诵比赛中获得二等奖。通过专题讨论活动，有效地激发了政协系统奋发有为的担当精神和走在前列的工作导向，使“新时代人民政协的新样子”成为政协人的共识和追求。

切实加强委员队伍建设。制定《政协委员学习制度》，充分发挥“政协委员管理服务系统”作用，带动全体政协委员做好“委员作业”。组织全体政协委员参加“高质量履职需要高素质保障”专题报告会，组织政协常委、部分优秀政协委员和信息员分两批次赴延安、西柏坡等地开展教育培训，切实提升委员素质，努力打造一支“懂政协、会协商、善议政，守纪律、讲规矩、重品行”的政协委员队伍。组织开展政协委员乡镇（街道）基层联组联谊，有效推动政协履职向基层延伸和覆盖，切实丰富政协委员履职活动。

健全完善机构和平台建设。根据机构改革和人事变动的实际，市委增设了市政协人口资源环境委员会和教育科技卫生体育委员会，增加了市政协提案委员会专职副主任职数一名，进一步完善了市政协组织体系，充实了工作力量。积极开展“委员会客厅”创建工作，由竺娜亚委员领衔的剑瓷龙泉政协委员会客厅成功获得省政协授牌，目前已组织开展三场专题活动。切实发挥“委员之家”作用，主动搭建政协委员互动交流的平台，常态化组织开展素养提升活动小组活动。

各位委员，市政协过去一年多来各项工作取得的成绩，是中共龙泉市委坚强领导的结果，是市人大常委会、市政府和社会各方面大力支持的结果，也是市政协各党派团体、各参加单位和全体政协委员共同努力的结果。在此，我代表市政协常委会表示衷心感谢！

同时，我们也清醒认识到，与做好新时代人民政协工作的要求和广大人民群众的期望相比，工作中还存在一些不足之处，主要是：建言资政和凝聚共识双向发力效果还不够明显；思想政治引领和广泛凝聚共识举措还不够有力；政协委员履职积极性和主动性还有待激发；政协机关服务和保障水平还有待提升等。我们将在今后的工作中给予高度重视，切实加以改进和解决。

2020年工作任务

2020年是与全省同步高水平全面建成小康社会和“十三五”规划的收官之年，是全面贯彻落实各级党委政协工作会议精神的深化之年，也是推进县域治理现代化的起始之年，做好这一年的政协工作使命光荣、责任重大。市政协工作的总体要求是：以习近平新时代中国特色社会主义思想为指导，按照“学习新思想、携手新时代、聚焦高质量、服务高水平、画好同心圆”要求，紧紧围绕市委十四届八次全会决策部署，坚持团结和民主两大主题，坚持建言资政和凝聚共识双向发力，坚持思想政治引领和广泛凝聚共识相互贯通，充分发挥专门协商机构作用，切实把人民政协制度优势转化为县域治理效能，助力打好疫情防控阻击战和经济社会发展总体战，为我市精彩续写新时代创新实践“两山”理念的龙泉答卷贡献政协智慧和力量。

围绕上述工作思路和目标，主要做好五个方面工作。

一、提高政治站位，坚决扛起人民政协的新使命

全面加强思想政治建设。把践行“两个维护”作为思想政治建设的首要任务，把加强思想政治引领、广泛凝聚共识作为政协履职的中心环节，切实担负起把党的决策部署和对人民政协工作的要求贯彻落实下去、把各界智慧力量凝聚起来的政治责任。团结和带领全体政协委员和各参加单位持续深入学习政治思想理论，深刻领会精神实质，坚决贯彻落实党委对政协的部署要求，不断夯实团结奋斗的共同思想政治基础。

持续深化政协党建工作。认真贯彻落实新时代政协系统党的建设工作要求，加强市政协党组、机关党组和基层党组织建设，充分发挥市政协党组核心保证作用、基层党组织战斗堡垒作用和党员委员先锋模范作用。全体党员委员要切实巩固“不忘初心、牢记使命”主题教育成果，树牢“四个意识”、坚定“四个自信”、坚决做到“两个维护”，主动加强与党外委员、界别群众的联系，切实发挥在政治引领、发扬民主、凝聚共识、合作共事等方面的示范引领作用。

切实担负新时代使命要求。全面贯彻落实市委十四届八次全会要求，增强人民政协是国家治理体系重要组成部分的意识，围绕高水平推进龙泉县域治理现代化这一目标，找准自身履职实际与贯彻落实市委要求的契合点，把建言资政和凝聚共识双向发力贯穿于履职全过程，为市委市政府重大决策部署的贯彻落实厚植民意基础和社会基础，助推龙泉县域治理现代化走深走实走在前列。

二、突出主责主业，充分展现协商民主的新作为

明确规范协商内容。围绕“十四五”规划编制，聚焦打赢“三大攻坚战”，着重就“疫后经济社会发展”和“美丽城镇”建设、县域治理现代化等

重大部署和重点问题组织政协委员开展全面广泛深入的调查研究，提出更多具有针对性和可操作性的对策建议。坚持围绕市委市政府的重大决策、重要工作分层次开展全会协商和其他各种行之有效的专门协商，为市委市政府科学决策凝聚各方面的智慧和力量。

着力丰富协商形式。加强现有协商渠道的改进完善，搭建好常态化协商平台，深化“请你来协商”平台建设，进一步健全“6+X”协商平台体系。持续推进常委会会议协商、主席会议协商、对口协商、提案办理协商等多种形式的协商议政，探索“网络协商”“远程协商”新形式，为政协委员履职提供更加便捷高效的途径和平台。

健全完善协商机制。按照市委政协工作制度要求，尽快制定政协协商工作实施办法，对参加范围、协商内容、讨论原则、基本程序、交流方式、意见反馈等作出制度规范，推动基层政协协商工作规范化、制度化、科学化。积极打造具有时代特征、政协特点和龙泉特色的协商工作品牌。坚持问题导向，加强具有政协特色的应用型智库和参政议政人才库建设。

三、围绕服务大局，积极发挥建言资政的新效能

聚焦助力高质量发展。积极发挥民主监督在推进工作落实中的积极作用，重点围绕党委政府重大改革举措落地见效、重要政策法规贯彻执行、重点项目推进实施以及事关民生福祉的关键领域开展民主监督。按照省政协统一部署和要求，围绕“高水平全面建成小康社会补短板工作、城乡生活垃圾分类处理、社会治理领域‘最多跑一地’”三项开展三级政协联动专项集体民主监督活动。继续探索政协民主监督与其它各种监督形式组合发力，不断提升政协民主监督刚性与效果。

持续关注民生改善。坚持把维护人民群众的根本利益作为工作的出发点和落脚点，继续围绕政府民生实事项目落实情况持续开展协商式监督。着重就“加强公共卫生事件处置机制和能力建设”“生态产品价值转换机制试点”“衢宁铁路通车对龙泉经济社会发展所带来的影响”等课题开展调研活动，努力推出一批站得高、看得远、谋得实的调研成果，为市委市政府决策提供参考。

加强改进提案工作。按照“数量适度、质量为要”的要求，坚持“量质并举”，提升提案质量，认真谋划精品提案，做到选题确切、建言精准、立案规范，进一步深化党政领导共同领办重点提案制度，推动提案办理协商常态化，提升提案工作成效。健全完善民主评议重点提案办理工作机制，评议结果向社会公开。继续落实提案办理“回头看”制度，切实提高提案办理实效和满意度。

四、广泛凝聚共识，共同谱写团结奋进的新篇章

持续拓宽履职渠道。坚持重大事项通报制度，优化各专委会、联络组与党政部门的对口联系，加强工作交流和情况通报，为政协委员知情明政提供支撑。充分发挥“委员会客厅”“委员之家”作用，提升协商议政质量。鼓励和支持政协委员参与各类公益慈善和志愿服务活动，继续开展“六送下乡”和“献真情、解民忧、暖人心”活动，持续增进社会民生福祉。

全面加强团结联谊。坚决贯彻市委市政府“抢时间、补增量”的工作部署，更加强烈地传递坚定不移抓高质量绿色发展的积极信号。充分发挥政协联系面广、包容性强的优势，加强与各民主党派、工商联、无党派人士和民族宗教等界别人士的团结合作，完善各民主党派和无党派人士在政协开展经常性工作的机制，推进合作共事，增进“四个认同”。加强同各异地龙泉商会的联系交流，充分发挥桥梁纽带作用，努力实现“龙泉人经济”与龙泉经济有效衔接转化。继续组织开展外出学习考察，借鉴吸收外地政协工作的好做法、好经验，在互动交流中提升我市政协工作水平。

充分发挥文史优势。深入挖掘龙泉地方特色文化，保护文化遗迹，提升剑瓷品牌，弘扬红色文化。持续做好建国后我市“三亲”文史资料征集工作，适时结集出版。配合省、丽水市政协做好相关文史资料征集工作。继续与市融媒体中心合办《今日龙泉》文史专刊，主动加强与《人民政协报》《联谊报》的合作，努力宣传政协工作，不断扩大龙泉对外影响。

五、加强队伍建设，努力塑造政协履职的新形象

有效提升委员整体素质。深化“新时代人民政协的新样子”专题讨论活动成果，持续加强政协委员队伍建设，推动政协委员教育培训常态化和全覆盖，督促政协委员提高履职本领，锤炼道德品行，强化责任担当，严格廉洁自律，更好地在政协工作中履职尽责、在本职岗位上建功立业、在界别群众中示范引领，树立政协委员良好形象。

着力完善制度机制建设。认真做好《中共龙泉市委关于新时代加强和改进人民政协工作的实施意见》的贯彻落实，严格执行常委会会议、主席会议工作规则，加快完善与疫情防控相适应的工作方式和载体，努力形成职责清晰、程序规范、关系顺畅、运行高效的政协工作机制。强化政协委员服务管理，推进政协委员履职管理智慧化、信息化建设，优化政协委员履职量化考核、统计通报和优秀评选体系，严格落实政协委员推荐提名和约谈退出制度。

切实加强政协自身建设。继续完善和落实联络组向主席会议、专委会向常委会会议、常委会向全会逐级报告工作制度，切实加强市政协专委会、联络组和参加单位建设，注重发挥老干部作用，着力解决县级政协基础工作和人员力量“两个薄弱”问题。坚持严管与厚爱相结合，激励和约束相并重，努力在实践中锤炼政治强、能力强、作风强的政协机关干部队伍，为政协履职提供坚强保障。

各位委员，各位同志！越是艰难越向前，砥砺奋进谱新篇。让我们更加紧密团结在以习近平同志为核心的中共中央周围，在中共龙泉市委的坚强领导下，不忘初心、牢记使命，同舟共济、共克时艰，踏上新征程、干出新样子，为我市全面恢复同疫情常态化防控相适应的经济社会运行秩序，决胜高水平全面建成小康社会，加快龙泉高质量绿色发展作出新的更大贡献！

专　　辑

第二届世界青瓷大会
暨第十一届龙泉青瓷龙泉宝剑文化旅游节

【概况】 2019年11月16—18日，由故宫博物院、中国工艺美术协会、中国陶瓷工业协会、浙江省文化和旅游厅、浙江省经济和信息化厅、丽水市人民政府联合主办，龙泉市委、市政府承办的第二届世界青瓷大会暨第十一届龙泉青瓷龙泉宝剑文化旅游节在龙泉举行。活动以“天下龙泉·品瓷论剑”为主题，分“雨过天青·瓷韵篇”“气冲霄汉·剑意篇”“美美与共·人和篇”三大篇章，安排34项子活动，其中集中活动27项，主要涉及1场国际研讨、6场论坛沙龙、7个好玩现场、9大展示展览，办成了一届彰显国际化、聚焦市场化、突出产业化、体现共享化的经典盛会。

浙江省政协副主席张泽熙，丽水市委副书记、市长吴晓东，西班牙驻上海总领馆总领事卡门·冯特丝，国际陶艺学会主席托比恩·卡瓦斯博，中国轻工业联合会副会长、中国陶瓷工业协会理事长杜同和，中国陶瓷工业协会名誉理事长、龙泉市荣誉市民傅维杰，中国工艺美术协会执行会长周郑生，省人大常委会教科文卫委员会副主任委员田宇原，省经济和信息化厅副厅长杜华红，丽水市领导戚永远、卢彩柳、丁岳清，四川省广元市副市长、昭化区委书记陈正永，江西省景德镇陶瓷大学校长宁钢等领导和嘉宾，以及龙泉市领导王顺发、吴松平、叶硋仙、刘赤波、翁志鸿等出席开幕式。

开幕式上，龙泉市政府与文化和旅游部中外文化交流中心、景德镇陶瓷大学、景德镇陶文旅集团等签订了合作协议；授予授予“中国古陶瓷之父”陈万里外孙女陈久棣，著名导演张纪中，知名新闻评论员舒中胜，浙江大学车辆研究所副所长、浙江大学龙泉创新中心主任熊树生，浙江农林大学工程学院副院长、浙江省科技特派员陈思宇，丽水市人民医院副院长、龙泉分院院长邱伟文，浙医二院派驻龙泉市人民医院专家蒋国平“龙泉市荣誉市民”称号；著名导演张纪中宣布电影《龙渊》启动；龙泉剑瓷行

2019年11月16日，第二届世界青瓷大会暨第十一届龙泉青瓷龙泉宝剑文化旅游节开幕式

（市委宣传部/供图）

业代表共同发布了《天下龙泉宣言》；郑建华、查普尔卡•库辛巴、尚刚3位专家进行了“天下龙泉——龙泉青瓷与全球化”研讨会主旨演讲。

新华社、人民网、新华网、中新社、浙江日报、浙江电视台等30余家新闻媒体90多名记者赴龙泉采访，刊发《浙江龙泉着力打造剑瓷品牌》《在青瓷宝剑的故乡，第二届世界青瓷大会开幕了》等报道近百篇。央视新闻、浙江经视、中国蓝新闻、快手、抖音、丽水在线等平台开展直播10余场；“天下龙泉•瓷论剑”微博话题累计阅读量超1个亿、抖音阅读量近2100万人次，多视角、全方位展现了龙泉深厚的文化底蕴和优美的山水资源，进一步扩大了龙泉的知名度和美誉度。

【“天下龙泉——龙泉青瓷与全球化”特展】 11月15日，由故宫博物院、浙江省博物馆、丽水市政府联合主办的“天下龙泉——龙泉青瓷与全球化”特展在浙江省博物馆开展。文化和旅游部党组成员、故宫博物院院长王旭东，丽水市委书记胡海峰，浙江省政府副秘书长蔡晓春，省委宣传部副部长葛学斌，省文化和旅游厅厅长褚子育，故宫博物院副院长赵国英，省文物局局长柳河，省博物馆馆长陈水华，丽水市副市长卢彩柳等领导和嘉宾，以及王顺发、吴松平、叶砫仙、刘赤波等龙泉市领导参加开幕式。该次特展由故宫博物院、浙江省博物馆、丽水市政府联合主办，之前已在故宫博物院展出3个月，观展量达到128万余人次，再度刮起龙泉青瓷学术研究和民众关注的热潮。该次特展回到青瓷故乡浙江展出，共分为“窑望千年”“国家宝藏”“龙行天下”“协和四方”4个单元，展出全球42家文博机构的513件(组)文物作品。通过阐述十二至十五世纪龙泉青瓷在中国本土及世界范围的发展、流布、使用情况和技术传播，立体化地呈现龙泉青瓷文化的全球化图景。

【国际学术研讨会】 11月16日—17日，“天下龙泉——龙泉青瓷与全球化”国际学术研讨会举行，来自中国、美国、英国、法国、意大利、韩国、日本、印度、肯尼亚、阿联酋等国家和地区的130多名专家学者共聚一堂，围绕“天下龙泉——龙泉青瓷与全球化”这一主题，进行深入地学术探讨、思想交流、智慧碰撞话。期间，举行两个平行分论坛，第一小组学术研讨召集人北京大学考古文博学院教授秦大树公布了龙泉青瓷生产技术、生产区域及销售情况等小组讨论研究成果，并介绍海内外中国瓷器的重大发现，充分肯定了龙泉青瓷对古代中外陶瓷生产销售、技术开发产生的巨大影响；第二小组学术研讨召集人上海博物馆研究员陈克伦围绕龙泉青瓷与海外贸易，公布相关讨论研究成果，充分肯定了龙泉青瓷的历史贡献和世界影响。该次国际学术研讨会重点分析宋元时期以龙泉窑青瓷为主要商品所联结的“海上丝绸之路”相关贸易大通道，并介绍了龙泉青瓷对古代印度、阿拉伯、波斯文明及对古代日本、朝鲜半岛等地区的社会生产、生活方式产生的深远影响。

【四大展会同台亮相】 11月16日上午，“禾•火”——国际陶瓷邀请展、“瓷工印记”——首届中国龙泉•青瓷双年展、国际(龙泉)冷兵器文化艺术展暨第九届名刀秀、“刀剑十年”——全国刀剑手工技艺大赛作品展等四大展会在龙泉市青瓷展览展示中心拉开帷幕。该次展会吸引全球20多个国家和地区，300多家企业，200多名艺术家的1800多件陶瓷、刀剑作品参展。展馆设展示区、工作区、休闲区、室外舞台区等，还加入日本剑道、全甲格斗表演赛、西式劈砍大赛、安全剑大赛及VR互动体验等现场展演，4天时间观展体验人数超过5万人次。

【“中国的杯子”创意设计大赛】 11月17日，在“创新•链造”为主题的2019“中国的杯子”创意设计开发者大会上，80多位专家学者、创意设计师从设计、生产、市场、推广等多角度，探讨关于“中国的杯子”创新设计

“中国的杯子”创意设计大赛作品展　　(市委宣传部/供图)

与产业转化，为未来“传统技艺”与“创新设计”的双向融合，更好地迎合市场对杯子及青瓷产品的不同消费要求铺陈新。该次大会由龙泉市政府、浙江省创意设计协会主办，国际创意设计联盟协办，旨在致力于搭建龙泉青瓷手工艺者及相关企业与设计师群体间交流与合作的桥梁。大会以主旨演讲、专题研讨、提问互动等形式，交流创意设计理念。

【刀剑传统文化活动】 11月16日上午，汇聚了德国、乌兹别克斯坦和中国6个省份共计45支代表队、近500名武林健儿的武林盛会——2019浙江省“龙泉论剑”传统武术大赛，在龙泉市体育馆拉开帷幕。该次比赛准备了丰富的内容，主要设武术套路：各拳种、各流派的拳术；武术器械（刀、剑类）：单练、双人练、对练；集体项目：武术功法类，对抗搏击、技法对拆项目展示类，以及团体综艺项目等。同时，还特设非物质文化遗产展演和“刀、剑”名师评选两个精彩传统文化展示项目。11月17日上午，“追寻初心之源”——己亥年剑祖欧冶子祭祀大典在欧冶子公园举行，浙江省、丽水市工艺美术大师，国内外宝剑专家学者，著名刀剑收藏鉴赏家，武术、影视、网络界人士，龙泉刀剑行业从业人员等，满怀虔诚，共同祭祀龙泉宝剑始祖欧冶子。

【线上线下互联互通】 该次节会期间，开展“龙泉青瓷”商城网络直播展销会、“不灭窑火”纪中窑首烧开窑暨龙窑烧制青瓷作品线上拍卖节、剑瓷金秋大集等活动，促进线上线下互联互通，推动剑瓷产业链式升级。上茶街“剑瓷金秋大集”，既有龙泉和景德镇百余家剑、瓷、茶专业团队参与，还吸引了众多小朋友商家前来“抢镜”，全民共享手工艺与艺术的饕餮盛宴，尤其值得一提的是，龙泉青瓷商城在16、17日晚上18时—21时的时间段，在上茶街直播销售龙泉青瓷，通过“直观+平面”推广方式，两晚共6小时的直播中成交额达570多万元。举办电影《龙渊》启动仪式、龙泉宝剑礼仪文化及青瓷饰品特展、剑瓷研学游等活动，将剑瓷元素融入电影创作、饰品开发、研学旅游，力促剑瓷产业与影视产业、文旅产业同向发力、同频共振，实现产业多维协同、融合发展。

【好听好看好玩文化盛宴】 该次节会，在保留传统活动的基础上，更加注重增强剑瓷文化体验感、吸引力的创新表达，呈现了一场好听、好看、好玩的文化盛宴。国际冷兵器文化艺术展暨第九届“名刀秀”，既有高端的国际名刀名剑展示，又有日本剑术表演、安全剑大赛、VR体验等环节，带来不一样的刀剑文化体验。“天下龙泉”大型实景演出以龙泉青瓷博物馆的自然环境为依托，运用声光电高科技，通过五个篇章演绎龙泉的前世今生，3天现场观演人数超1.5万人，有65万人观看视频直播，打响“天下龙泉”品牌。提取剑瓷文化因子，在标识标牌、公交站牌等具体细节上体现剑瓷韵味，用AR技术活化展现龙泉文化。

【文化沙龙系列活动】 该次节会邀请英国、法国、韩国、日本等19个国家和地区580位嘉宾与会，促成多场高标准对话及沙龙活动，议题更加广泛、更具国际视野，推动文化与产业、生活与艺术、传统与时尚对话。在“守艺·匠心”中外文化交流沙龙上，来自澳大利亚、拉托维亚、韩国、日本、阿根廷、芬兰、墨西哥等多个国家、地区的专家学者，浙江省、丽水市级青瓷大师，龙泉青瓷新生代艺人以及青年学生等近百人，就陶瓷艺术的理论教育、人才培养、产业发展等内容展开热烈探讨；在“丝路画瓷语”文化沙龙上，中英两国的陶瓷艺术家和插画师围坐一堂，就“瓷与画在艺术表达上的差异和共性”进行了深入的探讨交流，传承丝绸之路开放、多元的精神；在“剑瓷·风雅·城市”艺术沙龙上，各陶瓷遗产地代表、文旅项目操盘手及城市规划建设、剑瓷行业等多个领域的专家学者，共同探讨如何利用剑瓷元素对城市空间和社区家园进行梦想改造；在“剑瓷·风雅·城市”论坛上，中央美术学院陶瓷设计工作室主任黄春茂，著名艺术家、设计师、成都崇德里项目设计主持王亥，清华同衡遗产中心副主任、高级规划师、清控遗产DIBO联盟副理事长刘岩分别作主旨演讲，与会人员围绕主旨演讲内容就传统与当代、传承与创新、文化保护与城市快速发展之间如何做到共融开展对话。

【龙泉青瓷波士顿巡展】 6月9日—14日，“人类非遗·中华经典”——2019龙泉青瓷巡展在美国福布斯艺术馆举行。该次活动由中国驻纽约总领事馆、龙泉市政府主办，共展出77位龙泉青瓷艺人的80件青瓷珍品。6月9日第四十届波士顿龙舟节也在查尔斯河畔开幕，龙泉市政府在活动上还向美国波士顿捐赠了一艘冠名为“天下龙泉”的龙舟，为两地的文化交流活动增亮添彩。

【“听瓷语 观世界”龙泉青瓷海外展】 6月18日、21日，作为2019“中国旅游文化周”重头戏之一的“听瓷语·观世界”龙泉青瓷海外展暨“龙泉青瓷溯源之旅”旅游推介活动分别在韩国首尔、西班牙马德里中国文化中心盛大开幕。展览通过“一瓷一传承”“一瓷一故事”“一瓷一世界”“一瓷一意境”“一瓷一城市”五个单元，以人、器物、场景的空间营造、美学表达、文化对话，全面展现千年青瓷的厚重之美，呈现大美龙泉的文旅新貌，让更多的外国民众认识龙泉、了解龙泉、走进龙泉，在海外再次刮起浓浓的“龙泉风”。　（郑雅洁　徐芳琳）

浙西南革命精神弘扬践行活动

【概况】 自丽水市浙西南革命精神弘扬践行活动部署开展以来，龙泉市立足实际，主动作为，通过实施革命文物保护利用工程、龙泉“精神之剑”铸就工程、浙西南革命精神弘扬工程、红绿融合创新转化工程、群众路线深化践行工程等“五大工程”，组织开展浙西南革命精神“大学习大讨论”、“重走红军路”教育实践、“文军长征·精神铸剑”红色研学等活动，为以“丽水之干”推动龙泉高质量绿色发展注魂、赋能、立根，全面凝聚起高质量书写创新实践“绿水青山就是金山银山”理念龙泉新篇章的磅礴伟力。

【浙西南革命精神“大学习大讨论”】 党员干部带头学。龙泉市委理论中心组召开浙西南革命精神专题学习研讨会，龙泉市四套班子和理论中心组成员带头谈认识、亮思想。组织开展弘扬践行浙西南革命精神主题军事日活动，通过重走红军路、接受廉政教育、观看红色档案展、聆听专题党课等形式，示范带动广大党员干部联系实际学、广泛深入学、全面系统学，累计组织开展各类专题学习930余场次、参加学习讨论党员干部2.8万余名。教师学生主动学。开展“传承红色基因、培育时代新人”主题实践活动，开发《红娃带你走住龙》等系列红色精品课程。承办以弘扬践行浙西南革命精神为主题的丽水市第八届未成年人道德文化节。开展“红色浙西南”征文、革命故事大王、经典诵读等比赛，推动浙西南革命精神进校园、进教材、进头脑，实现红色基因代代传承。市民群众广泛学。成立龙泉市委“红色宣讲团”，开展浙西南革命精神主题宣讲50余场，邀请周恩来总理侄女周秉宜作《传承良好家风、弘扬革命精神》专题讲座。在《今日龙泉》开辟“龙泉红色印记”专栏，刊稿32期。在“掌上龙泉”微信公众号举办“传承红色基因，践行‘绿水青山就是金山银山’理念”有奖知识竞答8期。开展“红色记忆·剑瓷赞歌”剑瓷创作比赛和主题展览，将剑瓷元素与红色文化结合，让剑与瓷成为记录革命精神的载体，促使剑瓷匠人学深悟透浙西南革命精神，以匠心致初心。举办龙泉市红色革命历史档案展，展出各类革命实物、革命书籍、视频音像、照片档案等资料119件，吸引5万余名干部群众参观，推动红色教育普及。

2019年8月9日，全国红色旅游示范小镇项目开工仪式　（市委宣传部/供图）

【革命精神传承及红色资源价值转化系列项目】 开展龙泉市革命遗址、革命故事、革命文物等红色资源普查，新增抗日先遣队指挥机关驻地旧址、西井村中共浙西南特委驻地纪念碑亭等遗址100处，重点革命遗址总数达139处。收集整合《龙泉革命史》《开国少将李逸民》等革命书籍、影像资料以及“一门六烈士”“二十八发子弹”“三块银元交党费”等红色故事。根据红色资源特点和区域分布情况，把红色旅游、生态休闲游、乡村漫游、研学游等融为一体，重点打造住溪、溪头、坑源底等10个红色乡村，推出“住溪—西井—水塔”等一批红色旅游线路。开展产业培育大比拼、项目建设大比武活动，谋划龙泉市革命精神传承及红色资源价值转化项目31个，总投资62亿元。8月9日，全国红色旅游示范小镇创建项目开工仪式在住龙镇举办，涉及红色产业培育、红色研学疗养、红色文化弘扬、红色遗址修复、区域路网改建、绿道提升改造、美丽河道治理、景区达标工程等11个项目，总投资6.92亿元。

【"文军长征·精神铸剑" 浙大师生龙泉红色研学活动】 7月22日，由龙泉市委宣传部主办，浙江大学师生代表和龙泉青年代表共同参与的"文军长征·精神铸剑" 浙大师生龙泉红色研学活动在龙泉举办。活动以学思践悟浙西南革命精神与浙江大学"求是"精神为主题，谋划开展 "实地探访旧址""聆听思政课程""求是青年说"等环节，邀请浙江大学马克思主义学院教师和龙泉市委党校教师在浙大龙泉分校旧址——芳野曾家大屋讲述《"文军长征"与"求是精神"》《浙西南革命精神》思政课。利用龙泉红色革命遗址资源，组织学生、青年前往住龙红色小镇重走红军路，考察调研龙浦县苏维埃政府旧址、粟裕将军办公旧址等革命遗址，参观浙西南革命精神剑瓷创作展览，让学员在开放体验中深入了解龙泉市深厚的红色革命历史与剑瓷文化底蕴。该活动得到《浙江日报》《宣传半月刊》以及浙江大学官博的关注与报道，活动当天网络直播观看人数达34万人次。 （周一力）

"不忘初心、牢记使命"主题教育

【概况】 自第二批"不忘初心、牢记使命"主题教育开展以来，龙泉市委坚持以深入学习贯彻习近平新时代中国特色社会主义思想为主线，认真学习领会习总书记在浙江工作期间八到丽水、三赴龙泉调研时的重要指示精神，全面把握"守初心、担使命，找差距、抓落实"总要求，紧紧围绕省委"全程高质量、全面高质量"的标杆定位，一体推进"四项重点措施"，努力实现"五方面目标"，为高质量建设新时代美丽幸福好龙泉注入了强劲动力。

9月，龙泉市委办公室印发《关于成立市委"不忘初心、牢记使命"主题教育领导小组的通知》（龙泉市委办便笺〔2019〕29号），市委书记王顺发任组长，市委常委、组织部长雷超任常务副组长，市委常委、宣传部长王凡和市委常委、纪委书记、监委主任郑建青任副组长。领导小组下设办公室和综合组、宣传组、联络组、整改落实组"一办四组"，抽调26名骨干力量，实行集中办公；同时，成立15个巡回指导组开展全方位、全领域、全过程督导。同月，印发《中共龙泉市委关于开展"不忘初心、牢记使命"主题教育的实施意见》（龙委发〔2019〕23号），结合龙泉实际制定"三学三思、三照三改"总载体，即学习党的创新理论、学习红色文化传承、学习先进典型；开展"不忘宗旨思初心"调研、开展"牢记嘱托思使命"调研、开展"勇开新局思担当"调研；对照意见找短板、对照标准找问题、对照党章党规找差距；切实整改专项整治行动中的突出问题、切实整改制约高质量绿色发展的难点问题、切实整改群众反映强烈的热点问题，为全市高质量开展主题教育提供遵循。印发《龙泉市委常委会带头深入开展"不忘初心、牢记使命"主题教育的实施方案》（龙委办发〔2019〕83号），研究制定"十大行动"，明确市委常委会主题教育工作计划安排。

【主题教育工作会议】 9月12日，龙泉市委召开"不忘初心、牢记使命"主题教育工作会议，市委书记王顺发对全市主题教育作动员部署，丽水市委第12指导组组长刘炳亮作指导讲话。全体副处级以上领导、2015年以来副处级以上退休的老同志、市直有关单位党委（党组）书记、党务分管领导等230余人参加会议。当晚66个部门单位和19个乡镇（街道）动员会召开率实现100%，9月15日前全市842个党支部动员会召开率实现100%，全体党员、基层党支部积极主动投身主题教育中。

【学习教育】 龙泉市打造实体课堂、流动课堂、网络课堂"三个课堂"，推动学习贯彻习近平新时代中国特色社会主义思想走深走心走实。

9月18日，丽水市委书记胡海峰带领四套班子领导到住龙开展"初心之行"活动，走进中共浙西南特委旧

12月，龙泉市"不忘初心、牢记使命"主题教育工作会议 （市委组织部/供图）

址、红军街、龙浦县苏维埃政府旧址开展寻根之旅，并观看了微视频、听取了微党课，胡海峰书记发表重要讲话，提出了“三个永葆”的初心誓言。10月8日，全体副处以上领导干部来到住龙镇碧龙村开展“初心之行”，走进革命英烈纪念馆，观看红色微电影《二十八发子弹》，聆听《重忆烽火岁月，不忘初心使命》微党课。10月22日，全体副处以上领导干部开展“使命之行”，重走浙江国镜药业有限公司、浙江三田汽车空调压缩机有限公司、浙江双益菇业有限公司等习总书记在浙江工作期间到龙泉的调研之路。

全体副处以上领导干部均赴省和丽水参加轮训，科级干部实现轮训全覆盖，所有党支部书记在丽水率先完成集中培训。同时，全市各级党委（党组）集中学习平均达到7天以上，各党支部结合主题党日活动开展学习教育。

开展十九届四中全会精神、中华人民共和国成立70周年大庆等系列宣传活动，组建“十支宣讲团、百名宣讲员”开展重大主题宣讲活动150余场。采取上门送学、结对帮学、邮寄资料等方式，为全市1704名流动党员开展党员结对式送学上门、电话送教等志愿服务3900多次。推出“我的初心故事”53期、“每日一课”72期、“龙泉主播诵读”10期，录制一线典型党员干部微视频8个，积极推送“浙江省万名好党员”、龙泉市风韵文艺宣讲团长邱有松等人的先进事迹。加强内外宣传报道，在省级及以上媒体报道26篇，其中《浙江日报》头版1篇；在《人民网》等媒体上刊登稿件125篇，在《丽水日报》头版刊发13篇；省主题办录用信息1篇，丽水主题办录用信息8篇。

【调查研究】 龙泉市以深入调查研究，服务攻坚破难为牵引，真正把问题查清、漏项查明、短板补齐，促进各领域协调发展。

全体副处以上领导完成调研课题30个、科级领导完成调研课题633个。举办各个层次主题教育调研成果交流会700多场次，转化调研成果500余个。主题教育期间，龙泉市委主要负责人深入基层调研林权纠纷等问题，彻底理清生态公益林界址不清“糊涂账”；龙泉林业局用数字化管理手段解决生态公益林落界成果获得浙江省人民政府授予的“全省公益林建设成绩突出集体”荣誉称号。各级党员领导干部围绕“四个讲清”要求，到业务领域、联系村（企）上党课1800余场次。

全体副处以上领导干部共走访发现问题288个，解决问题230个；科级领导干部发现问题521个，解决问题418个；1.9万余名党员共发现问题8500余个，解决7300余个。尤其是针对需要协调解决的115件难题，以“部门领办一批、乡镇统筹一批、个性化解决一批”推动持续解决，不断提升群众的满意度和获得感。

开展市领导领衔产业培育大比拼、项目建设大比武“百日攻坚”活动，形成“一个领导、一个项目、一抓到底”的工作格局。截至12月30日，5个浙江省重点项目累计完成投资6.71亿元，完成年度计划的134.28%；18个丽水市重点项目累计完成投资31.1亿元，完成年度计划的133.65%。59个龙泉重点项目累计完成投资67.2亿元，完成年度计划的97.2%，其中37个市领导领办项目累计完成投资43.92亿元，占年度计划的108.29%；22个其它重点项目累计完成投资23.28亿元，占年度计划的81.45%，促成衢宁铁路龙泉段、础石鞋产业链回归等大项目加快推进。

【检视整改】 坚持以刀刃向内的勇气，深刻剖析检视，紧盯关键问题，真刀真枪整改，取得良好实效。

全市各级领导干部和党员列出工作问题清单和个人问题清单“两张清单”，每周动态更新。截至12月30日，全体副处以上领导干部列出问题清单512个，已经解决422个，正在解决67个，一时难以解决23个；科级党员领导干部列出问题清单6040个，已经解决5328个，正在解决522个，一时难以解决190个；其他党员列出问题清单8万余个，已经解决6.3万余个，正在解决1.2万余个，一时难以解决4300余个。

11月6日，市委常委会召开对照党章党规找差距专题会议，丽水市委第十二巡回指导组组长刘炳亮、副组长李民强到会指导。中上旬，各级党组织召开对照党章党规找差距专题会，全市各党委（党组）、党支部按要求及时跟进剖析。12月9日，龙泉市委常委会召开“不忘初心、牢记使命”主题教育暨省委巡视整改专题民主生活会，丽水市委常委、纪委书记、监委主任方文军到会指导。上旬，各级党委（党组）、党支部高质量召开民主生活会和组织生活会，全体党员按“四个对照”“四个找一找”要求，逐一剖析、深度检视。

抓“8+1”专项整治，制定专项整治清单，实行绿黄红三色评价机制，成立“5+1”正风肃纪小组，开展各类督查60余次，53项整改任务100%完成销号。向基层“四风”问题“亮剑”，整改违规发放津补贴、违规管理使用公车、基层减负等问题40余个，全年各类发文同比减少58%、会议同比减少35%。开展基层选人用人工作专项检查，发现问题117个，已整改85个。处理不担当不作为干部5名，其中1名被开除党籍和公职。深化民生扶贫领域专项治理，发现和查处问题17起，问责干部29人。推进后进党组织整顿转化，18个后进村(社)党组织、2个两新后进党组织完成市级评定。深入推进扫黑除恶专项斗争，全市共立案78起，刑事拘留215人，打掉恶势力犯罪团伙2个。

【助推中心工作】 主题教育焕发出来的工作激情转化为推动龙泉高质量绿色发展的强大动力，推动经济社会发展指标实现"三个更高"。2019年前三季度，GDP增长8%，高于全国、全省平均水平和年度预期目标。科技进步统计监测综合评价排名跃升到全省第21位，位居丽水首位。规上企业亩均增加值和税收分别增长13%、21%，战略性新兴产业和装备制造业增加值分别增长21.7%、14%，新产品产值增长54.7%，高新技术产业增加值增长17.5%。

2019年前三季度，水环境质量继续保持"三个百分之百"的优质水平，PM2.5平均浓度17微克/立方米，空气优良率达100%。农村污水治理成为全国典型，农村供排水一体化建设全省作经验交流，农村水环境治理被人民日报点赞。

省、市、县三级民生实事办理有序推进，民生支出占一般公共预算支出达84%。农村常住居民人均可支配收入增长10.4%，增幅位居全丽水第2。所有行政村集体经济收入超过10万元，其中经营性收入超过5万元。全面完成"蛋奶"和"空调进教室"工程，中职校获评全国教育系统先进集体。"省市县乡"四级医疗融合体和以人民医院、中医医院为龙头的两家医共体建设较大地方便群众就医。圆满完成"平安护航70周年大会战"等维稳安保任务，社会持续保持和谐稳定。在全省深化千万工程建设新时代美丽乡村现场会上，宝溪乡溪头村村党总支书记曾志华作为唯一村级代表发言，介绍该村村域治理现代化模式。

【主题教育总结大会】 龙泉市"不忘初心、牢记使命"主题教育总结大会于2010年1月9日召开，丽水市委第十二巡回指导组组长刘炳亮、市委书记王顺发出席会议并讲话，市委副书记、市长吴松平主持，叶砖仙、刘赤波、翁志鸿等副处以上领导参加。

会议指出，要把"不忘初心、牢记使命"作为加强党的建设的永恒课题和龙泉全体党员、干部的终身课题，把主题教育的好做法、好经验以制度形式固定下来，构建长效机制；要把学习贯彻习近平新时代中国特色社会主义思想作为思想武装的重中之重，持续用党的创新理论武装头脑；要强化整改落实，以正视问题的勇气和刀刃向内的自觉不断推进自我革命；要强化担当作为，持续深化"三服务"，打赢三大攻坚战，坚持不懈推动高质量绿色发展。 （叶林杰）

机构改革

【概况】 浙江省机构改革动员大会后，龙泉市委及时成立深化机构改革协调小组及办公室，抽调精干人员组建专班。2019年1月16日召开龙泉市机构改革动员大会，部署安排全市机构改革工作，明确改革的主要任务、时间安排和纪律要求。

龙泉市深化机构改革协调小组办公室开展机构改革前期调研摸底，听取意见建议，掌握第一手资料，分析影响制约该市经济社会发展体制机制方面的突出矛盾和问题，切实梳理党政机构设置、职能配置及运行状况。龙泉市深化机构改革协调小组办公室在前期调研的基础上，经充分论证、反复研究，并与浙江省、丽水市深化机构改革协调小组办公室多次汇报沟通后，拟定《龙泉市机构改革方案》。随后，召开龙泉市委常委会，审议《龙泉市机构改革方案》，通过后方案立即上报丽水市委和浙江省委。1月11日，龙泉市委十四届六次全体(扩大)会议召开，传达学习《龙泉市机构改革方案》主要精神，并向龙泉市人大、市政协通报全市机构改革方案和前期工作情况。1月16日，龙泉市委、市政府召开全市党政机构改革动员大会进行部署，龙泉市委书记王顺发、市长吴松平分别作了动员讲话和工作部署。1月17日至18日，龙泉市自然资源和规划局、市退役军人事务局等11家新组建和重新组建（更名）部门进行集中挂牌。同日，召开全市机构改革人员转隶和部门"三定"工作培训会，并下发37个部门机构编制框架。1月31日，该市全部完成涉改部门人员转隶工作。2019年3月底，完成37个部门"三定"规定的制定，各部门按照新的"三定"规定入轨运行。

改革后，龙泉市共设置党政机构37个，其中市委设置纪检监察机关1个、工作机关9个：纪律检查委员会监察委员会机关，纪律检查委员会与监察委员会合署办公，实行一套工作机构、两个机关名称；办公室[台湾工作办公室(龙泉市政府台湾事务办公室)与办公室合署办公]，挂龙泉市政府外事办公室、市委政策研究室、市档案局、市机要局(市密码管理局)、市保密委员会办公室（市国家保密局)、市最多跑一次改革办公室牌子；组织部，挂龙泉市新经济与新社会组织工作委员会、市委直属机关工作委员会、市公务员局牌子；宣传部，挂龙泉市精神文明建设委员会办公室、市

2019年1月16日，龙泉市召开机构改革动员大会 （市委编办／供图）

新闻出版局牌子；统一战线工作部，挂龙泉市民族宗教事务局、市政府侨务办公室牌子；政法委员会；机构编制委员会办公室；巡察工作领导小组办公室；市委市政府信访局（挂龙泉市统一政务咨询投诉举报平台管理办公室牌子）；老干部局。另有设在相关部门的市委议事协调机构的办事机构9个：全面深化改革委员会办公室（设在市委办）、全面依法治市委员会办公室（设在市司法局）、国家安全委员会办公室（设在市委办）、网络安全和信息化委员会办公室（设在宣传部）、财经委员会办公室（设在市委办）、外事工作委员会办公室（设在市委办）、审计委员会办公室（设在市审计局）、教育工作领导小组秘书组（设在市教育局）、市委市政府农业和农村工作领导小组办公室（设在市农业农村局）。市人民政府设置工作部门27个：办公室（挂市政府金融办公室牌子）、发展和改革局（挂粮食和物资储备局牌子）、市经济商务局（挂中小企业局牌子）、市教育局、市科学技术局、市公安局、市民政局、市司法局（挂行政复议局牌子）、市财政局、市人力资源和社会保障局、市自然资源和规划局、市住房和城乡建设局[挂人民防空办公室（民防局）牌子]、市交通运输局、市水利局、市农业农村局、市文化和广电旅游体育局（挂文物局牌子）、市卫生健康局、市退役军人事务局、市应急管理局、市审计局、市市场监督管理局（挂知识产权局牌子）、市国有资产监督管理办公室、市统计局、市林业局、市医疗保障局、市综合行政执法局（挂城市管理局牌子）、市青瓷宝剑产业局。丽水市级部门派出机构1个：生态环境分局。

【机构改革举措】 按照浙江省委和丽水市委要求，从机构职能上把加强党的领导落实到各领域各方面各环节，主要机构设置保持基本对应，与浙江省、丽水市机构改革有效衔接；以深化“最多跑一次”改革为牵引，结合龙泉实际，因地制宜，积极探索机构设置和职能配置，构建系统完备、科学规范、运行高效的机构职能体系，再创体制机制新优势，为高质量谱写新时代“八八战略”龙泉篇章、确保与全省同步实现“两个高水平”提供坚强有力的体制机制保障。

龙泉市委、市政府坚决把中央提出的“六个坚持”、浙江省委确定的“三个突出”、丽水市委明确的“四个务必”贯穿于机构改革的各方面和全过程，坚决把此轮改革的任务落实到位，不讲条件、不搞变通、不打折扣。特别牢牢把握加强党对各领域各方面工作的全面领导，提高党把方向、谋大局、定政策、促改革的能力和定力，确保机构改革沿着正确的方向推进、取得最佳效果。改革期间，龙泉市委书记王顺发还多次专程赴浙江省委、丽水市委汇报沟通机构编制有关事宜，会同市长吴松平多次听取汇报，对改革涉及的重点、难点问题，提出指导性意见和要求。龙泉市委常委会、市机构协调小组会议、市编委会议专题研究改革工作，审定重大事项，把握改革方向。龙泉市人大常委会通过新组建部门负责人的人事任命后，市分管领导及时到联系部门参加新机构的组建挂牌仪式。龙泉市深化机构改革协调小组多次就职责交叉问题听取市深化机构改革协调小组办公室汇报，并对理顺部门职责关系提出意见。

对应浙江省、丽水市机构改革，调整优化相应机构和职能。建立健全和优化市委对重要工作的领导体制机制。组建龙泉市监察委员会，同市纪律检查委员会合署办公，履行纪检、监察两项职责，实行一套工作机构、两个机关名称，不再保留市监察局。

加强市委职能部门的统一归口协调管理职能。分别强化市委组织部、市委宣传部、市委统战部的归口管理职责。其中，市委机构编制委员会办公室和市委老干部局作为市委工作机关，归口组织部管理；将市委直属机关工作委员会的职责划入组织部，保留市委直属机关工作委员会牌子；组织部统一管理公务员工作，对外加挂市公务员局牌子；市委宣传部统一管理新闻出版和电影工作，对外加挂市新闻出版局牌子和市精神文明建设委员会办公室牌子；市委统战部统一管理民族宗教和侨务工作，保留市民族宗教事务局和市政府侨务办公室牌子。

新组建和优化职责的机构。新组建了龙泉市经济商务局、市自然资源和规划局、市农业农村局、市文化和广电旅游体育局、市卫生健康局、市退役军人事务局、市应急管理局和市医疗保障局等8个政府工作部门。其中，市经济商务局是在整合市经济和信息化局与市商务局职责基础上组建的，挂市中小企业局牌子；市自然资源和规划局是在整合市国土资源局职责、市发展和改革局、市住房和城乡建设局、市林业局和市水利局等相关部门的相关职责基础上组建的，不再保留市国土资源局、市城乡规划局，不再保留市测绘与地理信息局牌子；市农业农村局是在整合市委市政府农村工作办公室和市农业局的职责，以及相关部门农业项目管理职责基础上组建的，不再保留市委市政府农村工作办公室、市农业局，不再保留市渔业局牌子，将市委市政府农村工作领导小组改为市委市政府农业和农村工作领导小组，办公室设在市农业农村局；市文化和广电旅游体育局是在整合市文化旅游委员会、市文物局、市体育局职责的基础上组建的，保留市文物局牌子，不再保留市文化旅游委员会、市体育局；市卫生健康局是在整合市卫生和计划生育局（市中医药管理局）、市深化医药卫生体制改革领导小组办公室、市老龄工作委员会办公室的职责，以及市安监局的职业安全健康监督管理职责基础上组建的，保留市老龄工作委员会，日常工作由市卫生健康局承担，不再保留市卫生和计划生育局、市深化医药卫生体制改革领导小组办公室，不再保留市中医药管理局牌子；市退役军人事务局是在整合市民政局的退役军人优抚安置职责，市人力资源和社会保障局的军官转业安置职责基础上组建；市应急管理局是在整合市安全生产监督管理局职责、市政府办公室的应急管理、市公安局的消防管理以及相关部门防灾减灾、救灾救援等相关职责基础上组建的，不再保留市安全生产监督管理局；市医疗保障局是在整合市人力资源和社会保障局、市卫生和计划生育局、市民政局、市发展和改革局（市物价局）等部门的相关职责基础上组建的。重新组建了市科技局、市司法局、林业局等3个部门，其中新组建的司法局整合了市司法局和市政府法制办公室（市行政复议局）的职责，保留市行政复议局牌子。此外，还优化了市审计局、市市场监管局等2个部门职责。不再设立市委社会治安综合治理委员会及其办公室，有关职责交由市委政法委承担；将市委防范和处理邪教领导小组及其办公室职责交由市委政法委和市公安局承担。

与浙江省、丽水市机关机构基本对应的其它机构。优化市委办和市政府办公室职责，设置了龙泉市委办公室、市委巡察工作领导小组办公室、市委市政府信访局等3个市委工作机关，龙泉市政府办公室、市发展和改革局、市教育局、市公安局、市民政局、市财政局、市人力资源和社会保障局、市住房和城乡建设局、市交通运输局、市水利局、市统计局、市综合行政执法局等12个市政府工作部门。优化龙泉市发展和改革局职责。将市粮食局的职责，以及市经济和信息化局（市商务局）的国防科技工业综合协调与管理相关职责和能源相关职责，市民政局等部门组织实施重要物资和应急储备物资的收储、轮换和日常管理职责划入市发展和改革局，加挂市粮食和物资储备局牌子，不再保留市粮食局、市物价局牌子。优化龙泉市住房和城乡建设局的职责。将市人民防空办公室职责划入市住房和城乡建设局，保留市人民防空办公室（市民防局）牌子。优化龙泉市综合行政执法局职责。市综合行政执法局负责统筹协调和指导监督全市综合行政执法，加挂市城市管理局牌子。

因地制宜设置的机构。主要设置了龙泉市政府国有资产监督管理办公室和市青瓷宝剑产业局2个市政府工作部门。其中，市政府国有资产监督管理办公室是在整合市财政局国有资产监督管理、市机关事务局办公用房监管等职责的基础上组建的；市青瓷宝剑产业局是在整合相关部门涉及青瓷宝剑行业管理的产业发展、规划、资源配置、品牌建设、市场生产经营秩序管理以及指导青瓷宝剑行业技术创新、人才开发、改革与发展等职责的基础上组建的。

优化丽水市级部门派出机构设置。丽水市生态环境局在龙泉市设立生态环境分局，作为丽水市生态环境局的派出机构。将龙泉市环保局的职责，以及市发改局、市水利局、原国土资源局、原农业局等部门的有关职责整合划入丽水市生态环境局龙泉分局，不再保留龙泉市环境保护局。

3月5日，下发《龙泉市乡镇（街道）机构改革指导意见（征求意见稿）》。3月7日，召开龙泉市乡镇（街道）改革部署会，截至3月底，全部完成乡镇（街道）机构改革任务。根据19个乡镇（街道）经济社会发展特点和资源禀赋，确定了农业比重较大的乡镇，工商业和城镇化发展到一定水平的乡镇，常住人口多、经济规模大的乡镇等三大功能定位，结合实际制定方案。一般乡镇（街道）设置9个综合性办公室和中心，规模较小的适当精简，经济较发达、人口规模大、基层治理任务重的可适当增设1–2个办公室或中心。充分考虑构建协调、引领、治理、发展、服务、保障七大功能体系。如：引领功能主要考虑设置党建工作办公室承担，协调功能主要考虑设置党政综合办公室承担，执法功能主要考虑设置综合信息指挥室（挂行政执法办公室牌子）承担，治理功能主要考虑设置社会治安综合治理办公室承担，发展功能主要考虑设置绿色发展办公室、工业发展服务中心、农业农村服务中心、项目建设服务中心承担，服务功能主要考虑设置村镇建设服务中心（挂自然资源和规划所牌子）、社会事务综合服务中心（挂“最多跑一次”中心、退役军人服务站牌子）承担，保障功能主要考虑设置财政办公室或财政所承担。

根据“理顺政事关系，实行总量控制，规范机构设置”的原则，调整优化正（副）科级事业单位22个，其中正科级14个、副科级8个。调整优化正科级事业单位机构职能，将原11家正科级事业单位调整为14家（不含凤阳山管理处、开发区管委会），机构总数控制在丽水下达的15个限额内；调整优化副科级事业单位机构职能，将原10个副科级事业单位调整为8个，改革后可精简副科级事业单位2家，确保副科级事业单位数控制在丽水下达的限额内。

《关于调整龙泉市局级事业单位的函》（丽机改字〔2019〕124号）同意龙泉市局级事业单位调整意见，调整后，龙泉市正局级事业单位13家：龙泉市委党校（挂市行政学校、市社会主义学校牌子）、龙泉市档案馆、市委党史研究室（挂市地方志研究室牌子）、市机关事务保障中心、市经济合作交流中心（挂市招商服务中心牌子）、市行政服务中心、市融媒体中心（挂市广播电视台牌子）、市土地房屋征收与储备中心、市农业农村产业服务中心、市文化产业和文明实践指导中心、市金融发展中心、市大数据发展中心、市项目建设服务中心（挂市铁路建设服务中心牌子）；副局级事业单位8家：龙泉市不动产登记中心、龙泉市互联网信息中心、龙泉市移民工作中心、龙泉市社会保险事业服务中心、龙泉市交通运输发展中心、龙泉市青瓷宝剑产业服务中心、龙泉市综合信息指挥中心、龙泉市产业创新服务中心。

2019年11月27日，龙泉市召开深化事业单位改革部署推进会　（市委编办/供图）

1月，中央5个领域综合行政执法改革意见出台后，龙泉市深化机构改革协调小组办公室随即组建工作专班，全面启动改革工作。全市5个领域主管部门对行政执法机构现状调查摸底，全面摸清机构、职能、编制、领导职数“四大底数”。浙江省两办下发改革实施意见后，龙泉市机构改革协调小组办公室围绕执法职责整合、执法机构设置等重点内容进行专门研究，多次与各主管部门反复沟通。8月12日，丽水市召开全市五个领域综合行政执法改革动员部署会后，对会议精神进行了学习传达和贯彻。按照“编随事走”的原则，根据现有执法职责和实际从事执法工作的人员情况，有序整合执法力量，锁定编制底数。8月16日，召开龙泉市五个领域综合行政执法改革部署会，推进班子配备、机构组建、人员转隶等工作。有序落实5支执法队伍的牌子制作、印章刻制和办公地点，各执法队伍于9月29日挂牌成立。

完成承担行政职能事业单位改革，坚持全覆盖原则，除行政执法机构外，完全、主要和部分承担行政职能的事业单位都纳入改革范围，76家事业单位原承担的837条行政职能全面划转行政机关。同时，按照事业单位不再使用“委、办、局”称谓的要求，对全市30家事业单位进行更名，并按照浙江省委、丽水市委对事业单位改革的统一部署，于11月印发了《龙泉市事业单位清理规范整合工作实施意见》，11月27日召开事业单位改革领导小组会议，同日召开事业单位改革部署推进会，推进事业单位清理规范整合工作。

龙泉市委、市政府主要领导多次

强调严格执行机构改革政治纪律、组织纪律、机构编制纪律、干部人事纪律、财经纪律、保密纪律，严防国有资产流失，不讲条件、不打折扣、不搞变通、不开口子，确保机构、职责、队伍按照改革要求及时调整到位。将机构改革实施情况纳入龙泉市委市政府督查任务和巡察范围，强化监督和执纪问责，保障改革顺利推进。同时，切实加强思想政治工作，做好改革动员和政策宣传，及时掌握干部职工的思想动态，坚持以人为本，妥善处理改革中的有关问题，稳定干部职工的思想情绪，确保机构改革中秩序不乱、人心不散、工作不断。

【机构改革成效】 通过改革使该市机构设置更加科学、职能更加优化、权责更加协同、监督监管更加有力、运行更加高效，推进国家治理体系和治理能力现代化建设，实现了预期成效。

加强党的全面领导制度，优化市委工作机关，重点加强和优化市委议事协调机构，加强市委机关统一归口协调管理职能，推进职责相近的党政机关合并或合署办公，从机构职能上确保党的领导更加坚强有力。

加大市政府机构职能调整和优化力度，在宏观管理、市场监管、社会管理、公共服务、生态环境保护等领域组建一批新机构，为推进高质量发展提供制度保障。统筹推进承担行政职能的事业单位改革，事业单位承担的行政决策、行政执行、行政监督等行政职能都要回归党政机构，理顺政事关系，实现政事分开。推动“最多跑一次”改革向纵深发展，更大力度深化“放管服”改革，深入推进审批服务便民化。深化行政执法改革，按照力量下沉、整合队伍、提高效率的原则，完善“部门专业执法+综合行政执法+联合执法”的行政执法体系，加强和创新执法监管。

优化组织结构，是合理配置行政职能，提高行政效能的客观要求。龙泉市此次机构改革，内部组织结构的调整力度较大，涉及部门 37 个，其中：撤并部门 1 个、撤销内设机构 43 个、整改超编问题 12 个、涉改人员 19 名。通过改革，优化了机构设置，初步建立了与该市现阶段经济社会发展相适应的党政机构组织体系。

龙泉市严格按照“一类事项原则上由一个部门统筹，一件事情原则上由一个部门负责”的要求，进一步理顺部门间职责关系，尤其是职责边界，确保上下贯通、横向平衡、执行有力，避免政出多门、责任不明、推诿扯皮。

龙泉市严格按照机构改革中的领导职数、内设科室和股级职数设置原则，不突破“总盘子”。同时，根据各部门职责调整变化情况，采取区别对待，有增有减的办法，对一些近年来职能增加较多、工作任务明显加重部门的机构编制作了适当调整。如个别调整了自然资源和规划局、应急管理局等，既解决有关部门多年积累的突出矛盾和问题，又坚持了严格控制机构编制的原则。（林彤辉）

大 事 记

1 月

2 日 龙泉市委常委会扩大会议召开，传达学习浙江省委经济工作会议精神，研究部署龙泉市贯彻意见。龙泉市委书记王顺发主持会议并讲话。吴松平、叶砝仙、刘赤波、翁志鸿等龙泉市副处以上领导出席会议。

2 日 龙泉市四套班子主要领导带队分赴基层，开展“服务企业、服务群众、服务基层”活动。

7 日 浙江省“千村示范、万村整治”领导小组正式发文，确定浙江省第七批（2019 年度）历史文化村落保护利用重点村和一般村项目，龙泉市竹垟畲族乡盖竹村入选历史文化村落保护利用重点村项目。

8 日 龙泉市委召开务虚会，深入贯彻落实浙江省委书记车俊在丽水调研时重要讲话精神，谋划新一年工作思路。龙泉市委书记王顺发主持并讲话。吴松平、叶砝仙、刘赤波、翁志鸿等龙泉市副处以上领导出席并讲话。

8 日 龙泉市领导干部会议召开。丽水市委常委、纪委书记、监委代主任方文军带领丽水市委市政府综合考核组对龙泉市进行考核。会上，龙泉市委书记王顺发代表龙泉市委汇报 2018 年度相关工作开展情况、龙泉市委领导班子履职情况、履行全面从严治党和意识形态主体责任落实等情况，并作个人述职。

8 日 中共中央、国务院在北京举行国家科学技术奖励大会。43 岁的龙泉籍中国科技大学教授邵松参与的“动力系统的结构及其复杂性研究”项目，荣获国家自然科学二等奖。

8 日 2018 年度浙江乡村振兴带头人“金牛奖”颁奖典礼在杭州举行。龙泉市天和农业集团有限公司董事长吴子敬荣获 2018 年度浙江新农村建设带头人“金牛奖”，成为浙江省 10 位“金牛奖”获得者之一。

10 日 浙江省民政厅公布了首批浙江省农村引领型社区和首批省级农村社区工作领军人才名单，龙泉市查田镇淤头村、住龙镇住溪村入选首批省农村引领型社区，宝溪乡溪头村党支部书记曾志华入选首批省级农村社区工作领军人才。

10 日 龙泉市纪检监察组织履行监督责任工作汇报会暨工作务虚会召开。

11 日 龙泉市委十四届六次全体（扩大）会议举行，回顾总结 2018 年工作，研究部署机构改革和 2019 年工作，审议通过《中共龙泉市委关于实施“文旅兴市”发展战略的决定》。龙泉市委常委会主持会议。龙泉市委书记王顺发代表市委常委会作工作报告。

11 日 龙泉市委理论学习中心组（扩大）会暨第二十五期龙泉人文大讲堂举行，特邀文化和旅游部党组成员、故宫博物院院长单霁翔作题为《坚持文化自信，做中华文化的忠实守望者》专题讲座。龙泉市委书记王顺发主持。叶砝仙、刘赤波、翁志鸿等理论学习中心组成员参加。

11 日 故宫博物院龙泉窑研究中心揭牌仪式在龙泉大剧院举行，掀开了龙泉青瓷文化发展的崭新篇章。此后，双方将发挥自身优势，在龙泉窑遗址保护及青瓷藏品的研究、修复、宣传等方面紧密合作，为弘扬中华民族优秀文化遗产助力。

13 日 浙江留槎洲旅游开发有限公司重组暨龙泉市瓯江源文化旅游度假区项目招商落地签约仪式举行，标志着瓯江源文化旅游度假区项目正式启动。该项目将以国家 AAAA 级旅游景区标准进行打造，使之成为富有剑瓷山水特色的水文化项目，推动瓯江文化旅游的新发展。

16 日 龙泉市机构改革动员大会召开，宣布龙泉市机构改革工作正式全面实施。机构改革后，全市共设置党政机构 37 个。党委机构 10 个，其中，纪检监察机关 1 个，工作机关 9 个。政府办公室和工作部门 27 个。同时，为适应龙泉经济社会发展需要，在机构限额内因地制宜设置部分机构，优化调整一些领域的机构职能。

16—17 日 500 千伏丽西输变电工程可研评审会议在龙泉市召开，标志着项目前期工作取得了新的突破性进展。龙泉市委副书记、市长吴松平出席会议并致辞。500 千伏丽西输变电工程是浙江省、丽水市"十三五"电网建设重点工程，是"三年落地百亿投资、再造一个丽水电网"的龙头工程。

17 日 龙泉市机构改革人员转隶和部门"三定"工作培训会召开，贯彻落实龙泉市机构改革动员大会精神，研究部署机构改革人员转隶和部门"三定"等重点工作。

17—18 日 龙泉市经济商务局、应急管理局、文化和广电旅游体育局、农业农村局、青瓷宝剑产业局、医疗保障局、自然资源和规划局、卫生健康局、退役军人事务局等一批新组建和重新组建部门陆续挂牌。各分管市领导分别参加了相关部门的挂牌仪式。

18 日 浙江省中医药管理局局长徐伟伟到龙开展"三服务"活动，面对面听取企业诉求，为中药企业发展把脉问诊。

21 日 龙泉市委常委会（扩大）会议召开，传达贯彻中央、浙江省委、丽水市委召开的系列重要会议精神，以及丽水市委书记胡海峰在《浙江日报》上发表的《努力打造海晏河清的清廉丽水》署名文章，要求全市上下深入领会新部署新要求，认真结合龙泉市委十四届六次全会精神，贯彻落实。龙泉市委书记王顺发主持并讲话。吴松平、叶砝仙、刘赤波、翁志鸿等龙泉市副处以上领导参加会议。

21 日 2018 年度党组织书记抓基层党建和人才工作述职评议会议召开。龙泉市委书记王顺发讲话。丽水市委组织部副部长徐丽勇到会指导。龙泉市委副书记、市长吴松平，龙泉市委副书记翁志鸿及其他市委常委出席会议。

22 日 丽水市新的社会阶层人士统战工作实践创新基地现场会在龙泉市召开。

22 日 中国—沙特阿拉伯联合考古队对红海之滨的沙特塞林港遗址进行第二次考古发掘的现场工作结束。为期近一个月的考古发掘取得重要成果，发现大型建筑遗址，出土了包括龙泉青瓷在内的诸多文物，再一次充分证明了龙泉青瓷在开拓海上"陶瓷之路"中的重要历史地位。

22 日 龙泉市政府召开第 28 次常务会议。审议《龙泉市农村饮用水达标提标行动计划（2018—2020）》《丽水市级环保督查反馈意见龙泉市专项整改方案》《关于衢宁铁路压覆青滩铺铁矿补偿政府承担部分建议方案》《2019 年政府工作报告》，听取调整龙泉市溪北污水处理厂收集与输送工程-输送工程（一期）投资概算事项、龙泉市"大棚房"问题专项清理整治行动工作情况的汇报。

23 日 龙泉市委常委会召开 2018 年度民主生活会。丽水市委常委、纪委书记、监委代主任方文军到会指导。龙泉市委书记王顺发主持会议并讲话。龙泉市委常委、挂职市委常委逐个作对照检查，开展批评和自我批评。

23 日 丽水市委常委、纪委书记、监委代主任方文军一行到龙泉，检查平安建设和安全生产工作等。吴松平、翁志鸿、郑建青等龙泉市副处以上领导参加。

23 日 龙泉市十六届人大常委会第十四次会议召开。龙泉市人大常委会主任叶砝仙主持会议。龙泉市委副书记、市长吴松平介绍政府工作机构调整情况并提出部分政府组成部门人事任免议案。会议听取了龙泉市政府关于市十六届人大二次会议代表建议系统办理落实情况报告；龙泉市政府关于 2018 年"十件民生实事"项目完成情况的报告等事项。

24 日 龙泉市政协九届十三次常委会会议召开。龙泉市政协主席刘赤波出席会议并讲话。龙泉市委副书记翁志鸿、龙泉市政府相关副市长等应邀出席会议。会议听取龙泉市政府关于龙泉市政协九届二次会议以来提案办理情况的通报，听取了龙泉市机构改革协调小组关于机构改革工作情况的通报；听取龙泉市政府关于 2018 年龙泉市"十件民生实事"完成情况、《关于"美丽县城"建设的建议案》办理情况的通报等事项。

24 日 全国农村生活污水治理工作推进现场会在安徽省巢湖市召开。龙泉做法成为全国样板，龙泉市委书记王顺发在大会上作了题为《分类治理农村污水 打造生态宜居乡村》的交流发言，系浙江省唯一一家作交流发言的县（市）。

29 日 龙泉市举行老干部经济社会发展情况通报会和老干部迎春茶话会，龙泉市委书记王顺发向老干部通报过去一年全市经济社会发展情况和新一年工作思路。龙泉市委副书记翁志鸿主持会议。

29 日 龙泉市委召开书记专题会议，听取前阶段巡察工作情况汇报，研究部署下一步工作。龙泉市委书记王顺发主持会议并讲话。翁志鸿、雷超、郑建青等龙泉市领导出席会议。

31 日 龙泉市委办组织开展机关党支部组织生活会暨主题党日活动。龙泉市委书记王顺发、龙泉市委副书记翁志鸿、龙泉市委常委诸葛春杰以普通党员身份参加会议，与党支部同志一起交流并发言。

2月

1日 龙泉市召开全市领导干部会议,传达贯彻浙江省十三届人大二次会议和浙江省政协十二届二次会议精神。龙泉市委副书记、市长吴松平主持并讲话。龙泉市人大常委会主任叶砝仙、市政协主席刘赤波分别传达了浙江省两会精神。龙泉市委副书记翁志鸿等副处以上领导参加会议。

1日 龙泉市召开乡镇(街道)党政正职工作座谈会。龙泉市委副书记、市长吴松平主持会议。叶砝仙、刘赤波、翁志鸿等龙泉市副处以上领导参加会议。

1日 龙泉市举行2019年新春团拜会。龙泉市委副书记、市长吴松平在团拜会上致辞。龙泉市人大常委会主任叶砝仙、龙泉市政协主席刘赤波等副处以上领导出席。龙泉市委副书记翁志鸿主持。

1日 国家住房和城乡建设部、国家文物局公布了第七批中国历史文化名镇名村名录,龙泉市住龙镇名列其中。

1日 浙江省发展改革委、浙江省自然资源厅联合公布2018年浙江省重大产业项目(第二批)名单,龙泉市年产100万台环保型空调压缩机及1000万只环保型滤清器生产线建设项目被列入浙江省重大产业示范项目。

8日 “金凤凰奖·2018优秀外出创业者”颁奖典礼暨2019龙泉市总商会年会举行。王顺发、吴松平、叶砝仙、刘赤波等龙泉市副处以上领导出席。

11日 中共龙泉县委第一任书记兼县长曹景垣家人项生榕一行,受曹景垣之妻杨福珺委托,从福建省上杭县到龙泉革命老区住龙镇,缅怀革命先烈,走访老区群众,感受老区变化,并为碧龙村修缮落成的“英烈纪念馆”捐款。

11日 龙泉市举行灵芝产业新春座谈会,灵芝生产企业代表、采购大户、菌种生产和机械生产代表等齐聚一堂,共商龙泉灵芝产业发展大计。

11日 王顺发、吴松平、叶砝仙、刘赤波、翁志鸿等龙泉市副处以上领导,召集全市1000余名党员干部,分赴各植树点共同开展新春绿化植树活动。

11日 王顺发、吴松平、叶砝仙、刘赤波、翁志鸿等龙泉市副处以上领导,分五组走访慰问部分纳税大户、行业代表,深入企业开展“三服务”活动。

14日 龙泉市委专题会议召开,传达学习贯彻丽水市“两山”发展会议大会精神。龙泉市委书记王顺发主持会议并讲话。吴松平、叶砝仙、刘赤波、翁志鸿等龙泉市副处以上领导参加会议。

14日 浙江省发展改革委、生态环境厅、交通运输厅、文化和旅游厅联合印发了《关于公布第一批全省大花园典型示范建设单位和培育单位的通知》,龙泉市名列其中,成为全省首批10家大花园典型示范建设单位之一。

14日 浙江省政府公布了入选第二批浙江省旅游风情小镇的28家单位名单,龙泉市宝溪乡榜上有名。

15日 龙泉市委书记王顺发主持召开十四届龙泉市委第46次常委会会议,传达学习浙江省委政法工作会议、全省宣传思想工作会议等会议精神,研究部署龙泉市贯彻意见。

15日 龙泉市政府召开第29次常务会议。审议《关于开展“稳企业、增动能、强信心”精准服务企业专项活动的通知》《2018年度生态工业考核结果的通报》《2018年度纳税大户的通报》,听取2018年度相关表彰奖励、通报表扬、行政嘉奖的情况汇报,讨论研究市政府领导工作分工调整情况。

18日 龙泉市召开全市干部大会,全面贯彻落实丽水市“两山”发展大会精神,动员全市上下高举发展大旗,践行“丽水之干”,书写创新实践“绿水青山就是金山银山”理念的龙泉新篇章。龙泉市委书记王顺发讲话。龙泉市委副书记、市长吴松平主持。叶砝仙、刘赤波等龙泉市副处以上领导参加会议。

18日 龙泉市企业家联合会、企业家协会举行“浙商之春”2019年企业家元宵茶话会。王顺发、吴松平、叶砝仙、刘赤波等龙泉市四套班子领导,与来自全市各行各业的企业家共话新年发展。

20日 龙泉市举行扩大有效投资重点项目集中开工仪式,集中开(复)工59个重点项目、总投资近200亿元。龙泉市委书记王顺发宣布开工。龙泉市委副书记、市长吴松平讲话。叶砝仙、刘赤波等龙泉市副处以上领导出席主会场活动。

20日 龙泉市医共体建设动员大会召开,标志着龙泉市医共体建设启动。龙泉市委书记王顺发讲话。龙泉市委副书记、市长吴松平主持。叶砝仙、刘赤波等龙泉市副处以上领导参加会议。

21日 丽水市委常委、宣传部长任淑女到龙泉市调研宣传思想文化工作。王顺发、叶砝仙、王凡等龙泉市领导陪同调研或参加座谈会。

23日 “故宫龙泉青瓷回家展”收官,102件故宫馆藏龙泉青瓷在故乡龙泉历时3个月的展览后,正式启程“回宫”。

25日 龙泉市政府召开第30次常务会议。审议《2019年政府工作报告》《关于龙泉市2018年国民经济和社会发展计划执行情况及2019年国民经济和社会发展计划草案的报告》《关于龙泉市2018年预算执行情况及2019年预算草案的报告》《龙泉市江滨北岸凤起路区块土地和房屋征收工作实施方案》《龙泉市2018年环境状况和环境保护目标完成情况的报告》。

28日 龙泉市召开浙西南革命精神工作推进会，传达学习丽水市浙西南革命精神弘扬践行活动动员大会精神，研究讨论龙泉全面铺开浙西南革命精神弘扬践行活动相关工作。

3月

1日 龙泉市委常委会召开会议，传达学习贯彻丽水市浙西南革命精神弘扬践行活动动员大会精神，审议通过《龙泉市弘扬践行浙西南革命精神实施方案》，部署推进龙泉市相关工作。龙泉市委书记王顺发主持会议。龙泉市人大常委会主任叶砝仙、龙泉市政协主席刘赤波列席会议。

1日 龙渊印社复兴座谈会召开。龙泉市委书记王顺发出席并讲话。金石篆刻、青瓷、文史等领域名家大师和艺术爱好者围绕龙渊印社发展历程、推动龙渊印社复兴等方面展开讨论。

1日 浙江省财政厅和浙江省科技厅下达了关于2019年产业创新服务综合体建设财政专项激励资金的通知，龙泉市汽车空调产业创新服务综合体被列为2018年“1+X”▲产业创新服务综合体建设省财政专项激励资金实施对象，并获得5000万元专项资金支持。

2日 龙泉经济社会发展恳谈会在杭州举行。原浙江省政协秘书长陈荣高，浙江省社科院党委副书记、院长何显明，浙江省委党校副校长、浙江红船干部学院常务副院长季盛清，杭州市江干区委书记滕勇等嘉宾及龙泉市委书记王顺发、龙泉市人大常委会主任叶砝仙等出席恳谈会。150余名在杭州工作的龙泉籍专家、学者欢聚一堂，共叙情谊，共谋发展。

5日 龙泉市委理论学习中心组（扩大）会暨“两山”发展和浙西南革命精神专题报告会举行。龙泉市委书记王顺发讲话，龙泉市委副书记翁志鸿主持会议。会议还邀请丽水市委政策研究室负责人作“两山”发展和浙西南革命精神专题辅导报告。

6日 浙江省国资委主任、党委书记冯波声带队到龙泉开展“千企结千村、消灭薄弱村”专项行动调研，督促指导物产中大集团落实相关工作。物产中大集团党委副书记、董事、工会主席宋宏炯，龙泉市领导吴松平、雷超参加调研。

6日 龙泉市召开江滨北岸凤起路区块土地和房屋征收工作动员大会。龙泉市委书记王顺发作动员讲话，龙泉市四套班子领导参加会议。

6日 温州医科大学专家组一行对龙泉市人民医院创建“温州医科大学实习医院”工作进行现场评估，并在随后的评估反馈会上正式与龙泉市人民医院签订《温州医科大学实习医院协议书》，授予龙泉市人民医院“温州医科大学实习医院”。

5日—6日 龙泉市委副书记、市长吴松平带队赴上海优刻得信息科技有限公、伊利集团上海分公司和道铭集团，就龙泉青瓷“区域公用品牌”商城平台创建、天然矿泉水产业招商和打造青瓷小镇升级版等事宜深入座谈交流。诸葛春杰、黄国勇、徐怀坤等龙泉市领导随团走访。

7日 龙泉市举行“三八”国际劳动妇女节暨“花开龙泉·梦圆巾帼”颁奖典礼。龙泉市委书记王顺发致辞，翁志鸿等龙泉市四套班子领导参加活动。

8日 十四届龙泉市委第四轮巡察工作动员部署会召开，这也标志着十四届龙泉市委第四轮巡察工作正式启动。王顺发、吴松平、叶砝仙、刘赤波、翁志鸿等龙泉市副处以上领导参加。

8日 龙泉市十六届人大常委会第十五次会议召开，为即将召开的龙泉市十六届人大三次会议作准备。龙泉市委书记王顺发出席会议并通报龙泉市委2018年相关工作，龙泉市人大常委会主任叶砝仙主持会议。

8日 浙江海港集团、上海国际港务集团到龙泉市开展“消薄”工作，举行八都镇石川村“消薄”专项行动暨集体经济果蔬种植园定向捐赠仪式。浙江海港集团党委书记、董事长毛剑宏，上海国际港务集团党委书记、董事长陈戌源，龙泉市委副书记、市长吴松平参加。

8日 中国共产党龙泉市第十四届纪律检查委员会第五次全体会议召开。龙泉市委书记王顺发出席会议并讲话，全市副处以上领导出席会议。

11日 第三批浙江省美丽乡村示范县名单公布，龙泉市榜上有名，实现第一年申报即第一年创成。

11—14日 中国人民政治协商会议第九届龙泉市委员会第三次会议在龙泉大剧院开幕。龙泉市副处以上领导参加。

12—15日 龙泉市第十六届人民代表大会第三次会议在龙泉大剧院开幕。龙泉市副处以上领导参加。

19—24日 丽水市四届人大四次会议和丽水市政协四届三次会议召开，龙泉市领导王顺发、吴松平、叶砝仙、刘赤波等参加。

22日 龙泉市召开“海丝之路·

南海Ⅰ号龙泉青瓷归源展”新闻发布会，宣布“海丝之路·南海Ⅰ号龙泉青瓷归源展”活动将于3月29日在龙泉青瓷博物馆开幕，展期近两个半月。

25日 龙泉市委书记王顺发带队前往丽水市人民医院，继续深化“省市县乡”四级医疗融合体建设，并就高水平打造医疗联合体作全面深入交流。丽水市人民医院党委书记王军，丽水市人民医院院长黄刚，龙泉市领导吴松平、叶砝仙等参加座谈。

26日 龙泉市领导干部会议召开，传达贯彻全国两会、丽水市两会精神，对龙泉市学习贯彻工作作出部署。龙泉市委书记王顺发主持会议并讲话。叶砝仙、刘赤波、翁志鸿等龙泉市副处以上领导参加会议。

26—27日 丽水市“不忘初心重走浙西南红色革命路”大型新闻行动采访团深入龙泉市住龙、宝溪等革命老区乡镇，宣传龙泉市“红+绿”融合发展的典型做法。

26日 四川省广元市昭化区委副书记、区长龙兆学率代表团到龙泉考察。龙泉市委副书记、市长吴松平等参加活动。考察期间，双方举行龙泉—昭化联席会议，加深两地在产业、劳务、人才等方面交流合作。

26日 龙泉市召开扫黑除恶专项斗争领导小组第三次全体（扩大）会议，传达学习丽水市扫黑办全体成员（扩大）会议精神，讨论研究《龙泉市扫黑除恶攻坚年活动实施方案（征求意见稿）》《龙泉市扫黑除恶攻坚年集中宣传活动实施方案（征求意见稿）》。

27日 龙泉市委常委会会议召开，传达习近平总书记在学校思想政治理论课教师座谈会上的重要讲话精神和浙江省教育大会精神，讨论研究机构改革有关事项，贯彻丽水市统战部长会议精神，研究部署龙泉市统战工作。龙泉市委书记王顺发主持会议并讲话。龙泉市人大常委会主任叶砝仙、龙泉市政协主席刘赤波列席会议。

27日 龙泉市食品安全工作会议暨浙江省食品安全市创建攻坚会议召开。龙泉市领导吴松平、杨洪斌参加。

27—28日 浙江省“四边三化”行动学习促进会在龙泉市召开，交流浙江省“四边三化”工作经验和特色，部署全年重点工作。

29日 “海丝之路·南海Ⅰ号龙泉青瓷归源展”开幕仪式在龙泉青瓷博物馆举行。展览分为“南海遗珠”“宋瓷归源”“丝路盛况”三个单元，广东海上丝绸之路博物馆精心选取了“南海Ⅰ号”南宋沉船出水的96件国宝回龙展出，让青瓷爱好者更近距离感受古代龙泉青瓷珍品魅力。开幕式前还举行了“宋瓷归航”实景演出活动，再现古代瓯江“海上丝绸之路”盛况。

29日 2019年农村文化礼堂建设动员部署会在八都镇安田村召开。会议总结回顾2018年农村文化礼堂建设的做法和经验，部署2019年工作任务，并进行专题培训。

30日 由河南省汝州市四套班子主要领导带领的党政考察团到龙泉考察特色小镇建设及剑瓷产业发展等情况。龙泉市领导吴松平、叶砝仙、诸葛春杰、童巧隽等参加考察。

30日 杭州萧山中医院龙泉分院挂牌暨大型义诊活动在龙泉市中医院举行，双方现场签订对口帮扶协议书，萧山中医院将在医疗技术、科研教学、人才培养、学科建设等方面向龙泉市中医院提供相关指导和帮助，为龙泉百姓提供更加优质的医疗服务。

30日 第二届中国美丽乡村百佳范例在北京揭晓，住龙镇西井村榜上有名。

4月

1日 龙泉市安全生产工作会议召开，对全市安全生产工作进行了全面部署。龙泉市委副书记、市长吴松平出席会议并讲话。

1日 龙泉市政府召开第31次常务会议。审议《关于开展行政村规模调整工作的实施意见》《2019年政府工作报告重点工作责任清单》《龙泉市产业培育大比拼、项目建设大比武活动实施方案》《龙泉市2019年政府投资项目计划》《龙泉市实施“五个十”文化行动三年计划》《龙泉市声环境功能区划分调整方案》《关于促进制造业信贷投放的实施意见》，听取萧山区“飞地”产业园—萧龙科创园建设项目工作情况汇报。

2日 “最美龙泉人”暨第六届道德模范颁奖典礼在龙泉大剧院举行。10例道德模范、11例道德模范提名人物、10例最美龙泉人物在仪式上接受嘉奖。王顺发、吴松平、叶砝仙、翁志鸿等龙泉市四套班子领导参加活动，并为获奖者颁奖。

3日 王顺发、叶砝仙、翁志鸿等龙泉市领导到龙泉市革命烈士陵园开展祭扫活动，缅怀革命烈士的丰功伟绩和崇高精神。

4日 龙泉市森林消防工作会议召开，通报2018年全市森林消防工作情况，分析清明期间森林消防形势，落实部署2019年森林消防工作。

10—11日 王顺发、吴松平、叶砝仙、翁志鸿等龙泉市四套班子领导走进中小学校园开展“走进课堂，把脉教育，提质发展”活动，为办好人民满意教育“号脉”“开方”。

12日 由中国传统工艺研究会主办，上海新世界手工艺术品有限公司与龙泉市官窑瓷业有限公司承办的"国之大器·龙泉官窑"专题展在上海开展，共展出官窑瓷业承制的10余款国礼，以及其他80余款系列作品。

12日 龙泉市举行"问海借力·村企同心"2019年龙泉村企对接推介会。物产中大集团、雅莹集团、温州港集团等13家企业与龙泉市供销社、10余个集体经济薄弱村签订了13份产销协议，其中，农产品订单12个，总金额达623万元；建设1050亩的绿色农产品生产基地（6个），投资438万元。

12—14日 龙泉市委书记王顺发带队赴景德镇考察学习陶瓷产业发展，诸葛春杰、曹新民等龙泉市领导一同参加考察。

14日 北京科技大学科技史与文化遗产研究院教学实践基地揭牌暨古代冶铁试验启动仪式在龙泉剑村刀剑研究院举行。龙泉市将通过校企合作，以"古法+高科技"完整复原欧冶子时代的中国古代冶铁工艺。

15日 龙泉市2019年组织工作会议召开，深入贯彻新时代党的组织路线，动员全市党员干部弘扬践行浙西南革命精神、剑瓷精神，落实"丽水之干"，推动组织工作发展。

17日 丽水市第二人民医院与龙泉市人民医院共建精神专科医联体签约暨丽水市精神医学专科联盟成员单位揭牌仪式举行。龙泉市委副书记、市长吴松平出席活动。

18日 龙泉市委常委会会议召开，学习贯彻中央办公厅《关于解决形式主义突出问题为基层减负的通知》、浙江省委书记车俊在全省县（市、区）委书记工作交流会上的重要讲话精神等，研究龙泉市贯彻落实意见。会议研究讨论了《2019年龙泉市产业培育大比拼、项目建设大比武活动实施方案》《龙泉市实施"五个十"文化行动三年计划》《关于开展行政村规模调整工作的实施意见》等。

18日 龙泉市首个生态保护联络站在凤阳山国家级自然保护区揭牌成立。

18日 龙泉市委审计委员会召开第一次会议，深入学习贯彻习近平总书记关于审计工作的重要论述精神，认真贯彻落实中央、省委和丽水市委审计委员会第一次会议精神，研究部署龙泉市审计委员会相关工作。

18日 龙泉市召开"最多跑一次"改革工作例会暨深化部门间"最多跑一次"改革推进会，传达贯彻浙江省"最多跑一次"改革工作会议和丽水市深化部门间"最多跑一次"改革推进会的会议精神，研究部署了龙泉市"最多跑一次"改革向公共领域延伸扩面、深化部门间"最多跑一次"改革等重点工作。

19日 龙泉市政法信访工作会议暨扫黑除恶专项斗争推进会召开，深入贯彻落实中央、省委、丽水市委政法工作会议，浙江省委建设平安浙江工作会议，中央扫黑除恶第11督导组督导浙江省工作动员会等会议精神，研究部署一个时期龙泉市政法信访、平安建设以及扫黑除恶专项斗争等工作。龙泉市委书记王顺发讲话，龙泉市委副书记翁志鸿作具体工作部署。

19日 龙泉市召开行政村规模调整工作动员部署会。龙泉市委书记王顺发出席会议并讲话，龙泉市委副书记翁志鸿主持。叶砼仙等龙泉市领导参加。

19日 龙泉市农村工作会议召开，深入贯彻落实中央、省委、丽水市委农村工作会议精神，研究部署新一年"三农"工作。龙泉市委书记王顺发出席会议并讲话，龙泉市委副书记翁志鸿主持。

21日 "龙泉安仁鱼头""龙泉蜜语"两件集体商标，经国家知识产权局核准注册成功。

22日 龙泉市宣传思想工作会议召开，总结回顾2018年全市宣传思想文化工作情况，研究部署2019年工作任务，向全市发出做好新时期龙泉市宣传思想工作的动员令。

22日 龙泉市政府召开第32次常务会议。审议《龙泉市资源配置市场化改革实施意见》《龙泉市土地储备实施办法》《龙泉市江滨北岸凤起路区块国有土地上房屋征收补偿方案》《龙泉市江滨北岸凤起路区块集体土地房屋征收补偿方案》《龙泉市城市规划区外土地房屋征收补偿方案》《龙泉市农村饮用水达标提标工程建设管理办法》《龙泉市选商引资工作实施意见》。

23日 龙泉市召开廉政工作会议，龙泉市委副书记、市长吴松平就政府系统党风廉政建设和反腐败工作进行强调部署。

25日 "美丽乡村浙江行——2019全国百家电台全媒体采访活动"走进龙泉，聚焦龙泉城乡建设、产业发展和优美山水。

25日 龙泉市首期村社党组织书记"头雁论坛"开讲，20位2017年度、2018年度"十佳优秀村社党组织书记"现场交流，秀出兴村治社"良方"，互比互学互促互进，共谋新时期乡村振兴。

25日 一周一期的阿里巴巴"天天正能量"评选结果出炉，在全国媒体推荐的34个暖心故事中，龙泉养孙女蒋松梅七年如一日，每天十多次"公主抱"陪护照顾瘫痪七年的98岁奶奶汤招弟事迹高票获得一等奖，阿里巴巴"天天正能量"为她颁发荣誉证书及10000元正能量奖金。

26日 龙泉市人民医院医共体及龙渊等分院、龙泉市中医院医共体及西街等分院纷纷举行挂牌仪式，标志着龙泉市医共体建设工作进入全面实施阶段。

26 日 龙泉市残疾人工作会议召开。全市将全面实施基本保障、精准康复、就业帮扶、助残宣传、基层基础“五大提升行动”，做好新时代残疾人工作。

27 日 第二届“一带一路”国际合作高峰论坛领导人圆桌峰会在北京雁栖湖国际会议中心举行。在这场具有标志性意义的国际盛会上，龙泉青瓷延续了与“一带一路”高峰论坛的缘分，二度惊艳亮相，成为一道令世界各国政要侧目的魅力风景线。

27 日 全国“五一”劳动奖表彰大会召开，浙江国镜药业有限公司获得全国“五一”劳动奖状。

28—29 日 共青团龙泉市第十九次代表大会召开。叶砬仙、刘赤波等龙泉市领导出席会议，龙泉市委副书记翁志鸿讲话。会议选举产生了共青团龙泉市第十九届委员会委员 31 名、候补委员 18 名、常委 9 名，胡观胜当选为共青团龙泉市委书记。

29 日 浙江省产业创新服务综合体建设现场推进会召开。龙泉汽车空调产业创新服务综合体成为省级产业创新服务综合体公共平台提升建设典型，龙泉市委书记王顺发在会上作了题为《聚力建设龙泉汽车空调产业创新服务综合体 奋力推动龙泉经济高质量绿色发展》的交流发言。

29 日 云和—龙泉天然气管道建设工程（龙泉段）的安岱头隧道实现全线贯通，这是该工程在龙泉境内贯通的第一条隧道，标志着龙泉段天然气管道建设取得阶段性成果。

30 日 龙泉市召开防汛工作视频会议，龙泉市委副书记、市长吴松平就当前防汛工作进行强调部署。

30 日 由陕西历史博物馆、龙泉市政府主办的“剑瓷龙泉——中国龙泉青瓷、宝剑传承与创新展”在陕西历史博物馆第六展厅开展。该展览精选 150 余件古今龙泉青瓷、宝剑作品，集中展示了龙泉市工艺大师的高超技艺。

5 月

1 日 浙江省文化和旅游厅公布首批 100 项省优秀非遗旅游商品名单，龙泉青瓷、龙泉宝剑榜上有名。

5 日 2019 年“中国旅游文化周”全球联动活动在故宫博物院隆重启动，龙泉市委副书记、市长吴松平参加并现场推介龙泉青瓷和龙泉旅游。5 月 15 日至 6 月 30 日，“中国旅游文化周”活动将在全球范围内联动同步举办，届时，龙泉将重点在马德里和首尔中国文化中心举办“听瓷语·观世界”龙泉青瓷展暨“龙泉青瓷溯源之旅”旅游推介活动。

5—6 日 浙江省文联党组书记、副主席、书记处常务书记陈瑶带领调研组到龙泉开展“三服务”活动，并到结对乡镇开展结对帮扶调研工作。

6—7 日 丽水市委常委、纪委书记、监委主任方文军到龙泉调研扶贫领域监督执纪工作，并开展“服务企业、服务群众、服务基层”活动。王顺发、郑建青等龙泉市领导参加。

5—6 日 嘉兴市秀洲区委书记吴炳芳，区委副书记、区长吴燕，区政协主席滕根林带领党政代表团到龙泉考察，对接交流山海协作工作。王顺发、叶砬仙、刘赤波、翁志鸿等龙泉市领导出席相关活动。在 6 日召开的秀洲—龙泉山海协作工程工作联席会上，双方就进一步拓展协作内涵、完善协作平台、深化协作机制进行深入探讨，并签订《2019 年秀洲—龙泉实施山海协作工程协议书》。

10 日 龙泉市委常委会召开扩大会议，传达学习浙江省委十四届五次全会、全省防范化解重大风险专题培训班开班动员会、全省产业创新服务综合体建设现场推进会精神，以及《重大行政决策程序暂行条例》等，部署“警示教育月”活动。龙泉市委书记王顺发出席会议并讲话。龙泉市人大常委会主任叶砬仙、龙泉市政协主席刘赤波列席会议。

10 日 龙泉市召开一季度经济形势分析会，研究分析 2019 年一季度经济形势，点评产业培育大比拼、项目建设大比武活动开展情况，并对下步经济工作进行部署。

10 日 国务院办公厅印发通报，对 2018 年落实打好三大攻坚战和实施乡村振兴战略、深化“放管服”改革、推进创新驱动发展、持续扩大内需、推进高水平开放、保障和改善民生等有关重大政策措施真抓实干、取得明显成效的 24 个省（区、市）、80 个市（州）、120 个县（市、区、旗）等予以督查激励，相应采取 30 项奖励支持措施。龙泉市财政管理和农村人居环境整治两项工作榜上有名，将获得不低于 3000 万元的国家奖励资金。

13 日 十四届龙泉市委第 50 次常委会会议召开，听取龙泉市人大常委会党组、市政府党组、市政协党组 2019 年一季度履行全面从严治党主体责任情况汇报，2019 年第一季度维护稳定、扫黑除恶和反邪教工作情况汇报等。会议还研究讨论了《龙泉市选商引资工作实施意见》《中共龙泉市委党建工作领导小组 2019 年工作要点》等。龙泉市委书记王顺发主持会议。龙泉市人大常委会主任叶砬仙、龙泉市政协主席刘赤波列席会议。

13 日 龙泉市宣传系统举行学习贯彻习近平总书记新闻舆论工作

新思想新观点新论述暨“四力”教育实践专题培训会，深入贯彻落实全国、浙江省、丽水市宣传思想工作会议精神，切实增强宣传思想文化战线干部“四力”。丽水市摄影家协会会员、丽水市青年摄影家协会理事、丽水日报报业传媒集团视觉中心摄影记者戴昕律应邀作专题培训。

13日 浙江省教育厅、浙江省教育学会德育分会公布了首批“浙江省中小学班主任工作室”复评结果和第二批“浙江省中小学班主任工作室”名单，龙泉一中周慧贞和龙泉市实验小学瞿巧华两位老师领衔申报的班主任工作室，成功入选第二批“浙江省中小学班主任工作室”。

14日 丽水市浙西南革命精神弘扬践行活动督导组到龙泉市检查浙西南革命精神弘扬践行活动工作开展情况。

14—15日 丽水市委副书记、政法委书记李锋到龙泉调研乡村振兴、平安建设等工作。

15日 由故宫博物院与浙江省博物馆、丽水市委市政府联合举办的“天下龙泉——龙泉青瓷与全球化”特展启动仪式在故宫博物院敬胜斋举行，旨在宣传龙泉青瓷及其全球化文化影响。故宫博物院院长王旭东、国家文物局副局长关强、丽水市副市长卢彩柳、浙江省博物馆副馆长许洪流以及故宫博物院研究馆员耿宝昌出席启动仪式并讲话。故宫博物院副院长任万平主持仪式，故宫博物院研究馆员王光尧做展览情况介绍。龙泉市委书记王顺发出席启动仪式。

14—15日 中国国际广播电台俄东地区广播中心到龙泉拍摄《风尚中国》视频节目，通过龙泉人文地理的展示，体现龙泉生态文明建设与绿色发展成果。

17日 汽车空调蒸发器、冷凝器国家行业标准制定工作组第一次会议在龙泉市召开。全国汽车标准化技术委员会车身分委会秘书长张尚娇主持会议，龙泉市委书记副书记、市长吴松平参加会议。蒸发器和冷凝器目前国内还没有国家及行业标准，该次汽车空调蒸发器、冷凝器最基础的草案是来自2010年龙泉市空调汽车配件行业协会组织制定的龙泉市联盟标准。制定完成后，将填补国内空白。

15—19日 第三届中国国际茶叶博览会在杭州举行，龙泉红茶公用品牌“龙泉红”首次正式亮相。浙江省政协副主席周国辉，浙江省人大常委会原副主任袁荣祥，浙江省农办主任、农业农村厅厅长林健东，浙江省供销社主任邵峰，浙江省农业农村厅副厅长张火法、刘嫔珺、唐冬寿，浙江省农业农村厅党组成员陈良伟、总农艺师蔡元杰，浙江省农村信用社联合社党委副书记金丽丽，丽水市副市长杨秀清等领导先后到龙泉馆参观并指导工作。中国茶叶学会理事长江用文对“龙泉红”系列茶叶给予了高度评价。王顺发、苏一中、黄国勇等龙泉市领导前往茶博会现场，视察龙泉企业参展情况。

17日 中国第一汽车集团供应采购部副部长孙景新率团到龙泉市考察汽车空调零部件产业发展情况。

19—20日 中外文化交流中心、文化和旅游部海外文化设施建设管理中心与龙泉市联合举办“中国旅游文化周”全球联动项目龙泉调研活动。众多文化旅游领域的业内专家、行业精英齐聚龙泉，共论文化和旅游的融合发展，为龙泉深入实施文旅兴市发展战略建言献策。

20日 龙泉市残疾评定中心正式揭牌成立，这也意味着群众在家门口就能进行残疾评定，享受便捷服务。

21日 景德镇陶瓷文化旅游集团董事长刘子力率考察团一行到龙泉市考察文旅融合、剑瓷文化产业发展等情况。

21日 龙泉市举行2019年中小学防溺水宣传教育提升行动启动仪式暨防溺水工作联席会议。

21日 由浙江省禁毒办主办，龙泉市禁毒委、龙泉市公安局承办的2019“祖国有我·禁毒有我”全省禁毒文艺巡演活动在市人民广场举行。

22日 周恩来总理侄女周秉宜女士到龙泉，参观了上垟中国青瓷小镇，实地感受在周总理指示下得以恢复生产的龙泉青瓷产业发展现状。

23日 九姑山提升改造项目观景楼工程开工仪式举行，龙泉市委书记王顺发宣布开工，叶砬仙、刘赤波等龙泉市领导出席，共同为工程奠基。九姑山提升改造项目是龙泉市委、市政府深入实施“乡村振兴、城市复兴”战略，全域建设“最美大花园”的重点政府投资项目。建成后将全面提升九姑山的颜值、档次和品味，成为四季皆景、移步换景的市民休闲公园。

22—24日 龙泉市委副书记、市长吴松平带领部分企业家、青瓷艺人和相关部门负责人赴景德镇考察文化产业，深化两地在文创设计、科研攻关、品牌营销、人才培养等方面的交流合作。王凡、占雅静等龙泉市领导参加考察。

23日 龙泉市召开警示教育大会，叶砬仙、刘赤波等龙泉市领导出席会议。龙泉市委副书记翁志鸿作讲话，龙泉市委常委、纪委书记、监委主任郑建青主持。

23日 龙泉市委理论学习中心组（扩大）会暨第27期龙泉人文大讲堂举行，特邀周恩来总理侄女、中央文献研究室周恩来研究会常务理事、南开大学周恩来研究中心特聘研究员周秉宜作题为《传承良好家风 弘扬革命精神》专题讲座。

24日 由浙江省文化和旅游厅主办，中国丝绸博物馆协办的“丝茶瓷：丝绸之路上的跨文化对话”活动在捷克共和国皮尔森州开幕，龙泉青瓷作为瓷文化代表精彩亮相，深受当地民众的喜爱和好评。

27日 龙泉市政协九届常委会第十七次会议暨“请你来协商”加快实施“文旅兴市”发展战略专题协商会召开，龙泉市委书记王顺发出席会议并讲话，龙泉市政协主席刘赤波主持会议。

27日 龙泉市举行项目谋划现场大比武活动，龙泉市委副书记、市长吴松平出席活动并讲话。27位来自乡镇(街道)、部门机关的负责人，围绕谋项目、招项目、推项目作了精彩的路演比武。由龙泉市领导和专家组成评委团进行现场打分，评选产生优秀项目12个、优秀奖10个。

28日 由中国国际茶文化研究会、龙泉市政府主办的龙泉红•西湖品鉴会活动，在杭州西湖国宾馆举行。品鉴会上，举行了“龙泉红”品牌发布、区域公用品牌生成仪式；中国农业科学院茶叶研究所与龙泉市签订共同加快龙泉市茶产业发展战略合作协议；杭州龙坞茶镇与龙泉市农业农村局签署进驻协议；杭州你我茶燕茶楼与龙泉市地阳红生态农业有限公司、杭州绿润制茶有限公司与龙泉市金福茶业有限公司分别签订采购协议。

28日 绕城东线(一期)工程开工仪式在龙渊街道小白岸村举行。绕城东线起点位于小白岸与G322安仁至西街公路改建工程交叉口处，起点桩号K0+000，经小白岸村、沙潭电站、溪下村、兰头村至项目终点础石岭隧道，全长7.945千米。将按照二级公路技术标准建设，设计速度60千米/小时，路基宽度12米。

28日 龙泉市中小学校“空调进教室”工程竣工启用仪式在东升教育集团举行，这标志着龙泉市“空调进教室”工程完工。“空调进教室”是2019年丽水市“十方面民生实事”之一，龙泉市投入3000余万元建设“空调进教室”工程，全市36所中小学校、889间教室安装了1758台空调，受益师生3万余人。

29日 50多位“大榕树”网络文化区域协作联盟成员单位相关负责人、网络大咖走进龙泉，围绕“践行革命精神，共同构建网络清朗空间”开展交流，为龙泉高质量绿色发展献计献策，就龙泉绿色发展取得的喜人成绩编写网文，传播分享龙泉“好声音”。

30日 龙泉市十六届人大常委会第十六次会议召开。会议听取和审议了龙泉市政府关于促进民营经济高质量发展情况的工作报告，听取了龙泉市人大常委会民营经济调研组作关于龙泉市促进民营经济高质量发展情况的专项监督工作报告等事项。

30日 丽水市第八届未成年人道德文化节启动仪式在龙泉市实验小学举行。

31日 龙泉市委副书记、市长吴松平赴浙江施克汽车配件有限公司开展“三服务”活动，并出席了龙泉市金融工作座谈会。

31日 龙泉市深化扶贫领域腐败和作风问题专项治理工作推进会召开。

5月31日至6月4日 2019年龙泉“鼎丰杯”端午龙舟文化旅游活动举行，包括传统龙舟巡游、传统龙舟竞赛等精彩表演，吸引数万市民翘首观看，共享龙舟文化盛宴。在1200米龙舟直道赛中，宝剑行业协会、政法口、计划口龙舟代表队获系统组前三名，五村、临江村获乡村新锐组前两名，南秦村、道太乡、九村龙舟代表队获乡村传统组前三名。

6月

3日 浙江龙泉—台湾南投两地青年交流座谈会在龙泉市举行。来自南投县埔里镇青年参访团的成员与龙泉优秀青年代表共聚一堂，就加深民族认同感、加强优势互补和产业合作等进行了现场交流互动。

3日 龙泉市政府召开第33次常务会议。审议《龙泉市国有企业市场化改革方案》《龙泉市国有企业重大财务事项报告制度(试行)》《关于剑瓷历史经典产业振兴三年行动计划(2019—2021年)》《龙泉市文创人才兴业计划》《龙泉市林业发展和资源保护扶持政策》《关于龙泉绿采食用菌交易中心项目情况汇报和工作方案》《龙泉市行政村规模调整方案》《龙泉市选商引资项目优惠政策》《2019年龙泉市招商引资工作考核办法》。

3日 龙泉市政府召开第34次常务会议。审议《关于进一步推进农业供给侧结构性改革加快现代农业产业发展的实施细则》《关于推进生态工业高质量绿色发展的若干政策》《关于进一步促进开放经济稳定增长的若干意见》《关于推进剑瓷产业发展的若干意见》《浙江龙泉经济开发区整合提升工作方案》，听取《龙泉市安全生产形势分析报告》。

5日 浙江龙泉生态环保教育基地正式揭牌落成。该基地由龙泉市人民检察院、丽水市生态环境局龙泉分局、浙江龙泉经济开发区共同创建，是丽水首个室外生态环保教育基地，将成为推进龙泉市生态环保学习教育的一个特色开放场所。

5日 龙泉市特别邀请到敦煌研究院考古研究所所长张小刚到龙泉

做客“文博大讲堂”,作题为《丝路敦煌与中国文化——从敦煌石窟看中国古代王朝兴衰》的精彩讲座。

6日 《龙泉市行政村规模调整方案》经法定程序通过,全市原有444个行政村调整至236个,全市调整率46.85%。

7日 龙泉青瓷传统烧制技艺国家级非遗项目代表性传承人徐朝兴带着龙泉青瓷亮相CCTV1《非遗公开课》,以生动讲解、鲜活演绎的形式,带领观众感受龙泉青瓷文化的独特魅力。

8日 2019年中国北京世界园艺博览会“丽水城市主题日”活动在浙江展园正式启动,龙泉青瓷精彩亮相,向世界传递展示瓷之美、瓷之韵。其中,龙泉青瓷新生代艺人雷慧仙的作品《静》《兰花》还作为定制礼品赠送给参会的嘉宾。

9日 “人类非遗·中华经典”——2019龙泉青瓷巡展在美国波士顿福布斯艺术馆正式开展,该展展期6天。

10日 龙泉—昭化东西部扶贫协作特色产品精品展销厅揭牌开业,打通了四川昭化农产品销路,推进精准扶贫。

12日 浙江省农业农村厅牵头,结对龙泉市帮扶团组座谈会在龙泉举行,学习贯彻习近平总书记在解决“两不愁三保障”突出问题座谈会上的重要讲话以及浙江省扶贫开发有关会议精神,总结交流前期结对帮扶工作进展情况,研究部署下阶段结对帮扶工作任务措施。

12日 中央电视台综合频道(CCTV-1)播出《秘境之眼》,生动再现凤阳山国家级自然保护区内的可爱动物们,向观众展示了保护区的生物多样性。

12日 随着锦溪镇行政村授印大会召开,龙泉市行政村规模调整工作全面完成。全市涉及规模调整行政村339个,减少208个,组建新村131个。

12日至13日 由中国报业协会、丽水市委宣传部主办的全国党媒社长总编丽水行暨百家媒体浙西南革命根据地采风活动走进龙泉,踏寻红色足迹,聚焦龙泉“红绿融合”发展的独特路径。

13日 龙泉市领导干部会议召开,传达贯彻中央、浙江省委“不忘初心、牢记使命”主题教育工作会议精神和浙西南革命精神研究成果新闻发布会丽水市委书记胡海峰讲话精神。

13日 龙泉市委退役军人事务工作领导小组举行第一次全体会议,深入学习贯彻习近平总书记关于退役军人工作的重要论述,以及中央、浙江省委和丽水市委关于退役军人工作重要会议精神,研究部署一个时期龙泉市退役军人工作。

13日 龙泉市委召开书记专题会议,听取第四轮巡察工作情况汇报,专题研究部署龙泉市巡察工作。龙泉市委书记王顺发主持会议并讲话,龙泉市领导吴松平、雷超、郑建青出席会议。

14日 龙泉市召开推进生态工业高质量绿色发展暨选商引资大会。龙泉市委书记王顺发讲话,龙泉市委副书记、市长吴松平主持,刘赤波、熊勇军等龙泉市领导参加会议。

14日 龙泉市组织召开“浙政钉·掌上执法系统”应用推进会。

14日 龙泉市革命历史红色档案展览在龙泉市文化馆开展。展览分为12个板块共52个版面,再现了龙泉人民在革命时期面对险恶、残酷的斗争环境不屈不挠,用鲜血和生命写下光辉的史实。

15日 龙泉市举行础石区块基础设施配套工程一期项目开工暨鞋产业链回归工程项目启动仪式,拉开了龙商“二次回归”创业的序幕。龙泉市委书记王顺发宣布开工,龙泉市委副书记、市长吴松平讲话。刘赤波、诸葛春杰等龙泉市领导出席活动。

17日 著名画家蒋为民青瓷绘画工作室在龙泉青瓷宝剑技师学院(中职校)挂牌成立。

18日 龙泉市召开防汛工作会议,龙泉市委副书记、市长吴松平就当前防汛工作进行强调部署。

18日 由文化和旅游部中外文化交流中心、首尔中国文化中心、中国驻韩国使馆文化处、中国驻首尔旅游办事处、龙泉市政府联合主办的“听瓷语·观世界”龙泉青瓷展暨“龙泉青瓷溯源之旅”旅游推介活动,在韩国首尔中国文化中心盛大开幕。

19日 “天府之路·四川遂宁龙泉青瓷归源展”开幕仪式在龙泉青瓷博物馆举行。四川遂宁金鱼村窖藏是全国发现的最大最完整的一处宋代瓷器窖藏,当中出土的342件龙泉青瓷,为中国宋代龙泉窑的收藏和研究提供了极具代表性、典型性、权威性和标尺性的实物材料。69件来自该窖藏的宋代龙泉青瓷珍品重回故乡龙泉展出,让人们更好地领略龙泉青瓷的绝代风华。开幕前,还举行了盛大的迎瓷、奉瓷仪式。

19日 龙泉市召开《浙江省学前教育条例》执法检查座谈会。龙泉市人大常委会主任叶砝仙出席会议,并听取相关部门汇报。

20日 龙泉市政协系统党建工作会议暨“新时代人民政协的新样子”专题讨论活动工作布置会召开,研究部署下阶段龙泉市政协系统专题讨论活动开展工作及党建工作。

20日 农产品供销e城运营中心启用仪式在剑池街道南秦村大塘湾区块新蔬菜批发市场举行,这标志着龙泉市形成了农产品产、供、销一体化销售链，将有效拓宽农产品销售渠道，解决农产品“卖出难”问题。

21日 由中外文化交流中心、马德里中国文化中心、中国驻马德里旅游办事处、龙泉市政府联合主的“听瓷语•观世界”龙泉青瓷展暨“龙泉青瓷溯源之旅”旅游推介活动在西班牙马德里中国文化中心开幕。

21日 龙泉市政协举行“请你来协商”——加大城市工程运输车辆超载治理力度专题协商会，总结交流前阶段治理城市工程运输车辆超载的经验做法，研究部署下一步工作。

21日 龙泉市教育提质行动动员大会召开。龙泉市委书记王顺发讲话，龙泉市委副书记、市长吴松平主持。刘赤波、翁志鸿等龙泉市领导出席。

21日 第五批中国传统村落名录公布，龙泉市剑池街道周际村，住龙镇西井村，屏南镇库租坑村、上畲村、地畲村、南垟村，竹垟畲族乡盖竹村，道太乡外翁村、荷上畈村，城北乡内双溪村，龙南乡龙井村、兴源村等12个村落上榜。

22日 龙泉市就进一步做好当前防汛工作召开防汛紧急会商会议，连线各乡镇(街道)，分析当前汛情雨情，部署下步工作。龙泉市委书记王顺发出席会议并作工作部署。

25日 龙泉市农村宅基地及住房确权登记发证工作推进会召开。龙泉市委副书记、市长吴松平出席会议并作工作部署。

25日 “钱江论潮”——文化引领城市高质量发展论坛在杭州举行。龙泉市委书记王顺发在大会上作题为《用文化的力量推动剑瓷龙泉高质量绿色发展》的交流发言，向与会领导嘉宾分享文化引领城市高质量发展研究的龙泉样本。

26日 衢宁铁路浙江段龙泉站站房工程开工仪式举行。

27日 龙泉市委全面深化改革委员会工作会议召开，审议通过了龙泉市委全面深化改革委员会2019年工作要点、专项小组调整方案和工作规则、专项小组工作规则、办公室工作细则等。龙泉市委书记王顺发讲话，吴松平、熊勇军、诸葛春杰等龙泉市领导出席会议，龙泉市委副书记翁志鸿主持。

27日 龙泉市扫黑除恶专项斗争领导小组第二次全体(扩大)会议暨反恐怖工作推进会召开，深入学习贯彻中央、浙江省委和丽水市委关于扫黑除恶专项斗争和反恐怖工作系列决策部署，认真落实中央扫黑除恶第11督导组督导浙江省情况反馈会精神，研究部署相关工作，并审议通过了《龙泉市扫黑除恶专项斗争中央扫黑除恶督导组反馈意见整改方案》。龙泉市委书记王顺发讲话，龙泉市委副书记、市长吴松平主持，龙泉市委副书记翁志鸿作工作部署。

27日 龙泉市直机关“七一”专题党课举行，邀请丽水市委党校科研处处长、经济学副教授陈敬东作题为《践行“绿水青山就是金山银山”理念，推进高质量绿色发展》专题讲座。

28日 龙泉市委理论学习中心组召开专题学习会，邀请丽水市委党校教研室主任赵剑红作“发挥巡视利剑作用，推进全面从严治党向纵深发展”为主题的专题辅导报告。

28日 龙泉市委理论学习中心组(扩大)会召开，传达学习丽水市委书记胡海峰接受浙江日报记者专访发表的《弘扬浙西南革命精神 争当一体化发展“快马”》一文。

28日 十四届龙泉市委第五轮巡察工作动员部署会召开，深入学习贯彻习近平新时代中国特色社会主义思想，全面贯彻落实中央、浙江省委巡视巡察工作相关会议精神，研究部署龙泉市第五轮巡察工作。

28日 龙泉市纪委市监委派驻(出)机构改革工作会议召开，标志着龙泉市纪检监察派驻(出)机构改革工作迈入新征程。此轮改革，在力量配置上突出精而强，干部调配上突出选优配强，机构职能上突出日常监督。改革后，龙泉市纪委监委派驻(出)机构数量上由15家减少至12家，而监督单位则从64家增加到79家。

7月

1日 王顺发以普通党员的身份参加主题党日活动，并作纪念建党98周年暨弘扬践行浙西南革命精神专题党课。吴松平、叶砝仙、刘赤波等龙泉市副处以上领导参加。

1日 龙泉市委组织开展弘扬践行浙西南革命精神主题军事日活动。王顺发、吴松平、叶砝仙、刘赤波等龙泉市副处以上领导，部分离退休老干部，各部门、各乡镇(街道)主要负责人，“孔子奖”“华佗奖”获得者，“双十佳”村干部，以及汽车空调、竹木制品、青瓷宝剑行业协会代表等200余人深入革命老区住龙，接受精神洗礼、传承红色基因、汲取信仰力量。

1日 龙泉市委书记王顺发带领副处以上领导和各部门、乡镇(街道)主要负责人以及社会各界党员代表到龙泉市廉政教育基地参观学习，接受廉政警示教育。

4日 龙泉市召开新时代文明实践中心建设工作推进会，深入贯彻落实中央、浙江省和丽水市有关决策精神，研究部署龙泉新时代文明实践中心建设工作。

5日 龙泉市举行长江三角洲区域一体化发展专题学习会，邀请浙江省发展规划研究院副总规划师、研究员周世锋作专题授课。龙泉市委副书记、市长吴松平出席会议并讲话。

5日 十四届龙泉市委第52次常委会会议召开，集体学习《中国共产党党组工作条例》《党政领导干部选拔任用工作条例》，传达全国公安工作会议、浙江省公安工作会议精神，听取丽水市对台工作会议精神汇报、《龙泉市安全生产形势分析报告》《关于推进生态工业高质量绿色发展的若干意见》《关于进一步促进开放经济稳定增长的若干意见》制定情况汇报、《浙江龙泉经济开发区深化整合提升工作方案》制定情况汇报等，讨论研究《龙泉市国有企业市场化改革方案》《关于剑瓷历史经典产业振兴三年行动计划（2019—2021）》等。龙泉市委书记王顺发主持会议，龙泉市人大常委会主任叶砝仙、龙泉市政协主席刘赤波列席会议。

5日 龙泉市政府召开第35次常务会议。审议《龙泉市2019年东西部扶贫协作主要任务指标及帮扶项目责任分解清单》《龙泉市来料加工业发展扶持政策（2019—2021年）》，听取龙泉市低收入农户增收和村集体经济增收工作、龙泉市2019年上半年网络舆情情况汇报。

8日 十四届龙泉市委第53次常委会会议召开，审议提交浙江省委巡视七项工作汇报材料，讨论研究《龙泉市2019年东西部扶贫协作主要任务指标及帮扶项目责任分解清单》。龙泉市委书记王顺发主持会议，龙泉市人大常委会主任叶砝仙、龙泉市政协主席刘赤波列席会议。

8日 龙泉市召开防汛防地质灾害紧急会商研判视频会议，严格落实丽水市委书记胡海峰关于做好防汛工作的批示要求，就进一步做好当前防汛防灾工作进行再部署再落实。龙泉市委书记王顺发参加会议，龙泉市委副书记、市长吴松平主持会议。

9日 王顺发、吴松平、叶砝仙、刘赤波等龙泉市四套班子领导纷纷深入一线，检查指导防汛工作。

10日 丽水市委书记胡海峰赴龙泉市，深入一线实地检查防汛工作。龙泉市委书记王顺发参加。

10日 浙江省委第十巡视组巡视龙泉市工作动员会议召开。会前，浙江省委巡视工作领导小组办公室副主任邱志明向龙泉市委书记王顺发传达了浙江省委书记车俊同志关于巡视工作的讲话和指示精神。会上，浙江省委第十巡视组组长陈春玉就即将开展的巡视作了动员讲话，邱志明就配合做好巡视工作提出要求，王顺发主持会议并作表态发言。丽水市委常委、纪委书记、监委主任方文军，吴松平、叶砝仙、刘赤波、翁志鸿等龙泉市领导出席会议。

10日 浙江省农信联社党委书记、理事长王小龙一行到龙泉开展“不忘初心、牢记使命”主题教育活动。

11日 龙泉市委常委会扩大会议召开，视频连线各乡镇（街道），传达贯彻丽水市委书记胡海峰到龙泉市指导防汛抗灾工作指示，部署下步防汛工作。

11日 龙泉市人大常委会组织第三、第四代表小组部分人大代表，跟踪监督2019年度“十件民生实事”之医疗卫生提质工程项目推进工作。

11日 “秀洲—龙泉”文化旅游周开幕式在龙泉市举行，签订了《秀洲区—龙泉市文旅战略合作框架协议》。

11日 2019中国美丽乡村休闲旅游行（夏季）推介活动在黑龙江省伊春市拉开帷幕，重点推介休闲农业和乡村旅游夏季精品旅游线路150条、景点496个。其中，龙泉市“山水茶瓷”休闲养生度假游线路入选中国美丽乡村休闲旅游（夏季）精品线路，并成为浙江省唯一一条在伊春会场向全国进行现场推介的线路。

12—13日 龙泉市委书记王顺发赴宝溪乡、住龙镇、上垟镇、竹垟畲族乡、八都镇等乡镇，指导防汛抗灾工作。

13日 龙泉市召开防汛防地质灾害紧急会商研判视频会议，贯彻落实上级党委、政府主要领导最新指示批示精神，就进一步做好防汛抗灾抢险救援工作进行再部署、再落实。龙泉市委书记王顺发参加会议并作工作部署。

13—15日 2019年浙江省“江浙之巅•剑瓷龙泉”剪纸艺术采风活动在龙泉市启动，来自全省100多名剪纸艺术家齐聚龙泉，用艺术的视角、剪纸的语言展现龙泉风土人情。

15日 由故宫博物院、浙江省博物馆、丽水市政府联合主办的“天下龙泉——龙泉青瓷与全球化”特展开幕式在故宫博物院举行，展出来自42家国内外文博机构的833件（组）青瓷文物。故宫博物院院长王旭东，国家文物局党组成员、副局长关强，浙江省副省长成岳冲，浙江省政府副秘书长蔡晓春，浙江省文化厅党组成员、浙江省文物局局长柳河，浙江省博物馆馆长陈水华，丽水市委副书记、市长吴晓东等领导和嘉宾出席开幕式。吴松平、叶砝仙、刘赤波等龙泉市领导参加开幕式。

15日 2019年度龙泉市委政法委员会第一次全体（扩大）会议暨“能力素质提升年”推进会召开。

15日 “天下龙泉——龙泉青瓷与全球化”座谈会在故宫博物院宝蕴楼举行，来自故宫博物院、国家文物局水下遗址保护中心、浙江省博物馆、广东和福建考古研究所等单位的20多位专家学者参加。

18日 丽水市人大常委会党组

书记、主任虞红鸣到龙泉调研领办的重点项目丽西500千伏输变电工程项目前期、青瓷小镇省级特色小镇创建等项目推进情况，对项目建设工作进行现场指导。吴松平、叶砝仙等龙泉市领导参加调研。

18日 丽水市委常委、宣传部长任淑女率丽水市乡村春晚调研组一行，到龙泉调研乡村春晚品牌建设工作。

19日 龙泉市城市基层党建工作推进会召开，总结交流龙泉市城市基层党建工作经验做法，深入分析城市基层党建面临的新形势和存在的问题，研究部署一个时期城市基层党建工作目标和任务。

19日 龙泉市气象防灾减灾工作会议召开，总结汛期气象防灾减灾工作，部署下半年重点工作，落实全市气象防灾减灾工作和推动气象现代化建设工作。

19日 龙泉市召开"新时代人民政协的新样子"专题报告会，部署"新时代人民政协的新样子"活动。

21日 王顺发、吴松平、叶砝仙、刘赤波、翁志鸿等龙泉市副处以上领导及各乡镇(街道)、市直单位领导干部赴丽水大剧院观看浙西南革命精神宣演会，之后赴丽水市法纪教育基地开展警示教育活动。

22日 龙泉市政府召开第36次常务会议。审议《合作共建浙江大学龙泉创新中心协议》《关于落实农业农村优先发展总方针推动"三农"高质量绿色发展的若干意见》《龙泉市小水电清理整改"一站一策"实施方案》《高标准打好污染防治攻坚战高质量建设美丽龙泉的实施方案》，听取全市违建别墅清查整治(自查自纠阶段)工作情况汇报。

24日 嘉兴市委副书记、市长毛宏芳率党政代表团到龙泉考察，对接交流山海协作工程工作。丽水市委副书记李锋、副市长徐光文，龙泉市委副书记、市长吴松平等领导参加考察。

23日至24日 宁波杭州湾新区党工委副书记、管委会主任杨勇率党政代表团到龙泉考察，对接交流山海协作工程工作。龙泉市委副书记、市长吴松平等市领导出席相关活动。在23日下午举行的宁波市杭州湾新区—龙泉市山海协作工程工作联席会议上，双方就进一步拓展协作内涵、完善协作平台、深化协作机制进行深入探讨，并签订《2019年度推进山海协作工程合作协议》《农特产品销售合作协议》《招商引资战略合作框架协议》。

25日 杭州市副市长王宏一行到龙考察山海协作工作，深化两地互动协作，携手打造山海协作"升级版"。丽水市委常委、市纪委书记、市监委主任方文军，龙泉市委书记王顺发等参加。

24日 杭州市萧山区委副书记、区长王敏带队到龙泉考察对接山海协作工程工作。龙泉市领导王顺发、吴松平等陪同或出席会议。在联席会议上，两地签订了部门合作协议、乡村振兴示范点共建协议，王敏代表萧山区向龙泉市捐赠2019年度乡村振兴建设资金520万元。

26日 龙泉市召开市委理论学习中心组(扩大)会暨意识形态工作专题辅导报告会，邀请丽水市委宣传部常务副部长任韩高作《互联网时代意识形态作》专题讲座。

27日 "不忘初心·匠新同行"2019百名工艺美术师龙泉剑瓷作品爱心拍卖会在广东东莞开槌，来自社会各界的慈善爱心公益人士以及青瓷宝剑爱好者等共200余人踊跃参与竞拍，最终100件剑瓷作品全部拍卖成功，成交额达196.6万元。

28日 全国乡村旅游(民宿)工作现场会召开，对第一批全国乡村旅游重点村进行授牌，龙泉市宝溪乡溪头村榜上有名。

29日 龙泉市委武装工作会议暨市国动委第二十一次全体会议召开，分析当前武装工作面临的形势任务，部署下步工作。龙泉市委书记、市人武部党委第一书记、市国动委第一主任王顺发出席会议并讲话，龙泉市委副书记、市长吴松平主持会议，龙泉市委副书记翁志鸿等参加会议。

29日 龙泉市委全面依法治市委员会第一次会议召开。会议审议并原则通过《中共龙泉市委全面依法治市委员会工作规则》《中共龙泉市委全面依法治市委员会协调小组工作规则》《中共龙泉市委全面依法治市委员会办公室工作细则》《2019年法治龙泉建设工作要点》。龙泉市委书记、市委全面依法治市委员会主任王顺发主持会议并讲话，吴松平、叶砝仙、刘赤波、翁志鸿等龙泉市领导出席会议。

29日 龙泉市召开2019年征兵工作会议，就该年征兵工作任务和要求进行了安排部署。

30日 龙泉市十六届人大常委会第十七次会议召开。会议听取和审议了龙泉市委副书记、市长吴松平关于龙泉市2019年上半年经济社会发展情况和下半年政府主要工作的报告等事项。

8月

1日 龙泉市政协九届常委会第十八次会议暨请你来协商·促进民营实体经济发展专题协商会召开。会议通报了龙泉市政府关于2019年上半年全市经济和社会发展情况及下半年政府工作安排，并围绕"促进民营实体经济发展"重点提案办理，开展"请你来协商"活动。

1 日 龙泉市委常委会召开扩大会议，传达贯彻全省山海协作工程推进会、浙江（丽水）生态产品价值实现机制试点建设推进会、丽水市委四届六次全体（扩大）会议精神等。龙泉市委书记王顺发主持会议，龙泉市人大常委会主任叶砝仙、龙泉市政协主席刘赤波列席会议。

1 日 龙泉市征兵体检正式启动，经过乡镇（街道）目测初检后，应征青年进入正式体检环节。

1 日 浙江省发改委公布全省第一批现代服务业与先进制造业深度融合试点名单，龙泉市汽车空调产业集群融合试点入选名单。

2 日 王顺发、吴松平、叶砝仙、刘赤波、翁志鸿等龙泉市副处以上领导，以及龙泉市国动委成员单位主要负责人、各乡镇（街道）党政正职等80余人赴驻金华某部队参加军事日活动。

2 日 浙江省城乡环境综合整治工作领导小组发布《关于2019年度全省小城镇环境综合整治考核验收结果的通报》，锦溪镇、查田镇、八都镇、兰巨乡4个乡镇考核达标，其中八都镇、查田镇、锦溪镇还被评为省级样板乡镇。

5 日 龙泉市召开机构改革后乡镇（街道）和机关部门工作人员专题培训推进会，切实提高工作人员的履职能力，促进机构运行更加顺畅高效。

5 日 由龙泉市委书记王顺发带队的龙泉考察团赴四川省广元市昭化区对接东西部扶贫协作工作。昭化区委副书记、区长龙兆学，区委副书记杜非参加活动。在2019年龙泉·昭化东西部扶贫协作第二次联席会议上，双方签订了龙泉·昭化创业创新产业园协议、龙泉·昭化消费扶贫协议。

6 日 龙泉市召开消除集体经济薄弱村工作推进会，对下步“消薄”工作进行再研究再部署再推进。

7 日 龙泉市召开全面深化改革暨“最多跑一次”改革工作例会，对全面深化改革工作和“最多跑一次”改革进行再部署、再推进。

7 日 浙江省第四批“基本无违建县（市、区）”名单公布，龙泉市榜上有名，成功创建省级“基本无违建县”。

8 日 龙泉市召开老干部经济社会发展情况通报会。龙泉市委副书记、市长吴松平出席会议并通报了上半年经济社会发展情况。

9 日 龙泉市召开第9号超强台风“利奇马”防御工作视频会议，视频连线各乡镇（街道），迅速贯彻落实浙江省、丽水市防台工作会议精神，以及浙江省、丽水市主要领导有关防台工作指示精神，并就下步防台抗台工作进行再部署、再落实。同日，王顺发、吴松平、叶砝仙等龙泉市副处以上领导，分赴各乡镇（街道）一线检查指导防御第9号超强台风“利奇马”工作，推动各项防台防汛措施落到实处。

9 日 龙泉市政府新闻办公室举行市区禁燃区蜂窝煤等高污染燃料整治行动新闻发布会。龙泉市综合行政执法局负责人向媒体记者介绍了“市区禁燃区蜂窝煤等高污染燃料整治行动”的开展情况及相关政策。

9 日 龙泉市弘扬践行浙西南革命精神、创建全国红色旅游示范小镇项目开工仪式在住龙镇举行。开工的项目涉及红色产业培育、红色研学疗养、红色文化弘扬、红色遗址修复、区域路网改建、绿道提升改造、美丽河道治理、景区达标工程等领域，共计11个项目，总投资6.92亿元。

14 日 龙泉市委书记王顺发，龙泉市委副书记、市长吴松平率龙泉市党政代表团赴上海市奉贤区进行交流考察，抢抓长三角一体化发展上升为国家战略的黄金机遇，寻求全方位合作。奉贤区委书记庄木弟，区委常委、宣传部长徐卫，区委常委、副区长顾耀明，副区长王建东与龙泉市党政代表团进行座谈交流。

15 日 龙泉市公安工作会议召开，部署安排一个时期公安工作。龙泉市委书记王顺发出席会议并讲话，龙泉市委副书记翁志鸿主持会议。

16 日 十四届龙泉市委第54次常委会会议召开，集中学习《中国共产党宣传工作条例》，传达《关于龙泉市委2018年度落实意识形态工作责任制情况重点检查的反馈意见》、浙江省网络综合治理体系建设现场推进会暨全省网信办主任会议精神，讨论研究《中共龙泉市委落实丽水市委意识形态工作责任制重点检查反馈意见的整改方案》《关于落实农业农村优先发展总方针推动“三农”高质量绿色发展的若干意见》《高标准打好污染防治攻坚战高质量建设美丽龙泉的实施方案》，听取龙泉市人大常委会党组、龙泉市政府党组、龙泉市政协党组2019年上半年履行全面从严治党主体责任情况汇报及全市违建别墅清查整治（自查自纠阶段）工作情况汇报等。龙泉市委书记王顺发主持会议，龙泉市人大常委会主任叶砝仙、龙泉市政协主席刘赤波列席会议。

16 日 龙泉市组织召开市场监管、生态环境保护、文化市场、农业、交通运输等5个领域综合行政执法改革动员部署会，标志着龙泉市5个领域综合行政执法改革正式进入实施阶段。

16 日 龙泉市第三届职工运动会开幕。来自市直各单位、乡镇（街道）和部分企业职工，共36个代表队近1700名运动员将参加8个大项22个小项的比赛。

18 日 龙泉市在大剧院举行“医路有我·让爱发光”第二届“中国医师

节”庆祝大会，向广大医师队伍致以节日的问候。王顺发、吴松平、叶砿仙、刘赤波等龙泉市领导出席大会。

22日 龙泉市委十四届七次全体(扩大)会议暨十六届政府第三次全体(扩大)会议举行。龙泉市委书记王顺发代表龙泉市委常委会作工作报告，龙泉市委副书记、市长吴松平部署政府下阶段重点工作，龙泉市委副书记翁志鸿主持会议。

22日 十四届龙泉市委第55次常委会会议召开，传达学习习近平总书记对地方人大及其常委会工作重要指示、浙江省委人大工作会议精神、袁家军省长在丽水考察调研时重要指示精神，听取五大领域综合行政执法改革工作情况汇报、《关于全面加快科技创新推动高质量发展的若干意见》制定情况汇报、《温州鞋产业链项目招商政策》制定情况汇报，讨论研究《关于全面推进新时代文明实践中心建设的实施意见》等。龙泉市委书记王顺发主持会议，龙泉市人大常委会主任叶砿仙、龙泉市政协主席刘赤波、省委第十巡视组巡视专员徐顺和列席会议。

21日 “天府之路•四川遂宁龙泉青瓷归源展”69件(套)四川遂宁窖藏宋瓷以及龙泉市回赠的83件(套)现代龙泉青瓷珍品在安保人员的护送下正式启程，“送往”四川宋瓷博物馆。至此，历时两个月的展览落幕。

21日 龙泉市政府召开第37次常务会议。审议《龙泉市土地整治项目建设和管理实施办法(试行)》《龙泉市建设占用耕地耕作层剥离和再利用实施办法（试行)》《龙泉市人民政府关于加强第二批县级河道管理和保护工作的通告》《关于全面加快科技创新推动高质量绿色发展的若干意见》《龙泉市数字经济发展行动计划(2019—2022年)》《关于做好农村小额保险工作的通知》《鞋产业回归工程入园企业招商政策》。

20日—22日 2019第3届吉他中国(丽水龙泉)国际吉他文化艺术节在龙泉市举行。

23日 龙泉市政协主席刘赤波带队开展城乡生活垃圾分类处理专项集体民主监督活动。

23日 由原环境保护部、国土资源部等七部门联合开展的长江经济带国家级自然保护区管理评估报告出炉，凤阳山—百山祖国家级自然保护区获优秀，名列浙江省第五。

24日 瓯江山水诗路——2019年“长三角之巅•天籁音乐会”在长三角第一高峰黄茅尖所在的龙泉山景区精彩上演。著名音乐制作人捞仔、著名唢呐演奏家杜竹松、浙江卫视“名嘴”舒中胜等应邀出席活动。

26日 丽水市政协主席陈瑞商到联系乡镇龙泉市竹垟畲族乡调研指导工作。龙泉市政协主席刘赤波参加调研。

26日 2020年《故宫日历》发布会在故宫博物院举行。《故宫龙泉日历》是龙泉首次与世界一流博物馆合作开发文创日历，也是作为2020年紫禁城建成600周年、故宫博物院成立95周年的献礼，对龙泉剑瓷文化的推广意义巨大。

27日 “剑瓷龙泉政协委员会客厅”首场活动暨做好龙泉剑瓷文化“深化、物化、转化”工作“请你来协商”活动举行。浙江省政协副主席马光明，丽水市政协主席陈瑞商、副主席丁绍雄，以及龙泉市领导吴松平、刘赤波等参加活动或陪同考察。

28日 龙泉市召开农村文化礼堂暨新时代文明实践中心建设现场推进会，总结上半年农村文化礼堂和新时代文明实践站所试点建设工作经验，研究部署下一阶段工作任务。

28日—29日 浙江省食品安全县(市、区)创建考评组对龙泉市省级食品安全市创建工作开展现场考评。龙泉市委副书记、市长吴松平出席汇报会、反馈会并接受考评组访谈，汇报了龙泉市创建省级食品安全市的做法、成效及下步计划。

29日 龙泉市党建带群建工作推进会召开，动员全市群团组织用浙西南革命精神、剑瓷精神铸就龙泉“精神之剑”，为龙泉厉行“丽水之干”，勇当新时代“两山”发展“挺进师”汇聚强大的群团力量。

29日 龙泉市县道村沈线公路提升改造工程一期（梧桐口至源口段)开工仪式在龙渊街道小白岸村举行。县道村沈线公路提升改造工程(梧桐口至武溪）全长约63.86公里，按三级公路标准建设，设计速度30公里/小时，总投资约3.7亿元。

30日 龙泉市“不忘初心、牢记使命”主题教育专项整治工作会议召开。

30日 龙泉市委财经委员会召开第一次会议，审议通过《中共龙泉市委财经委员会会议制度》《中共龙泉市委财经委员会会议制度》《中共龙泉市委财经委员会办公室工作细则》。龙泉市委书记王顺发主持会议并讲话。

30日 龙泉市召开市委国家安全委员会第一次会议，传达学习浙江省委国家安全委员会第一次会议、丽水市委国家安全委员会第一次会议精神，听取龙泉市2019年上半年国家安全工作有关情况汇报，审议通过《中共龙泉市委国家安全委员会工作规则》《中共龙泉市委国家安全委员会办公室工作细则》等。龙泉市委书记王顺发主持会议并讲话。翁志鸿、王凡、邹海亮等龙泉市领导参加。

30日 龙泉市召开贯彻落实丽水市委四届六次全会和龙泉市委十

四届七次全会精神“七进”宣讲工作部署会及集体备课培训会。

9月

2日 龙泉市召开南秦原国镜药业周边区块征收工作动员大会。龙泉市委书记王顺发作动员讲话，龙泉市委副书记、市长吴松平主持会议，龙泉市委副书记、政法委书记翁志鸿作具体部署。叶砿仙、刘赤波等龙泉市副处以上领导参加会议。

2日 龙泉市政府召开第38次常务会议。审议《关于鼓励投资建设高品位酒店若干扶持政策的实施意见（试行）》《龙泉市江滨南岸南秦原国镜药业周边区块城中村棚户区改造项目土地和房屋征收工作实施方案》《龙泉市宝剑小镇项目招商方案》修订内容。

3日 2018年度税费上台阶奖励企业授车仪式在浙江龙泉经济开发区举行。龙泉市委副书记、市长吴松平参加活动并为获奖企业颁奖。活动表彰了荣获2018年度“税费上新台阶奖”的12家优秀企业，奖励每家企业一部红旗汽车。

4日 龙泉市召开2019年度征兵定兵工作会议。

5日 龙泉市铁路站前广场综合建设工程开工仪式在剑池街道茶坦村举行，丽水市衢宁铁路项目指挥部总指挥叶朝丏出席并讲话。龙泉市委书记王顺发宣布开工，龙泉市委副书记、市长吴松平主持开工仪式。叶砿仙、刘赤波等龙泉市领导参加。

5—6日 嘉兴市秀洲区政协主席滕根林带队到龙泉市考察，对接交流山海协作工作。

9日 龙泉市举行2019年度新兵欢送仪式，欢送即将踏上军旅征程的新兵。龙泉市委书记王顺发讲话，龙泉市委副书记、市长吴松平主持，廖卫民、苏一中、雷丽亚等龙泉市副处以上领导参加活动。

9日 瑞士驻沪总领事曾礼惟到龙泉市开展访问交流。龙泉市领导王顺发、诸葛春杰陪同。

11日 龙泉市委召开常委会会议暨“不忘初心、牢记使命”主题教育领导小组会议，学习贯彻中央、浙江省委、丽水市委关于主题教育的部署要求，听取主题教育筹备情况汇报，审议《中共龙泉市委关于开展“不忘初心、牢记使命”主题教育的实施意见》《龙泉市委常委会带头深入开展“不忘初心、牢记使命”主题教育的实施方案》，研究巡回指导组工作方案及分工安排。

11日 十四届龙泉市委第56次常委会会议召开，传达学习中纪委贯彻习近平总书记重要批示精神、浙江省美丽城镇建设工作会议精神，听取《关于鼓励投资建设高品位酒店若干扶持政策的实施意见（试行）》制定情况汇报、《龙泉市宝剑小镇项目招商方案》制定情况汇报、“不忘初心、牢记使命”主题教育筹备情况汇报，讨论研究《中共龙泉市委关于开展“不忘初心、牢记使命”主题教育的实施意见》《龙泉市委常委会带头深入开展“不忘初心、牢记使命”主题教育的实施方案》《龙泉市江滨南岸南秦原国镜药业周边区块城中村棚户区改造项目土地和房屋征收工作实施方案》《关于进一步深化副处以上领导“八联八促”活动推动工作落实的通知》《龙泉市2019年度乡镇（街道）、部门综合考核办法》《龙泉市防范化解重大风险重点工作任务清单》。龙泉市委书记王顺发主持会议。龙泉市人大常委会副主席叶新亚、龙泉市政协副主席雷丽亚列席会议。

12日 龙泉市召开“不忘初心、牢记使命”主题教育工作会议，深入学习习近平新时代中国特色社会主义思想，认真落实中央、浙江省委、丽水市委主题教育系列重要会议精神，全面部署推进主题教育工作。丽水市委“不忘初心、牢记使命”主题教育第十二巡回指导组组长刘炳亮出席会议并讲话。龙泉市委书记王顺发主持，吴松平、叶砿仙、刘赤波、翁志鸿等龙泉市副处以上领导参加。

16日 浙江·丽水（上海）周推介会在上海国际会议中心开幕，龙泉市带着菌、茶、蔬菜等各类“丽水山耕”生态农业精品亮相上海滩，充分彰显龙泉生态价值。丽水市委书记胡海峰，王顺发、吴松平等龙泉市领导先后到龙泉展厅参观指导。

16日 上海市奉贤区委常委、副区长顾耀明应邀参加“问海借力·沪丽共赢”浙江·丽水（上海）周推介会，期间代表奉贤区与龙泉市正式签订合作框架协议，标志着两地合作迈出了实质性的关键一步。

17日 龙泉市委书记王顺发，龙泉市委副书记、市长吴松平率党政代表团到上海市宝山区进行考察交流并举行两地合作框架协议签约仪式，双方就共同落实长三角一体化发展战略、推动两地高质量发展作了对接交流。宝山区委书记汪泓，区委副书记、区长范少军，副区长陈云彬陪同考察或参加座谈会。

17日 龙泉市政协举行“请你来协商”——助推丽水国家公园创建工作专题协商会，相关部门负责人与政协委员面对面协商交流，为丽水国家公园创建工作提建议、议对策、补短板。

18日 丽水市领导到龙泉市住龙镇参加“不忘初心、牢记使命”主题教育的第一次集体活动。丽水市委书记胡海峰出席并讲话。省委第十一巡回指导组组长章文彪、副组长秦长保，吴晓东、虞红鸣、陈瑞商、李锋和丽水市副厅级以上领导干部出席。

17—18日 在浙江•丽水(上海)周推介会期间，龙泉动作频频，先后走进复旦大学、奉贤区奉城镇，分别开展天下龙泉•龙泉文化遗产走进复旦大学、天下龙泉•2019龙泉农文旅进上海社区宣传推广活动。

19日 龙泉市举行“平安护航中华人民共和国成立70周年大庆”誓师大会。龙泉市委书记王顺发讲话，龙泉市委副书记、市长吴松平主持。叶砝仙、刘赤波、翁志鸿等龙泉市领导参加。

19日 龙泉市“防风险、保平安、迎大庆”应急管理工作会议召开，传达全国秋冬森林草原防灭火工作电视电话会议精神，通报1—8月全市应急管理、安全生产工作情况，查找工作中存在的短板和不足，并部署下阶段工作。

20日 浙江省委办公厅、省政府办公厅通报了2018年度26县发展实绩考核结果，龙泉市以总分全省第二的优异成绩，连续第四年列入第一档次，成为丽水市唯一实现“四连优”的县(市)。尤其值得一提的是，在42项考核指标中，龙泉位列全省第一的指标有19项，位列全省二至十位的有10项，排名二十位之后的只有1项，成绩十分耀眼。

20日 龙泉市委外事工作委员会第一次会议召开，传达学习浙江省委、丽水市委外事工作委员会第一次会议精神，审议通过《中共龙泉市委外事工作委员会工作规则》《中共龙泉市委外事工作委员会办公室工作细则》。龙泉市委书记王顺发主持会议，吴松平、邹海亮、占雅静等龙泉市领导参加。

20日 龙泉市委对台工作领导小组会议召开，传达学习浙江省、丽水市对台工作会议精神，审议通过《中共龙泉市委对台工作领导小组成员单位主要工作职责》。龙泉市委书记王顺发主持会议，诸葛春杰、占雅静等龙泉市领导参加。

20日 龙泉市新时代文明实践中心揭牌成立，吹响了新时代文明实践工作全面铺开的号角，标志着全市宣传思想文化和精神文明建设工作又迈出新的一步。

22日 第二届世界丽水人大会龙泉分会场“相聚龙泉”家宴在龙泉国际大酒店举行，来自世界各地的龙泉人和嘉宾齐聚龙泉，共叙乡情友谊，共话龙泉发展。现场还进行招商引资项目签约仪式，共签约12个项目，涵盖生态工业、休闲旅游、特色农业一二三产业，加上丽水主会场签约的础石鞋艺智造小镇、北欧高效生态循环农业产业园项目，累计总投资达116.3亿元。

23日 龙泉市“百县千碗”工程启动仪式暨“天下龙泉”美食发布会在龙泉国际大酒店举行，正式发布获得“龙泉十大名菜”“龙泉特色十大小吃”称号的美食。

23日 中共浙西南特委第一任书记宗孟平烈士的孙女宗肖颖到龙泉，前往烈士陵园祭拜先祖，并参观革命烈士纪念馆，缅怀先烈。

24日 龙泉市人大常委会主任叶砝仙带领部分龙泉市人大代表，对龙泉市静脉产业项目——垃圾资源化协同处理工程、城市截污纳管建设情况，以及“雨污分流改造工程”和“垃圾分类处理工程”等民生实事实施情况进行视察。

24日 浙闽两省五县(市)老干部“壮丽70年•奋进新时代”暨庆祝中华人民共和国成立70周年文艺汇演在龙泉大剧院举行。龙泉、庆元及福建省政和县、松溪县、寿宁县的老同志们欢聚一堂，载歌载舞，歌颂中华人民共和国成立70年走过的光辉历程，唱响新时代主旋律。

25日 王顺发、翁志鸿等龙泉市领导再次以平安志愿者的身份参与大巡防活动，身体力行守护平安和谐的社会环境。丽水市“平安护航70周年大庆”督导检查组参加巡防。

25日 龙泉市政协召开庆祝人民政协成立70周年、龙泉政协成立35周年座谈会。龙泉市政协主席刘赤波参加会议并讲话。龙泉市委副书记翁志鸿等市领导，部分历届市政协领导，部分历届在龙的浙江省、丽水市、龙泉市政协委员应邀参加会议。

25日 龙泉市政协庆祝中华人民共和国暨人民政协成立70周年书画摄影展在龙泉市图书馆开展。龙泉市政协主席刘赤波出席开展仪式。

25日 龙泉市召开人才工作新闻发布会，通报全市人才工作相关情况，并就媒体问题进行解答。

27日 龙泉市委开展“不忘初心、牢记使命”主题教育第一次专题学习会集中学习，读原著、学原文、悟原理，先学一步、学深一层，为全市党员干部作出示范。

28日 全国民族团结进步表彰大会在北京举行，会上对为民族团结进步事业作出突出贡献的665个模范集体和812名模范个人进行表彰。其中，龙泉市竹垟畲族乡喜获“全国民族团结进步模范集体”荣誉，该乡也是浙江省唯一被列入全国民族团结进步模范集体的乡镇。

29日 丽水市委常委、纪委书记、监委主任方文军到龙泉调研信访工作，并检查指导后进村党组织整转工作推进情况。吴松平、雷超、郑建青、邹海亮等龙泉市领导参加调研或参加座谈会。

29日 萧山—龙泉“科创消薄”

飞地项目萧龙科创园建设项目开工，开启两地打造山海协作工程升级版的新征程。杭州市委常委、萧山区委书记佟桂莉宣布开工。丽水市副市长楼志坚，龙泉市委书记王顺发分别致辞。叶砝仙、翁志鸿等龙泉市领导出席。

29日 龙泉市在大剧院举办“歌唱我的祖国”大型歌咏比赛，用最嘹亮的歌声、最动人的旋律、最真挚的感情，抒发喜迎中华人民共和国成立70周年的喜悦之情，向祖国母亲表达深深的祝福。王顺发、吴松平、叶砝仙、刘赤波等龙泉市副处以上领导及离退休老干部代表出席活动。

29日 龙泉市生态环境保护综合行政执法队正式成立并举行挂牌仪式，标志着全市生态环境保护综合行政执法队伍建设工作迈入新阶段。

30日 在国家第六个“烈士纪念日”，王顺发、吴松平、叶砝仙、刘赤波等龙泉市副处以上领导同社会各界代表一起，到革命烈士陵园，向人民英雄敬献花篮，深切缅怀革命先烈，传承弘扬革命精神，不忘初心、牢记使命、永远奋斗。

30日 龙泉市中医医院迁建工程开工仪式举行。新建的中医医院，将按照国家二级甲等县级中医医院的建设标准规划设计，项目总投资约2.79亿元，项目主要建筑群有医技综合楼、病房综合楼及配套附属工程。

30日 龙泉市举行龙泉青瓷传统烧制技艺列入联合国教科文组织人类非物质文化遗产名录项目10周年纪念活动。

10月

7日 国务院公布了第八批全国重点文物保护单位，道太乡源口窑遗址作为“与现有全国重点文物保护单位合并的项目”，并入第三批全国重点文物保护单位大窑龙泉窑遗址。

7—8日 中国国民党前代理主席林政则一行到龙泉交流民间文化，畅叙同胞之情。浙江省台办主任庄跃成，丽水市委常委王小荣，龙泉市领导王顺发、诸葛春杰等陪同。

8日 龙泉市全体副处以上领导到中共龙（泉）遂（昌）县委办公旧址所在地、全省首个村级革命烈士陵园所在地——住龙镇碧龙村，开展“不忘初心、牢记使命”主题教育集体活动——初心之行。

8日 台湾新同盟会参访团一行40人到龙泉开展交流活动。

9—10日 香港丽水同乡会参访团一行70余人到龙泉开展交流活动。

9日 龙泉市举行宝剑小镇大师园项目开工仪式。龙泉市委副书记、市长吴松平出席并宣布开工。

11日 龙泉市委书记王顺发到北京故宫博物院，就“天下龙泉”特展、故宫合作等工作与故宫博物院院长王旭东、故宫学院院长单霁翔进一步进行对接。

10—11日 丽水市高山蔬菜丰收节暨产业农合联规范化建设现场交流活动在龙泉市举行。

12日 龙泉市委“不忘初心、牢记使命”主题教育巡回指导组工作会议召开，总结前期工作，对下一阶段工作进行再部署、再强化。

13日 由龙泉市政府、丽水学院和中国少数民族用品协会共同主办的首届全国青瓷饰品创新设计大赛作品展暨青瓷饰品创新设计论坛在丽水博物馆开幕。大赛共收到来自全国13个省份的参赛作品192件（组），共展出获奖及入围作品95件（组）。

14日 浙江农林大学龙泉科技特派员工作站正式揭牌，浙江农林大学科技特派员示范基地同时授牌，并聘任了龙泉市工业科技特派员。

14日 龙泉市政协九届常委会第十九次会议召开。会议听取了关于“平安龙泉”建设情况的通报、关于全市教育提质行动实施情况的通报；开展了“城乡生活垃圾分类处理”重点协商；围绕“关于推进全市实施乡村振兴战略”重点提案办理，开展“请你来协商”活动。

15日 龙泉市召开第二届世界青瓷大会·第十一届龙泉青瓷龙泉宝剑文化旅游节动员会。龙泉市委副书记、市长吴松平出席会议并讲话。

15日 龙泉市政府召开第三十九次常务会议，审议《关于深入开展消除集体经济薄弱村攻坚提升行动的实施意见》《龙泉市教育提质行动计划（2019—2022年）》《龙泉市学前教育补短板改革实施方案》《龙泉市深化产教融合发展实施意见》等议题。

15日 龙泉市召开市委理论学习中心组（扩大）会暨宗教工作专题辅导报告会，邀请浙江省民宗委党组成员、副主任陈振华作《学深悟透习近平新时代中国特色社会主义思想，推进浙江宗教工作再上新台阶》专题讲座。

15日 2019丽水“人才·科技”峰会龙泉分会场活动举行，组织开展“创新引领、智汇龙泉——助力乡村振兴专家行”活动，来自浙江大学、浙江农林大学、浙江省农科院等高校院所的20多位专家教授参加活动。专家教授们还分组进乡入村，与各乡镇（街道）进行现场对接交流，为乡村振兴产业发展破解难题。

15日 中国林业产业联合会公示2019年全国森林康养基地试点建设名单，龙泉市泉灵谷森林康养基地被认定为“2019年全国森林康养基地试点建设单位”，也是丽水市唯一入选单位。

15日 龙泉市政府召开第39次

常务会议。审议《关于总部经济政策调整的若干意见》《第二届世界青瓷大会·第十一届龙泉青瓷龙泉宝剑文化旅游节活动总体方案》《关于深入开展消除集体经济薄弱村攻坚提升行动的实施意见》《龙泉市教育提质行动计划(2019—2022年)》《龙泉市学前教育补短提质改革实施方案》《龙泉市人民政府办公室关于深化产教融合发展实施意见》《龙泉市道路交通事故社会救助基金管理实施办法》《关于要求授予陈久棣、舒中胜、张纪中、吴立群、熊树生、陈思宇、邱伟文、蒋国平龙泉市荣誉市民的建议》《龙泉市人民政府 景德镇陶瓷文化旅游集团合作框架协议书》。

17日 “不忘初心·匠新同行”龙泉百名剑瓷工艺师助力东西部扶贫协作爱心捐赠作品拍卖会在四川省广元市举行,80件剑瓷作品拍卖成交额达93万元,将全部用于支持昭化教育公益事业,建设昭化区实验小学综合楼(剑瓷楼)。

17日 四川省广元市昭化区举行“2018—2019年感动昭化十大人物”暨“2018年度脱贫攻坚先进典型”颁奖典礼,龙泉市赴昭化的挂职干部廖旭青被评为“2018年度脱贫攻坚先进典型”,张伟、梁慷夫妇被评为“2018年感动昭化十大人物”。

18日 龙泉市油茶产业农民合作经济组织联合会成立。这是龙泉市继粮食、蔬菜、食用菌、茶叶、中蜂产业农合联成立后,建立的第六家特色产业农合联。

19日 第七届世界军人运动会游泳女子200米仰泳决赛上,代表中国队出战的龙泉姑娘柳雅欣以2分09秒92的成绩,勇夺女子200米仰泳冠军。

19日 龙泉市召开“不忘初心、牢记使命”主题教育“八个专题”学习交流会。龙泉市委书记王顺发主持会议并作交流发言,丽水市委第十二巡回指导组组长刘炳亮到会指导。龙泉市全体副处级以上领导参加会议。

20日 龙泉市在温州嘉运国际大酒店举行以“勇立潮头创新业·筑梦龙泉又一城”为主题的中国龙泉鞋城暨鞋产业链招商大会。吴松平、陈惠锋等龙泉市领导出席。中国龙泉鞋城暨鞋产业链项目是龙泉最大的产业链招商项目,10月21日,中国龙泉鞋城暨鞋产业链项目正式开启定金交付,在外龙商热情高涨,交付定金的企业络绎不绝。

21日 龙泉市举行“爱在龙泉山水间”龙泉青年英才集体婚礼,龙泉市委书记王顺发为16对新人证婚。参加集体婚礼的16对新人来自全国七省一市,为青年人才举办集体婚礼,这在龙泉尚属首次。

22日 龙泉市全体副处以上领导开展“使命之行”,重走习近平总书记在浙江工作期间到龙泉的调研之路,重温习近平总书记对龙泉的殷切嘱托,对照初心、担当前行,引领推动“不忘初心、牢记使命”主题教育不断走深走实。

22日 龙泉市委“不忘初心、牢记使命”主题教育调研成果交流会召开。龙泉市委书记王顺发主持会议并讲话。丽水市委第十二巡回指导组组长刘炳亮到会指导。吴松平、叶碹仙、刘赤波、翁志鸿等龙泉市副处以上领导参加。

22日 第六届世界互联网大会在乌镇落下帷幕。会上,四款龙泉青瓷作为大会定制礼品,赠予与会的各国政要及互联网企业领头人,这是龙泉青瓷第六次入选世界互联网大会定制礼品。

23日 龙泉市委副书记、市长吴松平结合主题教育调研思考以及自身的工作学习生活经历和体会,为龙泉市府办全体党员干部上“不忘初心、牢记使命”主题党课。

23日 龙泉市召开空间拓展、小微企业园建设、“低散乱”整治工作推进会。龙泉市委副书记、市长吴松平出席会议并讲话。

24日 龙泉市乡村振兴工作暨新时代美丽乡村建设工作推进会召开,研究部署龙泉市乡村振兴、美丽乡村建设、大搬快聚等工作。

24日 十四届龙泉市委第57次常委会会议召开,传达学习习近平总书记在中央政治局第十七次集体学习、全国民族团结进步表彰大会等系列活动中的重要讲话精神及习近平总书记在内蒙古、河南等地调研指导“不忘初心、牢记使命”主题教育时的重要讲话精神,听取龙泉市委“不忘初心、牢记使命”主题教育开展情况汇报。龙泉市委书记王顺发主持会议,龙泉市政协主席刘赤波,龙泉市人大常委会副主任叶新亚列席会议。

25日 第二届世界青瓷大会·第十一届龙泉青瓷龙泉宝剑文化旅游节工作推进会召开。

25日 龙泉市召开第29期龙泉人文大讲堂暨美丽乡村建设专题讲座。浙江工商大学旅游与城乡规划系副主任、日本熊本大学环境共生工学专业博士叶俊,应邀作《日本社会发展及乡村规划对浙江美丽乡村建设的启示》专题讲座。

28日 龙泉市举行2019年退役军人返乡欢迎大会暨专场招聘会。龙泉市委书记王顺发出席活动并讲话。20家用人单位向全市退役军人开展了定向招聘。

29日 龙泉市融媒体中心技术平台、“天下龙泉”APP正式上线启用,标志着龙泉市媒体融合发展进入新阶段。浙江广电集团党委委员、副总裁杨勇,王顺发、王凡、黄国勇等龙泉市出席上线启用仪式。

29 日 丽水市政协副主席韦铁民率丽水市委调研组到龙泉开展“加强人民政协工作”专题调研，通过摸清基层情况、查找存在问题、提出解决办法，为下步开好丽水市委政协工作会议做准备。

30 日 浙江省委第十巡视组向龙泉市反馈巡视情况。浙江省委第十巡视组组长陈春玉主持向龙泉市委书记王顺发的反馈会议并反馈了巡视情况，浙江省委巡视工作领导小组办公室副主任王忠民传达了浙江省委书记车俊关于巡视工作讲话和指示精神。之后，陈春玉代表浙江省委巡视组向龙泉市领导班子进行了反馈，王忠民对抓好巡视整改工作提出要求。丽水市委副书记、政法委书记李锋参加反馈会并就抓好龙泉市巡视整改工作提出要求。王顺发主持会议并作表态讲话。

30 日 十四届龙泉市委第 58 次常委会会议召开，传达学习习近平总书记近期系列重要讲话及重要指示精神，专题研究部署浙江省委巡视反馈问题整改工作。龙泉市委书记王顺发主持会议，龙泉市人大常委会主任叶砝仙、龙泉市政协主席刘赤波列席会议。

30 日—31 日 中央主题教育第二巡回督导组组长陈际瓦带队到龙泉市竹垟畲族乡、兰巨乡等地就主题教育开展情况进行督导。浙江省委组织部副部长马小秋，丽水市委常委、组织部长方健忠，以及王顺发、吴松平、雷超、郑建青等龙泉市领导分别陪同。

11 月

1 日 龙泉市委理论学习中心组举行“不忘初心、牢记使命”主题教育专题学习会，邀请丽水市政协原秘书长虞大才作《习近平新时代中国特色社会主义思想学习纲要》专题辅导讲座。王顺发、刘赤波等龙泉市副处以上领导参加。

1 日 丽水市政府新闻办公室召开新闻发布会，宣布第二届世界青瓷大会·第十一届龙泉青瓷龙泉宝剑文化旅游节将于 11 月 16 日至 18 日在龙泉市举办。丽水市政府副秘书长吴郁郁介绍节会活动总体情况，市委副书记、市长吴松平介绍筹备情况，并回答媒体记者提问。

3—5 日 2019 第三届浙江华严文化节在龙泉市举行。

5 日 第二届中国国际进口博览会在上海开幕，龙泉市南宋哥窑瓷业有限公司、玉德青瓷有限公司两家“老字号”青瓷企业参展，并与思爱普、三星等企业达成合作意向。龙泉市还有 20 余家企业和医疗机构组团参观采购。

6 日 龙泉市领导干部会议召开，传达学习贯彻党的十九届四中全会精神。龙泉市委书记王顺发主持会议并讲话，叶砝仙、刘赤波、翁志鸿等龙泉市副处以上领导参加会议。

6 日 十四届龙泉市委第 59 次常委会会议召开，各常委对照党章党规找差距。会议还通报了浙江省委四个专项检查组对龙泉市委专项检查的反馈意见，审议《中共龙泉市委落实省委巡视反馈意见整改方案》。龙泉市委书记王顺发主持会议，龙泉市人大常委会主任叶砝仙、龙泉市政协主席刘赤波列席会议。

7 日 龙泉市非物质文化遗产(青瓷、宝剑)司法服务保障中心揭牌仪式举行，这也是全国首个“非遗”司法服务保障中心。

7 日 丽水市委常委、纪委书记、监察委主任方文军以龙泉选区丽水市人大代表的身份，到龙渊街道人大代表联络站开展主题活动。

7 日 第二届世界青瓷大会·第十一届龙泉青瓷龙泉宝剑文化旅游节执委会召开第三次会议，聚焦聚力，查漏补缺，全力推进节庆各项前期筹备工作。

8 日 浙江省深化“千万工程”建设新时代美丽乡村现场会在天台举行，龙泉市作为 2018 年度浙江省 11 个新时代美丽乡村示范县(市、区)之一接受表彰，并作书面交流。其中宝溪乡溪头村作为全省唯一的村级代表在会上作《营创极致生态、领聚美好人心，齐力绘写美丽乡村梦》交流发言。

8 日 2019“诗画龙泉杯”瓯江行全国摄影大展暨“龙泉再出发”——2019 龙泉摄影作品联展拉开帷幕。

8 日 龙泉市 2019 年全域旅游工作推进会召开。

11 日 龙泉市委常委会召开扩大会议，传达学习全省深化“千万工程”建设新时代美丽乡村现场会精神、全省传统制造业改造提升现场推进会精神，听取第二届世界青瓷大会·第十一届龙泉青瓷龙泉宝剑文化旅游节筹备情况汇报。龙泉市委书记王顺发主持会议并讲话，吴松平、叶砝仙、刘赤波、翁志鸿等龙泉市副处以上领导出席会议。

11 日 龙泉市委召开书记专题会议，听取巡察工作情况汇报，研究部署下步工作。龙泉市委书记王顺发主持会议并讲话，龙泉市领导吴松平、雷超、郑建青等出席会议。

11 日 龙泉市召开 2019 年三季度经济社会形势分析点评会，研究分析当前龙泉经济社会形势，点评产业培育大比拼、项目建设大比武活动开展情况，并对下步工作进行部署。龙泉市委书记王顺发主持会议并讲话，龙泉市委副书记、市长吴松平部署政府下阶段工作,叶砝仙、刘赤波、翁志鸿等龙泉市副处以上领导参加会议。

12 日 浙江省委“不忘初心、牢记使命”主题教育第十一巡回指导组组长章文彪带队到龙泉市调研主题教育工作开展情况,并召开主题教育工作座谈会。丽水市委常委、组织部长、丽水主题教育办主任方健忠,丽水市委第十二巡回指导组组长刘炳亮等参加。王顺发、吴松平等龙泉市领导参加调研或出席座谈会。

14 日 龙泉市十六届人大常委会第十九次会议召开,听取龙泉市政府关于《浙江省学前教育条例》执法检查发现问题整改落实情况的报告、龙泉市公安局“扫黑除恶专项斗争”工作情况汇报等事项。

14 日 龙泉市召开市委教育工作领导小组第一次会议,审议相关工作规则和工作要点,听取 2019 年教育事业发展成果汇报,研究下步教育重点工作。

14 日 浙江省生态环境厅公布第九批浙江省生态文明教育基地名单,龙泉生态环保教育基地榜上有名,成为龙泉市首个省级生态文明教育基地。

15 日 “天下龙泉——龙泉青瓷与全球化”特展在浙江省博物馆开展。文化和旅游部党组成员、故宫博物院院长王旭东,丽水市委书记胡海峰,浙江省政府副秘书长蔡晓春,浙江省委宣传部副部长葛学斌,省文化和旅游厅厅长褚子育,故宫博物院副院长赵国英,浙江省文物局局长柳河,浙江省博物馆馆长陈水华,丽水市副市长卢彩柳等领导和嘉宾,以及王顺发、吴松平、叶砝仙、刘赤波等龙泉市领导参加开幕式。“天下龙泉——龙泉青瓷与全球化”特展此前已在故宫博物院展出 3 个月,吸引了众多海内外青瓷爱好者观展。

15 日 国家出版基金重大项目《龙泉司法档案选编》出版座谈会在北京举行,来自北京大学、中国人民大学、中国社会科学院等单位的专家学者,畅谈这一档案文献整理的重大学术成果。《龙泉司法档案选编》按年代分五辑,选编案例 343 个,涵盖约 1084 个卷宗、26528 件档案,将龙泉司法档案每一个阶段最精华的部分集中呈现。该项目于 2012 年、2017 年两次获得国家出版基金支持,成为国家出版基金重大项目。

16 日 由故宫博物院、中国工艺美术协会、中国陶瓷工业协会、浙江省文化和旅游厅、省经济和信息化厅、丽水市政府联合主办,龙泉市委、市政府承办的第二届世界青瓷大会•第十一届龙泉青瓷龙泉宝剑文化旅游节开幕,来自陶瓷界、刀剑界的故交新友齐聚瓷都剑邦,共品瓷韵剑道、共谋剑瓷发展、共襄盛事盛会。浙江省政协副主席张泽熙宣布活动开幕,丽水市委副书记、市长吴晓东出席开幕式,龙泉市委书记王顺发主持开幕式。

17 日 西班牙王国驻沪总领事卡门•冯特丝,伊朗伊斯兰共和国驻华大使馆文化参赞、大使特别代表阿巴萨利•瓦法伊及其夫人中国—波斯文化高级研究者扎哈尔•瓦法伊等第二批“世界之眼看龙泉”国际嘉宾到龙泉,参加第二届世界青瓷大会•第十一届龙泉青瓷龙泉宝剑文化旅游节,开展广泛的国际交流活动。龙泉市委书记王顺发在龙泉青瓷博物馆会客厅会见了嘉宾团一行。

16 日—17 日 “天下龙泉——龙泉青瓷与全球化”国际学术研讨会举行,来自中国、美国、英国、法国、意大利、韩国、日本、印度、肯尼亚、阿联酋等国家和地区的 130 多名专家学者共聚一堂,开展文化与产业、生活与艺术、传统与时尚的对话。

16 日 四川省广元市副市长、昭化区委书记陈正永率考察团到龙泉市交流对接东西部扶贫协作工作。

16 日 禾•火——国际陶瓷邀请展、“瓷工印记”——首届中国龙泉•青瓷双年展、国际(龙泉)冷兵器文化艺术展暨第九届名刀秀、“刀剑十年”——全国刀剑手工技艺大赛作品展等四大展会同时在龙泉市青瓷展览展示中心拉开帷幕。联合国教科文组织国际陶艺学会主席托比恩•卡瓦斯博,中国轻工业联合会副会长兼秘书长、中国陶瓷工业协会理事长杜同和,中国陶瓷工业协会名誉理事长傅维杰,中国工艺美术协会执行会长周郑生,名刀秀创始人陈圣文等嘉宾,以及龙泉市领导吴松平、翁志鸿等出席开展仪式。

16 日 汇聚了国内 45 支代表队、近 500 名武林健儿的武林盛会——2019 浙江省“龙泉论剑”传统武术大赛,在龙泉市体育馆正式拉开帷幕。大赛由浙江省武术协会、龙泉市政府主办,浙江省体育局全程指导,龙泉市文化和广电旅游体育局承办。

16 日 国际(龙泉)冷兵器文化艺术展暨第九届名刀秀在龙泉市青瓷展览展示中心正式拉开帷幕。来自国内外近百位冷兵器行业的佼佼者,携千余件精品参与展出。

17 日 第二届世界青瓷大会•第十一届龙泉青瓷龙泉宝剑文化旅游节之“追寻初心之源”——己亥年剑祖欧冶子祭祀大典在欧冶子公园举行。

17 日 以“创新•链造”为主题的 2019“中国的杯子”创意设计开发者大会在龙泉召开。80 多位专家学者、创意设计师欢聚一堂,从设计、生产、市场、推广等多角度,探讨关于“中国的杯子”创新设计与产业转化,为未来“传统技艺”与“创新设计”的双向融合，更好地迎合市场对杯子及青瓷产品的不同消费要求铺陈出新。

19日 龙泉市召开第二轮中央生态环保督察迎检动员会，深入学习贯彻习近平生态文明思想，全面落实美丽浙江、美丽丽水建设工作要求，部署推进美丽龙泉建设及第二轮中央生态环保督察迎检有关工作。龙泉市委书记王顺发出席会议并讲话。

19日 由宁夏博物馆、陕西历史博物馆、龙泉市共同主办的“剑瓷龙泉——中国龙泉青瓷·宝剑传承与创新展”在宁夏回族自治区博物馆开幕。该展览依托“一带一路”发展机遇，展出具有浙江地方特色的龙泉青瓷、宝剑藏品和作品150余件，对于宣传龙泉青瓷、龙泉宝剑文化具有很好的推动作用，是新时代下博物馆展览模式和地方文化宣传结合的积极探索。

19日 龙泉市人民法院召开成立“永和调解超市”新闻发布会，标志着丽水首家调解超市正式开张。“永和调解超市”主要为当事人提供诉前调解服务，除传统的人民调解外，新增诉前法官调解、行业调解、特邀调解、家事调解等多种模式。该日，调解超市就成功调解了一起机动车交通事故责任纠纷。

20日 浙江省人大农业农村工作座谈会在龙泉市召开。浙江省人大常委会副主任史济锡出席会议并讲话。浙江省人大常委会委员、农委主任委员章文彪主持。龙泉市委书记王顺发致辞，吴松平、叶砿仙等龙泉市领导参加。

20日 龙泉市政府召开第40次常务会议。审议《龙泉市清明湖山庄等“五个山庄”违建别墅问题专项整治行动方案》《龙泉市氧吧长寿小镇(一期)项目招商方案》《龙泉市新居民积分制管理办法（试行)》《龙泉市江滨北岸凤起路区块旧城改造项目土地和房屋征收工作实施方案》《龙泉市储备补充耕地核查整改工作实施方案》《龙泉市江滨南岸原国镜药业周边区块城中村棚户区改造项目国有土地上房屋征收补偿方案》《龙泉市江滨南岸原国镜药业周边区块城中村棚户区改造项目集体土地上房屋征收补偿方案》，听取关于2019年浙江省丽水市龙泉市民生实事推进情况督查报告有关情况汇报。

21日 龙泉市走乡入村深化“三服务”活动问题交办会召开，总结回顾前阶段活动开展情况，交办“三服务”期间收集和反馈的重点难点问题，深化和巩固走乡入村“三服务”活动成效成果。

22日 浙江大学龙泉办学80周年纪念大会在龙泉市召开，回忆龙泉办学的峥嵘岁月，不忘求学初心，弘扬西迁文化，传承求是精神，谋划合作蓝图，再创发展新篇。浙江大学党委书记任少波、龙泉市委书记王顺发分别在会上致辞，浙江大学副校长罗卫东为“浙江大学龙泉创新中心”揭牌，现场还签约4个市校合作项目。

23日 来自龙泉市各条战线的浙大校友欢聚一堂，召开龙泉市浙江大学校友会第二届会员代表大会暨理事会二届一次会议。选举产生了新一届理事会组成人员，叶学明当选为第二届理事会会长。

25日 十四届龙泉市委第60次常委会会议召开，听取《龙泉市江滨北岸凤起路区块旧城改造项目土地和房屋征收工作实施方案》《龙泉市氧吧长寿小镇(一期)项目招商方案》制定情况汇报，学习《中国共产党党校(行政学院)工作条例》。龙泉市委书记王顺发主持，龙泉市人大常委会主任叶砿仙、龙泉市政协主席刘赤波列席会议。

25日 龙泉市领导干部会议召开，传达贯彻浙江省委十四届六次全体(扩大)会议精神。龙泉市委书记王顺发主持会议并讲话。吴松平、叶砿仙、刘赤波、翁志鸿等龙泉市副处以上领导参加。

26日 工业和信息化部公布2019年度国家中小企业公共服务示范平台名单，龙泉市汽车空调产业集群中小企业公共服务平台榜上有名。

27日 龙泉市生态工业经济形势分析会暨服务企业推进会召开。龙泉市委副书记、市长吴松平出席会议并讲话。

27日 龙泉市召开深化事业单位改革部署推进会，贯彻落实党中央、浙江省委和丽水市委关于深化事业单位改革精神，部署推进龙泉市事业单位改革工作。

28日 龙泉市召开十四届市委第六轮巡察工作动员部署会，对龙泉市委第五轮巡察发现的问题线索进行交办，对第六轮巡察工作进行动员部署。

27日—28日 龙泉市委书记王顺发率队到福建省邵武市、武夷山市、浦城县，对接温武吉铁路项目规划前期有关事项。武夷山市市长谢启龙、浦城县委书记周永和等领导分别出席座谈会。

28日 龙泉市委开展“不忘初心、牢记使命”主题教育集中学习。龙泉市委书记王顺发主持并讲话。

28日 第三届中华文学基金会茅盾文学新人奖，龙泉市青年作家蒋离子获得了茅盾文学新人奖·网络文学新人奖。这是丽水市作家首次荣获茅盾文学新人奖荣誉。

29日 龙泉市社会矛盾纠纷调处化解中心揭牌成立。该中心整合资源，凝聚力量，可实现矛盾纠纷、群众信访、诉源治理“就地解决”，将切实提升龙泉社会治理体系和治理能力现代化水平。

29日 龙泉市召开“绿色生活·瓷润江南”——日用青瓷杭州品鉴会动员部署会。龙泉市委副书记、市长吴松平出席会议并讲话。

29日 浙江省十三届人大常委会第十五次会议批准《丽水市大窑龙泉窑遗址保护条例》(以下简称《条例》)。作为丽水市首部历史文化类地方性法规,大窑龙泉窑遗址的保护管理、研究利用和法律责任等都有了明确规定,《条例》将于2020年3月1日起施行。

29日 2020年度浙江省级美丽宜居示范村创建名单公布,龙南乡兴川村、小梅镇半边月村、安仁镇安福村、城北乡双溪村成功入选,每个村将获得至少166万元资金补助。

12月

1日 国务院参事室副主任、党组成员张彦通带领国务院参事室调研组到龙泉调研乡村振兴工作。

2日 龙泉市委书记王顺发主持召开书记专题会议,讨论研究选人用人专项整治工作方案。龙泉市人大常委会主任叶砝仙、龙泉市政协主席刘赤波列席会议。

4日 全国哲学社会科学工作办公室公布了2019年度国家社科基金重大项目立项名单,复旦大学文物与博物馆学系教授、龙泉青瓷研究会会长沈岳明主持的“龙泉窑考古学研究”重大课题榜上有名。

5日 中铁二院温武吉铁路设计组到龙泉市调研考察,现场踏勘铁路线路走向和站点选址,并召开温武吉铁路预可研现场调研座谈会。王顺发、吴松平、叶砝仙、刘赤波、翁志鸿等龙泉市副处以上领导陪同调研或参加座谈会。

6日 龙泉市委书记王顺发到西街街道西新社区,宣讲党的十九届四中全会精神和浙江省委十四届六次全会精神。

6日 龙泉市召开安全生产集中整治暨火灾防控工作部署会,分析研判全市安全生产和消防安全总体形势,并对下步工作进行部署。

6日 龙泉市召开创建浙江省示范文明城市工作动员大会。龙泉市委书记王顺发出席会议并作动员讲话。龙泉市委副书记翁志鸿主持。

6日 由浙江省生活垃圾分类工作领导小组办公室、浙江省住房和城乡建设厅、浙江省机关事务管理局、丽水市政府主办,龙泉市政府承办的“绿色生活·瓷润江南”龙泉日用青瓷杭州品鉴会在杭州黄龙饭店举行。该活动旨在推广龙泉日用青瓷品牌形象,宣传龙泉日用青瓷在“浙江省限制一次性消费用品”过程中所发挥的积极促进作用,为党政机关、企事业单位替换一次性杯具提供新选择。5家企业现场签约,最大订单采购青瓷杯9000个;初步达成意向采购单位117家。

7日 浙江省法学会诉讼法学研究会2019年年会在龙泉市召开。浙江省法学会党组成员、专职副会长陆剑锋,浙江省人民检察院副检察长王祺国,浙江省高级人民法院副院长徐建新,浙江省法学会诉讼法学研究会会长吴高庆,以及龙泉市委书记王顺发等出席会议。

7日 南秦原国镜药业周边区块土地和房屋征收集中签约大会在原国镜药业厂区举行。王顺发、吴松平、翁志鸿等龙泉市领导到现场指导。

7—8日 2019环浙骑游·瓯江山水诗路龙泉总决赛暨第三届江南之巅天空骑行披云线挑战赛在龙泉市举行。龙泉市委书记王顺发致辞,叶砝仙、刘赤波、翁志鸿等龙泉市副处以上领导参加。

8日 黑龙江省讷河市市委书记温和,市委副书记、市长宋阳带领党政考察团到龙泉,考察龙泉市剑瓷历史文化产业、农旅融合、工旅融合及食用菌产业链等发展情况。龙泉市委书记王顺发参加。

9日 龙泉市委常委会召开“不忘初心、牢记使命”主题教育暨浙江省委巡视整改专题民主生活会。丽水市委常委、纪委书记、监委主任方文军到会指导。龙泉市委书记王顺发代表龙泉市委常委会班子作对照检查,并带头开展自我剖析、查摆问题,接受大家的批评意见。随后,吴松平、翁志鸿等龙泉市委常委会班子成员也逐一作对照检查,开展批评和自我批评。龙泉市人大常委会主任叶砝仙、市政协主席刘赤波列席会议。

10日 浙江省结对帮扶龙泉团组会议在龙泉召开。浙江省农办主任、农业农村厅厅长、扶贫办主任林健东出席会议并讲话。浙江省农业农村厅副厅长、扶贫办副主任刘嫔珺主持。龙泉市委书记王顺发参加会议并致辞。

10日 “相约龙泉山·奔向最高峰”名家采风创作成果展开展仪式在浙江展览馆举行。采风创作成果展以“相约龙泉山·奔向最高峰”为主题,共展出著名作家龙一、画家陶世虎、摄影家吴品禾等43位文艺大家的作品,包括散文、诗歌和报告文学作品54篇(首),摄影作品250幅(组),油画、国画、粉彩画、版画等作品58幅(组),立体化地呈现龙泉的山水风光、风土人情和文化底蕴。

10日 浙江省关工委成立30周年暨全省关心下一代工作“双先”表彰大会召开,表彰全省关心下一代先进集体、先进个人等。龙泉市关心下一代工作委员会获先进集体，王秀琴获浙江省关心下一代突出贡献荣誉，徐承宪获先进个人。

11日 王顺发、吴松平等龙泉市领导分别带队开展安全生产集中整治检查，深入排查隐患，坚决整治问题，确保全市大局持续稳定。

12日 龙泉市委网络安全和信息化委员会召开第一次全体会议。龙泉市委书记、市委网络安全和信息化委员会主任王顺发主持会议并讲话。会议传达学习了浙江省委、丽水市委网络安全和信息化委员会第一次全体会议精神，听取龙泉市网信工作情况汇报，审议并原则通过龙泉市委网络安全和信息化委员会工作规则及委员会办公室工作细则等。

12日 龙泉市委人才工作领导小组会议召开，审议人才工作相关政策，研究部署下阶段工作。龙泉市委书记、市委人才工作领导小组组长王顺发主持会议。会议听取了2019年人才工作情况汇报，审议通过《关于推进乡村人才振兴的实施意见》《龙泉市事业单位人才引进办法》。

12日 浙江省诗路文化产业发展主题活动在嵊州举行，现场揭晓1条诗路黄金旅游线、10个浙江省首批诗路旅游目的地和17个浙江首批诗路旅游目的地培育名单。其中，中国青瓷小镇被列入浙江省首批诗路旅游目的地培育名单。

13日 龙泉市委理论学习中心组(扩大)学习会举行，邀请中国乡村发展智库专家、浙江报业协会副会长徐峻作《开放引领发展——乡村振兴与民宿经济》专题辅导报告。

16日 安仁镇“儿童之家”正式揭牌，这也是龙泉市成立的首家“儿童之家”。

16日 龙泉市举办特色产业发展和文化推广大讲堂暨汽车空调配件行业人才“2+3”提升培训，邀请中国汽车工业协会汽车空调委员会秘书长薛庆峰教授作《新能源汽车空调产业介绍与如何成为车企供应商》专题讲座。会上，龙泉市还聘请薛庆峰为产业首席专家。

16日 农业农村部公布第四批全国名特优新农产品名录，龙泉市“龙泉红”茶榜上有名，成为前四批丽水唯一入选的产品。

16日 龙泉市政府召开第41次常务会议。审议《中共龙泉市委龙泉市人民政府关于全面落实预算绩效管理的实施意见》《龙泉市城市复兴三年建设行动方案(2019—2021年)》《给予周鹏开除公职处分有关事宜》《龙泉市低收入农户高水平全面小康计划(2019—2020年)》《龙泉市交通投资有限责任公司所持浙江省龙丽丽龙高速公路有限公司股权划转方案》《关于加快医药产业发展的实施意见》，听取关于2019年全市法治政府建设工作情况汇报。

17日 龙泉市召开2019年度市委政法委员会第二次全体（扩大)会议，回顾总结全年政法各单位工作情况，分析当前政法工作形势，研究部署下阶段工作，奋力夺取全省首批“二星平安金鼎”。

17日 浙江省食品安全委员会命名34个县(市、区)为“浙江省食品安全县(市、区)”，龙泉市名列其中，命名有效期4年。

17—18日 浙江省副省长王文序率省调研组一行到龙泉市调研基层治理、“儿童之家”建设等工作。浙江省民政厅厅长王剑侯，浙江省妇联副主席童丽君，丽水市副市长杨秀清，龙泉市委书记王顺发等陪同调研。

12—19日 由龙泉市人大常委会主任叶砝仙率领的文化交流考察访问团，到西班牙、葡萄牙开展文化交流访问。

17日—18日 龙泉市委副书记、市长吴松平带队赴嘉兴市秀洲区、宁波杭州湾新区考察交流。秀洲区领导刘德威、章澜，杭州湾新区领导林利挺、胡小庆先后陪同考察。

20日 龙泉市委常委会扩大会议召开，传达贯彻中央经济工作会议精神，以及浙江省委、丽水市委常委会扩大会议精神。会议还听取了“第二届世界青瓷大会·第十一届龙泉青瓷龙泉宝剑文化旅游节”活动工作总结情况汇报。龙泉市委书记王顺发主持并讲话，吴松平、刘赤波、翁志鸿等龙泉市副处以上领导参加。

23日 龙泉市委理论学习中心组(扩大)学习会暨党的十九届四中全会精神报告会举行，邀请丽水职业技术学院党委书记梁忆南作《党的十九届四中全会精神解读》专题辅导报告。龙泉市委书记王顺发主持会议。

24日 龙泉市纪委常委会召开会议，传达学习贯彻全省深入落实中央八项规定精神持续发力纠治“四风”工作视频会议精神。龙泉市纪委将根据上级纪委的部署要求，对元旦、春节等重要节点严格开展监督检查，防范节日期间“四风”问题反弹，营造“清廉过年”的良好氛围。

25日 浙江省人大代表丽水中心组会前视察座谈会在龙泉市召开，听取了丽水市政府关于丽水国家公园建设情况的汇报，并讨论浙江省人代会建议素材，为参加浙江省十三届人大三次会议作准备。浙江省人大常委会副主任史济锡，丽水市人大常委会主任、党组书记虞红鸣，以及吴松平、叶砝仙等龙泉市领导参加。

25日 龙泉市委书记、市人武部党委第一书记、市国动委第一主任王顺发等龙泉市领导出席了在野战指挥帐篷内举行的龙泉市委议军会议，并参加军事日活动暨军营开放日活动。

26 日 龙泉市首次“企业环保咨询日”活动在丽水市生态环境局龙泉分局举行。

26 日 龙泉市档案馆工作人员到中央档案馆寻得毛泽东主席 1955 年 5 月对龙泉县凤鸣乡山林入社工作批示手迹，并拿到复制件。这是目前已知毛泽东主席对龙泉的唯一一件批示。

27 日 龙泉市召开台胞台属联谊会第五次代表大会，选举产生了龙泉市台联会第五届理事会。

28 日 西街街道、兰巨乡生态产品价值实现机制运营主体——西街两山生态发展有限公司、兰巨两山生态发展有限公司正式挂牌成立，标志着龙泉市生态产品价值实现示范乡镇创建工作进入实质性阶段。

30 日 十四届龙泉市委第 61 次常委会会议召开，传达学习习近平总书记在中央政治局第十九次集体学习时的重要讲话精神、习近平总书记对做好“三农”工作作出的重要指示及中央农村工作会议精神，讨论研究《中共龙泉市委“不忘初心、牢记使命”主题教育开展情况总结报告》等。龙泉市委书记王顺发主持，龙泉市政协副主席卢士俊列席会议。

30 日 浙江省农业农村厅公布了浙江省农业绿色发展先行市与示范区认定名单，龙泉市入选浙江省农业绿色发展先行县，兰巨乡、竹垟畲族乡、屏南镇、小梅镇入选省级农业绿色发展示范区。

31 日 龙泉市静脉产业项目——垃圾焚烧发电点火仪式在龙渊街道沙潭村源底区块举行，标志着该项目完工并正式进入试运行阶段，向着投产运行又迈进了一大步。龙泉市委书记王顺发出席并宣布点火，龙泉市委副书记、市长吴松平致辞。

31 日 龙泉市宣传思想文化系统务虚会暨第四季度意识形态（网络舆情）工作例会召开，学习贯彻上级有关会议精神，通报 2019 年龙泉市意识形态领域情况，推进浙江省委巡视反馈意见问题整改，研究谋划 2020 年宣传思想文化工作思路。

31 日 龙泉市纪检监察系统务虚会召开，传达学习丽水市委四届七次全会、丽水市纪检监察系统务虚会等会议精神，总结交流 2019 年工作，谋划 2020 年工作思路。

31 日 浙江交通集团金丽温公司取消高速公路省界收费站仪式在龙泉市龙浦中心所举行，宣布正式取消 G25 浙闽省界收费站和 S36 浙闽省界收费站，这也意味着以后车辆经过这两个省界收费站时可以不停车快捷通行。（郑素贞）

▲“1+X”：“1”是指各市、县（市、区）政府建立产业创新服务综合体建设工作机制，统筹产业创新服务综合体建设的组织领导、顶层设计、统一规划、政策整合；“X”是指立足各地产业发展实际和资源禀赋，探索建立若干不同特色、不同模式的产业创新服务综合体。

市情概览

历　　史

【概况】 龙泉市历史悠久，牛门岗出土文物证明，早在新石器时代，龙泉土地上就有人类活动。东晋太宁元年(323)，属永嘉郡松阳县，建置龙渊乡。唐武德三年(620)，因避高祖李渊讳，改龙渊乡为龙泉乡。唐乾元二年(759)，建立龙泉县，县治地黄鹤镇(今龙渊街道)。北宋宣和三年(1121)，诏天下县镇凡有“龙”字皆避，龙泉县改为剑川县。南宋绍兴元年(1131)，复名龙泉县。宋庆元三年(1197)，析龙泉县之松源乡及延庆乡部分地设置庆元县。明洪武三年(1370)，庆元县并入，洪武十三年十一月复置庆元县。清承明制未变，属浙江省处州府。

1949年5月13日龙泉解放。1958年11月，庆元县并入。1973年7月，复建庆元县，至1975年8月，龙、庆二县开始分署办公。1990年12月26日，经国务院批准，撤销龙泉县，设立龙泉市(县级市)，仍属丽水地区行政公署。2000年5月，撤销丽水地区，设立地级丽水市，原丽水地区管辖的县级龙泉市由浙江省人民政府直辖，其行政管理委托丽水市人民政府代管。

【历史名人】 龙泉人杰地灵，英才辈出。宋朝天圣至咸淳251年间，龙泉一县就出进士248名。历史上涌现了众多的政治家、文学家、思想家和能工巧匠。宋代永嘉学派主要代表和集大成者叶适，思想博大精深，成为温州模式和温州精神的源头活水；南宋龙泉诗人叶绍翁的诗句“春色满园关不住，一枝红杏出墙来”成为千古绝唱；北宋政治家何执中，官至宰相，“虽居富贵，未尝忘贫贱时”；同知枢密院事管师仁一生为官，廉洁奉公，政绩卓著；明初章溢，辅佐朱元璋开国立业，与刘伯温等被称为“四先生”。

【菇民文化】 龙泉自古被誉为“菇民之乡”，民国13年(1924年)就出版了香菇栽培专辑《菇业备要全书》。在世代的香菇生产过程中，菇民为防止盗贼和野兽的侵扰，在自卫中练就了“凳花”“扁担功”等独特的菇民防身术，特色菇民美食有黄粿、蒸粉皮、泥鳅豆腐、紫苏鱼头、土豆饼、灰碱粽等。这些习俗和美食，共同记载着龙泉人民勤劳的香菇种植历史，是菇民文化流传的活历史。香菇砍花技艺、菇民防身术已列入丽水市、浙江省非物质文化遗产代表作名录。

【剑瓷文化】 龙泉拥有世界级的青瓷宝剑文化，是中国青瓷之都、宝剑之邦和国家历史文化名城、国家文化先进市，自古就有着“处州十县好龙泉”的美誉。这里，因剑得名，龙泉宝剑凭借“坚韧锋利、刚柔并寓、寒光逼人、纹饰巧致”四大特色被公认为剑中之魁，龙泉宝剑传统锻制技艺是首批“国家非遗”。这里，凭瓷生辉，龙泉青瓷被誉为“瓷海明珠”，曾以主角身份参与开拓“海上丝绸之路”，龙泉青

龙泉夜景　　(许志军 / 供图)

瓷传统烧制技艺入选“人类非物质文化遗产代表作名录”。

近年来，龙泉做深做实剑瓷文化“深化、物化、转化”文章，独一无二的剑瓷文化被赋予新的生命力。中国青瓷小镇被列为住建部第一批中国特色小镇和浙江省“十大示范特色小镇”，龙泉宝剑小镇入选第二批浙江省特色小镇创建名单。大窑龙泉窑入选国家考古遗址公园，龙泉青瓷文化省级旅游度假区获批设立，龙泉青瓷传统烧制技艺、龙泉宝剑传统锻制技艺入选首批国家传统工艺振兴目录。

2019 年 4 月 7 日，风情竹垟·幸福山哈“三月三”山哈文化旅游节音乐会

（吕律杨 / 供图）

【西街国家历史文化街区】 西街起源唐朝，格局富有特色，是“一街一渠”景致的代表。西街街区滨于龙泉溪北岸，东西走向，西起披云桥，东至新华街，全长 1417 米。街区两边店铺多为二层木结构，挑楼外悬，雕窗镂栏。弄堂里巷民居，粉墙黛瓦，雕梁画栋，砖雕木刻，飞檐翘角，错落有致。作为传统商业街区，至今保留有打铁铺、古玩店、理发店、草药铺、点心铺、杆秤铺等民间老铺子，是龙泉古城昔日繁华的历史见证，也是新时代文化龙泉建设的重要工程。2018 年，全面启动西街历史文化街区保护利用工作，央视 4 套《记住乡愁》栏目组专题拍摄了以西街古街区为主题的大型纪录片。

【浙西南革命老区】 龙泉是浙西南革命老区所在地的中心区域。1934 年 9 月，中国工农红军北上抗日先遣队在龙泉开展活动。1935 年，刘英、粟裕率领的中国工农红军挺进师翻过浙闽边境马迹岙进入龙泉县西部山区，在溪头村打响入浙第一仗，从此拉开了红军挺进师进入浙江开展革命斗争，建立浙西南革命根据地的帷幕。红军挺进师每到一处，都把群众组织和发动起来，建立党的地方组织，开展“打土豪、分田地”斗争，让劳苦人民情绪大为振奋，有力推动了新的革命高潮到来。从 1935 年至 1942 年，龙泉先后成为中共龙浦县委、中共龙遂县委、中共浙西南特委、中共处属特委的驻地；中共浙江省委第一部电台设在龙泉，中共处属第一次党员代表会议在龙泉召开，中共处属特委在龙泉举办基层干部训练班。1988 年，浙江省人民政府批准龙泉为革命老根据地县。2011 年 4 月 1 日，龙泉披云山苏维埃旧址被列入全国红色旅游经典景区名录。重要革命遗址有龙泉市革命烈士陵园、龙浦县苏维埃政府旧址、上田战斗纪念馆、仓砝红军挺进师政委会会议旧址，水塔、湖住溪革命纪念碑亭，浙西南特委（处属特委、闽浙边委）驻地遗址，溪头战斗、凤阳山战斗遗址等。 （胡春风）

地　理

【地理位置】 龙泉市位于浙西南浙闽边境，是浙江省进入江西、福建的主要通道，素有“瓯婺八闽通衢”“驿马要道、商旅咽喉”之称。地处北纬 27°42′—28°20′、东经 118°42′—119°25′之间，东与云和县、景宁畲族自治县毗邻，南与庆元县相连，西与福建省浦城县交界，北与遂昌县、松阳县相接，东西宽 70.25 公里，南北长 70.8 公里，总面积 3059 平方公里。

【地形地貌】 龙泉是“九山半水半分田”的山区县（市），海拔 500 米以上的中、低山占全市面积的 69.2%，丘陵占 27.9%，河谷平原占 2.9%。武夷山系分两支从该市西南部逶迤入境，西北支为浙江省中部主干山脉仙霞岭的主体部分，经闽浙赣交界的枫岭，龙遂交界的九龙山，直向东北展开；东南支从福建省戴云山开始，越过闽江经鹫峰山，直达闽浙边境向东北延伸到龙泉东南部，称洞宫山脉。境内崇山峻岭，层峦叠嶂，襟带众流，枕山带水。海拔千米以上的山峰有 730 余座，其中境内南凤阳山国家级自然保护区主峰黄茅尖海拔 1929 米，为长三角第一高峰。

【江溪湖泊】 龙泉是瓯江、闽江、钱塘江“三江源头”。瓯江发源于龙泉

垟坞古法种植稻米基地　　（周光甜／供图）

与庆元交界的百山祖西北麓锅冒尖，自龙泉西南向东北贯穿而过后流入云和，境内流长125千米。西北部住溪，是钱塘江水系乌溪江源流。西部宝溪，是福建闽江水系支源流。紧水滩水电站建成以后，位于龙泉溪下游的紧水滩电站水库（仙宫湖）面积34.3平方千米，是丽水市最大的人工湖泊。

环　境

【生态宜居福地】 龙泉是国家级生态示范区、国家森林城市、国家园林城市、国家卫生城市、国家重点生态功能区、浙江省生态市和环保模范城市，创成浙江省“清三河”达标县（市），两夺“五水共治”大禹鼎。龙泉是“长寿之乡”，80—89岁的老人9120位，长寿率为3146/10万；90—99岁的老人1069位，长寿率为368.8/10万；百岁以上老人27位，百岁长寿率为9.3/10万，3项指标均高出“世界长寿之乡”国际标准。全市森林覆盖率84.4%，PM2.5平均浓度20微克/立方米，位列全省第一，有“中国天然氧吧”“百佳深呼吸小城”之称；环境空气优良天数363天，AQI（空气质量指数）优良率为99.5%。境内空气负氧离子浓度最高达12万个/立方厘米，其中城区4860个。市内溪流纵横，地表水环境功能区水质达标率、跨行政区域交接断面水质达标率和集中式饮用水水源地水质达标率均保持100%。

【气候特征】 2019年，龙泉市平均气温18.8℃，比历年值偏高0.8℃；年极端最低气温-2.7℃，出现在12月9日；年极端最高气温39.5℃，出现在8月28日。终霜日出现在1月24日；初霜日出现在12月8日。春季日平均气温稳定通过10℃的初日出现在3月10日；秋季日平均气温稳定低于22℃的初日出现在10月14日。年总降水量1939.4毫米，比历年值偏多17.6%；年日照总时数1539.6小时，比历年值偏少5.0%。

2019年，龙泉市1月至2月多阴雨寡照天气，其中1月1—17日和2月7—28日分别出现长达17天和22天的连阴雨天气；3月至5月雷雨大风、冰雹、短时暴雨等强对流天气频发，其中4月24日下午剑池街道芳野村和松溪弄村、砩石街道山后村、住龙镇局地出现短时冰雹，最大冰雹直径1厘米左右；6月18日龙泉进入梅汛期降水集中期，7月17日结束，期间暴雨过程多、降水强度强、累计雨量大；8月8日—11日受台风“利奇马”影响，东南部地区出现明显降水和大风天气过程；9月至12月上半月多晴少雨，出现大范围、长时间的气象干旱；12月中下旬气温异常偏高，出现明显的小阳春天气。

龙泉市位于中亚热带季风气候区，四季分明，春早夏长，雨量丰沛，温暖湿润，无霜期长。因地形复杂，海拔高低悬殊，气候随海拔高度呈垂直分布，光、温、水地域差异明显，具有明显的山地立体气候。海拔800米以下区域属亚热带湿润季风气候；海拔800米以上区域近于暖温带湿润季风气候。

资源・物产

【土地资源】 2019年，龙泉市土地总面积304417.55公顷。各地类情况为：耕地面积25535.84公顷，占全市土地面积的8.39%，其中水田19876.2公顷，占全市土地面积的6.53%；旱地5659.64公顷，占全市土地面积的1.86%。园地面积1499.45公顷，占全市土地总面积的0.49%，其中果园897.55公顷，占全市土地面积的0.29%；茶园460.08公顷，占全市土地面积的0.15%；其他园地141.82公顷，占全市土地面积的0.05%。林地面积257446.87公顷，占全市土地总面积的84.57%，其中有林地247549.73公顷，占全市土地面积的81.32%；灌木林地2132.8公顷，占全市土地面积的0.7%；其他林地7764.34公顷，占全市土地面积的2.55%。其他草地2617.66公顷，占全市土地面积的0.86%。城镇村及工矿用地4969.56公顷，占全市土地总面积的1.63%，其中城市1022.3公顷，占全市土地面积的0.34%；建制镇287.73公顷，占全市土地面积的0.09%；村庄3511.31公顷，占全市土地面积的1.15%；采矿用地108.92公顷，占全市土地面积的0.04%；风景名胜及特殊用地39.3公顷，占全市土地面积的0.01%。交通运输用地2306.69公顷，占全市土地总面积的0.76%，其中公路用地1503.67公顷，占全市土地面积的0.49%；农村道路803.02公顷，占全市土地面积的0.26%。水域及水利设施用地5286.12公顷，占全市土地总面积的1.74%，其中河流水面3199.84公顷，占全市土地面积的1.05%；水库水面1772.97公顷，占全市土地面积的0.58%；坑塘水面83.56公顷，占全市土地面积的0.03%；内陆滩涂171.14公顷，占全市土地面积的0.06%；沟渠38.08公顷，占全市土地面积的0.01%；水工建筑20.53公顷，占全市土地面积的0.01%。其他土地4755.36公顷，占全市土地总面积的1.56%，其中设施农用地31.47公顷，占全市土地总面积的0.01%；田坎4573.38公顷，占全市土地总面积的1.5%；裸地150.51公顷，占全市土地总面积的0.05%。

【矿产资源】 2019年，龙泉市境内已探明地下矿藏有铅锌、铁矿、金银、萤石、叶蜡石、石英、大理岩、瓷土等。截至2019年底保有资源储量，其中：铁矿储量2031.79千吨，金矿储量634.07千克，铅锌储量57459.68吨，铜矿储量46.793千吨，萤石储量688.9千吨，硫铁矿储量222.25千吨，叶蜡石储量809.35千吨，石英储量1223.27千吨，方解石储量306.86千吨，陶瓷土主要分布于上垟瓷土矿的3个矿段，储量891千吨。全市有探矿权6宗，采矿权18宗，大型矿山1家，中型矿山4家，地下开采矿山10家，露天矿山8家。其中国有矿山1家，有限责任公司17家，2019年年产矿石总量35万吨，同比下降73%，年产值30358.11万元，同比增加22.1%，利税总额12742.13万元，同比增长178%。主要矿山有浙江佳和集团有限公司龙泉铅锌矿、龙泉市砩矿有限责任公司八都萤石矿、龙泉市龙阳矿业有限公司铁矿、龙泉市金城矿业有限公司，其他矿山企业规模较小。

【森林资源】 龙泉市素有“浙南林海”之称，为中国南方重点林区县(市)，是浙江省最大的林区县(市)之一。2019年，全市森林面积384万亩，森林覆盖率84.4%，林木蓄积量达2073.4万立方米，境内有凤阳山国家级自然保护区，省级野生动植物自然保护小区16个，省级森林公园1个。现有毛竹林4.1万公顷，立竹量9623万株，是浙江省第二大竹乡。累计林权流转7.5万公顷，林权流转全省面积最多、流转率最高。建成生态公益林11.5万公顷，占林地面积的43.5%，其中国家级生态公益林6.6万公顷，省级4.9万公顷。登记在册古树5375株，古树群129处，其中国家一级保护古树382株，国家二级保护古树1434株，国家三级保护古树3559株。

龙泉市森林资源丰富，特色林产品种类多，竹砧板、胶合板、竹家居、竹木玩具、竹木太阳伞等竹木制品广泛应用于群众日常生活，香菇、木耳、厚朴、茯苓、笋干、灵芝等林特产在国内外素负盛名，珍贵树种、棘胸蛙、苗木、蜜蜂、三叶青、铁皮石斛等特色产业发展迅速，是“中国竹木户外休闲用品产业基地”“中国特色竹乡”“中华灵芝第一乡”“中国黑木耳之乡”“中国棘胸蛙之乡”。

【水利资源】 2019年，龙泉市年降水量为2078.49毫米，龙泉市水资源总量为44.2142亿立方米，产水模数为144.5万立方米每平方千米，高于多年平均值。人均年拥有水资源量为18484.2立方米，城乡人均用水量37.3立方米，农灌亩均用水量241.0立方米。万元GDP用水量为55.8立方米，水资源利用率1.8%。龙泉市溪流纵横，水能蕴藏量相当丰富，水力理论蕴藏量为38万千瓦，可开发的水电装机容量28.1万千瓦。2019年，全市有水电站109座(含在建2座)，总装机容量22.52万千瓦，安装水轮发电机组244台，全年上网发电量5.6799千瓦时。

【动植物资源】 龙泉市拥有多种珍稀、濒危植物及特有属种、模式植物、经济植物。龙泉植物属于华东植物区系，与毗邻的华南、华中、西南以及日本、北美植物区系关系密切，以中亚热带地区成分最多，南亚热带地区成分次之，热带、温带地区成份也有一定数量分布。龙泉种子植物、苔藓植物、蕨类植物和真菌等3560种。种子植物1800余种，其中木本植物101科317属941种，苔藓植物28科46属61种，蕨类植物27科10属160种，真菌16目75属153种。龙泉市有珍稀濒危保护植物28种，占全省50%，药用植物1385种，其中一级重点保护植物红豆杉、南方红豆杉、钟萼木、莼菜4种，二级保护植物香果树、福建柏、鹅掌楸、蛛网萼、白豆杉、华东黄杉、厚朴等18种。境东南凤阳山国家级自然保护区，被植物学界称为华东地区古老植物的摇篮和天然珍稀动植物园。龙泉野生动物1330余种，其中兽类50余种，鸟类100余种，爬行类50余种，两栖类20余种，鱼类80余种，昆虫类1025种。列入国家重点保护的珍稀动物近60种，一级保护动物有金钱豹、云豹、黑麂、黄腹角雉等，二级保护动物有豺、黑熊、水獭、猕猴、大小灵猫、鸳鸯、鹰、娃娃鱼等。

人口·民族

【人口概况】 2019年，全市总户数98911户，总人口289786人，其中男性147656人，女性142130人；城镇人口94991人，乡村人口194795人。全市人口出生率9.25‰，死亡率8.08‰，全市人口自然增长率为1.17‰。

【民族概况】 2019年，龙泉市有畲、回、苗、满、土家、彝、壮、侗族等28个少数民族，人口13411人，占全市总人口的4.6%。少数民族以畲族为主，呈"大散居，小聚居，交错杂居"特点，部分畲族人员仍用畲语为日常交流用语，能唱山哈歌。全市设民族乡1个，民族村20个，民族中学1所。（胡春风）

行政区划

【概况】 到2019年底，龙泉市有龙渊、剑池、西街、础石4个街道，八都、小梅、查田、上垟、屏南、安仁、锦溪、住龙8个镇，有兰巨、宝溪、龙南、道太、城北、岩樟、竹垟畲族7个乡。

2019年龙泉市行政区划表

表1

乡镇(街道)名称	面积(平方千米)	户籍人口(个)	行政村数(个)	社区数(个)	村民小组数(个)	行政村(社区)名称
全市合计19个	3059	291157	236	13	2796	—
龙渊街道	85	30825	15	5	140	临江村、小白岸村、村头村、石马村、一村、四村、三村、沙潭村、张村、二村、竹坑村、菜村、梧桐口村、五村、硋步村 社区：城东、东升、大洋、金乐、贤良
西街街道	67	22142	11	3	114	河村、联新村、七村、周村、宫头村、河平村、河星村、九村、新民村八村、白云岩村 社区：清风、西新、白云
剑池街道	41	23393	11	4	99	周际村、水南村、张仁村、宏山村、吴岭村、茶坦村、石武村、南秦村、曾家村、宏阳村、芳野村 社区：水南、南秦、南大洋、大沙
础石街道	109	8894	11	1	104	秋丰村、季边村、瞿源村、枣山村、南弄村、垟畈村、李山头村、上坞村、炉地垟村、黄土村、山际口村 社区：金岗
八都镇	143	25465	22	—	235	枫锦村、安田村、石川村、樟溪村、一村、章府会村、青山村、四村、高大门村、吴公村、双溪口村、松际村、小窖村、长安村、松渠村、东音村、大坦村、野窖村、白角村、溪坪村、署网村、龙竹村
上垟镇	162	17374	12	—	165	花桥村、供建村、木岱口村、五都楼村、双际村、源底村、双源村、五都垟村、木岱村、生源村、泗源村、昌岗村
小梅镇	98	12629	14	—	100	台湖村、梅一村、大梅村、半边月村、毛山头村、孙坑村、梅三村、郑边村、大窑村、梅二村、大梅口村、黄南村、骆庄村、金村
查田镇	123	17238	17	—	156	隆丰村、溪口村、小砻坑村、查三村、查四村、小查田村、查二村、下保村、竹舟村、横坑村、赵麻圩村、查一村、东皇村、茶丰村、大青坑村、大樟村、墩头村
屏南镇	285	10047	9	—	117	均溪村、顺合村、合兴村、金何、琉盘村、坪田村、周铺垟村、瓯江源村、瑞垟村
安仁镇	208	19345	14	—	254	金蝉湖村、胜利村、项边村、安严村、安福村、大丘另村、广田村、大舍村、天平村、黄硋村、刘坊村、安仁口村、张畈村、叶山头村
锦溪镇	162	11053	10	—	148	黄永村、下锦村、吴林村、新锦村、百里村、岭根村、中锦村、肖庄村、岭上村、上锦村
住龙镇	269	6234	6	—	81	龙星村、红星村、建平村、住溪村、碧龙村、建明村
兰巨乡	156	18043	18	—	179	蜜蜂岭村、豫章村、大巨村、南山村、大赛村、炉田村、硋湖店村、五梅垟村、大汪村、梅垟村、独田村、硋湖村、安吉村、下沙桥村、官浦垟村、桐山村、净信村、仙仁村
宝溪乡	151	7837	6	—	85	溪头村、宝鉴村、高塘村、高山村、龚岭村、溪源田村

续表1

乡镇(街道)名称	面 积(平方千米)	户籍人口(个)	行政村数(个)	社区数(个)	村民小组数(个)	行政村(社区)名称
龙南乡	212	21584	15	—	221	黄万岱村、龙溪村、蛟垟村、东峰村、五星村、竹川村、建兴村、建龙村、凤阳村、兴川村、粗溪村、坞坑村、大垟村、下田村、周庄村
道太乡	351	15219	19	—	263	王庄村、大白岸、仙源村、夏安村、安平村、荷上畈村、黄金坑村、际头村、凤山村、新和村、大地村、雁川村、供村、雁溪村、锦安村、和兴村、双平村、外洋村、源口村
岩樟乡	101	4079	4	—	56	柳山头村、郑庄村、坑源底村、岱岭村
城北乡	233	11975	14	—	183	季岱村、双溪村、金黄鹤村、上田村、方西源村、川溪村、新宏村、东莱村、河里村、大贵溪村、河坑塘村、吴岱村、麻垟桥村、东书村
竹垟畲族乡	103	7781	8	—	96	五四村、盖竹村、罗墩村、良溪村、山溪口村、金田村、后排岭村、际上村

2019年,龙泉市全面完成行政村规模调整工作,行政村数从444个减少到236个。行政村规模调整后,户籍人口800人以下村从356个下降至77个,村均户籍人口从573人增加到1081人(不含社区人口,含社区人口为1232人)。

【地名工作】 2019年,民政局推进地名规范化管理工作和创新传承地名文化形式,服务经济社会发展和提升社会治理水平。全年共办理门牌9352件,地名证明102件,地名命名9个,积极参与国家地名志、浙江省地名志、丽水市地名词典相关资料收集和撰写工作,参与《龙泉市地名志》撰写、核对、修正等相关工作。 (占田友)

国民经济和社会发展

【概况】 2019年,龙泉市地区生产总值(GDP)142.55亿元,按可比价计算,同比增长8.1%。其中:第一产业增加值15.26亿元,增长2.8%;第二产业增加值52.05亿元,增长9.1%;第三产业增加值75.24亿元,增长8.5%。人均生产总值59468元,同比增长7.9%。三次产业结构由上年的11.1:36.6:52.3调整为10.7:36.5:52.8。

全年实现财政总收入15.07亿元,同比增长6.42%。其中:一般公共预算收入实现9.79亿元,同比增长7.59%;一般公共预算支出57.31亿元,同比增长18.49%。民生支出不断加强,全年支出48.98亿元,同比增长22.3%,其中,社会保障和就业支出7.19亿元,同比增长31.71%;文化旅游体育与传媒支出1.19亿元,同比增长18.66%;科学技术支出1.04亿元,同比增长5.26%;卫生健康支出6.7亿元,同比增长44.38%。

【农业和农村建设】 2019年,龙泉市围绕创建绿色发展先行市、打造中国特色农产品优势区的目标,多措并举、高质高效推进农业供给侧结构性改革,实施农业八大产业提质增效行动,持续加大"茶菌蔬"主导产业和"蜂果药牧渔"特色产业培育。全年实现农业总产值23.68亿元,同比增长6.5%,扣除价格因素实际同比增长3.4%。农林牧渔业发展均较为稳定,其中:农业产值14.71亿元,同比增长0.5%;林业产值4.75亿元,同比增长5.5%;畜牧业产值3.71亿元,同比增长41.3%;渔业产值0.31亿元,同比增长3.5%。

全年粮食总产量为6.72万吨,同

2019年龙泉市主要农产品产量一览表

表2

产品名称	绝对数(万吨)	同比增长(%)
粮 食	6.72	-1.4
油 料	0.06	7.2
其中:油菜籽	0.02	8.9
食用菌	1.31	-1.0
其中:香菇	0.32	-3.1
蔬 菜	15.80	5.4
茶 叶	0.22	5.4
水 果	1.11	10.5
其中:柑桔	0.26	10.7
肉 类	1.26	-0.6
其中:猪牛羊肉	0.97	3.5
禽 蛋	0.03	6

比减少1.4%。全年农作物总播种面积21.42千公顷，同比减少4%，其中粮食播种面积为11.42千公顷，同比减少8%；果用瓜种植面积0.21千公顷，同比增长13.2%；药材种植面积0.42千公顷，同比增长8.5%；油料种植面积0.42千公顷，同比增长5.2%；蔬菜种植面积6.77千公顷，同比增长3.5%；花卉苗木面积0.34千公顷，同比增长0.3%（详见表3）。

全年食用菌产业总产量13129吨，同比减少1%，实现产值5.27亿元，同比减少8.5%。茶叶总产量2182吨，产值1.87亿元，分别同比增长5.4%、7.9%。山地蔬菜播种面积10.15万亩，实现产值3.2亿元，分别同比增长3.5%和6.3%。

生猪出栏为10.71万头，同比增长3.4%；家禽出栏169.83万羽，同比减少12.5%。全年肉类总产量1.26万吨，同比减少0.6%，其中猪牛羊肉产量0.97万吨，同比增长3.5%；禽蛋产量0.03万吨，同比增长6%。牛奶产量0.04万吨，同比减少24.6%。

【工业和建筑业】 2019年，工业增加值37.73亿元，同比增长11.4%，占GDP比重达26.5%。其中，规模以上工业增加值同比增长12.5%。规模以上工业企业108家，亿元以上企业24家。全年规模以上工业总产值同比增长14%，24家亿元企业产值占规模以上工业总产值53.4%。实现规模以上工业新产品产值率35.3%，比上年提升2.6个百分点。实现利润总额同比增长30.6%。

特色产业蓬勃发展。规模以上工业中“一优三特一新”产业工业总产值同比增长14.8%，占全部工业总产值的54.5%。其中：汽车零部件产业工业总产值同比增长17.9%；竹木制品加工业、农副食品加工业和青瓷宝剑制造业工业总产值分别同比增长4.6%、7.9%和20.7%；战略性新兴产业工业总产值同比增长22.9%（详见表4）。

2019年龙泉市规模以上工业主导产业发展情况表

表3

行业名称		同比增长(%)
一优：	汽车零部件制造	17.9
三特：	竹木制品加工	4.6
	农副食品加工	20.7
	青瓷宝剑制造	7.9
一新：	战略性新兴产业	22.9

2019年龙泉市规上工业结构性指标对比情况表

表4

指　　标	增速(%)
高新技术增加值	17.5
装备制造业增加值	12.6
战略性新兴产业	19.4
新产品产值	23.0

2019年龙泉市规模以上工业企业主要产品产量一览表

表5

产品名称	计量单位	产量	同比增长(%)
阀门	吨	36662	12.1
纸制品	吨	56386	25.7
泵	台	21216	78.9
锌金属含量	吨	1425	64.5
家具	件	623512	28.0
铅金属含量	吨	1142	26.9
冷冻蔬菜	吨	498	-32.2
铁矿石原矿	吨	15795	-7.4
气体压缩机	台	728468	41.3
萤石	吨	77638	24.6
电力电缆	千米	5958	-8.4
自来水生产量	万立方米	1249	5.7
商品混凝土	立方米	475765	32.2
石灰	吨	174	—
人造板	立方米	116227	-6.1
钢材	吨	61033	20.3
竹地板	平方米	1585769	7.4

园区集聚效应明显。“一区四园”全年实现规模以上工业总产值同比增长15.4%，高于规模以上平均水平1.4个百分点，占全市规模以上工业

总产值的 90.2%。

转型升级持续推进。高新技术增加值、装备制造业增加值、战略性新兴产业增加值和新产品产值较去年同期均有所提升(详见表 5)。

从主要产品产出情况看,全市 17 种主要产品产出量同比“13 升 4 降”,其中泵、压缩机、混凝土及铅、锌矿生产量幅度较快,而蔬菜生产量下滑程度较大(详见表 6)。

全实现建筑业总产值 54.61 亿元,同比增长 3.4%。房屋建筑施工面积 149.51 万平方米,同比增长22.5%,其中,新开工面积 74.49 万平方米,同比增长 10.1%。全市拥有资质建筑企业 39 家,应交增值税 1.88 亿元,同比增长 31.5%。

【固定资产投资和房地产业】 2019 年,固定资产投资同比增长 13.5%,比丽水平均水平(11.5%)高两个百分点。民间投资同比增长 10.2%,占固定资产投资的 58.7%。三次产业同比分别下降 74.3%、增长 10.4%、增长18.1%,占固定资产投资的 0.7%、22.9%、76.4%。交通投资同比增长 20.1%;高新技术产业投资同比增长 48.7%;项目民间投资(不包括房地产投资)同比增长 20.4%;生态环境和公共设施投资同比增长 44%。

房地产开发投资 12.26 亿元,同比下降 3.8%。其中,住宅投资 10.69 亿元,同比增长 8%。商品房销售面积 20.44 万平方米,同比下降 23.8%。其中,住宅销售面积 20.18 万平方米,同比下降 7%。商品房销售额 28.73 亿元,同比增长 9.6%。其中,住宅销售额 28.25 亿元,同比增长 46.9%。

【国内贸易】 2019 年,实现社会消费品零售总额 67.57 亿元,同比增长 10.5%,比丽水平均水平高 0.9 个百分点。其中:限额以上消费品零售总额 7.35 亿元,同比增长 16.5%。按销售所在地分,城镇消费品零售额 57.9 亿元,同比增长 9.7%,乡村消费品零售额 9.67 亿元,同比增长 15.4%。按消费形态分,商品零售额 61.21 亿元,同比增长 10.4%,餐饮收入额 6.36 亿元,同比增长 11.6%。实现网络零售额 34.06 亿元,同比增长 25.2%。

【对外经济】 鼓励企业以展会开拓国际市场,组织企业参加广交会、华交会、上海法兰克福展、美国拉斯维加斯汽配展、德国慕尼黑工程机械展、迪拜国际汽配展、墨西哥国际汽配展、德国科隆国际体育用品、露营设备及园林生活博览会等国际性展会 40 余次,共设展位 300 余个。2019 年,实现进出口总额 24.54 亿元,同比下降 2.84%,其中:出口 24.38 亿元,同比下降 3.31%。实际利用外资 77 万美元。

【交通运输、邮电和旅游】 2019 年,交通运输、仓储和邮政业增加值 4 亿元,同比增长 7%。境内等级公路里程 2588.6 公路,其中:高速公路里程 88.7 公里。

全年邮政业务收入 5342 万元,同比增长 20.3%。快递业务收入8738.1 万元,同比增长 11.6%,快递业务总量 1260.7 万件,同比增长 9.2%。电信业务收入 18952 万元,同比增长 6.6%。年末固定电话用户 20298 户,移动电话用户 278407 户。全年年末互联网用户(含宽带用户)105423 户,比上年末增长 17.2%。

该年,全市实现旅游总收入 133.85 亿元,同比增长 25.7%,过夜游客数增长 22.5%。住龙镇入选第四批浙江省旅游风情小镇培育名单,宝溪乡溪头村入选首批全国乡村旅游重点村,培育创建 29 家 A 级景区村,其中 3 个省级 AAA 级景区村。将军大酒店、红豆林酒店、金沙温泉酒店 3 家酒店顺利通过银树叶级绿色饭店评定。山水旅行社被评为四星级旅行社,起点旅行社、凤羽旅行社、旅游集散中心被评为三星级旅行社。截至年底,共有 A 级旅游景区 11家,其中 AAAA 级 3 家,AAA 级 7 家,AA 级 1 家;旅游饭店 9 家,其中三星级 4 家,二星级 2 家,一星级 1 家;旅行社 11 家,其中四星级 2 家,三星级 3 家。武夷山“串线游”持续升温,2017 年 6 月以来已输送“串线”游客到龙泉超 18 万人。

2019 年龙泉市境内等级公路里程情况表

表6

指　标	计量单位	2019年	同比增长(%)
境内等级公路里程	公里	2588.535	2.1
其中:高速	公里	88.676	-0.2
一级	公里	2.399	0.0
二级	公里	157.917	0.1
三级	公里	91.056	0.0
四级	公里	983.058	5.8
准四级	公里	1265.429	0.0

【金融和保险】 2019 年,全市金融机构本外币各项存款余额 212.02 亿元,余额同比增长 14.07%; 本外币各项

2019 年龙泉市全金融机构存贷款情况表

表7

指　标	年末数(亿元)	同比增长(%)
各项存款余额	212.02	14.07
其中:住户存款	141.44	15.51
非金融企业及广义政府存款	69.51	9.72
各项贷款余额	171.42	11.03
其中:住户贷款	131.33	13.17
非金融企业及机关团体贷款	40.09	4.57

贷款余额 171.42 亿元,余额同比增长 11.03%, 全年贷款比年初增加 17.03 亿元。存贷比 80.85%。

该年,全市财产险保费收入 1.947 亿元,同比增长 11.28%;累计赔款支出 0.849 亿元,同比增长 12.27%。2019 年龙泉市人身险(剔除万能险)保费收入 2.94 亿元,同比增长 7.68%;累计给付支出 0.657 亿元,同比下降 7.46%。

【居民消费价格】 居民消费价格总指数(CPI)103.4,比上年增加 1.3 个百分点。八大类商品呈“七升一降”运行态势。

2019 年龙泉市居民消费价格变动情况表(上年 = 100)

表8

项目名称	龙泉市
居民消费价格总指数	103.4
食品烟酒	108.0
衣着	102.1
居住	101.7
生活用品及服务	102.0
交通和通信	98.7
教育文化和娱乐	102.9
医疗保健	101.0
其他用品和服务	102.6

【教育和科学技术】 2019 年,龙泉市中等职业教育学校 1 所,招生 1233 人,在校生 3224 人,毕业生 1086 人。普通高中学校 2 所,普通高中招生 1245 人,在校生 3811 人,毕业生 1246 人。初中学校 6 所,招生 2555 人,在校生 8106 人,毕业生 2896 人,初中毕业升高中段的比例为 98.52%,比上年提高 0.24 个百分点。普通小学 30 所,招生 2420 人,在校生 15810 人,毕业生 2705 人;小学毕业生升学比例达 100%,初中入学率、巩固率分别为 100%和 100%。幼儿园 49 所,在园幼儿 7756 人,省等级幼儿园幼儿覆盖率达 95.72%。

中等职业教育专任教师 252 人,生师比 13:1,专任教师学历合格率为 96.83%,比上年下降 0.01 个百分点,双师型教师占专业课教师的比例为 88%,比上年增加 2.38 个百分点;普通高中专任教师 300 人,比上年减少 1 人;义务教育专任教师 1774 人,比上年减少 0.84%;幼儿园专任教师 553 人,比上年增加 13 人,幼儿教师学历合格率为 100%。

市校合作院校 57 家、合作专家教授 62 人、合作项目 87 项,与浙江大学成功举办浙江大学龙泉办学 80 周年系列纪念活动,成立浙江大学龙泉创新中心、中国计量大学龙泉科创中心、浙江农林大学龙泉科技特派员工作站、景德镇陶瓷大学龙泉青瓷高等研究院。

全年组织申报省级以上科技项目 118 项,已立项 94 项,实际到位补助资金 5571 万元。其中国家中小企业公共服务示范平台 1 个、浙江省第一批现代服务业与先进制造业深度融合试点 1 个、省级中小企业公共服务示范平台 1 个、省级服务型制造示范平台 1 个、国家高新技术企业认定 12 家、省级科技型中小企业 19 家、省重点研发计划项目 1 个、省级新产品试制计划项目 35 个、省级企业研究院 1 家、省级高新技术企业研发中心 2 家、省级众创空间备案 2 家、丽水市级产业创新服务综合体 1 个。全年实现高新技术产业增加值同比增长 17.5%,组织科技特派员项目 27 个。

该年,龙泉市专利申请量 1577 件,同比减少 2.65%,其中发明专利 127 件,同比减少 38.65%;专利授权量为 1167 件,同比增长 38.43%,其中发明专利 38 件,同比减少 9.52%。

【文化、卫生和体育】 2019 年,举办“天下龙泉——龙泉青瓷与全球化”特展及国际学术研讨会、海丝之路•南海一号龙泉青瓷归源展、天府之路•四川遂宁龙泉青瓷归源展、复旦大学“向古而生:龙泉青瓷古今展”等展览活动。并赴韩国、西班牙、美国、俄罗斯、捷克等国家举办青瓷展览及旅游推介活动。成功举办第二届吉他中国大赛、长三角之巅•天籁音乐会、第四届小城艺术周、浙江省剪纸大赛及作品展、丽水市“多彩非遗乡村四季行”夏季龙泉(锦溪)活动、龙泉青瓷传统烧制技艺列入人类非遗代表作名录10周年纪念大会及系列活动。全年开展26场乡村文化漫游节，21场"不灭窑火"传统龙窑烧制活动，全市共81个村举办"乡村春晚"，成功举办"瓷祖三公祭祀典礼""城区元宵踩街""石马抢灯""安仁板龙"等传统民俗活动；"宋瓷归航大型实景演出活动""天府之路·四川遂宁龙泉青瓷归源展开幕式"、"天下龙泉"大型实景演出等文艺精品；春季、暑期、秋季文艺骨干培训班、乡村春晚"四个100"人才培训班等文化培训。加强该市603支业余文体团队建设，开展文艺团队评星定级工作。完成浙江省基本公共文化标准化认定，全年开展送戏下乡114场，送书下乡14000多册，送电影2800余场，送展览培训95次，引进高雅艺术剧目16场，其中传统戏曲越剧3场、滑稽剧2场、儿童剧7场(莫斯科、乌克兰、法国等)、钢琴演奏会2场(西班牙、美国)、音乐会1场(加拿大)、话剧1场等。新建城市书房3处。源口窑遗址经国务院核定并入第三批全国重点文物保护单位大窑龙泉窑遗址，国保单位浙江大学龙泉分校旧址完成展陈提升改造，《丽水市大窑龙泉窑遗址保护管理条例》立法顺利通过浙江省人大常委会并于2020年3月1日起施行。

全市共有医疗卫生机构232家，执业医师(执业助理医师)884人，执业护士716人，核定床位数1208张。公开招聘69人，引进人才8人，定向培养60人。

9月底，建设完成1个拆装式游泳池、1个笼式足球场、11个小康提升村、3个多功能运动场等项目，完成龙泉体育馆通道入口改造提升项目，场馆周边休闲健身场所全面实行禁停。顺利完成城区瓯江壹号码头、留槎洲桥头、江滨北路、欧治子公园等地的健身路径检修工作。成功举办2019年"鼎丰杯"端午龙舟文化旅游活动、2019环浙骑游·瓯江山水诗路龙泉总决赛暨第三届江南之巅天空骑行挑战赛、"壮丽70年·奋进新时代"2019年第十一个"全民健身日"暨龙泉市全民健步走活动、龙泉市第三届职工运动会和由45支代表队近500名运动员参加的2019年浙江省"龙泉论剑"传统武术大赛等，全年累计举办大型群众体育赛事59场。举办龙泉市工间操培训、龙泉市柔力球培训、中国象棋公益培训、沙氏太极拳培训、端午龙舟赛运动培训、社会指导员健身气功培训等公益培训6次。龙泉披云线(锦溪—住龙—宝溪)被省交通运输厅、省文化和旅游厅授予"2019环浙骑游·瓯江山水诗路最美骑游线路"称号。

【人民生活和社会保障】 2019年，城镇常住居民人均可支配收入48439元，同比增长9.1%；农村常住居民人均可支配收入23459元，同比增长10.4%。城乡居民人均消费性支出分别达33284元、19097元，分别同比增长8.5%、9.4%。

失业人员再就业2115人，其中困难人员157人，城镇登记失业率为1.98%。开展就业创业培训2670人，创业培训1175人。全市各类养老保险参保人数17.3万余人，工伤保险参保人数达5.3万人。企业离退休人员基本养老金实现"十五连调"，企业离退休人员调资后人均月养老2454元。在册低保4639户、7781人。

【资源、环境和社会安全】 2019年，全市拥有林业用地398.6万亩，其中毛竹林面积61万亩。陆域自然保护区面积15171.4公顷，陆域自然保护区面积占土地面积比例5%。湿地面积3102.11公顷，湿地保护率98.73%。全年实现森林面积384万亩、森林覆盖率84.4%、森林蓄积量1978.17万立方米、林木蓄积量为2073.4万立方米，林木蓄积量年增量86.05万立方米。建成住龙镇省级森林休闲养生小镇、龙泉市泉灵谷森林康养基地、宝溪乡特色小镇、兰巨乡仙仁村、住龙镇红星村西井村、龙南乡建兴村大庄村等特色村，申报国家"森林村庄"10个。加快百山祖国家公园创建步伐，完成总规编制等工作，启动百山祖国家公园龙泉片区入口社区和大门建设工作。荣膺全国集体综合改革试验区，浙江仅丽水和龙泉入选。全市林业信息化率达到97.4%，2019年再次荣获全国林业信息化建设十佳县级单位，率先在全国首创公益林数字化管理工作，完成全市162万亩公益林补偿金

2019年龙泉市城镇、农村居民消费结构一览表

表9

消费类别	城镇(%)	农村(%)
1.食品烟酒	27.1	28.3
2.衣着	9.6	8.6
3.居住	27.4	18.8
4.生活用品及服务	4.9	5.2
5.交通通信	10.2	15.0
6.教育文化娱乐	10.8	14.4
7.医疗保健	7.3	7.7
8.其他用品和服务	2.7	2.0

数字化工作。

该年 PM2.5 平均浓度为 20 微克/每立方米，与 2018 年相比下降了 1 微克/立方米，列全省第二；空气质量指数（AQI）优良率高达 100%，位列全省第一。龙泉市地表水断面水质、出境地表水交接断面水质、饮用水水源地水质达标率均保持 100%。

全市深入开展建设施工、道路交通、危险化学品、消防、特种设备、烟花爆竹、“三场所两企业”等行业领域安全专项治理工作，全市行政处罚 230 起，处罚金额 235.21 万余元。

该年，全市能源消费总量 39.31 万吨标准煤，同比增长 4.18%。单位 GDP 能耗 0.2928 吨标准煤/万元，单位GDP能耗降低率 3.6%。规模以上工业企业能源消费同比增长 5%，单位工业增加值能耗降低率 6.6%。（梅 丹）

个体私营经济

【概况】 2019 年，龙泉市新设市场主体5510 户，增长 34.3%，其中新设企业 676 户，个体工商户 4821 户，农民专业合作社 13 户。全市在册市场主体 31651 户，增长 14.6%，其中：在册企业 4397 户，同比增长 9.26%；在册个体工商户 25377 户，同比增长 15.49%；在册农民专业合作社 963 户，同比减少4.65%。

实施公平竞争审查制度，向全市 24 个部门单位布置 2019 年度开展滥用行政权力排除、限制市场准入行为专项整治相关工作，共审查存量政策 63份。组织 6 家重点行业企业参加丽水市反垄断培训会议。针对行业协会商会、银行、招投标、物流等领域的涉企收费情况开展专项检查，检查对象 16 个。持续加强反垄断、反不正当竞争执法，着力营造公平、公正的市场秩序。

【商事制度改革】 2019 年，该市市场监管局继续推动“证照分离”、经营场所（住所）信息申报承诺制改革，进一步降低市场准入门槛。推进企业开办全流程“一件事”一日办结，全面推广“企业开办全程网上办”平台使用，共有 378 家企业通过该平台办结，占新设企业的 55.9%。优化开办环节流程，企业开办申请材料减至 6 份。牵头落实企业注销便利化工作，进一步优化和完善企业退出机制，成功办结企业简易注销 58 家，占企业注销登记的 17%，降低企业注销成本约 5 万元。推行企业登记实名核验，遏制冒用他人信息办理登记违法行为。推进企业名称自主申报改革，全面取消企业名称预先核准行政审批，改为企业自主申报，有效保障企业自主选择名称权利。深化食品经营许可改革，对符合“告知承诺制”的经营户，实现“即办即取”。

【助推小微企业成长】 2019 年，全市新增小微企业 660 家，其中新增八大产业小微企业 159 家；注销小微企业 360 家。新增“个转企”78 家，其中有限责任公司 41 家，个人独资企业 37 家。组织小微企业专场培训 25 次，参训人员 1290 余人次。指导龙泉市企业家协会申报 2019 年全省服务小微企业“优秀机构”，指导浙江博威汽车空调有限公司申报 2019 年全省小微企业“成长之星”。

【服务企业发展】 全面落实服务民营经济高质量发展 20 项举措，开展企业专题调研 90 余次，收集意见建议 40 余条，从企业融资、品牌建设、知识产权保护等方面，为企业出谋划策。对因未按时报送年报被列入经营异常名录和严重违法失信企业名单的企业，凡在规定时间内补报年报并提出申请的，经核实后符合移出条件的，予以移出，移出经营异常名录（经营异常状态）5810 户次。深化“双随机、一公开”监管，整理各市直部门的抽查重点事项，制定跨部门联合检查工作方案模板。加强双随机抽查全流程整合，及时调整抽查事项清单，统筹制定内部抽查计划，完成双随机检查 1472 次。指导浙江省汽车空调质检中心有效发挥省级检测中心优势，共为 100 余家企业的 1000 多件产品提供了检测服务，为企业节约检验检测费用 51.9 万元。计量检定测试所积极落实计量检定收费减免政策，共为企业和医院等单位开展计量器具检定 4421 余台（件），其中强制检定计量器具 2396余台（件），减免企业和使用单位检定费用 20 余万元。（刘 悦）

群众性精神文明创建活动

【概况】 2019 年，龙泉市启动新时代文明实践中心建设。相继召开新时代文明实践工作推进部署会和现场推进会，成立新时代文明实践中心联席会议小组，出台《关于全面推进新时代文明实践中心建设的实施意见》。以农村文化礼堂为主阵地，以志愿服务为主要活动方式，设立市级新时代文明实践中心 1 个，实践所 19 个，文明实践站 116 个，开辟大窑遗址公园、章溢纪念馆、住溪苏维埃旧址等实践点 300 余个。组建以理论宣讲（政策解读）、普法法援、医疗卫生、产业技术、文化下乡五支队伍为主的龙泉“小清泉”志愿服务队，制定了服务菜单，提供志愿服务项目 38 个。组织开展“礼赞祖国·争做文明有礼龙泉人”“庆祝中华人民共和国成立 70 周年·万朵鲜花送文明”等文明实践志愿服务活动 3300 多场次，受惠群众达 21.7 万人次。住龙镇住溪苏维埃旧址成功列入第十一批浙江省级爱国主义教育基地，城北乡上田战斗遗址群等4处成功列入丽水市第六批爱国主义教育基地，命名岩樟乡坑源底村中共龙泉县委旧址等3处为第五批龙泉市爱国主义教育基地。开展文明村镇、文明单位、文明校园、文明家庭创建工作，小梅镇等3个乡镇、锦溪镇岭根村等5个行政村参加丽水市文明村镇申报；人民医院、司法局、综合行政执法局3家申报丽水市文明单位。在丽水市级以上文明单位中开展“结对乡村 共建文明”活动，结对37个非文明村。龙泉市民族中学等6所中小学校被命名为第三批县级文明校园，总数已达26所。陈少青等23户获评丽水市级文明家庭，徐承宪家庭荣获“全国最美家庭”称号。在200余个行政村开展六星文明户创评，评出龙泉市级最美六星文明户32户。

【省示范文明城市创建工作】 12月6日，该市召开创建浙江省示范文明城市工作动员大会，成立市委书记、市长担任双组长的领导小组，下设“一办九组”，构建“党委领导、党政协同、部门联动、属地主体、全社会参与”的工作格局。举办第十二届“微笑邻里·欢乐社区”邻居节，提升全社会道德水平。在精神文明理念普及深化、公益广告宣传扩量提质、公共环境秩序整治提升、市民文明素质实践养成等方面取得一定成效。

【打造“最美龙泉人”品牌】 2019年，该市开展“最美龙泉人”暨第六届道德模范颁奖典礼，表彰来自不同行业、不同领域的优秀代表31人。评选出“龙泉好人”27例，2例入选“浙江好人榜”，6例入选“丽水好人榜”，并将好人事迹通过展板形式进行了广场巡展，通过报纸、电视及新媒体渠道对最美事迹进行广泛宣传，引领全社会形成崇德向善的良好风尚。开展宣传推选2018年度学雷锋志愿服务先进典型活动，该市蓝天救援队负责人徐奇荣被评为浙江省“最美志愿服务工作者”，西街街道西新社区被评为浙江省“最美志愿服务社区”。开展“万朵鲜花送雷锋”“劳动的母亲最光荣”等活动，组织志愿者为身边的活雷锋、“最美女性”送慰问和祝福。

【未成年人思想道德建设工作】 2019年，该市精心承办丽水市第八届未成年人道德文化节启动仪式，表彰“新时代好少年”，向全市少年儿童发起倡议，做红色基因的传承者、做红色文化的弘扬者、做新时代的好少年。同时实验小学教育集团“金鳌六礼系列活动”荣获丽水市第七届未成年人道德文化节最喜爱活动。选拔推荐实验小学教育集团、南秦教育集团参加丽水市第二届未成年人思想道德创新大赛，分别荣获一、三等奖。择优30名选手29个作品参加丽水市2019年“红色浙西南”革命故事大赛，共计9名选手在不同组别的竞逐中获评一等奖，一等奖数量居丽水首位。开展“春泥计划”活动，组织龙泉“小清泉”志愿服务队走进“春泥课堂”和乡村学校少年宫，开展文明实践活动。引进浙江大学、浙江工商大学、丽水学院等9支队伍187名大学生，面向留守儿童开展学业辅导、爱心医疗、素质拓展、文艺联欢等暑期实践体验活动。（廖杭莹）

平安龙泉建设

【概况】 2019年，龙泉市平安办牵头各成员单位持续深化平安龙泉建设工作，全市接警49271起，同比上升22.3%，立刑事案件776起，同比下降5.71%，万人刑事发案数仅为26.6，低于全省、全市平均水平；未发生重大群体性事件、重大安全生产事故、两抢案件、交通事故和亡人消防事故，生产安全事故起数同比分别下降11.11%，道路交通死亡人数同比下降7.4%，火灾事故同比下降8%，入户盗窃零增长，刑事发案、传统侵财型案件发案分别同比下降5.71%、6.13%；群众安全感满意度97.87%，高于全省平均水平，连续十五年获评浙江省“平安市”称号，连续八年获评丽水市“综治优秀市”称号，荣获浙江省首批“一星平安金鼎”。

【维稳安保】 2019年，龙泉市委常委会每季度听取维稳工作汇报，在重要节点维稳安保等级响应期间，龙泉市委书记王顺发，市委副书记、市长吴松平，市委副书记、市政法委书记翁志鸿等领导多次（批示）部署维稳安保工作，并主持召开会商研判会；龙泉市四套班子领导深入一线指导维稳安保工作。各乡镇（街道）、有关部门协作配合，突出工作重点、狠抓措施落实，严格落实“零报告”等制度，共同完成“平安护航70周年大会战”、各级两会、“一带一路”高峰论坛等重点时段的维稳安保任务；保障第二届世界青瓷大会·第十一届龙泉青瓷龙泉宝剑文化旅游节、端午龙舟文化节等重大活动（重要会议）顺利举行。

【扫黑除恶】 2019年，龙泉市扫黑办牵头各成员单位全面推进“扫黑除恶专项斗争攻坚年”工作，荣获浙江省“扫黑除恶”专项斗争成绩突出集体。3月26日、6月27日，召开“扫黑除恶”专项斗争领导小组（扩大）会议，研究部署“扫黑除恶”工作。全市共立九类涉恶案件43起，刑事拘留107人，逮捕52人，移送起诉129人，打掉恶势力犯罪集团1个，立案查处党员干部涉黑涉恶腐败和充当“保护伞”3人；出色完成中央扫黑除恶第11督导组4月下沉龙泉督导及11月到龙泉开展“回头看”的相关迎检与问题整改落实工作，是丽水市唯一两次接受中央督导组下沉检查督导的县(市)，得到浙江省、丽水市扫黑办领导的充分肯定；结合“不忘初心、牢记使命”主题教育活动，开展“对黄赌毒和黑恶势力听之任之、失职失责、包庇纵容充当保护伞问题”专项整治推进月活动；注重全市域发动、全方位宣传，在报纸、电视台、新媒体等开设专栏，刊发相关报道740余篇，开展“扫黑除恶”文艺演出380多场，悬挂横幅2300余条，印制张贴海报挂图8000余份，发放宣传册10万余份，有效发动全市网格员和平安志愿者进企入户开展广泛宣传。

【社会治理】 2019年，龙泉市始终坚持和发展新时代“枫桥经验”，提升基层社会治理水平。推行以党建为统领打造基层治理“红色通道”的经验做法在中青在线、平安丽水、龙泉政法上刊发，八都镇党委书记两次代表龙泉在丽水市级会议上作基层治理经验发言；创新推行防范电信网络诈骗相关做法，获得丽水市委副书记、政法委书记李峰批示肯定；在浙江省委十四届六次全会和浙江省深化千万工程建设新时代美丽乡村现场会上，溪头村村域治理现代化的做法与成效被浙江省委书记车俊多次点赞，并得到丽水市委副书记、市长吴晓东的批示在丽水全市推广；浙江省深化千万工程建设新时代美丽乡村现场会上，溪头村作为唯一的村级代表作典型交流；继续深化“智能政法”工程建设，创新双频互济无线传输系统助推“雪亮工程”完工建设，建成高清监控探头2029路，整合社会监控资源6000路。

2019年11月29日，龙泉市社会矛盾纠纷调处化解中心(信访超市)揭牌

【矛盾纠纷排查化解】 2019年，龙泉市深化多元化矛盾纠纷解决机制，推广“草根调解超市”“拘所调解”“在线矛盾纠纷多元化解平台”及“走出去”的社会心理防护机制等做法，创新推行“以数字化转型促进山林纠纷诉源治理”的做法得到浙江省委常委、政法委书记王昌荣的批示肯定，并被浙江政法、浙江日报刊发宣传；以“最多跑一次”改革理念推进社会矛盾纠纷调处化解中心(信访超市)建设，中心于11月29日正式揭牌成立，总建筑面积1000余平方米，投入专项建设资金约200万元，有力推进信访化解“最多跑一地”。同时，以“4+X”▲模式落实信访案件化解责任。2019年，全市调处各类矛盾纠纷6973件，调解成功6896件，成功率达98.89%；化解各类信访积案56件，其中包括国家级积案5件，省级积案3件，丽水级交办积案5件，连续两年成功创建“无信访积案县(市、区)”，首获国家级信访工作“三无县”称号。

▲“4+X”模式：联系市领导+包案市领导+诉求事项分管领导+乡镇(街道)主要负责人+相关职能部门。

【固本强基】 2019年，龙泉市继续推进平安建设工作，累计整改浙江省平安办两轮暗访检查发现14个场所存在的31个问题，丽水市平安办督导检查发现18个场所存在的33个问题；龙泉市平安办牵头组织开展暗访检查4次，累计检查重点单位46个、各类场所300余家(次)，排查并督促整治各类隐患问题600多项，集中力量开展重点领域专项检查整治工作；注重源头治理和风险防控，完成重大决策风险评估工作46项，无因风险评估不到位产生不稳定问题。坚持开展正风肃纪行动，深入学习贯彻政法工作条例，组织全市政法系统干部、平安建设重点部门和乡镇(街道)分管领导约360人，分5批赴湖南长沙参加2019年龙泉市平安系统学习贯彻《中国共产党政法工作条例》暨政法干部综合素能提升培训班，有力提升平安建设队伍整体战斗力；研究制定平安建设集中宣传活动方案，发动全市各乡镇(街道)、市直各单位等，通过微信发布平安建设知识竞答、开展“平安三率”宣传、循环播放宣传短视频、定制发放平安宣传材料、投放平安建设宣传标语、播报平安宣传倡议、组织平安宣传文艺巡演、开展大型集中平安宣传活动等方式进行广泛宣传，努力营造浓厚平安龙泉建设氛围。（周遇恩）

中国共产党龙泉市委员会

综　　述

【概况】 2019年，龙泉市高举习近平新时代中国特色社会主义思想伟大旗帜，认真贯彻中央、省委、丽水市委各项决策部署，坚定高质量绿色发展方向，推进“八八战略”再深化、改革开放再出发，经济社会发展稳中有进、进中出新。全年地区生产总值142.6亿元，增长8.1%；一般公共预算收入9.8亿元，增长7.6%；城乡居民人均可支配收入分别为48439元、23459元，分别增长9.1%和10.4%；规上工业增加值增长12.5%，固定资产投资增长13.5%，社会消费品零售总额增长10.5%。全省26县发展实绩考核综合排名第2，连续4年列入第一档次；财政绩效管理、农村人居环境整治获国务院办公厅督查激励通报，分别系丽水和浙江省唯一。

【经济发展】 强化创新引领，高质量绿色发展开创新局面。高质量发展体系指标综合得分位列丽水第三，科技进步统计监测综合评价排名丽水第一，汽车空调产业创新服务综合体“公共平台提升式”建设模式成为全省七大典型之一，产业创新服务中心被评为全国中小企业公共服务示范平台。以开展“产业培育大比拼、项目建设大比武”活动为抓手，聚力推动生态工业扩量提质、生态农业提档升级、项目建设提速提效。其中，龙泉汽车空调产业集群融合试点入选省首批现代服务业与先进制造业深度融合试点名单，龙泉经济开发区入选省数字化试点园区、省美丽园区示范名单；获评中国茶业百强县，入选省乡村振兴产业发展示范建设县、省农业绿色发展先行县；成功引进中国龙泉鞋城•鞋产业链回归工程等大项目12个。开展“稳企业、增动能、强信心”精准服务企业专项行动，累计为企业减负6.5亿元，企业难题办结率达91%，新开工建设小微园9个，建成标准厂房15.4万平方米。

【文化建设】 突出文化铸魂，剑瓷文化弘扬开创新局面。剑瓷文化更具世界影响力。与故宫博物院、浙江省博物馆合作，成功举办“天下龙泉—龙泉青瓷与全球化”特展，一展打响“天下龙泉”品牌。同时，成功举办“一带一路”沿线国家重要城市巡展、第二届世界青瓷大会、故宫龙泉青瓷回家展、南海Ⅰ号和四川遂宁龙泉青瓷归源展、“龙泉论剑”传统武术大赛、“相约龙泉山、奔向最高峰”名家采风创作成果展等系列活动，龙泉青瓷连续第六次入选世界互联网大会礼品。剑瓷产业发展势头更强劲。青瓷小镇、宝剑小镇分获全省特色小镇考核优秀、良好等次，龙泉青瓷、龙泉宝剑双双入选全省首批优秀非遗旅游商品，全年剑瓷产业规上产值、税收均增长20%以上，刀剑出口额逆势增长196.2%。文旅融合更富新活力。龙泉青瓷文化省级旅游度假区挂牌成立，“天下龙泉”“不灭窑火”等特色文旅品牌进一步打响，山水茶瓷休闲养生度假线路成为中国美丽乡村休闲旅游行精品线，全年旅游总收入增长25.7%。

【改革工作】 深化改革开放，借势借力发展开创新局面。“最多跑一次”改革群众满意率和改革事项“最多跑一次”实现率均位居丽水前三。“国镜药业”模式入选全国生态产品价值转化典型案例。获评全国林业信息化建设十佳县。党政机构改革高质量完成，事业单位改革同步推进。主动融入长三角一体化发展战略，与上海奉贤区、宝山区对接建立战略合作关系，秀洲“飞地”产业园主体工程完工，萧龙科创园开工建设。坚决扛起东西部扶贫协作的政治责任，龙泉—昭化电商精准扶贫模式成为全国典型案例50佳之一。深入推进市校合作，成功举办浙江大学龙泉办学80周年纪念大会，与浙江大学共建浙大龙泉创新中心，建立中国计量大学龙泉科创中心、浙江农林大学龙泉科技特派员工作站，柔性引进专家教授30人，获省2018年度党政领导人才工作目标责任制考核优秀。

【生态建设】 坚决守护生态，美丽龙泉建设开创新局面。分类治理农村污水做法成为全国典型，创成浙江省新时代美丽乡村示范县，pM2.5及空气质量指数均处于全省最好水平。百山祖国家公园成为该省“一园两区”国家公园创建体制重要组成部分，全力争创首批国家公园。全省首批大花园典型示范县建设初显成效，城区两岸江滨绿道、宏山兰巨休闲绿道入选第一届“丽水最美绿道”。创成浙江省“基本无违建县”。小城镇环境综合整治圆满收官，累计创成省级样板8个，宝溪乡溪头村列入全国首批乡村旅游重点村。

【民生保障】 以人民为中心，富民惠民安民开创新局面。低收入农户增收工作获省政府办公厅督查激励通报，集体经济薄弱村消除任务圆满完成，农民收入连续13年保持两位数增长。少数民族乡村加快发展，竹垟畲族乡获评全国民族进步模范集体、系浙江省唯一。高规格召开全市教育提质行动动员大会，高考总上线人数实现“九连升”，中职校获评全国教育系统先进集体，龙泉青瓷宝剑技师学院顺利摘筹。深入实施健康龙泉2030行动，省市县乡四级医疗融合体、县域医共体更加便民惠民，中医院迁建工程开工建设，基本养老保险、医疗保险参保率分别达95.4%和99.3%。坚决打好防范化解重大风险攻坚战，深入开展扫黑除恶专项斗争，连续14年获“平安县（市）”称号，成为浙江省法治工作示范市，创成浙江省食品安全市。

【党的建设】 坚持政治统领，全面从严治党开创新局面。认真开展“不忘初心、牢记使命”主题教育，精心策划开展“庆祝中华人民共和国成立70周年”“学习贯彻党的十九届四中全会精神”等重大主题宣传报道活动，扎实开展弘扬践行浙西南革命精神活动，住龙镇入选浙江省爱国主义教育基地。深入实施组织力提升工程，激励干部新时代新担当新作为，行政村规模调整高标准完成。深入推进清廉龙泉建设，坚决抓好浙江省委巡视反馈问题整改，巡视组移交信访件办结率100%，问题整改率70%以上，特别是将历时10年之久的5个山庄违建别墅问题按要求整改到位。

重要会议

【市委全体会议】 1月11日，龙泉市委十四届六次全体（扩大）会议举行。会议高举习近平新时代中国特色社会主义思想伟大旗帜，全面贯彻落实中共十九大和中央、浙江省委、丽水市委系列重要会议精神，回顾2018年工作，研究部署机构改革和2019年工作，审议通过《中共龙泉市委关于实施“文旅兴市”发展战略的决定》，动员全市上下稳中求进，奋发有为，高质量开创新时代美丽幸福好龙泉建设新局面，为与全省同步高水平全面建成小康社会打下决定性基础。

龙泉市委常委会主持会议。市委书记王顺发代表龙泉市委常委会作工作报告。市委副书记、市长吴松平，市人大常委会主任叶砇仙，市政协主席刘赤波，市委副书记翁志鸿及其他在龙泉的市委常委、市政府班子成员出席会议。

8月22日，龙泉市委十四届七次全体（扩大）会议暨十六届政府第三次全体（扩大）会议举行。会议以习近平新时代中国特色社会主义思想为指导，全面贯彻落实浙江省委十四届五次全会和丽水市委四届六次全会决策部署，回顾总结上半年工作，安排部署下阶段任务，动员全市上下大力弘扬践行浙西南革命精神，铸就龙泉“精神之剑”，坚定厉行“丽水之干”，勇当新时代“两山”发展的“挺进师”，决战决胜全年红。

龙泉市委书记王顺发代表龙泉市委常委会作工作报告。市委副书记、市长吴松平部署政府下阶段重点工作。市委副书记、政法委书记翁志鸿主持会议。

【全市领导干部会议】 1月8日，龙泉市领导干部会议召开。丽水市委常委、纪委书记、监委代主任方文军带领丽水市委市政府综合考核组对龙泉市进行考核。会上，市委书记王顺发代表龙泉市委汇报2018年度相关工作开展情况、市委领导班子履职情况、履行全面从严治党和意识形态主体责任落实等情况，并作个人述职。

2月1日，龙泉市召开全市领导干部会议，传达贯彻浙江省十三届人大二次会议和浙江省政协十二届二次会议精神。市委副书记、市长吴松平主持并讲话。市人大常委会主任叶砇仙、市政协主席刘赤波分别传达了浙江省“两会”精神。市委副书记翁志鸿等副处以上领导参加会议。

3月26日，龙泉市领导干部会议召开，传达贯彻全国两会、丽水市两会精神。市委书记王顺发在会上强调，全市上下要深入学习贯彻全国、丽水市两会精神，特别是习近平总书记6次到团组的重要讲话精神，在常学常新中精准把握方向，在知行合一中主动担当作为，加快把学习成果转化为创新实践“绿水青山就是金山银山”理念、推动高质量绿色发展的实际行动。叶砇仙、刘赤波、翁志鸿等副处以上领导参加会议。

6月13日，龙泉市召开全市领导干部会议，传达贯彻中央、浙江省委“不忘初心、牢记使命”主题教育工作会议精神和浙西南革命精神研究成果新闻发布会丽水市委书记胡海峰讲话精神。市委书记王顺发主持并讲话。吴松平等副处以上领导参加会议。

11月6日，龙泉市召开全市领导干部会议，传达学习贯彻党的十九届四中全会精神。市委书记王顺发主持会议并讲话，叶砝仙、刘赤波、翁志鸿等副处以上领导参加会议。

11月25日，龙泉市召开全市领导干部会议，传达贯彻浙江省委十四届六次全体(扩大)会议精神。市委书记王顺发主持会议并讲话。吴松平、叶砝仙、刘赤波、翁志鸿等副处以上领导参加会议。

【重要专题会议】 1月16日，龙泉市召开机构改革动员大会，宣布全市机构改革工作正式全面实施。市委书记王顺发作动员讲话，强调要深入学习习近平总书记关于深化党和国家机构改革的重要论述，贯彻落实中央、浙江省委、丽水市委关于深化党和国家机构改革的重大决策部署，保持改革定力、增强改革勇气、坚定改革信心，全力以赴抓好《龙泉市机构改革方案》实施，不折不扣、按时高质量完成全市机构改革任务。市委副书记、市长吴松平主持。叶砝仙、刘赤波、翁志鸿等副处以上领导出席。

4月19日，龙泉市政法信访工作会议暨扫黑除恶专项斗争推进会召开，深入贯彻落实中央、浙江省委、丽水市委政法工作会议，浙江省委建设平安浙江工作会议，中央扫黑除恶第11督导组督导浙江省工作动员会等会议精神，研究部署当前和今后一个时期该市政法信访、平安建设以及扫黑除恶专项斗争等工作。市委书记王顺发讲话，市委副书记、政法委书记翁志鸿作具体工作部署。

4月19日，龙泉市委召开农村工作会议，深入贯彻落实中央、浙江省委、丽水市委农村工作会议精神，研究部署新一年该市“三农”工作。市委书记王顺发出席会议并讲话，市委副书记翁志鸿主持。

4月19日，龙泉市召开行政村规模调整工作动员部署会。市委书记王顺发讲话。市人大常委会主任叶砝仙等市领导参加会议，市委副书记翁志鸿主持。

6月14日，龙泉市召开推进生态工业高质量绿色发展暨选商引资大会，动员全市上下坚定信心，主动作为，凝心聚力抓紧抓实生态工业、选商引资各项工作，以“丽水之干”厉行高质量绿色发展，为该市书写创新实践“绿水青山就是金山银山”理念龙泉新篇章提供坚实保障。市委书记王顺发讲话，市委副书记、市长吴松平主持，刘赤波等副处以上领导参加会议。

6月21日，龙泉市教育提质行动动员大会召开。会议强调，要深入贯彻落实丽水市“两山”发展大会精神，以全国、全省教育大会和丽水市教育提质行动动员大会精神为指引，动员全市上下深入实施教育提质行动，凝聚教育优先发展加快发展广泛共识，推动龙泉教育高质量均衡发展，高质量书写教育提质篇章，全力打造新时代教育强市。市委书记王顺发讲话，市委副书记、市长吴松平主持，刘赤波、翁志鸿等市四套班子领导出席。

7月29日，龙泉市委武装工作会议暨市国动委第二十一次全体会议召开，深入学习习近平强军思想，贯彻落实浙江省军区、丽水军分区党委全体(扩大)会议决策部署，以及浙江省委书记车俊、丽水市委书记胡海峰关于党管武装工作讲话精神，分析当前武装工作面临的形势任务，部署下步工作，推动军事斗争准备再巩固再提升再深化，全面推进该市武装工作和国防后备力量建设高质量发展。

龙泉市委书记、市人武部党委第一书记、市国动委第一主任王顺发出席会议并讲话，市委副书记、市长吴松平主持会议，市委副书记翁志鸿等参加会议。

9月12日，龙泉市召开“不忘初心、牢记使命”主题教育工作会议，深入学习习近平新时代中国特色社会主义思想，认真落实中央、浙江省委、丽水市委主题教育系列重要会议精神，全面部署推进该市主题教育工作。丽水市委“不忘初心、牢记使命”主题教育第十二巡回指导组组长刘炳亮出席会议并讲话。市委书记、市委“不忘初心、牢记使命”主题教育领导小组组长王顺发主持会议并讲话，吴松平、叶砝仙、刘赤波、翁志鸿等副处以上领导参加。

重要活动

【弘扬践行浙西南革命精神，走好新时代的“长征路”——龙泉市领导干部军事日活动】 7月1日，正值中国共产党建党98周年，龙泉市委组织开展了弘扬践行“浙西南革命精神”主题军事日活动，进一步推动弘扬践行系列活动走向纵深。王顺发、吴松平、叶砝仙、刘赤波等副处以上领导，部分离退休老干部，各部门、各乡镇(街道)主要负责人，“孔子奖”“华佗奖”获得者，“双十佳”村干部，以及汽车空调、竹木制品、青瓷宝剑行业协会代表等200余人深入革命老区住龙，重走红军路，重温革命史，以此种特殊的活动形式，深切感悟“忠诚使命、求是挺进、植根人民”的浙西南革命精神，接受精神洗礼、传承红色基因、汲取信仰力量，将浙西南革命精神的强大动力转化为以“丽水之干”担纲“丽水之赞”的行动自觉。

上午8时15分，龙泉市行政中心南广场举行庄严肃穆的升旗仪式，全体人员统一着装，整齐列队，在市委书记、市国动委第一主任王顺发的指挥下集中登车，赶赴住龙镇红星村西井自然村。西井自然村地处浙西南革命根据地中心区域，曾是中共浙西南特委驻地，也是土地革命战争和抗日战争时期革命老区。早在1931年，西井村就是方志敏领导的赣东北红军活动区域和闽北红军入浙的交通站。特别是在1936年6月至1937年6月，中共浙西南特委机关设在西井村，并在西坑召开中共浙西南特委会议，总结革命斗争经验教训，积极发展共青团、妇女会等群众团体，推动浙西南根据地革命斗争蓬勃发展。在红军驻地旧址天心寺，一曲曲英雄的赞歌，一幅幅波澜壮阔的战斗画卷，一篇篇寓意深刻的文字记载，彰显着红土地丰富的底蕴。在中共浙西南特委会议旧址范氏宗祠、中共浙西南特委旧址范家老宅，一个个惊心动魄的革命故事，一行行英勇牺牲的烈士名单，一件件流传至今的英烈遗物，都让大家倍感震撼。随后，全体人员到革命先辈纪念雕塑前，默哀缅怀、脱帽致敬。“我志愿加入中国共产党，拥护党的纲领，遵守党的章程，履行党员义务……”在王顺发的领誓下，大家重温入党誓词，铿锵誓言响彻云霄。同日，活动人员还参观了“革命历史红色档案”展览。

【领导干部军事日活动】 8月2日，王顺发、吴松平、叶砝仙、刘赤波、翁志鸿等龙泉市副处以上领导，以及市国动委成员单位主要负责人、各乡镇(街道)党政正职等80余人赴驻金华某部队参加军事日活动。王顺发对部队的大力支持表示感谢，并对全体官兵致以崇高的敬意。他说，建军92年以来，党领导的人民军队历经硝烟战火，一路披荆斩棘，取得了一个又一个辉煌的胜利，为国家独立、民族解放、人民幸福付出了巨大牺牲。龙泉始终坚决贯彻习近平新时代中国特色社会主义思想和习近平强军思想，坚定看齐追随，大力弘扬强军兴武的光荣传统，统筹抓好国防和地方建设，努力为维护国家战略安全担当龙泉责任、贡献龙泉力量。

【第二届“中国医师节”庆祝大会】 8月18日，龙泉市在大剧院举行“医路有我·让爱发光”第二届“中国医师节”庆祝大会，向广大医师队伍致以节日的问候。市领导王顺发、吴松平、叶砝仙、刘赤波等出席大会。市委书记王顺发代表市四套班子，向常年奋战在一线的全体医师和医务工作者表示衷心的感谢，并致以崇高敬意和美好祝福。他说，龙泉市医疗卫生各项事业取得长足发展，和广大医师、医务工作者的努力是分不开的。大家始终秉承“敬佑生命、救死扶伤、无私奉献、大爱无疆”的崇高精神，以担当诠释初心，用实干践行使命，有力保障了百姓身体健康，为建设健康龙泉作出了积极贡献。

【浙江大学龙泉办学80周年纪念大会】 11月22日，浙江大学龙泉办学80周年纪念大会在龙泉市召开，回忆龙泉办学的峥嵘岁月，不忘求学初心，弘扬西迁文化，传承求是精神，谋划合作蓝图，再创发展新篇。

浙江大学党委书记任少波、龙泉市委书记王顺发分别在会上致辞。浙江大学副校长罗卫东为“浙江大学龙泉创新中心”揭牌。浙江大学党委常委、宣传部部长应飚，浙大西迁二代寻访团团长、杭州市人大常委会原副主任朱荫湄等领导和嘉宾，以及叶砝仙、刘赤波等市领导出席。市委副书记翁志鸿主持。

王顺发说，回望走过的路，80年风雨兼程，80年薪火相传。浙大学子在龙泉书写了艰苦卓绝、奋斗不息的历史，让浙大的求是精神熠熠生辉，成为浙大和龙泉宝贵的精神财富。进入新世纪，龙泉与浙大再续前缘，市校合作迈向更高层次、更宽领域、更大范围，双方合作取得丰硕成果。远眺前行路，双方将携手全面深化科技创新、人才培育、产业发展等多领域合作，在高质量书写创新实践“绿水青山就是金山银山”理念龙泉新篇中体现更多浙大元素、浙大方案、浙大智慧。现场签约4个市校合作项目，分别为浙江大学医学院附属妇产医院与龙泉市人民医院对口帮扶合作项目、浙江大学医学院附属儿童医院与龙泉市人民医院对口帮扶项目、燃料电池汽车热管理系统研发项目、新能源汽车动力电池板式换热器自动化生产线关键技术研发项目。

市委办公室工作

【信息与新闻报道】 2019年，市委报道组(信息科)紧紧围绕市委、市政府中心工作，不断挖掘提炼全市工作中的好做法和新亮点，较好完成龙泉市的报道信息工作。共在上级党报党刊发表新闻稿件324篇，其中，《浙江日报》发稿31篇，在《丽水日报》发稿227篇，头版头条20个，重点稿发稿量在丽水九县(市、区)排名前列；报送信息1887条，丽水市级采用765条，浙江省采用12条。同时，围绕“服务市委领导”目标，及时将真实、有效、完整的信息报送市委领导，切实发挥好市委领导特别是市委本级领导的“千

里眼”“顺风耳”作用。（潘　枫）

【督办工作】 2019年，市委督查室（考核办）在龙泉市范围内开展督查检查考核事项专项清理工作，撤销合并督查检查考核70项，保留39项，并印发《龙泉市2019年督查检查考核年度计划》。全年共办理丽水市委重要事项交办单8件，报送《今日聚焦》、《每周聚焦》曝光问题整改情况13期。下发主题教育、巡视反馈意见整改等交办单60份，开展《今日聚焦》、《每周聚焦》曝光问题整改情况、“深改工作”、“民生领域不正之风”等实地督查20余次。建立完善“三服务”工作机制，督促全市各部门单位切实开展“三服务”工作，全市开展“三服务”工作687件，办结674件，办结率98.11%（修改为：全市开展“三服务”活动事项办理748件，已办结744件，办结率99.47%）。考核方面，继续归并精简考核工作，制定下发《龙泉市2019年度乡镇（街道）综合考核实施办法》和《龙泉市2019年度部门综合考核实施办法》，取消了乡镇（街道）、部门个性化工作考核及无实质任务的考核内容，紧密结合龙泉市工作重点和丽水市考核指标内容两大核心，以龙泉市“产业培育大比拼、项目建设大比武”活动考核为主要抓手，并新增重点任务未完成“一票降级”，丽水考核指标“十倍加扣分”“一票晋级”等新举措，有力助推龙泉市2019年各项工作完成，有效激励各项考核指标在丽水综合考核中争先进位，龙泉在丽水市2019年度综合考核中取得优秀等次。（谢鸿鸣）

【调研工作】 2019年，市委办政研室、调研科、综合科坚持以习近平新时代中国特色社会主义思想为指导，突出以文辅政，年度累计起草、审核各类材料500余篇，较好地发挥了服务中心的作用。政研方面，及时跟进学习各级党委重要会议和各级领导重要讲话精神，负责市委重要文稿和市委主要领导重要会议文稿的起草、修改、整理和把关等工作。调研方面，围绕市委中心工作以及市委统筹安排的调研课题，合理谋划开展调研工作，加强对全市党建、经济、生态、平安和文化发展中的重大问题的调查研究，及时起草调研参考、活动致辞、决策参考等各类材料。综合方面，做好市委主要领导日常文稿起草、日程安排、活动协调、文件办理工作，编写市委主要领导每周工作安排，负责市委常委会会议、市委书记专题会议、市委常委会扩大会议、市委财经委员会会议等重要会议的记录、纪要撰写，负责市委主要领导活动新闻稿审核把关。（李栋挺）

【台湾事务】 2019年，龙泉市台办全年接待到访台胎19批287人次。通过完善台胞台属联谊会职能，以宗亲联谊、族谱对接、互访交流等形式，促进两岸宗亲，尤其是与台二代、台三代交往的常态化；八都籍著名台胞郭骥先生的父亲郭辉明在八都埜窖栏路段所建“山水亭”的保护修缮工程完工并投入使用；龙泉籍在台同胞家族故事《留住乡愁 记录历史》画册完成编撰并出版发行。同时，建立龙泉市台胞台属联谊会代表微信群，加强政策宣传及交流联系，为开展对台工作奠定良好的基础。

2019年春节期间，龙泉市台办走访了在龙泉定居的台胞台属，并邀请在台湾就学的龙泉学子及家长开展座谈，分享赴台湾学习、生活与台湾学生交往的心得和体会，并对到台湾就学可能会面临的一些问题进行行前教育，提出了建议和解决方法，全力做好服务工作。充分依托龙泉青瓷、龙泉宝剑等非物质文化遗产，打造一批独具地方特色和对台湾较具影响力的文化、旅游品牌，着力营造心怀故土、报效桑梓的浓厚同根文化氛围；主动承担多批台湾参访团的接待工作，接待了林政则、陈履安、王卫星等重要人士；创新利用竹垟畲乡“三月三”等活动强化两岸少数民族交流融合，精心打造端午龙舟赛等追“根”寻“根”活动载体，加深两岸青年交流。

7月5日，龙泉市召开市委常委会，专题学习传达丽水市委对台工作领导小组扩大会议暨全市对台工作会议精神。9月20日，龙泉市召开市委对台工作领导小组会议，专题学习传达浙江省、丽水市对台工作会议主要精神，并听取龙泉对台工作情况汇报，研究部署龙泉下步对台工作。12月27日，龙泉市台胞台属联谊会第五次代表大会圆满召开，邀请在龙泉就业台胞、台属、陆配作为代表，在坚持一个中国的原则下，共谋台海长久和平，同议民族伟大复兴，推动龙泉、台湾两地交流交往向纵深发展。（徐　婷）

【外事】 2019年，龙泉市委外事办共受理出访团组17批40人次，其中组团5批22人次，参团12批18人次；审核邀请外国人到龙泉18人次。

共组织5批次因公出国（境）团组：2月26日至3月5日，“人才立剑瓷、品牌树剑瓷、科技强剑瓷、文创兴剑瓷、旅游促剑瓷、市场壮剑瓷”龙泉市考察团一行4人，赴德国、日本学习考察先进科技、陶瓷制作工艺、人才培养模式、科学管理理念和小镇建设等先进经验。6月8日至15日，“人类非遗？中华经典”——中美建交40周年龙泉青瓷巡展闪耀美国波士顿，冠名“天下龙泉”龙舟登陆波士顿亚洲文化节。6月17日至24日，“听瓷语 观世界”龙泉青瓷展暨“龙泉青瓷溯源之旅”旅游推介活动分别在韩国首尔、西班牙马德里举行，引发众多当地民众前往参展，在海外刮起一股浓浓"龙泉风"。7月15日至19日，在中匈友好建交70周年之际，龙泉师生代表团首次组团赴友城匈牙利道包什市坦契奇中学进行研学活动，进一步增进两国青少年友谊、促进两国教育文化交流。12月14日至21日，在中葡建交40周年活动之际，龙泉市考察团一行6人赴西班牙、葡萄牙开展文化交流活动，积极推动龙泉剑瓷"走出国门、走向世界、走进人心"。

龙泉市委外事办全年接待到龙外宾6批99人次：6月2日，圣皮埃尔市政府"社会工作委员会"一行26人在秘书长费雷德的带领下，来龙泉实地考察剑瓷文化，加深两市友情。9月8日至9日，瑞士驻沪总领事一行到龙泉访问，先后前往龙泉青瓷博物馆、浙江国镜药业有限公司、浙江双益菇业有限公司、龙泉宝剑厂等地参观考察，了解龙泉特色文化、生态工业、特色农业等发展情况。11月11日，龙泉市迎来第一批"世界之眼看龙泉"的国际嘉宾，参加丽水市首届国际友城论坛活动的36名外国友人，在结束丽水国际摄影节行程后，慕名到龙泉开展交流访问，并先后前往龙泉宝剑厂、双益姑业、龙泉青瓷博物馆、中职校等地参观走访；11月16日至18日，在第二届世界青瓷大会期间，该市邀请西班牙驻沪总领事、伊朗文化参赞、世界陶协主席托比恩等53名外国友人走进龙泉，用世界之眼解读龙泉，提升龙泉国际知名度，推动龙泉剑瓷文化走向世界。11月30日至12月1日，智利师生代表团一行12人赴龙泉开展国际交流活动，走访了龙泉青瓷博物馆、龙泉宝剑厂等地，实地感受龙泉剑瓷文化。12月19日，华东地区留学生一行到龙泉开展文化交流活动，实地走访了龙泉青瓷博物馆、龙泉香菇博物馆、龙泉宝剑厂等地，近距离了解龙泉剑瓷文化、香菇文化。

按照新一轮机构改革的要求，龙泉市委外事工作领导小组已改为龙泉市委外事工作委员会，并公布市委外事工作委员会组成人员。9月20日，龙泉市召开中共龙泉市委外事工作委员会第一次会议，会议传达学习了浙江省委、丽水市委外事工作委员会第一次会议精神，听取了龙泉市委外办关于2018年以来龙泉外事工作情况的汇报，审议通过了《中共龙泉市委外事工作委员会工作规则》和《中共龙泉市委外事工作委员会办公室工作细则》。　（吴　婧）

【档案执法监督】 2019年，市委办档案执法监督科会同市档案馆完成全市9个部门单位、近110名档案管理人员的档案基础业务培训工作；会同市档案馆对全市浙江省、丽水市级重点建设项目开展业务指导，指导23家市直机关和乡镇（街道）开展年度纸质档案数字化工作，指导市住房公积金管理中心完成档案目标管理省一级认定工作，市经合中心、编办、老干部局、统战部等5家单位被评为2019年度浙江省级示范（规范）数字档案室，市经济商务局、卫生健康局等13家单位被评为2019年度数字档案室。同时，做好赠送、交换、出卖国家所有档案的复制件审批，携带、运输或者邮寄档案及其复制件出境审批等6个行政服务事项的网上办、掌上办工作；依托浙江省"互联网+监管"系统，对13个单位开展档案执法"双随机"检查工作，并对检查存在的问题及时要求整改。　（蔡焕欢）

【文秘、法规工作】 2019年，根据《关于整治形式主义突出问题切实减轻基层负担的实施意见》等文件精神，切实减少文件会议总量、规范发文对象、精简部门简报。重点精简的三类文件中以市委、市委办名义共发文45件，同比下降31.8%；高质量举办各类会议32场，同比下降40%；办理各级来文909件，领导批示件391件，其中上级领导批示件19件，本级群众来信批示件22件；全年共归档中央、浙江省丽水市和本级文件892件，清退2018年度中央密级文件8件。

按照浙江省委、丽水市委关于党的规范性文件有关部署，重点抓好党的规范性文件备案审查工作。2019年，向丽水市委备案党的规范性文件18件，实现"零纠错"。同时，加强对部门单位党的规范性文件审案审查的指导与督促，推动规范性文件备案机制向乡镇（街道）、市直单位延伸。2019年，乡镇（街道）向龙泉市委备案党的规范性文件11件，实现全覆盖。　（叶云飞）

【人事行政】 2019年，完成浙江省委巡视组，浙江省、丽水市主要领导调研等活动50余个，指导全市接待副厅级以上领导及各项调研接待活动200多个；建立健全实施各项制度，指导各单位认真规范执行领导到龙泉上报制度，统筹、协调市四套班子领导出席各项重要活动，汇总落实全市单位节假日值班制度，组织编发全市节假日、市领导非工作时间值班表9次，做好重要活动和重要接待的档案管理，组织好夜学理论学习，加强干部队伍建设，严格执行财政制度，做到规范支出，确保办公室日常工作落实。　（钟鸣亮）

【深化改革】 2019年，在浙江省、丽水市考核办法的基础上，结合龙泉实际，制定改革工作年度考核办法，对“100+1项”▲改革任务实现量化考核；紧紧抓住群众满意度和信息宣传两个工作重点，以点带面推动工作；建好通报、交办、督查、联席会商等四项机制着力推动工作落实，取得了积极成效。公共服务“最多跑一次”改革深入推进，政务服务提质升级，县乡行政服务中心标准化建设基本完成，公共服务事项梳理量达2548项，事项进驻率达100%，“最多跑一次”率达100%。机关内部办事“最多跑一次”改革全力推进，共梳理出第一批机关内部“最多跑一次”事项293项，其中完成104个事项上线调研工作。“一件事”联办“最多跑一次”改革有序推进。农村“最多跑一次”改革积极推进。“最多跑一次”改革扩面延伸有效推进。龙泉青瓷博物馆作为丽水市公共场所服务提升试点，完善“智能硬件+非遗文化+文创产业+数字展示+对外交流”功能定位，打造公共场所服务升级的博物馆样板。信访及矛盾调解“最多跑一地”改革稳步推进。成立社会矛盾纠纷调处化解中心，推动纠纷化解全链条“一站式”服务。深化基层“三治”建设，增创丽水市级以上民主法治村（社区）20个，其中省级达4个。政府数字化转型建设扎实推进。推进打通线上办理渠道，全面推广“互联网+政务服务”，网上办实现率等六项指标均列丽水前列。优化营商环境各项改革稳步落实。（练金明）

▲“100+1项”：100项重点任务清单和“一域一试点”。

组织工作

【概况】 2019年，龙泉市基层党组织1044个，其中，党委58个、党总支86个、党支部900个。党员19671人，其中，女性5367人，少数民族552人，45岁及以下7309人，大专及以上7581人。全年发展党员320人，其中女性96人。

市委组织部深入开展“基层组织力提升年”“干部素质能力建设年”“人才服务提升年”“作风建设年”组织建设“四个年”活动，基层组织力进一步加强，干部素质能力不断提升，人才发展环境持续优化，组工队伍作风更加扎实。高质量完成消除集体经济薄弱村任务，全市444个村全部达到集体经济年总收入10万元以上和年经营性收入5万元以上的“消薄”任务目标。平稳有序完成行政村规模调整，行政村数量从444个减少到236个，调整率达46.85%。落实“抓乡促村”工作机制，压实各级党组织书记责任，创成党建示范点133个，完成各领域党建项目1500余个。落实村干部县乡两级备案管理制度，为全市2785名村干部和487名村后备村干部建立履职档案。精准管育头雁队伍，举办领雁论坛、兴村名师、后进提升等培训班7期，清理不符合条件的村两委班子成员67人。深化街道“大党委”和社区“大工委”制，推进“契约化”共建、“红色网格”管理和“党建+”精准服务，共开展互联共享活动62次，参加活动人数2480人次。

平稳有序推进机构改革工作，全面完成37家党政机构和22家局级事业单位改革，共设党政机构37个，精简内设机构37个。在理顺机构的同时选优配强领导班子，全年共调整干部6批次223人，其中，提任18人次，转任重要岗位4人次，平职交流55人次，其他因机构改革、兼挂职、退出领导岗位、免职等146人次。落实《2018—2022年浙江省干部教育培训规划》《2018—2022年丽水市干部教育培训规划》文件精神，建立“课堂+实践”的培训模式，举办各类主体班次培训班30期，培训6100余人次。深化“双五”平台建设，选派54名干部到国家、省级、丽水市级机关单位挂职锻炼，选派16名干部到四川省昭化区开展东西部扶贫协作锻炼，选派122名干部到招商小分队、土地和房屋征收指挥部、信访局等“三重一线”岗位进行锻炼，选派88名机关干部任后进村党组织和扶贫帮扶重点村党组织“第一书记”。健全完善干部大监督机制，从严管理干部队伍，制定出台《龙泉市股级干部选拔任用工作实施意见》，规范股级干部选任工作；从严推进“干部不担当不作为”“选

2019年4月19日，龙泉市召开全市行政村规模调整工作动员部署会

（市委组织部/供图）

人用人和干部因私出国（境）违规违纪问题”专项整治行动，处理不担当不作为干部6名，检查发现选人用人问题117个，查处干部因私出国（境）违规问题21个，处理市管干部9人。平稳实现公务员管理职能从人力社保部门向组织部门划转，完成全市52个岗位91名公务员的招录工作；开展公务员职务与职级并行改革，制定《龙泉市公务员职务与职级并行制度实施方案》《龙泉市综合管理类公务员职级晋升办法（试行）》，全市1544名公务员完成首次职级套转，其中套转二级调研员3人，四级调研员74人，二级主任科员472名，四级主任科员470名，一级科员525名。

深入推进市校合作，举行浙江大学在龙泉办学80周年纪念大会，与浙江大学签约共建浙大龙泉创新中心；建立了中国计量大学龙泉科创中心、浙江农林大学龙泉科技特派员工作站等合作平台。全年聘请首席专家9名，新增合作专家教授30名，新增合作高校、科研院所3家，合作开展的科技项目110个，其中省级以上科技项目87个。开展“百场人才招引”活动，组团赴武汉等地招引人才，全年引进教师、医师等各类急需人才219人，其中硕士研究生10人。开展“青年名大师”培养工程，举办第二届龙泉青瓷、龙泉宝剑青年精英人才特训营。注重发挥本土人才作用，实施“龙泉菌师”人才培养工程，完成两批100名“龙泉菌师”等级师傅培训及评选认定工作。

【组织建设“四个年”活动】 2019年，龙泉市委组织部创新开展组织建设“四个年”活动，将组织工作重点任务与“四个年”活动有机结合，推动该市组织工作高质量发展。以“组织力提升年”推动组织力全面提升。结合行政村规模调整工作，优化全市农村基层组织结构，236个行政村共建立基层党组织414个，建立“空心村”党建联盟，全面完成“超大支部”“空壳支部”整治；实施农村全域党建“双整”工作三年行动计划，培育5条农村党建工作示范带，创建党建示范乡镇6个，完成25个软弱后进党组织整顿转化；探索推行主题党日“互联共享”模式，提升主题党日活动质量；深化党员“积分制”考核管理结果运用，全市共评定先锋党员1337人、警示党员88人。以“干部素质能力建设年”推动干部担当作为。把弘扬践行浙西南革命精神纳入“两学一做”学习教育常态化制度化和党员干部教育培训重要内容，在全市1.94万余名党员干部、1000多个基层党组织全覆盖开展大学习大讨论；出台大力发现培养选拔优秀年轻干部、激励干部担当作为、容错纠错免责机制等系列文件，打造选、育、管、用全链条培养机制；实施优秀年轻干部培养工程，为全市2800余名年轻干部建立信息库，推行“出现场”跟踪考核纪实模式，建立领导班子和领导干部定期分析研判机制，持续推进干部实绩评星工作，不断完善全方位的日常考核评价体系。以“人才服务提升年”推动人才工作突破。制定出台《企业紧缺人才和实用人才享受人才资助实施细则》，积极兑现各项人才政策，拨付绿谷精英创业创新项目资金、人才津贴等共计1003万元；深化市校合作“柔性引才”，柔性引进高校院所高层次人才30人；深入实施“青年人才安居工程”等人才暖心服务“四大工程”，增建人才公寓112套，落实人才购房补贴、住房租金补助等人才专项资金1300余万元；举办“青年人才联谊交友”“青年英才集体婚礼”等活动22场，参与人才1000多人次；实施青年名师培养工程，以“百场人才培训活动”为抓手，重点开展青年名教师、名医师、名技师、名农师培育；深入开展“弘扬爱国奋斗精神、建功立业新时代”活动，组织优秀青年人才赴延安、广州等地开展爱国主义教育活动。以“作风建设年”推动自身作风转变。持续深化部机关“211”政治思想学习制度，着力打造政治素质过硬、业务精湛的组工队伍，并制定出台《龙泉市委组织部为基层减负十条措施》，不断转变工作作风，切实减轻基层负担。

2019年5月5日，龙泉市优秀年轻干部培训班开班　　（市委组织部／供图）

【消除集体经济薄弱村工作】 建立以市委书记、市长为组长的龙泉市“消薄”工作领导小组，将“消薄”工作列入市委市政府重点工作，强化部门联动，健全体制机制，以“消薄”工作联席会议、工作例会、项目推进会商会等形式，扎实推进“消薄”工作攻坚。深入开展“企业结乡村、消灭薄弱村”专项行动，集结“联系市领导、联系部门、第一书记（指导员）、驻村干部”四支帮扶队伍，通过部门联动、项目会商、村企对接、飞地抱团等帮扶机制，共谋划市、乡、村三级发展集体经济项目196个，总投资4.79亿元，萧山—龙泉山海协作项目、五虎垟标准厂房项目、秀洲——龙泉飞地项目等一批市级统筹项目开工建设。举办“问海借力•村企同心”村企对接推介会，浙江雅莹集团、浙江物产中大等大型企业与红坞等7个村开展结对帮扶。2019年，全市村集体经济总收入达13600万元，同比2016年全市村集体经济总收入9575.73万元增长42.03%。村集体经营性收入达5031万元，同比2016年全市集体经营性收入2040.56万元增长146.57%；获丽水市“消薄”考核抽查评价优秀等次。

【省委巡视和选人用人专项检查整改】 8月20日至28日，根据十四届浙江省委第七轮巡视统一部署，浙江省委组织部派出选人用人专项检查组，对龙泉市委2015年以来干部选拔任用工作、干部担当作为情况进行了专项检查。龙泉市委组织部针对浙江省委巡视反馈指出的5个方面14个问题和3个方面意见建议，成立龙泉市委组织部整改工作领导小组，严格按照见人见事见纪律见制度的要求，坚持一般问题立即改、关联问题系统改、面上问题持久改，以敢抓敢管、敢于碰硬的鲜明态度和坚决措施，推进巡视整改工作。深入开展基层选人用人突出问题专项整治“回头看”暨深化巡视选人用人问题整改“六大专项行动”，对检查组指出的问题逐条逐项整改，对相关责任人和当事人严格按纪按规处理。出台《关于进一步规范机关事业单位人员交流调配工作的意见》《关于加强临时性工作机构干部抽调管理办法暂行意见》等6项选人用人规范性文件，提高干部选任工作科学化规范化制度化水平，进一步匡正选人用人风气，营造风清气正的政治生态。

【村级班子整固提升】 2019年，市委组织部全面抓实村级党组织书记县级党委备案管理，统筹抓好村党组织书记选配调整、教育培养、履职管理、保障激励工作，全面开展后进党组织整转工作，由联系市领导牵头，对全市基层党组织开展全面摸排、逐个过筛，组建联审小组，对摸排结果进行逐一审核、逐一分析，确定21个后进党组织。落实“七个一”组团帮扶举措，通过压实责任、组团帮扶、合力整转，顺利完成后进党组织整顿转化工作，全面提振村干部干事精气神。村（社）主职干部中1人被评为浙江省首批兴村治社名师，1名村级党组织书记被评为“浙江省担当作为好支书”，3人被评为丽水市兴村治社名师，2名村级党组织书记被评为“丽水市担当作为好支书”，20名村主职干部被评为龙泉市“十佳优秀村社党组织书记”和“十佳优秀村（居）委会主任”，积极发挥典型示范引领作用。

【机关党组织建设】 2019年，市委组织部在党政机构改革中同步加强和优化机关党组织建设，完成全市37家涉改单位机关党组织新建、更名、调整工作，其中新建机关党委3个、新建直属党支部2个、变更党组织名称9个、调整机关党委书记或副书记15人，成立了教育局党委和卫健局党委。进一步优化职数设置，18个机关党委专职副书记职数全部按“内设机构中层正职配备”，“三定”职数率从改革前的56%增至100%，切实从编制上保障了专职党务干部的配备。进一步细化和量化机关党建评估指标，以动态评估加举证扣分形式，对全市37个涉改部门82个基层党组织进行调研（暗访）督导和举证，共反馈并整改问题198个。

【“六星争创”推动两新党组织标准化建设】 2019年，龙泉市制定出台《关于开展“双强先锋、六星争创”活动推进两新党组织标准化建设的实施意

龙泉市委组织部为“六星争创”示范党组授牌　（市委宣传部／供图）

见》，持续开展“双强先锋、六星争创”活动，从两新党组织班子建设、队伍建设、制度建设、工作保障、活动开展、群众评价等6个方面20条进行标准化建设。围绕“六星”争创目标，进一步明确两新党组织的最低经费保障、活动阵地规范化建设、党员发展和教育管理等要求，通过对标创星、考核评星、争先创星、授牌挂星，实现了主动寻标定方向，积极对标明要求，软硬达标同推进，勇于夺标见成效，持续创标建机制。2019年，创建示范党支部16个，打造两新党建示范点4个，以项目化的方式深化“六小工作法”，实施党建项目20个。（游继华）

宣传工作

【概况】 2019年，龙泉市委宣传部精心策划开展了庆祝中华人民共和国成立70周年、贯彻党的十九届四中全会精神、“不忘初心、牢记使命”主题教育、弘扬践行浙西南革命精神等重大主题宣传，推出“生态产品价值实现机制”“三治三创比实干”“五水共治”“大搬快聚”“最多跑一次”改革等栏目，发表新闻报道5600余篇（条）。精心策划“寻找身边的建国”“跟着老吴走老区”“革命老区·今日新貌”等特色系列报道，刊播100余篇深度新闻。邀请中央、省级主流媒体80多批次500多人次到龙泉开展采访，在省级以上主流媒体平台刊播报道600余篇，其中，《人民日报》5篇、新华社通稿17篇、中央电视台28条、《浙江日报》33篇、《浙江新闻联播》13条。

该年，人民日报浙江分社社长带队到龙泉采访调研，刊发评论员文章《给手艺人搭建发光的舞台（一线视角）》，社会影响广泛。新华社7人记者团，到龙泉开展系列主题报道。央视新闻直播连续三年到龙泉开展《来自春耕一线》直播连线报道，央视大型纪录片《记住乡愁》、《收藏天下》、微电影《乡村振兴》到龙泉拍摄。《龙泉：精准服务 擦亮剑瓷文化品牌》登上浙江卫视《浙江新闻联播》头条，浙江卫视“一起翱翔”飞跃青瓷小镇直播等重大主题宣传持续接力，对外宣传高潮迭起。11月16日—18日，30余家主流媒体的百名记者、网络达人聚焦第二届世界青瓷大会·第十一届龙泉青瓷龙泉宝剑文化旅游节，刊播报道100余篇。

【媒体融合】 2019年，该市将原新闻传媒中心、广播电视台进行重组，成立龙泉市融媒体中心，完成融媒体技术平台建设，“天下龙泉”APP、“龙泉新闻”抖音号上线运行。#天下龙泉品瓷论剑#抖音话题阅读量突破2800万人次。开展遂宁龙泉青瓷归源展、南海1号—龙泉青瓷归源展、2019年端午龙舟赛、长三角之巅·天空音乐会等活动网络直播6场，全网点击量达1.2亿人次。

【新闻发布】 2019年，龙泉市委宣传部组织开展第五期新闻发言人中山大学培训班，提升新闻发言人舆论引导能力和媒体素养。11月1日，在丽水市人民政府新闻发布厅举办“第二届世界青瓷大会·第十一届龙泉青瓷龙泉宝剑文化旅游节”新闻发布会，同时还举办了“海丝之路·南海I号龙泉青瓷归源展”“市区禁燃区蜂窝煤等高污染燃料整治行动”“龙泉市人才工作”等主题发布会。

【落实意识形态工作主体责任】 2019年，该市推进意识形态工作责任制巡视意见反馈整改，压紧压实主体责任。制定《2019年意识形态工作要点》《2019年意识形态工作组织领导和责任分工》。龙泉市委领导带头开展意识形态工作责任制述职。

【出台相关制度文件】 5月13日，印发《中共龙泉市委宣传部2019年宣传思想文化工作要点》。5月20日，印发《中共龙泉市委2019年意识形态工作要点》（龙委办发〔2019〕71号）。5月21日，印发《关于中共龙泉市委意识形态工作领导小组组成人员、主要职责、任务分工的通知》（龙委办便签2019年21号）。7月5日，印发《中共龙泉市委关于2019年上半年意识形态工作主体责任落实情况的报告》（龙委〔2019〕14号）。11月29日，上报《中共龙泉市委关于落实省委巡视组意识形态专项检查反馈意见的整改方案》（龙委〔2019〕25号）。

【理论武装工作】 2019年，龙泉市委宣传部组织实施《龙泉市深入组织开展〈习近平新时代中国特色社会主义思想学习纲要〉〈习近平关于“不忘初心、牢记使命”重要论述选编〉学习研讨活动实施方案》，发动全市党员干部全面系统、深入思考、联系实际的学习“两书一章”和习近平系列重要讲话精神，发放学习手册1万余册。落实《2019年龙泉市委理论学习中心组学习计划》，编发《干部夜学参阅》12期。龙泉市委理论学习中心组开展集中学习19次，全市各乡镇（街道）、部门单位围绕党的十九届四中全会和浙江省、丽水市全会精神，开展学习1100余场次。开展“不忘初心、牢记使命”主题教育，全面推动学习贯彻习近平新时代中国特色社会主义思想往深里走、往心里走、往实里走。举办“弘扬践行浙西南革命精神”龙泉市第九届微型党课比赛；选送选手获得浙江省级优秀和丽水市

市委书记王顺发在西街街道西新社区宣讲十九届四中全会精神 （王来熙/供图）

十佳，并获优秀组织奖。组建市委宣传团、社科宣讲团、新时代新青年（微型党课）宣讲团、民间文艺宣讲团等十支宣讲团的百名宣讲员，开展习近平新时代中国特色社会主义思想、党的十九届四中全会精神、“绿水青山就是金山银山”理念等宣传宣讲活动500余场，春节基层理论宣讲月等好做法被浙江省委宣传部《宣传半月刊》刊发。弘扬践行浙西南革命精神活动受到全市上下热烈响应和广泛参与，统筹协调弘扬践行常态长效，大大增强了浙西南革命精神的影响力。

【举办专题学习会】 1月11日，该市开展学习文旅融合与文化自信专题学习报告会；2月15日，该市召开中央政治局第十二次集体学习会和全省县级融媒体中心建设及宣传思想工作会议精神专题学习会；3月5日，邀请丽水市委政研室副主任叶鑫垚作“两山”发展和浙西南革命精神专题报告和学习研讨会；3月26日，该市召开全国及丽水市“两会”精神专题学习研讨会；5月23日，邀请周恩来总理侄女、南开大学教授周秉宜作《传承良好家风 弘扬革命精神》专题报告会；6月13日，该市召开习近平总书记在“不忘初心、牢记使命”主题教育工作会议上的讲话精神和浙江省委主题教育工作会议精神专题学习报告会；6月28日，邀请丽水市委党校教研室主任赵剑红作“发挥巡视利剑作用，推进全面从严治党向纵深发展”法律法规专题学习报告会；7月26日，邀请丽水市委宣传部常务副部长任韩高作意识形态专题辅导报告会；8月16日，该市召开《中国共产党宣传工作条例》学习会；10月15日，邀请浙江省民宗委副主任陈振华作宗教工作专题学习会；11月1日，邀请丽水市原政协秘书长虞大才作习近平新时代中国特色社会主义思想专题辅导学习会；12月13日，邀请中国乡村发展智库专家、浙江报业协会副会长徐峻作《开放引领发展—乡村振兴与民宿经济》报告会；12月23日，邀请丽水职业技术学院党委书记梁忆南作党的十九届四中全会精神解读报告会。全年理论学习中心组开展集中学习19次。 （王来熙）

【发展文化产业】 2019年，市委宣传部组织编制《剑瓷历史经典产业融合创新试验区方案》。用好浙江省文化产业发展专项资金，惠及世界青瓷大会•龙泉青瓷宝剑节、龙泉青瓷小镇核心区青瓷产业提升工程等9大项目（单位）。举办第二届世界青瓷大会•第十一届龙泉青瓷龙泉宝剑文化旅游节。举办“瓯江行”摄影大赛，在浙江展览馆举行为期8天的“相约龙泉山•奔向最高峰”名家采风创作成果展。中国青瓷小镇被列入浙江省首批诗路旅游目的地培育名单。龙泉青瓷走进美国波士顿、韩国首尔、西班牙马德里，推动龙泉青瓷文化走向世界，走入人心。组织文化企业参加深圳文博会、衢州文博会、嘉兴文博会、杭州文博会、长三角文博会等各类会展，龙泉青瓷成为世界互联网大会专属礼品，入选杭州亚运会特许商品。与故宫博物院合作开发2020年《故宫龙泉日历》。举办2019创意引擎龙泉青瓷文创研学营等文创人才培训班。 （徐芳琳）

【繁荣文化事业】 2019年，该市送戏下乡演出114场，送电影下乡2800场，送书下乡14000册，引进高雅艺术剧目16场，送讲座展览下乡15场，文化走亲5场。举办“我们的节日”、第二届“声动龙泉•2019新年新诗会”、原创诗歌剧“哪儿也不去，就在龙泉”等文化文艺活动。举办“又见风骨”龙泉哥窑黑胎青瓷特展、“龙泉再出发”2019龙泉摄影作品联展、“瓷留印记”瓷印作品展、龙泉宝剑礼仪文化展等展览，出版作品集《山高人为峰》。推进本土特色文化研究，顺利实施龙泉剑瓷文化研究院（莫言文学苑）工程项目，开展龙泉宝剑礼仪文化研究，形成龙泉礼仪剑产品谱系，组织欧冶子时代龙泉宝剑锻制技艺还原研究、“海上青瓷之路” 研究等，出版《龙泉窑探微》。

【“相约龙泉山·奔向最高峰”名家采风创作成果展】 12月10日至17日，在浙江展览馆举办“相约龙泉山·奔向最高峰”名家采风创作成果展，共展出43位名家在龙泉山采风创作的成果，包括散文、诗歌和报告文学作品54篇（首），摄影作品250幅（组），油画、国画、粉彩画、版画等作品58幅（组）。在开展仪式上，浙江省委宣传部副部长、浙江省电影局局长葛学斌发表讲话，浙江省文联巡视员骆献跃介绍美术家、摄影家采风创作情况，浙江省作家协会副主席黄哲贵介绍作家采风创作情况，中国美术学院教授、著名画家章晓明还代表12位著名画家向龙泉市捐赠画作。

【“文化进万家·文明过新年”活动】 12月27日，龙泉市启动“文化进万家·文明过新年”2020年新春文化“五送”活动，以送祝福·赠一对新春对联、送演出·送系列文化活动、送摄影·拍一组温馨合家照、送展览·赠一席文化盛宴、送服务·办一批暖心事为主线，以优秀传统文化进万家为着力点，开展天下龙泉·第四届小城文化艺术周、新年看新书、文艺家文化惠民演出、新春送祝福—乡村振兴农村电商年货节、青春志愿行·温暖回家路、龙泉市书画作品展、“青色与众”——亚洲国际陶瓷交流营展等15场文化活动，赠送春联3000余幅，装裱并赠送全家福200余张。《处州晚报》《天目新闻》等媒体共报道46篇，《学习强国》平台发表3篇。（杨哲熙）

百人挥毫迎新春——“文化进万家·文明过新年”新春文化“五送”活动

（杨哲熙／供图）

【网络运用管理】 2019年，龙泉市网信中心精心组织开展第三届网络文化活动季，围绕庆祝中华人民共和国成立70周年、弘扬践行浙西南革命精神等主题，推出微信大赛、微视频大赛、抖音大赛、网评大赛等四项活动，共征集到微信作品37个，网评文章50篇，抖音、短视频作品66个，其中，“天下龙泉 品瓷论剑”微博话题，阅读量超过1.1亿人次。加强舆论引导，通过“网络问政”平台，为群众办理实事340件，未发生一起网络热点事件。开展网络安全宣传周，普及网络安全知识。

【第三届网络文化活动季】 6月19日，市委宣传部发布《龙泉市第三届网络文化活动季方案》。该届网络文化活动季围绕“庆祝中华人民共和国成立70周年”“弘扬践行浙西南革命精神”等主题，推出微信大赛、微视频大赛、抖音大赛、网评大赛等4项活动。活动共征集到微信作品37个，网评文章50篇，抖音、短视频作品66个，阅读量超100万人次。（余丹阳）

【宣传队伍建设】 2019年，完成宣传部机关机构改革，升格宣传部下设正科级参公事业单位1个，增加参公编制6个。配强乡镇（街道）宣传委员，10个乡镇（街道）配备宣传委员，9个乡镇由党委副书记或党委委员分管宣传工作，19个乡镇（街道）均配备宣传干事。在全市宣传思想文化战线开展增强“脚力、眼力、脑力、笔力”教育实践活动，举办第五期新闻发言人培训班和核心网评员培训班。开展宣传干部“进礼堂上讲堂”活动，举办“宣传干部上讲堂理论宣讲大比武活动”，提升宣传队伍的整体素质。

【社科普及】 2019年，该市开展社科课题研究40项，开设龙泉“红色印记”系列报道29期，微信网络知识竞答活动10期。组织浙江大学学子“文军长征 精神铸剑”走进龙泉研学活动。持续实施“瓯江文化研究工程”，1月11日，时任国家文化和旅游部党组成员、故宫博物院院长单霁翔作了题为《坚定文化自信，做中华文化的忠实守望者》的专题人文大讲堂讲座，1000多人聆听讲座。举办社科普及周活动，住龙镇住溪村龙浦县苏维埃政府旧址获批省级社科普及基地。龙泉青瓷博物馆“天下龙泉”品牌化建设入选浙江省社科普及创新示范项目推介名单。开展大小讲堂90多场次。在“掌上龙泉”微信公众号开设“微学习”栏目，推送龙泉人文讲堂微播栏目5期。

【重要会议】 4月22日，龙泉市宣传思想工作会议和意识形态专题例会召开，总结回顾2018年全市宣传思想文化工作情况，分析研判第一季度意识形态工作情况。

5月10日，龙泉市委常委（扩大）会议召开，学习全省农村文化礼堂建设工作现场会、全省新时代文明实践中心建设工作推进会和丽水市新时代文明实践中心建设暨农村文化礼堂建设工作现场推进会精神。

5月13日，学习贯彻习近平总书记新闻舆论工作新思想新观点新论述暨“四力”教育实践专题培训会召开。

6月13日，龙泉市委常委（扩大）会议召开，传达贯彻中央、浙江省委“不忘初心、牢记使命”主题教育工作会议精神、丽水市委书记胡海峰在浙西南革命研究成果新闻发布会上的讲话精神，以及长三角一体化发展国家战略和长三角主要领导座谈会精神。

7月4日，龙泉市新时代文明实践中心建设推进会和意识形态工作专题例会召开。

11月1日，龙泉市委理论学习中心组“不忘初心、牢记使命”主题教育专题学习（扩大）会召开，就习近平新时代中国特色社会主义思想学习纲要进行专题辅导讲座。

12月31日，全市宣传思想文化系统务虚会和意识形态（网络舆情）工作例会召开。（柯土荣）

【农村文化礼堂建设】 2019年，该市推进农村文化礼堂提质扩面，文化礼堂工作纳入龙泉市民生实事工程。先后组织召开全市农村文化礼堂工作现场推进会、设计方案评审会、星级评定工作落实会等会议，完成该年32个重点礼堂建设。汇集民政、文联、妇联、农办、文旅委等十余个单位的服务资源，推出《2019年度龙泉市农村文化礼堂服务菜单》。各文化礼堂结合新时代文明实践中心站建设，开展有特色的文明实践价值引领活动。推进小梅镇金村村、兰巨乡官埔垟村全域性文化礼堂打造，彰显具有浓郁地方特色的文化礼堂品牌。砩石街道上坞村、兰巨乡仙仁村入选全省五星级农村文化礼堂，龙渊街道村头村、小梅镇半边月村、城北乡东书村文化礼堂获评丽水市四星级文化礼堂。（王来熙）

统战工作

【概况】 2019年，龙泉市统一战线强化文化统战引领作用，彰显统一战线法宝作用，发挥统战基层基础作用，始终坚持做到统战工作“三个带头”“四个纳入”▲，市委常委会8次传达上级统战会议精神或讨论研究统战工作，制定和落实2019年龙泉市统战工作要点82项，开展乡镇（街道）统战工作调研40余次，走访统战工作领导小组成员单位20余次，立项重点调研课题5项。全年完成情况通报会、民主协商会、征求意见会10余次，分别在广东东莞、四川昭化举办百名美术师龙泉剑瓷作品爱心拍卖会，率先在丽水创新推出专为乡贤联谊会成员定制的“乡贤贷”金融产品，在所有行政村（社区）党组织设置专（兼）职统战委员，举办世界丽水人大会龙泉分会场活动、“三月三”山哈文化旅游节、第三届浙江华严文化节等活动。

2019年7月29日，百名美术师龙泉剑瓷作品爱心拍卖会　（市委统战部／供图）

明确市委统战工作领导小组领导成员单位职责分工，专题召开市委统战工作领导小组（扩大）会议，召开组统联席会议2次、宣统联席会议1次，着力构架“大统战”工作链、责任链，提高统战工作领导小组常态化、规范化、科学化水平。

建立“智慧统战平台”，通过智能多媒体会议一体和远程视频高清系统推进统战工作信息化建设，实现宗教大数据智慧管理、港澳台侨团多方对话连线、统战数据一体化管理。

文化统战工作获全省统战工作实践创新优秀案例，竹垟畲族乡荣获“全国民族团结进步模范集体”荣誉。

▲“三个带头”“四个纳入”：“三个带头”指党工委领导班子成员带头学习宣传和贯彻落实党的统一战线理论、方针、政策和法律法规，带头参加统一战线重要活动，带头广交深交党外朋友；“四个纳入”指将统一战线工作纳入重要议事日程，纳入对党委领导班子和领导干部考核内容，纳入宣传工作计划等。

【文化统战】 2019年，龙泉市委统战部出台《关于全面开展新时代文化统战工作的实施意见》，将世界龙泉人“同根”文化、和谐政党“同心”文化、非公经济领域“信义”文化、新的社会阶层人士“新英汇”文化、乡贤“桑梓”文化、民族团结进步“石榴籽”文化、宗教和民间信仰“和合”文化等统战文化，融贯于统一战线各领域工作始终，以统战文化引领和推动统战工作，充分发挥文化统战的价值引导、精神凝聚、社会感化和情感联络等功能，获全省统战工作实践创新优秀案例。

【乡贤统战】 2019年，市委统战部启动龙泉市级乡贤联谊组织建设，实现19个乡镇(街道)乡贤联谊会规范化建设全覆盖，建立村级乡贤会141个，不断延伸新时代乡贤工作触角。推进乡贤回归、百名乡贤助百村、乡贤文化建设、乡贤善治安村等六大工程，通过乡贤调解矛盾纠纷272件、建言献策215件、捐赠公益资金300余万元，签订乡贤回归项目10余个、协议投资额50亿余元，回归乡村实际投资2500余万元。在竹垟畲族乡举办全市“乡贤贷”首发仪式，为乡贤联谊会成员提供专项授信8亿元，全年共有251名乡贤贷款1.25亿元用于回乡创业、生产经营。

2019年3月12日，龙泉市“乡贤贷”首发仪式 (市委统战部/供图)

【基层统战】 2019年，市委统战部继续在各乡镇(街道)推行基层统战“十化工作法”，建立更加完善的统战数据体系、组织体系、工作体系、责任体系。坚持“党的一切工作到支部”的鲜明导向，在所有行政村(社区)党组织设置专(兼)职统战委员。加强党的派出机构、国有企业、人民团体、科研院所统战工作，确保有负责统战工作的机构、人员。

【多党合作和党外知识分子】 2019年，市委统战部将坚持党的全面领导的要求载入各统战组织、社团的章程和制度。落实龙泉市委、市政府党员领导干部与党外代表人士联谊交友制度，11名常委班子成员与22名党外人士进行谈心交友，支持和帮助民主党派、工商联、无党派人士加强自身建设，实施年度政党协商计划，全年完成情况通报会、民主协商会、征求意见会10余次，开展“民营经济高质量发展”等民主监督。龙泉民盟荣获民盟中央颁发的“民盟思想政治建设和宣传工作先进集体”荣誉称号、民盟浙江省委会颁发的“2019年“双十佳”基层组织”荣誉称号。建立39名党外干部队伍数据库，其中，正科级6人、副科级33人。

【非公经济统战工作】 2019年，市委统战部落实党委政府与非公有制企业、商会联系“五大机制”，推进工商联所属商会规范化建设，利用统战资源积极为招商引资牵线搭桥，温州龙泉商会上百家温州鞋企回归，协议投资额达50亿元。制定落实《贯彻落实关于汇聚“统战力量”助推高质量绿色发展实施意见工作责任清单》，协助开展“稳企业、增动能、强信心”精准服务企业专项活动、“五个一百”服务活动，全市领导干部结对帮扶211家企业，累计走访企业700余家次，解决难题及办理实事600余件。

【民族工作】 2019年，龙泉市有畲族、壮族、侗族、苗族等28个少数民族，人口13397人，占全市总人口的4.6%。少数民族以畲族为主，全市设民族乡1个、民族村19个、民族学校1所。市委统战部开展争当民族乡村振兴排头兵行动，全年落实资金440万元，安排项目24个，推进最美畲乡“一线一区两点”建设，打造少数民族乡村振兴示范带、示范点。依托竹垟畲族乡“浙江省旅游风情小镇”金名片，高规格举办“三月三”山哈文化旅游节等活动。推进民族团结大繁荣，竹垟畲族乡荣获“全国民族团结进步模范集体”荣誉，是浙江省唯一被列入全国民族团结进步模范集体的乡镇。

【宗教工作】 2019年，市委统战部做好宗教工作督查整改，增加年度财政预算工作经费，新增民宗工作人员编制1名。开展宗教领域普法“十百千万”工程，清修寺被授予2019年度浙江省宗教法治宣传教育基地。推进平安宗教活动场所创建，积极对接、有力推进清修寺扩建项目土地征收、昴山寺文保点修缮等工作。

【重要活动】 市委统战部围绕文化统战工作，7月29日、10月17日，分别在广东东莞、四川昭化举办百名美术师龙泉剑瓷作品爱心拍卖会，龙泉市新联会会员无偿捐赠的180件剑瓷作品，共拍卖近300万元，全部用于东西部扶贫协作和龙泉公益慈善事业。

11月3日—5日，在龙泉成功举办第三届浙江文化节，活动以华严文化为载体，以“爱国爱教·智行圆成”为主题，开展了普光明阁奠基典礼、生命智慧讲座、文化节开幕式、华严书院挂牌仪式暨生命华严座谈会、华严文化沙龙等系列活动，来自全国各地的高僧大德、专家学者及群众共赴这一文化盛典，进一步推动华严文化在新时代焕发新光芒。

2019年，以庆祝中华人民共和国成立70周年系列活动为契机，开展统一战线“风雨同舟七十年·同心携手绘新篇”、民主党派和党外知识分子“弘扬爱国奋斗精神·建功立业新时代”、新的社会阶层人士“凝聚新力量·筑梦新时代”、非公有制经济人士“坚定发展信心、矢志报效国家”、少数民族界“畲族风情·魅力山哈”、宗教界人士“我爱祖国·五教同行”及港澳台同胞、海外侨胞“同根海联·心怀家国”等系列主题活动，最大限度地团结凝聚广大统一战线成员，夯实全市统一战线共同思想政治基础。

【中华人民共和国成立70周年系列活动】 2019年，市委统战部以庆祝中华人民共和国成立70周年系列活动为契机，开展统一战线“风雨同舟七十年·同心携手绘新篇”、民主党派和党外知识分子“弘扬爱国奋斗精神·建功立业新时代”、新的社会阶层人士“凝聚新力量·筑梦新时代”、非公有制经济人士“坚定发展信心、矢志报效国家”、少数民族界“畲族风情·魅力山哈”、宗教界人士“我爱祖国·五教同行”及港澳台同胞、海外侨胞“同根海联·心怀家国”等系列主题活动，最大限度地团结凝聚广大统一战线成员。 （叶 磊 李 悠）

机构编制管理

【概况】 2019年，机构改革调整优化市委机构编制委员会领导体制。龙泉市委机构编制委员会办公室作为市委机构编制委员会的办事机构，承担市委机构编制委员会日常工作，作为市委工作机关，归口市委组织部管理。

通过机构改革，全市有行政机关71家(不含垂管的法院、检察院、税务局)，事业单位393家；行政实有人员1569人，事业实有人员5515人。

2019年，市两办印发37个党政部门和19个乡镇（街道）“三定”方案，推进新机构挂牌、人员转隶等工作，全市机构体系更加健全，职能配置更加优化，改革效应更加凸显。

市委编办围绕“最多跑一次”改革要求，根据机构改革职能划转动态调整权利事项和公共服务事项530余项，并根据“政务+互联网”工作要求，梳理该市不入库事项1200余项，确保部门履职有据可依。着力厘清部门间职责边界，编制涉及23个部门35项的《部门职责边界清单》，减少部门间推诿扯皮现象，倒逼高效履职。

推进机构改革“后半篇文章”，印发乡镇(街道)和机关部门工作人员《专题培训实施方案》，组织业务主管部门和乡镇(街道)开展了12大领域35个场次的培训，覆盖工作人员2000余人，有效提升干部履职能力。2019年，市机构编制管理部门再次获全市部门综合考核一等奖，实现“二连冠”。

市委编办严格执行《中国共产党机构编制工作条例》，把实施控编减编作为确保财政供养只减不增、倒逼政府职能转变的有效抓手，实现在规定的机构编制限额内合理配置各类机构编制，全市机构编制未出现超控现象。制定《编委工作规则》《编办工作细则》，规范机构编制办理审批程序。

【综合执法改革】 2019年，市委编办组建市场监管、交通运输、农业、文化市场和生态环境5个领域综合行政执法队伍。各执法队实行“局队合一”体制，以主管部门的名义统一执法。9月29日，5个领域综合行政执法队完成集中挂牌。根据现有执法职责和实际从事执法工作的人员情况，锁定编制138名。

【事业单位改革】 2019年，市委编办将全市76家完全、主要和部分承担行政职能的事业单位原承担的837条行政职能全面划转行政机关，保留的事业单位不再称“委、办、局”。统筹推进局级事业单位改革，根据《关于调整龙泉市局级事业单位的函》(丽机改字〔2019〕124号)，调整后，全市正局级事业单位13家，副局级事业单位8家。启动股级事业单位改革，整合小、散、弱事业单位，调整职能配置，完善制度机制，强化公益属性，促进公益事业发展。

【机构编制管理】 2019年，市委编办全面完成改革后实名制系统数据维护工作，开展监测统计和预判分析，强化机构编制动态调整，做到编制台账与上级批准核定数相一致，机构编制数据与文件批复相一致，实有人数与实名制数据相一致。严把“用人关”，配合组织部修订新的股级干部任免审批办法，建立股级职数任免联审制度，规范任免流程。借机构改革契机，开展全面清理机构编制违规问题整改工作，整改完成4个方面19项违规问题，在2019年浙江省委巡视工作中未发现机构编制违规问题。严肃机构编制纪律，加强部门联动，落实《机构编制监督检查和实名制管理工作联席会议制度》，并将机构编制纳入审计范围的重点内容和对审计发现问题的处理规定等。开展机构改革绩效评估，开展各部门和乡镇（街道）新“三定”规定的执行情况专项督查，巩固改革成果。

【事业单位登记】 2019年，全市258家事业单位完成法人年度报告公示工作，112家事业单位完成法定代表人、业务范围、住所等215项的变更登记工作，新设立登记事业单位4家，注销事业单位5家。完成机构改革后全市机关统一信用代码的换证和新设立部门的领证工作。做好民办事业单位的公益指数评价工作，完成全市机关事业单位中文域名的续费及网站挂标工作。同时，将事业单位登记管理工作纳入核准编制的条件，倒逼事业单位增强自我约束力，强化监管实效。

【编外用工清理规范】 2019年，市委编办制定了《关于机关事业单位编外人员和后勤服务外包实行报备的通知》等配套文件，使编外用工管理更加规范、纪律更加严格。2018—2019年共清退编外人员1300余人，全市各单位编外用工均控制在核定指标内，实现财政供养人员只减不增的目标。做好编外用工清理规范“回头看”工作，健全编外人员实名报备管理，建立定期督查制度，巩固好编外用工清理规范工作成效。加强组织部、巡办、审计局及各派驻纪检组等各方联动，实现编外用工科学规范管理。（林彤辉）

党校工作

【概况】 2019年，龙泉市委党校围绕习近平新时代中国特色社会主义思想、弘扬践行浙西南革命精神、“不忘初心、牢记使命”主题教育、党的十九届四中全会精神和市委市政府中心工作等内容建立宣讲课题库。全年举办各类培训班次29期，培训学员5034人次，其中龙泉市2019年度优秀中青年干部培训班、初任公务员培训班等主体班次15期，培训学员3378人次；龙泉市剑池街道党员轮训班、龙泉市综合执法业务培训班等部门合作和社会培训14期，培训学员1656人次。开展校外宣讲76场，推动党的理论政策进机关、进农村、进社区、进企业、进校园，受众8104人次。开展“科研调研月”“科研攻坚100天”等专项行动，完成课题申报结题31项，其中浙江省委党校中特中心规划课题立项2项，结题1项，丽水市级课题7项，县级课题文章21项，并在《丽水党建交流》《丽水研究》《今日龙泉》等平台上发表多篇理论文章。全年组织教师参加各类教学、科研培训30人次以上。

科级领导干部“不忘初心、牢记使命”主题教育专题读书班（第一期）开班仪式

（市委党校/供图）

【优秀年轻干部培训班】 5月5日至7月5日，2019年度优秀年轻干部培训班在市委党校举办，来自全市各乡镇部门的44名“85后”优秀年轻干部参加培训。此次培训教学形式多样，除传统的专题课程教学外，还包括军事训练、一线项目攻坚锻炼、红船学院党性教育、学员讲坛、读书交流会等内容。

【“绿水青山就是金山银行”理念实践现场教学基地】 2019年，市委党校成功创成“绿水青山就是金山银山”理念实践现场教学基地4个，其中丽水市“绿水青山就是金山银山”理念实践现场教学基地2个，分别为浙江国境药业有限公司现场教学基地和龙泉市兰巨现代农业园区现场教学基地；2019年度重点培育“绿水青山就是金山银山”理念实践现场教学基地2个，分别为龙泉市青瓷宝剑传统文化产业传承与发展现场教学基地和浙江省龙泉汽车空调产业技术创新服务平台现场教学基地。

【科级领导干部“不忘初心、牢记使命”主题教育专题读书班】 9月26—27日、10月9—10日、10月11—12日，分三期举办龙泉市科级领导干部“不忘初心、牢记使命”主题教育专题读书班，全市740名科级干部参加培训。此次培训围绕学习贯彻习近平新时代中国特色社会主义思想和“不忘初心、牢记使命”主题教育的工作要求，采取集中自学、分组研学、专家授学、考试促学等方式进行。 （周一力）

老干部工作

【概况】 2019年，龙泉市共有离休干部75人(含异地安置龙泉市2人，代管9人，其中异地安置18人，居住于龙泉市57人)。离休干部情况：行政离休干部中正处1人，副处11人，副科7人；事业离休干部中副处5人，副科11人；参加统筹离休干部中副处13人，副科16人。

2019年，市老干部局对老干部活动中心(老年大学)进行升级改造。完成立项、设计工程预算，预算审价等前期工作。围绕中华人民共和国成立70周年开展系列活动。在老干部中开展故事征集，共征集到离休干部名录2份，革命故事26个，先进事迹3篇，9月编辑完成《红色记忆》一书。9月22日，举办“庆祝中华人民共和国成立70周年——龙泉、云和、缙云三地书画联展”。9月24日，举办浙闽两省五县（市）“壮丽70年·奋进新时代”暨庆祝中华人民共和国成立70周年文艺汇演。

【离退休干部政治、思想、党组织建设】 5月，举办展全市离退休党支部书记培训班，全市共67名支部书记参训，增强离退休党员干部的党性修养。

7月，组织离退休干部代表参加浙西南革命精神宣演会暨警示教育活动，发动老同志参与浙西南革命精神弘扬践行活动。

11月，市老干部局下发《关于报送“不忘初心、牢记使命”主题教育开展情况的函》，督促检查离退休党支部主题教育开展情况，全市67个离退休党支部实现主题教育全覆盖。落实好“五个一”工作，暨建设一个老党员驿站、一个离退休干部党建共享基地、一个老干部品牌工作室，培育一名红色讲师，积极推出一个离退休干部“党建+”工作创新案例。

【落实老干部待遇】 坚持每季度市领导老干部接待日制度。接待市领导及时将会上老干部提出的意见建议进行交办，并定期反馈。落实老干部家庭责任医生签约。全市择优选取了几十名全科医生与离休干部建立一对一结对签约服务。向签约离休干部提供健康医疗知识、养生保健知识和治疗建议咨询和上门巡诊服务，将健康送上老干部家门。保障老干部居家养老服务机制。针对老干部年老体弱，平时生活有很多困难和不便，老干部局整合社区居家养老服务中心资源，对老干部居家养老提供全方位的亲情化、个性化服务。组织离休干部进行全面体检。5月6日—8日，组织市内58名离休干部进行体检，联系人民医院对老干部提供了一对一导医服务。部署全市离退休干部工作。12月31日，召开全市老干部工作座谈会，对全年老干部工作进行总结并提出整改意见。 （廖舟莹）

关心下一代工作

【概况】 龙泉市关心下一代工作委员会(以下简称市关工委)是以老干部、老战士、老专家、老教师、老模范(以下简称“五老”)为主体，以关心、教育、培养青少年健康成长为目的的党的群团组织。2019年，龙泉市关工委发挥“五老”作用，深化“不忘初心、牢记使命”主题教育，大力开展青少年“两史”(即学党史、国史)、“三爱”(爱学习、爱劳动、爱祖国)教育，全力抓好帮困助学工作，努力深化“双百”(大手牵小手、百老帮百童、百千万关爱工程)活动。

2019年12月4日，在市民广场开展普法宣传活动 （市委老干部局/供图）

市关工委围绕“弘扬践行浙西南革命精神 争做时代新人”红色主题，深入开展教育活动。在教育、民政等部门配合下，在清明节期间组织21所中小学校、幼儿园的5000多名学生和家长、老师到革命烈士陵园开展敬献花圈、祭扫烈士墓、缅怀革命先烈、聆听革命故事、参观革命纪念馆等活动，发放资料达5100多份。

组织市关工委宣讲团成员到各学校开展教师教育教学讲座、家庭教育讲座、学生思想教育讲座、革命传统教育讲座共49场次，受教育人数达7206人次。开展青少年法制教育。12月4日，配合司法局、普法办等47个部门单位，在市人民广场联合开展主题为“弘扬宪法精神、推进国家治理体系和治理能力现代化”的国家宪法日宣传活动，向青少年普及自我保护的相关生活常识、法律知识。

【帮困助学】 2019年，市关工委组织发动社会爱心人士（企业）结对资助贫困学生403人，资助金额达151.77万元。其中贫困大学生88人，受助资金109.03万元；贫困中小学生315人，受助资金42.74万元。

市关工委认真负责做好贫困学生走访调查并建立相应档案；与南湖晚报、都市快报、处州晚报、吴永昌助学团等多个助学平台建立长期、稳固、相互信赖的助学合作关系，为许多贫困优秀大学生圆大学梦。8月，在龙泉四中举行“福彩暖万家•点亮梦想”专项资助仪式；同月，在行政中心东副楼专用会议室举行《南湖晚报》嘉禾绿荫行动助学结对仪式。

【青少年工作】 8月，市关工委专职副主任陈方顺随丽水市青少年公益文化交流团赴台湾，就两岸青少年保障与权益以及青少年关怀社会工作进行交流学习。10月—12月，市关工委主任徐建新带队，先后赴杭州、温州、嘉兴等地与爱心助学团队、爱心助学企业以及龙泉各地商会开展对接和联系。

市关工委老科技专家和宣讲团成员在下樟油茶种植基地参观考察

（市委老干部局／供图）

【组织队伍建设】 加强自身能力建设。学习贯彻十九大精神，深入开展“不忘初心、牢记使命”主题教育，参加上级关工委组织的业务培训，定期召开关工委工作会议。抓好两支队伍建设。年初调整充实宣传团和科技委队伍，提高了“五老”人员的工作补贴，保障活动顺利开展。不定期召开工作例会、座谈会等，组织“五老”人员共同学习党的最新理论精神。

【“双百”活动】 2019年，开展科技培训13场，受教育1300多人次。根据丽水市关工委“双百”活动的统一部署和要求，市关工委科技教育咨询委员会9名老科技专家积极开展联村、联基地、联合作社、联企业等活动，重点帮扶“菜篮子”工程建设、优质米生产以及茶叶、畜牧生产、渔业养殖等特色产业项目，深化科技扶贫和科技教育咨询活动，开展技术指导和推广，为培养农村青年科技人才做出贡献。定期开展老科技专家座谈和经验交流。4月、7月和10月份，分别组织老科技专家和宣讲团成员到龙南石蛙养殖基地、上垟源底牲畜养殖专业合作社、大赛灵芝种植基地和下樟油茶种植基地进行参观考察。

（王　丹）

党史方志工作

【概况】 2019年，中共龙泉市委党史研究室、龙泉市地方志办公室认真推进党史方志编纂工作，完成《中国共产党龙泉历史》（第二卷）初稿，《浙西南革命精神学习资料》编印成书，《龙泉年鉴2019》编纂出版，《浙江龙泉市志（1989—2010）》进入统稿总纂阶段，完成《缙云县志》《云和县志》审稿。参与农村文化礼堂建设、红色文化资源的研究利用等工作。

将党史方志工作列入2019年度乡镇街道和部门综合考核（分值共1分），印发考核办法，促进党史方志工作有序开展。

【《党史二卷》编撰】 2019年，《中国共产党浙江龙泉历史》（第二卷）通过征求老领导老干部意见后，对相关内容资料再次深入调查核实，进一步修改完善，形成初稿。全书由四编、二十章、序言、后记、附录图片等组成，共36万字。

【革命遗址保护利用】 2019年，市党史方志办与市老促会、民政局等通力协作，扎实做好红色资源调查、革命遗址遗迹保护利用等工作，全年完成住龙镇水塔村首个处属特委会议旧址和城北乡上田战斗纪念馆的布展提升、住龙镇碧龙村革命英烈馆展陈内容补充、城北乡鹤溪村红色文化公园建设等工作，新建安仁镇支坪村红军纪念廊、道太乡下乾村革命纪念亭。完成红色资源调查工作，龙泉革命遗址增至135处，中共龙泉县委坑源底旧址、中共浙西南特委西井村驻地旧址被命名为第三批丽水市党史教育基地；坑源底中共龙泉县委旧址、碧龙中共龙遂县委旧址、上田战斗纪念馆等被命名为第六批丽水市级爱国主义教育基地。

【党史宣传教育】 2019年，党史宣传教育走心走实，全年宣讲党史100多场次，受教育2万多人次，接受各界人士咨询50多人次，提供党史方志书籍资料100余册（份）。助力弘扬践行浙西南革命精神活动，全年为媒体审稿42篇，在《今日龙泉》报纸上开辟“龙泉红色印记”专栏刊稿32期，全市党史有奖知识竞答微信大赛供稿8期80题。

【《龙泉市志》编撰】 2019年，依据搜集和上报资料展开编纂，统一行文风格，规范称谓、纪年、度量衡、删繁去冗、查漏补缺，对志稿存在的问题，及时与承编单位协调解决，组织统稿总纂，按体例标准，重点处理好涉及政治、外事等敏感问题和内容交叉重复等问题，形成了180万字的《龙泉市志（1989—2010）》初稿。 （方永忠）

【《龙泉年鉴》编撰】 2019年，市地方志办公室认真开展年鉴编纂工作。研究全国各地优秀年鉴框架结构，学习中指组下发的《地方综合年鉴编纂出版规定》，根据龙泉市社会经济发展的新变化、新成就，调整《龙泉年鉴（2019）》框架，收录全市各大投融资平台、市委巡查机构、三改一拆办公室等机构。市委办、市政府办联合下发《关于做好〈龙泉年鉴（2019）〉编纂工作的通知》，启动《龙泉年鉴（2019）》编纂工作。组织年鉴培训，召开全市年鉴编纂业务培训会议，全市130多家单位的撰稿人参加。4—6月，通过上门、办公助手、钉钉、微信、电话及请撰稿人来办等方式开展一对一辅导，指导撰写及修改年鉴稿件。积极与全国年鉴同行编撰年鉴进行交流，与临安年鉴、丽水年鉴、庆元年鉴、松阳年鉴等学习交流，互相借鉴。

【《龙泉年鉴（2019）》编纂业务培训会议】 5月9日，市地方志研究室组织召开《龙泉年鉴（2019）》编纂业务培训会议，全市130多个单位近200名年鉴撰稿人参加。会议采用以会代训的方式，从年鉴基本知识出发，重点讲述年鉴条目分类、年鉴编纂规范、年鉴条目挖掘等知识。结合前几年《龙泉年鉴》编纂情况，点评年鉴稿件，讲授年鉴专业知识，提出年鉴信息挖掘、图表提供、大事记编写等方面的具体要求。

【《龙泉年鉴（2018）》出版】 《龙泉年鉴（2018）》由线装书局出版社出版发行。该卷年鉴是《龙泉年鉴》一年一鉴的第2卷，共48万字，设类目37个、分目271个、次分目91个、条目1271个，收录表格30张。围绕龙泉年度大事和重点工作，设计框架结构，编排内容。总述部分围绕龙泉的历史、版图、面积、地形地貌，国民经济、群众生活、社会发展等方面，讲述龙泉历史文化及经济发展。全书收集各相关重点工作及龙泉美图并插入相应的年鉴文稿之中，其中封面收集图片近百张，经过对比、精选、设计，最后选用民国城区图展示。 （胡春风）

档案工作

【概况】 2019年，龙泉市档案馆共有全宗卷197个，总卷数148792卷，总件数169709件。该年获得“浙江省档案先进集体”“龙泉市‘三八’红旗集体”称号。因机构改革，龙泉市档案局（馆）行政职能划转至市委办，9月29日，龙泉市档案馆正式挂牌。

市档案馆共组织74家单位完成2018年度档案管理情况的填报、审核；85家单位完成档案事业统计年报审核与系统录入工作；开展机构改革档案业务“一对一”上门指导工作，实现涉改单位档案业务指导全覆盖；下发档案指导意见书28份，完成相关单位制作机构改革档案处置方案指导工作；起草《关于做好全市行政村规模调整中档案交接工作的通知》等文件，明确档案移交范围、移交方法和要求以及相关工作、纪律要求，完成涉调行政村有关文件资料的收集、整理工作和对涉调行政村档案交接指导监督工作；跟进农村土地承包经营权确权登记颁证工作；对档案整理公司开展业务检查工作；完成确权档案进馆工作实施方案制定。

市档案馆完成馆内机房的安全基础建设强化工作，投入130余万元对馆内机房服务器、精密空调、核心存储、离线存储等设备进行升级改造，完善数字档案馆系统；完成数字档案馆软硬件及机房动力环境升级工作，优化符合“智慧档案”建设要求的馆室一体化“龙泉市数字档案管理系统”，建成电子档案永久保存和利用基地；更换防盗门、温湿度控制系统，完成库房软硬件设施优化工作。

【“最多跑一次”数字档案管理】 2019年，市档案馆完成2018年度及前年度“最多跑一次”电子档案，保管期限主要为5年、30年、永久等行政许可档案、行政征收档案及行政确认类档案整体接收工作，共15756件，并完成相应的电子目录、办理流程信息及元数据接收工作；组织完成68家单位2018年度档案管理情况登记工作，掌握各单位档案类别、总量、档案整理归档情况及档案备份措施；完成全市统一的电子档案采集接收系统建设暨“1+10+N”▲数字档案协同管理系统，实现“一窗受理、行政审批”系统对接与办结事项在线归档；完成龙泉市档案数据共享平台升级，通过全文检索、原始性认证、协议检索三大安全模块，实现各单位档案资源跨全宗共享，最大限度开放档案共享利用。

▲“1+10+N”：由丽水市档案局统一开发，形成以丽水市级为中心，浙江丽水经济开发区及9个(县、市)为节点的“云档案”系统，1代表丽水；10代表丽水经济开发区及9个县(市、区)；N代表使用系统的单位。

【档案信息资源利用】 9月，市档案馆与浙江大学联合编撰的《龙泉司法档案选编》第四辑(16册)、第五辑(4册)正式出版。历时12年，已完成《民国司法档案选编》五辑，共96册的出版。龙泉司法档案共计17000余个卷宗，约30万件，88万余页。联合浙江省档案馆、浙江省电视台，完成“跟着档案去旅行”专题片相关拍摄工作，宝溪乡溪头村、住龙乡住溪村入选专题片；深挖馆藏红色档案，以档案为载体，举办龙泉市革命历史红色档案展；联合喜马拉雅音频分享平台，在“70周年城市传奇”音频节目播放“解放初期龙泉工作纪事”，依托馆藏资料介绍解放初期龙泉的情况；完成浙江省档案馆征集世界非物质文化遗产龙泉青瓷协助工作，共34件。

【档案信息资源建设】 2019年，市档案馆完成新一轮馆藏数字档案管理系统数据迁移与部署工作，共迁移20.68573万条目录，183.0387万条原文，总计1863.68千兆数据；建立29个专题库，包含婚姻、出生证明、山林延包等重要民生档案；完成市农业农村局“农村三资管理系统”四季度业务数据、市人民医院、市自然资源和规划局年度业务数据备份工作，共计11批次，40.48千兆容量；完成市农业农村局、市市场监督管理局等3家市直机关文书档案数字化成果接收工作，共7017件，8.36千兆容量。完成首家机构改革单位档案和首届世界青瓷大会重大活动档案接收进馆工作；完成龙泉市委办公室、市人民政府办公室、市场监督管理局、市农业农村局、市公证处、市创卫办等单位文书档案、业务档案、会计档案接收工作，共计12476件、25194卷，并消毒入库。

【档案信息资源查阅】 2019年，市档案馆完成馆藏资源数据共享工作，将馆藏1983—2015年林权登记档案、1985—2014年出生医学证明档案，包括电子原文和电子目录，共享给市不动产登记中心、市公安局，共计电子数据30.8万件，容量45.5千兆；完成手机微信“掌上查档”小程序开通工作，把查档服务延伸到移动端。另，自档案查阅窗口纳入到行政服务中心管理及数字档案馆管理系统以来，窗口查档服务实现零投诉；档案查阅窗口共接待3456人次，查档6408卷(件)次，复印档案16872页，在浙江档案服务网上办理跨馆、异地查档50余例。

（柳雪珍　张　静）

龙泉市人民代表大会

综　述

【概况】 2019年,市人大常委会围绕全市工作大局和人民关心的热点难点问题,实际开展专题调研;加强党对人大工作的领导,贯彻落实市委重大决策部署,坚持重大事项向市委请示报告;注重发挥审计监督作用,高度重视审计查出问题整改情况监督,促进和支持政府更好地管理人民"钱袋子",集中财力办大事,促进被审计单位财政管理升级提质;加强国有资产监督,协助市委出台《关于建立市人民政府向市人大常委会报告国有资产管理情况制度的意见》;联动开展《浙江省学前教育条例》《浙江省残疾人保障条例》等执法检查,认真配合《丽水市文明行为促进条例(草案)》《丽水市城市养犬管理规定(草案)》《丽水市大窑龙泉窑遗址保护条例》等民生领域立法调研工作;开展《浙江省宗教事务条例》实施情况调研,提出加强条例学习活动、完善宗教管理机制、惩治非法宗教活动、规范宗教场所建设和强化爱国主义教育等建议。

常委会组成人员和机关干部职工深入学习贯彻习近平总书记关于坚持和完善人民代表大会制度的重要思想,大力弘扬践行浙西南革命精神、剑瓷精神,自觉砥砺"丽水之干",助力高质量书写创新实践"两山"理念龙泉新篇章,全面履行法律赋予的职责。加强与乡镇(街道)人大的工作交流和指导联系,制定出台规范乡(镇)人民代表大会会议意见,指导乡镇人大开好一年两次人代会。定期召开乡镇(街道)人大工作例会,通过学习互动、工作联动和制度促动,不断提高乡镇(街道)人大工作水平。

2019年,召开常委会会议6次、主任会议12次,听取和审议"一府一委两院"专项工作报告22个,开展执法检查2次,开展专题调研21个,作出决议决定12个,提出审议意见10个,完成市十六届人大三次会议提出的各项任务。

重要会议

【十六届人大三次会议】 3月12—15日,十六届人大三次会议在龙泉召开,与会代表174名,列席人员273名。会议听取和审查"一府两院"工作报告及市人大常委会工作报告,审查市发展和改革局关于龙泉市2018年国民经济和社会发展计划执行情况及2019年国民经济和社会发展计划草案的报告;审查、批准龙泉市2018年国民经济和社会发展计划执行情况的报告及2019年国民经济和社会发展计划;审查市财政局关于龙泉市2018年预算执行情况及2019年预算草案的报告;审查、批准龙泉市2018年预算执行情况的报告及2019年预算;审查市人民政府关于龙泉市2018年环境状况和环境保护目标完成情况的报告;审议通过龙泉市第十六届人民代表大会第三次会议关于实施"文旅兴市"发展战略的决议草案。会议选举范甬,胡观胜,徐东华,曾高平为市第十六届人民代表大会常务委员会委员;选举周翔为市检察院检察长。

会议收到代表团和代表提出的议案、建议、意见和批评171件。其中规划发展10件,农林水利33件,经信交通44件,商贸旅游26,城建环资25件,教科文卫18件,社会保障7件,其他方面8件。经大会主席团研究确定《关于加快推进龙商鞋产业回归工程项目建议》等10件建议为重点建议,交由市人民政府办理,人大常委会跟踪办理情况。

【十六届人大常委会历次会议】 第十四次会议于1月23日举行。会议听取市政府关于市十六届人大二次会议代表建议系统办理落实情况报告;听取市人民法院,市住建局、交通运输局关于市十六届人大二次会议代表建议办理落实情况的报告;听取市政府关于2018年“十件民生实事”项目完成情况的报告；听取和审议关于接受包炳炎等请求辞去龙泉市第十六届人民代表大会代表职务的议案及市第十六届人民代表大会代表出缺名额补选、选举工作的有关事项；研究决定市第十六届人民代表大会第三次会议召开时间及建议议程；会议还通过有关人事任免，组织开展会前学法活动。

第十五次会议于3月8日举行。市委书记王顺发通报2018年市委工作；听取市人大常委会代表与选任工委关于市十六届人民代表大会第三次会议选举办法（草案）的汇报，讨论办法（草案）；听取市人大常委会代表与选任工委关于龙泉市第十六届人民代表大会监察和法制（内务司法）委员会、社会建设委员会组成人员人选通过办法（草案）；听取龙泉市第十六届人民代表大会监察和法制（内务司法）委员会、社会建设委员会组成人员的人选名单（草案）的汇报，讨论两个草案；听取市人大常委会代表与选任工委关于龙泉市第十六届人民代表大会第三次会议民生实事项目代表票决办法（草案）汇报；听取市政府关于2019年度政府“十件民生实事”候选项目情况汇报；听取市发改局2018年计划和预算执行情况、市财政局2019年计划和预算报告；听取市人民政府关于2018年环境状况和环境保护目标完成情况的报告（书面）；听取市人大常委会科教文卫工委《关于实施“文旅兴市”发展战略加快建设文化龙泉促进文旅深度融合发展的决议（草案）》起草情况汇报，讨论决议（草案）；审议通过代表资格审查委员会关于选举龙泉市第十六届人民代表大会出缺代表资格审查的报告（草案）；讨论市人大常委会工作报告（征求意见稿）；征求市人民政府、市人民法院、市人民检察院工作报告稿的意见和其他事项。

第十六次会议于5月30日举行。会议听取和审议市政府关于促进民营经济高质量发展情况的工作报告，听取市人大常委会民营经济调研组作关于龙泉市促进民营经济高质量发展情况的专项监督工作报告；听取和审议市政府关于水果产业培育发展情况的报告；听取市人大常委会农业与农村工委关于龙泉市水果产业发展情况的调研报告；听取市人大常委会办公室汇报市人大常委会相关工作制度制订情况；分组审议讨论各项报告、议案，并通过有关人事任免，组织开展会前学法活动。

第十七次会议于7月30日举行。会议听取和审议市人民政府吴松平市长关于龙泉市2019年上半年经济社会发展情况和下半年政府主要工作的报告；听取财经工委关于龙泉市2019年上半年国民经济和社会发展计划执行情况的调研报告；审查批准市政府关于龙泉市2018年度财政决算（草案）的报告；听取市政府关于龙泉市2019年1—6月预算执行情况报告；听取市政府关于龙泉市2018年度预算执行及其他财政收支情况审计报告；听取财经工委关于龙泉市2018年度财政决算（草案）的审查报告；听取市科技局、财政局局长履职情况的报告。听取和审议市法院关于执行工作情况的报告；听取监察和法制（内务司法）工委关于法院执行工作情况的调研报告；听取和审议市政府关于《丽水市城市市容和环境卫生管理条例》贯彻实施情况的报告；听取和审议城建与环资工委关于《丽水市城市市容和环境卫生管理条例》执法检查情况的报告；会议表决通过市十六届人民代表大会常务委员会监察和法制（内务司法）等工作委员会组成人员人选名单；表决通过有关人事任免，颁发任命书，进行就职宣誓，组织开展会前学法活动。

第十八次会议于9月30日举行。会议听取和审议市政府关于《关于全市文化旅游产业发展情况》的报告和《关于全市竹产业培育发展工作报告》；审查批准市政府关于2019年度地方政府债务限额和财政预算调整方案的报告；表决批准市政府关于《龙泉市3个历史文化名镇及10个历史文化名村保护规划》编制情况的报告；听取市人大常委会科教文卫工委《关于我市文化旅游产业发展情况的调研报告》，市人大常委会农业与农村工委《关于龙泉市竹产业培育发展工作调研报告》，市人力资源和社会保障局、市审计局局长个人履职报告和常委会评议组的评议报告，并开展局长履职满意度测评；通过有关人事任免事项，组织开展会前学法活动。

第十九次会议于11月14日举行。会议听取市政府关于《浙江省学前教育条例》执法检查发现问题整改落实情况的报告、市公安局“扫黑除恶”专项斗争工作情况汇报；听取和审议市政府《关于国有企业市场化改革有关情况的报告》、市政府《关于市十六届人大三次会议代表建议政府系统办理落实情况的报告》，审议《龙泉市2018年度国有资产管理情况的综合报告》；听取财经工委《关于龙泉市国有资产管理情况的调研报告》，代表与选任工委《关于市十六届人大三次会议代表建议、批评和意见督办工作情况的报告》，以及监察和法制（内务司法）工委《关于市公安局“扫黑除恶”专项斗争工作情况的调研报告》；听取市司法局局长张炜、市交通运输局局长付建伟履职工作报告和常委会评议组的评议报告，并开展局长履职满意度测评；审议通过市政府提出

2019年11月14日，龙泉市十六届人大常委会第十九次会议　（项　彪／供图）

关于授予陈久棣等8人龙泉市荣誉市民的议案；并通过有关人事任免事项，组织开展会前学法活动。

重要调研与视察活动

【概况】 2019年，市常委会组织市代表开展专题调研，围绕全市工作大局和人民关心的热点难点问题，深入实际开展专题调研。常委会积极开展促进民营经济高质量发展专项监督，通过调研梳理出该市民营企业融资难、企业发展平台建设存在短板、发展要素保障仍待加强、发展软环境仍待优化等问题；针对人民群众关注度较高的法院执行问题，常委会组织开展市法院执行工作情况调研，围绕执行工作机制有待完善，执行工作水平有待提高，执行队伍建设有待进一步加强等问题；组织开展中药材产业发展情况专题调研，形成《龙泉市中药材产业发展情况调研报告》；开展扫黑除恶专项斗争工作情况调研，要求进一步提高政治站位，汇聚强大合力，通过争取群众支持，为开展扫黑除恶专项斗争营造良好的法制环境和社会舆论；联动开展《浙江省学前教育条例》《浙江省残疾人保障条例》等执法检查，认真配合《丽水市文明行为促进条例（草案）》《丽水市城市养犬管理规定（草案）》和《丽水市大窑龙泉窑遗址保护条例》等民生领域立法调研工作；开展《浙江省宗教事务条例》实施情况调研，提出加强《条例》学习活动、完善宗教管理机制、打击非法宗教活动、规范宗教场所建设和强化爱国主义教育等建议。常委会还组织部分市人大代表，对龙泉市静脉产业项目——垃圾资源化协同处理工程、城市截污纳管建设情况，以及“雨污分流改造工程”和“垃圾分类处理工程”民生实事项目进行视察。

人事任免

【概况】 2019年，制定和完善《中共龙泉市人大常委会党组议事规则（试行）》，常委会依法依程序通过人事任免112人次，圆满实现丽水、龙泉市委人事安排意图。出台《关于落实宪法宣誓制度的若干规定》，并对辖区内宪法宣誓制度贯彻实施情况进行督查，凡经人大及其常委会选举或者决定任命以及“一府两院”任命的国家工作人员全部做到在正式就职时公开向宪法宣誓，增加宪法宣誓的意识，共组织宪法宣誓190人次。强化干部任后监督，出台《龙泉市人民代表大会常务委员会任命的政府组成部门负责人履职工作评议办法（试行）》，对6个政府组成部门负责人开展履职评议，及时向市委报告评议意见，切实增进评议刚性，督促任命人员依法行权、勤勉履职。

人大监督

【经济发展监督】 2019年，市常委会不断加强全口径预决算监督，实现预决算监督全口径、全过程、全覆盖。审查批准市政府2018年度决算草案，促进预决算编制更加科学、合理和完整。加强预算执行、预算调整、财税改革和调入预算稳定调节基金等重大事项监督，听取和审查市政府2019年1—6月预算执行情况的报告，审查批准市政府2019年度财政预算调整，推动政府及财政部门更好落实中央财税经济改革发展部署和省委、市委决策要求，促进预算监督由程序性向实质性、实效性转变。注重发挥审计监督作用，高度重视审计查出问题整改情况监督，听取和审议市政府关于2018年度预算执行及其他财政收支情况审计工作的报告，听取市政府关于2018年度预算执行和其他财政收支情况的审计工作报告整改落实情况的报告，促进和支持政府更好地管理人民“钱袋子”，集中财力办大事，促进被审计单位财政管理升级提质。加强国有资产监督，协助市委出台《关于建立市人民政府向市人大常委会报告国有资产管理情况制度的意见》，审议政府2019年国有资产管理情况报告、听取和审议关于国有企业市场化改革有关情况的报告，要求市政府完善监管体系，改进监管方式，提升国有资产监管效能，加快实现国有企业市场主体转型，完善国有企业法人治理结构的审议。听取和审议市政府关于促进民营经济高质量发展情况工作的报告，要求形成合力，完善机制，精准帮扶，破解民营经济发展要素制约，优化发展软环境，营造良好氛围。听取和审议市政府文化旅游产业发展报告，要求完善项目规划、提升管理服务、加强宣传营销、强化保障措施等建议。听取和审议市政府竹产业发展情况报告，要求加强统筹协调，合力推进竹产业发展；加快推进竹产业初级加工小微园区建设；加大财政对公益性基础建设投入，每年安排不少于1000万元的专项资金用于新建和硬化竹林道，以降低运输和用工成本，提高生产效率；加大对重点企业转型升级的扶持和培育力度，带动集群发展。听取和审议市政府水果产业发展报告，要求重视产业发展、完善产业规划、加大产业扶持力度、建立完善服务体系，提高服务管理水平，促进农民增收。

【司法领域监督】 2019年，市常委会健全完善常态化监督司法工作机制，深化和落实《龙泉市人大常委会监督司法机关工作实施细则》，明确司法机关重大情况报告制度，使人大司法监督在高质量绿色发展过程中发挥更好的作用。跟踪督促好《关于加强检察机关开展公益诉讼工作的意见》和《关于推进人民法院依法高效开展执行工作的意见》的落实。市法院结合实际情况，严格落实《关于进一步强化强制执行措施的若干意见(试行)》，开展"春雷"行动执行会战，重点清理一批特殊案件和重点疑难案件。按照省、丽水市人大要求，做好规范性文件备案审查系统的普及使用，推进备案审查信息化工作。全年共接受市政府报送的规范性文件20件，审查无异议。

【民生保障监督】 2019年，市常委会开展《浙江省学前教育条例》执法检查，梳理出小区配套幼儿园规划、公办幼儿园占比过低、城区幼儿园布局不合理等6个方面的主要问题及整改建议。市政府召集相关部门讨论研究学前教育补短提质改革工作，严格落实《龙泉市住宅小区配套幼儿园建设和管理实施办法》《龙泉市发展学前教育第三轮行动计划(2018—2020年)》，谋划制定《龙泉市市域幼儿园布局规划(2018—2035年)》和《龙泉市学前教育专项规划(2018—2035年)》，做到反馈意见件件有回音，事事有落实开展《丽水市城市市容和环境卫生管理条例》实施情况执法检查，并听取和审议市政府贯彻实施情况的报告，要求通过加强组织领导、加强宣传力度、完善基础设施、解决突出问题，促进市容环境改善，提升市民文明素质，保证条例落到实处。开展《浙江省宗教事务条例》实施情况调研，提出加强条例学习活动、完善宗教管理机制、打击非法宗教活动、规范宗教场所建设和强化爱国主义教育等建议。根据机构改革的要求，常委会首次听取关于"最多跑一次"改革工作情况的报告。连续跟踪监督政府落实市人大常委会关于小城镇综合整治报告和关于农村饮用水安全情况报告审议意见落实情况。

【票决项目监督】 2019年，市十六届人大三次会议代表票决产生市政府2019年度"十件民生实事"项目。常委会开展实事项目全程跟踪监督，监督方案早谋划、监督任务早部署、监督效果早体现，抓实抓牢"跟、督、评"三个环节工作，使民生实事项目票决制工作真正落到实处。常委会第26次主任会议研究确定跟踪监督市政府2019年度"十件民生实事"项目工作方案，将全市人大代表分成11个跟踪监督小组，跟踪监督小组采取专题视察、走访群众、听取责任单位汇报、查阅档案资料等形式进行全程监督，就项目推进过程中存在的47个问题提出56条建议意见。

2019年6月，组织代表开展《浙江省学前教育条例》落实情况执法检查

(项　彪/供图)

人大代表

【代表工作】 2019年，按照全市规范化人大代表联络站建设三年规划，全年对西街、剑池等9个代表联络站进行提升，投入建设资金100余万元，按标准建设固定场所、配置会议桌椅和资料柜等硬件设施，完成场内外布置工作。建立统一的活动记录簿、接待人民群众登记簿和活动制度、接待联系群众制度、联络站工作制度等“二簿三制度”，给每位代表建立工作档案，并充分利用互联网技术，在提高信息化程度上下功夫，发挥网上代表联络站密切联系群众的功能作用。充分发挥代表联络站平台作用，市乡两级代表认真开展密切联系人民群众主题活动，按照“走访一批选民、提出一条意见和建议、办好一件实事、结对一个困难户”的要求，开展好代表履职工作。全市代表联络站共组织学习培训52次，组织视察调研156次，组织代表走访接待选民3116人次，结对困难户783个，收集意见建议864件，解决落实的643件。

出台《龙泉市人大代表履职登记管理办法（试行）》《龙泉市人民代表大会代表述职办法（试行）》等制度，如实掌握代表履职情况，更好地发挥代表主体作用，优化代表履职服务，完善和落实人大代表履职保障政策，激发代表履职积极性和主动性，推进市人大代表向选区选民述职工作的制度化、规范化和程序化，全年共组织130名市人大代表向选民述职。坚持代表建议会议交办制度，市十六届人大三次会议共收到人大代表建议意见171条，4月15日召开2019年市人大代表建议交办会议，至9月底全面完成建议办理工作，比2018年提前3个月。采用办前听取办理计划、办中督查办理进度、现场督查办理效果等方法，扎实推进各工委（办）联合督办工作机制，督促各承办单位加快办理进度，努力提高代表建议办理质量。全年对建议办理态度表示满意169件，占98.8%，基本满意1件，占0.6%，不满意1件，占0.6%，对办理结果表示满意164件，占96%，基本满意5件，占2.9%，不满意2件，占1.1%。

乡镇人民代表大会

【乡镇人大工作的联系和指导】 2019年，常委会积极指导乡镇（街道）人大开展主题教育，以各乡镇（街道）人大代表联络站为主阵地，组织各级人大代表开展“不忘初心，牢记使命”主题教育活动，为代表们补钙强身，使代表们在理论学习上有收获、思想政治上受洗礼。修订出台《龙泉市人民代表大会常务委员会关于规范乡（镇）人民代表大会会议意见》，切实加强与乡镇（街道）人大的工作交流和指导联系，不断提高全市乡镇（街道）人大工作的整体水平。指导乡镇人大开好一年两次人代会。对19个人大代表联络站运行情况进行督查，指出联络站运行中存在的问题和不足。召开一年两次乡镇（街道）人大工作例会，不断提高乡镇（街道）人大工作水平。　（项　彪）

龙泉市人民政府

综　　述

【概况】 2019年，龙泉市实现地区生产总值142.6亿元，增长8.1%，三次产业结构进一步调整为10.7:36.5:52.8，一般公共预算收入9.8亿元，增长7.6%；社会消费品零售总额67.6亿元，增长10.5%；城镇、农村常住居民人均可支配收入达48439元、23459元，分别增长9.1%、10.4%；完成上级下达节能减排降耗任务。财政绩效管理、农村人居环境整治两项工作获国务院办公厅督查激励通报，系全省唯一；在全省26县发展实绩考核中排名第二，连续四年列入第一档次；在丽水九县（市、区）综合考核中，获评优秀等次。

【精准服务企业】 高效落实上级民营经济发展系列政策，出台实施生态产业、外贸、招商、科技、金融、总部经济等系列新政，深入开展“稳企业、增动能、强信心”精准服务企业专项行动，累计为企业减负6.5亿元，其中减免税费5.1亿元，应急转贷16.9亿元，全面完成拖欠民营企业中小企业账款清理，各类企业难题办结率达91%、满意度达97%。出台实施促进制造业信贷投放政策，制造业贷款余额增长11.2%，不良贷款率为1.08%。新拓展工业用地747亩，盘活闲置低效用地800亩，新建成标准厂房15.4万平方米，新开工建设小微园9个，面积达10.8万平方米。新增亿元企业4家、上规企业18家、“个转企”77家。顺利完成第四次全国经济普查。

【产业转型升级】 深入实施生态工业大比拼活动，大力开展“五个一百”精准服务企业行动，规上工业增加值增长12.5%，工业投资、工业技改投资分别增长16.9%、76.5%，亩均增加值、亩均税收分别增长12.8%、20.9%。完成“低散乱”企业整治194家，汽车空调、竹木加工、健康食品加工产业规上产值分别增长18.4%、4.9%、16.7%，战略性新兴产业增加值、装备制造业增加值、新产品产值分别增长19.7%、12.6%、23%。数字经济发展综合评价跃居丽水第一，数字经济核心制造业增加值增长31.8%，经济开发区（芳野小微园）成为全省数字化试点园区，国镜药业、三田压缩机入选全省第五批大数据应用示范企业。生产性外贸企业出口增长13%，郑氏刀剑被认定为全国文化出口重点企业。现代服务业蓬勃发展，服务业增加值增长8.5%，新增上规上限企业23家。

【大抓项目投资】 固定资产投资增长13.5%，增幅位居丽水首位，交通投资、民间项目投资、高新技术产业投资、生态环境和公共设施投资分别增长20.1%、20.4%、48.7%、44%。两次举办项目谋划大比武，谋划推出抽水蓄能电站等一批大项目。全面完成省市县长工程，浙江省、丽水重点项目投资分别完成年度目标的134.3%和133.7%。引进大项目12个，实际利用市外内资27.5亿元，分别完成年度目标的120%和137.5%。总投资50亿元、用地面积1450亩、建筑面积80余万平方米的龙商鞋产业链回归工程等35个项目落地开工，总投资5.1亿元、用地面积180亩、建筑面积12.9万平方米的三田产业园一期工程等28个项目竣工投产，分别完成年度开（竣）工项目任务量的140%和186%。完成土地征收1524亩、房屋征收12.9万平方米。统筹整合各类资金5.7亿元，化解政府各类债务11.4亿元，竞争性分配资金增长15.8%，连续两年获评全国县级财政管理绩效综合评价优秀县。

【人才科技工作】 深入实施科技创新大比拼活动，规上工业企业研发费用增长91.4%，高新技术产业增加值增长17.5%，科技进步统计监测综合评价跃居丽水首位。汽车空调产业集群入选浙江省首批现代服务业与先进制造业深度融合试点，汽车空调产业公共服务示范平台。挂牌成立浙江大学龙泉创新中心、中国计量大学龙泉科创中心、浙江农林大学龙泉科技特派员工作站，与景德镇陶瓷大学签订战略合作协议，成功举办浙江大学龙泉办学80周年纪念活动。新认定国家级高新技术企业12家、浙江省级科技型中小企业19家、众创空间2家、企业研发机构3家，发布"浙江制造"标准2项。新引进各类急需人才416名，获评全省市县党政领导人才工作目标责任制考核优秀单位。

【文旅平台打造】 中国青瓷小镇获评省级特色小镇考核优秀等次，入选全省首批诗路旅游目的地培育名单。龙泉宝剑小镇一期投资合同正式签订，宝剑大师园开工建设。《丽水市大窑龙泉窑遗址保护条例》正式出台，源口窑遗址列入全国重点文物保护单位。青瓷创意小微企业园、宝剑小微企业孵化园投入使用，青瓷创业园（工业地产）主体工程结顶，创新工坊开工建设。剑池街道被命名为浙江省级非遗主题小镇，住龙镇、宝溪乡获评浙江省级文旅特色型美丽城镇。

【文旅产业发展】 龙泉青瓷、龙泉宝剑双双入选全省首批优秀非遗旅游商品，旅游总收入增长25.7%。新增剑瓷行业"浙江老字号"企业4家、"个转企"52家、上规上限企业12家，剑瓷规上工业企业产值、税收分别增长20.7%和21.3%，剑瓷出口逆势增长186.2%。成功举办龙泉日用青瓷杭州品鉴会，投入运营龙泉青瓷商城平台，申请注册"天下龙泉"全类别商标和"龙泉宝剑行业协会"集体商标，剑瓷电商销售额增长31.2%，龙泉青瓷宝剑商城平台销售额突破1.3亿元。龙泉青瓷被列入中欧地理标志互认互保清单。《故宫龙泉日历》首次出版发行，青瓷文创产品进驻故宫线下实体店和线上网店。龙泉青瓷宝剑技师学院成功"摘筹"，入选国家级高技能人才培训基地。集中开展剑瓷科技攻关，青瓷易碎过重、隔热性能差等难题破解取得实质性进展。成立全国首个非物质文化遗产（青瓷、宝剑）司法服务和保障中心，组织实施刀剑行业专项联合整治和"破与立"集中碎瓷行动。

【文化惠民活动】 高规格举办第二届世界青瓷大会·第十一届龙泉青瓷龙泉宝剑文化旅游节，"天下龙泉"实景演出、"龙泉论剑"传统武术大赛首度精彩亮相，南海Ⅰ号、四川遂宁龙泉青瓷珍品首次回家展览。龙泉青瓷走进世界园艺博览会、世界进口博览会、世界互联网大会，东土公司成为2022年第19届亚运会组委会首批特许生产企业。成功举办"相约龙泉山·奔向最高峰"名家采风创作、环浙骑游·瓯江山水诗路龙泉总决赛、"天籁之音·长三角音乐会"等文体活动，龙泉披云线获评最美骑游线路。建成开放章溢纪念馆，投入使用城市书房3个，新增中国传统村落12个。

【名城扩容提质】 龙泉火车站初现雏形，站前广场开工建设，连接市区的剑川大道隧道成功贯通。城东新城加速开发，总投资50亿元、用地面积200余亩、建筑面积40余万平方米的城东综合体开工建设，绕城东线建设有序推进。西街历史文化街区保护利用稳步实施，建成开放龙渊公园，完成九姑山叠嶂楼主体工程建设。江滨南岸南秦原国镜药业周边区块、七星井区块土地和房屋征收签约率达100%。建成绿道197公里，城区两岸江滨绿道、宏山休闲绿道入选第一届"丽水最美绿道"，瓯江两岸美丽夜景广受好评。启动全省示范文明城市创建，创成园林式居住区1个、优质综合公园1个、街容示范街1条。

【全面推进乡村振兴】 创成全省新时代美丽乡村示范县，被评为全省实施乡村振兴战略优秀单位和省级乡村振兴产业发展示范建设县。农林牧渔业增加值增长2.9%，入选中国茶业百强县，被评为全省首批农业绿色发展先行市和全省第三届"河姆渡杯"粮食生产先进单位。兰巨乡创成浙江省级农业"机器换人"示范乡，屏南镇、小梅镇、竹垟乡、兰巨乡获评浙江省级农业绿色发展示范区。投入运行农产品"供销e城"运营中心和丽水山耕公用品牌龙泉服务中心，"丽水山耕"农产品营销额突破9亿元，"丽水山居"营业总收入增长32.7%，被列入浙江省政采云平台农业（扶贫）馆建设试点县。"龙泉红"入选全国名特优新农产品名录。高质量完成小城镇环境综合整治三年行动任务，八都、查田、锦溪、龙南等8个乡镇街道（整治点）获评省级样板乡镇。新增国家森林乡村5个、浙江省级美丽宜居示范村4个、美丽乡村特色精品村3个、森林康养小镇2个、休闲农业与乡村旅游精品线1条、避暑气候胜地3处。八都镇获评浙江省级美丽乡村示范乡镇，住龙镇入选浙江省第四批旅游风情小镇培育名单，宝溪乡溪头村被列入全国首批乡村旅游重点村名录，住龙镇西井村成为第二届中国美丽乡村百佳范例，"山水茶瓷"休闲养生度假线路被评为中国美丽乡村休闲旅游行精品线。超额完成农村宅基地确权登记颁证年度目标任务，创新发行"农房贷""乡贤贷"，新增"三权"抵押贷款7790万元。新组建油茶、竹笋两大产业农合联，有效助推特色产业抱团发展。建成浙江省级善治村27个、民主法治村4个，宝溪乡溪头村村域治理模式成为省级样板，入选全省首批美丽乡村美育村试点。

【生态建设】 凤阳山—百山祖区块被纳入该省国家公园“一园两区”框架，进入首批国家公园设立序列。全年PM2.5平均浓度20微克/立方米，空气优良率100%，成为省级清新空气示范区。水质达标率“三个100%”，在丽水率先三夺治水“大禹鼎”，农村污水分类治理工作成为全国典型。龙泉溪、岩樟溪、八都溪入选省级美丽河湖，小梅镇黄南田园、础石街道李山头梦幻田园获评省级最美田园。率先成立全省首个生态保护联络站，浙江龙泉生态环保教育基地成为省级生态文明教育基地。农村供排水一体化建设成为全省样板，获评浙江省农村饮用水达标提标行动成绩突出市，创成“污水零直排”乡镇1个、生活小区3个，省级高标准农村垃圾分类示范村2个，经济开发区被评为省级美丽示范园区。静脉产业项目——垃圾资源协同化处理工程完工并试点火。

【综合改革】 率先开展部门间“最多跑一次”改革，“互联网+政务服务”“互联网+监管”“互联网+社会治理”各项晾晒指标持续领跑丽水。全面实现企业投资项目全过程审批“最多90天”，正式启用投资项目在线审批监管平台3.0版，新批工业用地“标准地”供地率达100%。全面启动生态产品价值实现机制试点示范乡镇创建，挂牌成立西街街道、兰巨乡“两山”生态发展公司，“国镜药业”模式入选全国生态产品价值转化典型案例。全国首创公益林数字化转型管理模式，获评全国林业信息化建设十佳县、中国林业产业突出贡献奖和全省公益林建设成绩突出集体。资源配置市场化改革稳步推进，户外广告经营权市场化试点取得实质性进展，旅投公司完成股份制改造，国资公司实现市场化转型。党政机构改革高质量完成，事业单位分类改革加速推进。融媒体中心挂牌成立，“天下龙泉”APP上线运行。

【开放合作】 与文化和旅游部中外文化交流中心签订全面战略合作协议，成功在北京故宫、省博物馆举办“天下龙泉——龙泉青瓷与全球化”特展，龙泉青瓷走进美国波士顿、俄罗斯莫斯科、韩国首尔等“八国九城”。与上海宝山区、奉贤区建立紧密型合作关系，开工建设总投资近8亿元、建筑面积15万平方米的萧山—龙泉科创园，完成总投资2亿元、建筑面积4万平方米的秀洲—龙泉山海协作产业园主体工程建设。成功举办“国之重器·龙泉官窑”专题展，与上海复旦大学合作的龙泉窑考古学研究课题被列为国家社科基金重大项目。龙泉·昭化电商精准扶贫模式入选全国典型案例50佳，东西部扶贫协作和对口支援工作考核获评最高等次。

【交通建设】 衢宁铁路龙泉段政策处理全面完成，沿线隧道、桥梁全部贯通。温武吉铁路启动项目预可研，一类通用机场进入选址可研方案预审阶段。322国道八都至上垟段改建工程、安仁至西街段改建工程和住溪至上垟红色旅游公路项目分别完成年度投资计划的200%、100%和251%，村沈线提升改造一期工程、赵麻淤至下堡公路改建二期工程开工建设。云和至龙泉天然气管道工程建设有序推进。组织开展交通运输综合执法百日大会战，创新推行城市智慧停车，新投入使用停车场1个、停车位215个。

【民生福祉】 民生支出占一般公共预算支出的比重达85.5%，省市县三级民生实事全面完成。农村常住居民人均可支配收入增幅位居丽水第二，低收入农户增收工作获省政府办公厅通报表扬，脱贫攻坚专项资金管理经验在全省推广。创新推行村企结对、物业经营、飞地经济模式，全面完成消除集体经济薄弱村任务。大力推进“大搬快聚、富民安居”工程，实现搬迁1973户8006人，基本建成上凉亭安置小区二期、八都玉园小区。圆满完成行政村规模调整，行政村减少46.9%。全力支持民族乡村发展，竹垟乡获评全国民族进步模范集体。实现新增城镇就业4152人，城镇登记失业率为1.98%。成功举办“奇思妙想·创赢龙泉”就业创业大赛。

高考总上线人数比上年增加361人，创成全省示范性学习型城市。中职校获评全国教育系统先进集体，青瓷工艺专业入选全省中职与应用型本科一体化培育试点。投入3300余万元，全面完成“蛋奶”和“空调进教室”工程。龙泉青瓷文化旅游度假区、住龙红色小镇入选全省首批研学实践教育基地，住溪苏维埃政府旧址成为省级爱国主义教育基地。新组建医共体2家，医共体建设考核丽水第一，县域就诊率同比增长1.88%，是丽水唯一增长的县(市)。市人民医院被授予中国基层胸痛中心，成为温州医科大学实习医院。萧山中医院龙泉分院挂牌成立，总投资2.8亿元的中医院迁建项目开工。住龙镇、城北乡、道太乡、竹垟乡创成国家卫生乡镇。基本医疗保险、养老保险参保率分别达99.3%和97.7%，成功与上海实现异地门诊医保实时结算。全面完成临时救助改革试点。

连续15年获评省级平安县(市、区)，勇夺全省首批“一星平安金鼎”，创成全省法治工作示范县。投入使用“雪亮工程”，推广应用“一体化办案”系统，挂牌成立社会矛盾纠纷调处化解中心和行政争议调解中心。获评全省农村危房治理改造绩效评价优秀市，创成“基本无违建市”，有效破解“五个山庄”违建别墅、原欧亚龙公司、原巨泰公司等历史遗留问题。全方位构建应急指挥体系，成功应对“利奇马”超强台风等各类自然灾害，有效遏制重特大事故发生。创成浙江省食品安全市，新增省级放心农贸市场1家。成功破获“1•16”百亿特大虚开增值税发票案和“709”特大非法经营案，“3•16”传播淫秽物品牟利案入选全省“扫黄打非”十大案件。“扫黑除恶”专项斗争取得阶段性胜利。成立残疾人评定中心，住龙镇入选全国无障碍示范小镇创建名单。不断深化“双拥”共建，率先在丽水成立退役军人服务中心。

重要会议

【龙泉市政府常务会议】 2019年，龙泉市政府共召开常务会议14次。

1月22日，市政府召开第28次常务会议。审议《龙泉市农村饮用水达标提标行动计划（2018—2020）》《丽水市级环保督查反馈意见龙泉市专项整改方案》《关于衢宁铁路压覆青滩铺铁矿补偿政府承担部分建议方案》《2019年政府工作报告》，听取调整龙泉市溪北污水处理厂收集与输送工程-输送工程（一期）投资概算事项、龙泉市“大棚房”问题专项清理整治行动工作情况的汇报。

2月15日，市政府召开第29次常务会议。审议《关于开展“稳企业、增动能、强信心”精准服务企业专项活动的通知》《2018年度生态工业考核结果的通报》《2018年度纳税大户的通报》，听取2018年度相关表彰奖励、通报表扬、行政嘉奖的情况汇报，讨论研究市政府领导工作分工调整情况。

2月25日，市政府召开第30次常务会议。审议《2019年政府工作报告》《关于龙泉市2018年国民经济和社会发展计划执行情况及2019年国民经济和社会发展计划草案的报告》《关于龙泉市2018年预算执行情况及2019年预算草案的报告》《龙泉市江滨北岸凤起路区块土地和房屋征收工作实施方案》《龙泉市2018年环境状况和环境保护目标完成情况的报告》。

4月1日，市政府召开第31次常务会议。审议《关于开展行政村规模调整工作的实施意见》《2019年政府工作报告重点工作责任清单》《龙泉市产业培育大比拼、项目建设大比武活动实施方案》《龙泉市2019年政府投资项目计划》《龙泉市实施“五个十”文化行动三年计划》《龙泉市声环境功能区划分调整方案》《关于促进制造业信贷投放的实施意见》，听取萧山“飞地”产业园—萧龙科创园建设项目工作情况汇报。

4月22日，市政府召开第32次常务会议。审议《龙泉市资源配置市场化改革实施意见》《龙泉市土地储备实施办法》《龙泉市江滨北岸凤起路区块国有土地上房屋征收补偿方案》《龙泉市江滨北岸凤起路区块集体土地房屋征收补偿方案》《龙泉市城市规划区外土地房屋征收补偿方案》《龙泉市农村饮用水达标提标工程建设管理办法》《龙泉市选商引资工作实施意见》。

6月3日，市政府召开第33次常务会议。审议《龙泉市国有企业市场化改革方案》《龙泉市国有企业重大财务事项报告制度（试行）》《关于剑瓷历史经典产业振兴三年行动计划（2019—2021年）》《龙泉市文创人才兴业计划》《龙泉市林业发展和资源保护扶持政策》《关于龙泉绿采食用菌交易中心项目情况汇报和工作方案》《龙泉市行政村规模调整方案》《龙泉市选商引资项目优惠政策》《2019年龙泉市招商引资工作考核办法》。

6月3日，市政府召开第34次常务会议。审议《关于进一步推进农业供给侧结构性改革加快现代农业产业发展的实施细则》《关于推进生态工业高质量绿色发展的若干政策》《关于进一步促进开放经济稳定增长的若干意见》《关于推进剑瓷产业发展的若干意见》《浙江龙泉经济开发区整合提升工作方案》，听取《龙泉市安全生产形势分析报告》。

7月5日，市政府召开第35次常务会议。审议《龙泉市2019年东西部扶贫协作主要任务指标及帮扶项目责任分解清单》《龙泉市来料加工业发展扶持政策（2019—2021年）》，听取龙泉市低收入农户增收和村集体经济增收工作、龙泉市2019年上半年网络舆情情况汇报。

7月22日，市政府召开第36次常务会议。审议《合作共建浙江大学龙泉创新中心协议》《关于落实农业农村优先发展总方针 推动“三农”高质量绿色发展的若干意见》《龙泉市小水电清理整改“一站一策”实施方案》《高标准打好污染防治攻坚战高质量建设美丽龙泉的实施方案》，听取全市违建别墅清查整治（自查自纠阶段）工作情况汇报。

8月21日，市政府召开第37次常务会议。审议《龙泉市土地整治项目建设和管理实施办法（试行）》《龙泉市建设占用耕地耕作层剥离和再利用实施办法（试行）》《龙泉市人民政府关于加强第二批县级河道管理和保护工作的通告》《关于全面加快科技创新推动高质量绿色发展的若干意见》《龙泉市数字经济发展行动计划(2019—2022 年)》《关于做好农村小额保险工作的通知》《鞋产业回归工程入园企业招商政策》。

9 月 2 日,市政府召开第 38 次常务会议。审议《关于鼓励投资建设高品位酒店若干扶持政策的实施意见(试行)》《龙泉市江滨南岸南秦原国镜药业周边区块城中村棚户区改造项目土地和房屋征收工作实施方案》《龙泉市宝剑小镇项目招商方案》修订内容。

10 月 15 日,市政府召开第 39 次常务会议。审议《关于总部经济政策调整的若干意见》《第二届世界青瓷大会•第十一届龙泉青瓷龙泉宝剑文化旅游节活动总体方案》《关于深入开展消除集体经济薄弱村攻坚提升行动的实施意见》《龙泉市教育提质行动计划 (2019—2022 年)》《龙泉市学前教育补短提质改革实施方案》《龙泉市人民政府办公室关于深化产教融合发展实施意见》《龙泉市道路交通事故社会救助基金管理实施办法》《关于要求授予陈久棣、舒中胜、张纪中、吴立群、熊树生、陈思宇、邱伟文、蒋国平龙泉市荣誉市民的建议》《龙泉市人民政府 景德镇陶瓷文化旅游集团合作框架协议书》。

11 月 20 日,市政府召开第 40 次常务会议。审议《龙泉市清明湖山庄等“五个山庄”违建别墅问题专项整治行动方案》《龙泉市氧吧长寿小镇(一期) 项目招商方案》《龙泉市新居民积分制管理办法 (试行)》《龙泉市江滨北岸凤起路区块旧城改造项目土地和房屋征收工作实施方案》《龙泉市储备补充耕地核查整改工作实施方案》《龙泉市江滨南岸原国镜药业周边区块城中村棚户区改造项目国有土地上房屋征收补偿方案》《龙泉市江滨南岸原国镜药业周边区块城中村棚户区改造项目集体土地上房屋征收补偿方案》,听取关于 2019 年省、丽水、龙泉民生实事推进情况督查报告有关情况汇报。

12 月 16 日,市政府召开第 41 次常务会议。审议《中共龙泉市委龙泉市人民政府关于全面落实预算绩效管理的实施意见》《龙泉市城市复兴三年建设行动方案(2019—2021 年)》《给予周鹏开除公职处分有关事宜》《龙泉市低收入农户高水平全面小康计划 (2019—2020 年)》《龙泉市交通投资有限责任公司所持浙江省龙丽丽龙高速公路有限公司股权划转方案》《关于加快医药产业发展的实施意见》,听取关于 2019 年全市法治政府建设工作情况汇报。

【龙泉市食品安全工作会议暨省食品安全市创建攻坚会议】 3 月 27 日,全市食品安全工作会议暨省食品安全市创建攻坚会议召开。市委副书记、市长吴松平在会上强调,要始终坚持以人民为中心的价值追求,认真贯彻落实习近平总书记关于食品安全工作的战略思想,明确任务,压实责任,上下齐心,形成合力,全面加强食品安全工作,确保成功创建省食品安全市。会上,副市长杨洪斌作浙江省食品安全市创建工作部署,市食安办通报全市 2018 年食品安全工作情况。

2016 年 8 月,该市出台《龙泉市创建浙江省食品安全市工作方案》,启动省级食品安全市创建工作。2019 年 5 月起,该市创建工作将接受浙江省级验收。为进一步做好省食品安全市创建工作,全面完成各项创建任务,顺利实现创建目标,市委、市政府决定从 3 月 25 日起至 7 月 2 日,在全市范围内开展创建省食品安全市“百日冲刺”行动。

【龙泉市安全生产工作会议】 4 月 1 日,全市安全生产工作会议召开。市委副书记、市长吴松平出席会议并讲话。会议强调,要深入贯彻落实全国安全生产电视电话会议、全省建设平安浙江工作会议和丽水市安全生产电视电话会议等会议精神,深刻吸取江苏响水“3•21”爆炸事故教训,始终坚持以人民为中心,坚决守牢安全生产底线,坚决落实安全生产措施,坚决扛起安全生产责任,确保全市安全生产形势持续稳定,全力保障人民群众生命财产安全。

会议通报了 2018 年度全市安全生产工作和安全生产目标管理责任制考核结果,对 2019 年全市安全生产工作进行了全面部署,同时还对清明节森林消防工作以及全国第四次经济普查工作进行了部署。

【汽车空调蒸发器、冷凝器国家行业标准制定工作组第一次会议】 5 月 17 日,汽车空调蒸发器、冷凝器国家行业标准制定工作组第一次会议在龙泉市召开。全国汽车标准化技术委员会车身分委会秘书长张尚娇主持会议,市委副书记、市长吴松平参加会议。中国汽车工业协会汽车空调委员会、全国汽车标准化技术委员会车身分委会、浙江省汽车空调标准化技术委员会相关负责人及全国各地相关高校院所、企业的专家参加会议。

此次汽车空调蒸发器、冷凝器最基础的草案是来自 2010 年市空调汽车配件行业协会组织制定的龙泉市联盟标准。2016 年,由浙江省汽车空调标准化技术委员会组织对汽车空调用蒸发器、冷凝器联盟标准进行了修订。

【龙泉市推进生态工业高质量绿色发展暨选商引资大会】 6月14日，该市召开推进生态工业高质量绿色发展暨选商引资大会，动员全市上下坚定信心，主动作为，凝心聚力抓紧抓实生态工业、选商引资各项工作，以“丽水之干”立行高质量绿色发展，为全市书写创新实践“绿水青山就是金山银山”理念龙泉新篇章提供坚实保障。市委书记王顺发讲话，市委副书记、市长吴松平主持，刘赤波等副处以上领导参加会议。

会议表彰了2018年度税费上台阶奖、优秀企业家、十佳亩产贡献企业、“出口优秀企业”、工业开发主体“五比五促”考核优胜单位、部门工业贡献考核优胜单位等先进，交办了“稳企业、增动能、强信心”精准服务企业专项行动工作、“一区四园”交办生态工业发展工作目标、选商引资工作目标等任务。

【龙泉市省级食品安全市创建工作现场考评反馈会】 8月28—29日，浙江省食品安全县(市、区)创建考评组对龙泉市省级食品安全市创建工作开展现场考评。反馈会上，省考评组认为，龙泉市达到创建浙江省食品安全市的基本要求，将委托第三方机构把评价结论上报省创建办审定。

市委副书记、市长吴松平出席汇报会、反馈会并接受考评组访谈，汇报了龙泉市创建省级食品安全市的做法、成效及下步计划。

自2016年8月全面启动浙江省食品安全市创建以来，截至2019年8月，该市食品安全整体水平、食品安全治理能力、食品产业健康发展水平、群众食品安全满意度实现“四个明显提升”，先后创成浙江省生态循环农业示范县、省现代生态循环农业整建制推进县和省农产品质量安全放心县。

【中国龙泉鞋城暨鞋产业链招商大会】 10月20日，龙泉市在温州市嘉运国际大酒店举行以“勇立潮头创新业、筑梦龙泉又一城”为主题的中国龙泉鞋城暨鞋产业链招商大会。市委副书记、市长吴松平等市领导出席会议。龙泉籍和非龙泉籍鞋业企业家350多人参加会议。

中国龙泉鞋城暨鞋产业链项目位于砩石街道核心区，坐落在龙泉东高速出口处，规划用地1450余亩，将分类分区块提供整鞋生产区块、辅料生产区块、鞋材市场区块、电商物流区块、人才公寓区块等，全部建成后可引进容纳500—600条鞋企业生产线。项目一期总投资约50亿元以上，计划招引200条(家)以上制鞋生产线以及相配套的辅料生产企业、物流企业和高端人才。

会议观看了龙泉宣传片、鞋产业链工程项目宣传片，介绍了龙泉投资环境、项目概况、招商政策及下步安排。温州龙泉商会和各有关部门、企业家代表作了发言，温州龙泉商会还与浙江龙泉农商银行、中国建设银行龙泉分行签订了授信协议。

【龙泉市空间拓展、小微企业园建设、“低散乱”整治工作推进会】 10月23日，龙泉市召开空间拓展、小微企业园建设、“低散乱”整治工作推进会，市委副书记、市长吴松平出席会议并讲话。会议强调，要坚持以习近平总书记“丽水之赞”为引领，以开展“不忘初心、牢记使命”主题教育活动为动力，大力弘扬践行浙西南革命精神，创新实践“丽水之干”，把初心和使命体现到抓落实、破难题、谋发展上，凭实绩论英雄，以工作成效来检验主题教育成果。

【龙泉市全域旅游工作推进会】 11月8日，龙泉市2019年全域旅游工作推进会召开，回顾总结前阶段工作情况，研究部署下阶段工作任务。市委副书记翁志鸿参加会议并讲话。

2020年，浙江省力争90个县(市、区)全部开展全域旅游和“万村千镇百城景区化”创建，70%的县(市、区)要达到国家全域旅游示范区验收标准，80%的乡镇要通过A级景区乡镇验收，50%的乡村要成为A级景区村庄。

【龙泉市第二轮中央生态环保督察迎检动员会】 11月19日，龙泉市召开第二轮中央生态环保督察迎检动员会，深入学习贯彻习近平生态文明思想，全面落实美丽浙江、美丽丽水建设工作要求，传达丽水市高质量建设美丽丽水工作推进会暨中央第二轮生态环保督察迎检动员会精神，部署推进美丽龙泉建设及第二轮中央生态环保督察迎检有关工作。市委书记王顺发出席会议并讲话。

【浙江省人大农业农村工作座谈会】 11月20日，浙江人大农业农村工作座谈会在龙泉市召开。浙江省人大常委会副主任史济锡出席会议并讲话。浙江省人大常委会委员、农委主任委员章文彪主持。龙泉市委书记王顺发致辞，吴松平、叶砝仙等市领导参加。

会前，史济锡一行先后到兰巨现代农业园区、兰巨乡仙仁村和浙江双益菇业有限公司，围绕农旅融合、企业发展、社会治理、基层组织建设等事关乡村振兴、经济社会发展的重点难点问题进行考察指导。

在座谈会上，浙江省人大农委总结了2019年工作，并对下步工作进行安排部署。来自杭州、宁波、湖州、嘉兴、丽水等11个地市代表先后作交流发言。会后，参会人员还前往宝溪乡，就农业与农村工作相关情况开展调研。

【龙泉市生态工业经济形势分析会暨服务企业推进会】 11月27日，全市生态工业经济形势分析会暨服务企业推进会召开，市委副书记、市长吴松平出席会议并讲话。会议强调，要以开展“不忘初心、牢记使命”主题教育活动为动力，认真贯彻落实浙江省委十四届六次全会精神，大力弘扬践行浙西南革命精神，创新实践“丽水之干”，坚定信心，用心服务，奋力冲刺生态工业经济“全年红”，以经济发展实际成效来检验主题教育成果。

会上，经商局、经济开发区、金融服务中心、统计局、生态环境分局和涉工乡镇（街道）围绕生态工业经济运行情况、服务企业情况和第二轮中央生态环保督察迎检准备情况作了分析汇报，其他乡镇（街道）就实现“全年红”作了发言。

会前，吴松平还带队赴“一区四园”开展服务企业大走访活动，先后走访了汽车空调、工程机械、竹木加工等行业领域的重点企业、成长型企业，详细了解企业生产销售、市场拓展、人才招引、融资贷款等情况，对企业反映的问题进行现场办公、现场解决。

【龙泉市创建省示范文明城市工作动员大会】 12月6日，龙泉市召开创建浙江省示范文明城市工作动员大会，深入贯彻落实党的十九届四中全会精神和浙江省委十四届六次全会精神，动员全市上下进一步统一思想，凝神聚力，高标准创建浙江省示范文明城市，高水平推进县域治理现代化，努力走出一条科学治理、精细治理、数字治理的城市治理新路子，推动物质文明和精神文明协调发展，为推进省域治理体系和治理能力现代化提供丰富的龙泉素材、龙泉实践。

市委书记王顺发出席会议并作动员讲话。市政协主席刘赤波等市领导参加会议。市委副书记翁志鸿主持会议。

会上，市综合行政执法局、市场监管局、文广旅体局、公安局交警大队等作表态发言。

重要活动

【全市扩大有效投资重点项目集中开工】 2月20日，全市举行扩大有效投资重点项目集中开工仪式，集中开（复）工59个重点项目、总投资近200亿元。市委书记王顺发宣布开工。市委副书记、市长吴松平讲话。市领导叶砇仙、刘赤波等出席主会场活动。龙泉瓯江文化休闲康养中心（城东综合体）项目业主单位、施工单位作表态发言。此次集中开（复）工的59个重点项目，涉及生态工业、休闲旅游、民生保障等多个领域，对全市扩大有效投资、提升经济质效、增进民生福祉、增强发展后劲具有十分重要的意义。

【“海丝之路·南海Ⅰ号龙泉青瓷归源展”开幕】 3月29日，“海丝之路·南海Ⅰ号龙泉青瓷归源展”开幕仪式在龙泉青瓷博物馆举行，浙江省文物局副局长郑建华宣布开幕，市委书记王顺发致辞，市委副书记翁志鸿等市领导参加。

为进一步挖掘古代海上丝绸之路文化内涵和提升当代龙泉青瓷在全世界的影响力，龙泉市与广东海上丝绸之路博物馆携手合作，精心选取“南海Ⅰ号”南宋沉船出水的96件国宝回龙参展，首要以“南海Ⅰ号”出水的龙泉窑瓷器为主，其他还有金器7件、银器1件、铜器1件、锡器3件、铜钱5件、墨书瓷器3件、景德镇窑2件、磁灶窑2件、德化窑2件、闽清义窑2件，器类丰厚，造型艺术共同。

此次展览分为“南海遗珠”“宋瓷归源”“丝路盛况”三个单元，为期两个半月。开幕式前还举行了“宋瓷归航”实景演出活动，再现古代瓯江“海上丝绸之路”盛况。

【“天下龙泉——龙泉青瓷与全球化”特展启动】 5月15日，“天下龙泉——龙泉青瓷与全球化”特展启动仪式在故宫博物院敬胜斋举行。故宫博物院院长王旭东、国家文物局副局长关强、丽水市副市长卢彩柳、浙江省博物馆副馆长许洪流以及故宫博物院研究馆员耿宝昌出席启动仪式并讲话。故宫博物院副院长任万平主持仪式，故宫博物院研究馆员王光尧做展览情况介绍。出席此次启动仪式的还有故宫博物院党委书记都海江、市委书记王顺发等。启动仪式上，耿宝昌先生还向故宫博物院、浙江省博物馆、丽水市政府赠送展览题字“天下龙泉”“青瓷之最”。

此次特展由故宫博物院与浙江省博物馆、丽水市委市政府联合举办，旨在宣传龙泉青瓷及其全球化文化影响。展览将分两阶段进行，第一阶段位于故宫博物院斋宫、景仁宫，展期为7月15日至10月20日；第二阶段位于浙江省博物馆，展期为2019年11月15日至2020年2月16日。

此次特展共有830件展品，其中故宫博物院的507件，来自浙江等18个省市32家博物馆、考古所的205件；来自境外6个国家和地区11家博物馆、考古所的约120件，其中有35件是来自越南、泰国、缅甸、日本、伊朗、叙利亚、埃及、英国等国家和地区在不同时期模仿龙泉青瓷的作品。

【“中国旅游文化周”全球联动项目龙泉调研活动】 5月19—20日，中外文化交流中心、文化和旅游部海外文化设施建设管理中心与龙泉市联合举办“中国旅游文化周”全球联动项目龙泉调研活动。中外文化交流中心主任、文化和旅游部海外文化设施建设管理中心主任段周武，中外文化交流中心副主任刘红革，市领导王顺发、吴松平、诸葛春杰、王凡、黄国勇等参加研讨会或调研。

活动期间，举行了“文化新动力•旅游新趋势•剑瓷新产业”主题研讨会，调研组先后前往龙泉青瓷博物馆、金宏瓷厂、龙泉宝剑厂、中国青瓷小镇等地，考察龙泉剑瓷文化产业，还参加了“不灭窑火”龙泉青瓷传统龙窑烧制技艺活动。

【龙泉红•西湖品鉴会】 5月28日，由中国国际茶文化研究会、龙泉市政府主办的龙泉红•西湖品鉴会活动，在杭州西湖国宾馆举行。中国国际茶文化研究会会长、浙江省政协原主席周国富，浙江武警部队原总队长、少将何虎，中国国际茶文化研究会常务副会长、杭州市政府原市长孙忠焕，中国农业科学院茶叶研究所党委书记姜仁华，中国国际茶文化研究会秘书长、浙江省政府原副秘书长王小玲，中国国际茶文化研究会原常务副会长、浙江省财政厅原厅长宋少祥，中国国际茶文化研究会副会长沈立江等嘉宾，以及王顺发、吴松平、叶硋仙、刘赤波等龙泉市领导参加。

品鉴会上，举行“龙泉红”品牌发布、区域公用品牌生成仪式，特别推出了龙泉红“磨石栏”野生老枞红茶、龙泉红品种红茶、龙泉红凤阳山野生红茶等三道茶供品鉴。浙江省农业农村厅总农艺师蔡元杰致辞；浙江大学茶叶研究所所长王岳飞点评龙泉红；市委副书记、市长吴松平介绍龙泉市茶产业发展情况；中国农业科学院茶叶研究所与龙泉市签订共同加快龙泉市茶产业发展战略合作协议；杭州龙坞茶镇与市农业农村局签署进驻协议；杭州你我茶燕茶楼与龙泉市地阳红生态农业有限公司、杭州绿润制茶有限公司与龙泉市金福茶业有限公司分别签订采购协议。

来自丽水学院、杭州知名茶企、茶楼、在杭龙泉籍乡贤、商会代表等领导嘉宾，以及来自新华社、人民网、新华网、中新社、光明日报、浙江日报、浙江之声、浙江在线、浙江经视、中国网、凤凰网、都市快报等媒体参加活动。

【端午龙舟文化旅游活动】 龙泉“鼎丰杯”端午龙舟文化旅游活动于5月31日至6月4日举行，包括传统龙舟巡游、传统龙舟竞赛等活动。

6月4日，龙舟文化旅游活动开幕式举行。王顺发、吴松平、叶硋仙、刘赤波、翁志鸿等市四套班子领导出席仪式并带头参加龙舟巡游。此次龙舟赛由党群、宣传、计划等各部门代表队，以及青瓷、宝剑、汽配等行业代表队共10支队伍组成，乡村代表队增加到12支，并邀请浙江大学、丽水学院两所大学的代表队，总数达到24支。同时，还有来自台湾南投县的同胞以及部分在龙泉的外籍友人一起组成代表队参加巡游活动。

经过激烈角逐，在1200米龙舟直道赛中，宝剑行业协会、政法口、计划口龙舟代表队获系统组前三名，五村、临江村获乡村新锐组前两名，南秦村、道太乡、九村龙舟代表队获乡村传统组前三名。

【龙泉青瓷波士顿展】 6月9日，值中美建交40周年之际，为期6天的“人类非遗•中华经典”——2019龙泉青瓷

2019年6月4日，“鼎丰杯”端午龙舟文化旅游活动　（陈英亚／供图）

巡展，在美国波士顿福布斯艺术馆正式开展。当天第四十届波士顿龙舟节也在查尔斯河畔开幕，龙泉市政府在活动上还向美国波士顿捐赠了一艘冠名为“天下龙泉”的龙舟。

展会现场，徐朝兴、毛正聪、夏侯文、胡兆雄等青瓷大师及业界新秀制作的80件青瓷作品惊艳亮相。此次展会是继2018年9月龙泉青瓷展在美国纽约联合国总部成功举办后，龙泉青瓷在美国的又一次“跨海造访”。

【天府之路·四川遂宁龙泉青瓷归源展】 6月19日，“天府之路·四川遂宁龙泉青瓷归源展”开幕仪式在龙泉青瓷博物馆举行。遂宁市文物管理局局长、四川宋瓷博物馆馆长何瀛中，中国著名导演、制片人张纪中参加开幕式活动。市委书记王顺发致辞，吴松平、叶砝仙、刘赤波等副处以上领导出席。开幕式上，王顺发、吴松平代表市委、市政府向四川宋瓷博物馆回赠青瓷礼单，同时授予四川宋瓷博物馆“人类非遗龙泉青瓷传统烧制技艺传承体验基地”称号。

此次从四川宋瓷博物馆迎回的69件宋代龙泉青瓷均来自四川遂宁金鱼村窖藏。截至2019年，该窖藏是中国发现的最大最完整的一处宋代瓷器窖藏，当中出土的342件龙泉青瓷，为中国宋代龙泉窑的收藏和研究提供了极具代表性、典型性、权威性和标尺性的实物材料，也有力印证了龙泉青瓷作为对外交流的友谊使者，途经“天府之路”，沿着“丝绸之路”源源不断走向世界的历程。

【“天下龙泉——龙泉青瓷与全球化”特展在故宫博物院开展】 7月15日，“天下龙泉——龙泉青瓷与全球化”特展开幕式在故宫博物院举行。故宫博物院院长王旭东，国家文物局党组成员、副局长关强，浙江省副省长成岳冲，浙江省政府副秘书长蔡晓春，浙江省文化厅党组成员、省文物局局长柳河，浙江省博物馆馆长陈水华，丽水市委副书记、市长吴晓东等领导和嘉宾出席开幕式。吴松平、叶砝仙、刘赤波等龙泉市领导参加开幕式。

此次展览由故宫博物院、浙江省博物馆、丽水市政府联合主办，展出来自42家国内外文博机构的833件（组）青瓷文物。展览以龙泉青瓷为视角，阐述中外文化的交流、互鉴与发展，是历来关于龙泉青瓷的展览中展品数量最多、来源最广、产地最繁且体现多元文化的一次展览，立体化地展现出宋元以来陆上及海上陶瓷之路的兴盛发达。

开幕式上，王旭东、关强、成岳冲，以及故宫博物院研究馆员耿宝昌，故宫研究院院长郑欣淼，故宫学院院长单霁翔，伊朗文化遗产、手工艺和旅游组织文物遗产局博物馆与文化历史动产事务司司长 Mohammad Reza Kargar，龙湖集团副总裁宋垚等8位领导嘉宾共同为开幕剪彩。

此次展览共分四个单元。第一单元为千年龙泉，讲述龙泉窑千年来自身的发展过程，展品以龙泉青瓷各个时期的代表性器物为主。第二单元为国家公器，阐释龙泉青瓷在不同历史时期与官府的深刻联系。展品以故宫博物院收藏的清宫旧藏龙泉青瓷为主，是高品质龙泉青瓷的集体亮相。第三单元为风行天下，展示龙泉青瓷在中国境内和世界各地的行销和输出情况，这是12—15世纪世界贸易体系的重要组成部分。第四单元为交融辉映，展示国内外各窑场模仿烧造的龙泉青瓷，勾勒出龙泉青瓷生产技术传播、互鉴发展的轨迹。

【创建全国红色旅游示范小镇项目开工】 8月9日，龙泉市弘扬践行浙西南革命精神、创建全国红色旅游示范小镇项目开工仪式在住龙镇擂鼓山举行。市人大常委会主任叶砝仙宣布开工，相关部门、施工单位代表作表态发言。

此次开工的项目涉及红色产业培育、红色研学疗养、红色文化弘扬、红色遗址修复、区域路网改建、绿道提升改造、美丽河道治理、景区达标工程等领域，共计11个项目，总投资6.92亿元。

【瓯江山水诗路——2019年“长三角之巅·天籁音乐会”】 8月24日晚，瓯江山水诗路——2019年“长三角之巅·天籁音乐会”在长三角第一高峰黄茅尖所在的龙泉山景区精彩上演。此次音乐会由龙泉市政府主办，市委宣传部、凤阳山管理处、市文化和广电旅游体育局承办，分为长三角之巅——天籁音乐会、暮光森林演唱会、音乐嘉年华三个部分。

著名音乐制作人捞仔、著名唢呐演奏家杜竹松、浙江卫视知名主持人舒中胜等明星大腕在璀璨星空下，以原始森林为幕布，融合多元音乐元素，为现场及直播前的观众带来一场视听盛宴。

【龙泉市铁路站前广场综合建设工程开工】 9月5日，龙泉市铁路站前广场综合建设工程开工仪式在剑池街道茶坦村举行。丽水市衢宁铁路项目指挥部总指挥叶朝丐出席并讲话。市委书记王顺发宣布开工，市委副书记、市长吴松平主持开工仪式。叶砝仙、刘赤波等市领导参加。

铁路站前广场综合建设工程是衢宁铁路龙泉站最为重要的配套工程，是浙江省大花园建设的重点项目。站前区块市政基础设施工程（一期），项目位于茶坦村区块、衢宁铁路龙泉站站房北侧，总投资3.08亿元，占地约3.25万平方米。主要建设内容为站前广场、地下室、匝道桥及出发平台、综合管廊，建成后将成为龙泉市对外交通的大窗口、大枢纽。为确保衢宁铁路2020年9月底正常通车，该项目将于2020年8月底前先行完成匝道桥、地面道路的施工并交付使用。

仪式上，项目施工单位代表、项目监理单位代表、剑池街道主要负责人分别作表态发言。

【“中国青瓷小镇——浙江特色小镇海外推广展”在莫斯科中国文化中心开幕】 9月5日，“中国青瓷小镇——浙江特色小镇海外推广展”在莫斯科中国文化中心拉开帷幕。此次展览由浙江省文化和旅游厅、莫斯科中国文化中心主办，浙江省非物质文化遗产保护中心、龙泉市政府承办，龙泉市文化和广电旅游体育局协办。

开幕式上，俄罗斯中国文化中心副主任夏光远和俄罗斯蓝花瓷博物馆馆长科切洛夫以敲响青瓷乐器“磬”的形式，为“中国特色小镇——浙江特色小镇海外推广展”启幕，宣告未来10天的展览活动正式开始。

展览通过“瓷•镇”“瓷•缘”“瓷•艺”“瓷•境”“瓷•语”五大板块，重点展现龙泉青瓷的精湛工艺与当代发展，宣传推广浙江及“中国青瓷小镇”的文化内涵，讲述中国青瓷小镇的美好故事。

推广展活动共有来自龙泉市的41位“非遗”代表性传承人、工艺美术大师携41件（套）作品参展，徐朝兴、夏侯文、毛正聪、胡兆雄等4位龙泉青瓷国家级代表性传承人、中国工艺美术大师的精品力作也在其中。为了开展“中国青瓷小镇”文旅项目推广活动，龙泉青瓷“非遗”传承人在现场进行拉坯、刻花技艺展演及茶艺表演，并邀请来宾进行互动体验，用青瓷茶具品茗，展示龙泉依托青瓷为基础的丰富旅游资源。精选25幅青瓷小镇当代风貌优秀摄影作品进行现场展览。

活动还邀请中央广播电台总台国际在线、光明日报、今日俄罗斯等多家媒体进行现场报道。共有来自俄罗斯社会各界的200余名观众通过预约报名的方式出席开幕式并参观展览。

【龙泉市中医医院迁建工程开工】 9月30日，龙泉市中医医院迁建工程开工仪式举行。市委书记王顺发宣布开工，市委副书记、市长吴松平主持开工仪式。

市中医医院现坐落于贤良路25号。1958年10月由城关第一、二、三、四联合诊所组成的集体联合机构“城郊联合中医院”，几度易名变迁，1992年更名为龙泉市中医医院。历经60年的发展，医院逐步形成集医疗、科研、教学、预防保健、康复为一体，具有中医特色的综合性公立医院。

新建的中医医院，将按照国家二级甲等县级中医医院的建设标准规划设计。该项目总投资约2.79亿元，设置床位数250张，总用地面积约44亩，项目主要建筑群有医技综合楼、病房综合楼及配套附属工程。工程建设总工期为33个月，预计主体工程将于2022年6月底前完工。

【“天下龙泉——龙泉青瓷与全球化”特展在浙江省博物馆开展】 11月15日，“天下龙泉——龙泉青瓷与全球化”特展在浙江省博物馆开展。文化和旅游部党组成员、故宫博物院院长王旭东，丽水市委书记胡海峰，浙江省政府副秘书长蔡晓春，浙江省委宣传部副部长葛学斌，浙江省文化和旅游厅厅长褚子育，故宫博物院副院长赵国英，浙江省文物局局长柳河，浙江省博物馆馆长陈水华，丽水市副市长卢彩柳等领导和嘉宾，以及王顺发、吴松平、叶砝仙、刘赤波等市领导参加开幕式。

“天下龙泉——龙泉青瓷与全球化”特展由故宫博物院、浙江省博物馆、丽水市政府联合主办，此前已在故宫博物院展出3个月，共分为“窑望千年”“国家宝藏”“龙行天下”“协和四方”4个单元，展出全球42家文博机构的513件（组）文物作品。通过阐述12至15世纪龙泉青瓷在中国本土及世界范围的发展、流布、使用情况和技术传播，立体化地呈现龙泉青瓷文化的全球化图景。

开幕式上，胡兆雄、张晞、叶小春、毛丹阳、徐建新、王武6位龙泉青瓷大师向浙江省博物馆捐赠青瓷作品；与会嘉宾为一批“青瓷守望者”代表颁发证书，并为展览开幕剪彩。

【第二届世界青瓷大会•第十一届龙泉青瓷龙泉宝剑文化旅游节】 11月16日，由故宫博物院、中国工艺美术协会、中国陶瓷工业协会、浙江省文化和旅游厅、浙江省经济和信息化厅、丽水市政府联合主办，龙泉市委、市政府承办的第二届世界青瓷大会•第十一届龙泉青瓷龙泉宝剑文化旅游节开幕。浙江省政协副主席张泽熙宣布活动开幕，丽水市委副书记、市长吴晓东出席开幕式，市委书记王顺发主持开幕式。出席开幕式的还有西班牙驻上海总领馆总领事卡门•冯特丝，国际陶艺学会主席托比恩•卡瓦斯博，中国轻工业联合会副会长、中国陶瓷工业协会理事长杜同和，中国陶瓷工业协会名誉理事长、龙泉市荣誉市民傅维杰，中国工艺美术协会执行会长周郑生，浙江省人大常委会教科文卫委员会副主任委员田宇原，浙江省经济和信息化厅副厅长杜华红，丽水市领导戚永远、卢彩柳、丁岳清，四川省广元市副市长、昭化区委书记陈正永，景德镇陶瓷大学校长宁钢等领导和嘉宾，以及吴松平、叶砝仙、刘赤波、翁志鸿等龙泉市领导。

开幕式上，龙泉市政府与文化和旅游部中外文化交流中心、景德镇陶瓷大学、景德镇陶文旅集团等签订了合作协议；授予“中国古陶瓷之父”陈万里外孙女陈久榱、著名导演张纪中，知名新闻评论员舒中胜，浙江大学车辆研究所副所长、浙江大学龙泉创新中心主任熊树生，浙江农林大学工程学院副院长、浙江省科技特派员陈思宇，丽水市人民医院副院长、龙泉分院院长邱伟文，浙医二院派驻市人民医院专家蒋国平 “龙泉市荣誉市民”称号；张纪中宣布电影《龙渊》启动；龙泉剑瓷行业代表共同发布了《天下龙泉宣言》；郑建华、查普尔卡•库辛巴、尚刚 3 位专家进行“天下龙泉——龙泉青瓷与全球化”研讨会主旨演讲。

【浙江大学龙泉办学 80 周年纪念大会】 11 月 22 日，浙江大学龙泉办学 80 周年纪念大会在龙泉市召开。浙江大学党委书记任少波、市委书记王顺发分别在会上致辞。浙江大学副校长罗卫东为“浙江大学龙泉创新中心”揭牌。浙江大学党委常委、宣传部长应飚，浙大西迁二代寻访团团长、杭州市人大常委会原副主任朱荫湄等领导和嘉宾，以及叶砝仙、刘赤波等市领导出席。市委副书记翁志鸿主持。

会上，播放了《浙大龙泉市校合作专题片》；浙江大学专家俞小莉作代表发言；浙大档案馆出版社向龙泉市赠送《国立浙江大学龙泉办学史料》；龙泉市政府为汪炳良、张金枝、俞小莉、杨辉、周少华、毛碧增等在龙泉服务主导产业发展的浙江大学专家颁发了龙泉市产业首席专家证书；少先队员向浙江大学龙泉分校校友的后代代表和在龙工作过的浙江大学专家代表陆毓琴、管敏华、陆昭怀、沈弘、倪集华、俞小莉、杨将新、舒妙安、蒋国平、熊树生献花致敬。

现场还签约 4 个市校合作项目，分别为浙江大学医学院附属妇产医院与龙泉市人民医院对口帮扶合作项目、浙江大学医学院附属儿童医院与龙泉市人民医院对口帮扶项目、燃料电池汽车热管理系统研发项目、新能源汽车动力电池板式换热器自动化生产线关键技术研发项目。

浙江大学主要领导、校两办及相关部门学院代表，在龙泉工作过的浙大专家代表，各地浙江大学校友会代表，浙大西迁地党政代表，浙江大学龙泉分校校友后代及西迁地校友后代代表，浙大西迁二代寻访团等参加会议。

【龙泉日用青瓷杭州品鉴会】 12 月 6 日，“绿色生活•瓷润江南”龙泉日用青瓷杭州品鉴会在杭州黄龙饭店举行。该活动旨在推广龙泉日用青瓷品牌形象，宣传龙泉日用青瓷在“浙江省限制一次性消费用品”过程中所发挥的积极促进作用，为党政机关、企事业单位替换一次性杯具提供新选择。

浙江省住房和城乡建设厅副厅长、省分类办常务副主任张奕，浙江省机关事务管理局副局长徐建刚，丽水市副市长楼志坚分别致辞。中国工艺美术协会副理事长、浙江省文史馆研究员裘国樑作青瓷文化介绍，浙江省产品质量安全检测研究院副院长缪小平作青瓷安全环保情况介绍。市委副书记、市长吴松平作品鉴讲话。

此次品鉴会由浙江省生活垃圾分类工作领导小组办公室、浙江省住房和城乡建设厅、浙江省机关事务管理局、丽水市政府主办，龙泉市政府承办。活动共邀请到场嘉宾 700 余人，5 家企业现场签约，最大订单采购青瓷杯 9000 个；34 家青瓷企业参加现场展示，4 家青瓷企业代表作个性化推介，初步达成意向采购单位 117 家；71 家青瓷企业参加青瓷杯采购节“换杯计划”。

市政府办公室工作

【政务信息】 2019 年，龙泉市政务信息工作以“为领导服务、为基层服务、推动问题解决”为宗旨，紧扣政府中心工作和全市重点工作，坚持上下联动、横向互动，狠抓信息报送，全方位反馈了大量热点、亮点、特色信息，为领导科学决策提供了全面、准确、及时的信息服务，较好地发挥了参谋助手作用。全年共上报信息 1100 多篇，被上级信息刊物录用 450 多篇，其中浙江省级专报录用 4 篇，获得浙江省政府领导批示 4 个、交流 2 篇，丽水市级专报录用 17 篇，获得丽水市政府领导批示 4 个、交流 1 篇。刊发《龙泉政务信息普刊》21 期、《龙泉政务信息专报》34 期、《龙泉政务信息交流》6 期，获市政府领导批示 27 个。在丽水市政务信息工作例会上作典型发言 1 次。龙泉市政府办公室获评丽水市政务信息工作考核二等优秀单位，曾理获评丽水市政务信息工作先进个人。 （曾　理）

【信息公开】 2019 年，全市通过政府网站、政务公开平台、政务服务网及微信、政务微博等各种途径，主动公开政府信息 23194 条。内容涵盖机构职能、行政审批及行政事项和行政处罚结果、政策法规、计划报告、城市改造、房屋土地征收、教育、医疗、文体事业、社会救助等与人民群众生产生活以及经济社会发展紧密相关的各类信息。全年共收到公民、法人和其他组织提出公开政府信息申请35件，申请方式包括网上申请、书信申请，35件依申请公开均在规定时间内办结，全年未发生涉及政府信息公开申请的行政复议和行政诉讼。　（季　贞）

【督查工作】　2019年，督查工作以日常督查、立项督查和专项督查三大“组合拳”为载体，完善交办机制、反馈机制和销号机制三大机制，不断提高督查工作规范化、制度化、科学化水平。全年共下发市长日常督查交办单59件（转市政府领导督查交办22件），重要事项交办单34件，立项督查18件，催办函2期。督促政府系统承办人大代表建议171件，所提问题得到解决或部分解决77件，占承办总件数45%，正在解决或已列入计划准备解决88件，占承办总件数51.5%；承办政协委员提案106件，所提问题得到解决70件，占承办总件数66%，部分解决或正在落实34件，占承办总件数32.1%。市政府领导领办10件人大建议和8件政协提案满意率均为100%。　（叶　俊　曾国波）

驻浙江大学办事处

【概况】　2019年，在市委、市政府的领导下，在有关部门及杭州龙泉籍人士的支持帮助下，龙泉市政府与浙江大学市校合作工作顺利开展，圆满完成各项任务。

【重要活动】　6月10日，市委书记王顺发率队赴浙江大学进行交流访问。浙江大学党委书记任少波、副校长王立忠等校领导出席。双方就进一步深化市校合作，开展纪念浙江大学龙泉分校办学80周年系列活动等交换了意见。

7月25日，浙江大学领导班子全体成员“不忘初心、牢记使命”暑期专题读书班启动会在龙泉召开，浙江大学党委书记任少波主持会议并讲话。

8月18日，浙大新生开学前夕，在浙江大学龙泉分校旧址纪念馆，市委副书记、市长吴松平与新入学的5名龙泉籍浙江大学学子亲切座谈，祝贺他们成为光荣的浙大学子，并赠送宝剑，愿同学亮剑克难、学成报国。

11月23日，召开龙泉市浙江大学校友会第二届会员代表大会暨理事会二届一次会议。龙泉市委书记王顺发向大会致贺信。会议选举了叶学明为新一届会长，徐祖明为常务副会长兼秘书长，任晔等14人为副会长。浙江大学校友总会沈黎勇、副市长占雅静以及杭州浙大校友总会、丽水浙大校友会、浙大企业家同学会、浙大班长会等领导和嘉宾出席会议。　（徐祖明）

机关后勤工作

【概况】　2019年，龙泉市机关事务保障中心接待来宾423批次，9600余人次，其中省、部级领导20人，厅级以上领导181余人。安全出车6820次，车辆总行驶里程1800456公里，安全高效完成了机关各单位和全市重要会议、重大活动的车辆保障任务。会议中心完成会场布置和会场接待510余场（次），其中500人以上大会22场，全面使用青瓷茶杯，积极推进限制一次性消费用品工作。

5月，根据《关于调整龙泉市局级事业单位的函》（龙机改字〔2019〕73号）文件精神，龙泉市机关事务管理局（挂市委市政府接待办牌子）更名为龙泉市机关事务保障中心，为正局级。

市机关事务保障中心荣获2019年度龙泉市重点工作（文旅兴市）先进集体；被丽水市机关事务管理局评为全市机关事务管理工作先进单位。

【机关行政工作】　2019年，市机关事务保障中心行严格执行接待登记、情况分析、信访联动三项机制，正确引导群众依法上访，妥善化解上访人员118批次756人次。行政保卫工作完善门岗、巡逻、消监控、车辆管理等各项规章制度，加强监控与安保的联动，形成监管合力。定期组织安保人员进行文明礼仪培训、体能训练、消防知识培训和反恐反暴训练，提升业务能力和安保服务质量。安保队伍共有26人，其中16名安保人员由龙泉市金盾保安服务有限公司派遣（市行政中心安保服务于2018年由该公司通过竞争性磋商的方式中标）。

【机关政务接待】　2019年，政务接待工作严格贯彻落实中央八项规定及其实施细则，浙江省、丽水市各项规定和《龙泉市党政机关国内公务接待管理办法》，规范接待行为，严把接待标准。接待报销严格落实“一函一票两单”制度，规范执行财务制度。优化接待流程，住宿、用餐、会务、车辆等关键环节严格按照方案进行程序化运作，确保无缝对接、高效有序。做好浙江省委第十巡视组在龙泉巡视期间后勤保障工作，并配合做好涉及市机关事务保障中心有关工作。圆满完成龙泉红·西湖品鉴会、2019年龙泉市村企对接推介会、第二届世界青瓷大会·第十一届龙泉青瓷龙泉宝剑文化旅游节、浙江大学在龙泉办学80周年系列活动、“绿色生活·瓷润江南”——龙泉日用青瓷杭州品鉴会等重要会议(活动)的后勤保障任务,以及国药集团、一汽集团、道铭集团、浙能集团、宝龙地产等知名企业接待服务工作,助力龙泉市招商引资工作和旅游产业发展。

【公务用车管理】 根据固定资产管理规定及相关车辆处置规定,新购6辆国产红旗牌公务用车,提升公务出行的安全系数。3月1日,公务出行"一张网"平台上线运行,打通龙泉市与浙江省级、丽水级和各县(市、区)的公车服务平台。公务用车严格实行"八统一"管理制度,加大公务用车检查力度,形成重点抽查、专项检查、年节必查的常态长效机制,未发生公车私用、私车公养等违规行为。开展全市公务用车和业务用车自查自纠及专项整治工作,进一步规范全市公车使用管理。公务用车保障全年实现"零"信访件、"零"投诉率,共评出"无违章、无事故、无违纪、无投诉"的优秀驾驶员19名,占全体驾驶员的近三分之一。龙泉市公务用车管理工作作为正面典型,被浙江卫视《反腐前线》栏目(2019年5月9日)宣传报道,并在浙江省纪委省监委网站刊发了题为《内外发力 织密"车轮腐败"监督网》的信息报道。

【综合服务】 2019年,综合服务工作按"自主管理与服务外包相结合"的运行模式开展,落实巡查工作机制,做好市行政中心和机关宿舍的水、电、空调、监控、消防、电梯等基础设备的常规性维护工作。积极稳妥向社会力量购买后勤服务,运用量化评价体系使服务质量明显提高,市行政中心保洁和会务服务通过公开招标的方式交由浙江莲城酒店物业有限公司负责,电梯设备、音响设备、消防设备、空调系统维护保养服务通过公开询价的方式分别由日立电梯(中国)有限公司杭州工程有限公司、浙江哈曼视听科技有限公司负责、河南省海浪消防设备有限公司负责、浙江康泰空调工程有限公司负责。加大宣传力度和完善设施设备,做好垃圾分类。绿植定期养护,提升景观效果。开展每日卫生清洁工作,组织以"六清"为重点的爱国卫生运动共30余次。7月,按照《龙泉市党政机关办公用房清理整改实施方案》(龙委办发〔2015〕11号)规定的统一标准组织人员对市行政中心共36间办公用房进行功能改造。

【机关食堂】 机关食堂位于中山东路118号,面积为1623平方米,由原人武部大楼改造,总投资1404万元。5月16日,机关食堂正式投入使用,满足市行政中心内27个单位及周边17个单位共1330余干部职工的用餐需求。承担部分公务接待服务工作,并为民兵训练提供会议、食宿等后勤保障,机关食堂各楼层功能区域明朗,实现"一房多用"。机关食堂在不到6个月的时间内,相继完成政策处理、改造装修、劳务外包公司招标引入、设备物品购置、管理制度制定等大量前期工作,劳务外包通过公开招标的方式由丽水莲城酒店物业有限公司中标。投入使用后全年保障就餐人员10.2万余人次,公务接待用餐61次。在食堂满意度调查中,食堂环境舒适、菜肴丰富、价格合理、取餐方便、服务周到等诸多优点得到干部职工及家属的广泛好评。

受市委市政府委托,牵头全市(城区)机关事业单位统筹并餐工作,通过实地走访、发放基础信息调查表、召开协调会等方式对全市(城区)机关事业单位食堂及各单位就餐情况进行全面调查摸底,制定《龙泉市(城区)机关事业单位统筹并餐建议方案》,方案本着单位行业性质、食堂容纳空间、就近统筹并餐的原则,将未办食堂单位分批协调并餐,逐步实现全市(城区)所有干部职工100%解决就餐问题的目标。截至12月,共解决市行政中心外办公20家单位约610余人的就餐问题。 (刘鹏程)

信访工作

【概况】 2019年,龙泉市信访总量24973批(件)次,其中来信363件,来访742批1884人次,网上信访3588

2019年3月,省信访局领导到龙泉调研信访代办工作 (市信访局/供图)

件，受理来电20280件，赴省越级访6批15人次，进京越级访2批2人次；基本实现“接访在县里”目标，县级登记走访量占比高达92.1%，位列全省第三。国家、浙江省、丽水市交办积案化解率达到100%，连续第二年成功创建浙江省“无信访积案县(市、区)”；首次获得信访工作最高荣誉，国家信访工作“三无县”称号。

【机制建设工作】 2019年，根据浙江省“信访超市”建设标准，结合龙泉实际情况，市信访局采取“实体建设”与“机制建设”双管齐下的工作方式，研究制定出台《龙泉市社会治理综合服务中心(信访超市)建设实施方案》，龙泉市社会矛盾纠纷调处化解中心于11月29日揭牌营业。第一时间建立市、乡、村三级信访代办制度，积极探索群众到乡镇(街道)信访只进代办点“一家门”模式，增强群众来访便利度、快捷度、满意度。自9月运行起，共代理各项信访事项142件，现场解决139件。

【源头化解工作】 2019年，市信访局夯实基层基础，推动信访工作重心下移、关口前移，强化源头化解，在信访量较大的乡镇(街道)实行“草根调解超市”“四无乡镇”等做法，强化诉源化解工作，努力将信访问题化解在萌芽状态、化解在基层。市林业局在全省首创公益林数字化管理工作，实现公益林界线精准清晰，在治理山林纠纷类信访问题上做到了“治标治本”，全年由公益林补助纠纷引发的信访问题同比下降90%以上。研究制定《龙泉市信访事项初转重责任倒查工作办法》，进一步压实初信初访办理的工作责任，努力把群众信访的“第一站”变成了“终点站”。全年实现新增积案率同比下降63%。 (柳 青)

退役军人事务

【概况】 2019年，龙泉市纳入全国优抚对象管理系统的退役军人和其他优抚对象7181名。领取定期补助的优抚对象942名，全年发放优抚对象定期补助1062万余元、困难退役军人生活困难临时救助34万元、医疗补助34万余元、60周岁农村籍退役士兵补助348万余元、物价补贴54余万元；开展优抚社会化工作，发放优抚对象服务券648张；依法依规做好优抚对象认定工作，2019年共审核认定带病回乡退役军人3人、60周岁农村籍退役士兵补助若干份、接收部队移交的残疾军人3名。

市退役军人事务局为194名义务兵家庭发放义务兵优待金和奖励金533万余元。春节、“八一”等重大节日，市领导带队走访慰问丽水军分区、驻龙泉部队官兵、军休干部、优抚对象和全省“最美退役军人”；市退役军人事务局、乡镇(街道)、村(社区)服务站、老兵志愿者，对三属人员、部分烈士子女、企业军转干部、老复员军人、生活困难退役军人、二等功以上军人家庭等进行250多次走访慰问。

吴子敬荣获“浙江省最美退役军人”称号；上垟镇上源村李旭荣获个人二等功，市人武部、退役军人事务局和上垟镇一同到李旭家送上喜报和奖金；为龙泉市17名在中华人民共和国成立前参加革命工作的老军人送上70周年纪念章；10月28日，举办2019年退役军人返乡欢迎大会。

【机构设立】 龙泉市退役军人事务局于2019年1月17日组建，下设办公室(政策法规科)、优抚安置科两个科室，下属全额拨款事业单位龙泉市退役军人服务中心，现有工作人员10名。

市退役军人服务中心于4月19日挂牌成立，19个乡镇(街道)已按要求于5月20日前挂牌运行，13个社区、236个村的退役军人服务站均已挂牌成立，实现100%建站，退役军人服务保障体系初现雏形。

该市有市级管理的烈士纪念设施1处——龙泉市革命烈士陵园，乡镇(街道)管理的烈士纪念设施64处。全年投入龙泉市革命烈士陵园修缮资金40余万元；9月30日，市四套班子成员、市直机关主要领导、离退休干部代表、中小学生代表、退役军人志愿者到革命烈士陵园开展“9•30”烈士

2019年9月30日，烈士公祭活动 (市退役军人事务局／供图)

2019 年 10 月 28 日，退役军人返乡欢迎大会　　（市退役军人事务局 / 供图）

公祭日活动，向革命烈士敬献花篮。

【退役士兵接收安置】 2019 年，市退役军人事务局认真做好符合政府安排工作的退役士兵安置工作，分别安排到央企和全额拨款事业单位；联合组织、公安、人力社保、医保、人武部等单位开展退役军人“一件事”工作，退役军人返乡办理相关手续时间从 7 天减少为 1 天；发放自主就业退役士兵一次性经济补助 277 万余元；开展部分退役士兵社保接续工作，共受理社保接续申请 484 份；10 月 28 日，举办退役军人专场招聘，为全市退役军人提供 1000 余个工作岗位，若干历年退役军人与用人单位现场达成初步就业意向。

（季清海　丁志萍　吴秋平）

行政审批工作

【概况】 2019 年，龙泉市行政服务中心共进驻 26 个窗口，办证大厅面积 5000 余平方米，工作人员 155 名，受理各类行政审批服务事项 555111 件，即办件 483228 件（办结 482261 件，办件率 99.8%），“最多跑一次”办件量 542293 件。根据浙江省、丽水市文件要求及《丽水市行政服务中心现场管理标准化实施参考细则》，通过开展“制定一份实施方案、成立一个工作专班、梳理一张任务清单、制定一套工作制度、建立一个模范窗口、组织一次集体学习、开展一批整改活动、进行一次专项验收、形成一批经验做法”等“九个一”活动，加强了软硬件设施建设和工作人员的综合素质，推进大厅现场管理标准化工作，按丽水市要求建成标准化大厅，软硬件设施全面升级，为广大企业和群众提供便捷、舒适、高效的办事环境。

【基层便民服务】 2019 年，市行政服务中心在丽水率先开展市乡村三级联动工作，构建以行政服务中心为龙头、19 个乡镇（街道）为龙骨、236 个行政村为龙鳞的三级便民服务网，梳理出《龙泉市乡镇（街道）便民服务指导目录》，涉及服务事项 141 项，《村（社区）代办事项指导》（涉及事项 91 项），群众可以到村（社区）便民服务中心、乡镇（街道）便民服务中心就可以办成事。此外，根据浙江省、丽水市公布的民生事项清单，依托“一窗受理”平台、丽水市全域一证通办系统，推进民生事项进驻乡镇（街道）便民服务中心办理工作。

【智能化服务】 2019 年，市行政服务中心在丽水市各县（市、区）中率先铺设“便民服务自助终端”，一期共投放 23 台便民服务自助终端机（各乡镇、街道及工业园区便民服务中心 1 台、行政服务中心各楼层 1 台），共录入便民服务事项 161 项（其中事项查询类 49 项、一证通办“证明材料”查询类 112 项），为各基层网点群众带来极大的便利，在丽水市率先开启“市乡同步、机器联办”的数字化、智能化、同步化的群众办事新模式。通过完善各类信息数据全面对接，所有事项 100%实现网上办。通过“浙里办”APP 的推广应用，群众所有事项100%实现“掌上办”。

【代办服务】 2019 年，市行政服务中心构建以市行政服务中心为中心、工业园区为重点、各乡镇（街道）便民服务中心为支点的代办服务体系，为企业投资项目审批、便民事项办理提供代办服务，确保代办范围全覆盖。为更精准的服务企业，通过购买中介服务的方式设立代办专窗，为企业提供全流程代办服务，累计为 44 家企业提供代办服务，其中 4 家为全程代办，得到企业主的一致好评。2019 年，市、乡、村三级代办员共计 707 名，年代办量达到 5 万余件。

【网上中介超市】 依托丽水中介服务网上竞价系统，市行政服务中心建立全市统一的网上中介超市，编制行政审批中介服务事项清单，建立健全市场有序竞争、企业自主选择、中介规范服务、政府高效监管的行政审批中介服务体系，业主在电脑前“点鼠标”就可完成网上竞价工作。2019 年，累计完成城乡项目竞价总数 981 个，项目竞价成交平均用时 3.5 天，合计成交金额 2909.61 万元，合计降低金

额691.37万元，降价率21.31%。实现中介服务费用和时间双下降、质量和效益双提升。（张梦雅）

招标投标工作

【概况】 2019年，龙泉市招投标中心总计完成建设工程、政府采购、产权交易、土地出让四大类交易234宗，累计交易金额达155293.32万元，其中：建设工程交易106宗，交易金额137409.51万元，节约资金14549.93万元；政府采购68宗，交易金额16438.82万元，节约资金1198.37万元；产权交易60宗，交易金额1445万元，增值297.56万元。

市招投标中心按照《丽水市公共资源交易中心主要职责、内设机构和人员编制规定》《丽水市公共资源交易中心开标现场管理规定（试行）》文件精神，调整了科室分工组织结构，从原来的政府采购科、工程建设科、财务科三个科室调整为业务受理室、现场管理室、集中采购室、财务室四个科室，落实了“快、简、优”原则，促进交易项目工作流程的规范化、标准化、制度化，提升公共资源交易服务保障水平。

【不见面开标】 2019年，市招投标中心全力推进“远程不见面开标系统”的开发建设，该系统运用先进技术手段，将远程开标功能与视频互动技术融合，将传统的实体开标场所搬到网上，全流程电子化操作实现了招投标活动各交易主体“零次跑”，可以节约交易费用，减轻投标人负担，同时明显压减交易服务机构的管理、场地的再造成本，交易效率显著提高。多点并发、同步解密投标文件，交易时长大大缩短，充分激发市场活力。“不见面开标”使得投标人摆脱地域限制，

2019年10月18日，不见面开标培训会（潘　男／供图）

可在当地同时参与多个地区的投标活动，促进了市场竞争，有效预防并精准打击围标、串标行为。“不见面开标”全程线上操作，步步留痕，能够隔离投标人之间的串标，斩断投标人与专家评委线下接触的可能，有效杜绝腐败行为。龙泉市在丽水9县（市、区）中率先实现建设工程不见面开标，为真正走向全流程电子招标奠定基础。

【全流程网上竞价】 2019年，市招投标中心理顺产权关系，建立产权中介库，增设国资交易账户。通过公开招标实现产权交易中介库设立，入库中介两家（丽水市路通拍卖有限公司、丽水市阳光拍卖有限公司），一般产权交易项目委托入库中介拍卖、挂牌等，小额国资交易项目由国有资产经营有限公司自行发布竞价公告，所有项目均在公共资源交易网上进行，网上竞价项目全流程实现电子化交易，由市招投标中心审核后发布。提升公共资源交易平台管理水平与范围，明确产权交易由中介统一运作或由业主自行运作，理顺产权各方关系。

【清退投标保证金】 2019年，根据《浙江省人民政府办公厅关于转发浙江省减轻企业负担领导小组清理拖欠民营企业中小企业账款工作方案的通知》（浙政办发明电〔2018〕98号）和全省清理拖欠民营企业中小企业账款工作推进会等部署要求，以及《丽水市人民政府办公室关于进一步做好全市清理拖欠民营企业中小企业账款工作的通知》（丽政办发明电〔2019〕5号）要求，市招投标中心做好清理企业历年的投标保证金相关工作，共清退企业历年的投标保证金617万元，全面完成龙泉市政府布置的清理拖欠民营企业中小企业账款项目及金额。（张梦雅）

住房公积金管理工作

【概况】 2019年，龙泉市新增住房公积金开户单位112家，净增人数781人，实际正常缴存开户单位696家，实际缴存人数16694人。归集住房公积金37421万元，住房公积金归集累计总额达27.65亿元，全市缴存余额101806万元；提取住房公积金29020万元，全市住房公积金支取累计总额17.47亿元；发放住房公积金贷款533笔，贷款金额23815万元，住房公积金贷款累计总额19.09亿元，贷款余

额 104694 万元，存贷比 102.84%；待分配增值收益期末数 1910 万元；上缴市财政廉租房补充资金 379.1 万元。成功创建浙江省一级档案管理目标，连续九年荣获丽水市住房公积金管理目标考核一等奖，住房公积金服务窗口 2019 年 7 次被评为“五星级窗口”，连续 3 年获得“年度优秀窗口”称号。

该年，根据《关于划转市住房改革委员会办公室的通知》（龙机改字〔2019〕68 号），龙泉市住房改革委员会办公室划转为龙泉市住房与城乡建设局下属事业单位，主要职能、编制、人员、资金资产和档案同时划转。

【“最多跑一次”改革】 2019 年，住房公积金“最多跑一次”改革向纵深推进，依托银行网点，将服务延伸至基层，推行“网上办”和“掌上办”。5 月 6 日，实现提前还贷一件事全域集成办理，提前还贷、还贷提取两个事项在丽水市任一公积金服务网点实现一窗集成办理，群众一次即可办结和住房公积金还贷相关的三大事项。开展贷款柜台服务延伸，群众可根据自身实际情况，自由选择受理网点，组合贷款共同办理，无需再次前往公积金贷款窗口办理。在全龙泉市乡镇（街道）设立业务代办点，依托农商银行的网点全覆盖优势，设立业务代办点，将住房公积金业务办理事项向基层延伸。完成住房公积金自建系统事项 100%纳入“一窗受理”平台，全年总共受理业务 650 件，网上办理和掌上办理受理 587 件，审批通过 237 件。进一步畅通政府与金融机构的信息渠道，实现与建行、工行、农行、中行、农商、邮储、浙商 7 家受托银行住房按揭贷款数据共享。（王　莎）

2019 年 12 月 12 日，在龙泉农商银行查田支行设立住房公积金业务代办点

（王和甫 / 供图）

政协龙泉市委员会

综　述

【概况】 2019年，市政协发挥市政协专门协商机构的重要作用，全年27个专题协商计划全面完成。市政协九届三次会议期间，协商讨论“一府两院”工作报告，围绕“加快西街历史文化街区保护和利用”“助推汽车（空调）零部件产业转型升级”“扎实推进乡村振兴”开展3个专题协商。制定“6+X”年度协商计划▲，共开展7次“请你来协商”活动，其中“文旅兴市”专题被省政协列为年度“请你来协商”优秀案例。对市委全会工作报告等重要文件，城市空间发展规划调整等重大事项，产业创新服务综合体等重点项目共开展协商20余次。

市政协针对完善铁路站场规划、推进旧城改造等重点难点问题提出具体建议意见，全年共形成具有较高质量的调研报告20余份。全年共组织开展各类监督活动30余次，提出意见建议190余条。三次全会以后，共收到以提案形式提出的建议意见174件，提案办复率为100%，继续实行党政领导共同领办政协重点提案制度，组织开展重点提案办理民主评议。持续开展“城乡生活垃圾分类处理”三级政协联动专项集体民主监督，共开展民主监督活动11次，提出意见建议36条。积极推荐政协委员参与医共体建设、“民生调解超市”和“公益诉讼检察开放日”等重点民生活动及重要案件审判现场民主监督。全力助推中心工作任务，温武吉铁路前期、衢宁铁路、西街历史文化街区保护利用、氧吧长寿小镇、瑞垟引水工程（一期）、宝剑小镇建设、天然气“县县通”管道建设、龙泉溪治理二期工程、梅溪河综合治理工程、九姑山提升改造等重点工程项目均进展顺利。

市政协邀请市政府和市直有关部门负责人到会通报半年度全市经济社会发展、“平安龙泉”建设、全市教育提质行动实施和行政村规模调整等情况，召开庆祝人民政协成立70周年暨市政协参加单位工作交流座谈会，有效拓展政协委员知情明政平台。不断巩固和扩大爱国统一战线，加强与民族宗教界代表人士的沟通联系，走访异地龙泉商会。《大美龙泉》文史资料专辑正式出版发行，举办庆祝中华人民共和国暨人民政协成立70周年书画摄影展，丽水市级以上媒体全年共采用宣传报道30余篇，龙泉一中模拟政协委员团队在第六届全国青少年模拟政协活动中再次荣获多项大奖。坚持把“六送下乡”活动贯穿市政协全年工作中，开展“百名政协委员帮困联百户”行动，组织全体政协委员积极投身社会公益事业。

市政协开展“新时代人民政协的

市长吴松平参加“剑瓷文化深化、物化、转化”请你来协商活动　（季　敏/供图）

新样子”专题讨论活动，积极参与新时代新风貌笔谈、金点子征集等“六个一”活动，共上报笔谈文章20多篇、金点子50余条。制定《政协委员学习制度》，组织全体政协委员参加“高质量履职需要高素质保障”专题报告会，组织政协常委、部分优秀政协委员和信息员分两批次赴延安、西柏坡等地开展教育培训。组织开展政协委员乡镇(街道)基层联组联谊，有效推动政协履职向基层延伸和覆盖。市委增设市政协人口资源环境委员会和教育科技卫生体育委员会，增加市政协提案委员会专职副主任职数一名。由竺娜亚委员领衔的剑瓷龙泉政协委员会客厅成功获得省政协授牌，组织开展三场专题活动。

▲“6+X”年度协商计划：“6”是指除全体会议、专题议政性常委会会议协商外，一般每年举办6次协商活动，其中党政主要负责人原则上各参加1次，“X”是指县级政协参加单位、专委会和界别委员小组发挥各自优势，每年开展若干次协商活动；在协商人员上，议题与谁有关就请谁来协商。

【提案委员会】 2019年，召开市政协九届四次会议集体提案和大会发言征集座谈会，下发《关于征集市政协九届四次会议提案与大会发言文稿的通知》(龙政协办〔2019〕20号)，文件明确撰写要求和提交数量，并围绕全市中心工作和百姓关注的焦点热点问题，提供有关大会发言和集体提案选题的参考目录。市政协九届三次会议期间，共收到以提案形式提出的建议意见173件，立案159件，并案后为106件，委员提案质量有明显的提升。在所立的99件提案中，集体提案39件，委员提案67件，并选出19件重点提案。截至2019年，提案均已办理完毕，办理过程满意率100%，办理结果满意率为98.1%。对提案审查工作严格把关，严格落实立案“四审制”。保证提案有更多的被审查时间，提高提案立案与交办的准确率。从事关当地经济发展、民生福祉、生态建设等方面筛选出19个重点提案名单，选出“6+X”重点提案列入全年“请你来协商”工作计划，围绕“文旅兴市”“工程车治理”“民营实体经济发展”“剑瓷文化深化、物化、转化”“国家公园创建”“乡村振兴”“三治融合治理”等开展7次专题协商议政，每个专题都形成的《专题协商意见书》，共提出意见建议39条，其中已落实意见建议19条。“文旅兴市”专题协商还被省政协列为年度优秀案例。19件重点提案均由党政领导领办，政协领导督办，实行党政领导领办重点提案“五个一”制度▲。召开2019年度重点提案协商部署会，对重点提案办理进行专题部署。会同市府办组织有关人员对市文旅局、建设局、卫生局、民政局、农业局等8个提案办理大户进行督查，督促承办单位严格执行提案办复制度，推进承办单位与提案人开展交流协商，共商落实措施。常委会抽取当年5件重点提案和上年1件复评重点提案进行民主评议打分。11月上旬印发《2019年度政协委员提案办理考核细则》。

▲“五个一”制度：作出一次批示、听取一次办理方案汇报、参加一次办理调研、召开一次办理协商会、检查一次办理落实情况

【经济科技委员会】 2019年，市政协根据丽水市政协统一部署，配合开展“坚持创新引领，推进我市民营经济高质量发展”的专题调研活动。组织开展《助推我市汽车空调零部件产业转型升级》的专题协商活动。《加快我市汽车空调零部件产业发展的调研报告》获丽水市政协调研成果优秀奖。根据市政协年度重点协商计划安排，将“促进民营实体经济发展”确定为2019年度重点提案，由吴松平市长领办。成立以陈吉明副主席为组长的调研组，赴“一区四园”及相关单位开展调研，实地走访民营企业，召开座谈会，形成《促进民营实体经济发展专题协商建议书》，供市委市政府决策参考。开展对口协商，组织经济委委员赴萧山、平湖、秀洲等地开展“飞地经济”专题调研活动，召开座谈会，广泛听取各方意见和建议，认真梳理问题和建议。在此基础上，形成《发展“飞地经济”实现互利共赢的调研报告》，供市委市政府决策参考。组织参与民主监督，组织开展“城乡生活垃圾分类处理”专项民主监督活动。组织委员赴道太、安仁等乡镇实地开展调研视察，了解工作进展情况和存在的问题，梳理并提出各类意见建议10余条，助力“城乡生活垃圾分类处理”工作向纵深推进。组织委员开展“美丽乡村”专项调研活动，参观季山头、大舍等村，并召开会议进行座谈。组织开展科技周活动，会同科技局等单位在人民广场开展“科技强国科普惠民”为主题科技周活动。组织相关部门人员开展送科技下乡活动，让科技创新成果走进千家万户。

【农业农村和人口资源环境委员会】 2019年，市政协牵头组织大会专题协商。市政协九届三次会议期间牵头协调和组织落实“加快西街历史文化街区保护和利用”“助推我市汽车(空调)零部件产业转型升级”和“扎实推进乡村振兴”三个专题协商活动三个专题协商活动。牵头组织垃圾分类专项集体民主监督活动。市政协制定出台《龙泉市政协关于继续开展“城乡生活垃圾分类处理”三级联动专项集

体民主监督的实施方案》(龙政协〔2019〕8号),成立领导小组,并结合龙政协〔2018〕16号关于政协履职向基层延伸的文件精神,成立6个民主监督组,认真做好统计上报等工作。累计开展民主监督活动11次,参加的省市县三级政协委员共92人次,召开座谈会11次,实地查看乡镇(街道)19个、村(社区)32个,实地查看垃圾处置企业、处理终端12家,共提出意见建议36条。梳理分析并撰写"城乡生活垃圾分类处理"专项集体民主监督报告,并在10月14日市政协常委会议上进行专题协商,然后,向市政府和省、丽水市政协报送该专项集体民主监督报告。组织开展"推进实施乡村振兴战略"常委会建议案的专题调研、考察座谈和开展"请你来协商"等活动,完成常委会建议案的起草、协商、完善和报送等工作;开展"关于加大对民族村发展扶持力度的建议""关于提升我市空气环境质量的建议"等5项市领导领办重点提案办理协商工作;并就加快竹产业发展和推进城区垃圾分类无害化处理等工作开展对口协商活动。组织政协基层工作第六片组(龙渊、锦溪、岩樟)的政协委员和乡镇分管政协工作领导以及该专委会成员赴龙渊街道、八都镇、锦溪镇、岩樟乡等地开展"城乡生活垃圾分类处理"专项集体民主监督、竹木小微园建设调研、美丽城镇建设调研等3次片组履职活动。参与涉农项目评验。参加市政府牵头组织的李山头垦造水田项目评审、农业综合开发土地治理项目县级验收等多个涉农项目评验工作,对财政资金补助较大的涉农项目开展实地审查和联席评验,积极发挥政协民主监督作用。

【社会法制和民族侨台委员会】 2019年,市政协围绕关于创建国家公园的建议《关于构建"三治融合"基层社会善治体系的建议》《关于加大城市工程运输车辆超载治理力度的建议》等三个重点提案,依托"请你来协商"平台,通过实地调研、现场视察、召开座谈会、外出考察等多种形式开展专题协商,共邀市委、市政府领办领导参与,市政协委员、具体承办单位面对面协商交流,取得良好成效。助力全面深化法治龙泉建设,两次组织相关职能部门、政协委员围绕"三治融合社会基层治理体系建设"开展实地调研和座谈协商,市纪委书记郑建青应邀参加,并提出意见建议。牵头开展市政协"送法下乡"活动暨"学习宣传宪法建设法治龙泉"活动,组织相关法律专家学者赴道太乡、住龙镇,宣传法律知识、提供现场法律咨询和法律援助,参与"12·4"国家宪法日暨全国法制宣传日系列宣传活动。推动民族乡村发展。通过专题调研、大会发言、提案等载体,积极为少数民族发展建言献策。组织少数民族宗教组委员外出调研畲族文化传承和少数民族乡村振兴,围绕"少数民族特色旅游资源开发,推进文旅融合发展"赴延吉、海林等地开展学习考察,学习借鉴先进经验,撰写考察报告,助力少数民族特色旅游资源开发和利用。参与丽水市政协"推动民族教育发展"课题调研,为民族教育发展出谋划策。加强与统战、民宗、侨联、台联等部门的联系交流,增进与宗教界人士联系交往,走访市内部分宗教团体和宗教活动场所,开展同宗教界人士的友好交往交流,宣传宗教政策,组织相关部门外出开展平安寺庙创建调研。配合参与市侨台有关工作和活动,走访港澳、台侨眷委员企业。联系参与市政协侨台和少数民族宗教组相关履职活动,配合做好上级及各地政协对口专委会到龙开展调研活动。

【文史和教育文化卫生体育委员会】 2019年,市政协做好文史资料征集编撰工作。《大美龙泉》文史资料专辑(图册)共征集摄影作品近200幅,已由中国民族摄影艺术出版社出版发行。

送法下乡活动　　(张　烨/供图)

完成省委宣传部、省政协文化文史和学习委员会主办的“浙江文化印记”推送工作，青瓷列入候选名单。协助丽水市政协文化文史和学习委员会征集“改革开放四十周年”专辑稿件10余篇，“卫生印记”专辑征集稿件5篇。组织参加丽水市政协书画展，牵头负责举办“画好同心圆·共筑中国梦”龙泉市政协庆祝中华人民共和国和人民政协成立70周年书画和摄影展，展出作品70余幅。与市融媒体中心合作，继续推出文史专版，刊登“三亲”文章，每月一期，已出刊12期，刊发文章19篇、图片41幅。牵头开展“文旅兴市”重点提案办理“请你来协商”活动。“文旅兴市”重点提案由市委王顺发书记领办，在分管主席的带领下，市政协文化文史和学习委员会组织部分委员，就龙泉市实施“文旅兴市”发展战略、加快文旅融合发展情况进行实地调研，形成调研报告，并协调做好协商活动的相关筹备工作。首场“请你来协商”活动取得圆满成功，省政协“同心苑”微信公众号、《联谊报》均作报道，并被省政协列入优秀案例。牵头开展“西街历史文化街区保护和利用”专题协商活动。先后组织调研组赴上海、南京、嘉兴、湖州、衢州、松阳等地，考察学习历史文化街区保护和利用情况，并做好专题协商的筹备工作，省政协《联谊报》作活动报道。牵头制定政协委员学习制度。明确学习的组织领导、学习内容、学习方法、学习管理等事项，使委员学习有章可循，更加规范科学。开展重点提案督办工作。做好《关于探索医养结合模式 着力提升全市养老服务水平的建议》等重点提案跟踪办理工作，取得一定的成效。开展“送文化、教育、卫生”下乡活动。先后到岩樟、上垟、兰巨等乡镇开展相关活动，受益群众、师生达2000余人。

【委员工作委员会】 2019年，市政协着力提升委员综合素养和政治定力。举办“主席上党课”暨《政协章程》培训会、“新时代人民政协的新样子”专题报告会、社会民意信息工作会议。组织专委会成员、部分政协委员外出学习考察。组织部分人员赴延安延川县委党校、西柏坡爱国主义教育基地开展“不忘初心、牢记使命”主题培训工作，共培训两期70人。组织相关行业委员参加提案办理协商会、对口协商会等，推荐委员担任行风监督员、监察委特约监察员等，组织委员参加各类听证会、评议会、座谈会、约谈会等共72次1200余人次。建立“政协委员之家”，做好“委员会客厅”创建工作，举行“剑瓷龙泉政协委员会客厅”首场活动暨做好龙泉剑瓷文化的“深化”“物化”“转化”工作“请你来协商”活动。成立声乐舞美组、书法绘画组、户外摄影组等三个委员素养提升活动小组。修订完善《龙泉市政协委员履职情况综合评价办法》。及时更新“政协委员管理服务系统”，制定并完善《政协第九届龙泉市委员会联络组年度工作考核办法》，出台《关于在全市政协系统开展“新时代人民政协的新样子”专题讨论活动的实施意见》《中共政协龙泉市委员会党组关于建立党的工作对政协委员全覆盖的制度》《关于密切联系群众推动政协履职向基层延伸的实施意见》等文件。督办《关于解决乡村振兴中人才缺乏的建议》《助推温州龙商回归创业》《加强儿童营养健康、落实国家“学生饮用奶计划”》等提案，通过实地走访调研，听取承办单位有关情况汇报和委员的意见建议，督促承办单位积极抓落实，并对委员建议作出答复。做好委员调整增补基础工作，做好丽水市四届政协龙泉委员联络工作等。

重要会议

【九届三次全体会议】 政协第九届龙泉市委员会第三次会议3月11日至3月14日召开，会议听取和审议政协第九届龙泉市委员会常务委员会工作报告；听取和审议政协第九届龙泉市委员会常务委员会关于九届二次会议以来提案工作情况的报告；列席龙泉市第十六届人民代表大会第三次会议，听取并讨论政府工作报

2019年3月11—14日，政协第九届龙泉市委员会第三次会议在龙泉大剧院举行 （吴少平／供图）

告及其他有关报告；审议通过政协第九届龙泉市委员会提案委员会关于九届三次会议提案审查情况的报告；审议通过政协第九届龙泉市委员会第三次会议决议；审议通过政协第九届龙泉市委员会提案委员会关于九届三次会议提案审查情况的报告。会议共收到委员提案建议174件，经提案委员会审查立为提案106件；大会安排10位委员作口头发言。

【政协常委会】 1月24日，召开九届十三次常委会会议，听取市机构改革协调小组关于机构改革工作情况的通报，听取市政府关于2018年龙泉市“十件民生实事”完成情况的通报，听取市政府关于市政协九届二次会议以来提案办理情况的通报，对2018年度重点提案办理工作进行民主评议，听取市政府《关于“美丽县城”建设的建议案》办理情况的通报，协商讨论《政协第九届龙泉市委员会常务委员会工作报告（征求意见稿）》、《政协第九届龙泉市委员会常务委员会关于九届二次会议以来提案工作情况的报告(征求意见稿)》，审议通过《关于召开政协第九届龙泉市委员会第三次会议的决定》，审议通过《关于授权政协第九届龙泉市委员会主席会议审议政协第九届龙泉市委员会常务委员会第十三次会议未尽事宜的决定》，通报2018年度政协工作先进集体和先进个人名单，审议通过有关人事事项。

3月1日，召开九届十四次常委会会议，协商讨论政府工作报告(征求意见稿)，协商讨论市人民法院工作报告(征求意见稿)、市人民检察院工作报告(征求意见稿)，协商讨论龙泉市2018年国民经济和社会发展计划执行情况、2019年国民经济和社会发展计划(草案)，协商讨论龙泉市2018年度预算执行情况及2019年预算(草案)，审议通过市政协九届三次会议有关事项，审议通过人事事项。

3月12日，召开九届十五次常委会会议，听取各组讨论(政协两个报告)情况汇报。

3月14日，召开九届十六次常委会(扩大)会议，听取各组讨论情况汇报，听取各专题协商组协商情况汇报，审议通过政协第九届龙泉市委员会第三次会议决议(草案)。

5月27日，召开九届十七次常委会(扩大)会议，部署政协龙泉市委员会2019年度协商计划，部署龙泉市政协继续开展“城乡生活垃圾分类处理”三级政协联动专项集体民主监督活动，审议通过关于扩大政协第九届龙泉市委员会常务委员会组成人员规模的决定(草案)，审议通过有关人事事项，开展“请你来协商”活动。

8月1日，召开九届十八次常委会(扩大)会议，听取市政府关于2019年上半年全市经济和社会发展情况及下半年政府工作安排的通报，围绕“促进民营实体经济发展”重点提案办理，开展“请你来协商”活动。

10月14日，召开九届十九次常委会(扩大)会议，听取市委政法委关于“平安龙泉”建设情况通报，听取市教育局关于全市教育提质行动实施情况的通报，开展“城乡生活垃圾分类处理”重点协商，围绕“关于推进我市实施‘乡村振兴’战略”重点提案办理，开展“请你来协商”活动。

【政协主席会议】 1月17日，召开九届十八次主席(扩大)会议，政协办公室、各专委会、联络组汇报2018年度工作，协商讨论《政协第九届龙泉市委员会常务委员会工作报告(征求意见稿)》《政协第九届龙泉市委员会常务委员会关于九届二次会议以来提案工作情况的报告（征求意见稿)》，协商讨论提案评议有关事项，协商通过2018年度政协工作各项先进名单，协商讨论授权有关事项，协商讨论市政协九届十三次常委会议方案，协商讨论2019年度春节走访活动方案，其他事项(市政协九届三次会议筹备工作安排、专题协商初方案、建立个人委员工作室相关情况)。

2月22日，召开九届十九次主席(扩大)会议，审议有关人事事项，传达学习2019年全市干部大会精神、上级纪委全会精神，传达学习《政协浙江省委员会关于推进建言资政和凝聚共识双向发力的若干意见》(政浙委发〔2019〕1号)文件精神，协商讨论市政协九届三次会议有关事宜，听取专题协商组关于相关课题部署情况汇报，协商讨论市政协九届十四次常委会议方案，协商讨论建立市政协委员素养提升活动小组有关事项，其他事项。

4月24日，召开九届二十次主席(扩大)会议，传达学习省委办公厅关于《县(市、区)政协开展“请你来协商”平台建设工作的指导意见》文件精神，讨论通过市政协党组2019年工作要点，协商通过政协第九届龙泉市委员会第三次会议专题协商建议书，听取各联络组2019年工作计划汇报，协商讨论政协龙泉市委员会2019年度协商计划，协商通过“城乡生活垃圾分类处理”三级政协联动专项集体民主监督活动实施方案，听取2019年市政协委员培训计划安排，协商讨论市政协九届十七次常委会会议方案，人事事项。

7月25日，召开九届二十一次主席(扩大)会议，听取行政村规模调整情况通报，传达学习丽水市政协主席读书会精神，协商讨论“关于促进我市民营实体经济发展的调研报告”

（征求意见稿），龙泉市政协“城乡生活垃圾分类处理”三级联动专项集体民主监督工作情况汇报，听取2019年度市政协委员履职能力提升培训情况汇报，听取“剑瓷龙泉委员会客厅”揭牌仪式暨首场活动方案汇报，协商讨论市政协九届十八次常委会会议方案。

9月27日，召开九届二十二次主席（扩大）会议，传达学习习近平总书记在庆祝人民政协成立70周年大会上的讲话精神和省政协读书会精神，部署下阶段“不忘初心、牢记使命”主题教育活动，协商讨论“关于推进乡村振兴的调研报告”（征求意见稿），协商讨论“城乡生活垃圾分类处理”专项集体民主监督报告（征求意见稿），协商讨论市政协九届十九次常委会会议方案，听取委员履职情况通报，协商讨论《进一步完善市政协委员履职活动经费管理的规定（征求意见稿）》。

12月26日，召开九届二十三次主席（扩大）会议，传达学习丽水市委政协工作会议精神，听取市政协办公室、各专委会、联络组2019年度工作情况及2020年工作思路汇报，听取各调研组外出调研有关情况汇报，听取市政协九届三次会议提案办理情况汇报，协商讨论重点提案办理民主评议有关事项，听取市政协九届四次会议大会发言和重点提案（初报）选题情况汇报，协商讨论市政协九届二十次常委会会议方案，协商讨论市委政协工作会议筹备方案，协商讨论市政协九届四次会议筹备方案，听取“百名委员帮困联百户”工作方案，听取部分联络组组长和委员组别调整汇报，协商讨论2019年度政协工作各项先进评选工作，协商讨论迎新春走访工作方案。

重要调研活动

【重点调研课题】 2019年，市政协年初制定全年协商计划，与市委办、市府办共同发文，对“文旅兴市”“加快西街历史文化街区保护和利用”“助推我市汽车（空调）零部件产业转型升级”“剑瓷文化深化、物化、转化”“乡村振兴”“民营实体经济发展”以及“工程车治理”等热点问题开展专题调研协商并形成协商意见书，推动相关重点工作的开展和落实。

【政协常委会建议案】 2019年，市政协组织开展“扎实推进乡村振兴”专题调研，市政协常委会开展专题协商并形成协商意见书，就明确乡村振兴规划目标、坚持农业产业优先发展、推进富民壮村强乡镇行动、健全农村公共服务体系、深化农村改革创新发展、加强农村机制和要素保障等方面，提出许多建设性的意见和建议。

【调研活动】 5月14日，市政协主席刘赤波带队到龙渊公园、城东综合体调研重点项目建设，调研组一行先后实地察看龙渊公园及地下空间开发PPP项目、城东综合体等建设现场，认真听取各项目责任单位的情况汇报，详细了解项目实施进度、存在的困难和问题，以及下一步工作安排。市政协办公室专题向市政府报送《关于加快统筹推进城区相关重点项目建设的建议》，就“加快统筹推进龙渊公园项目建设、切实改造提升九姑山绿道品质、全面整治提升披云桥周边环境”等提出切实可行的建议和意见。　（余　婷）

2019年5月14日，政协委员调研重点项目建设　（张　韬／供图）

纪检监察、巡察

综　　述

【概况】 2019年，龙泉市纪委监委协助龙泉市委做好浙江省委巡视、巡察工作专项检查，推进市纪委监委牵头的10项整改任务，协助市委督促整改问题136个，交办471件信访件全部办结。加强对全市减税降费、土地征迁、机构改革、违建"大棚房"整治、行政村规模调整、五大山庄拆除等重点工作的监督检查，为工作落实提供纪律保障。严把选人用人政治关、廉洁关、形象关，共回复党风廉政意见121人次。实现信访举报、检举控告、初信初访、重复信访、越级信访数量同比分别下降15.3%、22.5%、26.8%、9.7%、21.2%。

深化扶贫领域腐败和作风问题专项治理，健全完善扶贫领域"六个一"▲长效监管机制，严肃查处侵害群众利益问题，共查处扶贫领域腐败和作风问题17件，问责29人，其中党纪政务处分10人，通报典型案例4起4人。持续督促推动扫黑除恶工作，建立领导联点包案、联片督导、提级办理等机制，推进扫黑除恶"打伞破网"向纵深发展，扫黑除恶转办件办结率100%，立案查处党员干部3人。

牵头做好"违反中央八项规定精神和全省'36条办法'突出问题"等主题教育9项专项整治行动，督促整改问题40个。开展利用"天价烟"、名贵特产类特殊资源谋取私利问题专项排查整治，协同开展公职人员违规投资入股营利性活动等专项整治清理。全市共查处违反中央八项规定精神问题10起，处理27人，党纪政务处分24人。协助市委开展"三治三强比实干"作风建设活动，深化整治形式主义、官僚主义，共查处形式主义、官僚主义问题4起，处理7人，党纪政务处分6人。充分发挥《龙泉聚焦》舆论监督助力发展作用，对城东路、小微企业园等项目推进缓慢的人和事进行公开曝光，督促干部转变作风，助力项目推进。执行市委关于激励广大干部新时代新担当新作为的文件要求，为27名干部澄清正名，其中公开澄清10起。

制定并严格落实纪检监察体制改革工作计划，推动纪律监督、监察监督、派驻监督、巡察监督形成有序衔接、互为补充、协调一致的监督链条。加强监察机关与检察机关、审判机关、执法部门在线索移交、调查措施使用、案件移送等方面的协调衔接，促进执纪执法贯通、有效衔接司法。贯彻执行审查调查一体化工作机制，提升办案质效，全市共采取监察留置措施4人。全面完成乡镇(街道)监察办规范化建设，完善片区协作机制，进一步发挥乡镇(街道)监察办作用。深化派驻(出)机构改革，在丽水率先实行派驻(出)机构与委机关"六个一体化"建设，改革后派驻(出)机构数量从15家减少到12家，监督单位数量从64家增加到79家，职能更加优化，监督更加有力。推进市纪委监委内设机构改革，设立机关党委，加强党建引领纪检监察工作。

全市各级纪检监察组织共处置问题线索391条，同比增长18.8%；立案126件，同比增长5%，其中乡科级干部14人；党纪政务处分122人，同比增长7%；涉嫌犯罪移送检察机关11人，同比增长22.2%。严肃查处了上垟镇原党委书记、青瓷小镇管委会主任、党工委副书记(兼)李建平等一批严重违纪违法案件。坚持抓早抓小，积极运用"四种形态"，其中第一种、第二种形态处理301人次，占比85.3%。持续做好查办案件的"后半篇文章"，将2019年查处的违纪违法领导干部忏悔录列入"不忘初心、牢记使命"主题教育专题民主生活会学习内容，开展受处分党员干部回访教育工作，激励受处分干部放下包袱、积极作为。协助市委抓好"警示教育月"活动，深化清廉龙泉建设，打造"剑瓷廉韵"文化品牌，挖掘清廉基因，加快形成龙泉全域清廉大格局。

以开展铸就龙泉"精神之剑"九

大行动为载体，市纪委监委开展“质量提升年、能力提高年”活动，强化全员培训、上挂外派、实战练兵、岗位锻炼和业务竞赛，增强专业能力、强化专业精神、提高专业水平。强化内部监督管理，严格执行监督执纪工作规则、监督执法工作规定，把执纪执法权力关进制度笼子。优选聘请首届特约监察员12人，主动接受各方面监督。加强机关党建，着力建设模范机关、清廉机关。

市纪委成立三个督查组，由纪委监委班子领导带队，对全市抗台救灾工作进行全面督查。全年全市各级纪检监察组织开展抗台抗灾抢险监督检查126次，督促整改问题54个，确保政令畅通。

8月10日，第9号台风“利奇马”超强台风期间，全市各级纪检监察组织严格按照上级纪委监委紧急通知及龙泉市委工作部署，把防台监督检查工作作为重要政治任务，为抗台防汛救灾工作提供坚强纪律保障。市委常委、纪委书记、监委主任郑建青第一时间深入乡镇一线督查防台救灾工作，实地察看地质灾害隐患点，到防汛抗台指挥部检查准备落实情况，指导抗台抗灾工作。

▲“六个一”：有一套组织机构、有一份工作方案、有一份责任清单、有一套管理制度、有一套督查机制、有一个特色品牌。

【廉政警示教育】 7月1日，龙泉市委书记王顺发带领副处以上领导和各部门、乡镇（街道）主要负责人以及社会各界党员代表到龙泉市廉政教育基地参观学习，接受廉政警示教育，先后参观龙泉市廉政教育基地的各主题展区，并观看反腐倡廉教育专题片，学习党风廉政形势、党纪法规要求、典型案例警示、清官廉吏故事、优秀家规家训、浙西南革命精神践行等6方面内容。

2019年7月21日，龙泉市副处以上领导及各乡镇（街道）、市直单位领导干部赴丽水市法纪教育基地开展警示教育活动

7月21日，王顺发、吴松平、叶砝仙、刘赤波、翁志鸿等龙泉市副处以上领导及各乡镇（街道）、各市直单位领导干部赴丽水市法纪教育基地开展警示教育活动。

重要会议

【市纪委全会】 3月8日，龙泉市纪委十四届五次全体（扩大）会议召开。按照上级纪委全会、龙泉市委全会和全市干部大会的工作部署，回顾总结2018年纪检监察工作，研究部署2019年任务。市委书记王顺发在会上强调，要认真贯彻十九届中央纪委三次全会、浙江省纪委十四届四次全会和丽水市纪委四届四次全会精神，以更高标准、更实举措、更大力度全面建设海晏河清的清廉龙泉，不断把全面从严治党引向深入。市委副书记、市长吴松平主持会议。叶砝仙、刘赤波、翁志鸿等副处以上领导参加。市委常委、纪委书记、监委主任郑建青代表市纪委常委会作《强化政治担当 忠诚履职尽责 奋力谱写纪检监察工作高质量发展新篇章》工作报告。会议审议通过市纪委全会工作报告和全会决议，并表彰2018年度全面从严治党工作先进单位和先进个人。

【全市纪检监察组织履行监督责任工作汇报会暨工作务虚会】 1月10日，市纪委监委召开全市纪检监察组织履行监督责任工作汇报会暨工作务虚会，总结交流2018年工作，思考谋划2019年工作任务。市委常委、纪委书记、监委主任郑建青参加会议并讲话。西街街道纪工委等7个乡镇（街道）纪（工）委和派驻第三纪检监察组等10个派驻纪检监察组就亮点工作及工作计划作交流发言。会上，还进行纪检监察业务知识测试。

【全面从严治党主体责任汇报会】 1月10日，龙泉市党（工）委（党组）落实全面从严治党主体责任点评会召开。市委常委、纪委书记、监委主任郑建青参加会议并讲话。 石街道、查田镇、岩樟乡等12个乡镇（街道）党（工）委，经济开发区、经信局、安监局等10个部门结合 2018 年工作亮点作面对面专题汇报，其他单位党委(党组)作书面汇报。市纪委委员还就各党委(党组)落实主体责任情况开展评议。

【龙泉市警示教育大会】 5 月 23 日，龙泉市警示教育大会召开。叶砝仙、刘赤波等副处以上领导参加。市委副书记翁志鸿作讲话，市委常委、纪委书记、监委主任郑建青主持。会上，还观看了警示专题片《以案为鉴 警钟长鸣》。

【扶贫领域腐败和作风问题专项治理工作推进会】 5 月 31 日，全市深化扶贫领域腐败和作风问题专项治理工作推进会召开。市委副书记翁志鸿作讲话。市委常委、纪委书记、监委主任郑建青主持。八都镇就深化扶贫领域腐败和作风问题专项治理试点经验作介绍。道太乡、市农业农村局作表态发言。

【专题学习会】 8 月 8 日，市纪委监委召开学习会，传达学习贯彻丽水市乡镇(街道)监察办公室规范化建设现场会精神。市委常委、纪委书记、监委主任郑建青参加会议并讲话。会议明确市纪委监委领导班子的责任分工，要求市纪委监委相关科室要根据上级要求及时提出乡镇(街道)监察办公室规范化建设初步意见和方案，组建专项工作组专门负责指导、推进、督促乡镇(街道)监察办公室规范化建设工作；各乡镇(街道)要坚持不等不靠的思想，立即行动，认真按照功能化建设等方面要求，严格执行办公用房规定，推进乡镇(街道)监察办公室规范化建设。

【学习贯彻十九届四中全会精神】 11 月 1 日，市纪委监委召开专题学习会，传达学习贯彻十九届四中全会精神。市委常委、纪委书记、监委主任郑建青主持会议。会议强调，全体纪检监察干部要把学习贯彻全会精神作为当前重大政治任务，做到学用结合、融会贯通。要强化政治监督，把对贯彻落实全会精神的监督检查同当前巡视整改、年底落实全面从严治党主体责任情况检查等各项工作结合起来，同步监督、同步推进。要深入推进“三项改革”，认真履行纪检监察机关职责，提高精准监督、精准执纪能力，以新时代纪检监察工作的高质量发展，推动全面从严治党向纵深发展。

【全市纪检监察系统务虚会】 12 月 31 日，全市纪检监察系统务虚会召开，总结交流 2019 年工作，思考谋划 2020 年工作任务。市委常委、纪委书记、监委主任郑建青参加会议并讲话。会议强调，2020 年，要围绕“规范、提高、成效、探索”8 个字推进纪检监察各项工作。会上，19 个乡镇(街道)和 12 个派驻(出)机构就 2019 年亮点工作及 2020 年工作思路作交流发言，市纪委监委领导部署 2020 年分管工作。

重要活动

【调研“清廉龙泉”建设】 3 月 27 至 28 日，市委常委、纪委书记、监委主任郑建青到基层调研走访“清廉龙泉”建设推进情况，重点对清廉学校、清廉村居、清廉企业、清廉机关建设等方面工作进行督查。郑建青一行首先到实验小学、龙泉浙大中学、龙泉三中、龙泉四中等学校，通过实地查看制度建设、校风建设、师德提升、学风培育、“阳光食堂”建设等，深入了解“清廉学校”建设工作情况。在走访剑池街道曾家村、八都镇章府会村、小梅镇半边月村和梅四村时，郑建青要求，市农业农村局、各乡镇(街道)及行政村要深刻认识理解清廉村居建设的重要意义和内涵，并结合实际提炼挖掘清廉文化，全力打造队伍建设好、制度执行好、党员干部带头好、乡风文明好的清廉村居。郑建青还走访调研市粮食收储公司、科伦药业等企业及市交警大队、丽水市住房公积金管理中心龙泉分中心、市场监督管理局等单位。

【督导调研“扫黑除恶”工作】 4 月 1 日，市委常委、纪委书记、监委主任郑建青带队到市政法委(扫黑办)督导调研“扫黑除恶”工作，并听取相关工作汇报。针对下步工作，郑建青提出具体要求：要提高认识、不辱使命，进一步增强对扫黑除恶工作的认识；要分工协作、密切配合，增强专项斗争的工作实效；要突出重点、重拳出击，增强对重点领域、重点部门、重点对象的打击力度。

【丽水市领导调研指导生态林权属落界】 5 月 6 日，丽水市委常委、纪委书记、监委主任方文军一行到八都镇调研指导生态林权属落界工作，龙泉市委副书记翁志鸿，龙泉市委常委、纪委书记郑建青等参加。座谈会上，调研组认真听取龙泉市林业局开展生态公益林权属落界工作的情况介绍，并就公益林权属落界工作中存在的问题和经验进行交流。调研组对龙泉市创新运用现代化信息技术开展生态公益林权属落界工作给予肯定，并强调要抓好抓实该项工作，从而解决山林纠纷、干部腐败、林区维稳等问题，推进“清廉林业”建设。

【“清风廉韵”青瓷作品创作大赛】 5 月，丽水市纪委、龙泉市纪委、龙泉市青瓷宝剑产业局联合举办“清风廉韵”龙泉青瓷作品创作大赛。此次创作大赛共有 115 件青瓷作品参评，51 件作

“清风廉韵”龙泉青瓷作品创作大赛作品展　　（周雅蕾/供图）

品获奖，其中，作品《杨震拒金》《朝霞》《诚廉家训》凭借着精湛的手工艺术和丰富的清廉内涵，获得特等奖。

【丽水市领导调研信访工作和后进村党组织整转工作】 9月29日，丽水市委常委、纪委书记、监委主任方文军到龙泉调研信访工作，并检查指导后进村党组织整转工作推进情况。吴松平、雷超、郑建青、邹海亮等龙泉市领导陪同调研或参加座谈会。方文军到龙泉市信访局，亲切看望慰问信访干部，听取相关汇报，肯定龙泉市信访工作，并勉励大家善始善终、善作善成，切实做好中华人民共和国成立70周年大庆各项工作。方文军到后进村党组织整转联系村——兰巨乡大巨村，检查指导整转工作推进情况，强调要切实增强农村内生动力。在龙泉期间，方文军还实地调研西街街道监察办公室运行情况和兰巨乡仙仁村村级信访代办工作相关情况，并看望慰问浙江省优秀共产党员蒋加强。

【乡镇（街道）监察办规范化建设】 10月31日，丽水市纪委监委第三检查组对龙泉市乡镇（街道）监察办规范化建设情况进行验收。检查组听取龙泉市乡镇（街道）监察办规范化建设情况汇报，并要求龙泉市纪委监委继续加强乡镇（街道）监察办在管理机制上的创新，总结先进经验进行推广。检查组先后到小梅镇、查田镇、八都镇、竹垟畲族乡等乡镇进行实地查看，并仔细检查乡镇（街道）监察办办公场所配置、标识标牌、办公（办案）设备、工作制度、工作档案、人员配备等情况，详细了解乡镇（街道）监察办工作人员履职情况，并对相关工作提出意见建议。

【首届特约监察员“上岗”】 11月28日，全市监察委员会首届特约监察员聘请会召开，12位特约监察员现场接受履职受聘书，标志着正式持证“上岗”对监察机关开展监督。此次聘任的12名特约监察员，由市人大、市政协、市委组织部、宣传部等多个单位推荐，并经过层层优选产生。他们既有来自党委和政府机关工作人员，也有一线代表和基层群众，具有代表广泛、人才荟萃、经验丰富的特点。

省委巡视

【省委第十巡视组巡视龙泉市工作动员会议】 根据浙江省委统一部署，2019年7月10日，浙江省委第十巡视组巡视龙泉市工作动员会议召开。会前，浙江省委巡视工作领导小组办公室副主任邱志明向龙泉市委书记王顺发传达浙江省委书记车俊关于巡视工作的讲话和指示精神。会上，浙江省委第十巡视组组长陈春玉就即将开展的巡视作动员讲话，邱志明就配合做好巡视工作提出要求，王顺发主持会议并作表态发言。浙江省委第十巡视组副组长徐其贵、叶鹰、王蕾及巡视组全体成员，丽水市委常委、纪委书记、监委主任方文军，龙泉市委和人大常委会、政府、政协党组领导班子，市人民法院、市人民检察院党组主要负责人等出席会议。

【省委巡察工作专项检查】 8月3日至7日，浙江省委巡视机构专项检查组对龙泉市委巡察工作开展专项检查。10月30日，向龙泉市委反馈巡察工作专项检查意见，根据巡视巡察工作有关要求，龙泉市委以高度的思想自觉、政治自觉、行动自觉做好整改工作。通过整改，完成5个方面15个问题的整改，立案1人，移送司法1人，党纪政务处分2人，诫勉2人，约谈提醒9人，完善各类制度4项。

【省委第十巡视组反馈巡视龙泉市的情况】 根据浙江省委巡视工作统一部署，10月30日，浙江省委第十巡视组向龙泉市反馈巡视情况。浙江省委第十巡视组组长陈春玉主持向龙泉市委书记王顺发的反馈会议并反馈巡视情况，浙江省委巡视工作领导小组办公室副主任王忠民传达浙江省委书记车俊关于巡视工作讲话和指示精神。陈春玉代表浙江省委巡视组向龙泉市领导班子进行反馈，王忠民对抓好巡视整改工作提出要求。丽水市委副书记、政法委书记李锋参加反馈会并就抓好龙泉市巡视整改工作提出要求。王顺发主持会议并作表态讲话。

【省委巡视整改专题民主生活会】 12月9日，龙泉市委常委会召开“不忘初心、牢记使命”主题教育暨浙江省委巡视整改专题民主生活会。丽水市委常委、纪委书记、监委主任方文军到会指导。丽水市委“不忘初心、牢记使命”主题教育第十二巡回指导组副组长李民强出席并讲话。龙泉市委书记王顺发代表龙泉市委常委会班子作对照检查，并带头开展自我剖析、查摆问题，接受大家的批评意见。吴松平、翁志鸿等龙泉市委常委会班子成员也逐一作对照检查，开展批评和自我批评。龙泉市人大常委会主任叶砝仙、市政协主席刘赤波列席会议。方文军强调，要以抓好浙江省委巡视反馈意见整改为契机，按照时间表、任务书、路线图，如期保质保量完成整改任务，做到全面整改、彻底整改。随后，他还到剑池街道、龙渊街道，实地检查指导违建别墅问题整治工作进展情况。

纪检监察派驻

【派驻(出)机构改革工作会议】 6月28日，市纪委市监委派驻(出)机构改革工作会议召开。市委常委、纪委书记、监委主任郑建青出席会议并讲话。市纪委副书记、监委副主任游金元通报派驻机构改革方案和人事安排。改革后，全市派驻机构从原来的15家减少至12家，而监督单位从64家增加到79家。

龙泉市纪委市监委派驻机构改革方案一览表

表10

派驻机构名称	负责监督单位	驻在部门
派驻第一纪检监察组	市委办公室(市台湾工作办公室)、市人大机关、市政协机关、市委统战部、市委市政府信访局、市委党史研究室、市档案馆、市工商业联合会、市归国华侨联合会、市总工会、共青团龙泉市委员会、市妇女联合会。监察监督市级民主党派机关的监察对象	市委办
派驻第二纪检监察组	市政府办公室、市人力资源和社会保障局、市住房和城乡建设局、丽水市住房公积金管理中心龙泉分中心、市机关事务保障中心、市行政服务中心、市土地房屋征收与储备中心、市金融发展中心、市大数据发展中心、市社会保险事业服务中心	市府办
派驻第三纪检监察组	市委宣传部、市文化和广电旅游体育局、市青瓷宝剑产业局、市融媒体中心、市文化产业和文明实践指导中心、市互联网信息中心、市青瓷宝剑产业服务中心、市社会科学界联合会、市文学艺术界联合会	市委宣传部
派驻第四纪检监察组	市委政法委、市司法局、市市场监督管理局、市综合行政执法局、丽水市生态环境局龙泉分局、市综合信息指挥中心	市委政法委
派驻第五纪检监察组	凤阳山管理中心、市农业农村局、市林业局、市水利局、市农业农村产业服务中心	市农业农村局
派驻第六纪检组	浙江龙泉经济开发区管委会(丽水生态产业集聚区龙泉分区管委会、浙江龙泉—萧山山海协作产业园管委会)、市发展和改革局、市经济商务局、市应急管理局、市统计局、市经济合作交流中心、市项目建设服务中心、市供销合作社	浙江龙泉经济开发区管委会
派驻第七纪检监察组	市教育局、市卫生健康局、市医疗保障局、市红十字会、市中职校、电大、龙一中、浙大中学、市人民医院、市中医院。经市纪委市监委授权，负责监督市属学校、医院；经市监委同意，可以调查市属学校、医院管理的公职人员涉嫌职务犯罪案件	市教育局
派驻第八纪检监察组	市财政局、市科学技术局、市交通运输局、市民政局、市审计局、市国有资产监督管理办公室、市退役军人事务局、市科学技术协会、市残疾人联合会、市移民工作中心、市交通运输发展中心、市产业创新服务中心。经市纪委市监委授权，负责监督市属企业；经市监委同意，可以调查市属企业管理的公职人员涉嫌职务犯罪案件	市财政局
派驻市委组织部纪检监察组(市委直属机关纪检监察工委)	市委组织部、市委老干部局、市编委办、市委党校	市委组织部
派驻市人民法院纪检监察组	市人民法院	市人民法院
派驻市人民检察院纪检组	市人民检察院	市人民检察院
派驻市公安局纪检监察组	市公安局	市公安局
	共派驻(出)12家。其中，单独派驻3家；综合派驻(出)9家。监督单位79家。此后新设立的单位，如明确归口管理部门的，由驻相应主管部门纪检监察组负责监督	

【派驻纪检监察组集体谈话会】 11月21日，市纪委监委召开市纪委监委派驻纪检监察组集体谈话会。市委常委、纪委书记、监委主任郑建青出席会议并讲话。此次集体谈话会的主要目的是听取各组对浙江省委巡视组反馈派驻纪检监察组存在问题的整改工作汇报。郑建青强调，要谋深谋细，掌握被监督单位的情况，做到各有侧重，对症下药。要抓早抓小，深入监督、靠前监督，把日常监督往深处走、往细处落、往实处做。要提质提效，积极探索创新监督手段，强化监督实效。各派驻纪检监察组负责人针对巡视组反馈的派驻纪检监察组存在的问题作表态发言。

机关党建工作

【概况】 7月9日，经中共龙泉市委直属机关工作委员会同意批复，成立中共龙泉市纪律检查委员会龙泉市监察委员会机关委员会和机关纪律检查委员会。8月，成立中共龙泉市纪委龙泉市监委机关第一支部委员会、第二支部委员会、第三支部委员会、第四支部委员会和退休干部支部委员会。8月20日，市纪委市监委召开机关党员大会，选举产生第一届机关党委和机关纪委。

9月12日，市纪委市监委机关第一时间召开“不忘初心、牢记使命”主题教育工作会议，动员部署市纪委市监委机关开展“不忘初心、牢记使命”主题教育工作。会议指出，在全党深入开展“不忘初心、牢记使命”主题教育是党的十九大作出的一项重大战略部署，机关党委、各党支部和全体党员干部要全面把握守初心、担使命，找差距、抓落实的总要求，认真把主题教育抓好抓实，抓出成效。会议强调，要把稳思想之舵，在政治建设中锤炼忠诚力。要拉紧行动之弓，在主题教育中提升执行力。要抓牢责任之要，在真抓实干中彰显公信力。会上，市委常委、纪委书记、监委主任郑建青郑建青代表市纪委监委领导班子作出“五个表率、五个始终”的公开承诺。

9月30日，市纪委市监委机关开展主题教育“初心之行”活动，全体机关党员干部前往岩樟乡，通过重温入党誓词、参观龙泉县委旧址、寻访红色足迹、观看警示教育片、开展集中学习、基层调研等方式，开展一次“初心之行”。

2019年8月20日，市纪委监委机关党委、机关纪委正式成立

【聚焦“两年”动员部署会】 3月19日，全市纪检监察系统开展铸就龙泉“精神之剑”九大行动高质量推进“质量提升年、能力提高年”活动动员部署会。市委常委、纪委书记、监委主任郑建青出席会议并讲话。会上，还举行党风廉政建设责任书签订仪式。

【全市纪检监察系统“清廉卫士”知识大比武】 4月4日，为推进丽水市纪检监察系统“质量提升年、能力提高年”活动，市纪委监委组织开展全市纪检监察系统“清廉卫士”知识大比武，旨在通过知识测试进一步提升纪检监察干部的理论水平、业务技能和履职能力。全市150余名纪检监察干部参加纪检监察业务知识测试。大比武测试采取闭卷的方式进行，内容紧贴纪检监察业务工作实际，涵盖《中国共产党章程》《中华人民共和国监察法》《中国共产党纪律检查机关监督执纪工作规则》《中国共产党纪律处分条例》等方面内容，重点考察纪检监察干部分析、解决实际问题的能力。开展知识测试前，市纪委监委对深化扶贫领域腐败和作风问题专项治理、扫黑除恶专项斗争等工作进行部署。

【督导减税降费】 4月16日，市委常委、纪委书记、监委主任郑建青带队到市税务局对减税降费工作开展监督调研，并召开工作座谈会，听取市税务局减税降费工作情况专题汇报。郑建青强调，要提高政治站位，切实扛起减税降费责任。学习减税降费政策，做到吃准吃透，坚持从严执法，补齐自身短板，以业务水平的提高优化服务质量和工作效能，推动减税降费工作向纵深推进。加强综合协作，确保监督检查有效有力。坚持“打铁必须自身硬”，加强岗位廉政风险排查，全面防范减税降费过程中的廉政风险。

【纪检监察干部全员“充电赋能”】 6月，市纪委监委举办全市纪检监察干部综合业务培训班，全市120余名纪检监察干部分两批赴浙江大学光华法学院参加培训。此次培训是市纪委监委深化“两年”活动，开展“锻钢铸魂练兵大行动”的重要内容之一，目的是通过培训，提高纪检监察干部的理论水平、业务技能和履职能力，建设全能型纪检监察干部队伍。培训采取集中授课与研讨交流相结合的方式，浙江大学光华法学院教授及纪检、审计、法院等专家、业务骨干进行专题授课，课程内容涵盖党纪法规知识、纪检信访、执纪监督、审查调查、案件审理业务及现场教学等。培训人员还参观浙江省监狱陈列馆、“五四宪法”历史资料陈列馆。

2019年9月30日，组织党员干部开展”初心之行“活动　　（市纪委/供图）

【军训暨第二届职工运动会】 11月29—30日，市纪检监察系统干部军训暨第二届职工运动会在东升小学举行。开展此次活动，旨在推进“不忘初心、牢记使命”主题教育和能力提高年、质量提升年“两年”活动，集中展示全市纪检监察干部振奋的精神及顽强的斗志，打造一支具有向心力、凝聚力、战斗力的纪检监察干部队伍。

【演讲比赛】 12月18日，市纪委市监委举办“忠诚使命 履职担当”纪检监察干部演讲比赛。来自各派驻纪检监察组、巡察机构、市纪委市监委机关的21名选手紧紧围绕“话初心担使命”主题，从身边人、身边事出发，结合个人工作实际，用生动的事例、真挚的情感、朴实的语言抒发纪检监察人员对党的忠诚、对纪检监察工作的热爱，诠释纪检人初心不改、勇往前行的奉献精神。（陈　宇）

市委巡察工作

【概况】 2019年，龙泉市委巡察办分三轮对19家党组织、124个村（社区）开展巡察，分别完成该届“全覆盖”目标58.6%、57%，共整改问题1725个，移交问题线索68条，党纪政务处分25人，诫勉48人，移送司法机关4人，清退款项101.9万元。全面完成原444个行政村的基层作风巡查全覆盖目标。

全年累计召开常委会、书记专题会、巡察工作领导小组会议8次，听取巡察工作情况汇报。梳理被巡察单位8个方面27项共性问题清单交市委组织部、市纪委监委等43个职能部门进行面上整改。

【机构人事】 1月，市委决定成立市委第一巡察组至市委第四巡察组，配备市委巡察组组长4名、市委巡察组副组长4名；6月，配备副科级巡察专员2名。

3月，中共龙泉市委办印发《中共龙泉市委巡察工作领导小组办公室职能配置、内设机构和人员编制规定》，明确市委巡察办是中共龙泉市委巡察工作领导小组的日常办事机构，为市委工作机关，设在中共龙泉市纪律检查委员会，正科级。内设综合科、督查科。

【重点工作】 2019年，市巡察办贯彻上级巡视巡察工作安排部署，组建两个巡察组赴松阳县新兴镇、缙云县人防系统开展巡察；配合丽水市委提级巡察组、松阳（交叉）巡察组对安仁镇党委、人防系统开展巡察；迎接浙江省委巡视巡察工作专项检查组对龙泉市委巡察工作开展专项检查。5月，巡察机构办公室迁至龙翔路232号；7月，成立龙泉市监委机关第四支部委员会暨巡察机构党支部；制定《中共龙泉市委巡察工作领导小组办公室工作规则》《中共龙泉市委巡察组工作规则》《巡察发现问题线索集中交办工作若干规定》。（方丽君）

民主党派　工商联

民盟龙泉市总支

【概况】 2019 年，民盟龙泉市基层委员会拥有盟员 102 人，下设教育、医卫、科技、农业、文化等 5 个支部。盟员中，担任丽水市人大代表 1 人，丽水市政协委员 3 人（其中常委 1 人），龙泉市人大代表 3 人（均为常委），龙泉市政协委员 13 人（其中副主席 2 人、常委 2 人）。

龙泉民盟开展“不忘合作初心，继续携手前进”主题教育活动，制定轮训计划，大力推进自身建设，积极履行参政党职能，被民盟中央授予民盟思想政治建设和宣传工作先进集体，获评民盟浙江省委会十佳示范基层组织、民盟丽水市委会先进基层组织。

组织全体盟员开展主题观影活动　（李思思 / 供图）

【思想建设】 2019 年，龙泉民盟实行委员轮值制度，制定全年理论学习计划，以《习近平关于“不忘初心，牢记使命”重要论述选编》、习近平总书记关于加强和改进统一战线工作的重要思想、“新型政党制度”理论及盟史盟章等为内容，组织盟员定期开展政治理论学习。以庆祝中华人民共和国成立 70 周年为契机，开展委员带头宣讲、全体盟员观看《我和我的祖国》等系列活动。积极探索“互联网+主题教育”新形式，打造主题教育思想“每日一学”模式，借助网络渠道实现图文推送。全年累计开展“不忘合作初心，继续携手前进”主题教育活动 10 余场，“每日一学”推送 70 余条，夯实多党合作的共同思想政治基础。盟员蒋离子荣获第三届中华文学基金会茅盾文学新人奖和中国第三届网络文学双年奖；盟员郑爱芬入选 2019 年“浙派名师名校长”培养对象；盟员吴敏荣获 2019 年度浙江民盟榜样人物入围奖；盟员李青羽被评为 2019 年度丽水民盟榜样人物。

【组织建设】 2019 年，龙泉民盟开展新盟员轮训活动，共举办 3 期专题培训会。严格按照盟员发展标准及程序，做好考察工作，全年共发展新盟员 4 名。深入开展坚持和发展中国特色社会主义学习实践活动，3 月，举办“春到茶园、最美盟约”主题活动；4 月，组织盟员参加“风雨同舟七十年•同心携手绘新篇”全市统一战线弘扬践行浙西南革命精神朗诵会等。

【参政议政】 2019 年，龙泉民盟向龙泉市政协九届三次会议提交大会口头发言 3 篇，书面发言 6 篇，集体提案 13 件。盟员政协委员向丽水市政协四届三次会议提交提案 8 件。盟员人大代表向丽水市四届人大四次会议提交建议 3 件，其中《关于发展休闲观光农业的几点建议》被列为重点建议案。截至 10 月，共向民盟丽水市委会、龙泉市政协报送社情民意稿件 47 篇，据不完全统计，浙江省委办公厅信息录用1篇，民盟浙江省委会录用15篇，丽水政协录用5篇。其中盟员郑夏来撰写的《基层呼吁“重度残疾人单列低保政策”能得到全面执行》被浙江省委办公厅、浙江省政协、浙江省委统战部等综合采用。盟员吴敏撰写的《新时代民办教育何去何从》获民盟浙江省委会“盟声议政”教育论坛优秀论文奖，并在民盟浙江省委会第五届“盟声议政”教育论坛上作为嘉宾应邀参加“乡村教育振兴与师资队伍建设”的论坛沙龙。盟员李青羽、周小宝、季庆祯撰写的研究文章，分获2019年龙泉市社会科学研究课题一、二、三等奖。

【民主监督】 2019年，龙泉民盟组织盟员、盟员政协委员积极参加龙泉市委、市人大、市政府、市政协及市委统战部组织的垃圾分类、乡村旅游、生态发展等民主监督活动14次，就全市经济社会发展及民主党派队伍建设等问题提出意见和建议。何颖、周小宝被聘请为龙泉市人大常委会社会建设专家咨询组成员，雷丽亚、李青羽担任龙泉市公安局特邀监督员，刘羽担任龙泉市人民法院人民陪审员，庄承玲和吴利花被推荐为龙泉市人民法院人民陪审员人选。

【社会服务】 3月，龙泉民盟组织盟员参与“凭着信心、凭着爱”2019世界自闭症关注日系列活动，为自闭症儿童送上温暖和爱；4月，协助民盟浙江省委会、民盟杭州市委会，开展“民盟同心·名师服务站”杭州名师支教活动，赢得广泛好评。深化“五下乡”活动，4月，民盟龙泉教育支部与龙泉市教育研究培训中心携手，走进安仁镇中心小学开展送教活动；5月，组织医卫支部参与“5·12”国际护士节健康咨询及义诊活动；协助民盟浙江省委会

浙江省特级教师王曜君作“写作指导”示范课和“班主任管理”示范课

（李思思／供图）

老龄委员会开展“情暖学子”爱心捐赠活动；组织科技支部参与科技政策宣传和创新成果展览活动；组织文化支部开展青瓷产业发展调研活动；6月，组织民盟龙泉医卫支部盟员到安仁镇开展“送医下乡”活动，让更多的群众在家门口就能享受到优质的医疗卫生服务；7月，民盟龙泉教育支部盟员走进锦溪镇，开展“结对互助 送教促学”活动；8月，组织退休支部盟员到上垟镇开展“送医下乡”活动，现场送医送药；11月，协助举办“中医养生操比赛暨膏方节活动”，推进中医药文化知识的普及。深化“烛光行动”，定期组织盟内优秀盟员教师，赴该市民族中学开展示范教学、心理辅导、交流研讨等活动。（李思思）

工商联（总商会）

【概况】 2019年，龙泉市工商联（总商会）下属异地商会20个，基层商会2个，海外设欧洲龙泉总商会。全市有会员211人，其中团体会员22个，企业会员184个，全年新增会员18个。共有执委会成员189人，其中专职主席、副主席3人，兼职副主席17人，兼职副会长36人。

在龙泉市“两会”期间，组织工商联界别的政协委员及人大代表召开参政议政座谈会，递交的议案和提案内容涉及非公有制经济发展、新农村建设、医疗教育等方面，提交大会发言《关于尽快完善相关政策，全力助推温州龙商回归创业的建议》。市工商联开展“新春服务企业”专项调研活动和“三服务”专项活动，走访会员企业100多家，并召开各类座谈会。

1月16日召开市工商联（总商会）八届六次常委会，增补8位民营企业家为市工商联副主席、执常委。1月15日举办民营企业家学习会，解读习近平总书记在民营企业座谈会上重要讲话精神和在改革开放四十周年大会上讲话精神。2月8日在龙泉国际大酒店举行龙泉市总商会2019年会暨金凤凰奖·2018优秀外出创业者颁奖典礼，龙泉市委书记王顺发、市长吴松平为34位获奖者颁奖。开展浙西南革命精神宣教活动，8月6日召开非公经济人士浙西南革命精神学习会，龙泉市委常委、统战部长徐达伟作专题授课。

2019年，开展清廉民企、清廉商

会建设工作，在科伦国镜药业、安仁商会设立试点单位，加强企业廉政文化建设，加强企业家和员工的廉洁意识，其中国镜药业工作经验《“三三制”商业采购一年为企业省下千万元》在浙江省纪委监委网站和《丽水日报》刊发。9月24日，召开第二批新生代企业家赴市直部门挂职锻炼工作部署会，选调第二批10名新生代企业家赴发改、文旅委、科技等9个职能部门参加为期3个月的挂职锻炼。

【组织建设】 1月8日，江苏龙泉商会召开第二次会员大会，选举产生第二届理事会。汤献平任会长，戴旭亮任秘书长，吴德伟、林杰、汤忠平、周武、郑辉、严海鑫、龚建长、郭春伟、叶传信、季通飞、蔡月龙为常务副会长，郑晓霞、邱健康、季一力、廖彬好、戴旭辉、谢祖、蔡三成、谢伟平、付荣根、郑家杰、金磊为副会长。

1月17日，安仁镇商会召开第二次会员大会，选举产生第二届理事会。项世平为会长，林广为秘书长，蒋长有为副秘书长。张瑾、贺港生、刘必华、柳荣起为常务副会长，蒋长有、龚晓波、刘作林、季友林、范晓波、张积宗、刘国民、周优贤、金加云、游明、周红梅、周项杰、陈文飞、李存平、张一平、刘伟新、许娱乐、潘成晓、吴新平为副会长。

8月8日，山东龙泉商会召开第三次会员大会，选举产生第三届理事会。林小卫为会长，方正伟为秘书长，李志伟、季平为副秘书长，林平、周勇为常务副会长，蒋杨根、田小兵、蒋长武、吴宗兴、季森、徐吉松、陶巧平、华俊为副会长。

10月25日，龙泉市工商联（总商会）机关党委第一次党员代表大会召开，选举产生机关党委领导班子（其中2名委员为非公经济人士），成立商会工作支部11个。

11月28日，贵州龙泉商会召开第二次会员大会，选举产生第二届理事会。季启财为会长，刘龙为秘书长，叶蓁蓁为执行会长，刘陈伟为监事长，李启仲、钟学平、胡建军、叶伟康、方维雷为常务副会长，吴伟文、周康勇、王金松、徐志杰、叶俊、何松根、邱康容、廖启发、项世淼、周金伟、梅卫东、李畅、金忠伟为副会长。

12月9日，全国工商联第一联系调研组第六小组在浙江省、丽水市工商联的陪同下到龙泉开展调研活动，召开龙泉市民营企业家和商协会负责人座谈会。

12月21日，武夷山龙泉商会召开第二次会员大会，选举产生第二届理事会。谢正伟为会长，王土培为秘书长，刘国英、王土培、谢锦荣、李世平、全荣宝、陈招清为常务副会长，李萍、张连美、叶家亮、金光辉、程宏伟、项建微、叶紫宏、徐启军、李建峰、杨建南、符永康、何国美、刘建、刘佳、刘顺贵、符永乐、毛昌林、王辉华、叶伟双、李晓红、周元富、练军、全先富、吴德生、刘剑珍、孙建兴、汤如章、杨火生、胡克辉为副会长。

【结对帮扶】 6月12—16日，市工商联组织部分常委以上会员企业赴四川省广元市昭化区开展投资考察活动。10月16—19日，市工商联带领9家企业赴昭化区开展结对帮扶工作，各结对企业按要求以劳动力输出、资金扶持、项目建设等帮扶措施，对结对帮扶村开展帮扶活动。

该年，市工商联积极宣传和引导会员企业参与光彩事业活动，积极履行社会责任，主动奉献社会。春节前夕，义乌龙泉商会为小梅镇大窑村火灾受灾户募捐6万余元；云南商会组织会员慰问龙南乡敬老院；江苏商会、温州商会分别赴联系乡镇慰问贫困户；安徽商会看望慰问住龙镇结对学生；宁波龙泉商会组织医疗专家回乡开展义诊活动；江苏商会为患病会员募捐5万多元；武夷山商会为家乡患病儿童募捐20666元。（泮芳霞）

武夷山商会为家乡患病儿童募捐善款 （市工商联／供图）

工会 共青团 妇联

总工会

【概况】 2019年，龙泉市现有职工38453人，工会会员37437人，职工入会率97%；已建基层工会547家(其中独立建会503家，联合工会44家，覆盖基层工会1534家)。全年新组建基层工会组织45家，新增会员1200余人，调整换届工会17家。全市建会企业集体合同和工资集体协商制度签订率达90%以上，50人以上单独建会企业覆盖面达到95%。

龙泉市总工会先后组织开展"不忘初心、牢记使命"主题教育、丽水市委四届六次全会精神、浙西南革命精神等主题宣讲，先后邀请丽水市总宣讲团、劳模先进典型、党校教师等，开展以习近平新时代中国特色社会主义思想、十九大、十九届四中全会精神、浙西南革命精神等作为主要内容的宣传宣讲活动。全市工会组织共开展"中国梦•劳动美——庆祝中华人民共和国成立70周年"主题宣传教育、弘扬践行浙西南革命精神等主题活动76个。

市总工会向全市职工发出大力弘扬践行浙西南革命精神倡议书，将其纳入工会干部职工学习教育主要内容，并开设专题辅导讲座。录制展播"劳模学思践悟浙西南革命精神"视频，开展捐红色书籍设红色书架、浙西南革命精神主题宣讲入企业、送红色电影下基层等活动，并挖掘定制了一批以住龙、宝溪等浙西南革命根据地为主线的红色疗休养精品线路。

市总工会巩固和提升三个试点乡镇群团改革，完善联系职工群众、阵地建设等工作制度，明晰服务、项目两项清单。探索阵地建设和活动开展"1+N"模式▲。

市总工会组织开展丽水市级以上劳动模范和模范集体、浙江工匠评选工作，浙江国镜药业有限公司获得"全国五一劳动奖状"，叶伟娟被评为"浙江省劳动模范"，夏侯文获评"浙江工匠"荣誉。邀请丽水市总宣讲团深入浙江龙泉经济开发区进行"不忘初心、牢记使命"主题教育宣讲，组织开展中华人民共和国70周年纪念章颁发和劳模走访慰问、"中国梦•劳动美"主题教育系列等活动。

7月至9月，市总工会联合市文广旅体局组织举办第三届全市职工运动会，设置了8个大项22个小项的比赛，市直机关事业单位、乡镇(街道)和企业共36个代表队、近3000名运动员参加。

▲"1+N"模式：即一个中心，多点联动，创成"4点半"学校、"抗癌俱

2019年丽水市级以上模范集体一览表

表11

单位	荣誉称号	命名单位	命名年月
浙江国镜药业有限公司	全国五一劳动奖状	全国总工会	2019年4月

2019年丽水市级以上劳动模范一览表

表12

姓 名	性别	当时所在工作单位	荣誉称号	命名单位	命名年月
叶伟娟	女	龙泉市治水办	浙江省劳动模范	省委、省政府	2019年4月

2019年"浙江工匠"一览表

表13

姓 名	性别	当时所在工作单位	命名单位	命名年月
夏侯文	男	龙泉市夏侯文青瓷厂	浙江省总工会	2019年9月

2019年8月16日，龙泉市第三届职工运动会开幕式　（市总工会/供图）

乐部”、“安仁工匠”等特色工作品牌。

【“双基”建设】 2019年，市总工会通过经费补助等方式，实现更多的资源向基层倾斜，全年共补助18.9万元（包括丽水下拨的工作经费），支持基层工会举办文体活动、技能培训、完善阵地建设等。实现了25人以上单位应建尽建。推进主导产业建会，新建汽车空调、木制玩具等工会30家，吸纳会员800多人。以“新三宝”为重点，新组建民宿、来料加工业联合工会9家，覆盖43家单位、298名职工（农民工）入会。着力推进“三新”组织建会，组建了保洁、服务外包、物业管理等工会6家，会员180人。抓好已建工会巩固提升工作。以国镜药业、三田滤清器、恒祥木制玩具等组织健全、工作有效开展的企业为范本，开展“六有”工会建设，建好职工之家，强化指导做实基层工会工作。

【服务和谐社会】 2019年，市总工会推进和落实“龙泉无欠薪”工作，规范工资协商集体合同制度。全市实行工资集体协商的企业369个，403家独立建会企业、5家区域性工会组织、4个行业性工会组织签订职工专项集体合同，并同步建立企业工资集体协商制度。全市建会企业集体合同和工资集体协商制度签订率达91.6%。

结合“安全生产月”“职业病防治周”“宪法宣传周”等主题活动，与相关部门联合开展“送安全入企业”“尊法守法•携手筑梦”服务农民工公益法律服务等各类普法维权宣传活动。年内，共发放各类普法维权相关资料2000余份，为职工提供劳资纠纷、工伤赔付争议等法律咨询服务。

组织基层工会开展安全消防演习、安全隐患排查、安全培训等“安康杯”竞赛活动。发动职工为企业安全生产查隐患、补短板，共收集200余条“隐患随手拍”，入选丽水市优秀奖1条、鼓励奖3条。

【职工帮扶】 2019年，市总工会完善困难职工工会干部联系制度，每户在档困难职工至少由一名工会干部联系结对，即时掌握情况，实现动态管理、跟踪服务。截至12月底，共筹集各类帮扶资金15.82万元，其中：中央帮扶专项资金7.32万元、浙江省总帮扶专项资金4万元，元旦、春节“两节”送温暖资金1.5万元，浙江省职工送温暖基金会资金1万元，本级帮扶资金2万元。困难职工从2018年的59户减到2019年的21户。为17家企事业单位一线职工送去价值5.45万元的清凉防暑物品，慰问了12名来自四川昭化的外来务工人员。

全市有269个单位、11297名职工参加职工医疗互助保障统筹，总参保金额达56.49万元。兑付职工医疗互助保障金332人次，共计41.28万元（其中特殊病种131人次，共计25.73万元）。慰问金给付3人，共计0.5万元。

【内引外联助推发展】 2019年，市总工会推动山海协作的萧山区、秀洲区、宁波杭州湾新区和上海奉贤区总工会职工疗休养协作；主动对接浙江省教育工会、浙江大学工会等工会到龙泉考察疗休养基地。组织旅行社、疗休养基地（站点）负责人参加培训，认定170多家疗休养站（点）并予以授牌。全年共引进外地到龙疗休养职工21万人。对内加强接待站点规范化建设，组织该市疗休养承办旅行社、基地（站点）负责人参加丽水市疗休养基地（站点）建设提升培训班，对170多家各级疗休养基地、接待站点、疗养云网络服务平台接待站点进行授牌。年内，签订了《浙江省龙泉市四川省昭化区东西部扶贫协作职工疗休养合作协议书》；发动该地工会会员购买昭化区农副产品，实施消费扶贫，超额完成330

万元的考核任务；组织23批次600余职工（劳模）赴昭化区开展疗休养活动，疗休养人员向对口支援地输出居丽水市第一。

【队伍建设】 2019年，市总工会组织举办全市工会干部培训班，150名基层工会干部参加了浙西南革命精神、网上工会实名制、疗养云管理系统等培训学习，并组织基层干部赴浙江省总、丽水市总参加相关培训。发动基层企业工会积极开展劳动技能培训、比武，国镜药业、三田集团、新劲、毅力、电力、长运等单位开展了劳动竞赛和技能培训，助力企业和员工双提升双发展。该年与行知技能培训学院合作开展各类技能培训，共培训约400人。举办困难企业职工再就业技能培训，60名一线职工参加培训。

【项目建设】 市总工会职工学校建设项目位于住龙镇建平村，总用地面积22989平方米，建筑面积19479平方米，总投资概算为9384.5万元，是全市重点项目之一。通过优化方案，多方协调推进，该项目完成地质灾害危险性评估、立项批复、选址意见书、环保备案、可行性研究报告批复、初步设计批复、监理招标、土建工程招标等相关前期工作，2019年8月开工场地平整，11月初土建已进场施工。（谢香伟）

共青团龙泉市委

【概况】 2019年，共青团龙泉市委（以下简称团市委）共有下级组织1020个，其中基层团委33个，团工委10个，团总支18个，团支部714个，团员9308名，其中，初中毕业生团青比为18.5%，高中毕业生团青比为64.4%。

团市委推动《关于建立龙泉市青年工作联席会议制度的通知》文件出台。在杭州举办团干培训班，提升团干部做好新时代下共青团工作的能力。开展“初心之旅、使命之行”走进兰巨、“用脚步丈量青情——共青团大脚掌走基层”走进宝溪等活动，丰富团干联系青年的方式。新组建文旅局团委、机关幼儿园团总支两个直属团组织。在党群服务中心开展常态化、菜单式服务，实现一室多用、共建共享。网智电商园、青年电商乡贤荟被评为四星级党支部。开展“青暖”行动助力基层社会治理活动7场。实施基层团建“进位提升”行动，不断夯实团的基层基础，大力推进“智慧团建”的运用，规范和改进团内统计、团组织关系转接、团费收缴使用、离队入团仪式等工作，实现基础团务管理电子化。组织市内各级团组织负责人开展“不忘初心、牢记使命”党团知识竞赛，引领团员青年学懂弄通做实习近平新时代中国特色社会主义思想。积极开展“三服务”活动，组织开展“共青团与人大代表、政协委员面对面”活动。“亲青恋”注册200余人，在云和长汀和查田、竹垟等地举办5场青年联谊会，为16对来自全国七省一市的青年人才组织一场“集体婚礼”，龙泉市委书记王顺发亲自为新人证婚。

【青年创新创业】 2019年，全市农村电商累计销售额34.06亿元，兑现2018年度电子商务集聚发展专项扶持资金480.91万元。开展“三服务”活动，双“十一”、双“十二”前走访慰问快递小哥、外卖从业人员，举办青年电商培训班18场，培训电商青年1100余人次。举办第六届网货赶集会和第四届电商比武活动。推动住龙镇住溪村社交电商村创建，举办住龙镇社交电商村网红资源对接暨网红游住龙活动。为村务助理、民宿管家助理、农村电商助理等岗位，招募了120余名大学生和10支实践团队，其中6支队伍被评为大学生创梦丽水行动优秀团队。承办2019年“乡村振兴、青年先行”大学生乡村振兴创梦丽水行动总结分享会，引导大学生以实际行动投身乡村振兴。承办丽水市青企协第二季度轮值活动，邀请金融部门出谋划策，帮助企业解决发展资金不足的难题，增强企业抵御金融风险能力。联合龙泉市农商银行推广“青年创业发展信贷扶持”项目，发放青年信贷扶持资金2亿元，帮助青年解决创业缺资金的难题。建设昭化电商服务中心，举办扶贫大礼包展销会，打造“微商村”——紫云村，培训电商创业致富带头人80人，发展微商分销商、消费扶贫公益合伙人1000余人。11月18日，丽水市委书记胡海峰到龙谷青创园考察龙泉·昭化东西部扶贫电商飞地项目。龙泉·昭化东西部扶贫协作农村电商服务中心成功入选全国网络扶贫典型案例，龙泉·昭化电商精准扶贫模式入选2019年全国电商精准扶贫典型案例50佳。

【青年帮扶】 2019年，团市委开展“五类”重点青少年群体排查核实及走访，与萧山团区委组织开展“山海协作”结对帮扶活动，帮扶3万余元。爱心助学资助新入学大学生208人，总助学资金163.98万元，比上年增加49.46万元。通过“亲青筹”为患白血病的困难儿童募集善款8.53万元，为四川省昭化区留守儿童募集“微心愿”善款2.1万元。利用“12355”“亲青帮”平台，推动青少年维权专家参与未成年人权益维护工作；全市注册亲青帮青少年人数4905人，占全市总人数的1.68%，答题超过10分人数以上4363人，占注册青少年总人数的88.9%；已注册专家人数40人（其中包括心理辅导师29人，持证社工师8人，持证律师3人），提供困惑解答、专业心理干预等服务。龙泉市青少年宫"12355成长工作室"创新打造的龙泉市"走出去"社会心理服务志愿项目，荣获2019年浙江省青年志愿服务项目大赛铜奖。依托青少年宫，联合法院、检察院等单位开展消防安全、法制教育、禁毒宣传、"三禁三防三自"等志愿服务50余场。成立志愿服务中心、中职校、小梅镇素质教育中心、青少年宫等青少年发展专门教育基地，通过四点半学校、素质拓展、研学公益行、公益夏令营等形式，落实预防青少年违法犯罪工作。

【校外教育】 2019年，团市委充分发挥市青少年宫的育人、研究、指导等职能，广泛开展未成年人道德实践主题活动和形式多样的公益教育活动，精心培育"我们的节日"系列活动、"快乐相伴，平安暑假公益夏令营"系列活动、流动少年宫等品牌活动，依托市内各地研学基地资源，开发、设计红色和绿色生态研学旅行小队活动。开展各类活动50余场，服务人次3万余人。素质提升培训完成5500余人次，培训收入350余万元，每周开放童玩空间（每年开放时间300多天），不断开发设计青少年喜闻乐见的文化活动项目，提供社会化、菜单式的文化服务。

【团代会】 4月29日，共青团龙泉市委第十九次代表大会召开，来自龙泉市各行各业、各条战线的161名共青团员代表参加会议。大会审议并通过共青团龙泉市第十八届委员会所作题为《深化改革强作为 青春奋进新时代 引领团员青年为高质量谱写新时代美丽幸福好龙泉新篇章贡献力量》的工作报告，明确此后五年龙泉市共青团工作的指导思想、奋斗目标和工作思路；选举产生共青团龙泉市第十九届委员会委员31名、候补委员18名、常委9名。（郑子丹）

2019年4月29日，中国共产主义青年团龙泉市第十九次代表大会（团市委/供图）

志愿者服务

【概况】 2019年，龙泉市共有注册志愿者69947人，下设志愿服务组织69个，开展253场志愿活动，合计开展志愿服务时长31987.56个小时。"志愿汇"APP注册人数达7万人，服务时长18万小时，提供志愿汇积分兑换雨伞、观影券、恒温泳池券、少年宫童玩空间券等优享服务，该年共计500余人次进行兑换。

【"小清泉"志愿服务】 2019年，团市委结合当地重点和特色工作，开展形式多样、内容丰富的志愿服务活动，落实每年10万元志愿服务活动经费，支持引导各青年社会组织成为志愿服务的主力军，招聘5名青少年事务社工，建立完善"团干部+社工+志愿者"工作队伍。做好"两项计划"志愿者服务，承办丽水市"两项计划"志

2019年11月16日，第二届世界青瓷大会·第十一届龙泉青瓷龙泉宝剑文化旅游节志愿者（团市委/供图）

愿者欢送会。组织志愿者参与全市三级干部大会、端午龙舟赛、天籁音乐节、第二届世界青瓷大会•第十一届龙泉青瓷龙泉宝剑文化旅游节、浙江大学龙泉办学80周年纪念大会和环浙骑游•瓯江山水诗路龙泉总决赛等重要节庆活动的志愿服务，组织开展新春基层送祝福、万朵鲜花献雷锋、“河小二”治水、关爱自闭症儿童等常规志愿服务行动。着力打造“两山+五色”主题志愿服务活动品牌，常态开展“绿水青山就是金山银山”志愿宣讲活动，开展“爱心红”关爱空巢老人、留守儿童、困境儿童、困难群体、残疾人、贫困户主题志愿服务，开展“文明橙”全域文明创建主题志愿服务，开展“生态绿”保护环境、乡村振兴等主题志愿服务，开展“活力青”红绿融合、“种文化”等主题志愿服务，开展“平安蓝”基层群众权益维护等主题志愿服务，打响“小清泉”志愿队伍，做强“微笑龙泉”品牌。　（郑子丹）

妇　联

【概况】 2019年，龙泉市共有妇女组织295个，其中乡镇妇联组织16个，街道办事处妇联组织3个，村（社区）妇联组织249个，机关企事业单位妇委会27个。

市妇联与市妇幼保健所合作为5976名妇女进行“两癌”免费筛查。龙泉市巾帼创业创新促进会实施“焕新乐园”项目，为19位低保家庭在校儿童改造生活学习环境，开展陪伴活动，为9位低保家庭学子落实从小学到大学一年级的圆梦助学资金。“爱云慈母基金”补助贫困母亲112人，共计40.4万元，其中患有乳腺癌、宫颈癌、卵巢癌、子宫内膜癌的“四癌”女性74名，占比达66%。推动妇女儿童活动阵地建设，落实龙泉市老财政局1000多平方米的场地作为妇女儿童服务中心的建设地，完成8家儿童之家的建设工作，其中浙江省级示范儿童之家2家。

市妇联推进“平安家庭”建设，启动“平安走进千家万户”系列宣传活动，发放反家暴等宣传资料5000余份。加强与公、检、法、司、民政等部门的联系合作，形成事前调解、依法调解、事后跟踪为一体的工作机制。全年共接待群众来信来访24件，其中涉及婚姻家庭类17件，开出法律援助单9张，信访办结率达100%。

浙江省妇联系统“乡村振兴巾帼行动”培训班、兰溪妇联系统培训班、武义妇联系统培训班、山西省晋中市妇联系统培训班、台湾省南投县仁爱乡妇女会等共计300余人到龙泉进行现场教学活动。5月，市妇联举办妇女干部培训班；6月，举办来料加工标准化基地创建现场会；10月，举办“乡村振兴•巾帼创业”提升班；12月，举办全市机关妇女工作推进会，通过理论学习、现场教学、历任妇联主席座谈等方式，加强妇女干部、基层妇联组织及创业女性队伍建设。

【组织建设】 2019年，市妇联根据行政村规模调整工作要求，同步谋划村妇联班子的调整与优化，将原有的457个村（社区）妇联组织调整为249个，巩固群团改革成果。开展“妇女联心图”工作建设，为联系和服务妇女打下组织基础。开展优秀巾帼组织、基地评选活动，竹垟畲族乡和住龙镇被授予“‘乡村振兴•巾帼行动’示范乡（镇）”称号，15家女性创业示范户被授予“女性美好生活示范基地”“巾帼创业就业示范基地”称号。

【思想建设】 2019年，市妇联开展“不忘初心、牢记使命”主题教育、“两学一做”学习教育、传承浙西南革命精神巾帼先行及巾帼大宣讲等主题活动。开展龙泉市“三八红旗手（集体）”“来料加工优秀经纪人”“慈孝母亲”等评选工作，王顺发、翁志鸿等龙泉市四套班子领导分别为先进集体和个人颁奖。积极向丽水市、省

2019年3月7日，2018年度龙泉市“三八红旗手”颁奖仪式　（王雅琪／供图）

里推荐优秀妇女典型，叶松梅获“浙江省三八红旗手”荣誉称号。面向社会开展历史图片资料征集活动，展示中华人民共和国成立70年间龙泉市妇女运动和妇女发展历程。

【家风家教】 2019年，市妇联持续贯彻“六型文明家庭”“平安家庭”“绿色家庭”等创建活动，徐承宪家庭被评为“全国最美家庭”，闫卫国家庭被评为“全省年度最美家庭”，张明跃家庭被评为“全省2019年第一季度最美家庭”。深化家庭教育行动，每周二晚在龙泉市图书馆定期开展家庭教育讲座，邀请专业家庭教育讲师与家长分享科学的家庭教育理念。全年新增10名家庭教育志愿讲师、1名志愿工作者。举办“家家讲堂”成立一周年暨家庭教育专题讲座，自2018年成立以来，“家家讲堂”在全市各地开讲200余场，惠及群众2万余人。

【来料加工】 2019年，市委市政府出台《2019—2021年龙泉市来料加工业发展扶持政策》，为来料加工产业发展提供制度保障，全年发放来料加工费2.88亿元，培育经纪人272人，加工队伍2.1万人。市妇联致力打造“来料加工+”产业发展新模式，开发“倾青饰界”青瓷饰品公共品牌，举办首届全国青瓷饰品设计大赛，在丽水博物馆举行“倾青饰界”品牌发布会并开展为期半个月的展出。借助文创产品进上海酒店等契机，扶持开设青瓷饰品专柜和专营店。第二届世界青瓷大会期间，“创•生活”—全国青瓷饰品创新设计大赛作品展暨龙泉宝剑礼仪文化展顺利展出，接待中外访客3000余人。

【文化创建】 2019年，市妇联不定期在龙泉市城区党群服务中心妇女之家组织各类妇女活动。3月7日，组织举办“三八”国际劳动妇女节暨“花开龙泉 梦圆巾帼”颁奖典礼，市委书记王顺发致辞，市四套班子领导参加活动，通过“线下活动+线上直播”的方式让5万多名妇女群众参与其中。5月26日，龙泉市巾帼创业创新促进会在龙泉山召开以“鼎丰携手促进会，共创丽水国家公园”为主题的第三次全体大会，宣传剑瓷文化，交流女性创业心得。

2019年10月13日，全国青瓷饰品创新设计大赛作品展开幕仪式（王雅琪／供图）

【东西协作】 2019年，市妇联通过人才交流、产业合作、劳务协作等方式，推动来料加工项目在昭化区落户站稳，促进开创东西扶贫交流协作新局面。4月28日，龙泉市副市长、昭化区副区长廖旭青带队到龙泉对接来料加工工作，达成出台扶持政策、开展技能培训、务实两地联络对接等方面合作共识。市妇联选派1名柔性挂职干部到昭化实地对接帮扶，在卫子镇、张家乡建立起扶贫车间2个，带动当地130多名农村妇女实现家门口就业。（潘芳红 王雅琪）

移民工作

【概况】 2019年，龙泉市共投入后期扶持专项资金4269.08万元。其中项目补助资金2852.9万元、补助项目78个，包括基础设施项目28个、1101万元，壮大集体经济和消除集体经济薄弱村项目13个、840.04万元，助推美丽乡村建设项目19个、704.2万元，生产性开发创业致富项目15个、163.27万元，困难移民救助项目3个、44.39万元。

市移民工作中心通过与相关部门联系，取得信息比对后，全市共核减214人（其中死亡145人、行政、事业单位在编在职63人、犯罪服刑3人、与外县重复登记2人、其他1人），补登2人（刑满释放1人、漏登1人），复核后全市移民直补人数21369人，全年准确发放大中型水库移民后扶直补人口21298人、直补资金1278.08万元，追缴直补人口75人、直补资金33.3277万元。市移民工作中心对享受返销粮补贴人员一年一复核，全市核减返销粮补助人口179人、核减补助资金6.265万元。

11月15日，龙泉市水库移民后扶政策培训班在龙泉市委党校举行，会议特别邀请浙江省移民办扶持处副处长、全国水库移民稽查专家李献友，丽水市移民工作中心副主任包焕盛等领导专家做后扶政策专题辅导。

2019 年 11 月 15 日，龙泉市水库移民培训会　（沈　聪 / 供图）

【移民民生保障】 5 月 5 日，针对低收入移民农户的重大疾病、子女就学救助和产业发展扶持等精准扶持类项目，市移民工作中心制定出台《龙泉市大中型水库移民精准扶持项目管理办法（试行）》。该办法在向部门、乡镇（街道）进行充分征求意见的基础上，使得产业扶持的政策补助标准更加具体、操作性更强，风险得到有效防控。6 月 25 日，市移民工作中心针对多年来返销粮发放标准模糊的问题，制定出台《龙泉市紧水滩水库后靠移民返销粮专项资金管理暂行办法》，使移民返销粮补助资金管理有据可依，发放有序。

市移民工作中心开展“入百村访千户”活动，深入全市 18 个移民乡镇（街道），走访重点移民村 70 余个。2 月，市移民工作中心成功化解以筹备组织龙泉市新安江移民老人爱国协会集会为由的新安江移民集会活动。全年接待移民来访 5 人次，结报率 100%，做到信访件一事一档，做到没有发生移民群体上访、越级上访和群体性事件。

市移民工作中心以龙泉市委巡察反馈问题和 2018 年度龙泉市审计局扶贫专项审计问题整改为契机，切实加强后扶资金监管。做好两个必到场：项目考察阶段和竣工验收阶段，科室干部必到现场对项目谋划和实施情况实地考察。做好两个必公示：后扶项目通过村民大会决议后申报前必在村公示栏进行公示，中心确定后扶项目扶持计划后必在网上进行公示。做好两个必委托：项目考察阶段和竣工验收阶段分别委托不同中介做项目预算和项目审价。做好两个必集中：项目申报集中时间在网上进行申报，资金支付采取国库集中支付。做好两个必坚持：坚持非库区、安置区的移民村不安排后扶项目，坚持非直补移民不享受直补资金。　（沈　聪）

人力资源和社会保障

综　述

【概况】 2019年，龙泉市共通过职称评审资格审核734人，其中正高2人、副高78人、中级317人、初级337人，评审通过正高1人（1人还在申报中）、副高67人、中级250人、初级328人。全年共发放2018年度龙泉市符合享受人才津贴对象150人共计95.8万元，符合安家补助对象35人共计34.5万元，符合人才专项奖励对象19人共计96万元。组织企事业单位外出引才16次，为当地企事业单位引进高校毕业生等各类人才209人。举办各类招聘会17次，提供就业岗位8000余个，帮助企业招工5550余人。完成技能鉴定数1952人，发证数1779人，其中高技能人才数141人。组织评审龙泉市技能大师工作室8家，组织评审浙江省百千万高技能人才“优秀技能人才”15人，推荐申报“拔尖技能人才”1人，推荐申报浙江省首席技师1人。

全市基本养老保险参保率达到97.74%，各类养老保险参保人数达20.63万人，其中企业养老参保职工人数8.88万人，机关事业养老保险参保人数1.20万人，城乡居民养老保险参保人数10.55万人。

2019年龙泉市职称评审情况一览表

表14

类别	申报				评审（考试）结果			
	合计	高级	中级	初级	合计	高级	中级	初级
上半年初定	52	—	3	49	50	—	3	47
新闻	8	1	2	5	7	—	2	5
广电工程	1	—	1	—	1	—	1	—
高级经济师	1	1	—	—	1	1	—	—
文化	12	2	7	3	10	2	6	2
自然科学	1	—	1	—	—	—	—	—
交通	25	2	11	12	21	—	9	12
水利	12	—	9	3	9	—	6	3
建筑正高	1	1	—	—	1	1	—	—
建筑	11	8	3	—	10	7	3	—
经信综合	7	3	4	—	3	3	3	—
企业工程	122	—	74	48	101	—	58	43
林业	24	3	20	1	21	3	17	1
林业正高	1	1	—	—	—	—	—	—
农业技术	3	—	3	—	3	—	3	—
农业工程	—	—	—	—	—	—	—	—
质量工程	—	—	—	—	—	—	—	—
下半年初定	136	—	5	131	136	—	5	131
社会工作者	—	—	—	—	—	—	—	—
计算机技术与软件技术	—	—	—	—	—	—	—	—
教育	131	33	98	—	73	27	73	—
卫生高级	10	10	—	—	10	10	—	—
人民医院医共体	14	14	—	—	14	14	—	—
会计师	1	1	—	—	—	—	—	—
龙一中自主评聘	7	—	7	—	7	—	7	—
空调汽配行业协会自主评价	45	—	22	23	44	—	22	22
工艺美术	35	—	15	20	20	—	—	20
合计	660	80	285	295	542	68	218	286

全年共受理劳动保障类咨询、投诉80起，其中调解解决73起；因欠薪立案并移送公安7起，涉及228人、金额172万元，全年未发生欠薪的群体性事件。劳动人事争议仲裁院全年共立案96件，涉及96人，申请标的金额752.77万元，结案标的金额277.02万元（工伤保险待遇207.03万元，经济补偿金3.35万元，经济赔偿金13.16万元，劳动报酬53.48万元）。乡镇基层调解11件，涉及人数125人，涉及金额130.7万元。

全年共列入“最多跑一次”事项134项，网上办率、跑零次率、掌上办率、承诺期限压缩比、材料电子化率均达100%。进驻龙泉市行政服务中心窗口11个、工作人员21人，全市有19个“就近办”服务点，月均办件量近5000余件，“最多跑一次”实现率、群众满意率均达100%。

【人才招引交流服务】 2019年，该市以实施“百场企业人才招引交流服务活动”为抓手，在人才招引、用工招聘、人才交流的活动内涵、精准对接、平台建设上取得突破性进展，形成更加丰富高效的人才招引新机制和招才引智、人尽其才的良好氛围。一方面结合全市产业发展特点，精准定位，分类对接，满足用人单位不同层次的人才需求，瞄准西安、武汉、成都等高校集中重点区域，加强与各省人才市场及高校联系；另一方面加大“柔性引才”力度，搭建校地、校企产学研合作平台，加强全市企业与知名高等院校、科研机构的产学研合作，加强技术创新和成果产业化，实现产业发展与人才引进协同推进。全年共举办人才招引交流活动131场，参加企业达2200余家次。

人事人才

【概况】 2019年，市人力社保局出台《关于进一步规范龙泉市机关事业单位人员交流调配工作的意见》《龙泉市事业单位人才引进办法》；组织招聘事业单位工作人员160名，组织事业单位紧缺人才引进工作，分别组团在武汉、金华、温州、哈尔滨等地参加上级组织的大型招聘会，共引进事业单位人才32人，定向委培入职47人，退役士官安置7人。完成技能鉴定数1952人，发证数1779人，其中高技能人才数141人。组织评审龙泉市技能大师工作室8家。组织评审浙江省百千万高技能人才中“优秀技能人才”15人，推荐申报“拔尖技能人才”1人。推荐申报浙江省首席技师1人。推荐省有突出贡献中青年专家5人，市138第一层次5人，第二层次8人。

全年事业单位职工年基本工资及绩效工资为87624元，机关单位职工年基本工资及津补贴为86331元，国家规定年终一次性奖金3071元。根据工作人员职务（职称）变动及工龄认定等文件，审核办理机关事业单位工作人员职务（职称）变动工资调整2174人；调整特殊岗位津贴225人；核实新录用、调动人员工资和开具工资介绍信711人次，并为新录用公务员、新聘用事业单位工作人员确定工资，建立工资档案，对新调整的项目进行电脑录入。

【创业创新大赛】 9月29日，市人力社保局牵头举办“奇思妙想 创赢龙泉”创业创新大赛，经过初赛甄选，14个涵盖青瓷宝剑、空调配件、电子商务、竹木加工、网络直播等多个领域，融入“科技、创新、服务”多种元素的创业创新项目入围决赛，大赛产生一等奖1名、二等奖2名、三等奖3名以及优胜奖8名。龙泉市禾字号剑庄掌门人查长伟的《剑，江湖礼器融入新生活》项目获得一等奖。

2019年10月20日，青瓷宝剑职业技能大比武青瓷组比赛现场

（潘雨辰／供图）

【龙泉宝剑成为世界技能博物馆首批藏品】 7月10日，世界技能博物馆首批展品交接仪式在上海举行，人社部副部长汤涛、上海市副市长彭沉雷、世界技能组织首席执行官大卫•霍伊出席活动。首批交接的30组105

件展品将被世界技能博物馆永久收藏，包括该市技能大师胡小军的传统工艺刀剑作品《当代工匠作品四神汉剑》，这也是浙江省推荐选送展品中唯一被收藏的展品。世界技能博物馆将于2021年9月上海世界技能大赛举办期间同步建成，胡小军作品成为该馆首批交接展品，将进一步传承与弘扬浙江省优秀非物质文化遗产，促进龙泉剑铸剑工艺走向世界。

青瓷刻花培训班 （周　飞／供图）

三田岗位技能提升培训班 （周　飞／供图）

就业和劳动关系

【概况】 2019年，市人力社保局共举办大型招聘会5次；日常招聘会12次，提供就业岗位8000余个，帮助企业招工5550余人。同时，推出四端融合的智能移动就业服务平台“龙泉市掌上就业”，实现信息化就业信息宣传，形成入驻企业单位825家、求职简历6200人份、日均访问量1000多人次，关注人数已突破15000人的规模。城镇新增就业4152人，城镇失业人员再就业2115人，困难人员再就业157人，城镇登记失业率为1.98%。累计开发公益性岗位250个，完成目标任务的140.45%，其中助老助幼类公益性岗位108个，残疾人专职委员岗位19个，保绿保洁岗位91个，劳动保障协理岗位12个，残疾人庇护中心公益性岗位20个。公益性岗位实行动态管理，每月对上岗人员进行上岗情况核实，实行人员有序上岗、退出机制。截至12月，实际上岗人数169人，完成目标任务133.07%，其中助老助幼类公益性岗位107人，残疾人专职委员岗位19人，基本实现全员上岗。新增高校毕业生见习基地16家，推荐高校毕业生就业见习167人。

【职业技能培训】 2019年，市人力社保局组织开展青瓷特色产业发展和文化推广大讲堂1期，空调汽车配件特色产业发展和文化推广大讲堂2期，每期现场听众近300人。举办青瓷刻花培训班1次，59人参训；举办青瓷拉坯培训班1次，46人参训；举办陶瓷艺术设计培训班1次，21人参训。举办汽车空调压缩机技术研修班1次，32人参训；举办质量管理提升培训班1次，99人参训。浙江能福旅游用品有限公司、浙江毅力汽车空调配件有限公司、三田集团有限公司三家企业开展岗位技能提升培训，共有557名企业职工参加培训并取得培训合格证书。开展电子商务、维修电工、电焊工、机械制图、育婴师、茶艺师等各类培训39期，培训学员2670人。

【劳动监察与仲裁】 2019年，市劳动保障监察大队强化部门协同配合，加大劳动保障、督察问责力度。强化舆论正面宣传和监督工作，保障农民工顺利拿到工资。全年共受理劳动保障类咨询、投诉80起，其中调解解决73起；因欠薪立案并移送公安7起，涉及228人、金额172万元，全年未发生欠薪的群体性事件。完善市劳动保障监察网格建设，根据该市劳动保障工作实际，科学划分劳动保障监管网格，合理配置执法力量，加强监察执法工作，依法及时查处各类劳动保障违法违规行为。检查督查“龙泉无欠薪”落地实施情况，开展联合检查，对发现的问题发出督查建议；强化部门联合预警和失信企业的联合惩戒，做到预警有实效、隐患有排查、矛盾有化解、失信有惩戒。全年完成书面审查2799家，完成“互联网+执法”5批次，涉及60余家企业；分批次对龙泉市“受中美贸易战影响”的企业进行巡查，涉及企业55家。开展龙泉市2019年根治欠薪冬季行动，多措并举，做好应急处置工作。

市劳动人事争议仲裁院坚持“公平公正、务实高效、创新进取”的工作宗旨，以强化基层劳动人事争议处理建设为重点，高效优质地完成仲裁各项工作任务。全年共立案96件，涉及96人，申请标的金额752.77万元，结案标的金额277.02万元(工伤保险待遇207.03万元，经济补偿金3.35万元，经济赔偿金13.16万元，劳动报酬53.48万元)。乡镇基层调解11件，涉及人数125人，涉及金额130.7万元。另外，仲裁院还对硬件设施设备进行升级改造，安装大液晶显示屏、全方位高清实时监控系统和同步录像装置等高科技设施，打造更加高效的工作平台。

社会保障

【概况】 2019年，市人力社保局推进全民参保计划，着力抓好全民参保计划工作，全市基本养老保险参保率达到97.74%。各类养老保险参保人数达22.6万人，其中企业养老参保职工人数8.87万人，机关事业养老保险参保人数1.2万人，城乡居民养老保险参保人数10.55万人。按时保质完成各类参保人员待遇审核、调整和计发工作。全年企业养老保险退休审核、计发2100余人，新核定城乡居民养老保险待遇领取人员900余人，按时完成2019年度企业职工养老保险离退休人员调资工作，调资人数达28056人，月人均增资131元，调资后龙泉市企业离退休月平均养老金达2454元；完成机关事业退休人员基本养老金调整工作，共惠及4105名机关事业退休人员，人均月增资298元。主动开展自查工作，全面排查养老、工伤保险基金管理风险，确保社保基金安全平稳运行。实现企业养老金端口化发放和银行日记账，取消手工记账，利用系统导入，最大限度地减少人为干预，严格系统权限设置，坚决避免岗位有分工、权限无控制的情况发生。进一步规范社保的权力运行，落实初审、复核、审批、支付制度，各业务环节做到相互牵制。

失业保险参保人数2.4万人次，新增1495人次。共为464位失业人员发放失业保险金301.72万元，申领失业保险金人员参保职工医保59.84万元，为448名困难人员发放就业社保补贴167.73万元，为1639名就业技能培训人员发放就业技能培训补贴89.37万元。为28人发放技能提升补贴4.7万元，发放高校毕业生专职从事就业和社保公共服务岗位补贴107.4万元，高校毕业生专职从事就业和社保公共服务社保补贴20.47万元。开展失业保险援企稳岗工作，为27家企业发放稳岗补贴75.63万元。

工伤保险参保人数52983人，增量扩面工作推进。市人力社保局继续做好工伤待遇支付等日常工作，核定工伤保险待遇支出678人次，受理伤残医疗补助申请270人次，工亡补助4人；被征地农民参保和转保，共参保968人，转保697人。

【便民服务体系建设】 2019年，该市加速推进“互联网+人社”便民服务体系建设，越来越多的人享受到新技术带来的便利。全市共有11个银行网点实现“一站式办理”，7877张社保卡直接从各银行网点补卡发放。9月，分别在社保服务大厅、就业服务大厅、医疗服务大厅、邮储银行网点安放5台人力社保系统自助服务一体机，可自助办理社保缴费情况查询、医保信息查询、社保证明打印、社保卡挂失、手机号码变更等27项业务，极大方便群众。12月，全市首批68家定点医疗机构开通“电子社保卡”医保个人账户移动支付功能，电子社保卡应用平台不断扩大。在“掌上龙泉”微信公众号、《龙泉新闻》等本地媒体平台以及社保大厅、乡镇社保所、医院、银行等人员密集场所，宣传电子社保卡的应用，积极推广电子社保卡的申领，该年全市共申领电子社保卡3.6万张。　（叶龙伟）

法　治

政法工作

【概况】 2019年，龙泉市政法系统以平安护航“中华人民共和国成立70周年大庆”、打造“全国最平安县级市”为目标，以“丽水之赞”为引领，结合“不忘初心、牢记使命”主题教育活动，发扬剑瓷精神、浙西南革命精神，深化政法系统党风廉政建设，忠诚履职，坚持目标导向、问题导向和绩效导向，推进政法平安综治维稳等各项工作，合力打赢各类重点时段的维稳安保硬仗，保障各类重大活动顺利举行，连续15年获评浙江省“平安市”称号，连续8年获评丽水市“综治优秀市”称号，荣获浙江省首批“一星平安金鼎”。

市委政法委组织政法各单位开展能力素质提升年工作，深入学习贯彻《中国共产党政法工作条例》精神，坚决实行干部重大事项报告制度，开展领导干部个人重要事项每月备案和个人兼职事项、违规借贷等自查报告。组织全市政法系统干部、平安建设重点部门和乡镇(街道)分管领导约360人，分5批赴湖南长沙参加2019年龙泉市平安系统学习贯彻《中国共产党政法工作条例》暨政法干部综合素能提升培训班。7月15日，组织召开市委政法委员会第一次全体(扩大)会议暨能力素质提升年推进会。8月27日，市委政法委召集全市乡镇(街道)和市平安办成员单位相关负责人和联络员，开展平安综治维稳反邪教大调解等工作业务培训。12月17日，组织召开市委政法委员会第二次全体(扩大)会议，审议通过《关于建立维护政法干警执法司法权威联席会议制度的意见》。结合“不忘初心、牢记使命”主题教育活动，组织政法各单位开展党风廉政建设和作风建设工作，开展一次专题学习、廉政谈话、自我检视、集中整治和警示教育的“五个一”为载体的纪律作风建设活动，不定期检查政法各单位党风廉政建设及反腐败工作情况，确保党风廉政建设各项制度和措施落到实处。

【新时代“枫桥经验”】 2019年，市委政法委坚持和发展新时代“枫桥经验”，在全省重大决策社会风险评估工作培训及现场推进会上，作为丽水市唯一的代表作《注重源头治理、狠抓机制建设，龙泉市全力推进社会风险评估工作》的书面经验交流；市公安局积极创建一批独具龙泉特色的“枫桥式派出所”，其中安仁派出所深化“永和联调中心”、做实“永和档案”、联动“永和义警”、创新“一晨一夜”等系列创新举措做法，被《人民公安报》《法制日报》点赞；市法院打造“永和调解超市”，加强诉前分流，将1397件纠纷引导至人民调解委员会等组织进行调解，并组建专门法官调解团队开展多元调解，诉前纠纷化解率达52.2%，居全省前十；市检察院立足实际出台诉源治理“七大举措”，通过贯彻少捕慎诉、完善刑事和解、强化源头预防、发挥诉前作用、查办虚假诉讼、立足“两室”职能、争取各方支持等方式，在检察环节化解矛盾纠纷26件，将矛盾化解在基层，把风险控制在当地；市司法局准确把握“枫桥式”司法所建设方向，积极参加丽水市首届“枫桥式”司法所建设论坛，撰写的《新时代司法所心理服务运用的探索践行》论文入编论文集。

【平安龙泉建设】 2019年，市委政法委牵头政法各单位及相关职责单位落实平安建设月评、月报、月例会等制度，常态化开展平安建设各项工作，累计整改浙江省平安办两轮暗访检查发现的14个场所存在的31个问题，丽水市平安办督导检查发现的18个场所存在的33个问题，在全市范围内组织开展暗访检查4次，累计检查了重点单位46个、各类场所近300余家(次)，排查并督促整治各类隐患问题600多项，集中力量开展道路交通安全、消防、安全生产等重点领域专项检查整治工作；研究制订平安建设集中宣传活动方案，发动全市各乡镇（街道）、市直各单位以“线上+线下”方式，全力开展平安建设宣传，营造浓厚平安龙泉建设氛围。

【惩治违法犯罪】 2019年，市政法系统强力推进“扫黑除恶专项斗争攻坚年”工作，全市共立9类涉恶案件43起，刑事拘留107人，逮捕52人，移送起诉129人，打掉恶势力犯罪集团1个，立案查处党员干部涉黑涉恶腐败和充当“保护伞”3人，市公安局组织力量开展系列专项行动，依法打击违法犯罪，成功破获丽水市首个本地“套路贷”案件；市法院聚焦案件质效，深化认罪认罚工作，尤其对黑恶势力犯罪案件优先办理、严格办理；市检察院做强监督主业，采取有力举措震慑与严惩黑恶势力，严厉打击非法吸收公众存款、危害税收征管秩序、破坏环境资源、恶意欠薪行为等；市司法局全面加强社区人员矫正、法治宣传教育，并监督指导律师参与扫黑除恶等阶段性重点工作。2019年，全市共接警49271起，立刑事案件304起，破案76起，查处治安案件445起；批捕124件186人，起诉230件432人；受理各类案件6088件，办结6238件，同比分别下降8.7%和4.7%；在册社区服刑人员233，其中缓刑217名，假释11名，暂予监外执行5名。

【维护社会稳定】 2019年，市委政法委健全完善各类安全稳定工作机制，加强督促检查并保障常态化运转，促使全市安全稳定形势持续向稳向好发展。注重源头治理和风险防控，完成重大决策风险评估工作46项，确保重大决策顺利实施，无因风险评估不到位而发生的不稳定问题。组织开展涉稳问题集中摸排化解专项行动4次，共排查出不稳定因素45起，化解36起，暂时无法化解的全部落实了稳控责任。科学深化“快速反应、分类处置、部门协同、长效保障”四项非正常死亡案事件处置机制，89起（涉及89人）非正常死亡事件全部得到妥善处置。开展全市防范打击邪教组织专项行动和反邪教宣传活动，引导广大人民群众“崇尚科学·反对邪教”，有效抵制邪教渗透，积极筑牢反邪防线，努力营造无邪良好社会氛围。

【执法监督】 2019年，市委政法委坚持以公开公平公正司法执法和维护社会稳定为目标，开展全市政法系统执法活动的监督与指导，推进社会矛盾化解、社会管理创新、公正廉洁执法三项重点工作，为全市经济社会发展营造了良好的法治环境。完成浙江省委巡视组交办全市政法部门的63件涉法涉诉信访案件办理工作，其中市法院28件，市公安局33件，市检察院2件；落实涉政府产权纠纷问题排查工作，维护企业和企业家合法权益，为企业健康发展保驾护航；累计向政法各部门交办市本级涉法涉诉信访案件3件，逐案明确包案领导、责任部门和责任人员，实时跟踪责任部门办理情况；发放司法救助资金21.9万元，使相关涉法涉诉信访人息诉罢访，及时有效化解信访案件。

【深化基层治理】 2019年，市委政法委会同相关职责单位继续深化党建统领基层治理“四平台”和全科网格建设，推行以党建为统领打造基层治理“红色通道”的经验做法在中青在线、平安丽水等平台上刊发。继续深化“山上山下”网格员工作做法，4月12日，城北乡“浙江省十佳网格员”李金花作为唯一一名网格员代表在丽水市平安建设工作会议上作典型发言。8月，市委政法委联合市委组织部围绕党委领导、平台支部、网格党组织、组团联村（社区）、党员编组联户五个全覆盖，试点推进基层党建统领网格发展工作，八都镇党委书记两次代表龙泉分别在丽水市党建统领基层治理示范培训班与工作交流会上作相关经验发言。11月，建立健全全科网格工作责任清单、“一长三员”责任考核等机制，举行全市网格员业务培训会和全科网格“大比武”活动，并结合村规模调整与治理实际，优化调整全市网格，将全市科学划分为475个网格，配备636名专职网格员，进一步规范全科网格建设工作，提升网

2019年11月29日，开展基层治理信息分析研判　（市委政法委／供图）

格员业务能力水平。

【化解矛盾纠纷】 2019年，市委政法委组织相关职责单位深化多元化矛盾纠纷解决机制，推广草根调解超市、拘所调解、在线矛盾纠纷多元化解平台、“走出去”的社会心理防护机制等做法，创新推行以数字化转型促进山林纠纷诉源治理的做法得到浙江省委常委、政法委书记王昌荣的批示肯定，并在《浙江日报》《浙江政法》等媒体、行业刊物宣传报道。通过整合分散在各单位的社会治理综合服务以及信访矛盾化解职能和资源，创新机制、再造流程、优化服务，建成集多功能于一体的社会矛盾纠纷调处化解中心(信访超市)，并于11月正式揭牌成立，该中心总建筑面积为1000余平方米，投入专项建设资金约200万元，有力地推进信访矛盾化解“最多跑一地”。该年，全市调处各类矛盾纠纷6973件，调解成功6896件，成功率达98.89%。同时，市委政法委还牵头开展道路交通事故的垫付和救助工作，充分发挥道路交通救援基金作用，垫付道路交通事故抢救费用6次共计60余万元；为家庭困难的道路交通事故伤员提供救助资金，促进交通事故的顺利处置。

【平安志愿者大巡防】 2019年，市委政法委将平安志愿者大巡防活动作为深化主题教育、服务基层、服务群众的重要举措，继续与龙泉民泰村镇银行合作，为优秀平安大巡防志愿者制定额度更高、利率更低、时限更长的“平安贷”；统一为平安志愿者购买大巡防人身意外伤害保险；组织开展“十佳志愿者”评选和实行巡防队伍荣誉管理等方式；深化“毗邻村联合巡防”“同区域村与社区联合巡防”大巡防基层工作站建设；完善平安志愿者大巡防重点区域图，健全突发情况大巡防预案和平安志愿者应急联动指挥等机制，坚持开展平安志愿者每日常态化大巡防和市直机关党员干部每周三固化参与集中平安大巡防，尤其是在“平安护航中华人民共和国成立70周年大庆”安保期间和春节前后等重点时段，市四套班子领导分别带队开展大巡防，极大鼓舞了广大平安志愿者的积极性。该年，全市累计开展平安大巡防10万余人次。

【队伍建设】 2019年，市委政法委组织政法各单位认真开展“不忘初心、牢记使命”主题教育活动，持续深化党建工作，切实做好联系村(社区)、结对户结对帮扶等工作，密切联系群众，锤炼党性，保持优良工作作风。市委政法委积极协助组织部门做好政法系统中层干部提拔任用、转岗任用工作，共参与完成37名政法系统中层干部任用的审核批准工作；积极牵头组织开展团体活动，组织政法单位积极参加端午龙舟文化节龙舟赛、“歌唱我的祖国”大型歌咏比赛、龙泉市第三届职工运动会等活动，有效加强政法系统各单位交流合作，强化团结协作意识，提升政法队伍凝聚力。市委政法委结合工作职能积极助力“文旅兴市”战略，高质量完成各项工作任务，并获得“先进集体”；市公安局坚持从严治警，压实民警管理责任，督察通报工作进度缓慢或存在苗头性问题的集体与个人，依法立案调查涉嫌泄露警务工作秘密的民警，并开展辅警队伍规范管理和优化提升工作，提升辅警工资待遇水平；市法院从点滴抓起，每周开展巡查，及时通报迟到早退、庭审不规范、无故不在岗等工作纪律问题，并重视年轻干部培养工作，强化司法雇员规范管理，完善各项激励关爱机制；市检察院以改革转型提升检察工作质效，提升一线办案人员比例，努力提炼“剑瓷•匠心•检魂”主题检察文化内核，以剑瓷品格和匠心品质打造“龙检精神”，以检察文化涵养检察队伍，推动检察工作；市司法局严格落实内部规范管理，集中司法人员队伍力量，提升办事效率，突出治理成效，荣获浙江省司法厅中国共产党成立70周年大庆安保维稳工作集体嘉奖、浙江省法治示范县称号。 (周遇恩)

法院工作

【概况】 2019年，龙泉市人民法院新收各类案件6088件，办结6238件(含旧存)，同比分别下降8.7%和4.7%，法官人均结案数243件，办案效率、质量和效果指标保持良好态势，各项工作取得新业绩，连续五年在丽水市基层法院年度考核中荣获一等奖。通过开展清理长期未结案、案件提质专项行动切实提升办案效率和办案质量。司法调研、宣传和信息等工作继续稳居丽水市法院前列。

市人民法院落实入额法官办案规定，院庭长共结案2611件，占结案总数41.9%。稳妥推进认罪认罚从宽制度改革，审理认罪认罚案件217件345人。推进民商事案件繁简分流，促进简案快审、繁案精审。出台《院庭长监督管理案件办法》，重点对“四类案件”加强监管，确保放权不放任、监督不缺位。建立符合司法规律、体现职业特点的科学评价体系，对员额法官、审判辅助人员、司法行政人员分类考评。完善审委会议事规则，建立审委会集中听案会商制度，强化督办、考核、问责，增强提速结案意识。发挥专业法官会议作用，推行类案检索，统一裁判尺度。加强案件质量评查，查找问题短板，切实整改落实。优化干部梯队，提拔 12 名年轻中层干部。开展全员培训，参加各类培训 252 人次。开设“法官课堂”，促进业务经验交流。完善轮岗机制，努力培养“全科法官”。建立院领导与干警双向谈心谈话制度，听心声、解难题，增强队伍凝聚力。开展警示教育月活动，通过剖析违纪违法典型案例，参观警示教育点，召开专题民主生活会，创建清廉法院，牢筑拒腐防变思想防线。开展查摆问题专项活动，排查落实上级决策部署、处理群众来信来访等十个方面情况，堵漏建制，完善廉政风险防控体系建设。强化日常监督，开展院领导值周巡查 46 次，落实司法作风记分管理办法，对不遵守日常管理、审判、执行等纪律的人员进行扣分处理、通报批评，及时纠正苗头性、倾向性问题，营造风清气正良好氛围。

【刑事环资审判】 2019 年，市人民法院新收刑事案件 236 件，审结 236件，判处罪犯 445 人，其中，判处五年以上有期徒刑 29 人。审结涉黑恶案件 5 件 22 人，其中，审结丽水市扫黑办督办的恶势力犯罪集团案件，13 名被告人均被依法判处实刑，审结盗窃、诈骗案件 64 件 101 人，其中“套路贷”诈骗案件 3 件 8 人；审结交通肇事、危险驾驶案件 24 件 24 人；审结故意伤害、聚众斗殴、寻衅滋事案件 26 件 48 人。审结“黄赌毒”案件 43 件 142 人，其中，审结省高院指定管辖的网络赌博系列案 8 件 24 人。净化社会风气，审结经济犯罪案件 16 件，其中，审结公安部督办的特大虚开发票案，审结销售假冒商标商品系列案 9 件。惩腐肃贪，审结原缙云县委常委、公安局长赵应华受贿等职务犯罪案件 5 件 9 人。坚持宽严相济刑事政策，对 210 名犯罪情节较轻的被告人依法适用非监禁刑。强化人权司法保障，为 67 名可能被判处三年以上有期徒刑的被告人指派律师出庭辩护。围绕国家公园创建，坚持预防、处置、审判、修复四位一体，统筹推进环境资源审判，打造“5G 绿境”生态司法品牌，工作做法在全省会议上作经验介绍。坚持预防优先，深入开展环保法治宣传教育，持续提升群众共护绿水青山的行动自觉。由专门审判团队办理环资案件，13 名行业专家对环境资源损害程度、修复成本等给出专业意见，为定罪量刑提供参考。联合相关部门设立龙泉山生态保护联络站，完善协作机制，有力惩治破坏环境资源违法犯罪行为，审结污染环境、滥伐林木等案件 12 件。在丽水首创“劳务代偿”执行模式，督促当事人以补植复绿等方式进行生态修复。

2019 年，龙泉市人民法院提出的区域性环境资源审判新理念，“5G”分别是 Guard（预防）、Give（处置）、Guide（审判指引）、Green（绿色修复），形成集预防、处置、审判、修复四位一体高度集成的司法保护体系，旨在助力打造 Garden（国家公园）。　　（季诗婷）

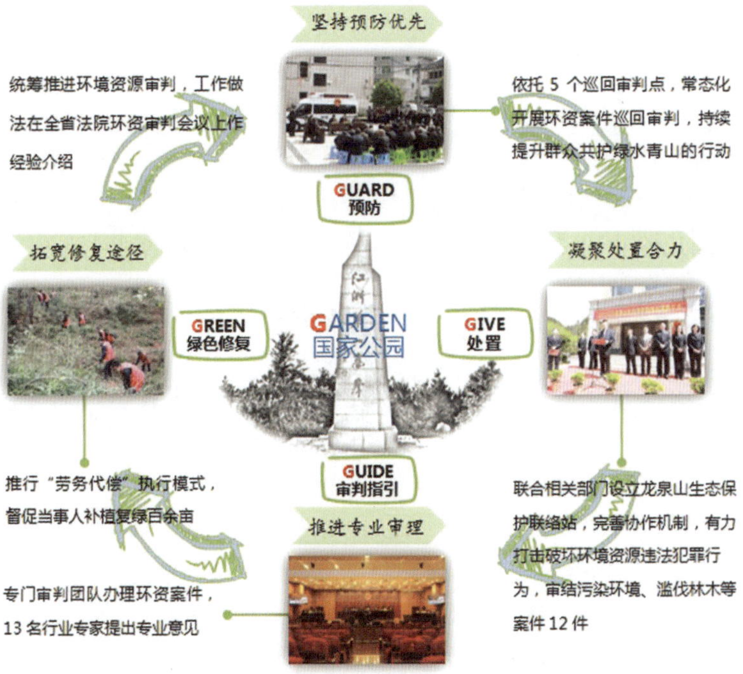

龙泉法院打造“5G 绿境”生态司法品牌

【民商事审判】 2019 年，市人民法院新收民商事案件 2657 件，审结 2659 件。审结各类侵权纠纷 568 件，保护公民人身和财产权利。审结买卖、建设工程等合同纠纷 316 件，维护市场交易秩序。审结涉房地产开发、房屋买卖等纠纷 192 件。审结涉劳动工资纠纷 126 件，为劳动者追回欠薪 267 万元。充分运用道路交通事故纠纷“网上数据一体化处理”综合改革成果，高效化解交通事故纠纷 252 件。推进家事审判改革，审结婚姻家庭、继承纠纷等家事案件 291 件，调解 111 件，落实家事回访、离婚冷静期、人身安全保护令等制度，维护家庭和谐稳定。制定优化营商环境 13 条措施，妥善审结各类涉企纠纷 1864 件、标的额 6.4 亿元。成立全国首个非遗（青瓷宝剑）司法服务保障中心，出台专门意见，精准服务保障剑瓷产业发展。充分发挥破产府院联动机制和破产

2019年11月7日,全国首个非遗(青瓷、宝剑)司法服务保障中心成立

(市人民法院/供图)

专项基金作用,稳妥、高效审结破产案件11件,化解银行不良资产8770万元,盘活工业用地51亩、厂房2.6万平方米、企业存量资产2705万元。重视金融风险防范化解,审慎审结金融案件331件、标的额1.8亿元,召开金融机构座谈会2次,共护区域金融安全。

【执行工作】 2019年,市人民法院办理保全案件297件,自动履行率52.8%,同比上升2.8%,执行收案2278件,同比下降9%;执结2427件,执行到位标的额1.49亿元。建立全科网格员协助执行机制,完善综合治理执行难格局。实体化运行执行指挥中心,全方面优化执行措施运用,及时冻结款项1025.5万元。严格落实失信惩戒措施,共纳入失信名单2434人次,限制高消费2765人次,限制出境1445人次。严厉打击拒执行为,罚款1251人次,司法拘留69人次,以涉嫌拒执罪移送公安机关18人,追究刑事责任3人,违法制裁率64.9%,同比上升38%,位居丽水法院第一。引入公证参与执行,加强"执行秘书"运用,提高执行透明度,不断规范执行行为。

【立案与调解工作】 2019年,市人民法院"掌上"立案、撤诉、庭审、约谈等3409次,民商事案件同比下降9.3%,首次实现负增长。打造"永和调解超市",加强诉前分流,将1397件纠纷引导至人民调解委员会等组织进行调解。组建专门法官调解团队,设立涉保险、消费纠纷等6个专业调解室,聘任62名特邀调解员,开展多元调解,诉前纠纷化解率52.2%,居全省前十。开展民间借贷协同治理,将32人纳入"职业放贷人"名录,相关部门对"职业放贷人"采取限制信贷、征税等措施,民间借贷案件同比下降39.2%。加大虚假诉讼打击力度,对4起虚假诉讼进行民事制裁,罚款40万元;向公安机关移送6件涉嫌犯罪的虚假诉讼案件,2件已立案。

【典型案例】 2019年8月7日,市人民法院公开开庭审理了一起非法制造、出售非法制造的发票案,分别判处被告人詹某1有期徒刑五年,并处罚金40万元,判处被告人詹某2有期徒刑二年三个月,并处罚金5万元。该案系公安部督办的"1·16"百亿特大虚开增值税普通发票系列案中关键案件,詹某1、詹某2两兄弟系该案的头脑人物。经法院审理查明,2016年4月至2018年4月期间,詹某1通过其本人实名认证的支付宝账户购入打印机等工具,按照接单员发送的开票信息及要求,在购买的空白增值税普通发票上印制发票号、发票代码、销售方等内容,并加盖伪造的公章,非法制造发票。制造好的发票用快递邮寄给购票人,每张发票收取13元、15元、20元不等的费用。2016年下半年,詹某2开始加入弟弟詹某1的非法制造发票行业,主要负责购买制造假发票的打印机等设备,利用互联网检索符合客户要求的开票公司信息,对接单文本文档进行编排等工作,帮助詹某1非法制造发票。经统计,2017年12月以来,被告人詹某1、詹某2共计非法制造、出售非法制造的发票5441份,价税合计3.32亿余元。法院认为,被告人詹某1、詹某2违反国家发票管理法规,擅自制造并出售擅自制造的可以用于骗取出口退税、抵扣税款的发票以外的发票,危害国家税收征收管理制度,情节严重,其行为均已构成非法制造、出售非法制造的发票罪。根据各被告人犯罪事实、情节、性质,遂作出如上判决。 (余祖鹏 朱德宇)

检察工作

【概况】 2019年,龙泉市人民检察院全年共受理各类案件825件,办结753件,其中批准逮捕各类刑事犯罪186人,提起公诉432人。依托12309举报中心,受理举报线索167件次。监督立案16人,纠正漏捕漏诉11人,发出书面纠违通知12件。办理民事检察案件9件,行政检察案件40件,公益诉讼案件94件,司法救助案件7件。

市人民检察院微信公众号荣获全省政法系统“检察微信十强”，5个案例被评为省市精品优秀案例。在浙江省级以上期刊发表理论调研文章10篇，1项课题获最高检立项结题。

市人民检察院全年办理公益诉讼案件94件，同比上升95.8%，涉及国有资产254.4万元，督促清理生活垃圾和固定废物3.5吨，推动整治违法占地6000余平方米。探索创新工作方式，针对环境损害鉴定费高、赔偿金不能及时支付等实际问题，成功办理丽水市首例环境损害赔偿磋商案、首例公益诉讼执行环节“劳务代偿”案。

市人民检察院深入开展污染防治攻坚战，以“零容忍”态度坚决打击破坏环境资源犯罪，批捕5人，起诉23人。坚持打击与预防并重，惩治与修复并举，联动建成生态检察“三大基地”，通过实施“补植复绿”“增殖放流”等措施，促进生态环境修复。

市人民检察院发挥驻看守所检察室职能作用，加强对刑罚执行与监管活动监督，针对发现的问题发出检察建议和纠正违法通知书5份，监督办理财产刑执行监督案件9件。开展社区矫正专项监督，对8名违反社区矫正相关规定的服刑人员依法督促收监执行。开展捕后羁押必要性审查，对不需要继续羁押的，建议办案单位变更强制措施28人。

市人民检察院稳妥推进内设机构改革，整合形成“6+2”▲机构设置，一线办案人员占比增加到70.6%。在全省首推案件分类分流改革，建立专业化高效化办案组，实现简案快办、繁案精办，简单案件平均办理周期缩短11天。加强案件质量内控机制建设，夯实员额检察官办案责任。健全完善办案平台动态监督，量化考核全程留痕等机制，开展案件常规抽查、重点评查30件，发现问题8条并予以通报整改。发挥领导干部“头雁”作用，入额院领导带头办案342件，占案件总数的41.5%。

▲“6+2”：第一检察部至第六检察部，政治部，办公室。

【惩治严重刑事犯罪】 2019年，市人民检察院制定扫黑除恶“十项举措”，批捕涉黑恶犯罪嫌疑人12人，起诉22人，对王某等13人恶势力犯罪集团实施寻衅滋事犯罪，检察官提前介入、引导侦查，检察长出庭支持公诉，有力震慑黑恶势力。严厉惩治故意杀人、强奸等重大恶性案件，批捕9人，起诉8人。严惩黄赌毒、盗抢骗等多发性犯罪，批捕99人，起诉229人，依法办理季某某等7人“大满贯”APP开设赌场案，詹某某、叶某某贩卖毒品案等一批重大案件，营造安全稳定的社会环境。

【刑事诉讼监督】 2019年，市人民检察院坚持在监督中办案，在办案中监督，认真落实监督事项清单制，发现并移送监督线索11条，成案8件。加强刑事执行监督，建立社区矫正同步监督机制，监督收监执行罪犯8人。检察长列席法院审委会7次，在丽水市率先试点刑罚执行活动法律监督年度报告制度，提升社区矫正执法规范化水平。

【民事行政检察】 2019年，市人民检察院聚焦民行检察监督，共受理不服生效民事裁判案件9件，对其中正确的裁判做好释法说理，化解社会矛盾。针对商品房预售合同纠纷系列案中存在的虚假诉讼问题，提出再审检察建议4份。坚持从实体监督向程序监督拓展，针对8起民商事案件审判程序问题，提出检察建议，以程序公正促进司法公信。以行政非诉执行为切入点，开展自然资源资产、行政处罚等领域专项监督行动，办理监督案件40件。通过办案督促行政部门依法履职，提出检察建议3份，推进依法行政。持续推动落实府检联席会议机制，努力促进行政争议实质性化解。

【生态检察】 2019年，共批捕破坏生态环境资源犯罪5人，起诉23人，形成打击破坏环境资源犯罪的高压态势。立足检察职能，结合办案实践，联合市法院、林业局、生态环境局等部门先后在九姑山公园建立彩色森林生态修复教育实践基地、在凤阳山国家级自然保护区设立生态保护联络站，在经济开发区建立浙江龙泉生态环保教育基地。依托“三大基地”，严格落实“谁执法谁普法”普法责任制，出台以案释法“五进”机制，通过选择具有典型教育意义的案件，开展以案释法进机关、进校园、进企业、进社区、进乡村振兴讲习所活动，让司法办案成为生动的普法课堂。

【社会综合治理】 2019年，市人民检察院坚持以事实为依据、以法律为准绳，准确把握宽严相济刑事政策，对犯罪情节轻微、社会危险性不大的犯罪嫌疑人依法决定不批捕44人，不起诉71人。践行新时代“枫桥经验”，立足龙泉实际出台诉源治理“七大举措”，通过强化源头预防、完善刑事和解等方式，在检察环节化解矛盾纠纷26件。严厉打击性侵、伤害未成年人犯罪，批捕4人，起诉4人。坚持教育挽救方针，对22名涉罪未成年人提供观护帮教、心理疏导，帮助5人就业升学。持续发力脱贫攻

2019 年 7 月 29 日，市检察院工作人员进校园开展“扫黑除恶”宣传
（市人民检察院 / 供图）

坚战，高度关注因案致贫、因案返贫问题，对 7 名被害人发放司法救助金 4.8 万元。办理丽水市首例跨省司法救助案，检察官远赴江西兴国县为被害人建立长效救助机制。严厉打击恶意欠薪行为，加强法律惩治和追赃挽损，为 23 名农民工追回工资 21.9 万元。

【服务民营企业发展】 2019 年，市人民检察院制定出台服务民企“龙检十条”，严惩挪用资金、制假售假等损害企业利益犯罪，批捕 18 人，起诉 36 人。坚持“五个一”办案机制，审慎办理涉企案件，对情节轻微的，依法不起诉 13 人。在一起涉企虚假诉讼案中，开发区两家企业因资金拆借引发纠纷，几经诉讼、刑民交叉、案情严重影响企业生产经营，检察官在分清是非、依法定性的基础上作出不起诉处理，做到矛盾化解，案结事了。在办理“4•23”象牙案中，检察官跟踪案件证据变化情况，及时建议变更在押企业家羁押措施，坚决防止“案子办了，企业倒了”。

【文化建设】 2019 年，市人民检察院坚持文化建设“本土化、有形化和转化”的 LCT 原则，提炼“剑瓷•匠心•检魂”主题检察文化内核，以剑瓷品格和匠心品质打造龙检精神，以检察文化涵养检察队伍，推动检察工作。坚持创新发展，立足检察职能和龙泉实际，推出服务民企“龙检十条”、诉源治理“七大举措”、代表联络“六项机制”、以案释法“五进活动”等举措，努力为人民群众提供优实的法治产品，检察产品。坚持精细精准化办案，践行一个案件背后就是“一个人生、一个家庭（企业）、一类社会问题”的办案理念，树立干警办案价值感、职业荣誉感，在办案中传递司法温度。

【经典案例】 2017 年，邱某等人受雇于詹某从事虚开发票工作，形成了以詹某为首，以邱某等人为骨干，李某等人为接单员的层级严明分工明确自上而下的犯罪链条。该犯罪团伙到案人员 20 人，涉案金额达 4.4 亿余元。2019 年办理该案时，承办检察官通过立案监督抓住漏网之鱼任某，后任某被法院判刑并处罚金。对詹某两兄弟纠正定性，以非法制造、出售非法制造的发票罪对其提起公诉，人民法院采纳了该意见。坚持办案与追赃并重，明确告知嫌疑人“补缴税款”是“认罚”的重要检验标准，最终郑某等 7 名嫌疑人自愿认罪认罚，在检察环节全部完成补缴工作，为国家挽回税收 160 余万元。（邱　哲）

司法行政

【概况】 2019 年，龙泉市司法局共调解各类矛盾纠纷 3183 件。其中，镇村两级共排查化解各类矛盾纠纷 2996 件，化解成功 2996 件，化解率 100%；调解中心受理化解 187 件。全年援助中心共接待来访来电咨询 1813 人次；受理援助案件 353 件，其中，刑事案件 154 件、民事案件 199 件。全市在册社区服刑人员 233 人，其中，缓刑 217 人，假释 11 人，暂予监外执行 5 人。收监执行 8 人，警告 15 人。完成社区矫正社会调查评估 166 件，脱漏管人员 0 人，严重再犯罪人员 0 人。累计接收 2478 人，累计解除 2245 人。

3 月，根据龙泉市机构改革方案，市司法局职能配置内设机构和人员编进行调整。4 月，市政府法制办 3 名同志顺利转隶到市司法局，实现集中办公。机构改革后，市司法局承办市委依法治市、法治政府领导小组办公室具体工作，挂市行政复议局牌子。下设办公室、法治督察科、社区矫正管理科（挂社区矫正执法大队牌子）、复议应诉科、政府法律事务科、普法与依法治理科、人民参与和促进法治科、公共法律服务管理科（挂法律援助中心牌子）、律师工作科、干部人事科机构。

4 月 9 日至 5 月 17 日，市委第一

2019 年 7 月 29 日，市委全面依法治市委员会第一次会议　（吴玉芳 / 供图）

巡察组对市司法局党组进行巡察。6 月 20 日，市委巡察组向市司法局党组反馈了巡察意见。针对巡察组反馈的 6 个方面 15 项 29 个问题，市司法局党组逐项研究解决对策，细化整改时间和整改目标，落实整改责任,问题整改到位。

龙泉市司法局综合办公楼位于龙泉市剑池西路 92 号（原财政大楼东侧 1 至 7 层），总改造面积 2227 平方米，总投资 280 万元。3 月 29 日，完成司法业务用房的整体搬迁，并举行搬迁揭牌仪式。4 月 1 日正式投入使用。

2019 年，获浙江省司法厅中华人民共和国成立 70 周年大庆安保维稳工作集体嘉奖、浙江省级法治示范县称号。在法治丽水建设考核中获第三名。在 2019 年度丽水司法行政系统综合考评中获优胜单位第三名。在 2019 年度龙泉市部门综合考核中获三等奖。

【法治工作】 2019 年，市司法局承接依法治市、法治政府考核任务，增设依法治市秘书科、法治督察科，制发《龙泉市 2019 年度法治龙泉（法治政府）工作考核办法》，明确将法治龙泉、法治政府建设情况纳入巡察范围并建立有关工作机制的情况。协调成立了市委书记王顺发为主任，市委、人大、政府、政协相关领导和市直有关部门主要负责人参与的市委全面依法治市委员会，下设办公室及三个协调小组，办公室设在司法局，统筹协调、指导推动全面依法治市各项事务，制定出台两规则一细则等规章制度，规范全面依法治市工作。7 月 29 日，召开市委全面依法治市委员会第一次会议，对法治建设重点工作进行研究部署。8 月 30 日，组织 2018 年 4 月至 2019 年 8 月由市政府任命的国家工作人员参加宣誓仪式，系龙泉市首次组织政府任命国家工作人员进行宪法宣誓。开展行政执法“三项制度”全市普查工作，制定各类清单计表。

市司法局新设政府法律事务科，2019 年共审查规范性文件 32 份，其中政府（市府办）规范性文件 20 份，提出合法性审查意见 100 余条，基本都被采纳。对重大行政决策事项开展合法性审查，提出审查意见 31 条。市司法局推进行政规范性文件制定主体资格确认，明确各行政部门和乡镇街道在与行政相对人签订行政合同时，签订、管理、备案审查的具体要求。与市场监管局共同开展了公平竞争审查专项清理，对行政规范性文件内容中税收挂钩、市场准入等违反公平竞争审查的文件开展清理，废止相关规范性文件 1 份。开展涉及“民营经济 31 条”惠企政策专项清理、开展地方性法规、规章和规范性文件涉企经营行政许可清理，共清理有关规范性文件 317 份，废止 1 份，修改 1 份。清理因保证金设置与上位法存在冲突的行政规范性文件 1 件。

市行政复议局（设司法局）实现一级政府行政复议工作“一个口子”对外的工作格局，落实“定岗定责定流程”要求。制定行政复议流程图和办理行政复议案件流程表，案件办理实施科长、局长、分管领导三审三定。建立复议案件主办人负责制和案件评查机制，实行行政复议案件集体讨论制度和行政复议听证审理方式，提高办案质量。落实重大行政复议案件备案制度，规范文书制作管理。建立行政复议与行政审判联席会议制度、信访与行政复议联席会议制度。全年共收到复议申请 14 件，受理 13 件，办结 13 件；共发生行政诉讼案件 48 件（结案 38 件），败诉率 5.2%，低于丽水市平均水平。

【公共法律服务】 2019 年，市法律援助中心放宽审查标准、加快审批速度。对农民工欠薪维权案件实行优先解答、优先受理、优先指派。争取到浙江民禾律师事务所 1 名专职律师常驻司法局支援结对全市法律援助工作，该援助律师荣获“2019 年度全国法律援助工作先进个人”称号。

全年公证处共办理各类公证案件 1104 件，其中内地民事、经济公证 759 件，涉港澳台公证 13 件，涉外公证 332 件，公证“最多跑一次”累计办理 178 件。持续为龙泉市“三改一拆”“美丽大花园”“城中村改造”等重点工作提供公证服务，为政府办理现场监督类、保全类公证21件。与市自然资源和规划局合作，对网上土地拍卖招投标进行公证。加强与不动产登记中心沟通交流。与法院达成开展司法辅助合作。

市司法局先后6次前往全市各律师事务所，对律师参与扫黑除恶专项斗争的阶段重点工作进行监督指导。指导律师服务团队深入关键重点企业，就生产经营、内部治理、创新发展中遇到的疑难杂症提供法治体检；深入中小微企业园等民营企业集聚区域，为企业开展法律咨询，解决法律难题，提供经营策略。修订完善调解制度、律师调解经费使用管理暂行办法。根据全市行政村规模调整，将法律顾问与新的249个村（社区）结对调整到位，落实工作责任。采用以量定补、多劳多得的原则细化绩效村(社区)法律顾问考核办法，工作考核结果与工作补贴发放及年度评优、考核相挂钩。开展“律师驻队”试点工作，驻队律师参与综合行政执法工作处置复杂执法事项30余起，为决策行政行为、政策文件制定等提供法律意见15次，为执法人员开展法治宣传教育和法律培训80余次，为重大突发案件、行政复议案件、行政诉讼案件提供服务7次。

【社会维稳】 2019年，各级社区矫正机构先后组织集中教育2965人次，组织公益劳动2848人次，个别谈话教育2726人次，开展心理咨询298人次，落实责任田130人，技能培训39人次，指导就业或就学61人次。举办或参与开展了国家献血日献血、母亲节为父母办一件实事、“六一”慰问服刑人员未成年子女、学习“感恩的心”手语操、“二次入庭”法治教育学习活动、平安巡逻等形式丰富、内容多样的主题教育活动。联合卫健局开展社区矫正对象心理测评。庆祝中华人民共和国成立70周年，开展特赦工作。对19名生活困难的两类人员开展帮扶，累计发放救助金1.9万元。

组织开展参加人民调解培训七次共183人次。撰写人民调解典型案例被中国法律服务网录用1篇。开展涉民营企业矛盾纠纷排查119次，受理民营企业纠纷总数152件，成功调处152件，成功率100%。7月3日，市司法局、市人民法院共同成立龙泉市行政争议调解中心。开展梳理龙泉市行政调解权利义务清单。2月，与市人民法院协作完成41名人民陪审员宣誓、任命工作。11月，将人民陪审员候选人库提交派驻纪检组、市人民法院、市公安局等单位进行重新审核，会同人民法院、公安局在龙泉市人民陪审员候选人库中随机抽选46名拟任命人民陪审员。2019年，完成人民陪审员选任87名。

【普法治理】 2019年，市司法局将“谁执法谁普法”普法责任制纳入乡镇、部门综合考核，明确了43个重点部门的普法责任清单。全市干部（职工）学法用法考试参考人数年均6800人，参考率100%。协助司法部等15个部门在竹垟乡开展文化科技卫生“三下乡”活动。开展“宪法进万家”主题活动，免费发放宣传资料近5万份，发放法治宣传品近万份，创建丽水市级民主法治村（社区）16家，省级民主法治村（社区）创建4家。新创建丽水市级诚信守法企业2家，丽水市级普法农家院2家。成功创建6所丽水市“依法治校示范校”，全年开展包括青少年法治教育活动50多场次，受教育人数达1.5万余人次。联合全市48个职能单位成功举办第六个国家宪法日和第二个宪法周宣传活动。开办针对全市乡镇（街道）工作人员的行政执法领域轮训会，累计850余人参训。开展全市执法案卷评查工作，共抽取案卷186份，整理案卷评查问题清单。龙泉市青少年税收普法教育基地被命名为“浙江省法治宣传教育基地”，龙泉市清修寺被评为“浙江省宗教法治宣传教育基地”，龙泉市看守所法治宣传园地被评为“丽水市法治宣传教育基地”。

【人才队伍建设】 2019年，市司法局机构改革后划入原市政府法制办转隶人员3人。推进“两学一做”学习教育常态化制度化，严格落实“三会一课”等党内制度。印发《龙泉市司法局内部管理制度》。开展廉政风险防控排查。开展“不忘初心、牢记使命”主题教育活动。9月26日，到安仁季山头村开展“不忘初心　牢记使命”主题教育初心之行活动。走访慰问宝溪乡溪源田村因暴雨洪灾房屋严重受损的受灾困难户2户。6月，提拔股级干部5名，对7人进行了岗位交流。联合市委政法委、法院、检察院、公安等部门举办龙泉市政法干部综合素能提升培训班，组织全体干部赴湖南大学进行为期5天的培训。严格落实编外用工清理规范工作。组织司法所参加丽水市首届“枫桥式”司法所建设论坛，撰写的《新时代司法所心理服务运用的探索践行》论文成功入选论文集。对《浙江省司法所管理信息系统》进行数据录入与更新，针对办公业务用房面积、规范化创建评定情况等重点项目作了详细讲解。2019年，八都司法所被评为丽水市“文明规范公正”司法所。（沙　璐）

公安工作

综　　述

【概况】 2019年，龙泉市公安局紧紧围绕“绿色警务、护航‘两山’，红色铁军、挺进长安”工作主题，以“中华人民共和国成立70周年大庆安保”为主线，以“勇夺星级金鼎”为目标，确保龙泉全域高质量稳定。全年重大群体性事件、重大安全生产事故、两抢案件“零发生”，入户盗窃“零增长”，刑事发案、传统侵财型案件发案分别同比下降5.71%、6.13%，七类恶性案件破案率达100%，连续8年实现命案全破，连续21周年实现看守所无安全责任事故，连续4年保持涉法涉诉“零进京非访”，扫黄打非、云端行动、交通管理工作等9项专项工作列丽水前列。

2019年，市公安局实有民警339人，辅警318人，设20个内设机构，12个派出所(其中查田派出所未实体化运行，拟撤销)，19个警务室。

【羁押管理】 2019年，龙泉市看守所累计在押51168人次，日均关押140人，比2018年日均关押133人上升了5.3%；龙泉市拘留所累计在押5567人次，日均关押15人。8月起，市看守所针对监所一日生活制度方面存在的短板问题，在全监所全面开展军事化管理训练，采取监室每日三练，每月邀请武警教官集中训练，全面改善监所一日生活制度。市拘留所开展各类矛盾纠纷化解50起，成功化解38起，调解成功率达76%。开展司法债务纠纷调解43起，开展率70%，成功化解31起，调解成功率达72%，涉及纠纷款750.329万元，每个成功调解案件的当事人均提前解除拘留。共收到锦旗1面，感谢信4封，7个案例入选浙江省厅监管总队经典案例。

2019年龙泉市公安局先进集体名单一览表

表15

受表彰(先进)单位	荣誉称号/所获荣誉	发文单位	发文号	发文时间
龙泉市公安局	丽水市公安机关宣传绩效评估第一名	丽水市公安局政治部	丽公网传〔2019〕6号	1月11日
龙泉市公安局	2018年丽水市打击治理电信网络新型违法犯罪专项工作成绩突出集体	丽水市打击治理电信网络新型违法犯罪工作联席会议办公室	丽公网传〔2019〕16号	1月28日
龙泉市公安局	2018年度全省公安机关执法质量好评优秀单位	浙江省公安厅	浙公通字〔2019〕18号	1月31日
龙泉市公安局	龙泉市“乡村振兴城市复兴”争先进位大赶超主题活动嘉奖集体	龙泉市人民政府	龙政发〔2019〕1号	2月15日
龙泉市公安局	龙泉市“最多跑一次”改革工作先进集体	中共龙泉市委 龙泉市人民政府	龙委发〔2019〕7号	2月15日
龙泉市公安局	2018年度综合考核一等奖	中共龙泉市委 龙泉市人民政府	龙委发〔2019〕9号	2月18日
龙泉市公安局	2018年度全省公安队伍正规化建设优秀单位	浙江省公安厅	浙公通字〔2019〕16号	2月18日
龙泉市公安局交通警察大队	龙泉市先进职工之家	龙泉市总工会	龙总工〔2019〕9号	2月20日
龙泉市公安局	丽水市公安机关“一长四必”现场勘查工作优胜单位	丽水市公安局	丽公网传〔2019〕42号	2月27日

续表15

受表彰(先进)单位	荣誉称号/所获荣誉	发文单位	发文号	发文时间
龙泉市公安局龙渊派出所	龙泉市消防工作先进单位	龙泉市消防安全委员会	龙消安委〔2019〕2号	3月5日
龙泉市看守所(拘留所)	集体三等功	丽水市公安局	丽公令〔2019〕1号	3月8日
龙泉市公安局	龙泉市2018年度平安综治考核优秀单位	中共龙泉市委建设平安龙泉领导小组	龙平安〔2019〕1号	4月18日
龙泉市公安局	丽水市打击食药环专项行动优胜单位	丽水市公安局	丽公办〔2019〕36号	4月22日
龙泉市公安局	丽水市公安信息调研工作先进集体	丽水市公安局	丽公办〔2019〕41号	5月22日
龙泉市公安局	丽水市户籍管理工作先进单位	丽水市公安局	丽公办〔2019〕55号	7月7日
龙泉市公安局	丽水市警卫、大型活动工作先进单位	丽水市公安局	丽公办〔2019〕54号	7月8日
龙泉市公安局	2018年度《平安时报》宣传工作考核三等奖	浙江省公安厅	浙公网传〔2019〕628号	8月5日
龙泉市公安局	2019年度打黄扫非工作成绩突出集体	浙江省“扫黄打非”工作领导小组	浙扫黄打非组〔2019〕1号	12月16日

2019年龙泉市公安局先进个人名单一览表

表16

受表彰(先进)单位	荣誉称号/所获荣誉	发文单位	发文号	发文时间
钟李佳	2018年度丽水日报社优秀(积极)通讯员	丽水日报社	丽报嘉奖〔2019〕1号	2019年1月22日
刁叶峰	2018年度全省千民好民警	丽水市公安局		2019年2月
孙 珺	2018年度全省千民好民警	丽水市公安局		2019年2月
汪建国	2018年度全省千民好民警	丽水市公安局		2019年2月
叶森雷	2018年度全省千民好民警	丽水市公安局		2019年2月
应宇啸	2018年度全省千民好民警	丽水市公安局		2019年2月
徐 来	个人三等功	丽水市公安局	丽公令〔2019〕1号	2019年3月8日
王 治	个人三等功	丽水市公安局	丽公令〔2019〕1号	2019年3月8日
裘 凯	个人三等功	丽水市公安局	丽公令〔2019〕1号	2019年3月8日
应宇啸	个人三等功	丽水市公安局	丽公令〔2019〕1号	2019年3月8日
章志洋	个人三等功	丽水市公安局	丽公令〔2019〕1号	2019年3月8日
吴坚剑	个人三等功	丽水市公安局	丽公令〔2019〕1号	2019年3月8日
郑子裕	个人三等功	丽水市公安局	丽公令〔2019〕1号	2019年3月8日
王静宜	个人三等功	丽水市公安局	丽公令〔2019〕4号	2019年3月8日
章志洋	个人三等功	丽水市公安局	丽公令〔2019〕3号	2019年3月8日
董浩然	个人二等功	丽水市公安局	浙公令〔2019〕45号	2019年8月2日
钟李佳	《平安时报》优秀通讯员	浙江省公安厅新闻传媒中心平安时报社	浙公网传〔2019〕635号	2019年8月5日
李 杰	二等治安荣誉奖章	丽水市公安局		2019年8月20日
方国庆	个人三等功	丽水市公安局	丽公令〔2019〕8号	2019年9月4日
李培栋	个人三等功	丽水市公安局	丽公令〔2019〕8号	2019年9月4日
吴敬锋	个人三等功	丽水市公安局	丽公令〔2019〕8号	2019年9月4日
林 平	个人三等功	丽水市公安局	丽公令〔2019〕8号	2019年9月4日
季通斌	省厅通报表扬	浙江省公安厅		2019年9月21日
余乐乐	省书画摄影大赛(书画类三等奖)	浙江省公安厅		2019年9月25日

续表16

受表彰(先进)单位	荣誉称号/所获荣誉	发文单位	发文号	发文时间
王　武	个人三等功	丽水市公安局	丽公令〔2019〕10号	2019年11月22日
许海明	个人嘉奖	丽水市公安局	丽公令〔2019〕10号	2019年11月22日
张　龙	个人嘉奖	丽水市公安局	丽公令〔2019〕10号	2019年11月22日
潘燚晖	个人嘉奖	丽水市公安局	丽公令〔2019〕10号	2019年11月22日
兰银才	全省公安机关70周年大庆安保维稳工作成绩突出的警务辅助人员	浙江省公安厅	—	2019年11月27日
季清宝	全省公安机关70周年大庆安保维稳工作成绩突出的警务辅助人员	浙江省公安厅	—	2019年12月3日

【森林公安】 2019年，龙泉森林公安共查处各类案件107起，其中行政案件77起，刑事案件30起；处理各类违法犯罪人员117人，其中起诉35人。经过历时9个多月侦查深挖，4月23日，森林公安共抓获犯罪嫌疑人6名，收缴象牙原牙3支、象牙雕饰品3件，交易价值20余万元，成功破获特大非法收购珍贵、濒危野生动物制品案件。5月4日，范某某在住龙镇西井村青龙源山场非法猎捕杀害国家二级保护动物藏酋猴一只，并出售给毛某某食用；10月22日，潘某某在道太乡下乾村用猎夹非法猎捕杀害国家二级保护动物猕猴一只并出售给刘某某食用。2个案件4名犯罪嫌疑人均已涉嫌非法猎捕、杀害、出售、收购国家珍贵、濒危野生动物罪，被依法移送起诉。

“2019雷霆行动”期间，森林公安抓住线索，扩线深挖，查清白岩村部分村民无证采伐虫害柳杉系列滥伐林木案件的全部违法犯罪事实，共破获刑事案件3起，移送起诉7人，办理林业行政案件8起，行政处罚8人。

【荣誉奖项】 2019年，市公安局被浙江省委省政府评为全省“扫黄打非”工作成绩突出集体、全省队伍正规化建设优秀单位。共有1个集体、6人获浙江省级先进称号，4个集体、2人获丽水市级先进称号，1人荣立个人二等功，1个集体荣立集体三等功，14人次荣立个人三等功，3位民警和1位辅警获浙江省厅通报表扬，6个集体和25人获嘉奖。

社会治安

【概况】 2019年，龙泉市共接警49271起，同比上升22.3%，上报重大警情108起，非正常死亡45起，交通事故死亡32人，案件等其他类30起，排摸上报各类不稳定因素34起。市公安局继续推进“公安护着干”品牌建设，主动参与凤起路拆迁、础石龙商回归工程、行政村规模调整等中心工作；推进城区全时段禁止燃放烟花爆竹；妥善处置阻碍衢宁铁路施工、“3·3”衢宁铁路隧道安全生产事故、城东安置区F组团征迁安置房项目工地安全生产事故等36起重特大事件，圆满完成第二届世界青瓷大会·第十一届龙泉青瓷龙泉宝剑文化旅游节、故宫青瓷回家展、端午龙舟赛、第三届华严文化节等69场大型活动安保，有效保持社会面持续稳定。

市公安局深化居住证制度，落实《龙泉市新居民积分制管理办法(试行)》施行，共采集标准地址70419条、实有人口信息26.3万余人、实有房屋信息70307条、实有单位信息11459家、从业人员6万余人。清理未落户人员2万余人，处罚不主动申报不配合房东9人、企业40家。协助各地公安机关抓获各类涉案人员24名，提供各类有效线索11条。

市公安局全力护航行政村规模调整工作，坚持从事前、事中、事后评估村调整体工作，制定出台《龙泉市公安局关于维护全市行政村规模调整工作秩序的通告》，设立24小时举报电话，深入全市444个行政村开展村调工作风险隐患大排查，分析制定村调工作六大问题清单，整理成册，逐一排查化解。其间，共出动警力400余人，走访村户2800余家，排查各类不稳定因素51条，办理威胁他人人身安全案1起，行政处罚1人，顺利完成了全市444个行政村规模调整工作，调整率为46.85%。

【户籍管理】 2019年，全市总人口289786人。行政许可科共办理第二代居民身份证17561张和临时身份证3791张；变更、更正户口项目4万余人次，其中变更姓名377人，变更民族6人，更正出生日期19人。办理市内迁入911人，省内迁入207人，省外迁入381人，乡镇内迁入3331人。迁往市内904人，迁往省内1146人，迁往省外427人。出生登记2681人，死亡注销2343人，户籍补录22人，户籍删除432人；办理各类行政许可66次。3月25日，市公安局党委审议通过《龙泉市关于农村迁往农村（夫妻投靠）取消村委会意见》。根据《浙江省公安厅 浙江省档案局关于开展全省公安机关数字档案室建设评定的通知》（浙公通字〔2015〕82号）、《全市公安机关档案数字化建设工作实施方案》（丽公办〔2016〕33号）的要求，2019年底，公安户籍全部档案实现资源数字化、电子档案管理规范化。

【70周年大庆安保工作】 1月至10月，市公安局紧盯“五个严防、四个确保”和“龙泉人不惹事、龙泉物品不生事、龙泉本地不出事”的工作总目标，制定出台工作总方案和安保指挥部运行方案，开展“从严治警暨70周年国庆安保战前集训”“平安护航70周年大庆”誓师大会等活动。其间，成功化解“大沙某村民耕牛被人用枪支猎杀”等4起重点信访积案，实现了浙江省公安厅下发的重点信访件化解率为100%。建立战时勤务机制，严格执行24小时值班备勤制度，先后7次启动社会治安防控二级、三级响应，全体民警取消休息休假在岗备勤160余天。自8月20日启动三级响应以来，市公安局局共接警8051起，有效警情4707起，指令出警1432起，刑事警情66起，其中9月17—22日，连续6天保持刑事案件零发案。治安警情231起，交通事故573起，纠纷类警情220起。

【刀剑管理】 2019年，市公安局制定出台《龙泉市公安局开展2019年管制刀具专项整治行动实施方案》，对刀剑行业非法制造、贩卖、携带、寄递管制刀具突出问题开展全力整治。8月，该局成立管制刀具整治专班，依法对龙泉刀剑的生产、销售、运输、寄递、携带等各个环节进行了全面检查，并先后组织10余次刀剑大清查统一行动，有力震慑违法犯罪活动的发生。8月11日，依法刑拘一名将“雨伞剑”寄往香港的犯罪嫌疑人，得到了浙江省副省长、浙江省公安厅厅长王双全的高度肯定。8月31日，摧毁了一个以金某、洪某等人为首的地下运输非法刀剑团伙，刑拘4人，查获并扣押管制刀具604件。全年完成生产、销售刀剑的刀剑生产企业、销售企业备案148家、电商586家，共办理非法携带管制刀具危及公共安全刑事案件2起，刑拘5人，办理非法携带管制器具行政案件8起，收缴管制刀具6550把，弩3把，依法取缔非法生产销售管制刀具窝点6处。

2019年2月19日，平安护航元宵节活动　　（市公安局 / 供图）

【校园安全管理】 2019年，市公安局开展校园及周边风险隐患排查整治专项行动，组织警力对学校周边环境开展检查整治。行动中，该局加大对各中小学、幼儿园落实校园人防技防措施、门卫值班及各项安全管理措施落实情况的检查力度，督促校园安全人员强化安全责任意识，杜绝社会闲杂人员进入校园，同时不定期对校园周边治安环境进行整治，确保校园师生人身及财产安全，并就应急事件处置、保安配备等事宜与市教育局做好工作对接。各派出所加强对学校、幼儿园、医院周边以及繁华商业区、集贸市场、旅游景区、车站、码头等公共复杂场所的巡逻盘查，最大限度地堵塞管理漏洞，挤压犯罪空间，及时查处打击各类违法犯罪活动，同时，加强校园“护学岗”“高峰勤务”制度落实，全市校园实行包干制，有效的维护全市校园的安全。

【“枫桥式公安派出所”创建】 2019年，市公安局高规格组织开展“枫桥式公安派出所”创建，通过比、学、亮、晒践行“破小案、办小事、解小忧、帮小忙、惠小利”新五小工程，推出“乡贤调解”“草根调解”“拘所调解”等调解模式，建成永和警民联调中心、欧阳裕堂调解室等调解中心，形成“行业+专业+X”多元调解机制、“四联一体套餐式”机制，总结形成选对人、讲上话、办好事、调成功的“矛盾纠纷调解十二字”经验，实现矛盾不上交，共成功调解矛盾纠纷1305起，调解率达99.54%。相继创建的“平安联盟”“剑池助警员”“红心义警”“永和义警”“平安巡防站”等10个品牌的群防群治队伍，成为当地治安巡逻、守护平安、抢险救灾主要力量。形成一批“工业园区枫桥式派出所”“红色示范枫桥式派出所”等独具龙泉特色的“枫桥式公安派出所”，推动形成了党建引领、矛盾就地化地、平安联合守护的基层治理共建共治共享格局。如八都派出所推出的“全科网格·联动警务”机制，实现辖区接处警同比下降29%，刑事类警情同比下降37%，治安类警情同比下降39%，纠纷类警情同比下降7%的良好治安态势。

交通管理

【概况】 2019年，市公安局共接到交通类警情6275起，办理各类交通事故3655起，亡人交通事故25起，死亡25人，侦破交通肇事逃逸事故4起，侦破率达100%。查处各类交通违法175850起，同比上升18.3%，其中现场处罚65480起，非现场违法110370起，同比上升24.5%和16.9%，重点工作和车管重点车辆工作分别位列丽水第二、第四。市公安局交通大队顺利完成元旦、春节、“五一”、国庆等重要节点交通安保工作，全力以赴做好高(中)考的各项勤务等重大活动交通安保，组织警卫56场次，护航高考4次，开设绿色通道64次，出动警力3769人次，警卫任务期间道路畅通有序。交警大队开展春运、平安校园行、安全生产月、“110”主题宣传日、老年人交通安全专项宣传活动，举办各类文明宣传教育活动75次，举行各类交通安全知识讲座132场次，发放宣传材料10.38万份。

【车辆管理】 2019年，市车管所共办理机动车业务51072辆次，其中车辆登记上牌2992辆次，注销登记815辆次，转移登记4982辆次，变更登记1023辆次，抵押登记1720辆次，转入业务1740辆次，其他业务5197辆次，2019年检验监管审核机动车28828辆，其中大型汽车261辆，小型汽车24176辆，其他车辆353辆，摩托车4038辆。办理机动车驾驶人管理业务12428人次，其中本地初领2952人次，外地初领364人次，增驾申领660人次，驾驶证转入466人次，补证换证5722人次，注销登记57人次，满分学习567人次，驾驶人审验1078人次，驾驶证转出242人次，其他业务320人次。12月16日，车管所机动车“通道式”查验区正式投入使用，实现了机动车业务“通道式”办理。

【交通基础设施】 2019年，全市共投入400多万元，完善城区智慧交通系统，新增电子警察路口7个，升级改造卡口单位4个，礼让斑马线抓拍5个，违停抓拍16个，非机动车道逆向抓拍1处。其中将7处电子警察反向卡口并入省级缉查布控联网，为完善违法行为的统一管理，市交警大队将所有违法业务审核工作割接到全国集成指挥平台。完善城区主干道交通标线、标牌，将国省道和城区交通安全设施的配套完善作为工作重点，市交警大队通过市财政招投标中心统一对交通标志标线标牌进行公开招投标，共投资12.59万元，漆划标线24350平方米，去除无效标线9624平方米，建设停车泊位176个，新设立警示柱200根，抱箍144套。

【小城镇综合治理】 2019年，市交警大队以小城镇综合治理工作为契机，开展“车乱开”“车乱停”等不文明行为专项治理，完善道路交通标志标线、停车场及电子抓拍等道路交通基础设施，配合做好16个乡镇(街道)和村庄完成小城镇综合治理的验收工作。其间，增设标线15000平方米，汽车泊位1800个，非机动车位300个，标志300套，违停抓拍系统30个，信号灯3个路口，隔离护栏24米，道口柱178根，警示柱136根。

【隐患排查与治理工作】 2019年，市交警大队组织开展隐患排查治理专题会议6次，会同责任部门召开协调会8次，市政府牵头开展隐患路段治理调研4次，共组织警力400余人次进行全市平面路口、临崖临水路段隐患排查，共排查存在隐患点段16处，其中一处为丽水市级挂牌隐患整治点，两处为龙泉市级挂牌隐患整治点，同时争取政府性投资315万元，用于隐患点段的整治工作，上述挂牌隐患点段已整改完毕。

惩治违法犯罪

【概况】 2019年，市公安局共立刑事案件776起，同比下降5.71%。其中，侵财刑事案件549起，同比上升3.39%；入户盗窃148起，同比上升20.33%；破73起，破案率49.32%；电信网络诈骗案件266起，同比上升21.46%，破53起，破案率为19.92%。四类侵财案件损失共计3203万元，同比上升41.32%；传统侵财案件发273起，同比下降6.13%，破126起，破案率为46.15%，同比上升28.57%；两抢案件零发案。全年全市共发7类恶性案件(故意杀人、故意伤害致人重伤或死亡、强奸、爆炸、绑架、投毒、放火)11起，破11起，破案率为100%。其中，故意杀人发2起(其中1起为未遂)，破2起；故意伤害致死发1起，破1起；强奸发6起，破6起；放火案发2起，破2起。

【“扫黑除恶”专项斗争】 2019年，市公安局在市委市政府、上级公安机关以及市委政法委的领导下，以“主力军”和“排头兵”的姿态，推进“扫黑除恶”专项斗争行动。成立市公安局“扫黑除恶”专项斗争领导小组，挂牌成立局扫黑办，实体化运转，抽调刑侦、治安、经侦、网警、技侦、派出所等精干警力建立“扫黑除恶”工作专班，集中优势力量进行情报研判和专案经营打击，形成了扫黑办整体牵动、扫黑打击专业队合力攻坚、扫黑工作专班协同配合的上下联动、分类主办、合成打击的工作模式。建立公检法联席会议制度，制定出台《龙泉市公安局“扫黑除恶”攻坚年活动实施方案》《龙泉市公安局“扫黑除恶”攻坚年集中宣传活动实施方案》《龙泉市公安局配合中央“扫黑除恶”专项斗争督导工作实施方案》等一系列工作方案、制度，在全省率先出台了公检法联合发文的《关于开展“扫黑除恶”专项斗争联席会议纪要》，严格落实线索排摸“四长责任制”，落实线索核查“三长责任制”，对上级督办、交办和实名举报等重点线索开展“回头看”，实行“清零销号制”；实行线索排摸责任捆绑制，在重点区域、重点行业、重点人员检查建立“派出所所长—民警—被核查人员—企事业负责人”责任捆绑，严格落实好派出所所长背书签字责任制。全年接到中央督导组、浙江省厅、丽水市局下发的线索19条，办结17条，成案6条，查否11条，2条正在核查，查结率89.48%，已查结线索成案率35.29%。群众举报以及自主排摸线65条，核查办结47条，成案24条，查结率72.31%，已查结线索成案率51.06%，发放举报奖金2万元。其间，相继开展“2019除恶”1至6号系列行动，打掉长期霸占国有资产非法出租牟利的何某某、以“非访控告”要挟乡镇街道、村干部及村民进行敲诈勒索的金某某、叶某某、沈某某等一批龙泉本地黑恶势力，打掉景宁李某某为首的非法拘禁遏制力犯罪集团，成功办理以吴某某为首和以陈某为首的套路贷案件，有力维护当地社会治安秩序，得到群众肯定。全年该局共办理9类涉恶案件42起，刑事拘留109人，逮捕53人，移送起诉134人；打击恶势力犯罪集团2个，恶势力团伙2个，套路贷团伙4个，扣押资金850余万元，车辆4辆。

【惩治经济违法犯罪】 2019年，市公安局深入推进“云剑”行动，横跨五省七地，破获公安部督办的“7•9”特大非法经营案，一举抓获以刘某某、易某为首利用第四方交易平台为赌博提供收钱、代付的洗钱团伙，共抓获嫌疑人23人，扣押车辆1台，扣押作案用银行卡82张，电脑26台，手机85只，冻结资金6000余万元，有力惩治扰乱金融秩序行为。市公安局深入开展“猎狐”行动，抓获浙江省18名重点猎狐对象之一的陈某某；侦破了龙泉市“10•8”特大销售假冒注册商标的商品案，抓获主要犯罪嫌疑人5名，冻结涉案资产200余万元，端掉龙泉、常州等地以专卖店形式进行售假的店铺3家，扣押舒肤佳、温碧泉、云南白药等20多个假冒的国内一些品牌商品1万余件，严厉惩治各类假冒伪劣行为。该年，市公安局惩治经济犯罪成效明显，云端、蓝剑、百城会战等三大专项列全市第一，猎狐专项列全市第四。

【惩治涉黄涉赌违法犯罪行为】 3月，市公安局出台《2019打击整治黄赌违法犯罪专项行动实施方案》，惩治黄赌毒恶各类违法犯罪，成功办理“3•15”传播淫秽物品牟利案、“4•15”张某某等人开设赌场案、“7•11”王某等人开设赌场案、“7•17”徐某某等人开设赌场案等案件。全年共办理涉黄涉赌刑事案件27起，行政案件55起，采取刑事强制措施44人，移诉起诉107人，行政处罚345人。

经典案件

【办理“4•15”开设赌场案】 2019年2月，市公安局摸排发现有人在龙泉城区附近秘密聚赌。经侦查，一开设赌场团伙浮出水面，该团伙以刘某、朱某某、吴某某、张某某、季某某等为首，雇佣专门人员放哨、接送、抽头，赌场从赌博人员赢得的赌资抽取盈利，并存在高利向赌客出借赌资行为。4月15日凌晨，该局调集上百名警力分10个行动小组一举抓获该团伙各类违法犯罪人员50余人，成功捣毁了20余处摆设赌场窝点，打掉4个开设赌场团伙，该案已移送起诉21人。

【办理“7•9”非法经营案】 2019年8月21日，市公安局对涉嫌利用第四方支付通道专门为非法平台提供资金结算的“7•9”非法经营案进行集中收网，一举摧毁一个开设赌场团伙，三个专为网络违法犯罪活动提供非法支付结算业务的关联犯罪团伙，共抓获犯罪嫌疑人28人（其中6名主要犯罪嫌疑人已被批准逮捕），扣押作案用银行卡102张，电脑36台，手机130只，冻结资金6000余万元，扣押涉案资金398万元，该案是龙泉建市以来冻结资金最多的案件。10月28日，该案被公安部列为部督案件。

（周璐琳）

军　　事

综　　述

【概况】 2019年，龙泉市人武部在丽水军分区党委和龙泉市委、市政府的正确领导下，以新时代习近平强军思想为引领，深入贯彻中央军委和习近平主席一系列重要指示精神，适应国家、军队深化改革和军事战略的需要，紧紧围绕强军目标，探索新形势下加强民兵建设的特点和规律，坚持依法治军、从严治军理念，提高国防动员建设质量，完成上级赋予的各项工作任务，为国防后备力量建设打下良好基础，为高质量开创新时代美丽幸福好龙泉新局面做出积极贡献，树立军事机关的良好形象。

政治教育上突出对习近平新时代中国特色社会主义理论体系的学习贯彻，重点围绕“不忘初心、牢记使命”主题教育和“传承红色基因、担当强军重任”专题教育，引导官兵坚决拥护和贯彻落实军委主席负责制，增强“四个意识”、坚定“四个自信”、做好“两个维护”，抓好十九届四中全会精神和军委基层工作会议学习贯彻，深化课题大调研，打通从理论到实践的路径。

围绕浙江省军区“进入第一方阵”目标，乘势推进民兵工作调整改革基础性工作落实。重点抓好应急、专业、特殊三类队伍建设，完成基干民兵整组任务。依照军委国防动员部和浙江省军区检查考核标准，抓好查漏补缺、资料规范和复训补训，民兵组织建设质量提升。

政治思想建设

【政治理论教育】 2019年，市人武部坚持用习近平强军思想武装官兵，常态抓好习近平新时代中国特色社会主义思想和习近平强军思想的学习贯彻。市人武部进行理论学习和思想政治教育各24天，重点开展“不忘初心、牢记使命”主题教育和“传承红色基因、担当强军重任”等专题教育。积极开展教育活动。大力弘扬浙西南革命精神，组织祭扫龙泉革命烈士陵园活动，赴住龙镇碧龙村开展“初心之行”主题党日活动。做好“一人一事”思想工作，开展谈心交心活动。

【国防教育】 2019年，市人武部依托龙泉丰富的红色教育资源，配合地方部门开展国防教育工作。以浙西南革命精神为引领，利用住龙镇国防教育基地、岩樟乡坑源底村中共龙泉县委旧址、安仁镇季山头村季步高烈士故

2019年10月25日，市人武部到住龙镇碧龙村开展“不忘初心、牢记使命”主题教育之“初心之行”活动
（叶　青／供图）

2019年7月1日，龙泉市党政领导到住龙镇红星村开展主题“军事日”活动

（叶 青/供图）

居等红色资源，以红色助推高质量绿色发展。7月1日，配合龙泉市委做好全市领导干部弘扬践行浙西南革命精神主题军事日活动。8月1日，协调组织龙泉市四套班子领导、国动委成员单位主要负责人、各乡镇（街道）党政正职赴金华火箭军某部开展“军事日”活动。11月18日至22日，组织专武干部参加北京天安门国旗传递活动。

国防力量后备建设

【军事训练】 2019年，市人武部贯彻落实习近平主席训令，坚持党委议战议训，抓好首长机关、专武干部和基干民兵训练。结合“岗位练兵季”活动，完成基干民兵训练任务，重点开展入队训练、共同基础训练、专业训练和任务行动等。5月21日，参加应急管理部门开展的水上应急处突演练。7月10—11日，精选力量参加浙江省第二届岗位练兵大比武丽水分赛场比赛，应急连森林灭火专业取得团体第二名，应急连反恐维稳排三班班长廖毅取得单兵战术基础科目第一名、3000米第三名、个人综合第三名。8月，完成2019年度学生军训2440余人。针对辖区内行政村撤并、民兵连长调整多的实际，10月15—17日，组织全市19个乡镇（街道）的民兵连长进行集中训练。12月2—8日，协调驻地部队进行为期一周的专业训练。

【国防动员】 2019年，市人武部推进民兵工作调整改革，完成基干民兵的整组任务，落实入队训练、政治教育、离队欢送、组织生活等四项工作的落实。以基层“评星挂牌”考评为契机，在乡镇（街道）开展基层规范化建设，础石街道武装部被丽水军分区评为五星级规范化建设单位。1月29日，召开2019年民兵整组工作任务部署会。4月中旬，完成对全市各乡镇（街道）、行业系统基干民兵的整组点验任务。4月30日，组织召开国防动员潜力统计调查工作业务培训会。6月26日，组织召开辖区驻军单位联席会议。7月29日，龙泉市委武装工作会议暨市国动委第21次全体会议召开，总结2018年度全市武装和国防动员工作，分析武装工作面临的形势任务，部署新年度工作。12月25日，龙泉市委议军会议召开，听取市人武部武装工作情况汇报，研究解决驻龙泉部队提出的有关问题。

【安全管理】 2月，市人武部以学习新共同条令为基础，开展“贯彻落实新条令，塑造军队好样子”条令条例学习月活动。该年开展保密工作专项检查、“学条例、抓预防、促安全”教育整顿，改造通信机房，对重要岗位人员组织政治考核，人人签订保密责任制承诺书。对火电气暖设备、空余房地产、个别人员、要害部位、车辆装备等内容，进行“逐人逐级、逐库逐室、逐点逐位”的拉网式隐患排查。根据上级指示要求规范部队安全管理，严格落实季普查、月自查制度，坚持“自主抓建、分级负责”，把经常性管理工

2019年5月21日，组织民兵开展水上救援训练 （叶 青/供图）

2019 年 9 月 18 日，丽水军分区检查组到龙泉开展安全工作检查（叶　青 / 供图）

作、经常性思想工作与经常性心理疏导工作有机结合，打牢安全管理基础，被浙江省军区评为 2019 年度安全管理工作先进单位。

【兵役工作】 2019 年，市人武部聚焦“一稳两升”(大学生征兵稳定在现有征集比例，大学毕业生、重点高校大学生比例提升）的总体目标，推动征兵工作落实落细。坚持关口前移，突出抓好宣传发动、兵役登记、体格检查、政治考核、役前训练等关键环节，利用法定节假日、学生假期等重要时机走村入户、走街入巷开展适龄青年底数摸排，努力提升兵源质量。完成征兵任务(含女兵)，大学生比例 81.8%，大学毕业生比例 18.2%。9 月 9 日，举行 2019 年度新兵欢送仪式，市委书记王顺发、市长吴松平等领导参加。配合地方政府做好退役士兵的安置工作。

武警工作

【概况】 2019 年，武警龙泉中队（以下简称为“中队”）建设发展持续保持上升态势，中队班长程建宇荣立三等功 1 次，先后有 1 名干部、2 名士官、4 名义务兵被评为优秀基层官兵，4 人被嘉奖，中队狠抓经常性基础性工作落实，高标准实现“两个确保”。

中队坚持提升改造执勤设施保证执勤安全为主线，开展执勤隐患治理活动，与看守所联合深入开展执勤隐患专项治理活动，结合“铁桶工程”的开展，对排查出的 10 处隐患共同推进整治，保证执勤工作托底，解决执勤人员履职不认真、应急小组出动慢、监门出入程序不规范、双方协同配合不密切等问题。全年，召开队所联防会议 8 次，圆满完成临时就医 5 次，押解 14 次。

【思想政治建设】 2019 年，中队以《习近平论强军兴军》《军委主席负责制学习读本》《习近平新时代中国特色社会主义思想学习纲要》《习近平强军思想学习纲要》等为基本教材，坚持“读原著、学原文、悟原理”强化“三个能力”。

讲团结，强队伍。中队支部一班人清醒意识到责任和压力，始终注重营造团结共事的良好氛围，着眼“坚强有力、奋发有为”的班子建设标准，一切都以干好工作、完成好任务让官兵满意为根本出发点和落脚点。充分发挥团支部和军人委员会桥梁助手作用，发扬三大民主，定期收集官兵意见建议，每月进行优秀基层官兵测评，两个群众组织负责策划的党史军史知识竞赛、迎新兵茶话会等活动广受官兵好评，“中队建设我有责”的意识氛围日益浓厚。

严制度，抓落实。深入贯彻各级党的建设工作会议精神，以提高七项组织生活制度落实质量为支点，坚持民主集中制，着力纠治“五个不相适应”，不搞临时动议和个人说了算，议事决策质量提升明显。坚持每月上党课，每两月党员汇报思想，对思想汇报敷衍了事、模范作用似有若无、组织生活泛泛而谈的党员及时指出问题，进行批评帮带，党员队伍主心骨作用日益凸显。

正风气，办实事。在处理热点敏感问题上坚持“三不五公开”(不凭感情待人、不凭关系待人、不凭资历待人；名额公开、条件公开、标准公开、程序公开、结果公开），特别是在评功评奖入党上，牢固立起“三个导向”(军事训练突出者优先、比武竞赛获奖者优先、统筹兼顾后勤岗位)，结合半年支部民主生活会，讲评干部、干部述职、士官称职等级评定，广泛征求意见，走实测评议事程序，先后推荐考学 3 人，技术学兵 3 人，入党积极分子 8 人，预提士官 2 人，入党 1 人，优秀士兵 6 人，嘉奖 4 人，上下信服，官兵满意。注重帮困解难，热情接待到队官兵家属 10 余人次，帮助官兵解决实际困难。中队着重做好官兵思想教育引导工作，引导官兵自觉将个利益与中队荣誉相结合，强化集体观念和大局意识，树立“队兴我荣、队衰我耻”的理念，凝聚中队官兵力量，全力争创先进。

【军事训练】 2019年，中队按照新年度军委开训动员令和武警部队“第一场维稳行动”动员部署会精神，始终聚力练兵备战。支部坚持每周议训，结合新大纲、新条令、纲要等研究训练计划，严格落实军事训练“八落实”，每班配齐《军事训练大纲》《军事体育训练大纲》《军事训练指导法》《执勤分队训练教材》《军事体育训练教材》，确保每名班长骨干均能按纲施训、依材组训、科学组训，每季度结合教学分工，组织干部、班长、骨干依据教学分工进行考核，确保教学组训贴近实战。认真对照训练监察问题通报，完善训练资料，规范登记统计内容，对训练情况每日登记，每周队务会分析，每月支委会研究存在问题，提出整改措施，制订个人训练计划，抓好查漏补缺。在日常训练中，中队坚持“三个带头”，做好各类场地的保障工作，及时修整完善训练场、教学室等各类场地，全年中队添置2台综合体能训练架、3台跑步机、3台动感单车。严格落实每周五会操考核制度，对成绩优秀的班级颁发军事训练流动红旗和奖品；建立龙虎榜把训练成绩与每月评比“三优”挂钩，作为入党、骨干任用、优秀士兵评比的重要参考。针对战士自身的薄弱环节和在操课期间没有及时掌握的内容，利用好饭前和课余时间进行“五小练兵”。针对训练强度、难度增大，各类训练伤易发高发的实际，开展训练安全常识教育，在训练中进行安全提示，在训练后进行安全讲评，增强官兵的安全意识。中队主官带头，组织开展训练安全隐患自查，对查找出的问题记录在册，指定专人限时整改，强化训练中安全防护措施，完善训练场安全防护设施，对训练安全保护人员进行培训，落实训练安全责任制。中队干部坚持跟班作业，做到人到、心到、职责尽到，防止因训练失管失控导致训练伤甚至训练事故的发生。

【后勤保障】 2019年，中队突出加强后勤人员岗位比武，每周轮流安排1名后勤人员到战斗班轮岗。炊事员工作认真，主动学习研究烹饪技巧书籍；司务长虚心好学，责任心强，餐餐监督，顿顿指导。中队在电工、水工、木工、瓦工“四小工”的基础上，每班培养小修理工，做到班里的事班内解决，满足中队日常需求。严守财经纪律，落实支部理财和报批审核制度；严格伙食管理“五项制度”，每周征求官兵伙食意见，确保官兵吃够标准、吃得健康、吃得开心。以“爱国卫生月”为契机做好季节性传染病预防，并在暑期来临前及时维修空调，炊事班积极“送清凉”到训练场和哨位。坚持武器装备日检查、周保养制度，确保武器装备安全。根据训练内容、训练强度、官兵体能消耗等实际特点，采取灵活保障方式，抓好伙食的营养搭配，确保官兵吃的健康、舒心，为军事训练奠定基础。（陈尚武）

农村建设

综　　述

【概况】 2019年，龙泉市乡村振兴战略深入实施，精准脱贫攻坚推进，“三农”工作加快高质量绿色发展。全市农业经济平稳增长，实现农林牧渔业总产值23.68亿元、同比增长6.5%，农林牧渔业增加值15.36亿元、同比增长2.9%。农民收入保持稳定增长态势，农村居民人均可支配收入23459元，增幅10.4%，增速位列丽水第二，连续13年保持两位数增长。

该市加强农产品质量安全，完善蔬菜质量安全监管，建立蔬菜产品质量安全的追溯体系，联合执法大队、检测中心到蔬菜种植基地、收购点进行现场随机抽样检测，快速定性合格率98%。定量检测179个178合格，合格率99.5%。

该年聘请蔬菜产业农技员，按划分区域开展上门服务，做好产前技术、产中、产后一条龙服务，产前做好栽培管理技术培训，产中现场指导，产后联系销售市场，责任到人，保障技术到位率。加强技术培训，开展蔬菜技术集中培训3次，培训256人次，现场技术指导100多次。

该市优化出台现代农业产业发展实施细则，创成全省首批农业绿色发展先行市，各大产业齐头并进、亮点纷呈。龙泉灵芝孢子粉、黑木耳在国际食用菌大会上获“十佳品牌”，“龙泉菌师”助力东西部扶贫协作；高山精品蔬菜畅销长三角，“龙泉茄”亩均产值达1.3万元。推动农业全产业链发展，茶文化特色街(上茶街)成为特色农产品展销新平台，“山水茶瓷”休闲养生度假游线路入选中国美丽乡村休闲旅游行(夏季)精品线，农家乐、民宿营业总收入同比增长32.68%。

2019年，龙泉市荣获“全国茶业百强县”称号。岩樟源茶叶专业合作社生产的“磨石栏”野生红茶荣获深圳(国际)武林斗茶大会野生老枞组金奖。浙江阳光农业有限公司生产的“龙泉红”红茶荣获“中茶杯”第九届国际鼎承茶王赛春季赛红茶组金奖。“龙泉红”入选全国名特优新农产品名录(农业农村部)，成为丽水唯一入选的产品。浙江龙泉地阳红生态农业有限公司、龙泉市凤阳春有限公司成功创建2019年度种植业“五园”省级示范基地。

市农业农村局、市供销社和乡镇(街道)合作，在全市19个乡镇(街道)55家农资经营店，建立了废弃农药包装物回收点，按照“谁销售谁回收”原则，截至11月底，共回收约25吨，加上以前的库存，共处置55吨。

【脱贫攻坚】 开展产业扶贫、金融扶贫、结对帮扶等系列扶贫举措，低收入农户增收工作获浙江省政府通报表扬，全省26县发展实绩考核连续四年列入优秀档次，系丽水唯一。推进“大搬快聚富民安居”工程，累计完成搬迁8006人。有针对性的谋划实施市乡村三级项目196个，全市行政村全部实现总收入10万元和经营性收入5万元的工作目标。

【为农服务】 全力打好非洲猪瘟疫情持久战，全市生猪生产安全和畜产品平稳供给。完成13个“大棚房”问题清理整改工作。开展农村承包土地确权登记颁证档案整理和回头看工作，农业系统“最多跑一次”改革实现5个100%。组建农业技术推广服务团队，创成浙江省农业“机器换人”示范乡镇1个，310批次的农产品定量检测合格率99.2%。探索山区农业废弃物资源化利用新模式，全年农作物秸秆预计综合利用率达95.1%。注重培养本土农业人才，完成农民培训6330人。

种 植 业

【概况】 2019年，龙泉市完成粮食播种面积11420公顷，总产6.72万吨，实现粮食产值1.94亿元，其中晚稻7341.4公顷，单产482千克，总产5.31万吨。

中央支持保护补贴（耕地地力保护）资金直接惠农，受益农户54565户，耕地地力保护面积12534.86公顷，每公顷补助1125元，拨付补贴资金1410.172万元，落实完成冬季绿肥种植23000亩，其中紫云英12000亩，油菜10000亩，黑麦草、三叶草等1500亩，完成核心示范播种面积1500亩。推广强化栽培和单季晚稻“五改”高产栽培技术，选用大穗型品种，小苗移栽，培育壮秧，宽行少本足苗，精确定量施肥，实行干湿交替、绿色综合防病虫等技术配套应用。市农业农村局向浙江省农业农村厅申请粮食生产功能区提标改造项目专项资金360万元，修建机耕路9.685千米，修建水渠1.76千米，完成粮食生产功能区提标改造建设任务1万亩，改善粮食生产功能区的田间基础设施，保障粮食安全。发展高山区域优势发展旱粮生态精品，其中玉米1405公顷，豆类1251公顷，薯类1417.6公顷，龙南乡鲜食高山甜玉米产业进一步发展，产品深受城市消费者欢迎，成为山区农民主要的农业增收产业。

全市食用菌栽培量18180万袋，产量1.76万吨（干鲜混合）、同比增长5%，其中，香菇4500万袋、同比增长12.5%，香菇产量3450吨（干品）、同比增长2.3%，黑木耳1.26亿袋，黑木耳产量10664吨（干品）、同比增长6%，金针菇1080万瓶，灵芝4000立方米，全年食用菌总产值10.8亿元（不含灵芝）、同比增长11.2%，产量及产值持续位居全省第一。

全市蔬菜播种面积10.59万亩，同比增长1.3%，产值达5.08亿元，同比增长2%，其中商品蔬菜播种面积5.92万亩、产值4.02亿元，全市蔬菜种植面积总体增加1450亩，四季豆增加450亩，番茄、黄瓜增加230亩，其他增加770亩。上半年受天气影响，前期雨水多，后期少雨干旱，导致蔬菜二季度、三季度产量下降，价格上升，产值略有增加。主要商品蔬菜茄子每公斤平均价4.2元，同比增长40%；高山四季豆每公斤平均价5.2元，同比去年下降25.7%；高山番茄每公斤平均价4.6元，同比下降15%；其他蔬菜同比增长25%。推广集约化育苗、嫁接苗工作，累计各种蔬菜瓜果种苗508万株，其中：嫁接苗132多万株，各种实生苗376多万株，集约化育苗技术推广率同比增长45%。

龙泉市春季气温回暖早，特早生品种乌牛早2月12日开采，开采时间比上年提早20多天，开采后气温回升慢，采摘持续时间拉长，价格优于往年且稳定，乌牛早茶园效益明显。3月中旬，龙井43、安吉白茶、金观音等早中熟品种陆续开采，全年春茶呈现“量增、价扬、畅销”良好态势。秋季，受持续干旱少雨影响，秋茶生产量有所下降。全年茶园面积6.3万亩，投产面积5万亩，总产量实现稳中有升，全年茶叶总产量3280吨，产值48250万元，同比分别增长9%、9.8%，其中红茶产量1520吨，产值27500万元，同比分别增长10.1%、10.4%。

全市园林水果面积1133.4公顷，同比增长6.8%，其中柑桔283.1公顷、李55.1公顷、杨梅140.7公顷、梨131公顷、桃236.1公顷、猕猴桃101公顷、枇杷10.5公顷、青梅5.2公顷、葡萄21.4公顷、蓝莓21.5公顷，其他水果（樱桃、枣、柿、苹果、火龙果、果桑、树莓等）127.8公顷。柑桔类面积中早熟温州蜜柑115.5公顷、中晚熟温州蜜柑14.6公顷、椪柑18.5公顷、甜橙9.1公顷、杂柑102.3公顷、柚23.1公顷；水果总产量4203吨，同比增长6.9%；总产值4953万元，同比增长6.7%。全市（草本）中药材和产平稳发展，种植面积达9580亩，产量1076吨，产值7853万元，其中新增种植面积1259亩，新增“600基地”1520亩，面积、产量、产值同比分别增长15.13%、9.7%、18.9%。

【粮食绿色高产创建】 2019年，龙泉市规划、落实在粮食生产功能区范围内建立水稻高产创建千亩示范片5个，番薯、马铃薯旱粮生态精品百亩示范方2个，重点在小梅镇黄南畈、查田镇下堡畈、兰巨乡砼湖畈、兰巨乡英力畈等粮食生产功能区推广示

小梅镇黄南村粮食功能区 （王志光／供图）

范“三新技术”。组织有关粮食合作社、种粮大户开展粮食生产社会化服务，及时深入乡镇检查指导统一育秧、田间管理等工作，探讨统一育秧技术难题。针对各类粮食生产扶持政策，提出粮食生产指导意见。结合科技下乡活动，发放粮食高产创建活动、粮食生产宣传资料1020余份。组织粮食生产技术培训4期，培训农户240人次。经市农业局组织验收，查田镇下堡畈单季晚稻（甬优7872、中浙优8号、泰两优217、嘉丰优2号）千亩示范片平均亩产650公斤。指导小梅镇黄南村王登辉家庭农场、王可平家庭农场实施的350亩甬优1540中心示范方平均亩产600公斤，并试种泰两优217、嘉丰优2号等10个新品种。兰巨乡砝湖畈甬优1540千亩示范片平均亩产685公斤以上，指导徐先忠家庭农场实施的195亩甬优1540中心示范方平均亩产700公斤，700公斤以上的高产田较多。2019年，龙泉市被评为浙江省第三届“河姆渡杯”粮食先进单位。

【粮食主导品种】 2019年，市农业农村局结合该地示范片生产、生态特点，经专家组论证确定粮食主导品种，单季晚稻主推中浙优8号、甬优1540号、嘉丰优2号、甬优7850四个主导品种，其中水稻高产创建千亩示范片良种覆盖率达到100%。玉米推广浙甜2018、金银208、浙糯玉6号、浙甜11号、浙甜10号等高产品种，马铃薯选用当地优质传统品种。

【优质米产业化发展】 为推动龙泉稻米生产向优质化、生态化、品牌化和专业化方向发展，培育优质稻米品牌，大力支持、倡导水稻优质绿色品种的引进，自身品牌文化的创建，线上销售、订单式生产销售等产加销方面的发展。10月，该市参加“丽水好稻米评选”，杨志杰家庭农场、童家统家庭农场、添力水稻专业合作社、茶丰水稻专业合作社等4家粮食经营主体获得好稻米优胜奖。

【粮食生产联合社项目】 2019年，该市落实并完成东片水稻专业合作社联合社工厂化育秧项目，建成后新增统一育秧能力2000亩，旋耕耕地1350亩。落实龙泉市粮食产业综合服务中心项目，已完成钢结构厂房、粮食加工设备等建设内容，建成后可新增大米加工销售能力2万吨。

油菜花基地 （市农业局/供图）

【规模种粮大户】 2019年，该市种植30亩以上的规模种粮农户逐年增加，50亩以上的规模种粮大户157户，居丽水市首位。符合政策补贴条件的规模种粮大户186户水稻种植面积1266.67公顷（不包括垦造水田和旱改水项目种植面积）。其中，30—50亩的种粮大户29户，水稻种植面积71.04公顷；50亩以上的种粮大户157户，水稻种植面积1196.12公顷。50亩以上的旱粮（玉米、甘薯、马铃薯）种植大户12户，旱粮种植面积66.5公顷。

【油菜产业农旅融合发展】 2019年，市政府出台政策扶持冬种油菜生产，全市油菜种植面积733.3公顷，总产935吨，种植双低油菜高产新品种浙油50、浙油51，油菜结实率较高，含油量40%以上。其中50亩以上油菜规模种植基地18个，连片油菜种植面积199.87公顷，主要集中在西街街道、砝石街道、小梅、兰巨、查田、安仁、锦溪、竹垟8个乡镇（街道）。18个冬种油菜基地建设，发挥出油菜在美丽田园、乡村振兴、生态宜居中应有的示范作用，助推农旅融合。其中，小梅镇黄南村在3月油菜盛花期以“春光黄南、文化小梅”为主题举办了油菜花乡村文化漫游节，远近闻名，吸引八方游客3万余人次，成功探索农业+旅游、旅游+文化的发展模式，推动农文旅融合发展。

【省级乡村振兴产业数字化发展项目】 2019年，该市成功申报《2020—2021年省级乡村振兴产业数字化发展项目》，争取浙江省级财政资金8000万元，其中：食用菌产业11个子项目总投资9970万元，补助资金3962万元，涵盖食药用菌菌种研发、精深加工、文化传承展示等内容。整个项目计划通过2年示范建设，以数字化平台和技术创新为特色农业赋能增效的产业公共服务能力提升，以食用菌、高山蔬菜为代表的特色农业实现数字化转型发展，以产业农合联和农村电商为代表的联农带农激励机制有效创新，农民收入持续快速增长，农业品牌影响力不断扩大，配套政策保障体系不断完善，促进农业种加销一体、一二三产融合发展，成为全省农业特色产业数字化发展的典型示范。

【龙泉灵芝】龙泉是“中华灵芝第一乡”，2019年，该市在攻克灵芝孢子粉采集难、产量低的难题上有了新突破，经有关企业和科研机构的系统研究，成功发明了孢子粉套筒培育技术。龙泉灵芝孢子粉优质高产培育技术，从龙泉向云南、福建、广西、陕西、四川等地推广、辐射。

【龙泉菌师助推精准扶贫】2019年，该市启动“龙泉菌师”人才选拔和培养工作，通过理论培训、理论考试、资格审查及现场陈述等层层筛选，最终评定90名理论基础扎实、实操经验丰富、具备良好道德素质和综合形象的师傅，颁发“龙泉菌师”证书。在龙泉·昭化东西部扶贫协作中，由龙泉菌师成立的广元市昭化区瞻凤农业开发有限公司，通过灵芝基地和香菇基地建设，带动周边就业150余人，发放劳务工资100多万元。

【高山蔬菜品牌】2019年，该市统一使用蔬菜公用品牌“龙泉绿”标志的包装箱、封口胶带。7月底，举办第二届“龙泉绿”西瓜节；9月中旬，在上海市奉贤区开展农产品进社区活动，对“龙泉绿”公用品牌进行了宣传。

以“龙泉绿”蔬菜公用品牌建设项目、2019年部级龙泉市蔬菜绿色高质高效创建项目和龙泉市2019年蔬菜有机肥替代化肥试点项目实施为契机，创建一批绿色高质高效标准化生产核心示范基地，推行全过程社会化服务，集成推广集约化育苗嫁接苗、增施有机肥、肥水一体化、水旱轮作、物理生物防治等5项绿色高质高效技术，培育带动力强的合作社，以点带面，辐射带动全市10万亩蔬菜生产水平提升，增加绿色优质农产品的供给。

【培训与交流活动】2月28日，该市邀请中国农业科学院茶叶研究所研究员肖强、浙江树人大学茶学系教授张琳洁、丽水学院商学院副教授尹隽到龙泉，为全市的茶叶龙头企业、专业合作社、家庭农场、种植大户讲授《茶叶质量安全与绿色生产技术》《茶叶感观鉴别、茶叶品质鉴定》《茶产品营销策略》等课程。

4月27至30日，组织20余家茶叶企业赴武夷山桐木关举办第三期红茶加工培训。市委副书记、市长吴松平，市人大常委会副主任苏一中，副市长黄国勇等一行，前往武夷山桐木关考察学习茶产业，并与在武夷山学习的第三期红茶加工培训班学员同吃、同住，一同研习加工技艺，取制茶“真经”。10月11至13日，组织重点茶叶企业前往福建厦门学习茶叶营销、包装设计等，同时参加厦门秋季茶博会。

【项目建设】2019年，高质量建设绿色循环优质高效特色农业促进项目，完成中央投资320万元，主要由龙泉市茶产业发展中心、龙泉市汇农茶叶产业服务有限公司、浙江好地方农业有限公司、龙泉市唐红家庭农场等单位负责实施，主要内容有茶叶社会化服务中心建设、茶叶加工厂建设、茶园道路硬化，以及推广茶园绿色防控，采购发放太阳能杀虫灯、信息素黏虫板等。

高质量建设浙江省茶叶产业团队项目——金观音花香型红茶技术创新与示范推广，该项目浙江省补资金20万元，主要由龙泉市茶产业发展中心、龙泉市浅浅斟家庭农场等单位负责实施，建设内容为引进特色茶树品种，建设品种园1个、示范基地1个，开展茶树品种试验、示范与推广，结合乌龙茶摇青和温控萎调工艺开展花香型红茶茶类创新与开发等。

高质量建设现代农业产业发展项目相关茶叶项目，该项目补助312.9万元，其中：新建龙泉市高山红茶叶专业合作社、龙泉市山源茶叶专业合作社等2家茶厂补助9.5万元；龙泉市五龙山茶叶有限公司等10家茶叶企业和生产单位茶叶基地道路硬化和游步道硬化补助83.7万元；品牌宣传安排150万元，主要用于杭州国际茶叶博览会、武夷山海峡两岸茶博会、龙泉市红茶茶王赛活动、茶文化研究会经费等方面。

【品牌推介活动】2019年，经企业自愿申报，龙泉市茶叶产业协会核准，授权浙江金福茶业有限公司、浙江龙泉地阳红生态农业有限公司、浙江龙泉阳光农业有限公司、龙泉市凤阳春有限公司、浙江顶峰农业有限公司等19家茶叶企业使用“龙泉红”公用商标，并颁发了商标准用证。

5月15—19日，组织浙江金福茶业有限公司、浙江龙泉地阳红生态农业有限公司等7家茶叶企业参加了在杭州国际博览中心举办的第三届国际茶叶博览会，公用品牌“龙泉红”首次惊艳亮相。浙江省政协副主席周国辉、浙江省人大常委会原副主任袁荣祥、浙江省农业农村厅厅长林健东等领导先后到龙泉馆参观指导。中国茶叶学会理事长江用文对“龙泉红”系列茶叶给予了高度评价。龙泉市委书记王顺发、市委副书记翁志鸿、市人大副主任苏一中、副市长黄国勇等前往视察指导参展情况。

5月28日上午，龙泉红•西湖品鉴会暨“龙泉红”公用品牌启用仪式在杭州西湖国宾馆举行。此次活动由中国国际茶文化研究会、龙泉市政府主办，龙泉市农业农村局、龙泉市文广旅体局、龙泉市青瓷宝剑产业局、浙江在线承办，龙泉市四套班子主要领导参加活动，新华社、人民网、新华网、中新社、光明日报、浙江日报、浙江之声、浙江在线、浙江经视、中国网、凤凰网、都市快报等主流媒体参加活动并作了相关报道。在活动现场，中国农业科学院茶叶研究所与龙泉市政府签订共同加快龙泉市茶产业发展战略合作协议；杭州龙坞茶镇与龙泉市农业农村局签署进驻协议；杭州你我茶燕茶楼与浙江龙泉地阳红生态农业有限公司、杭州绿润制茶有限公司与浙江金福茶业有限公司签订采购协议。

8月13日，在龙泉市梦天大酒店举办斗茶赛活动，来自全市37家茶叶加工企业、合作社、家庭农场、种植大户的85个茶样参赛。比赛邀请到了浙江大学茶叶研究所副所长、国家茶叶产业技术委员会副主任龚淑英教授等8位评审专家进行审评。最终，侃茶者社、叶孝树家庭农场、杨水元家庭农场、唐红家庭农场、正韵茶业有限责任公司等单位选送的茶样荣获6个组别的金奖。

11月15—18日，龙泉市组织浙江金福茶业有限公司、浙江龙泉地阳红生态农业有限公司、龙泉市陈氏家庭农场、龙泉市正源茶叶专业合作社、龙泉市岩樟源茶叶专业合作社、龙泉市昌友家庭农场等6家茶叶企业，参加武夷山第十三届海峡两岸茶业博览会。

12月12日，龙泉市组织浙江龙泉地阳红生态农业有限公司、龙泉市岩樟源茶叶专业合作社等企业，参加在深圳会展中心举行的2019浙江（深圳）绿茶博览会。龙泉市在茶博会展馆最显眼的位置宣传推广“龙泉红”品牌，品茶、赏茶的人一茬接着一茬，成为活动一大亮点。

【茶文化活动】 2019年，新打造的上茶街，集茶文化品牌宣传、展示、表演、销售、茶事体验与休闲为一体，已经成为龙泉优质茶叶品牌及茶文化活动的聚集地。3月12日，在上茶街举办“春天里，相约上茶街”龙泉第二届茶瓷会。3月30日，在岩樟乡举办桃园品茶活动。8月13日，在上茶街举办“汉风金秋•龙泉茶香”为主题的御风品茗斗茶精品品赏会。8月22日，在上茶街举办台湾南投县茶叶协会与龙泉市茶产业协会的产业和茶文化交流活动，双方进行了互动演出和深入交流。11月3日，在崇仁寺，举办崇仁茶供活动，推进茶文化与佛教文化深入融合。

【水果产业发展】 2019年，水果产业列入龙泉市人大常委会监督工作计划，开展水果产业发展情况调研，编制《龙泉市水果产业发展规划（2019—2023年）》，组建龙泉市水果产业技术创新与推广服务团队，举办龙泉市首届优质猕猴桃评选活动。在2019年丽水市十佳猕猴桃评选活动中，龙泉市共荣获7个奖项，其中：龙泉市昌根水果专业合作社红阳猕猴桃和龙泉市花果山家庭农场翠香猕猴桃荣获“最佳风味奖”，龙泉市家强家庭农场金艳猕猴桃荣获“最佳外观奖”。浙江龙泉阳光农业有限公司精品果园成功创建种植业“五园”省级示范基地。

【中药材产业发展】 2019年，龙泉市莘野家庭农场七叶一枝花道地中药材基地、浙江渊健生物药业有限公司灵芝道地中药材基地获“丽水市道地中药示范基地”称号，浙江龙之源生物科技有限公司兰巨上圩铁皮石斛基地获“全国近野生铁皮石斛示范基地”称号；龙泉伯济堂生物科技有限公司取得食品生产SC（食黄精）认证（SC10933118103017）；完成七叶一枝花毛竹林下套种示范项目（省2018—2020省技术团队项目）实施，并通过验收；开展了林下套种三叶青、黄精，林下种植灵芝的试验示范。

养 殖 业

【概况】 2019年，龙泉市生猪饲养量21.42万头，其中生猪存栏7.1万头，同比减少11%，生猪出栏14.32万头，同比增长6.87%；牛羊饲养量3.43万头，同比基本持平；家禽饲养量237.89万羽，其中家禽存栏49.7万羽，同比减少5.46%，出栏188.19万羽，同比减少4.57%；肉类产量16439吨，同比增长8.54%，预计畜牧业产值3.77亿元。

推广生猪政策性保险+商业保险“双保险”模式，为全市规模养殖场和散养户进行投保，提升养殖场（户）抵御重大动物疫病风险能力。全年共有规模养殖场能繁母猪6442头，生猪7.65万头和散养生猪5313头投保。

采用线上线下协同监管机制，利用线上视频监控系统和线下市乡村三级手机APP网格化巡查，实时监督养殖场粪污资源化利用情况，促进畜牧业绿色发展。加强规模猪场臭气治理，完成20家500头以下养猪场堆粪棚封闭式建设，建成美丽牧场5家。

2019年，设区市政府认定的生猪定点屠宰企业1家，为浙江龙泉方鑫肉食品有限公司，日屠宰能力0.1万头。设区市政府认定的家禽定点屠宰企业1家，为浙江久益农业综合开发有限公司，日屠宰能力8万只以上。

【中蜂产业】 2019年，根据《龙泉市中蜂产业发展实施意见》，以中蜂育王繁蜂、分蜂技术、蜂产品电商销售等为主要内容，先后组织5期蜂农培训，受训人员450余人次，并前往杭州、湖州等地考察，提升中蜂养殖技术水平。举办"5•20"蜜蜂日、现场采蜜、蜂产品展销等宣传促销活动，促进蜂农增收。开展蜜源植物调查，研发特色蜂箱，成功获得"全国特种蜂箱标准化生产基地"称号。全年中蜂饲养量达3万群，蜂蜜产量180吨，新建美丽蜂场21户、蜂情山村2个、蜜蜂大观园2个。

农村经济管理

【村级经济合作社建设】 为加快实施乡村振兴战略，完善乡村治理体系，根据《关于开展行政村规模调整工作的实施意见》(龙委办发〔2019〕64号)，按照"地域相近、村庄相邻、人文相通、血缘相亲、产业相融"原则，村经济合作社与行政村同步开展规模调整。在竹垟畲族乡山溪口村和局下村试点基础上，通过农村集体资产清产核资、制订模拟方案、研究细化方案、签订资产融合协议等工作程序，将原来的444个村经济合作社调整为236个(涉调村339个，调整为131个，其中资产完全融合119个村，协商融合12个村)。融合后的新村经济合作社实行统一财务账套、统一银行账户、统一财务审批、统一会计核算、统一资产管理。

【农村"三资"管理】 市农业农村局积极探索加强农村资金、资产、资源管理新模式。在"村账乡管"的基础上，出台《龙泉市农村集体"三资"管理改革实施方案》(龙农字〔2019〕254号)，将原来村级会计委托乡镇(街道)代理转化为政府购买中介服务模式。中介公司共配备28名代理人员，其中19个乡镇(街道)各配备1名，在后台负责票据集中复核和科目录入10名，形成"政府建章立制、财政保障经费、农业农村部门业务指导和监督、乡镇(街道)为该辖区内的监督责任主体、专业机构代理服务"的工作机制。

【村级集体经济】 通过村级单建一批、乡镇联建一批、市级统筹一批(萧山热电有限公司项目、五虎垟标准厂房项目、参股民泰银行项目)的三级联动，统筹资金谋划项目，切实增强村集体造血功能。召开"问海借力、村企同心"为主题的2019龙泉村企对接推介会，大力开展村企对接"五个一"行动▲，努力探索生态农产品价值实现机制新路径。2019年，该市全面完成集体经济薄弱村消除任务数，444个行政村年集体收入达10万元以上，经营性收入达5万元以上。

▲"五个一"行动：推出一个产销对接机制、培育一批农产品营销主体、展示展销一批生态农产品、建立一批绿色农产品示范基地、签订一批购销和基地合同。

【农民专业合作社】 2019年，新建各类社会化、专业化服务组织35家，创建丽水市生态精品合作社3家。对1家国家级示范性合作社、11家省级示范性合作社、22家丽水市示范合作社开展监测工作。出台《关于开展农民专业合作社"空壳社"专项清理工作的实施方案》，重点清理整顿无农民成员实际参与、无实质性生产经营活动、因经营不善停止运行、涉嫌以合作社名义骗取套取国家财政奖补和项目扶持资金、违法违规经群众举报、从事非法金融活动等6类合作社，并构建长效管理运行机促进合作社依法规范健康发展，此次专项工作共清理空壳社60余家。

【农村土地承包管理】 为巩固完善农村承包地确权登记颁证成果，加强日常管理，龙泉市开展农村承包地确权登记颁证"回头看"工作，重点排查证书颁发、暂缓确权、确权数据质量、资料和数据保密管理、档案建档和管理、补助资金管理使用等情况。"回头看"工作共排查问题344条，涉及农户1357户，经整改完善1322户，完善率97.4%。

"消薄"工作

【消除集体经济薄弱村】 2019年，龙泉市444个村全面完成集体经济年总收入10万元以上且年经营性收入5万元以上的"消薄"任务，获丽水市"消薄"抽查评价优秀等次。该年，全市村集体经济总收入13600.24万元，同比2018增长16.26%，超过上年度全市农村居民人均可支配收入增速，同比2016年增长42.03%；2019年度全市村集体经营性收入5031.49万元，同比2016年增长146.57%；年总收入100万元以上的村由2016年的15个增加到28个；年经营性收入50万元以上的村由2016年的3个增加到12个。

【"消薄"扶持项目】 坚持"项目为王"理念，纳入市乡村三级发展集体经济项目管理的项目196个，总投资4.79亿元，2019年实现投资收益2483.3亿元。2019年，实施"消薄"扶持项目33个，包括扶持56个村筹资2500万元投资萧山热电有限公司，已实现年收益250万元；扶持45个村筹资2400万元投资龙泉市五虎垟标准厂房项目，已实现年收益240万元；扶持60个村筹资3030万元投资秀洲"飞地"项目，预计年收益303万元；实施中央和省级财政扶持村级集体经济发展项目7个，扶持26个村，总投资2155万元，下达财政扶持资金1300万元；实施乡镇（街道）"双增"联建竞争项目4个，扶持35个村，总投资971万元，下达财政扶持资金780万元；实施扶持村级集体经济发展项目19个，扶持28个村，总投资1442.9万元，下达财政扶持资金517万元。

【村企结对】 全省"千企结千村、消灭薄弱村"专项行动启动以来，龙泉市60个行政村与78家市内外企业（商会）进行结对，谋划实施村企结对项目52个，总投资2789万元，已完工34个，企业已到位结对资金1741.16万元。探索村企结对农产品价值转换新路径，创新推出由结对企业、结对村和龙泉市供销社合作的"结对企业+供销社+结对村党支部+结对村股份经济合作社+农业主体"的产销对接机制。组织举办以"问海借力•村企同心"为主题的2019年龙泉村企对接推介会，推广产销对接机制，邀请结对企业25家，企业代表41人，会议现场签订13份产销协议，涉及资金1061万元，其中：农产品订单12个，交易额623万元；建设绿色农产品生产基地1050亩，企业投资438万元。

美丽乡村建设

【美丽乡村建设成为全省示范】 2019年，龙泉市创成浙江省新时代美丽乡村示范县，创建新时代美丽乡村达标村70个，其中精品村42个。创成浙江省新时代美丽乡村示范县；溪头村作为全省唯一村级代表在全省深化"千万工程"建设新时代美丽乡村现场会作交流发言。八都镇获评浙江省级美丽乡村示范乡镇，下樟村等3个村获评浙江省级美丽乡村特色精品村。浙江省级历史文化村落保护利用项目有序推进，第五批2个重点村、6个一般村已完成三年项目建设，第六批10个项目村和第七批15个项目村分别完成三年建设任务的80%和30%。

龙泉市成为全省唯一入选全国农村人居环境整治成效明显激励县并获国务院办公厅通报表彰；农村生活污水治理成为全国典型，作为浙江省唯一县（市、区）代表在全国农村生活污水治理工作推进现场会上作交流发言。

【乡村治理】 2019年，全市开展行政村规模调整后农村"三资"融合验收，健全完善村级财务公开规范化建设，抓好148个村集体经济审计工作。实施"清廉村居"建设，以12个方面35项具体任务指标推动打造干部清正、政治清明、社会清朗的清廉村居；开展27个省级善治示范村创建，以点推面，助力提升全市乡村治理水平。深入推进农村"厕所革命"，全面开展农村公厕现状调查，以"一线三村"为重点改造范围，结合公厕类别、村庄现状等因素，对97座农村公厕进行对标提升改造；同步推行公厕所长制，公开责任人、监督人员电话，加强监督考评制度，促进农村公厕保洁长效管理。

农业执法

【农产品质量安全监管】 2019年，农产品监管工作，贯彻落实浙江省农业高质量绿色发展要求，结合龙泉市实际，紧紧围绕"食品安全市"创建和"努力确保不发生重大农产品质量安全事件"的目标，开展农产品质量安全整治行动、"绿剑"春季集中执法行动、生猪私屠滥宰和防控非洲猪瘟保证生猪产品质量安全专项治理行动、春耕备耕"五送"服务月暨农产品质量安全"农产品质量安全知识科普法制宣传直通车"等活动，以强化宣传营造氛围为载体，以农业投入品监管为源头，以质量监督抽检为抓手，以追溯体系建设为手段，从根本上保障农产品质量安全。

举办以农业法律法规、农业投入品知识、农产品质量安全等为主题的培训22场次、受训人员850多人次，设摊咨询8次，发放禁限用农药目录、农产品质量安全宣传手册等宣传资料8500余份，短信4.2万条，接受农民咨询3400余人次，多形式、多角度、多层面开展生产主体培训，推广安全实用新品种、新技术，普及农产品安全常识，提高生产者和消费者的质量安全意识。

抽检各类农产品291批次（定量检测），送蓝城农科检测技术有限公司检测合格率99.6%。市本级动态监测蔬菜1280批次，合格率98.8%（定性检测）；瘦肉精监测2984份，结果全部为阴性。屠宰场共监测瘦肉精2503份，结果全部为阴性；各乡镇农产品检测室实行免费对外开放。

【农业行政执法】 2019年，市农业行政执法大队共出动执法人员920人次，检查农业投入品经营点190多家次（累计），农产品生产单位180多家次（累计），监督抽检农业投入品70批次，其中种子10个，农药30个（含隐性成分检测），肥料10个，兽药5个、饲料15个。立案查处违法案件9起（其中渔业件4起），收取罚没款共计21481.5元，净化全市农业投入品市场秩序和渔业健康发展，保障了农资供应安全和农产品质量安全。

农业机械

【概况】 2019年，全市拥有农机总动力17.98万千瓦。其中：耕作机械6597台39754千瓦，种植机械27台382千瓦，排灌机械14262台20066千瓦，植保机械649台515千瓦，收获机械74台2885千瓦，收获后处理机械4505台10770千瓦，农产品加工机械3975台23838千瓦，畜禽业机械197台853千瓦，渔业机械807千瓦，林果业机械226台930千瓦，茶叶机械571台1817千瓦，食用菌机械15541台41761千瓦，运输机械29台457千瓦，农田基本建设机械219台20731千瓦，其他农业机械1875台14264千瓦。龙泉市有农机化服务组织17个，其中农机合作社4个，农机户5495个，其中专业户3216个，农机维修厂及维修点20个，农机修理人员26人，农机销售机构6个，乡村农机从业人员4049人，农机经营总收入达5959万元，基本形成了以市场化为导向、政府宏观调控的农机化服务体系。

【农机作业】 2019年，完成机耕面积13.53万亩，其中春耕9.11万亩，夏耕2.96万亩，冬耕1.46万亩；完成机播面积0.4万亩；完成机电灌溉1.92万亩；完成机械植保面积0.65万亩；完成机械收获面积4.33万亩，其中机收水稻4.02万亩，油菜0.3万亩；完成粮食烘干9620吨，农机跨区作业面积0.79万亩。水稻耕种收综合机械化率达到51.6%。

【农机安全】 通过落实农机安全生产责任制、做好牌证核发、开展农机安全生产宣传教育活动、农机安全生产月、外省籍拖拉机专项整治活动等各项措施，使农机事故四项指标全面下降，安全生产形势明显好转。开展平安农机创建工作，共创建“平安农机”示范乡镇（兰巨乡）1个、示范合作社（龙泉市剑池水稻专业合作社）1个。开展高耗能农业机械报废补偿工作，共报废拖拉机74台，其中手扶及小型拖拉机58台，大中型拖拉机16台，拨付补贴资金14.3。2019年，发生道路交通事故1起，死亡1人。

【农机技术推广】 推广先进适用机械，认真落实购机补贴政策。2019年，全市购机补贴新增各类农业机械601台，总购机额462.174万元，共拨付补贴资金163.16万元（其中：中央补贴资金127.74万元，省级补贴资金29.94万元，县级补贴资金5.48万元）。争取粮食地方产业资金15万元用于补贴新型、适宜、高效的粮食（油料）机械，推广水稻直播机5台。成功创建农业“机器换人”示范乡镇（兰巨乡）1个、示范合作社（龙泉市剑池水稻专业合作社）1个。

动植物疫病防治

【概况】 2019年，全市绿色防控推广面积7.4万亩（其中绿色防控示范面积1.55万亩），建立小梅镇黄南村省级粮食功能区示范区等10个示范基地，完成统防统治面积7.2万亩。

该市被农业部列为国家级蔬菜有机肥替代化肥试点县，推广应用商品有机肥14500吨。该市商品有机肥推广应用做法在全省有机肥替代化肥现场推进会上作典型发言。

该市开展试验和示范工作，开展肥料试验13个。开展农业资源及生态保护项目的91个土壤样品的取样、送检、报表输入等工作，完成5个长期监测点。做好浙江省农业“两区”土壤污染防治项目，共建立监测点16点。完善施肥建议卡上墙和触摸屏施肥建议卡数据工作。

6月6日，竹垟乡金田村、上垟镇五都垟村、查田镇茶丰村在玉米上发现草地贪夜蛾危害后，市农业农村局在上垟镇、竹垟乡、龙南乡等8个乡镇建立40个监测点。

【动物卫生监督】 严格落实屠宰环节非洲猪瘟自检和官方兽医派驻制度，严把生猪入场关、同步检疫关、肉品出场关，确保猪肉产品质量安全。2月1日以来，采用“PCR”非洲猪瘟病原学检测，共排查2012批次，检测结果均为阴性。全年无害化处理病死猪1844头，其中养殖环节1787头，屠宰环节报57头，不合格产品6742.6公斤。

推进生猪产业全链条“百场示范、千场提升”行动，建立1个市区动物防疫清洗烘干中心，完成1家生猪定点屠宰场和103家规模场的改造提升，严格落实进出车辆消毒、封闭式管理等措施，全面提升养殖生产、屠宰加工等全链条生物安全水平。认真贯彻落实动物疫病防控“早、快、严、小”四字方针，抓好四季疫病防控，确保各种应免畜禽免疫率达到100%。加强免疫效果抗体监测，抓好奶牛结核和布氏杆菌病检查。

【植物疫病防治】 2019年，紧紧围绕标准农田质量提升、农药化肥减量和土地开发、地力培育等内容，积极开展标准农田质量提升工程、土地开发项目的后续耕种技术指导和新型化肥减量增效试验，农作物统防统治与绿色防控、农药废弃包装物回收与处置、草地贪夜蛾监测与防控等工作。全年推广测土配方施肥面积36万亩、配方肥4500吨、商品有机肥14000吨、减少化肥施用量216吨；完成统防统治7.2万亩、绿色防控7.4万亩、减少农药施用量1.5吨、回收与处置农药废弃包装物55吨、建立草地贪夜蛾监测点40个。

【植物检疫】 2019年，植物检疫工作以围绕农业生态安全、农业生产安全、农民合法权益为主题，以保护农业主导产业为主线，强化植检法律宣传，开展重大农业植物疫情防控。全年共出动执法人员320人次，检查种子经营网点30家，共计指导培训2场次、受训人员240人次，设摊咨询8次，发放红火蚁等宣传资料3450余份。

把龙泉市杭龙果业有限公司桐山片（省级监测点）、龙泉欧泉水果专业合作社宏山片、龙泉市阳光茗茶专业合作社独田片、龙泉市永盛水果专业合作社竹垟片、龙泉市吕品家庭农场蜜蜂岭片（省级监测点）等5家生产基地设为龙泉市重大植物疫情监测点，全面开展疫情监测。

全年共拔除加拿大一枝黄花8600余株，总面积3亩，扑灭安仁镇老路洞口边严山岭村、龙渊街道龙鑫化工厂路边、龙渊剑池街道龙华小区三处一枝黄花疫点。5月，组织植物检疫干部和经作站技术人员，对全市500余亩的梨园进行全面的普查，经普查，未发现梨枯梢病。

渔业渔政

【概况】 2019年，龙泉市水产养殖面积322公顷，水产品总产量为3610吨，同比增长6.3%，其中养殖产量2598吨、捕捞产量1012吨，产值7223万元，其中淡水养殖总产出4806万元，水产苗种产出545万元，淡水捕捞产出1872万元。

该市结合渔业转型先行区创建，在稻田养鱼、池塘生态化改造和尾水处理、休闲渔业、特种水产种苗繁育场建设、河权承包生态养殖试点建设等方面全面布局。建成培育稻鱼综合种养示范点5个，面积760亩，辐射推广稻田养鱼面积1240亩，巩固深化2350亩，其中600米以上的养殖面积有1250多亩。完成建设2个池塘内循环水养殖示范基地，扩建改建7个水产养殖生产基地，建设1个休闲渔业基地，建设3个养殖池塘生态化改造项目和4个尾水处理示范点，1个河权承包生态养殖试点。通过项目建设，预计新增渔业产值1200多万元，改善水生态环境，减少养殖尾水的直排，综合效益明显。

为保护渔业资源，维护生态平衡，在3月20日至6月20日，进行为期三个月的春秋季封河禁渔工作。广泛宣传禁渔工作意义和重要性，抽出专人分段负责管理，出动执法车辆沿河进行宣传，发放宣传单150多份。对违反者进行及时有效的制止和处罚，保证禁渔制度落到实处。

【增殖放流】 2019年，全市为恢复天然水域渔业资源的种群数量，改善水域生态环境，落实《中国水生生物资源养护行动纲要》和《浙江省水生生物增殖放流实施方案（2018—2020年）》的有关精神，共放流各种鱼类1411万尾，完成率114%，总投资152.1万元，其中中央资金36万元，浙江省级资金55万元，自筹61.1万元。

【水产品质量安全】 2019年，积极参与该市食品安全市创建工作，开展一系列食品安全专项整治活动，认真贯彻落实《中华人民共和国农产品质量安全法》，做到集中整治与日常监管相结合，监督管理与指导服务相结合。把水产品质量安全工作放在突出位置，完成与各水产养殖主体签订责任书48份，水产品追溯体系试点单位12家均正常使用；抽检水产品12个批次，抽检合格率为100%；全市没有发现使用禁用鱼药和使用禁用饲料添加剂现象和发生水产品安全事件。

【渔船安全生产】 2019年，该市认真贯彻落实《中华人民共和国安全生产法》，认真做好渔业机动渔船安全检查工作，进一步排查安全隐患，劣质渔船、破旧渔船按规定坚决淘汰，渔船作业时要求配有救生设备，严禁在大雨、大风、急流时作业，落实渔业安全生产管理。与各渔船主及相关乡镇（街道）签订《渔业安全生产责任书》193份，进行渔船安全生产检查68次。全年未发生人员伤亡事故。（李镇涛）

水利水电　气 象

综　　述

【概况】 2019年，龙泉市年降水量为2078.49毫米，水资源总量为44.2142亿立方米，产水模数为144.5万立方米每平方千米，高于多年平均值。人均年拥有水资源量为18484.2立方米，城乡人均用水量37.3立方米，农灌亩均用水量241.0立方米。万元GDP用水量为55.8立方米，水资源利用率1.8%。龙泉市水利局组织全市水库、山塘巡查员进行培训，强化防汛防台能力，入汛以来无一人员因汛伤亡；改革进入政务服务网权力事项共298项、责任事项75项；受理群众和企业办事事项共419件，收取规费1148万元，办结率和上缴率均为100%；完善"一窗受理、集成服务"改革，推行无差别受理，实现100%事项通过"一窗受理"平台受理。

【水利项目】 2019年，市水利局完成武溪、源口溪、道太溪等13条县级河道"三线"划定设计工作；完成龙泉河道疏浚清淤7.83万方；完成6条河道河权改革工作，总长37.2公里；清理水面、堤防、绿道各类垃圾420余吨；完成水土保持13.15平方千米。开工建设绿道项目32个，总长度116公里，创成2条丽水市级"最美绿道"；完成龙泉溪、八都溪、岩樟溪3条省级"美丽河湖"创建验收及1个丽水市级瓷路梅溪水利风景区创建。

全年实施建设水利项目25个，完成年度水利投资6.36亿元，完成年度目标任务的129.8%；争取上级项目2个，争取上级补助资金15693万元，其中中央财政水利发展资金1960万元，浙江省水利建设与发展专项资金13333万元，中央水毁补助资金400万元；招商引资协议利用内资2354万元，实到资金5777万元；完成2019年水利专项规划编制计划工作；积极谋划2019-2035年重大水利工程，特别是"十四五"重大水利工程。

【农村饮用水提升工程】 2019年，该市农村饮用水达标提标行动共投入5195万元项目建设资金，其中争取省级补助资金3298万元，地方配套资金1897万元，完成了19个乡镇（街道）138个项目建设，提升和改善了7.62万农村群众的饮水条件。

【世行贷款项目】 2019年，龙泉水利实施世界银行贷款项目第六、八、九、十批农村生活污水处理等工程，完成年度投资12125万元，其中，第六批、第八批农村污水处理工程已完工，世行贷款乡镇供排水项目锦溪、八都、小梅查田、兰巨等集镇供排水工程均开工建设，各项目正常推进中。

【美丽河湖创建】 以水利项目为依托，以瓯江绿道建设项目为核心，通过八都溪河流综合治理工程、龙泉

瓯江绿道兰巨段　　（市水利局／供图）

溪治理二期工程[含龙泉溪流域综合治理(武潭至五梅垟段)生态修复工程]等工程的实施，经过县级自评、丽水市级验收、浙江省级复核等层层评选，该市成功完成龙泉溪、八都溪、岩樟溪等三条美丽河湖创建工作。

水　政

【水资源管理】 2019年，龙泉市发放取水许可证119本，地表水取水许可量为363799.47万立方米。其中水力发电100本，取水量为361531.2万立方米；工业取水许可证7本，取水量173.81万立方米；城乡供水取水许可证12本，取水量2094.46万立方米。2019年，龙泉水利完成了友霓钢业、雨润萤石矿业等项目水资源论证工作；征收水资源费878.754万元；完成1家浙江省级节水型企业、2家丽水市级节水型企业、2个节水型小区以及15家公共机构节水型单位创建；开展了县级饮用水水源地安全保障达标建设工作，完成了岩樟溪饮用水水源地达标建设工作方案的编制并开展自评估工作，经审核，2019年各项指标总分达到优秀级别。

【水法宣传】 2019年，龙泉水利结合"世界水日•中国水周"、科技活动周、国家宪法日、送法下乡等重点节点时段，先后开展11次水法律法规宣传活动，发放《中华人民共和国水法》《浙江省河道管理条例》《中华人民共和国水土保持法》以及"五水共治"、防汛防台、节水护水等水法律法规相关宣传资料和宣传品4000余份，在《今日龙泉》报纸刊登"世界水日"公益宣传专版，在华数电视网络平台轮播相关宣传标语、视频。

【水政执法】 2019年，龙泉水利开展巡查200余次，累计出动巡查人员1128人次，船只21艘次，车辆342辆次，排摸景观石场7处，全年共受理水行政案件13件，共罚没17.4万元。对宝溪、雁川溪、安仁溪等17条县级河道开展无违建河道创建工作，全年共完成217.2公里县级河道无违建创建任务，至此，该市已提前完成无违建河道创建五年任务。

水　文

【概况】 龙泉市境内设有水文站1处，水位站1处，国家基本雨量站16处，陆地水面蒸发站2处。龙泉市水文站属国家基本水文站，是瓯江上游龙泉溪的控制站，集水面积1214平方千米，测验项目有水位、流量、水温、水质、降水量、蒸发量，含沙量测验正在筹备恢复中。

【雨水情监测】 2019年，龙泉市区域年降水分布不均，降水量相对集中在梅雨期。据龙泉市18处雨量站降水资料统计，2019年4—8月，降水量占全年的69.63%，龙泉溪流域洪水主要发生在梅雨期，台风雨对龙泉溪的影响相对较小，但局部地区小流域台风雨灾害偶有发生，域内7月9日发生大洪水，水位198.25米，流量1410立方米。12月2日，南大洋水文站实测年最低水位193.89米，最小流量3.48立方米/每秒。南大洋站年平均流量57.9立方米/每秒，径流量18.25×10亿立方米，径流深1503.3毫米。据南大洋水文站监测统计资料表明，2019年，平均水温18.7℃，8月29日出现最高水温30.1℃，1月1日测得年最低水温7.4℃。年蒸发量852.8毫米，8月7日出现年最大日蒸发量7.1毫米，年最小蒸发量发生在1月4日，蒸发量为0.1毫米。全年，龙泉水文站完成碧龙、独源、南溪口、下南坑4个雨量站点以及龙泉水位站的标准化创建工作。

水　电

【概况】 龙泉市已有水电站109座(含在建2座)，总装机容量22.52万千瓦，安装水轮发电机组244台，2019年，上网发电量5.6799亿千瓦时，实现年发电销售额3.199亿元，上缴税费0.4233亿元。

2019年，完成26座水电站安全生产标准化二级达标复评工作，其中广安、均溪一级、山溪口、雁溪4座电站为市级复评，临江等22座电站为县级复评。完成3座水电站安全生产标准化达标评审工作，其中瑞垟一级电站为省级评审，评为安全生产标准化达标二级单位。剑湖、石忽增效扩容后首次通过县级达标评审。

根据丽水市水利局、丽水市发展和改革委员会《关于加快推进丽水市农村水电站工程竣工验收的通知》〔丽水利〔2018〕80号〕文件精神，2019年度该市完成北龙等16座水电站竣工验收备案。

39座装机1000千瓦以下进行了全省第四次农村水电站安全管理年检工作，37座通过了年检，建明、宝溪因正在技术改造另行年检。

完成瑞垟二级、均溪二级、均溪三级、雁溪电站4座水电站绿色小水电创建改造，通过科学管理，优化调度，发挥绿色能源的公益作用，不断推进绿色小水电建设工作，积极改善流域生态环境。

【小水电清理整改】 2019年，该市完成《龙泉市农村水电绿色发展规划》编制，1月8日通过龙泉市人民政府批复(龙政发〔2019〕5号)。完成《龙泉市小水电清理整改“一站一策”实施方案》编制,7月29日,通过龙泉市人民政府常务会议审议(龙泉市人民政府常务会议纪要〔2019〕11号)。8月12日,龙泉市水利局、龙泉市发展和改革局、丽水市生态环境局龙泉分局联合发文《关于印发〈龙泉市小水电清理整改“一站一策”实施方案〉的通知》(龙水利〔2019〕163号),根据文件要求,该市107座电站列为保留类电站15座、整改类电站82座、退出类电站10座。2019年,龙泉市小水电清理整改销号完成76座,其中整改类70座,退出类6座。已安装生态流量监控设备34座,安装实时流量监测3座。

重点水利工程建设

【概况】 2019年,龙泉市水毁水利项目涉及10个乡镇(街道)、20个行政村,堤防修复1856米,堰坝修复5座,总投资718万元。市农业水价改革新增区域涉及7个乡镇(街道),新增改革实施面积4.45万亩,总投资150万元。

全市低丘红壤项目主要有山茶油、茶叶、果蔬基地,分布在龙渊街道、安仁镇、竹垟乡境内,项目面积1230亩,总投资478万元。

根据《“清百塘沟渠、美三江源头”清污(淤)专项行动实施方案》,市水利局优先考虑生态清污(淤),因地制宜选择污(淤)泥处置方法。重点加强污(淤)排放、运输、处置的全程管理,将落实堆场、污(淤)泥资源化利用作为工作的前置条件,杜绝污(淤)泥乱堆乱放、泥浆偷排漏排等现象发生,避免淤泥“二次污染”。2019年,完成豫章溪兰巨乡政府段、龙泉溪沙潭段等河道清淤工作,共计7.796万立方米。

龙泉市瑞垟引水工程(一期)为该市第一个采用PPP模式的水利项目,2019年进场施工,内容包括进场道路、支洞口开挖、洞口支护等,项目累计完成30%工程量,完成投资6530万元。

龙泉市黄灌防洪堤景观工程作为城东新城最大的一个综合性城市中央公园项目,位于东大桥—茶寮河道北岸,全长约2.3千米,工程批复概算1.34亿元,2019年完成二期工程园路建设70%工程量,园林绿化部分30%工程量,完成投资1210万元。

【溪河综合治理工程】 2019年,龙泉溪治理二期工程(含龙泉溪流域综合治理【武潭—五梅垟段】生态修复工程)是浙江省“百项千亿”治理项目,工程主要建设内容有:新建堤防、护岸长度为7.5千米,新建堰坝1座,改造橡胶坝1座,以及龙泉溪流域综合治理(武潭—五梅垟段)生态修复工程的所有建设项目,工程总工期38个月,可研阶段估算总投资32412万元。2019年,完成新建防汛通道4500米,新建护岸800米,完成投资2600万元。

梅溪河流综合治理工程起于小梅金村,止于西街河村,治理河长38.5千米,项目建设期36个月,可研批复估算总投资27521万元。2019年,金村—骆庄段综合治理工程、骆庄—溪口段综合治理工程、溪口—河村段综合治理工程3个批复标段已开工建设,完成河道综合治理河长5千米,完成投资3300万元。

八都溪河流综合治理工程范围为八都溪流域,包括八都溪干流以及瀑云溪、竹垟溪,综合治理河长约30千米,可行性研究报告批复估算总投资2.8亿元,项目建设工期3年。2019年,完成河道综合治理河长5千米,完成投资2200万元。

岩樟溪流域综合治理工程是对岩樟溪、锦溪整个干流以及岩樟溪、锦溪、龙泉溪汇合的三江口进行综合性治理的水利工程。2019年,完成河道综合治理河长3千米,完成投资2300万元。

【瑞垟一级电站增效扩容工程】 瑞垟一级水电站位于龙泉南部屏南镇瑞竹垟村,瓯江上游瑞垟溪上。5月26日,3号机组并网发电。瑞垟水电站增效扩容项目原平均上网电量4898万千瓦·时,增效扩容后年净增平均

世行贷款项目安仁供排水工程 (市水利局/供图)

上网电量997万千瓦.时，工程总投资为2635.05万元。

【山塘整治工程】 2019年，完成中央财政水利发展资金小型农田水利项目——中堂山塘综合整治工程蓄水验收工作，内容包括山塘坝体加固、溢洪道改造、放水系统改造等。石隆水库综合治理工程于2019年2月开工，7月主体工程完工，项目建设主要内容包括上坝道路改造、安装仿木栏杆和安全防护网、管理房修缮等。

【水土保持工作大事记】 2019年，完成田坑等6条小流域水土流失综合治理项目，花桥等3条小流域水土流失综合治理项目。完成龙泉市中医医院迁建工程、龙泉市静脉产业项目——垃圾资源化协同处理工程防洪堤工程、乌溪江治理二期工程、南大洋小学工程等水保方案，并通过评审。根据水利部和浙江省水利厅关于生产建设项目水土保持遥感监管工作要求和统一部署，完成辖区内生产建设项目水土保持遥感图斑现场复核共计156个复核点。2019年度遥感监管省级现场复核疑似违法违规项目5个，完成整改5个。 （管 婧）

气　象

【概况】 2019年，龙泉市平均气温18.8℃，比历年值偏高0.8℃；年极端最低气温-2.7℃，出现在12月9日；年极端最高气温39.5℃，出现在8月28日。终霜日出现在1月24日；初霜日出现在12月8日。春季日平均气温稳定通过10℃的初日出现在3月10日；秋季日平均气温稳定低于22℃的初日出现在10月14日。年总降水量1939.4毫米，比历年值偏多17.6%；年日照总时数1539.6小时，比历年值偏少5%。

市气象局发布气象服务材料244期，启用12379国家突发公共事件预警信息发布平台发布气象灾害预警信号53次，启用云MAS移动短信发布平台发布天气预警短信233次，接收人次达68.6万。

注：历年值统计时段为1981—2010年30年资料。

【重大天气气候事件】 2019年，1—2月多阴雨寡照天气，其中1月1—17日和2月7—28日分别出现长达17天和22天的连阴雨天气；3—5月雷雨大风、冰雹、短时暴雨等强对流天气频发，其中4月24日下午剑池街道芳野村和松溪弄村、塔石街道山后村、住龙镇局地出现短时冰雹，最大冰雹直径1厘米左右；6月18日龙泉市进入梅汛期降水集中期，7月17日结束，期间暴雨过程多、降水强度强、累计雨量大；8月8—11日受台风"利奇马"影响，东南部地区出现明显降水和大风天气过程；9月至12月上半月多晴少雨，出现大范围、长时间的气象干旱；12月中下旬气温异常偏高，出现明显的小阳春天气。

【生态气象服务】 2019年，龙泉市暴雨精细化监测预报预警工程完成选址和可研批复；龙泉市地面烟炉增雨作业系统建设获批。市气象局开展直通式气象服务，每周以短信方式向新型农业经营主体发布天气预测，不定期发布农业气象服务产品；与龙泉电视台《剑川热土》栏目合作，发布一周天气趋势及农事建议；屏南镇坪田村、宝溪乡溪头村、龙泉山旅游景区成功入选浙江省气候避暑胜地。

【气象安全社会管理】 2019年，全面深化气象行政审批"最多跑一次"改革，完成保险理赔气象证明改革与龙泉市经济开发区的区域雷评工作；完成33个气象防灾减灾示范村和6个气象文化礼堂科普点建设，公布5个气象灾害防御重点单位及113家防雷安全重点单位；开展人工增雨作业3次；完成易燃易爆危化品场所、防雷安全重点单位、3A级以上景区防雷安全检查全覆盖。 （谢敏星 叶 美）

2019年10月27日，在道太乡源口村作业点实施人工增雨作业 （林涛／供图）

林　业

综　述

【概况】 龙泉市作为华东地区的重要生态屏障，被誉为“浙南林海”“中国生态第一市”。2019 年，龙泉市坚持高质量绿色发展主线，围绕林业 GDP 与 GEP 协同较快增长、林业 GDP 和 GEP 之间高效转化两大核心，紧扣美丽生态、兴林富民、平安林区三大目标，全力推进美丽森林、富民森林、智慧森林、平安森林建设，高质量书写龙泉林业绿色发展新篇章。全市森林面积达 384 万亩、森林覆盖率达 84.39%、活立木蓄积量达 2073.4 万立方米、高等植物高达 1800 多种（其中木本植物 1105 种），森林覆盖率在全省 26 个县考核中排名第一、乔木林单位面积蓄积量及增幅在全省 26 个县考核中位居第 9；建成毛竹林面积 60.7 万亩，是浙江省第二大竹乡；荣获中国林业产业突出贡献奖、全国林业信息化建设十佳县级单位、全国森林康养基地试点建设单位、浙江省公益林建设成绩突出集体、浙江省国土绿化美化突出贡献集体、浙江省林业技术推广突出贡献集体及龙泉市综合考核三等奖、选商引资大比武集体嘉奖等集体荣誉 15 项；实现林业总产值 106.03 亿元、同比增长 14.29%，其中，一产产值达 24.92 亿元，同比增长 11.81%，二产产值达 42.39 亿元，同比增长 9%，三产产值达 38.72 亿元，同比增长 22.54%。

【县域公益林权属融合管理】 坚持以政府数字化转型改革为契机，创立“无人机+平板电脑+卫星影像图”的“线上+线下”联动落界模式，建立多源数据支持与融合的公益林权属落界和多业务支撑的公益林一体化更新管理方法，形成《龙泉市公益林权属落界及信息获取与表达技术规范》，建成县域公益林权属融合管理及信息平台，实现了公益林“落界到组、补偿到户”的动态更新、评测落地、实时出数，促进了公益林管理的系统化、规范化和精准化，具有广泛的推广应用价值，该项成果达到国内同类研究领先水平。

【全国首创公益林数字化转型管理模式】 率先在全国启动公益林数字化转型管理工作，完成 173.15 万亩公益林数字化管理工作，成功化解 570 多起公益林纠纷，补发十年来因纠纷发放不了的资金 126 万元，百分之百实现公益林补助金“零误差”发放，受到广大林农的一致肯定；龙泉市公益林数字化管理模式入选浙江省林业局公益林管理典型案例，《数字公益林建设 生态龙泉谱新篇》入选全省公益林建设“十个微故事”，住龙镇红星村获全省“十强村集体”，龙泉市政府获得 2019 年浙江省公益林建设成绩突出集体。人民网、《中国纪检监察报》、《反腐败导刊》、《中国绿色时报》、《浙江日报》等各大媒体纷纷报道点赞《龙泉市公益林数字化转型管理模式》的好经验好做法，浙江省委“不忘初心、牢记使命”主题教育简报刊发市委书记王顺发署名文章《解剖麻雀，以点带面，彻底理清生态公益林界址不清“糊涂账”》，丽水市委“不忘初心、牢记使命”主题教育简报也刊登了龙泉做法《把初心化为行动，把使命扛在肩上——全市以数字化手段破解公益林管理难题的实践与思考》。

国家林草局、国家自然资源督察上海局专员办、北京林业大学、宁夏回族自治区林草局、河南济源市林业局、宁波自然资源和规划局等省内外兄弟单位前来考察，丽水市委常委、纪委书记、监委主任方文军以及王顺发、吴松平、翁志鸿、郑建青、雷超等龙泉市领导先后到林业局专题调研或听取汇报。其中，国家自然资源督察上海局专员办领导给予技术路线清晰、操作手段简单、方法可以复制、经验值得推广的高度评价，丽水市委副书记、市长吴晓东专门作出批示：要求结合花园云平台建设，在全市推广。浙江农林大学省一流学科带头人、浙江省重点实验室主任方陆明教授更是指出：“公益林管理系统在全国各个省市都有，但是真正像龙泉这样切实解决实际问题的，不光是浙江省首创，也是全国首创。它一方面解决公益林本身问题，同时能够把公益林相关的比如说权属、资源等方面数据有机融合成一体，从而解决林业的根本性问题。”

森林生态体系建设

【美丽林相建设】 2019 年，龙泉市完成造林更新面积 16205 亩、平原绿化 556 亩、四旁植树 12 万株，新植珍贵树 78 万株，完成美丽林相建设 11.01 万亩（其中彩色森林 1.71 万亩、珍贵树种 1.2 万亩、大径材 1.6 万亩、森林抚育 6.5 万亩）；建成中国万亩红豆园，基地面积达 1.23 万亩；编制实施《龙泉市瓯江绿道森林景观规划提升改造规划方案》，完成沙潭至犁垟瓯江绿道段美丽林相建设 3000 亩，其中在杨梅岭水库半淹区种植池杉、落羽杉耐水淹树种 100 多亩。

【森林系列创建】 2019 年，全市命名国家森林乡村 10 个，分别为西街街道白云岩村、八都镇章府会村、上垟镇源底村、小梅镇金村村、屏南镇周铺垟村、住龙镇住溪村、兰巨乡官埔垟村、宝溪乡溪头村、城北乡东书村、竹垟乡罗墩村；建成“一村万树”示范村 5 个，分别为竹垟乡罗墩村、龙南乡金川村、岩樟乡郑庄村、道太乡大白岸村和屏南镇南垟村等；创成丽水市级绿化示范村 3 个，分别为八都镇高大门村、兰巨乡蜜蜂岭村、兰巨乡炉田村。

【美丽森林建设项目】 2019 年，全市投入省以上财政资金 142.32 万元，完成中央造林补贴项目迹地人工更新 7116 亩；投入省以上财政资金267.316 万元，完成森林抚育 13631 亩，其中间伐抚育 7517 亩、割灌除草 5452 亩、林缘补植 662 亩；投入省以上财政资金 217.8 万元，完成彩色健康森林建设 3181 亩；投入省以上财政资金 773.06 万元，完成木材战略储备林 5967 亩，其中珍贵树种造林 4492 亩、大径材培育 1475 亩；投入省以上财政资金 249.6 万元，完成油茶造林 1196 亩、油茶抚育 1500 亩、香榧造林 1000 亩。

安仁镇张畈村公益林数字化管理工作现场，村民正在指界认界　（市林业局 / 供图）

林业产业

【概况】 2019 年，龙泉市实现林业总产值 106.03 亿元，同比增长 14.29%，林业总产值首次突破百亿大关；一产产值达 24.92 亿元，同比增长 11.81%；二产产值达 42.39 亿元，同比增长 9%；三产产值达 38.72 亿元，同比增长 22.54%。森林旅游产值达 37.07 亿元，同比增长 23.57%，在三产产值中占比 95.73%。

全市新增林下套种黄精、灵芝等林下经济示范基地 530 亩，其中林下三叶青、铁皮石斛、灵芝的年亩均收入达 1.3 万元以上，荣获国家梁希奖三等奖 2 项，浙江省科技兴林奖二等奖 1 项、三等奖 2 项。

2019 年，市林业科学研究院生产以高世代为主的杉木良种 311.5 公斤，培育轻基质容器苗木 91 万株，其中珍贵彩色树种苗木 44 万株。申报中央财政林业科技推广示范资金项目 1 个，拨付中央财政资金 126.49 万元；获“第十届梁希林业科学技术进步奖”三等奖 1 项，授权实用新型专利 1 项，发表科技论文 7 篇。

【竹木产业】 2019 年，全市出台《龙泉市林业发展和资源保护实施办法》等政策；投入财政资金 532 余万元，新建林区道路 50 多公里，硬化林区道路 17 公里；建成高效毛竹材用林示范基地 2 万余亩。组织 70 家竹木企业赴上海木工机械展、2019 年国际家具展、福建（永安）竹居博览会参展考察，举办 2019 第四届“龙韵杯”国际（龙泉）竹木产品创新设计大赛和竹木产业创新提升培训班，开展内销品牌建设与互联网营销、逆周期融资举措等培训课程，新增规上企业 2 家、省科技型中小企业 2 家，荣获浙江省现代林业经济示范区竹产业示范县，正在创建国家级竹木产业示范园。

全市累计注册竹木电商697家，鞋架、书架、花架、衣帽架等为代表的竹小家具产品，交替夺得淘宝类销售冠军，“龙泉制造”产品占全国同类产品销量的70%以上，竹木小家具电商销售额占全国同类产品的45%以上，2019年，竹木电商销售额26亿元。

【森林康养与森林旅游】 “泉灵谷森林康养基地”入选全国森林康养基地试点建设单位，系丽水唯一。扎实推进住龙镇省级森林休闲养生小镇建设，修复景安、石鼓山等森林古道6条20公里，创建浙江省森林康养特色小镇2个（宝溪乡、兰巨乡）、特色村3个（兰巨乡仙仁村、住龙镇红星村西井自然村、龙南乡建兴村大庄自然村），龙泉山、披云山等11个森林景区、景点被评为“浙江省森林氧吧”；命名丽水市森林康养特色基地1个（龙泉市泉灵谷森林康养基地）、特色小镇1个（宝溪乡）、特色村3个（兰巨乡仙仁村、住龙镇红星村西井自然村、龙南乡建兴村大庄自然村）。全市林业旅游393万人次，林业疗养76万人次，实现森林旅游与休闲产业产值37.07亿元。

【国家公园特色小镇】 坚持“森林+康养+文旅”的新理念，定位于“丽水国家公园入口门户、长三角生态旅游集散地、浙江省十大名山公园标杆、龙泉城市功能拓展与补充”，立足龙泉优势，主持编制《丽水国家公园特色小镇（概念）规划》，项目占地约654公顷（约1万亩），涉及兰巨乡五梅垟村、豫章村、梅垟村3个行政村，总投资118亿元。该规划被列入《浙江省“十大名山公园”提升行动计划》重点项目库，以浙南健康小镇名称入选全国康养小镇典型案例，同时谋划编制《百山祖国家公园绿色发展先行区建设项目》。

【标准化林业工作站建设】 2019年，市林业局积极争取省级林业重大重点项目住龙森林休闲养生小镇建设项目1个，项目总投资1015万元，争取省级财政补助资金448万元，建设樱花谷、修复红军古道、设立农林科普中心以及森林康养基础设施等。成功申报2020年林业重点项目瓯江两岸龙泉城区美丽林相建设，争取省级财政补助资金2000万元；全市投资991.2万开工建设九姑山提升改造工程，绿道项目建设有序推进，观景楼主体工程完工，并在2020年除夕夜敲响祥和钟声；创建省级林业产业示范县，龙泉市被命名为“浙江省竹业特色产业示范县”称号。

该年市林业局积极争取中央财政补助资金60万元，在础石街道林业工作站、小梅镇林业工作站、龙南乡林业工作站开展林业工作站标准化建设，全市已建成8个全国标准化林业工作站。

【生态精品林产品创建】 2019年，市林业局组织林业企业、专业合作社等林产品经营主体积极申报丽水生态精品农产品9个（黄精中药材、竹笋、山茶油等），申报创建丽水市生态精品农产品示范企业1家（浙江山茶润生物科技有限公司）。组织龙泉市佳马食品有限公司、龙泉市麻洋笋竹专业合作社等6家林业企业参加第十二届中国义乌国际森林产品博览会，展示展销龙泉优质生态精品林产品。

红豆树容器苗 （市林业局/供图）

林业改革与安全管理

【木检职能】 1至9月，市木检总站（林业行政执法大队）共办理盗、滥伐林木，擅自改变林地用途，森林火灾等林业案件24起，处罚金额达38.8万元。随着木检改革的深入及对林业执法队伍要求的提升，市林业局将行政案件交于龙泉市森林公安局统一办理，原林业行政执法大队办结手头的案件，将不再行驶行政执法权。由于木材流通运输管理职能的丧失，市木检总站（林业行政执法大队）人员分流、充实到市林场、林政、法制、森检等部门，同时协助森检站做好枯死木清理和检疫执法工作，全年办理检疫案件3起，处罚金额1万元。对原保留的3个基层木检站人员也进行整合，实行到当地林业工作站与工作站实行合署办公。

【综合改革】　5月19日，浙江经视“走读《浙江大花园》”系列节目播出龙泉篇《11年林改路，让满目青山变“绿色银行”》，聚焦龙泉大花园建设，视频总长20多分钟。5月23日，市林业局参加国家林草局在中南林业科技大学召开的工商企业等社会资本流转林地经营权管理办法座谈会，为政策制定提供龙泉经验。7月26日，参加国家林草局工商企业等社会资本流转林地经营权管理办法研究会。9月23—26日，参加国家林业和草原局集体林权制度改革业务骨干培训班，就龙泉市林权监管服务平台的开发应用做典型经验介绍。11月21日，参加浙江省林业金融保险工作培训班，就上垟镇花桥村惠农担保合作社的做法和成效典型案例发言。龙泉市被列入油茶气象指数保险浙江省级试点。

【智慧林业“最多跑一次”改革】　2019年，龙泉“智慧林业”信息化工作领先全国，全市林业信息化率达到97.4%，高出全国县级林业信息化率44个百分点，再获全国林业信息化建设十佳县级单位。该年“最多跑一次”百分百实现网上办、掌上办。全年办结“最多跑一次”事项5569件，其中群众“零跑”“代办”850件，群众满意度达100%。

【森林消防】　2019年，全市171.5万亩生态公益林参保，其中：159万亩开展政策性林木火灾保险，保额为450元/亩，支出保费71.55万元。开展政策性林木综合保险12.5万亩，保额按300元/亩，支出保费22.5486万元。全年发生森林火情6起，未发生较大以上森林火灾、人员伤亡事故。2019年度森林防火专项资金安排180万元，其中省级资金30万元，生态公益林管护资金——森林防火50万元，市预算外资金安排100万元。龙渊森林公园投资50万元新建热感预警监测系统，九姑山投资30万元建设300吨消防蓄水池1座，将原有全市区域性森林消防扑火队伍整合为22支、575人，投保意外伤害险保额66万元，支付保费15万元。拨付国有林场森林防火专项经费补助10万元，凤阳山毗邻乡镇森林防火专项经费补助30万元，森林防火宣传经费10万元，森林消防物资储备采购高压水泵等30万元。

2019年4月，根据国家、浙江省、丽水市关于森林消防体制改革要求，龙泉市森林消防指挥部及其办公室移交龙泉市应急管理局。市林业局负责落实综合防灾减灾规划相关要求，组织编制森林火灾防治规划和防护标准并指导实施。指导开展森林防火巡护、野外用火管理、防火设施建设等工作。

资源保护

【概况】　2019年，市林业局规范国有资源资产管理，对原失管的山坑林场、枫坪垟林场2.6万余亩国有资源收归市林场统一管理，并对全市林业资产进行全面排查，重新建立国有资产管理目录；建成小梅等3个国家标准化林业工作站。

5月，根据国家林业和草原局的统一部署要求，市林业局组织开展2019年森林督查图斑的现地自查工作，抽调40多名业务骨干组成县级检查队伍，完成国家林业和草原局移交疑似图斑1881个，其中森林督查图斑565个，其他变化图斑1309个，绿卫专项行动图斑7个。县级督查工作至7月底结束，历时3个月，并将龙泉市2019年森林督查县级检查结果上报浙江省林业局。

10月，根据浙江省林业局《关于做好2019年度“双随机—公开”工作的通知》文件要求，市林业局组织开展对林木采伐许可等审批事项进行“双随机”抽查，此次检查随机抽取匹配执法人员34名，组成检查组17个，随机抽取检查对象121个，其中林木采伐对象99个、林地使用许可事项6个、林木种子生产经营许可事项10个、食用林产品质量安全及投入品使用检查1个，检查工作历时近1个月。将检查情况在林业双随机抽查系统平台上录入和公示。

【森林资源管理“一张图”年度更新】　5至10月，市林业局开展2019年森林资源管理“一张图”年度更新工作，在结合森林督查、森林资源年度更新和整合公益林区划落界成果等多项工作任务基础上，完成龙泉市2018年度森林资源管理“一张图”年度更新县级成果数据库，并将年度更新成果通过浙江省森林资源动态监测与管理平台上报浙江省林业局。此次年度更新成果显示：全市森林覆盖率84.39%，同比提高0.01个百分点；林木蓄积量20734069立方米，同比净增860524立方米，年净增率4.33%；乔木林单位面积蓄积6.2立方米/亩，同比增加0.25立方米/亩。

【古树名木挂牌保护】　2019年，根据浙江省绿化与湿地保护委员会《关于开展全省古树名木统一挂牌工作的通知》（浙绿湿委〔2017〕5号）文件精神要求，市林业局组织实施古树名木挂牌保护项目（第一批），全市财政安排项目资金20万元，实体挂牌保护主要对象是分布在景区、村庄、庙宇等人员活动频繁区域的古树名木，项目共完成古树名木挂牌保护2016株，其中散生古树名木1874株、古树群142株，涉及19个乡镇（街道）199个行政村。

丽水咨询委调研国家公园创建工作 （市林业局／供图）

【国家公园创建】 5月14日，浙江省林业局党组成员陈跃芳、丽水市自然资源和规划局副局长黄文松等一行到凤阳山自然保护区开展自然保护地大调研活动。5月18日，国家自然资源督察上海局调研组、丽水市政府、丽水市自然资源和规划局、丽水国家公园创建办等单位领导到龙泉凤阳山考察国家公园创建项目。6月4日至5日，国家公园办主任张鸿文一行到龙泉开展丽水国家公园创建工作专题调研，考察凤阳山生态建设及资源保护工作。6月23日，国家林草局调查规划设计院生态监测评估处处长黄桂林一行到龙泉开展丽水国家公园创建工作专题调研，并召开创建座谈会。7月26日，国家公园体制试点评估组对丽水国家公园进行试点评估，全国政协常委葛剑平、中科院地理所教授闵庆文、浙江省政府副秘书长周日星、浙江省林业局局长胡侠等一行人到龙泉调研。9月，龙泉市副市长徐怀坤、凤阳山管理处处长叶伟玲赴国家林业和草原局汇报丽水国家公园龙泉部分边界完善工作。龙泉市林业局局长洪一浩和中国美院设计师等人赴丽水创建办对接丽水国家公园社区入口规划工作。9月10日，国家林业和草原局副局长李春良等人到龙泉调研国家公园创建情况接待工作。9月24—27日，大自然保护协会在丽水国家公园（龙泉山）开展年度工作会议。10月16日，国家林草局巡视员、国家公园办副主任杨冬一行到龙泉调研国家公园工作情况，并对国家公园创建进行工作指导。12月4日，完成国家公园龙泉康养特色小镇（概念）规划编制。

【森林植物检疫】 2019年，市林业局开展松木包装材料和松材线虫病检疫专项执法行动，组织行动15次，出动执法人员89人次，检查涉松企业189家，发放宣传资料935份，签收宣传资料企业235家，查处检疫违法案件3起，罚款1万元。对全市范围的马尾松林和黄山松进行松材线虫病春秋两季普查：春季共调查松林面积61万亩，占总面积的100%，调查小班7102个，共发现枯死松木16株，涉及4个乡镇（街道）8个行政村23个小班共计2199亩；秋季共调查松林面积61万亩，占总面积的100%，调查小班7107个，共发现枯死松木621株，涉及8个乡镇街道21个行政村33个小班共计4373亩。该年清理枯死松木1157株，防治面积5844亩。对市内挂牌古松树、森林公园、自然保护区、农村风水树及路边山场内较大的松树进行注干防治，累计作业1万余支。12月9日，浙江省重点区域松材线虫病防治工作座谈会在龙泉召开，龙泉的防控经验及成效得到肯定。全年开展虫情调查累计面积260万亩次，累计防治病虫害面积10975.2亩，保护名木古树400余株。完成四率指标：成灾率0%，无公害防治率100%，测报准确率95.2%，种苗产地检疫率100%。 （陈金勇）

国家级自然保护区

【概况】 凤阳山国家级自然保护区是以中国东部山地亚热带森林生态系统和野生动植物物种为重点保护对象的森林生态系统类型自然保护区，面积15171.4公顷，南部与庆元县百山祖自然保护区连为一体。

凤阳山位于亚热带湿润季风气候区，受海洋性气候和季风影响，雨量充沛、湿度大、雾多，气候因子垂直分布差异较大。区内保存着中亚热带北部山地复杂多样的森林生态系统和较完整的植被垂直带谱，有常绿阔叶林、常绿落叶混交林、针阔混交林、针叶林、竹林、山顶矮曲林、灌丛、稀灌草甸等6个植被型组，11个植被型，21个群系组和27个群系，是黄腹角雉、云豹、黑麂等国家重点保护野生动物重要栖息地。

凤阳山是浙江省珍稀濒危物种的重要分布区，据调查统计，有种子植物1464种、蕨类植物196种、苔藓植物368种、真菌242种，其中国家一级重点保护野生植物有红豆杉、南方红豆杉、伯乐树、莼菜等4种，二级保护植物有白豆杉、华东黄杉、香果树等18种；兽类62种、鸟类121种、两栖类32种、爬行类49种、鱼类45种、昆虫1690种，其中国家一级重点保护野生动物有黄腹角雉、云豹、豹和黑麂等5种，二级重点保护动物有虎纹蛙、苍鹰、林雕、燕隼、白鹇、猕猴、穿山甲大灵猫和小灵猫等31种。

2019年4月18日，全省首个生态保护联络站在凤阳山自然保护区成立

（市凤阳山管理处／供图）

【重点工作】 1月1日，凤阳山管理处办事处搬迁至中山西路80号（原中共龙泉市委党校），办公区设在教学楼三、四楼层，经过修缮，面积900余平方米，含会议室、办公室、资源保护科、科研宣教科、社区发展科、党建教育基地（党员活动室）等。同时，建设凤阳山国家级自然保护区宣教中心，含展区总面积930平方米，由“发现之旅”“探索之旅”“体验之旅”三大板块组成，涵盖凤阳山志、山水华章、丛林探秘、动植物标本、绿阶书屋、DIY互动体验六大展区，集风光鉴赏、科普知识宣传、青少年教育、休闲阅览等功能于一体，形象地展现凤阳山风貌、文化与生态价值。

4月18日，凤阳山生态保护联络站揭牌仪式在凤阳山自然保护区大田坪举行。市检察院、法院等部门在保护区内设立生态保护联络站是对保护区生态保护工作的有力推进，将其打造成集信息共享、执法办案、普法宣传于一体的多功能环境资源保护平台，形成打击破坏凤阳山自然保护区内环境资源犯罪的合力。

4月28日上午，凤阳山管理处森林消防龙南应急分队正式成立，这不仅是丽水市首支由乡贤自发组织的应急分队，也是凤阳山国家级自然保护区首支驻城区消防救援应急队伍，有队员22人。全体队员按照“平时服务、急时应急、战时应战”的使命要求，扛起应急救援、服务社会、保护凤阳山国家级自然保护区自然资源的责任。

【党风廉政】 5月17日，管理处召开警示教育主题月活动部署会，用身边事教育身边人，筑牢拒腐防变思想政治道德防线，组织全体职工观看反面典型警示专题片《当官就不要发财》，用好浙江省纪委监委下发的忏悔录和警示专题片，发挥反面典型的警示作用。组织党风廉政专题培训活动，邀请派驻第十纪检组组长叶敦全开展党风廉政专题培训。开展廉政风险排查和防范化解，管理处组织人员赴龙南乡毗邻村检查在建项目及扶贫领域资金下发情况，建立问题清单、责任清单、落实清单，从源头上减少问题发生。通过系列活动，增强全体干部职工的勤政廉政意识，坚定党员干部廉洁从政的决心。

5月31日，管理处党建教育基地建设完成。该基地面积80平方米，充分体现管理处廉政工作、凤阳山特色、浙西南革命精神、保护区体系等特色。

6月3日，凤阳山管理处结合主题党日，开展“重走红军路、追溯革命情”现场警示教育活动，通过重走红军当年在龙泉走过的革命道路，追溯军民鱼水情。活动历时平均11个小时，经过25公里的徒步跋涉，让职工更加熟悉凤阳山地形。

6月5日下午，在龙泉市中等职业学校教学楼二楼阶梯教室开展“守初心、担使命，强基础、促提升”警示教育知识竞赛活动，参加知识竞赛的5支队伍分别由管理处党支部、职能科室、基层站所人员组成。

凤阳山管理处严格落实清廉机关建设主体责任，建立完善廉政风险点排查机制，建立健全作风日常检查和通报督查机制，严守廉洁从政各项纪律规矩和工作纪律，切实把廉政文化融入文明机关创建，打造风清气正凤阳山。

6月10日，召开专题组织生活，对照丽水市已查处的党员干部违纪违法案例，认真开展批评与自我批评，严格落实廉政集体谈话。

【保护区管理评估】 根据原环境保护部、国土资源部等七部委联合下发的《关于开展长江经济带国家级自然保护区管理评估工作的通知》要求，联合对长江经济带11省（市）共120处国家级自然保护区进行全面评估。2019年5月，印发管理评估报告（环保办生态函〔2019〕539号），浙江凤阳山—百山祖国家级自然保护区获“优”，名列浙江省第5名。

【国家公园研讨会】 9月25—27日，大自然保护协会在凤阳山召开协会全员年会暨国家公园研讨会，大自然保护协会中国TNC主任兼首席代表马晋红、首席保护官赵鹏等60余人参加会议。丽水市生态林业发展中心主任廖永平等丽水国家公园创建办人员，与大自然协会参会人员围绕国家公园规划范围、分区划定、资源保护等内容进行研讨座谈，对丽水国家公园创建提不少建设性的意见建议。与会人员还考察了凤阳山的生物多样性和巡护步道。

【科学研究与资源保护】 5月22—25日，浙江大学70余名师生到凤阳山保护区开展教学实习。浙江大学师生分成多个教学小组，开展生物多样性、植物、昆虫、鸟类、植被垂直分布变化等内容的教学实习活动。

凤阳山自然保护区于2007年和浙江大学签订共建实习教学基地。保护区建立以来，凤阳山管理处与浙江大学广泛合作，开展动物、植物补充调查，共建生物多样性样地等，出版专著《凤阳山自然资源考察与研究》，扩大凤阳山自然保护区在国内外的影响。

【动物监测】 中央电视台综合频道、国家林业和草原局自然保护地管理司推出《不被打扰的相逢——秘境之眼》节目，以全国上万个保护地布设的红外相机和远程摄像头拍摄的珍贵动物视频为素材，以短视频、原生态的方式，用一个动物情节故事鲜活呈现绿水青山中动物的面孔，展现生态文明的成就，凤阳山近年监测到的猪獾、黑麂、小麂等成果2019年3次在该节目中播出。 （叶立新　刘胜龙）

猪獾 （市凤阳山管理处/供图）

工业 开发区

综 述

【概况】 2019年，龙泉市工业商贸经济实现高质量快速发展。规模以上工业产值75亿元，同比增长14%，规模以上工业增加值17.7亿元，同比增长12.5%，其中数字经济核心产业、高新技术产业、装备制造业、战略性新兴产业增加值和新产品产值分别同比增长31.8%、17.5%、12.6%、19.7%、23%。规上企业缴纳税费4.6亿元，同比增长11.4%，亩均增加值、亩均税收分别增长11.9%、12.6%。完成工业投资12.99亿元，同比增长16.9%。工业用电量4.35亿度，同比增长5.1%。对外出口总额24.4亿元，同比下降3.3%。实现社会消费品零售总额67.57亿元，同比增长10.5%。

深入实施创新驱动、提质增效、集聚集约、绿色引领、精准帮扶等五大发展行动，汽配、竹木、剑瓷、健康食品、金属制品等行业产值分别增长18.42%、4.93%、20.74%、16.73%、15.79%。新增亿元企业3家，新增规模以上企业22家（净增17家，总数达121家），创建浙江省级“隐形冠军”培育企业1家、浙江省级节水型企业1家，通过清洁生产企业验收5家，淘汰落后产能涉及企业10家，完成“低散乱”企业整治187家。

三田压缩机有限公司生产车间　　（市经济商务局／供图）

汽车空调创新服务平台获国家中小企业公共服务示范平台（全省仅5个）、浙江省中小企业公共服务示范平台、浙江省服务型制造示范平台等多项重量级荣誉。该市夺得浙江省2020年工业和信息化重点领域提升发展2个项目，可获浙江省财政扶持资金1500万—2500万元。新增省级企业研究院1家、省级高新技术企业研发中心2个、省级众创空间2个，新认定浙江省级新产品41个。松信《汽车空调（HFC-134a）用蒸发器》和三田压缩机《新能源用汽车空调用电动压缩机》通过浙江制造团体标准，能福、三田滤清器等2家企业获得浙江制造认证“品字标”。2019年，全市规模以上工业规上工业投入研发费用2.9亿元，同比增长91.4%，研发费用占主营业务收入比重为4.6%。

全年完成新空间拓展747亩，低效闲置用地处置799.7亩，分别完成年度目标的149%、160%。全年新建标准厂房15.4万平方米。积极融入长三角一体化进程，成功与上海宝山区、奉贤区签订全面战略合作协议，与萧山、秀洲、平湖携手发展“飞地”经济，秀洲“飞地”产业园（75亩）建设基本完成，萧山“飞地”科创园（150亩）建设正在全速推进。

【小微企业园建设】 2019年，该市编制《龙泉市小微企业园区高质量发展五年规划（2018—2022）年》。出台小微企业园基础设施建设、厂房建设、运维管理、企业培育等四个方面的扶持政策。完成竣工验收小微园2个

芳野小微企业园　　（市经济商务局／供图）

（芳野小微企业创业园二期、查田桥街头桥A区块），新开工建设小微园9个（街头桥B区块、龙渊街道村头、八都溪坪、八都大坦一期、上垟泗源一期、小梅青溪、锦溪小微园、青瓷小微企业创意基地、查田溪口小微园），启动项目前期3个（汽车空调小微园、鞋艺小镇一期、安仁昌文一期）。开展芳野小微园数字化建设、八都平山岭和查田茶丰小微园配套设施改造提升工作，3个小微园均通过浙江省小微园认定。

【数字经济“一号工程”】 2019年，该市编制出台《龙泉市数字经济发展规划（2019—2022年）》《龙泉市数字经济发展行动计划（2019—2022年）》。推进浙江省两化深度融合示范区建设，9个示范项目通过竣工验收，其中数字工厂示范企业6家、制造业与互联网融合新模式示范企业2家、“双创”平台示范企业1家，国镜药业通过两化融合管理贯标体系认证；经济开发区、芳野小微园入选浙江省数字化试点园区，国镜药业、三田压缩机入选浙江省第五批大数据应用示范企业。新增上云企业85家，累计完成750多家。新增数字经济核心制造业企业3家，数字经济核心产业增加值增长31.8%，列丽水第二。数字经济发展指数达到72.6，全省排名第48位，丽水排名第1位；两化融合发展指数达到67.8，首次进入全省第二梯队，丽水排名第2位。累计建设铁塔基站886个，实现市区、乡镇及重点农村区域热点覆盖，编制《龙泉市通信基站专项规划（2020—2025年）》，对此后几年5G网络基础设施建设进行统筹部署。

【开拓海外市场】 2019年，该市出台《关于进一步促进开放经济稳定增长的若干意见》，重点加大对市场拓展、外资引进、境外投资、防范贸易风险等方面扶持力度。全年组织企业参加广交会、华交会、德国慕尼黑工程机械展等国际性展会40余次，展位300余个。上海歌华展龙泉汽车空调企业参展比重超过10%。南宋哥窑、玉德青瓷两家企业参加第二届进博会“非物质文化遗产暨中华老字号”展，得到商务部、浙江省政府主要领导的高度肯定。指导企业“走出去”在境外设厂，三田压缩机在马来西亚投资400万元建成投产生产基地（一期）。

【服务企业】 2019年，该市制定《推进生态工业高质量绿色发展的若干政策》和《关进一步促进开放经济稳定增长的若干意见》，与剑瓷产业、医药产业、选商引资、科技创新、总部经济等一系列政策形成高质量绿色发展政策“组合拳”；开展“政策宣传月”活动，整理各级涉企惠企政策40多个，编印发放1000余册，开展各类政策宣讲解读50余场。全年共兑现各项工业扶持资金11457.94万元。

聚焦企业难题解决。组织开展“稳企业、增动能、强信心”精准服务企业专项活动，全市副处以上领导和重点涉工部门领导共结对帮扶211家企业、小微企业园建设项目14个，并向企业派驻20名总经理助理。全年共收企业难题331件，解决302件，解决率91.2%，其中交办重点难题61件，办结55件，办结率90.2%。共为企业办理实事462件，其中顺利解决金丰公司资产回购工作，化解3750万元信贷不良及担保链风险问题，以及佳和集团不良资产包处置、三田产业园政策处理等重大难题。

实施“五个一百”服务活动。百名干部进企减负降本活动。实现企业减负6.51亿元，完成年度目标的130%；全面完成清理拖欠民营中小企业账款工作，共清退欠款5130.65万元，清退率100%。百场人才招引交流活动，组织开展131场企业人才招引交流服务活动，完成年度目标131%，成功引进人才232人，帮助企业招工6500余人。百名专家进企科技服务活动，组织了126名高校专家对接服务企业，完成年度目标126%，向企业派驻工业科技特派员10名，帮助131家企业实施生产工艺及技术改进项目164项。百名银行人员进企融资服务活动，出台《关于促进制造业信贷投放的实施意见（实行）》，梳理企业融资“三张清单”。12月底，制造业贷款余额21.46亿元，比年初新增2.16亿元，同比增长11.2%。应急转贷中心全年为266家企业提供应急转贷服务480笔共16.5亿元，降低企业转贷成本1200多万元。百场企业人才培训服务活动，组织开展企业管理提升等各类培训111场，参训10092人次。

企业选介

【浙江国镜药业有限公司】 前身为龙泉制药厂，创建于1969年，是四川科伦药业股份有限公司的全资子公司，是科伦药业布局华东地区的核心生产企业。具备生产大容量注射剂、散剂、片剂、胶囊剂、颗粒剂、合剂、口服溶液剂、糖浆剂等多种剂型的综合型药品生产企业。2019年，实现工业产值4亿元，上缴税金8000余万元，位列龙泉市工业企业第一位，是浙江省大输液产业的龙头企业，是浙江省丽水市规模领先的药品生产企业。

【浙江能福旅游用品有限公司】 该公司成立于1998年11月，是一家专业生产木、竹制太阳伞、帐篷、铝铁伞、户外家具及各种旅游用品，集生产、研发、销售、外贸于一体的外向型企业。公司产品品种达100余种，远销欧洲、澳洲、东南亚等40多个国家和地区，自有品牌“能福”在户外休闲太阳伞生产领域有着极高的知名度。公司曾荣获国家出口商品优秀企业、浙江省诚信企业、浙江省名牌产品、浙江省抗震救灾先进基层党支部、浙江省林业龙头企业、浙江省就业先进企业、丽水市市长质量奖、龙泉市政府质量奖、浙江出口名牌企业等荣誉称号。作为主要起草单位参与国家行业标准《木质太阳伞》的制定，此标准已于2013年7月1日发布实施。董事长李能福获全国“五一”劳动奖章、浙江省劳动模范等50余项殊荣。

浙江国镜药业有限公司 （市经济商务局/供图）

【浙江毅力汽车空调有限公司】 该公司创建于1997年，致力于汽车空调电子零部件的研发、设计、制造、销售一体化发展；主要产品有风机调速电阻、电子调速模块和各系列电子传感器。公司与国内部分知名鼓风机、电子扇厂家合作，为其研发相应调速模块并已形成产业化。浙江毅力在汽车电子领域潜心研发十余载，融会贯通国内外先进技术，针对新能源汽车产业的潜在配套市场和汽车电子集成化、智能化的发展趋势。于2016年组建新的电子事业部，并建立研发中心和实验大楼。现阶段核心产品为汽车压力传感器，涵盖扩散硅、陶瓷电阻、陶瓷电容及玻璃微熔等技术和工艺。2019年，产值首次突破1亿元。

【龙泉市金宏瓷业有限公司】 该公司创建于1999年，旗下拥有4家企业（金宏瓷业、昌宏瓷业、群力瓷业瓷器五厂）。公司为专业生产各类中、高档日用陶瓷、陶瓷包装容器的企业，其酒瓶瓷质坚实、釉色美观，不渗漏，且铅、镉含量低于国际标准，产品销售有茅台、国窖1573、剑南春、北京红星、牛栏山、四特酒、迎驾贡酒、古井贡酒、古越龙山、会稽山、塔牌等全国各地名酒厂。公司2014年成立浙江省金宏龙泉青瓷企业研究院，为浙江省重点企业研究院。研究院下设青瓷材料研究所、青瓷3D打印技术研究所、青瓷烧制技术研究所。公司在浙江大学、景德镇陶瓷学院、丽水学院、浙江工艺美术协会等单位指导下，开展适应规模化生产的包装瓷、日用瓷、工艺瓷以及功能瓷、特种瓷等青瓷堆积法制造产品的新材料研发、堆积法打印和烧制技术的研究开发及其在龙泉青瓷产业中的应用。

工业产品选介

【汽车空调压缩机】 汽车空调压缩机是汽车空调制冷系统的心脏，起着压缩和输送制冷剂蒸汽的作用。压缩机分为不可变排量和可变排量两种：定排量压缩机的排气量是随着发动机转速的提高而成比例的提高，它不能根据制冷的需求而自动改变功率输出，而且对发动机油耗的影响比较大。它的控制一般通过采集蒸发器出风口的温度信号，当温度达到设定的温度，压缩机电磁离合器松开，压缩机停止工作。当温度升高后，电磁离合器结合，压缩机开始工作。定排量压缩机也受空调系统压力的控制，当管路内压力过高时，压缩机停止工作；变排量压缩机可以根据设定的温度自动调节功率输出，空调控制系统不采集蒸发器出风口的温度信号，而是根据空调管路内压力的变化信号控制压缩机的压缩比来自动调节出风口温度。在制冷的全过程中，压缩机始终是工作的，制冷强度的调节完全依赖装在压缩机内部的压力调节阀来控制。当空调管路内高压端的压力过高时，压力调节阀缩短压缩机内活塞行程以减小压缩比，这样就会降低制冷强度。当高压端压力下降到一定程度，低压端压力上升到一定程度时，压力调节阀则增大活塞行程以提高制冷强度。

【膨胀阀】 膨胀阀是组成汽车空调制冷系统的主要部件，安装在蒸发器入口处，是汽车空调制冷系统的高压与低压的分界点。其功用是把来自贮液干燥器的高压液态制冷剂节流减压，调节和控制进入蒸发器中的液态制冷剂量，使之适应制冷负荷的变化，同时可防止压缩机发生液击现象（即未蒸发的液态制冷剂进入压缩机后被压缩，极易引起压缩机阀片的损坏）和蒸发器出口蒸气异常过热。

【压力传感器】 压力传感器用于汽车空调系统，感测空调系统压力，控制车用空调的开启或者关闭；用于发动机管理系统，监测发动机机油压力，保护发动机；监测并控制燃油喷射量。用于电磁悬架系统，感测避震悬架的受力并调节悬架气囊内部压力，以达到避震在合理压力范围内调整车辆行驶舒适性。用于汽车转向助力系统，感测转向控制泵的压力输出以控制转向力度。用于变速箱系统，感测系统压力，以保持变速箱内的油体在设计的压力范围内正常运转。 （张　旭）

剑瓷产业

【概况】 2019年，龙泉市剑瓷产业实现剑瓷“个转企”52家、上限9家、上规3家（龙泉宝剑厂、郑氏刀剑、瓯江青瓷）；实现剑瓷产业增加值现价同比增长15.5%，其中规上产值1.3亿元、增速达到20.74%；实现税收2404.45万元，同比增长19.8%；实现剑瓷电商销售额11.2亿元，同比增长20.4%；实现剑瓷出口额2315万元，同比增长186.16%。

1月18日，龙泉市青瓷宝剑产业局挂牌成立，将相关部门涉及青瓷宝剑行业管理的产业发展、规划、资源配置、品牌建设、市场生产经营秩序管理以及指导青瓷宝剑行业技术创新、人才开发、改革与发展职责等整合，组建龙泉市青瓷宝剑产业局，作为政府工作部门。内设办公室、产业发展科，行政编制6名；设局长1名，副局长2名，股级职数2名。11月29日，原龙泉市青瓷宝剑产业保护和发展局完成机构改革，更名为龙泉市青瓷宝剑产业服务中心。市青瓷宝剑产业服务中心是市青瓷宝剑产业局下属公益一类事业单位，机构规格相当于副科级。

中国工艺美术大师夏侯文入选“浙江工匠”，中国陶瓷艺术大师陈善林享受国务院特殊津贴，丽水市工艺美术大师沈州入选浙江省工艺美术大师。3月12日，根据浙江省商务厅公布的第六批“浙江老字号”正式认定名单，龙泉市新增龙泉市天子宝剑厂（天字号）、龙泉市艺华青瓷厂（周冠南）、龙泉市李氏仿古瓷厂（李生和）、龙泉市古欢室青瓷工作室（古欢室）等4个“浙江老字号”品牌。

【产业发展】 6月14日，龙泉青瓷商城平台投入试运营。7月24日，龙泉市出台《龙泉市国有企业市场化改革方案》，龙泉市剑瓷产业发展集团有限公司列入改革范围，按照打造“三个主”的发展方式，即主平台：突出创建、融合线上“区域公共品牌”商城主平台和线下“剑瓷商贸孵化基地”实体主平台；主渠道：突出挖掘、推广“区域公共品牌”商城平台互联网销售主渠道，补充线下多方式推广协同作用；主品牌：确定及充分运用、推广本“区域公共品牌”唯一主品牌。将龙泉市剑瓷产业发展有限公司工商注册资金额提升到1亿元，并完成财政货币注资3000万元。实现入驻企业59家，销售额突破1.3亿元，年税收超过500万元。

7月30日，龙泉市制定出台《关于推进剑瓷产业发展的若干意见（试行）》。8月7日，该市制定出台《关于剑瓷历史经典产业振兴三年行动计划（2019—2021年）》。8月26日，2022年第19届亚运会组委会首批特许生产企业征集结果公示，浙江东度文化创意有限公司入选。9月23日，商务部、中宣部等六部门联合公布2019—2020年度国家文化出口重点企业和重点项目名单，龙泉市郑氏刀剑有限公司入选。9月26日，全省重大项目暨特色小镇建设现场推进会在上虞举行。在省级特色小镇创建对象中，龙泉青瓷小镇被评为优秀小镇，龙泉宝剑小镇被评为良好小镇。10月9日，龙泉市举行龙泉宝剑小镇大师园周康有、郑国荣、郑爱新、汤汝平、周正武等6个大师企业项目开工仪式。

10月20日至22日，第六届世界互联网大会在浙江乌镇举行。陈永德

2019 年 10 月 9 日，龙泉宝剑小镇大师园项目开工　（市青瓷宝剑产业局 / 供图）

的《喜象升平》、王武的《梦栖乌镇》、叶芳的《云平天下》《盛世飞龙》等入选大会官方定制礼品，这是龙泉市连续第六次入选。11 月 5 日，第二届中国国际进口博览会在上海开幕，龙泉市南宋哥窑瓷业有限公司、龙泉玉德青瓷有限公司两家企业入驻“非遗暨中华老字号”展区。12 月 2 日，龙泉市挂牌出让宝剑小镇一期国有建设用地使用权，经过 147 轮激烈的竞争，最终以 42057 万元成交，溢价率为 74.1%，楼面价为 3688.23 元/平方米，竞得者为丽水佳龙房地产开发有限公司。

12月6日，绿色生活·瓷润江南——龙泉日用青瓷杭州品鉴会在杭州黄龙体育中心召开。该次品鉴会由浙江省生活垃圾分类工作领导小组办公室、浙江省住房和城乡建设厅、浙江省机关事务管理局、丽水市人民政府主办，龙泉市人民政府承办。中国工艺美术协会副理事长、浙江省文史馆研究员裘国樑，浙江省产品质量安全检测研究院副院长缪小平等出席。

【对外交流】 2 月 25 日至 3 月 4 日，杨洪斌、季向阳、周建敏、吴艳芳、金逸林、林少森、林桓毅、鲁千林、朱正、梅云平、梅丽玲、蒋小龙、张显荣等赴德国道尔斯特公司及所在的科赫尔小镇、利波特公司及所在的米特拉奇小镇、日本川根本町等地学习考察。

4 月 29 日至 10 月 7 日，2019 年中国北京世界园艺博览会在北京市延庆区举行，胡兆雄、叶小春、金逸瑞、雷慧仙等青瓷艺人的作品在浙江园陈列展出，其中雷慧仙的作品《静》《兰花》作为定制礼品。

6 月 9—15 日，中美建交 40 周年之际，“人类非遗·中华经典”——2019 龙泉青瓷巡展在美国波士顿福布斯艺术馆正式开展，徐朝兴、毛正聪、夏侯文、胡兆雄等青瓷艺人制作的 80 件青瓷作品参展，龙泉市向美国波士顿捐赠一艘冠名为“天下龙泉”的龙舟。

6 月 18 日、21 日，由中外文化交流中心、首尔中国文化中心、中国驻首尔旅游办事处、马德里中国文化中心、中国驻马德里旅游办事处和龙泉市政府联合主办的“听瓷语·观世界”龙泉青瓷展暨“龙泉青瓷溯源之旅”旅游推介活动，分别在韩国首尔和西班牙马德里举行，并展出龙泉市青瓷艺人精制作的 101 件作品（首尔 50 件，马德里 51 件）。

9 月 5 日，中国青瓷小镇——浙江特色小镇海外推广展在俄罗斯莫斯科中国文化中心开幕。　（叶永平）

经济开发区

【概况】 2019 年，经济开发区有入园企业 233 家，其中：规上企业 61 家，占全市 56.5%；国家级高新技术企业 52 家，占全市 91.2%。规上企业实现工业总产值 40.62 亿元，占全市规上工业产值的 54.2%，同比增长 16.1%。实现规上工业增加值 9.75 亿元，占全市比重的 55.1%，同比增长 13.9%。实现辖区内企业上缴税收 3.04 亿元，同比增长 10.7%，其中规上企业上缴税费 1.98 亿元，同比增长 7.2%；亩均税费 8.3 万元/亩，同比增长 2.8%。开发区基本开发建成“六大区块”，分别是大沙五金汽配科技园、芳野竹木制品园、松溪弄综合开发区块、炉田开发区块、浙商回归工程和青瓷宝剑园区，总面积 12.5 平方千米，建成面积 10 平方千米。开发区有存量土地1.403 平方千米，其中工业用地 0.279 平方千米、住商（商服）用地 0.930 平方千米、公共设施用地 0.207 平方千米。

【产业规划】 2019 年，开发区立足龙泉实际，紧紧围绕地区优势，重点发展五金汽配、竹木加工、青瓷宝剑和健康产业四大主导产业。鞋产业链回归工程项目规划用地 0.967 平方千米，实际净用地 0.793 平方千米，建成可容纳 400—600 条生产线，集产、销、展为一体，为工旅结合产业集群，是该市最大的龙商回归项目，完成清表土方外运 16 万立方米，土石方开挖 192 万立方米，路基压实回填 64 万平方米，完成项目总工程量的 58%。龙泉市汽车空调产业集群融合试点项目被列为浙江省第一批现代服务业与先进制造业深度融合试点项目名单；成功创建浙江省级美丽园区示范、数字化园区试点和生态文明示范点。全年共完成投资项目备案39个，备案投资额达5.84亿元；完成有效投资12.09亿元，其中基础设施1.52亿元，民间投资9.81亿元；通过“腾笼换鸟”盘活低产闲置厂房8宗，约121.365平方千米，以司法拍卖、协商、零地招商等方式处置低产低效用地15宗共222.317平方千米，闲置土地2宗56.336平方千米。通过开发建设、规划调整拓展工业用地0.106平方千米，新增厂房0.105平方千米。开发区实现工业产值73亿元，其中规上工业产值40.62亿元；主导产业产值达到31.07亿元，其中五金汽配产业17.95亿元，竹木加工产业5.98亿元，健康产业6.91亿元；累计完成固定资产投资11.22亿元，其中制造业投资8.53亿元。

2019年2月20日，龙泉市扩大有效投资项目集中开（复）工暨选商引资项目集中签约仪式现场 （林子馨／供图）

【招商引资】 2019年，开发区通过一把手招商、合力招商、驻点招商、以商招商，紧紧盯住产业项目、大项目、优质项目，充分利用龙泉—萧山山海协作产业园开发建设、19个异地商会人脉关系网、世界青瓷大会等平台和渠道，优化“走出去”的行动路线，先后赶赴上海、杭州、宁波、金华、温州、深圳、东莞、长春等多地开展招商对接，与奥克斯、吉利集团等多家杭州、宁波大集团建立联系，带领三田、毅力、新劲等企业到发达地区大企业开展学习交流，搭建合作平台。建立“八个一”工作机制，组建招商专班，根据产业基础设立五金汽配招商组、工程机械招商组、竹木产业招商组和鞋产业综合招商组，以招引二产项目五金汽配延链、补链产业为主，聚焦温州、杭州湾新区、宁德、萧山等重点区域，全年实现项目签约24个，完成实际利用内资17.29亿元，认定实际利用内资11.88亿元。鞋产业链回归工程项目一期总投资约50亿元，6月15日正式开工，9月2日《鞋产业链回归工程入园企业招商政策》正式出台，10月19日在温州召开招商大会。

【产城融合】 2019年，丽水生态产业集聚区——生态产业低丘缓坡开发项目龙泉区块规划总用地面积2.34平方千米，其中山地1.807平方千米，水田0.533平方千米。完成开发用地0.009平方千米，其中山地0.007平方千米，水田0.002平方千米；完成芳野村、松溪弄村、周际村农户11户的征收。开发区政府性投资项目棋盘山路道路改造、后沙桥西侧农民联建房污水治理、2019年基础设施完善等一批工程均于12月完工，环城南路市政工程及绿化景观工程绿化基本完工；公园南路延伸段市政工程完成80%，累计完成政府性投资项目计划1.52亿元。

【环境治理】 2019年，开发区全面推进“五水共治”“蓝天保卫战”工作，重点开展“零直排”整治，有效推进环评“全覆盖”工作，完成中央、华东、浙江省、丽水市环保督查信访交办件整改销号13件，完成21家企业环保设施验收，完成5家企业清洁生产审核；完成9家企业废水预处理设施整改提升，完成13家企业新建废水预处理设施；完成15家企业新建废气治理设施，淘汰改造高污染“五炉”3台；共审批转移危废12家企业22次，转移危废共187.251吨，其中处置污泥135.578吨，废切削液、废乳化液51.163吨，废润滑油0.51吨；新增供水管道约0.3千米、排水管道0.3千米、排污（废）水管道约0.3千米、绿化面积约0.096平方千米；改建供水管道1.5千米、排水管道1.5千米，排污（废）水管道约1.5千米。6月5日，浙江龙泉生态环保教育基地正式揭牌成立，并于11月1日通过浙江省生态环境厅创建浙江省生态文明教育基地评审、考核审核验收。开展各类综合性安全、消防执法检查121次，排查消除各类隐患644项、日常监管监察120家，排查消除隐患281项、大型安全消防培训6期、专项内容培训及应急演练9期。开展“低散乱”整治行动，完成36家整治工作。

【服务企业】 2019年，开发区完成亿元企业培育3家、3亿元企业培育2

家；完成小升规企业 13 家；完成新申报科技型中小企业 10 家，新申报国家高新技术企业 3 家；完成市校合作项目 12 个，浙江省级以上立项 1 个。金融服务解决企业融资难问题，化解两链资金 6527 万元；通过“助保贷”平台帮助企业共计 1520 万元；开展“金融机构走进开发区”主题活动，增进银企沟通，引导银行信贷资金向企业倾斜，帮助企业新增贷款 6 笔共计金额 6080 万元。10 月，开发区省级园区循环化改造项目通过浙江省发改委的中期验收并进行中期调整，被列入浙江省财政补助的 14 个循环化改造项目，核定总投资 103711 万元，开发区根据《浙江龙泉经济开发区升级园区循环化改造示范试点调整方案》和（龙发改规划〔2018〕33 号）《关于印发〈浙江龙泉经济开发区省级园区循环化改造示范试点补助资金管理办法〉的通知》，到位的浙江省级财政补助资金 1160 万元，拨付至 8 个项目建设单位，拨付资金共计 688.88 万元，资金拨付率达到 59.37%，14 个循环化改造项目完成投资额 5.7807 亿元，完成核定投资额的 56%，其中 6 个项目完成投资。9 月 26 日，成功破解三田产业园房屋征收，浙大路拆迁户完成政策处理。全年帮助企业协调规划建设、基础设施、安全消防、员工子女上学等各类问题 165 件，联合开展讲座 6 次；调解工伤保险待遇、劳资纠纷等 10 件，涉及金额 235.1 万元。组织各相关部门和专家进行厂区建筑方案评审 16 家；办理建设用地规划许可证 16 家；办理建设工程规划许可证 21 家；办理规划验收核实意见 27 家；临时搭建申请处理 28 件。

2019 年 6 月 15 日，鞋产业链回归工程项目启动仪式　（林子馨 / 供图）

【项目建设】 2019 年，开发区开展“产业培育大比拼、项目建设大比武”活动，推进温州鞋产业回归工程项目、萧山飞地项目、汽配工业地产、青瓷工业地产等项目建设。温州鞋产业回归工程建设完成一期项目土地征收、清表，并于 6 月 15 日开工建设，一期项目清表土方外运完成约 16 万立方米，土石方开挖完成约 192 万立方米，路基压实回填完成约 64 万立方米，边坡、挡墙完成 45%，完成项目总工程量的近 58%。龙泉宝剑厂的锻造技艺传承生产线示范基地完成厂房新建、改建工程；浙西南大宗商品物流集散市场项目建设完成；毅力二期、龙之星二期、启励文具、益林干燥、大兴农业、餐餐乐、启源医药等 13 个企业项目均建成投产。谋划项目六个：鞋产业回归工程项目总用地面积 0.967 平方千米，项目建筑面积 0.793 平方千米，开发区总投资约 50 亿元；五金汽配小微园，总用地面积约0.039 平方千米，项目建筑面积约 0.059 平方千米，开发总投资 1.5 亿元；江南明月湾项目，总用地面积 0.066 平方千米，控规用地性质为 R/B，项目建筑面积 0.16 平方千米，开发总投资约 8.9 亿元；青瓷之恋项目，总用地面积 0.213 平方千米，项目建筑面积 0.310 平方千米，开发总投资 15 亿元；青瓷工业地产项目，规划总用地面积 0.029 平

2019 年 3 月 5 日，在开发区召开政银企金融对接会　（周郑想 / 供图）

方千米，项目建筑面积0.070平方千米，开发区总投资2.2亿元；八都竹木制品小微园，总用地面积约0.025平方千米，项目建筑面积约0.035平方千米，开发总投资0.95亿元。

【小微园建设】 2019年，开发区五金汽配小微园现完成选址地块的企业低效用地收回工作，共收回低效土地0.043平方千米；青瓷工业地产规划总用地面积0.029平方千米，总建筑面积0.070平方千米，可满足60多家青瓷企业生产使用，14栋厂房主体全部结顶，地下室标段装饰、室外附属工程完成80%。开发区标准厂房总面积0.087平方千米(新增0.043平方千米)，出租企业55家，其中芳野五虎垟小微园通过浙江省第一批小微企业园审核认定；八都竹木制品小微园总用地面积约0.025平方千米，总建筑面积约0.035平方千米，总投资9507万元，建设标准厂房6幢，采用可分割出售的工业地产模式开发，于12月27日正式开工建设；宝剑小微企业孵化基地三角地区3栋厂房改造成8个宝剑孵化工作室，于10月30日完成改造。

【山海协作】 2019年，开发区根据浙江省委、省政府的部署，在萧山区建设“飞地经济”产业园—萧龙科创园，7月15日，开发区下属公司浙江山泉科创园发展有限公司以2923.43万元竞得萧山“飞地产业园”项目用地。9月29日，萧山—龙泉“科创消薄”飞地项目萧龙科创园建设项目正式启动，项目概算总投资近8亿元，用地约0.026平方千米，规划总建筑面积0.149平方千米，共有总部大楼1幢高100米、研发综合楼1幢高70米、研发办公楼4幢高50米，完成项目前期手续、施工图深化上传图审单位、施工现场三通一平、地下管线勘测与障碍物清理工作。平湖飞地项目建筑面积约0.031平方千米，完成土地指标落实、项目规划设计方案。 （林子馨）

2019年9月29日，萧龙科创园项目开工建设 （林子馨/供图）

交　通

综　述

【概况】 2019年，龙泉市交通运输系统累计完成交通固定资产投资8.0578亿元。开工建设绕城东线项目一期工程、村沈线提升改造工程、赵麻淤至下堡公路赵麻淤段改建工程等3个重点项目；加快推G322安仁至西街段改建工程、砒石隧道应急工程、322国道八都至上垟公路改建工程3个重点续建项目；完工建设住溪至上垟红色旅游公路（宝溪—宝更段）改建工程重点项目。S227龙泉上垟岙隧道及接线工程完成工可审查、322国道龙泉安仁段改建工程完成工可报告编制及屏南至查田公路工程完成工可审查，通用机场项目一期工程完成选址方案编制、仙居至庆元公路龙泉段完成工可审查与初设预审查、528国道住龙至小梅段改建工程完成工可报告编制。谋划金松（遂）龙高速（龙泉段）工程并开展线位论证工作，争取列入浙江省级规划项目。

美丽经济交通走廊投资额7000万元，市公路局主要对新51省道、县道西独线两条线路路面路况提升、绿化提升、安全生命防护工程等进行提升改造。成功创建2条美丽经济交通走廊，分别为X109西独线（龙泉至岩樟）24公里，新51省道34公里。

市交通局与浙江浙农实业投资有限公司对接，引进龙泉浙西南商贸物流市场开发有限公司浙西南大宗商品物流集散市场项目，完成实际到位资金1000万元。2019年，向上争取资金1.8024亿元，超前超额完成目标任务。

市交通局报送"四好农村路"，美丽经济交通走廊等重点、特点和亮点创建工作，宣传报道美丽经济交通精品示范走廊西独线。在各级媒体上发表新闻报道、政务信息等329篇，其中浙江省级以上20篇、丽水市级35篇、龙泉市级新闻报道84篇。

市交通局开展主题党日活动45次、专题讲党课25次、组织干部活动11次；建设文化长廊6条、创建清廉示范点2个、打造廉政教育基地1个，致力以更高标准、更大力度、更实举措推动全面从严治党向纵深发展。组织召开警示教育大会等，严明政治纪律和政治规矩。

【"四好农村路"建设】 2019年，龙泉市"四好办"出台《龙泉市农村公路路长制工作考核办法（试行）》。市公路局完成"四好农村路"▲建设508.662公里，其中农村公路大中修112.97公里、农村公路提升改造工程140.692公里，农村公路安全生命防护工程

2019年12月7—8日，"环浙骑游瓯江山水诗路"龙泉总决赛　（徐　蕾/供图）

255公里，建成停车休息点8个。市交通局成功举办2019环浙骑游·瓯江山水诗路龙泉总决赛暨第三届江南之巅天空骑行披云线挑战赛活动，并获浙江省交通运输厅、浙江省文化和旅游厅共同授予的“2019环浙骑游·瓯江山水诗路最美骑游线路”称号。

▲“四好农村路”：建好、管好、养好、运营好的农村公路。

2019年4月22日，在住龙镇开展为期8天的交通行政执法业务培训和军训会操大比拼活动（市交通局/供图）

【民生实事】 2019年，全市新增停车位100个、新增清洁能源公交车17辆、城市建成区公交站点500米半径覆盖率达到98%以上、新建和改造城市公交停靠站5个、建成公路服务站3个、改造提升农村公路217公里、建成农村港湾式停靠站60个、新建村级农村物流服务点80个，打通了运输服务保障最后一公里。

【“最多跑一次”改革】 2019年，市交通局开展“互联网+政务服务”工作，办理事项194项，跑零次实现率为100%、即办率94.59%、承诺期限压缩比98.55%、网上办事实现率100%、掌上办实现率100%、材料电子化率100%。创新推出送证上门等服务，将办证窗口搬进村组，开通受理、查询、制证、发证“一站式”服务，真正打通了行业服务“最后一公里”，让群众共享改革发展成果。

【机构改革】 4月22日，市交通局安排路政、运管、港航、质监等80余名交通系统执法人员在住龙镇参加为期8天的交通行政执法业务培训和军训会操大比武活动。完成新一轮《龙泉市交通运输局职能配置、内设机构和人员编制规定》。重新组建龙泉市交通运输发展中心、龙泉市交通运输综合行政执法队，已分别完成《三定（讨论稿）》。9月29日，龙泉市交通运输综合行政执法队挂牌成立，将公路路政、道路运政、水路运政及交通工程质量监督等执法职责进行整合，提高执法效能。2019年被评为丽水市交通运输行政执法评议考核优秀单位。

【精神文明创建】 2019年，市交通局开展弘扬践行浙西南革命精神、“不忘初心、牢记使命”主题活动及“情满旅途”“共度元宵、温暖在长运”“学雷锋志愿服务”“立夏养护日”“‘5·20’爱路日”等活动，积极承担社会责任，连续8年开展公交车、出租车“爱心送考”活动。长运公司2名驾驶员荣获全国道路运输安全行车百万公里优秀驾驶员称号。市公路养护应急抢险中心村头中心站站长陈孝华获得龙泉市第六届道德模范提名人物。

【法治建设】 2019年，市交通局已办理交通行政处罚共126件，其中，一般程序43件，简易程序83件，行政处罚金额共计52.75万元。组织开展“宪法宣传交通行”“治堵工作”“党员志愿服务”“信用交通宣传日”及“12·4”国家宪法日等活动，发放宣传资料2000余份、接受咨询600多人次。出台《龙泉市交通运输综合执法“百日会战”专项行动实施方案》，3月22日至6月30日，在全市范围内开展交通运输综合执法“百日会战”专项行动，累计出动执法人员4136人次，检查车辆8013辆次，共查获各类违法违章案件65件，纠正其他各类违法违章行为118件，整治各类安全隐患97个，自行处置钓鱼休闲船舶和浮动设施（渔排）43艘（台）。

【交通治堵】 2019年，市交通局在全省率先推出“全域治堵”模式，从领导小组、考核保障、项目建设等多方入手，使治堵工作从城市向乡镇延伸覆盖。组织开展进乡镇、进学校治堵宣传活动12次，发放治堵宣传漫画6000余张，治堵宣传用品3000余份，组织乡镇进农户与农村群众开展面对面宣传活动200余次，在农户家中张贴治堵宣传漫画1.2万余张，治堵宣传用品1.2万余份，乡镇拥堵情况明显好转。2019年，获得丽水市治理城市交通拥堵保障畅通工作考核第一名。

【勘察设计】 2019年，市交通规划设计院完成农村公路路面大中修工程、安保工程、提升改善工程项目3个，共计436千米；瓯江绿道设计项目1个，全长14.9公里[龙泉市瓯江绿道(沙潭—梨垟段)建设项目(坑口村—梨垟村)安全防护工程]；美丽乡村创建设计项目3个，桥长126米，路线长8公里(查田镇悦来桥建设工程、小梅镇孙坑至叶乡道路改建工程、上垟镇岩山栏至炮台岗农村公路工程)。与浙江省交通规划设计研究院有限公司合作，完成仙居至庆元公路龙泉道太至剑池段工程初步设计送审稿编制工作，并于11月通过初步设计预审查。 (毛旻茜)

公路交通

【城市公交】 2019年，龙泉市长运公司共有营运班车(线路)76辆(61条)，其中：城区营运车辆23辆，城乡营运车辆53辆；年运营里程已达1171.04万公里，年运量已达329.20万人次。8月31日，新购置的第二批新能源纯电动公交车陆续投入1路、2路、6路公交线路运营。

【旅游服务】 11月4日，市长运公司投资110万元新购置2辆豪华旅游车，分别是50座和34座。该车安装电子稳定性控制系统、车道偏离预警系统、自动紧急制动系统、安全带提醒装置等安全配置，为安全行车提供智能保障。12月30日，龙泉市旅行社品质评定委员会发文批复，同意龙泉市旅游集散中心有限公司为三星级品质旅行社。

【智慧便民】 5月21日起，龙泉客运站在丽水率先推出临时身份证明自助办理服务，让旅客得到更方便、快捷的出行体验，助力“最多跑一次”改革。8月1日起，龙泉发车的终点站和丽水发车的始发站，由原来的丽水东站调整为丽水市中心医院，该线路一天往返8个班次。11月14日，龙泉客运站启动智能视频监控报警装置安装工作，可以充分利用该装置，人防和技防相结合，监督驾驶员规范操作行为，及时纠正驾驶员行车中接打手机、疲劳驾驶等妨碍安全驾驶的隐患，确保行车安全。12月13日起，龙泉客运站售票窗口开通扫码支付功能。12月20日，龙泉市公共交通有限公司实现支付宝刷码支付。

【企业改制】 根据浙江省委、省政府《浙江省全面深化国有企业改革行动方案》和市公司制改制“三不变”原则，12月26日，龙泉市长途汽车运输公司完成公司制改制，变更为龙泉市长途汽车运输有限公司；12月29日，龙泉市车辆综合性能检测站完成公司制改制，变更为龙泉市车辆综合性能检测站有限公司。 (陈小丽)

公路管理

【概况】 2019年，龙泉市公路路况居丽水九县(市、区)首位，公路优良路率99.18%，全省排名第30位。境内公路总里程2588.535公里，其中：高速公路88.676公里，普通国道150.053公里，普通省道50.597公里，农村公路总里程2299.209公里(县道570.825公里，乡道235.892公里，专用道35.664公里，村道1456.828公里)；高速公路、一级普通公路91.075公里，二三级普通公路248.973公里，分别占全市总里程的3.52%和9.62%，全市公路网密度为84.62公里/百平方公里；全市公路桥梁474座35841.37延米，公路隧道67座54445.8延米，桥隧占全市公路总里程3.47%。公路路面硬化率、通乡(镇)率、通村率均达到100%，基本形成干支为主、功能基本齐全的公路网络。

市公路局完成“平安春运”、“三防工作”、丽水市级事故多发点段治理、中华人民共和国成立70周年维稳安保以及重大节日安全大检查等工作，同时组织开展消防演练、山体塌方演练以及安全月活动，提高公路应急队伍对公路突发事件的处置能力。

【“最多跑一次”改革】 2019年，全面深化“最多跑一次”改革和行政执法信息平台建设，市公路局认真推进行政审批服务和办事事项“标准化”、部门间“最多跑一次”改革。在申请材料齐全、基本条件具备的情况下，优化审批流程，推行热线预约、网上办理、快递送达、上门服务、跟踪完成等五大便民措施。该年共代预受理省道行政许可项目4件；受理县道行政许可项目5件；审批危房改造4件。同时，加强行政执法信息平台建设，充分利用路政管理系统进行超限运输等案件的处罚，并在政府网办理路政许可事项。

【公路管养】 2019年，市公路局投入国省道公路小修保养1420万元，农村公路小修保养680万元，探索农村公路市场化养护管理机制并开展农村公路财产保险278万元。实施养护专项工程总投资2854万元，其中实施国省道路面大中修12.153公里，农村公路大中修112.97公里，农村公路提升改善140.692公里。创建省级农村公路规范化管理站1个，普通公路服务站(停车休息点)9个，成功创建美丽经济交

西独线生态绿道 （连丽君／供图）

通走廊5公里，工程项目合格率100%，大中修工程优良率90%以上。

【美丽公路建设】 2019年，市公路局开展小城镇环境综合整治行动各项工作，对影响公路美观的“脏、乱、差”现象进行整治。全年共出动路政人员150余人次，拆除违章搭棚30余平方米，清理违章堆积物793立方米，清理和拆除违法设置和张贴的各类广告89处，整治马路市场9次。安豫线、西独线均被评为市级“四好农村路”精品示范线。 （连丽君）

【公路建设】 G322安仁至西街段改建工程工程路线全长38.85公里（完全利用段7.6公里），按照二级公路技术标准，设计速度60公里每小时，总投资12.29亿元。2019年度计划完成投资2.4亿元，实际完成年度投资3.67亿元。截至2019年年底，已完成投资9.94亿元，占总投资的80.88%。

础石隧道应急工程路线全长2.17公里，其中隧道长度1.825公里，按照二级公路技术标准，设计速度60公里/小时，路基和隧道宽度采用12米，工程总投资1.6914亿元。2019年度计划完成投资0.5亿元，实际完成年度投资0.73亿元，于12月18日全线贯通。

322国道八都至上垟公路改建工程路线主线长9.9公里（含老路利用段1.3公里），按照二级公路技术标准，设计速度60公里/小时，项目总投资4.0075亿元。2019年度计划完成投资1.2亿元，实际完成年度投资1.25亿元。截至2019年年底，已完成投资2.25亿元，占总投资的56.04%。

住溪至上垟红色旅游公路（宝溪—宝更段）改建工程路线全长8.1公里，按照三级公路技术标准，设计速度30公里/小时，总投资5500万元。2019年，完成投资1500万元，并于12月5日交工。

绕城东线项目是仙居至庆元公路龙泉段项目的子项目，路线全长7.945公里，按照二级公路技术标准建设，设计速度60公里每小时，路基宽度12米，分两期实施，其中一期工程实施小白岸连接线2.162公里、二期工程实施沙潭电站至塔石岭段（包括垮库大桥）5.783公里，项目估算总投资4.623亿元。一期项目已于5月开工建设，现已完成投资500万元。

村沈线提升改造工程路线起点龙渊街道梧桐口，终点为道太乡武溪村，路线全长70公里，路基宽度7.5米，按照三级公路技术标准，设计时速为30公里/小时，估算总投资3.7亿元，分两期实施。其中2019年计划实施村沈线提升改造（一期）工程（梧桐口至源口），全长41.8公里，估算投资2.2亿元。村沈线提升改造（一期）工程（梧桐口至源口）已完成施工图设计并开展施工招标工作，于12月开工建设。 （毛旻茜）

道路运输管理

【公共交通】 2019年，龙泉市新增新能源公交车17辆、新增公交线路1条（大沙〈浙大附中〉线），新建公交站点5个，公交站点500米覆盖率达到98%以上，公交分担率提高1%。

市运管局加强对出租车、公交车营运秩序整治，提高正面引导激励效果；加强对从业人员的教育引导，引导从业人员“礼让斑马线”；建立严格日常工作制度，提升出租车服务质量和水平。全市出租车市场化改革，推出出租车价格春节期间浮动调节机制。

市运管局认真做好客运车辆道路运输证及营运线路审批工作，加强客运站源头管理、“三关一监督”。出台《龙泉市农村客运班车奖补政策考核办法》，对农村客运班线、康庄小巴进行高额补助。加快淘汰老旧农村客运车辆，全年共淘汰2辆老旧农村客运车辆，全面提升客车性能。

市运管局开展“我是党员我带头”活动，制定《党风廉政建设工作重点和责任分工》，与领导干部、科室（大队）签订26份2019年度《党风廉政建设责任书》，将一岗双责落实到实处。召开4次党风廉政专题会议，紧盯元旦、春节、“五一”等“四风”问题易发多发的节点。以明察暗访、突出检查等方式，进行18次专项检查，确保廉洁过节。通过短信、微信等方式，向全体干部发送130余条廉政短信。

【行政执法】　2019年，市运管局组织开展“双随机”抽查工作2次，对机动车维修经营、道路危险货物运输经营、机动车驾驶员培训经营等事项进行随机抽查，共抽查企业21家，检查出各企业存在的问题12个，均已督促企业进行整改到位。有力打击道路客运市场非法营运行为，维护龙泉市道路客运市场良好秩序。　（章赟璐）

水上交通管理

【概况】　2019年，紧水滩龙泉辖区的水域面积为18.9平方千米，航道[龙泉南大桥——武溪（云和界）]全长39.5千米，为7级航道。沿库共涉及剑池、龙渊、道太、安仁4个乡镇(街道)，共25个行政村，60多个自然村，涉及人口约15000人。辖区内有码头4个、渡口14个(原有渡口18个，12月，经龙泉市政府同意撤销剑池街道宏山渡口、石退渡口、龙渊街道梧桐口渡口、沙潭渡口等4处渡口)、渡船23艘(490客位)，客船7艘，持证渡工26人，年渡运量约3万人次。

全年结合交通体制改革综合行政执法工作开展航政运政检查等工作，市港航所着重对营运船舶经营资质、有无超范围经营及超载违章行为等进行查处。在综合行政执法过程中，累计检查企业1家3次，出动巡查250余人次，渡船72余次，客船46余次，排查整治各类安全隐患65项，立案查处案件3件，维护水运市场秩序，提高交通综合行政执法水平和服务质量。

【平安港航创建】　2019年，市港航所开展“平安港航”创建活动，完成落实政府与乡镇、乡镇与村、村与船工的安全责任书签。针对恶劣天气、重点时段，做好安全生产，加强现场安全监管，加大检查力度，结合百日整治、打非治违、“双随机、一公开”等安全生产工作，排查整治各类安全隐患。同时借助短信平台及宣传横幅、资料发放等宣传载体，开展“安全生产月”等活动，全年发放资料1000余册。龙泉市水上交通安全形势良好，各项安全管理指标均控制在考核范围内，全年未发生安全生产责任事故。

【美丽创建】　2019年，“美丽渡口”创建工程对龙泉市剩余5个渡口进行创建，即丁山、社门、曾家连、坑口以及前濑(安福)渡口，创建沿库主要隶属道太乡，共6个行政村，涉及人口约5000人，建设路基路面、候船亭、防撞轮胎、渡口指路牌、垃圾箱、区块绿化等设施。该工程于10月开工建设，12月完成主体工程建设。

“美丽航道”建设在城区范围，共计6公里，隶属龙渊街道，属瓯江段龙泉溪的重要通道及组成部分，为生态示范航道的重点养护区域，范围内为壹号码头1座，涉水企业1家。“美丽航道”创建由浙江科欣工程设计咨询有限公司进行规划设计，预算总金额共计200余万元，在原有航道设施及绿化的基础上进行景观美化和标志标牌亮化的提升，让城区段航道保持整体景观统一。

根据浙江省“四好”农村路建设要求，市港航所对辖区内23艘渡船上排维修保养，通过招投标由湖州建豪造船厂进行工程建设。该工程不仅是船舶检验的要求，更是船舶安全适航的需要，工程总投资约160万元。经过上排维修保养，龙泉辖区内渡船在外观和性能上焕然一新，超额完成丽水市下达给该市8艘美丽渡船创建的目标。

【五水共治(防污处置)】　2019年，市港航所加强内河船舶污染控制，强化船舶监测和监管建设，推进码头和船舶污染物接收、转运和处置设施建设。与温州盛舟洗舱服务有限公司签订《码头船舶污染物接收协议》，委托该单位进行污油水的处置。在安福码头安装油水分离器一个，加强船舶防污联合整治，深化“五水共治”工作。　（毛小燕）

国防交通

【概况】　2019年，市交通局加强国防交通保障队伍建设和交通应急管理，开展交通应急抢险演练4次，共计280余人。建立健全岗位安全生产责任清单制，做到安全责任、管理、投入、培训和应急救援“五到位”。全年市交通局开展危化品运输安全生产大检查、安全生产百日整治等专项行动，排查整治各类安全隐患190余项，查处违章案件138起，强化重点时段和重点领域安全生产管理，确保交通运输安全生产形势稳定向好。　（周裕森）

网络 信息 传媒

电子政务建设

【概况】 2019年，龙泉市使用公文交换系统单位194家，推广使用单位内部协同办公系统96家，全市协同办公系统用户数达3872人，龙泉市政府门户网站发布信息1521篇，《龙泉发布》政务微信平台发布信息1305篇，政务微博平台发布信息237篇。

响应浙江省政府提出的打破信息孤岛，实现数据共享，该市基层治理综合信息系统和浙江省协同平台进行数据对接，按照要求完成数据共享的工作任务。依托全市统一协同办公平台建设移动办公微应用，按照省级“浙政钉”技术规范的要求，推广省政务移动办公系统（浙政钉），全年完成注册人数9096人，激活率100%，日活跃率达到61%。

该年，全市政务服务事项网上办实现率99.89%，丽水地区排名第一；掌上办实现率99.24%，丽水地区排名第一；跑零次实现率99.02%，丽水地区排名第二；即办率实现率95.85%，丽水地区排名第一；承诺期限压缩比完成率98.65%，丽水地区排名第一；材料电子化率99.91%，丽水地区排名第一。

按照《丽水市“浙政钉·掌上执法系统”推广应用工作方案》要求，做好执法监管事项认领、入库，成立工作专班，出台《龙泉市“浙政钉·掌上执法系统”推广应用工作方案》，并相继召开全市部署会、培训会、推进会。2019年，龙泉市认领事项清单681项，完成检查实施清单录入649项，“执法人员库”入库人数471人，入库率达100%。设置任务149项，设置应检查户次总数1706户，其中已实施检查户次1562户，所有匹配好执法事项的部门“一把手”均参与了执法体验。

“四个平台”基层治理综合信息系统持续推广，全市网格事件上报量526421件，办结量526348件，办结率达到99.98%，其中事件派单量有16388件。

【机构设立】 6月26日，龙泉市深化机构改革协调小组办公室发文，组建大数据发展中心，为市政府直属正科级事业单位，归口市政府办公室管理。《龙泉市大数据发展中心职能配置、内设机构和人员编制规定》文件中明确该中心的内设机构和职能。10月17日，龙泉市大数据发展中心在华楼街268号市财富大厦十楼挂牌成立，主要职责为组织、指导、协调全市公共数据和电子政务发展工作，为深化“最多跑一次”改革，政府数字化转型提供技术支撑和保障。

2019年10月17日，龙泉市大数据发展中心挂牌成立 （市大数据发展中心／供图）

信息化建设

【数字化建设】 6月13日，为加强政府数字化转型工作的组织领导和统筹协调，成立龙泉市政府数字化转型工作领导小组。9月10日，政府数字化转型工作领导小组发文调整小组成员，确定由大数据发展中心承担日常工作任务，该中心卢劲松主任兼任数转办常务副主任。

9月下旬，开展“浙里办”APP用户活跃度提升工作，要求各市直部门、各乡镇(街道)依照“横向到底，纵向到边，不留死角”的原则，全面推广“浙里办”到村、到社区、到企业。

2019年整合交通、人力社保、审计、卫健、财政房管、农业农村和消防等8家单位的政务专网。对本级电子政务网络进行提速升级，以提供更优质畅通的网络环境，助推政府数字化转型和“最多跑一次”改革。

为节省政府资金投入成本，整合各类信息系统资源，达到资源共享的目的，要求各部门积极将系统部署到云服务器，实现统一管理，为数据归集和信息共享打好基础。

【花园云·城市大脑建设】 为贯彻落实《浙江省“城市大脑”建设应用行动方案》，积极探索“城市大脑”建设的实现路径，努力在丽水市“花园云”建设工作中走在前列，根据市领导要求，由该中心负责起草《“花园云·城市大脑”建设工作“一办一平台X应用Y制度”工作机制》。

8月21日，龙泉市召开深化“最多跑一次”改革、政府数字化转型工作专题会，要求应急指挥“共享资源”入驻综合信息指挥中心，由大数据发展中心为入驻提供技术性方案和技术支持。

9月27日，该中心召集政法委综合信息指挥中心、应急管理局等相关单位，就《龙泉市应急指挥中心“共享资源”进驻综合信息指挥中心建设方案》进行讨论完善，确定相关单位入驻的信息化系统。

2019年8月21日，龙泉市政府数字化转型工作专题会 (市大数据发展中心/供图)

10月24日，召开应急指挥体系“共享资源”进驻综合信息指挥中心有关事项协调会，明确入驻方案。10月30日，进行现场演练。应急管理局应急指挥中心相关工作人员进驻综合信息指挥中心办公。

12月11日，该中心赴衢州、德清、湖州和遂昌等地进行“城市大脑”建设调研，借鉴学习各地先进经验，为此后龙泉市“城市大脑”建设工作拓宽视野、梳理思路。

通信企业

【龙泉移动】 2019年，中国移动通信集团浙江有限公司龙泉分公司(以下简称龙泉移动)运营收入达到1.49亿元。用户总数超22万户，其中宽带用户数达到5.42万户，4G用户超18.6万户。累计建成2/4基站1079个，4G行政村覆盖率100%，MR覆盖率93.8%，50户以上行政村驻地网99%覆盖。

龙泉移动2019年经营业绩和党建考核综合排名丽水前三，龙泉网络部获2018—2019年度浙江省青年文明号称号。

【服务地方发展】 2月19日元宵节，龙泉移动为保障安仁板龙、石马灯会特色元宵活动的顺利开展，提前一周安排人员对两区域的信号完成扩容。元宵节当日，共派出2支队伍在活动现场进行通信保障，当日共4.5万户用户参加活动。6月2—4日，2019年“鼎丰杯”端午龙舟文化旅游活动在龙泉溪水域举行，此次活动累计出动保障人员96人，增设应急通信车1辆，新增4G小区105个、新增2G小区2个，满足活动会场及周边3万人的正常通信。全年，龙泉移动累计出动450余人次共完成30个大中小型活动的通信保障工作，提升用户的网络感知，保障高话务高流量下用户的通信畅通。

3月15日，龙泉移动积极参与由市市场监管局、市消保委主办的“3·15”消费者权益法律服务咨询活动。在活动现场，龙泉移动设立宣传

2019年3月15日，消费者权益法律服务咨询活动　　（季　美／供图）

咨询展台，为到访消费者和用户进行业务答疑解难，当日共接待用户200余人。4月18日，助力政府“扫黑除恶”专项行动，龙泉移动开展“扫黑除恶”短信专项营销，将信息送达22万户移动用户，确保专项工作的宣传成效和覆盖面。

6月18日，龙泉移动中标“互联网+义务教育”龙泉市中小学同步课堂设备采购项目。同步课堂是利用视频会议的技术基础，通过教育局校园网承载的精准课堂教学技术，让不同学校的学生同步上课，此举打破原教学模式带来的师资力量分配不均的现象，让教学落后地区的学生享受到更为专业的教学培养。从2017年开始，响应浙江省经信委“十万企业上云”号召，龙泉移动积极配合市经信局三年企业上云计划，向各企业推广上云业务。截至2019年年底，龙泉移动共签约352家企业上云，实现企业降本增效功能。

7月10日，龙泉移动邀请丽水学院文学博士晁胜杰到龙泉开展“中正平和”EAP员工关爱讲座活动。12月10日晚，龙泉移动邀请市交警支队事故中队长陈志金到公司为全体员工开展交通安全知识培训。

7月27日，龙泉移动到查田镇青坑村慰问帮扶困难党员3人，到村开展卫生环境整治2次，落实“消薄”帮扶资金10万元。8月10日，给结对村小梅镇梅三村送去瓦窑坑农田引水渠修复工程项目专用资金帮扶2万元。10月15日，丽水移动副总经理丁宇到查田镇青坑村慰问3名贫困老党员。龙泉移动全年共参与扶贫结对6次、帮扶18人，其中落实政府政策帮扶资金12万元，自愿捐助帮扶资金4500元。　　（李　莉）

4G基站维护　　（周昌斐／供图）

【龙泉电信】　2019年，中国电信股份有限公司龙泉分公司（以下简称“龙泉电信”）完成主营收入4533万元。龙泉电信新增建设27个4G站点，直放站改造30多个，行政村覆盖率达到80%，城区MR（测量报告）从原先年初的95.3%提升到96.3%。优化改造12个基站及室分的转供电电力线引入。初步实现“高速、高校、高流量商业区、高密度住宅区”的深度覆盖，AAAA以上旅游热点、重点乡镇，如宝溪、凤阳山、周村等连续覆盖，确保用户对4G网络有全新的感知，实现端到端感知优良率大于95%。光网络能力提升，建设龙泉—大白岸、龙泉—龙南、龙泉—屏南、龙泉—锦溪四大光缆环路，实现IPRAN（无线接入网IP化）成真环，OTL（光线路终端）断网率逐渐下降。全年经营业绩考核排名丽水第二，获2018年度浙江省“先进基层党组织”荣誉称号。

【服务地方发展】　2019年，龙泉电信与市公安局交警大队根据交通治堵工作和交通管理发展科学化、规范化的要求，在现有智能交通监控系统的基础上规划建设城区智能交通科技信息化建设项目，新增建设违停抓拍点位13个、电子警察抓拍系统6个、人行横道不礼让抓拍点位4个、省道超速抓拍2个，完善交通违法处罚智能化系统，为交通秩序智能化管理打下坚实基础。与市交通运输管理合作，建设龙泉市交通“雪亮工程”，通过两期建设，完成龙泉市范围内22个非法运营车辆抓拍系统，统一接入交通应急指挥中心，通过科技手段对非法运营车辆进行有效监管，提高执法效率。与市教育局合作，建设龙泉教育城域网万兆升级改造项目，对龙泉市教育城域网核心设备及部分重点学校进行万兆网络升级改造，为同步课堂、远程教学等互联网+教育应用打下网络基础。 （杨 洋）

2019年6月16日，龙泉市融媒体中心（挂广播电视台牌子）正式挂牌

（市融媒体中心/供图）

新闻传媒

【概况】 2019年，龙泉市融媒体中心（挂龙泉市广播电视台牌子）设立。市融媒体中心共运营有龙泉电视台、龙泉人民广播电台、《今日龙泉》报纸、龙泉新闻网、“掌上龙泉”“今日龙泉”微信公众号、“龙泉新闻网”新浪微博、“龙泉新闻”抖音、“天下龙泉”APP、“中国蓝新闻”APP龙泉频道等媒体平台。5月17日，丽水市深化机构改革协调小组办公室印发《关于调整龙泉市局级事业单位的函》（丽机改字〔2019〕124号）文件，批复同意成立龙泉市融媒体中心。5月底，市新闻传媒中心、市广播电视台合署办公。6月16日，“龙泉市融媒体中心”正式挂牌。8月22日，龙泉市深化机构改革协调小组办公室印发《关于龙泉市融媒体中心（挂龙泉市广播电视台牌子）机构编制框架的函》（龙机改字〔2019〕101号）文件，龙泉市融媒体中心确定为市委直属公益一类全额拨款事业单位，机构规格相当于正科级，挂龙泉市广播电视台牌子，归口市委宣传部。11月29日，龙泉市委机构编制委员会印发《关于印发〈龙泉市融媒体中心职能配置、内设机构和人员编制规定〉的通知》，明确市融媒体中心内设：办公室、人力资源部、总编室、新闻采访中心、广播电视中心、报刊中心、新媒体网络中心、技术播出中心、工程建设中心9个股室。

【新媒体】 2019年，市融媒体中心对新媒体资源进行整合。除了原有的“龙泉新闻网”微博、“掌上龙泉”“今日龙泉”微信公众号，新增“天下龙泉”APP、“龙泉新闻”抖音号、“中国蓝”视频内容的传送，并入驻“今日头条”丽水频道、天目新闻客户端。全年“掌上龙泉”微信公众号发稿2152条，阅读量444.06万人次；“今日龙泉”微信公众号发稿1522条，阅读量99.25万人次，2个微信公众号阅读量上万的稿件有43篇。“天下龙泉”APP于10月29日开通试运行，发稿1156篇，阅读量上万的稿件有20篇。新蓝网发稿1023篇，阅读量上万的稿件有59条；抖音发布视频98个，阅读量上万的视频有37个。与市委宣传部、市电力局等部门合作举办微视频大赛、微信大赛、我的全家福等系列活动。

【新闻人才引育】 2019年，市融媒体中心制定出台丽水新闻战线第一个《记者公约》，通过集体宣誓的庄严仪式感，增强记者荣誉感和责任感。通过“请进来、送出去”的方式，开展专题讲座、新闻例会、学习研讨等，先后邀请浙江广电集团、浙江之声、丽水日报、丽水电视台等各级媒体专家10余人次，举办各类融媒体业务培训20余场，参与培训500余人次。与此同时，不断强化人员保障，市编委第四次会议对原融媒体中心的14个自收自支事业编制进行了重新核定，其中4个空编转为全额，10个在岗人员编制转为差额事业编制，财政予以最大比例保障。2019年，事业单位公开招考工作人员，给予龙泉市融媒体中心空编满编招考7人，并在招考过程中优化招考方式，4个记者岗位采取专业技能测试方式代替传统笔试方式。

2019 年 10 月 29 日，市融媒体技术平台和“天下龙泉”APP 正式上线启用

（市融媒体中心 / 供图）

【融媒体技术平台建设】 根据上级统一部署，坚持务实管用原则，融媒体技术平台和“天下龙泉”APP 由浙江广电集团“中国蓝云”承建。项目总投资 759.8 万元，于 7 月开工建设，9 月下旬完成建设任务，10 月 29 日正式启用，并接入浙江广电集团“中国蓝云”平台。

【媒体产业发展】 2019 年，市融媒体中心广告经营收入共计 153.72 万元。鉴于市融媒体中心公益性服务定位和当前广告经营现状，市融媒体中心通过广告资源的摸底，走访相关广告经营业主，调查市场招投标意愿，积极主动谋划下步思路。经过对比分析和充分对接沟通，市融媒体中心与丽水日报报业传媒集团达成媒体广告经营战略性合作意向，以“托底+分成”的形式开展广告经营市县合作，开创丽水市县级媒体广告经营先河。

电视报刊

【广播电视】 2019 年，市融媒体中心以龙泉市新闻综合频道和广播频率“FM105 兆赫”为载体，做好电视、广播宣传。共编播：《龙泉新闻》283 档 2056 条次，对农专题《剑川热土》143 期，监督类栏目《龙泉聚焦》3 期，文化类栏目《剑瓷龙泉》11 期，少儿栏目《彩虹桥》40 期，自办广播栏目《农村金土地》272 期。推出“大学习、大调研、大抓落实”、“2019 奋斗的龙泉”、“八八战略”再深化·改革开放再出发”、“弘扬践行浙西南革命精神”、“壮丽 70 年·奋斗新时代”等 25 个新闻专栏。《剑川热土》获 2019 年度全省电视对农节目服务工程建设考核优秀奖；《龙泉金土地》获 2019 年度全省广播对农节目服务工程建设考核鼓励奖；2 篇对农作品被全省通用节目录用，在全省各县市台播出；电视新闻专题《异地搬迁 圆梦新家园》获丽水市新闻奖二等奖；广播新闻专题《改革开放 40 年 从“跑五金”到“龙泉制造”》获丽水市新闻奖三等奖。

外宣方面，央视采用 26 条，央视新闻微视频 1 条，央视直播 3 次；浙江卫视采用 60 条，广播 13 条；丽水台采用 655 条，广播 1301 条。央视聚焦龙泉春耕一线新闻报道中，对龙泉传统农耕习俗文化就做了 1 条报道、3 场直播，首次实现大屏小屏同步直播，将该市传统的农耕文化和生态旅游发展推向全国；浙江卫视“一起翱翔”栏目走进中国青瓷小镇；浙江经视直播“江浙之巅·天空音乐会”；浙江卫视“建国 70 周年”系列主题报道中，《浙江新闻联播》播出该市《壮丽 70 年·奋斗新时代——龙泉：窑火不灭 青瓷记忆历久弥新》报道，成为全丽水市该系列报道的开篇。

【报刊】 2019 年，《今日龙泉》报纸围绕服务中心大局，共刊发 152 期，开设 49 个栏目，为全市经济社会发展营造了浓厚的舆论氛围。该年，报刊记者有 7 件作品获 2018 年度浙江省县市区域报好新闻奖，其中，一等奖 2 篇，二等奖 4 篇，三等奖 1 篇。

会议报道有成效，紧紧围绕十九大、十九届四中全会，龙泉市两会、全市干部大会等重要会议，在规定动作上，原汁原味宣传好会议精神；在自选运作上，提前谋划策划，创新报道形式，开出《学习贯彻四中全会精神》《高举发展大旗践行“丽水之干”》等专栏，确保会前有氛围、会中有聚焦、会后有落实，唱响主旋律，全年共刊发以上专栏相关宣传报道 353 篇。

主题报道有声势。精心组织开展了“壮丽七十年·奋斗新时代”、“壮丽七十年·龙泉第一”、“寻找身边的建国”、“我和我的祖国”征文等系列策划报道，发表稿件 200 多篇，以小切口切入、大众化表达、全媒体呈现的形式，大力营造了奋进向上的舆论氛围、隆重热烈的社会氛围和欢乐喜庆的文化氛围；围绕市委市政府中心工作，策划了《壮丽 70 年·奋斗新时代向祖国报告——践行‘丽水之干’先进典型》《以‘丽水之干’担纲‘丽水之赞’——三治三强比实干》

等新栏目，挖深挖透一线动态和亮点稿件 107 篇，为党委政府中心工作擂鼓助威，营造了合力建设新时代美丽幸福好龙泉的浓厚氛围。同时，还根据丽水市“两山”发展大会精神要求，精心策划弘扬践行浙西南革命精神报道，开展“重走红色革命路”主题采访活动，推出《弘扬践行浙西南革命精神》《跟着老吴走老区》《红色印记》等系列报道 176 篇，通过多形式、立体化的报道，再现浙西南革命先烈的光辉形象，讲好红色传承与绿色发展深度融合的龙泉故事。此外，还推出《生态产品价值转化的龙泉实践》《全面深化改革进行时》《用心用情“三服务”》《坚决打赢碧水攻坚战》等栏目，全面展示和总结龙泉这些中心工作的亮点和成效，为新时代美丽幸福好龙泉建设助力添彩。

2019 年度浙江省县市区域报好新闻奖龙泉获奖情况一鉴表

表17

获奖作品	类别	作者	等级
八都村民建跑吧刮起“健身旋风”	消息	杨震山	一等奖
法国陶艺大师和中国“雪拉同”的不解情缘	通讯与深度报道	王苏珍	一等奖
全省首创“房长制”200多名“房长”走马上任源头管控违建	消息	金伟红	二等奖
产业精准扶贫模式成效显著“十箱万元”圆低收入农户增收梦	消息	练　丹	二等奖
郑庄村里说变化	通讯与深度报道	林欣颖	二等奖
搭乘“一带一路”快车　龙泉经济实现突围	重大主题报道	周晓寅	二等奖
龙泉碧龙村村支书用33本工作日记记录农村改革开放征程	新媒体新闻专题	蒋加丽	二等奖
“城中村改造”系列报道	通讯与深度报道	季丹、蒋加丽等	三等奖
浙大专家熊树生：扎根龙泉八年 振兴一个支柱产业	新媒体新闻专题	吴必旺	三等奖
重磅！生死时刻，龙泉籍机长“高空救人”	新媒体新闻专题	项望旺	三等奖
龙泉将创建龙泉汽车空调小镇	新媒体新闻专题	刘赐平	三等奖

外宣工作量质并举。《人民日报》《光明日报》《浙江日报》《丽水日报》等丽水市级以上党媒发稿 85 篇，《丽水日报》龙泉专刊版面 24 个。尤其是在第二批“不忘初心、牢记使命”主题教育活动中，共发表主题教育活动稿件 150 多篇，成为龙泉向上推送主题教育成果的主要内容来源。

【龙泉新闻网】 2019 年，龙泉新闻网发布龙泉新闻及转载国内外重大新闻 20847 条，新增专题 23 个。

（李元超）

城市建设与管理

综　述

【概况】 2019年，龙泉市建设局完成固定资产投资21.8亿元，完成实际利用内资9.17亿元；完成建筑业产值53.8亿元，全年纳税金额近2.18亿元；房地产投资23.7亿元，商品房销售面积达20.44万平方米，全年纳税金额近3.2亿元；城市生活垃圾无害化处理率达100%，建成区绿化覆盖率达42.65%，建成区绿地率达34.8%，城市道路长度达212公里，城市生活污水处理率达96.98%。

【房地产业】 2019年，市建设局完成房地产投资23.7亿元，同比增长40%，完成商品房销售20.44万平方米，同比增长-23.8%，商品房均价11630元，实现房地产税3.2亿元，同比增长30%。全年房地产业从业人员486人，同比增长18.5%。该局制定出台《龙泉市区2019年公共租赁住房保障标准》，公共租赁住房保障累计保障1452户，交付入住保障性安居住房931套。

【建筑业】 2019年，市建设局完成建筑业产值53.85亿，同比产值增长2.4%，全年建筑业纳税金额2.18亿元。全年新开工合同备案83个项目，面积76.13万平方米，造价19亿元，其中房建项目61个，市政项目22个。顺利出台《龙泉市关于进一步加快建筑业改革与发展的若干意见》，提高了建筑业企业资质晋升、走出去发展、引进先进企业等方面的奖励力度，促进建筑业发展；6月，顺利出台《龙泉市城区农民联建房施工管理细则（试行）》，联建房建设乱象得到有效治理。全年新办理质量监督手续83项，签署授权书、承诺书83项。办理竣工验收备案项目44个，设立永久性标牌的工程32项，建立质量信用档案的工程93项。开展监督执法检查，检查全市在建项目176个；下发监督执法检查整改通知单414份。企业争先创优积极性较高，浙江德光建筑工程有限公司获得"2019年度丽水市建筑业重点骨干企业"称号，浙江庆龙建设集团有限公司、龙泉市永达建设工程有限公司获得"2019年度丽水市建筑业优秀企业"称号，同时还有浙江国光建筑工程有限公司等多家企业获得"2018年度龙泉市建筑业龙头企业"称号，丽水瓯江环境建设有限公司等多家企业获得"2018年度龙泉市建筑业骨干企业"称号，龙泉中远建设有限公司等多家企业获得"2018年度龙泉市建筑业优秀企业"称号。2019年，龙泉青瓷宝剑技师学院（二期）工程、龙都·聚鑫园工程等7个项目获得丽水市安全文明标化工地称号，德光·御江府（23#、25#、26#楼及地下室工程）等4个项目工地获得丽水市建筑施工安全标杆工地荣誉称号。

【人民防空】 1月，人防办相关职能划入建设局。人防办民防救援队累计完成5次搜救、26次大型活动安保工作，开展人防"五进"活动（进机关、进学校、进社区、进企业、进网络），组织2个社区、5所学校1万余人进行了"3·1"国际民防日、"5·12"国家防灾减灾日宣传活动和"5·12"、"9·18"防灾减灾日全市性警报试鸣活动。

城市建设

【项目建设】 2019年，市建设局实施城乡建设项目53个，其中新建项目26个，续建项目27个。城东综合体项目强势推进，总投资50亿元，总用地面积约14.57万平方米，总建筑面积约54.88万平方米，完成资金投入10余亿元，1号区块已完成大部分建设，2号区块的商业购物中心已达±00，两座标志性高楼基础已开工建设；龙渊公园项目，投资9.23亿，2019年12月底完成项目建设，2020年元旦投入使用；静脉产业项目——垃圾资源化协同处理工程点火试运行，预计2020年6月30日前可投入商业运行；2019年，完成青瓷创意基地区块文化物化

龙渊公园　　（毛必海 / 供图）

试点和完成高速出口至市政府段物化项目、河阳公寓周边市政配套工程、香菇博物馆北侧市政道路工程、老东升小学周边市政道路完善工程、南大洋市政配套基础设施工程、金沙溪污水治理工程、瓯江两岸亮化提升改造工程（一期）、江滨北路（贤良路至中山东路）建设、剑池西路综合管网改造工程实现主车道全线通车。该局代建浙江广播转播台（二期）、中医院迁建项目、龙泉市总工会职工学校等项目。龙泉城市文化客厅项目选商引进景德镇陶文旅集团，项目总用地面积约 202.05 亩，总投资 20 亿元，2020 年将开工建设。

【城市截污纳管】 2019 年，市建设局推进截污纳管工作，启动后甸区块、南秦区块、罗木溪等 19 个污水治理工程，其中罗木溪污水治理工程、金沙溪污水治理工程、龙泉市香菇博物馆北侧市政道路工程、龙泉市上凉亭地块基础设施配套工程、龙泉市老东升小学周边市政道路完善工程、龙泉市溪南污水过江管网工程已完工。完成建设污水主管网 3 公里，改造污水收集、雨污分流管网 40 公里，完成吕家屋区块、陵园路南侧区块、龙山苑区块等 5 个区块的改造，完成老林化厂宿舍、水电社区、检察院宿舍 3 个污水“零直排”生活社区创建，累计改造治理面积 85 万平方米，完成投资约 2 亿元。溪北污水处理厂日处理污水能力达 2.8 万吨，排放标准达到一级 A 标准，全年处理污水 744 余万吨，COD 去除量 1316 吨，氨氮去除量 201 吨，处理厂全年共清运污泥 3938 吨。

【历史文化名城】 2017 年，龙泉市通过国务院审批正式列为国家历史文化名城，是浙江省 10 个国家历史文化名城之一，丽水市唯一一个被列为国家历史文化名城的城市。该市的古城区主要由三片历史文化街区组成，即西街、北河街和东街。2018 年，成立龙泉市西街历史文化街区保护利用指挥部，成立龙泉市名城保护利用发展有限公司。市建设局、市西街历史文化街区保护利用指挥部围绕打造“老年人记忆、年轻人的时尚、在外龙泉人的乡愁、来龙游客的必游地”目标要求，坚持“重修缮、轻征收、限重建”的原则，明确了西街的建设时序，编制完成了《龙泉历史文化名城保护规划》。2019 年，该局完成《龙泉市西街历史文化街区保护规划》《龙泉市北河街历史文化街区保护规划》修编和《龙泉市东街历史文化街区保护规划》编制，启动《西街历史文化街区发展研究和业态规划》《西街历史文化街区市政管网专项规划》《西街历史文化街区消防专项规划》等专项规划编制工作。正式启动西街历史文化街区基础设施建设、三江口区块直管公房及林业车队房屋修缮工程、江滨北路西街段市政工程、西街街区（文化路至披云桥段）里弄整治工程。按照“四不变”“修旧如故”的原则，全面启动了西街危旧房治理改造。《记住乡愁》第五季龙泉西街篇于 2 月 6 日在 CCTV-4 播出。

城市管理

【行政审批】 2019 年，市建设局为企业和群众共办理各类许可 1032 件，“最多跑一次”目标、办结率、服务质量和群众满意率均实现 100%。该局通过优化审批流程，精简审批材料，实施区域评估、信息共享等措施，将施工前项目审批时限，由原来的 200 多个工作日压缩在 90 个工作日内完成。该局真正落实好“一窗受理”，把涉及建设审批的事项，全部都统一到窗口，开展用水、用气报装办理改革，实现用气用水报装模块和政府、企业投资项目审批在 3.0 平台融合。2019 年 5 月，建设工程消防设计审查验收工作职能划入该局，受理设计审查项目 13 个，验收备案项目 55 个，同时还指导前期项目 20 多个。

【园林绿化】 2019 年，龙泉市建成区新增绿地 25.88 万平方米，同比增长 54.05%，改造公共绿地 1.05 万平方米。市建设局完成迎宾大道景观绿化接收，接收绿化面积 14 万平方米，鲜花 3800 平方米。全年市建设局完成城区盆花更换 7 万余盆，时花更换 120 万余株，补植乔灌木 20 余万株。其中生态园林线整治，整治市政生态线约 3 万平方米，补种鲜花 10 万株，城区补植乔木 50 余株，补植灌木 2 万株，草坪 500 余平方米。开展坑口村—梨垟村段、后沙大桥—中山路东段尾等绿道工程建设，已建设绿道19公里。

【环境卫生】 2019年，市建设局完成环城南路、松溪大道、浙大路等一批新建成工业园区道路纳入保洁范围，完成对全市3个中标企业（400余万平方米的道路、绿化、85座公厕）的卫生质量考评。市静脉产业项目——垃圾资源化协同处理工程建设推进，生活垃圾回收利用率达40%，无害化处理率达100%，城区生活垃圾总量增长控制在1%以内。2019年，城区生活垃圾分类收集覆盖面达62.2%，创建完成一个高标准生活垃圾分类示范社区，定时定点投放和清运商业街1条、社区1个。新建东悦府、瓯江花园、龙渊公园、剑池锦园公厕4座，均为房产开发社区配建项目，已全部建设完成。改造南大洋公寓附属公厕已完工。

垃圾分类示范社区——佳和铭都社区 （陈鑫伟／供图）

【城市亮化】 2019年，城区纳入市亮化办统一维护管理范围的照明路灯4530基7515盏，景观亮化36处，全年维修城区道路照明路灯2100余火，景观亮化4500余火，处置路灯、景观灯倒杆事件6起，及时修复大面积熄灯3次，更换破损路灯电缆井盖56个，维修检修孔盖500余个、路灯专用变压器60余台次、路灯控制箱200余次，完成了中华人民共和国成立70周年、世界互联网大会、第二届世界青瓷大会·第十一届龙泉青瓷龙泉宝剑文化旅游节、第三届浙江华严文化节等重大节庆活动期间的亮灯保障工作。完成龙泉青瓷文化创意基地示范区、高速出口至市政府一条线市政设施剑瓷元素物化项目实施，以公开招标方式，成功将城区约86座公交车候车亭、1210支路灯杆道旗、茂新社区门口绿地广告宣传小品等户外广告资源推向社会进行市场化运作。结合龙泉特有剑瓷元素，对城区主要道路、节点进行布置，完成城区春节、国庆、第二届世界青瓷大会.第十一届龙泉青瓷龙泉宝剑文化旅游节等重要节日和活动的氛围布展。

城乡一体化建设

【小城镇环境综合治理】 2019年，16个乡镇（街道）19个整治点，已全部通过浙江省级考核验收，其中，宝溪乡、竹垟乡、龙南乡、八都镇、锦溪镇、查田镇、城北乡东书集镇、八都松渠集镇8个点先后荣获浙江省级样板。

2017—2019年，全市按照“一加强三整治”要求，全面实施小城镇环境综合整治行动，16个乡镇（街道）19个整治点环境质量全面改善、服务功能持续增强、管理水平显著提高、乡容镇貌大为改观、乡风民风更加文明、社会公认度不断提升。全市安排3.6亿元资金用于小城镇环境综合整治，16个乡镇（街道）19个整治点共完成项目建设263个，打通断头路6条，新建停车场44个，新增停车泊位2192个、道路监控点位114个，新建农贸市场5个、改造提升农贸市场4个，新建（改造）小镇客厅7个，新建绿地公园28个、面积55610平方米，新建健身广场24个、面积26850平方米，建设绿道26.86公里，创成国卫乡镇5个，浙江省卫乡镇14个，“道乱占”治理41条，“上改下”整治52.958公里、架空线路梳理533.421公里、入户线整治11179户，“低散乱”企业整治154家，赤膊墙整治211839平方米、蓝色屋面整治388110.68平方米，拆破拆旧点位8039个、面积522475.6平方米，环境卫生整治点位16040个，实现了小城镇的美丽蝶变，并顺利通过浙江省级考核验收，龙泉市委、市政府被评为浙江省小城镇环境综合整治工作优秀县（市）。 （叶丽媛）

【危旧房治理】 2019年，市建设局完成农村C、D级危房治理289户，农村转移C、D级危房人员235人，拆除（新建）18户、维修加固296户、腾空防控27户，合计341户，全部按规定时间统一录入到浙江省建设厅农村房屋信息录入系统内。一般农村群众户超额完成全市任务122%，符合困难群众实时救助户完成开工率和竣工率均为100%。建立“一户一档”档案管理及相关工作制度，做好全市农村危房腾空及巡查防控工作，其中拆除修缮率达87%。该局出台了《龙泉市开展第二轮农村危房治理工作的实施方案》(龙建设〔2019〕21号)、《龙泉市第二轮农村危房治理改造管理办法》(龙建设〔2019〕76号)、《关于要求拨付第二轮农村治理改造经费的请示》(龙治危办〔2019〕3号)、《关于要求拨付第二轮农村危房治理改造办公经费的请示》(龙治危办〔2019〕4号)等文件。该局着重解决好低保户、五保户、低边户、残疾困难人员改造户的住房实时救助改造工作，总计改造673户，改造资金504.75万元。

【传统村落与美丽宜居示范村】 2019年，市建设局完成碰石街道炉地垟村、八都镇双溪口村、龙南乡大庄村、宝溪乡车盂村、岩樟乡柳山头村5个传统村落保护发展项目，完成了小梅镇黄南村、兰巨乡梅地村等8个第四批中国传统村落的资金申报工作，并成功获得2400万元的中央财政补助。该局完成浙江省级美丽宜居示范村西井村的建设任务并通过浙江省督查组验收，署网村、荷上畈村已完成总建设项目的80%以上，龚岭村、金田村和上畲村均已完成美丽宜居示范村规划编制并启动项目建设。小梅镇半边月村、龙南乡兴川村、安仁镇安福村、城北乡双溪村等4个村庄被列入2020年度浙江省级美丽宜居示范村。

【农村污水运维与垃圾分类】 2019年，市建设局完成农村生活污水治理设施运维行政村147个(撤并村后)，设施移交412个，标准化运维试点14个，建立了省市县联网监管平台。已有193个行政村实施农村生活垃圾分类处理(撤并村后)，实施率达81%，其中81个村建有农村可腐垃圾处理站点，机器快速成肥处理站27个，阳光房成肥处理站54个。配备农村生活垃圾中转站21座，农村生活垃圾移动压缩设备21套，垃圾转运车辆3辆。2019年，龙渊街道村头村、竹垟乡盖竹村获得“浙江省高标准农村生活垃圾分类处理示范村”称号。 (张　景)

龙南乡大庄村传统村落　　(刘小飞／供图)

城市管理行政执法

【概况】 2019年，龙泉市综合行政执法局(以下简称市执法局)履行169项执法职能，发挥部门联动机制，将各部门职能和资源集合运用。4月22日起，与市公安交警大队、市监局、交通运输局等相关部门建立联席会商制度，开展了15次道路交通违法行为联合执法。9月17日起，牵头开展了“三治”(治超、治尘、治噪)部门联合执法综合整治，采用巡逻和定点检查相结合的纠违方式推进专项整治。

整治占道经营4380次、流动摊贩4204次，清理小广告1785处，清理乱堆放814处。牵头“道乱占”专项整治，拆除旱厕、猪栏、灰寮和违法违章建筑等962处，完成拆破拆旧18121平方米，发放限期整改通知书和限期拆除通知书共计320份，并协助19个乡镇(街道)顺利通过小城镇整治验收。开展秸秆焚烧巡查5762人次，督查19次，交办着火点4个、焚烧黑点17个，共处罚122件，罚款金额8430元。全年办结一般程序案件191件，违停案件10216件，已结罚款164.4万元，智慧停车、疏导点租赁等城市管理收益174.2万元，“三改一拆”、“两违”防控罚款326.3万元，共计收入665万元。

借力浙江省委巡视高压态势，开展“对标看齐、军令督办”专项检查77次，转办军令督办单10份，发出督查通报6期，实名通报科队10次，人员15人次，约谈对工作落实不到位和不遵守行为规范人员19人次，劝退协勤人员1人；借力环保督察，结合“蓝天保卫战”和职能范围内环保领域相关工作，整合重点任务，做好强化监督，实现计划、任务、时间、地域、人员、方式等六个统筹；借力“基本无违建县”创建督查，推动形成“三改一拆”势不可挡的良好态势；借力违建别墅清查整治专项督查，做到整治一项、验收一项、销号一项，确保工作取得实效；借力“扫黑除恶”东风，成立“扫黑除恶”专项工作领导小组，重点抓好行政执法工作中出现的暴力抗法、煽动群众干扰正常执法秩序行为，在违法建设管控拆除和其他拆迁工程中煽动闹事，在城市管理领域恶意占道经营、不听劝阻、恣意妄为、严重违法违规的市霸、路霸、村霸等黑恶势力，以及群众信访举报反映的其他涉黑涉恶涉伞问题等方面和领域的排查治理。

【“基本无违建县”创建】 6月5日，经浙江省无违建县(市、区)创建工作领导小组办公室组织考核验收，龙泉市被列入第四批“基本无违建县(市、区)”。市执法局根据浙江省“三改一拆”办新增违建“天网行动”要求，依托“四个平台”、“两违”防控综合管理系统及各级网格员管控，通过“两类”示范建设有效控制新增违法建筑。在剑池街道周际E区块、六村区块“两违”有效管控基础上，全面铺开征迁留地安置房“无违建示范小区”建设，新增翁仁c组团、松溪路地块、芳野社门头地块3处示范小区，对市域范围内在建的自建房、农民安置房进行管控，做到按图施工、按图管控。全年共出动巡查队员8000余人次，即查即拆80余处新增违法建筑。同时，新增中梁首府、上城花园等6处住宅小区“房长”办公室，进行规范装修管控。

建立商品房违建联防机制，通过新发违建停水停电、干部职务职级晋升和评先评优房产违建入户核查等有效管控机制防违治违，逐步完善健全。10月1日起，依据《龙泉市房屋建筑违法装饰装修必拆导则(试行)》规定，对办理不动产(商住房)转移登记实行违建审查，共接收不动产(商住房)转移登记916件，冻结过户233件；干部职务职级晋升、评先评优等违建审查，共收到各单位及上级部门要求审查名单44人。

完成“三改一拆”信息管理系统数据库中66万存量违建处置，完成西街街道红豆杉山庄近2000平方米违建农家乐拆除，完成临江区块50余家近10万平方米违建企业厂房拆除，开展十年遗留历史问题“五个山庄”违建别墅拆除工作。全市6年累计拆违面积达到685万平方米，2019年度完成拆违面积81万平方米，完成年度目标任务(50万平方米)的162%。

对市区江滨南岸、江滨北岸等大区块编制拆后规划，以浙江省“三改一拆”办城中村改造清剿行动、老旧小区提升攻坚行动为抓手造项目，推进吕家屋、南秦区块治理提升工程等一系列“三改”项目，不断拓宽城市发展空间，提升群众生活品质。全市6年累计“三改”面积1012万平方米，2019年度完成“三改”面积24万平方米，圆满完成年度目标任务。联合剑池街道，依法对江滨南岸原国境药业周边区块城中村棚户区改造项目征迁范围红线内一处违法建筑实施“即查即拆”。征收签约时，执法局第一时间响应市委市政府号召，主动担当作为，勇于攻坚克难，班子成员和科队长尽锐出战，日夜兼程，加班加点，激发出强大的团队精神和凝聚力、执行力、战斗力，为原国镜药业周边区块土地和房屋征收工作的100%签约作出应有贡献。

【污染防治“蓝天保卫战”】 2019年，市执法局以维护“天蓝、地绿、水清”为目标，制定《综合行政执法局“打赢蓝天保卫战”加强大气污染防治工作方案》《龙泉市综合行政执法局餐饮油烟整治工作方案》等工作方案，通过宣传、巡查、整顿三步走，强化服务管理为主的工作理念，持续深入开展“蓝天保卫战”。12月12日，丽水市大气污染防治专项督查组到龙泉，现场检查了餐饮污水整治工程建设情况。

城区全面禁止燃放烟花爆竹，该局负责烟花爆竹禁燃巡查工作，开展烟花爆竹禁燃宣传教育工作，把燃放危害、禁燃区域、举报热线、相关法律条文等作为主要内容，以案例、图片等形式，通过微信公众号、宣传单等载体告知广大市民，改变市民逢年过节燃放烟花爆竹的传统思想。

4月，成立龙泉市餐饮油烟污染整治工作领导小组，印发《龙泉市区餐饮油烟污染整治工作实施方案》。对整治范围内300余家餐饮店进行全面摸排，其中65户已自行安装油烟净化设施，并对拟整改餐饮服务单位进行整改宣传告知，做到整治一批、验收一批、巩固一批，完成60户餐饮单位新安装油烟净化设施的年度整治目标。

开展餐饮污水整治工作。4月起，牵头组织市市场监管局、丽水市生态环境局龙泉分局、市住房和城乡建设局等单位，联合开展市区重点区域餐饮污水排放整治工作，通过现场实地摸排、图纸定位，对整治区域内各餐饮店的餐厨污水排放方向进行一一标注。同时，与住建部门进行对接，确定整治区域内的市政污水管道分布情况。截至10月10日，完成一区块(大转盘—人民医院区块)污水排放整治项目建设。

开展蜂窝煤和散煤专项整治。制定《蜂窝煤和散煤专项整治实施方案》，以文艺巡演、户外广告牌、报纸、公众号等形式，对此项工作加强宣传；

通过关停、清理和物品兑换等途径，对城区整治范围内生产销售、燃用蜂窝煤和散煤的行为进行整治，回收居民和餐饮单位蜂窝煤12544个、煤球炉4015个。截至5月底，所有蜂窝煤生产单位停产停业，是丽水市唯一一个实现县域范围内蜂窝煤“零生产”的县(市、区)。

【城乡环境秩序整治战】 2019年，市执法局加强违停整治工作，扩大范围至市区重点街道路段，通过轮班制保障周末及节假日正常执法抄告14959车次，同时在丽水百货、阳光超市、人民医院等路段设置了禁停标志。结合“智慧停车”二期项目，增加路侧停车位172个、停车场1个(43个车位)，为提高车位使用率，根据群众意见和建议，结合停车区域实行差别化收费，划分一类、二类收费标准。

全面加强犬类管理。牵头开展犬类管理专项整治工作，2019年共发放文明养犬宣传手册2000余份，捕捉流浪犬221只，办理犬证224份。针对群众普遍关注的犬证办理“程序繁、多头跑、时间长”等问题，将办理流程简化为“在家办+合署办”，整合职能成立犬类管理服务中心，推进犬证“一站式”办理；完善公共设施管理，加强公共自行车、疏导亭等公共设施管理，定期检查设备，及时修复破损情况。根据人流量和使用率，合理调度自行车、投放疏导亭，并采取提前上岗、日常巡查的方式，规范疏导亭的经营时间和经营地点。

开展“律师驻队”试点工作，邀请浙江金铿律师事务所驻队律师根据《驻队律师随队执法监督制度》，参与一线执法，对执法疑难点提供专业意见，及时纠正现场发现的问题，及时介入重大疑难案件，参与行政复议、行政诉讼案件。通过组织驻队律师参与综合行政执法业务培训、举办“龙泉论剑·执法大讲堂”等活动，提升执法人员业务能力和水平；联合驻队律师多次进街道、社区开展普法宣传活动，真正落实“谁执法谁普法”的执法理念。驻队律师共参与“法制沙龙”60余次，以法律思维的角度为执法人员解读已划转职能的部门边界问题，详细讲解相关法律法规的适用问题。10月16日，浙江省综合执法办调研组赴龙泉现场调研律师驻队工作，并听取该局律师驻队工作汇报。开展“非接触性”执法试点工作，根据《“非接触性”执法试点实施方案》，接入城区重要街道、主要路口等区域12个视频监控，重点监控市政设施、市容市貌等，包括跨门经营、人行道违停、违法广告牌等违法行为。配备150台执法记录仪、3台无人机，利用监控、执法记录仪、无人机航拍等手段，实现音频、视频、监控云端互联，加快实现执法过程的全程留痕、可视监督，提升三线统一作战的能力。

“平安龙泉”保障常态化，市执法局出动5000余人次参加安仁元宵灯会、端午龙舟赛、第二届世界青瓷大会暨第十一届龙泉青瓷龙泉宝剑文化旅游节、浙江大学龙泉办学80周年纪念大会等重大活动保障工作，确保各项活动顺利举办。

【“不忘初心、牢记使命”主题教育】 2019年，市执法局党组制定并下发《龙泉市综合行政执法局党组“不忘初心、牢记使命”主题教育实施方案》，成立领导小组和办公室，下设综合协调、宣传报道、整改监督和后勤保障4个工作组；建立领导小组办公室集体研究、综合协调组每周更新进度等制度，健全信息报送、督促指导、整改落实等机制。

以学习贯彻习近平新时代中国特色社会主义思想为主线，制订学习计划，将自学、集中学习和专题研讨结合起来，构建党组示范学、中心组集中学、全局会议学、支部组织学、个人主动学、网络在线学机制，举办了3次中心组学习、3次支部集中学习研讨、3次全局会议集中学习。9月30日、11月29日，组织开展主题教育应知会答题测试，进一步加深印象，确保党员干部熟练掌握主题教育应知应会内容；9月29日，前往芳野浙江大学旧址开展初心之行；10月22

2019年9月24日，市执法局开展主题教育集中学习 (曾力培／供图)

日，前往八都镇大坦村开展使命之行。组织开展“八个专题”和“十九届四中全会精神”领导班子专题研讨各1次。

以问题为导向，聚焦民生实事、部门职责、干部队伍建设等情况，班子成员带头深入分管领域重点区块、联系村八都大坦村、各基层中队开展调研，拟定“如何有效推进餐饮油烟整治，提升群众生活幸福感”“如何有效解决信访投诉件数量较多、重复投诉率偏高问题，为群众排忧解难”“如何有效解决群众关切的噪音扰民问题，提升群众满意度”“如何有效治理工程车‘抛漏撒’行为，推进扬尘整治”“城区商品房装修严格执法和人性化管理相结合”“解决协勤队伍职数配比不科学不合理问题”“大坦村乡村振兴工作开展情况和小微园消薄壮村项目建设情况”等7个调研课题，深入开展调研，形成报告5份，召开专题座谈会7次，专题会议交流调研成果1次。

按照习近平总书记关于“四个对照”“四个找一找”的重要指示精神，把自己摆进去、把职责摆进去、把工作摆进去，刀刃向内检视自身问题，不断完善问题清单。11月6日，召开局班子对照党章党规找差距专题会议，检视查摆梳理更新“两张清单”10次，查找形成17个具体问题的检视问题清单，已完成整改13个，4个已取得阶段性成效，机关支部全体党员共查摆出个人问题和工作问题57个并已全部完成整改；12月5日，召开民主生活会，由党组书记代表领导班子作检视剖析，班子成员表态认领9个具体问题和整改责任，并逐一进行批评和自我批评。

【“三服务”工作】 2019年，市执法局在龙渊金汇苑小区、剑池锦园等楼盘设立社区综合行政执法办公室，基层执法中队定期入驻社区综合行政执法办公室，开展法律知识宣传、现场办公等，倾听基层群众意见，为群众提供“送上门的服务”。同时，主动深入结对帮扶村八都镇大坦村调研指导帮扶工作，与村民面对面交流，了解帮扶村的实际需求。通过实地调研，掌握该村精准扶贫、新农村建设等工作情况。及时与村两委干部进行座谈，交流有关精准扶贫、产业发展（八都镇大坦竹木加工小微企业园）以及管理等工作情况，详细了解工作中遇到的难题，提出相应的建议和对策，并积极帮助解决问题。全年，八都镇大坦竹木加工小微企业园政策处理、项目审批、厂房建设等进度名列全市前茅。

【工作创新】 2019年，市执法局开展“三张报表”大比武，并将比武结果运用于干部职务晋升、个人评优评先、科室（中队）考核等工作中。第一张报表是信访投诉快接快办，通过开展“服务报表”大比武，接收信访事项3124件，处置率100%，群众满意率99.38%。第二张报表是执法讲堂常开常新，通过开展“学习报表”大比武。开设“龙泉论剑·执法大讲堂”，采取“1+2+1+X”模式▲开展10期执法大讲堂，邀请专家授课3名，参加授课干部17名，参加学习人员1000余人次。第三张报表是行政案件提效提质，通过开展“执法报表”大比武，领导班子带头学法用法，全局干部学法氛围浓厚，除2019年新招录公务员外，其他在编干部均已通过《浙江省行政执法证》考试。 （许积艳 曾力培）

▲“1+2+1+X”模式：每月开展1期大讲堂，每期邀请2位主讲人，主讲人由1名科队负责人和若干个业务骨干组成。科队负责人必讲，业务骨干轮讲，实现全体干部学法讲课全覆盖。

城市供能保障

【概况】 2019年，根据浙江省政府办公厅下发的《2019年浙江省政府十方面民生实事分解任务的通知》，龙泉市2019年任务为建设3座综合供能服务站。5月15日，龙泉市政府办公室发文成立龙泉市综合供能服务站建设工作领导小组，协调解决推进过程中碰到的困难和问题，负责区域内站点建设的牵头落实，办公室设在市发展改革局。全年该市完成大毛垟加油站和塔下加油站2座改造站点建设，完成里下畈站、上垟站、临江站3座综合供能服务站建设，全面完成浙江省民生实事建设任务。

3座综合供能服务站由龙泉市国有资产经营有限公司和浙石油公司合资成立的龙泉市浙石油综合能源销售有限公司投资建设，主要经营汽柴油零售业务、汽车充电等服务。里下畈站位于西街街道牛头岭村（西溪小区对面），占地面积5533.361平方米，总投资5950万元。上垟站位于上垟镇高速出口往青瓷小镇方向200米，占地面积2400.012平方米，总投资3200万元。临江站位于龙渊街道临江村村口龙梧线北侧，占地面积4066.687亩，总投资5810万元。 （叶 蓓）

【供水】 2019年，全市新增用水户2255户，安全供水1247万吨。市建设局推出企业用水“123工程”▲，完成“一户一表”安装、改造2145户，完成ND50以上给水管道安装18269米；在传统卡片抄表的基础上进行升级，开发手机抄表系统。源水、出厂水、管网水水质检测合格率为100%，水质

2019年龙泉市各行业售电量、售电到户均价一览表

表18

行业分类	售电量(万千瓦时)	售电到户均价(元/千千瓦时)
大工业	21870.41	720.62
普通工业	12432.30	712.57
农业	1057.09	697.41
居民	22580.83	530.50
商业	7501.20	716.03
非工业	8242.84	699.81
电力销售情况合计	73684.67	657.87

综合合格率100%，通过浙江省卫生监督量化分级管理A级单位复审。

▲“123工程”:1天受理,2天勘察,3天安装。

【供电】 2019年,国网龙泉市供电公司完成固定资产投资1.17亿元,其中电网投资9913.2万元；售电量7.37亿千瓦时,同比增长6.39%;营业收入4.22亿元,同比增长3.77%;最高负荷15.52万千瓦,同比增长6.8%。打造“双环网”高可靠性城区配网,配套4个小城镇综合治理,升级5个乡村振兴改造,投产35千伏线路6.4千米以及10千伏配电线路119.39千米,新增公变容量23.47万千伏安。

贯彻各级安全生产责任制,阶段开展“安全生产月”和“奋战60天,全年保安全”活动,连续安全生产5759天。实行“5+2”常态稽查模式,开展各级稽查2843次,查处违章1176起。完善21项预案,加强应急演练,深入全员安全教育。实施可靠性提升工程,开展“线长制”高故障线路治理和网格化运维,线路故障率同比下降36.28%,成功抵御“暴力梅”“利奇马”台风等极端恶劣天气。高质量完成龙泉市“两会”、中高考等39次重大活动保供电工作,确保供电安全可靠。

围绕新能源送得出、新需求供得上、新布局更可靠,编制“十四五”▲电网规划。提前谋划,增加项目储备6399万元。加速重点工程,积极配合丽西、龙南、查田输变电等主网项目前期属地工作,投运完成35千伏锦溪变,推动龙泉电网从1.1向2.2迈进。开展兰巨所区域生态电网示范点建设,探索能效服务、供需互动、智慧用电等新兴服务模式。

持续优化电力营商环境,深化“最多跑一次”改革,推广“掌上电力”APP 2.2万户,上线浙江政务网上服务20项,实施不动产联动过户391户,构建智能交费全覆盖服务圈。加强办电时限管控,高压办电时长同比下降33.6%。提升服务能力,开展供电所管理提升三年行动,转型升级“三型一化”(智能型、市场型、体验型和线上线下一体化)营业厅3个。实施精准助企,领导结对,累计走访大客户26家,服务32次,帮助节约电费70万元。有序推进光伏发展,新增光伏用户378户9000千瓦。开启“产学研用”合作模式,合力破解青瓷行业烧制技术瓶颈,完成陶瓷行业“气改电”176家,节省企业开支359.87万元。完成香菇烘干、茶炒制、电炊具及居民采暖等电能替代项目149个,减少二氧化碳排放量1.39万吨。聚焦民生实事,主动参与污染防治攻坚战,推进综合供能服务站、公交快充站建设,抢建“空调进教室”民生工程,实施“千户万灯”公益项目。倾力精准扶贫,精心组织扶贫日活动,推进长寿氧吧小镇等项目，落实浙江省电力公司对口帮扶兰巨、道太资金145万元。 (何李晔)

▲“十四五”:电网的第十四个五年规划。

【供气】 2019年,龙泉市新增天然气用气481户,总户数2070户,安全供气累计约1838万立方米。为了方便用户，天然气公司增加IC卡自助充值机,24小时服务。在后继新开通的小区,装远程表,实现手机抄表服务。该年开通微信公众号“微客服”网上办理平台,平台移动端实现居民和非居民用户的天然气开户、拆改挂表点火预约服务、过户、销户、非居民报装、信息查询、投诉咨询等便民业务办理。在原有银行代扣缴费通道的基础上,开通支付宝、微信生活缴费平台燃气费缴纳功能。2019年,液化石油气累计销售量约4898吨。

环境保护

综　述

【概况】　2019年，龙泉市环境空气有效监测365天，其中优良天数365天，环境空气优良率AQI为100%，位列浙江省第一；环境空气质量综合指数2.29，位列浙江省第三；PM2.5平均浓度为20微克/立方米，位列浙江省第二。城区声环境质量良好，区域环境噪声昼间平均等效声级为52.4分贝，总体水平等级为二级，达到“较好”水平；道路交通声环境噪声平均值为65.3分贝，强度级别为一级，达到“好”等级。全市16个地表水断面水质全部达到或优于地表水Ⅱ类标准，达标率为100%，其中Ⅰ类水质标准的断面7个，占43.8%。岩樟溪集中式饮用水水源地水质达到Ⅰ类水质要求；龙泉—云和出境地表水交接断面年均水质为Ⅰ类，年度考核为优秀。全市土壤环境质量状况良好。

全市以岩樟溪饮用水保护区为重点，严格落实饮用水源保护措施，开展各项常规监测和日常监管执法，完善岩樟溪集中式饮用水水源突发环境事件应急预案，实现岩樟溪等各处饮用水水源地水质达标率100%。全市生态文明建设取得新进展，生态环境质量持续保持浙江、丽水领先。龙泉市被评选为浙江省清新空气示范区。市国镜药业“点绿成金”模式成为全国生态产品价值转化典型。凤阳山自然保护区成立浙江省首个生态保护联络站。浙江龙泉生态环保教育基地成为浙江省级生态文明教育基地。

1月21日，丽水市生态环境局龙泉分局挂牌成立。原龙泉市环境保护局承担的职责，龙泉市发展和改革局承担的应对气候变化和减排职责，龙泉市国土资源局承担的监督防止地下水污染职责，龙泉市水利局承担的编制水功能区划、排污口设置管理和流域水环境保护职责，龙泉市农业局承担的监督指导农业面源污染治理职责划入丽水市生态环境局龙泉分局。

2019年6月5日，浙江龙泉生态环保教育基地在开发区揭牌成立　（项　松/供图）

【污染防治攻坚】　2019年，该市以清新空气示范区建设为抓手，推进工业企业废气、重点园区废气、工业炉窑、柴油货车污染、机动车维修行业等专项治理行动。以“污水零直排区”建设整治提升“回头看”为抓手，在全面排查企业排污管道及雨污分流情况的同时，指导企业优化车间布局，切实做好雨污分流、清污分流、废水分质分流等工作。推进镇工业园区污水处理厂在线监测建设，完成查田镇、八都镇、安仁镇三个污水处理厂在线监测系统建设，完善在线污染监测体系。推进土壤污染状况详查，强化污染地块开发利用联动监管。

【美丽乡村建设】 2019年，该市获评浙江省美丽乡村示范县，农村人居环境整治工作受到国务院办公厅通报表彰。开展新时代美丽乡村建设，打造“千万工程”升级版工作。以“六边三化三美”“小城镇环境整治”“三改一拆”等为抓手，深入推进环境综合整治，全市小城镇环境综合整治行动圆满收官，16个乡镇（街道）、19个整治点全部通过考核验收。

【生态保护修复】 2019年，该市开展生态保护红线调整评估，启动生态保护红线勘界定标。开展森林资源动态监测，完成绿化造林更新16206亩。完成全市2个自然保护地（凤阳山国家级自然保护区和龙渊森林公园）基本情况的摸底调查，启动住龙镇生物多样性本地调查工作。开展自然保护地范围内生态环境隐患大排查，推进凤阳山自然保护区规范化建设。积极开展水土流失治理，推进龙泉市花桥等3条小流域和龙泉市田坑等6条小流域水土流失综合治理项目，完成治理面积13.5平方千米。完成2家绿色矿山建设，纳入全国绿色矿山名录。

【生态创建行动】 2019年，该市积极推进浙江省级生态文明建设示范市创建工作，与浙江环科环境研究院有限公司合作开展浙江省级生态文明示范区技术评估。借助“丽水之赞”效应和“绿水青山就是金山银山”理念培训班余热，与生态环境部环境与经济政策研究中心、中国环科院、生态环境部南京环境科学研究院等国字号单位联合探索龙泉“两山”转化路径。建成浙江龙泉生态环保教育基地，被列为第九批浙江省生态文明教育基地。开展绿色学校和绿色家庭创建工作，申报绿色学校1家，浙江省级绿色家庭1户，丽水市级绿色家庭25户。

9月29日，市生态环境保护综合行政执法队正式成立，主要承担所辖区域内生态环境保护行政执法、业务指导、组织协调和考核评价等职能。

重要活动

【环境执法与应急】 2019年，龙泉市统筹开展“蓝天保卫”“护水斩污”“清废净土”等系列执法行动，持续加大对环境违法犯罪行为的打击力度。该年全市环境执法立案17起，处罚款180余万元，各类环境信访案件处置率达到100%。创新执法手段，将环保无人机应用于环境监察执法工作，形成“地面环境执法+无人机航拍”的立体监察格局。

【环境信访及提案答复】 2019年，该市环境信访形势总体保持平稳，未发生非正常越级上访和大规模群众集体上访事件。全年市生态环境系统共受理各类环境信访投诉共196件，同比下降32.17%；重复信访件34件，同比下降52.23%。市生态环境局全年共办理生态环境保护类政协提案3个，相关问题得到妥善解决。

【环境宣教】 2019年，利用丽水生态文明日等时间节点，围绕环评审批、污染治理、垃圾分类等内容，开展环保宣传进校园、进园区、进企业等多种形式的宣传活动，取得良好社会效果；将市环境监测站、回归工程污水处理厂等2处环保公共设施向公众开放，全年接待企业负责人、青少年团体2000多人次。团市委、治水办等部门联合开展“河小二”助力治水活动，积极引导全市群众参与生态环境保护。

“6·5”世界环境日宣传活动　（项　松／供图）

【污染防治管理】 2019年，该市严格执行排污权有偿使用和交易，完成排污权交易企业7家，催办企业20家。根据上级核定，2018年度，全市化学需氧量、氨氮、二氧化硫、氮氧化物等4项污染物排放总量较上一年，分别下降7.47%、6.82%、1.82%和11.98%，均超额完成上级下达的年度目标任务。全市共审批建设项目环评56个，登记表备案项目413个；企业自行组织完成建设项目污染防治设施竣工环境保护验收55个；完成“区域环评+环境标准”改革备案项目36个。

“五水共治”工作

【污水零直排区建设】 2019年，龙泉市安排0.4亿元项目资金创建污水零直排区，其中城镇生活小区污水零直排区5个，乡镇（街道）污水零直排区3个，工业集聚区污水零直排区1个。城镇生活小区污水零直排区试点累计投入资金1200万元，完成进度100%；工业集聚区污水零直排试点累计投入资金2326万元，完成创建；乡镇（街道）污水零直排区试点累计投入资金600万元。

【美丽河湖创建】 2019年，该市抓“美丽河湖”创建，夯实大花园建设基础，为落实浙江省委“打好五张牌、培育新引擎、建设大花园”，通过龙泉溪治理二期工程、岩樟溪河流综合治理工程、八都溪河流综合治理工程等一系列水生态工程的建设，打造浙江“大花园”最美核心园项目，已完成《2019—2022年美丽河湖创建实施方案》的编制工作。全年该市完成3条美丽河湖创建的工作，其中龙泉溪起止点为李家圩至后沙桥，治理河长20.9公里；八都溪起止点为上垟镇木岱村至八都镇镇政府，治理河长为15公里；岩樟溪起止点为岩樟乡岩樟一级水库至西街街道宫头电站，治理河长为15.9公里。

【河（湖）长制工作】 该市出台《龙泉市2018—2020年“湖长制”工作实施方案》，河湖共抓，明确各级河（湖）长、河（湖）长办、河道警长、各有关单位责任落实；县级河长32人、县级湖长5人，乡级、村级河长435人，湖长56人。各级河（湖）长落实责任河道475条，实现全境内水系到人员的全覆盖，并延伸至沟、渠、塘等小微水体，由最高级别河（湖）长负责统筹各部门联动，制定、修改“一河（湖）一策”，切实解决河湖问题；建立健全河长巡河公示通报制度，每月市乡村三级河长巡河率100%，全年总巡河率100%，河道（湖泊）问题处理率100%。（项　松）

“三改一拆”工作

【概况】 2019年，龙泉市拆违面积81万平方米，完成年度目标任务（50万平方米）的162%，完成拆违面积总累计685万平方米；全年完成“三改”面积24万平方米，圆满完成年度目标任务，完成“三改”面积总累计1012万平方米，拆后土地利用率达85%。全市19个乡镇（街道）全部创成“基本无违建乡镇（街道）”，13个乡镇（街道）创成“无违建乡镇（街道）”。

按照“以改带拆、以拆促改、拆改结合”要求，通过城中村改造、旧住宅区改造、旧厂区改造助推龙泉市重点项目建设。该年对龙泉市江滨南岸、江滨北岸等大区块编制拆后规划，以浙江省“三改一拆”办城中村改造清剿行动、老旧小区提升攻坚行动为抓手，打造吕家屋、南秦区块治理提升工程等一系列“三改”项目。

该年，根据浙江省“基本无违建县”现场验收组反馈意见，第一时间启动32个点位整改工作，对所有点位进行重新核查和无人机航拍取证，按“一案一策”要求列出整改处置意见，并开展集中攻坚，用时3个月全面完成点位整改工作。结合违建别墅整治、大棚房整治等专项整治，在全市范围举一反三、以点带面对辖区内类似问题进行再次排摸，罗列整改点位，按“同类问题一同整治”原则，完成西街街道红豆杉山庄近2000平方米违建农家乐拆除，完成临江区块50余家近10万平方米违建企业厂房拆除，5月顺利通过省级复查，并于7月成功获评浙江省第四批“基本无违建县”。

【“两类”示范小区建设】 2019年，推行“两类”示范小区建设。在剑池街道周际E区块、六村区块“两违”有效管控基础上，全面铺开征迁留地安置房“无违建示范小区”建设，新增翁仁c组团、松溪路地块、芳野社门头地块3处“无违建示范小区”；加强住宅小区装修违建源头管理，设置“两违”防控执法工作室与物业巡查管控合署办公的“房长”办公室，派驻网格“副房长”与物业人员一起办公，在金汇苑首个“规范装修示范小区”建成基础上，新增中梁首府、上城花园等6处住宅小区“房长”办公室，进行规范装修管控，打造商品房“规范装修示范小区”。（周凌宵）

自然资源

综　　述

【概况】 2019年，龙泉市自然资源管理局全面开展永久基本农田“田长制”试点、“村级耕地保护监督员”试点、“耕地保护补偿基金”试点等工作，落实该年度耕地保护以奖代补资金914.6万元。实施全域土地综合整治与生态修复工程5个，其中2个土地整治子项目已竣工，垦造耕地立项3227亩，验收10295亩，全域整治得到有效推进。全力推进龙石街道季边村建筑石料采矿权和上垟镇黄渡村建筑石料采矿权等2个矿地综合开发利用项目，全面开展矿山综合整治大排查并完成整治整改，全年累计建成13家绿色矿山，矿产资源得到有效利用。完成违法用地线索核查54宗，完成立案50宗，作出处罚决定17宗；发现违法用矿10件，完成违法用矿线索核查5件，完成立案5件，作出处罚决定1件，处罚款48.53万元，用地秩序持续向好。

全年共编制18个规划局调方案，涉及规划新增建设用地1344亩。该年争取省厅下达龙泉市新增建设用地指标1126亩。完善修改《龙泉市土地储备管理办法》，完成土地收储2宗，收储面积3164平方米，收储资金469万元。土地市场保持健康活力。着力保障土地供应，完成出让供地44宗，面积660亩，合同土地出让金收入8.8亿元。优化资源配置成效显著。完成国有存量建设用地供应面积244亩；完成城镇低效用地再开发用地供应200亩。完成疑似闲置土地处置43.677亩；全年完成地下空间开工建设11.8万平方米。委托浙江省城乡规划设计研究院全面启动全市国土空间规划编制工作，已完成101项指标收集、工作方案制定及专题研究工作。开展国土三调工作。形成龙泉市第三次国土调查初步成果，勾绘全市成果图斑12.3万个，提取外业图斑及完成举证图斑1.7万个。累计发布政务地理信息数据2070条，其中“最多跑一次”办事网点地理信息数据496条。全年实现土地性收入22.8亿元，土地性收入同比增长18%，比年初市委市政府下达的16亿元任务超额完成42.5%。

兰巨乡上湾重大隐患点完成核销程序；加强核销隐患点检查监管，共设置监管警示标志牌45处。全年累计发布预报预警信息34条次，发布三级预警25次、二级预警2次。完成土地复垦20余亩。宅基地改革全面推进，全市完成农房测绘共计57122宗，发放农村宅基地及住房不动产权证16088宗；宅基地“三权分置”改革全面提速，制定出台《龙泉市闲置农房重建、改建审批实施方案》。“最多跑一次”改革全面深化，完成“最多跑一次”事项的审查要点梳理共238项，零次跑实现率达100%，全年共受理各类不动产业务35396件（份），完成行政审批事项206件。

圆满完成违建别墅问题专项清查整治。在市委市政府坚强领导和统一部署下，通过指挥部、工作专班、专项工作组的精诚协作、紧密配合、奋勇攻坚，强力推进“五个山庄”违建别墅问题专项整治行动。11月23日，全面启动协议签订及房屋腾空；11月30日，全线启动房屋拆除；12月5日，完成80幢共计3.2万平方米的违建别墅全面拆除，并组织开展复绿等工作。坚决坚定完成“大棚房”清理整治。第一批排查出13个点位16个“大棚房”问题并完成即查即改，第二批发现11个图斑6个点位存在“大棚房”问题，并立即完成整改。坚决坚定推进储备补充耕地核查整改，通过影像比对、外业实地举证资料、数据分析和现场查看相结合的方式，共核查整改项目337个。

城乡规划

【概况】 2019年，龙泉市城乡规划工作紧紧围绕全市中心工作和重点工作，以浙西南革命精神为引领，坚持

"绿水青山就是金山银山"理念,挖掘规划深度,加快推进重点项目规划选址及审批,启动龙泉市国土空间规划编制工作,深入优化人居环境,举全局之力奋力建设最美大花园。2019年,启动龙泉市国土空间规划编制工作,计划2020年全面完成规划编制。国土空间规划是一个全新的规划,将主体功能区规划、土地利用规划、城乡规划等空间性规划融合统一,实现"多规合一",有利于改善过去规划体系部门条块分割所带来的弊端。

该年还开展《龙泉城北片区、棋盘山区块控制性详细规划》编制,委托浙江省城乡规划设计研究院对市区城北区块面积400公顷、棋盘山区块面积295公顷进行控制性详细规划及形体方案设计。完成《龙泉青瓷文化创意基地环境综合提升与文化物化设计》编制,将剑瓷等元素更好融入美丽龙泉建设中,以文化引领城市高质量发展,把龙泉建设成为山水文化风雅之城。组织西街历史文化街区市政管网专项规划、兰巨乡官田村传统村落保护与发展规划等12个规划评审会;根据《中华人民共和国城乡规划法》《浙江省城乡规划条例》,上报了关于报批《龙泉青瓷文化创意基地大师园区块控制性详细规划》《龙泉市LQ—ZX—12单元控制性详细规划》等12个规划的请示。谋划建材市场、二手车市场、体育中心、精神专科医院等项目选址。

城乡规划委员会全年共审议项目15个,审查通过项目55个。农村建设管理,共审批农房36户。选址意见书123件,用地规划许可证287件,建设工程规划许可证236件。

【项目推进】 加快推进龙泉瓯江文化休闲康养中心、小微企业园、宝剑小镇、龙泉市总工会职工学校、四中扩建工程、中医院迁建等重点项目。完成宝剑小镇(一期)出让地、上凉亭(二期)区块、查田镇悦来路西侧地块等44个区块规划设计条件和用地红线图;办理了安仁镇中心幼儿园新建工程项目、第四中学扩建工程建设项目等105个选址意见书附件及规划用地红线图;出具了二村、六村、南秦村、水南村等61个征迁安置房建设项目(共619植)的规划用地红线图;完成了龙泉浙大中学、浙江恒祥玩具有限公司年产180万套木制玩具生产线建设项目(1号厂房、2号厂房)等30个建设项目规划核实工作。

【其他工作】 地下空间工作:2019年地下空间开工建设118046.78平方米,竣工规划核实后投入使用地下空间37841平方米,新增加地下停车位1254个。危房重建工作:完成城区18户危房重建审批项目,总建筑面积为5831.33平方米;完成西街历史文化街区危房修缮审批项目18栋。棚改项目工作:根据市委市政府统一安排部署,完成砧石街道龙商鞋产业回归工程、江滨北岸凤起路、南秦七星井、原国镜药业周边区块4个地块城中村棚户区改造项目土地和房屋征收红线图,总用地面积为1872.36亩。

自然资源管理

【概况】 2019年,龙泉市土地总面积304417.公顷,各地类情况为:耕地面积25535.84公顷,占全市土地面积的8.39%。其中水田19876.2公顷,占全市土地面积的6.53%;旱地5659.64公顷,占全市土地面积的1.86%。园地面积1499.45公顷,占全市土地总面积的0.49%。其中果园897.55公顷,占全市土地面积的0.29%;茶园460.08公顷,占全市土地面积的0.15%;其他园地141.82公顷,占全市土地面积的0.05%。林地面积257446.87公顷,占全市土地总面积的84.57%。其中有林地247549.73公顷,占全市土地面积的81.32%;灌木林地2132.8公顷,占全市土地面积的0.7%;其他林地7764.34公顷,占全市土地面积的2.55%。其他草地2617.66公顷,占全市土地面积的0.86%。城镇村及工矿用地4969.56公顷,占全市土地总面积的1.63%。其中城市1022.3公顷,占全市土地面积的0.34%;建制镇287.73公顷,占全市土地面积的0.09%;村庄3511.31公顷,占全市土地面积的1.15%;采矿用地108.92公顷,占全市土地面积的0.04%;风景名胜及特殊用地39.3公顷,占全市土地面积的0.01%。交通运输用地2306.69公顷,占全市土地总面积的0.76%。其中公路用地1503.67公顷,占全市土地面积的0.49%;农村道路803.02公顷,占全市土地面积的0.26%。水域及水利设施用地5286.12公顷,占全市土地总面积的1.74%。其中河流水面3199.84公顷,占全市土地面积的1.05%;水库水面1772.97公顷,占全市土地面积的0.58%;坑塘水面83.56公顷,占全市土地面积的0.03%;内陆滩涂171.14公顷,占全市土地面积的0.06%;沟渠38.08公顷,占全市土地面积的0.01%;水工建筑20.53公顷,占全市土地面积的0.01%。其他土地4755.36公顷,占全市土地总面积的1.56%。其中设施农用地31.47公顷,占全市土地总面积的0.01%;田坎4573.38公顷,占全市土地总面积的1.5%;裸地150.51公顷,占全市土地总面积的0.05%。

【矿产资源】 2019年,龙泉市境内已探明地下矿藏有铅锌、铁矿、金银、萤石、叶蜡石、石英、大理岩、瓷土等,截至2019年年底保有资源储量，其中：铁矿储量2031.79千吨，金矿储量634.07千克，铅锌储量57459.68吨，铜矿储量46.793千吨，萤石储量688.9千吨，硫铁矿储量222.25千吨，叶蜡石储量809.35千吨，石英储量1223.27千吨，方解石储量306.86千吨；陶瓷土主要分布于上垟瓷土矿的3个矿段，储量891千吨。截至2018年年底，龙泉市有探矿权6宗，采矿权18宗，大型矿山1家，中型矿山4家，地下开采矿山10家，露天矿山8家。其中国有矿山1家，有限责任公司17家，2019年年产矿石总量35万吨，同比下降73%，年产值30358.11万元，同比增加22.1%，利税总额12742.13万元，同比增长178%。主要矿山有浙江佳和集团有限公司龙泉铅锌矿、龙泉市砩矿有限责任公司八都萤石矿、龙泉市龙阳矿业有限公司铁矿、龙泉市金城矿业有限公司，其他矿山企业规模较小。

2019年6月25日，进校园开展全国土地日宣传活动　（赖　东／供图）

耕地保护

【概况】 2019年，龙泉市自然资源和规划系统为落实最严格的耕地保护制度，全面开展永久基本农田“田长制”试点、村级耕地保护监督员试点、耕地保护补偿基金试点等工作。落实2019年度耕地保护以奖代补资金914.6万元（80%），用于村集体的农田基础设施修缮、地力培育、耕地保护管理等。启动永久基本农田划定成果调整完善工作，上报浙江省自然资源厅龙泉市储备区面积为14659亩。认真开展资料收集、数据核对、材料查漏补缺等工作，2018年度耕地目标保护考核获得丽水市考核优秀等次。

【全域土地综合整治与生态修复】 2019年，市自然资源和规划系统推进“山水林田湖草”整体保护、系统修复、综合治理，经省厅批复实施全域土地综合整治与生态修复工程5个，其中2个土地整治子项目已竣工。规范项目组织实施和管理，研究制定并出台《龙泉市土地整治项目建设和管理实施办法（试行）》《龙泉市建设占用耕地耕作层剥离和再利用实施办法（试行）》。垦造耕地立项3227亩，验收10295亩，其中垦造水田验收4267亩，旱地改水田验收3198亩，垦造旱地验收2830亩；建设用地复垦立项469.39亩，建设用地复垦验收615.34亩。

不动产登记

【概况】 2019年，市自然资源和规划系统完成“最多跑一次”事项的审查要点梳理共238项，零次跑实现率达100%。审批事项全面进驻市行政服务中心窗口办理，实行综合受理，集中办理。深化“一条龙代办”制度，以定人定事项方式确定16名业务骨干为代办员，涉及行政审批事项母项56项、了项238项及各类办事事项，完成网上办实现率达100%，掌上办实现率达100%，跑零次实现率达100%，即办率达80.6%，承诺期限压缩比达91.63%，材料电子化率达100%。全年共受理各类不动产业务35396件（份），其中，发放不动产权证书30619本，不动产登记证明7750份，林权登记719件，办理注销登记6605件，办理查解封登记1401件，开具查档证明19418件，为相关部门出具登记信息11364件，办结率达100%。完成行政审批事项206件，限时办结率100%。其中办理建设项目用地预审147件，审批临时用地审批23宗，审批设施农用地备案36宗。

【宅基地改革】 2019年，市自然资源管理局组建市级和各乡镇（街道）发证工作专班。龙泉农商银行专项出台“农房贷”贷款政策，切实有效解决农户融资难、担保难问题，真正将实惠让利给广大农民群众，提升农户办证意愿。制定一系列惠民便民政策，充分用好2019年的窗口期和机遇期，加快农房历史遗留问题处理，强力推进“两违”处置及补办工作。全市完成农房测绘共计57122宗，并全部进行内业调查成果数据整理及农房测绘报告出具工作。全年实现发放农村宅基地及住房不动产权证16088宗，单日最高发证达707宗。宅基地“三权分置”改革全面提速，制定出台《龙泉市闲置农房重建、改建审批实施方案》。龙泉市共发放农村宅基地使用权流转证38本，贷款金额232万元，积极推进宅基地使用权的自由流转工作，真正通过改革盘活农村资产，多途径支持农村民宿、农家乐及乡村旅游产业发展，增加集体和农民收入。

测绘工作

【概况】 2019年，龙泉市自然资源和规划系统强化建设工程项目综合测绘改革，开展综合测绘项目58项，利用投资项目在线审批监管平台，加强“综合测绘”事中事后监管。强化基础地理信息更新，完成城区1:500地形图修测0.55平方千米，1:500地形图数据入库883幅，主城区0.1米分辨率影像图更新50平方千米。强化地理信息公共服务保障，积极开展政务服务网政务地理信息资源采集共享工作，完成77个相关部门17个大类86个小类的数据更新和新增工作，累计发布政务地理信息数据2070条，其中“最多跑一次”办事网点地理信息数据496条。结合“8·29”测绘法宣传日、开学第一课等活动，开展国家版图意识宣传教育“进学校、进社区、进媒体”活动。

用地管理和执法监察

【概况】 2019年，市自然资源和规划系统全力做好资源要素保障。全年共编制18个规划局调方案，涉及规划新增建设用地1344亩，其中落实方案10个，涉及规划新增建设用地744亩，实施方案8个，涉及规划新增建设用地600亩。全年争取省厅下达龙泉市新增建设用地指标1126亩，其中城市扩展边界内规划指标600亩，县级预留指标526亩；争取专项计划指标689亩，其中农用地629亩，耕地379亩。全年保障120个建设项目的用地需求；完成44个区块规划设计条件和用地红线图；办理105个选址意见书附件及规划用地红线图；出具61个征迁安置房建设项目规划用地红线图；完成30个建设项目规划核实工作。完成龙商鞋产业回归工程、江滨北岸凤起路、南秦七星井、原国镜药业周边区块等4个征收地块土地和房屋征收红线图，总面积1872.36亩。完善修改《龙泉市土地储备管理办法》，进一步增强对城乡统一建设用地市场的调控和保障能力，促进土地资源的高效配置和合理利用。完成土地收储2宗，收储面积3164平方米，收储资金469万元。着力保障土地供应，完成出让供地44宗，面积660亩，合同土地出让金收入8.8亿元。全面落实“标准地”制度供地，供应工业用地37宗，面积397.08亩，100%标准地供应。完成国有存量建设用地供应面积244亩；完成青瓷大师园、上凉亭二期、原欧亚龙吴处A地块、炉田商住1号地块、中医院迁建工程等城镇低效用地再开发用地供应200亩。完成大沙区块宝剑厂后侧地块、交通运输中心、东升小学南面地块等8宗疑似闲置土地的处置工作，面积43.677亩；大力推进地下空间开发利用工作，全年完成地下空间开工建设11.8万平方米，投入使用地下空间3.8万平方米，新增加地下停车位1254个。

【执法监察】 2019年，市自然资源和规划系统强化2018年度、2019年季度卫片执法检查，发现违法用地图斑58起，完成查处整改47起，查处整改率达到81.03%。日常巡查、信访举报等发现违法用地71宗，完成违法用地线索核查54宗，完成立案50宗，作出处罚决定17宗，用地面积2.05万平方米，处罚款51.34万元；发现违法用矿10件，完成违法用矿线索核查5件，完成立案5件，作出处罚决定1件，处罚款48.53万元。 （赖 东）

财政　税务

财政工作

【概况】 2019年，龙泉市实现生产总值142.55亿元，增长8.1%。其中，第一产业增加值15.26亿元，可比价同比增长2.8%；第二产业增加值52.05亿元，可比价同比增长9.1%；第三产业增加值75.24亿元，可比价同比增长8.5%。三次产业结构比10.7:36.5:52.8。人均生产总值59468元，增长7.9%。全市实现财政总收入15.07亿元，增长6.4%，其中一般公共预算收入9.79亿元，增长7.6%；税收收入7.89亿元，增长4.5%。全年实现一般公共预算支出57.31亿元，增长18.5%。全年财政收支平衡。

市财政局强化收入预测分析，加强与税务、自然资源等部门的沟通协作，一般公共预算收入占GDP的6.9%；一般公共预算收入占财政总收入的65%；税收收入占一般公共预算收入的80.6%。强化非税收入征管，深化统一公共支付平台应用，全年通过平台网上缴款非税收入189961笔，收缴金额13.7亿元，组织非税收入24.83亿元，其中纳入一般公共预算管理的非税收入1.9亿元，增长22.4%。

【支持经济发展】 2019年，市财政局推动经济结构调整和提质增效，兑现技改补贴，支持企业实施“机器换人”，加快科技创新引领传统产业提升改造和优化升级，加快构建产学研合作创新体系，全年兑现各类政府政策资金1.31亿元。加快产业基金运作，规范投资行为，完成龙泉市剑瓷文化旅游产业基金投资道铭（龙泉）青瓷文化创意发展有限公司2000万元和浙江东度文化创意有限公司235万元，支持剑瓷文化产业发展。落实减税降费政策，贯彻落实国务院新一轮小微企业普惠性减税、个税改革、增值税大规模减税、社保费减负等减税降费政策，全年累计落实各项减免税费5.09亿元，取消或免征、减征不动产登记费、文化事业建设费等6项行政事业性收费，为企业减负793万元。支持人才引进，加强“人才强市”建设，落实人才投资优先保证各项政策，确保重大人才工程项目经费需求，加强人才专项资金管理，强化科技人才支撑。

【民生事业】 2019年，全市民生支出48.98亿元，增长22.3%，占一般公共预算支出85.5%，支持教育、卫生健康、文化、社会保障等民生事业发展。教育投入6.95亿元，用于支持创建浙江省教育基本现代化市，支持第三中学综合楼工程、第一中学提升改造工程（二期）、江南小学运动场提升改造工程、安仁镇中心幼儿园新建等；卫生健康投入6.7亿元，用于推进医共体建设，推进公立医院和基层医疗卫生机构财政补助政策，保障市中医院迁建工程；文化投入1.19亿元，用于推进文旅兴市，举办第二届世界青瓷大会暨第十一届龙泉青瓷龙泉宝剑文化旅游节，保障普惠性文化场馆对外开放，推进农村文化礼堂等项目建设；社会保障投入7.19亿元，用于落实城乡居民最低生活保障、临时救助、优抚抚恤补助、城乡居民医疗保险等民生政策。加大“三农”投入，统筹安排财政资金19.7亿元，重点用于农村环境整治、历史文化村落、扶持村集体经济、生态效益村、河流整治等。

【深化财政改革】 2019年，市财政局推进部门间“最多跑一次”改革，对各工作事项进行全面梳理和流程再造，实现“零跑”或“最多跑一次”54项，92.6%的事项均能在7个工作日内完成办理。推进专项资金改革，遵循“未制定管理办法、未纳入项目库，一律不得分配”的原则，出台《龙泉市电子商务发展专项资金管理使用办法》等28项资金管理办法，全面推广财政专项资金项目库制度，储备项目3000余个，管理模式从“资金等项目”转变为“项目等资金”，全年统筹整合资金

5.66亿元。构建集中财力办大事财政政策体系，围绕“产业培育大比拼、项目建设大比武”活动等重点工作保障资金需求，全年完成政府性投资项目及补助类项目财务支出40.73亿元。以“三大攻坚战”和“七大行动”为脉络，编制2020—2022年中（长）期财政规划，涉及项目300余个，形成《龙泉市集中财力办大事财政政策体系方案（2020—2022年）》。

【防范债务风险】 2019年，市财政局化解地方政府隐性债务风险，按照“五年任务三年完成”的目标，从调入政府性基金收入、盘活闲置国有资产、规范政府投资项目审批、推进融资平台市场化转型等方面开展债务化解工作，全年化解政府隐性债务3.54亿元，超额完成年度化债目标任务。开展新增债券争取工作，向上争取新增政府债券13亿元，保障全市基础设施建设，支撑全市经济社会发展。

【财政监管】 2019年，市财政局强化财政管理工作，以财政管理绩效考核为抓手，结合实际，探索改革落地举措，获国务院办公厅、省政府办公厅财政管理工作绩效督查激励优秀和财政部县级财政管理绩效综合评价优秀。强化预算绩效管理，首次实现全部预算项目评价全覆盖，首次开展乡镇政府财政运行综合绩效评价试点工作，在部门预算编制系统中增设《项目绩效目标表》，并设置为前置条件，明确无绩效目标、目标不明确的项目坚决不予纳入部门预算。强化绩效评价，将绩效考评结果作为下年度预算编制的重要依据，对绩效低的预算项目，采取预算审核从严、资金从紧或不再安排同类资金等方式予以评价结果运用。加强审计整改落实，坚持立审立改，强化制度执行刚性，堵塞管理漏洞，实行整改落实情况每周一报制度，召开审计整改专题会议20余次，丽水、龙泉两级审计提出问题整改完成率100%。

【队伍建设】 2019年，市财政局开展“如何当好服务员 如何当好大管家”专题教育活动，通过主题教育大讨论、审计问题大整改、财政管理大改革、基层服务大调研、纪律作风大提升、业务能力大比武、服务质量大评估等七大系列活动，提升财政干部工作作风和工作能力。开展“不忘初心、牢记使命”主题教育，形成专题调研报告16篇、专题党课12节、对照检查工作问题清单81条、个人问题清单93条。推进党风廉政建设，打造“建设清廉机关、创造模范机关”示范点，构建财政党建文化园。严把选人用人政治关、品行关、作风关、廉洁关，严格按照《干部选拔任用实施意见》，新提任中层干部13人，对各科室（单位）人员配备进行调整优化。发挥工、青、妇作用，开展系列活动，丰富干部职工生活。2019年，获全国财政系统先进集体荣誉称号，获龙泉市2018年度部门综合考核一等奖。 （王炜祎）

2019年2月22日，全市财政工作会议暨专题教育活动动员大会 （市财政局/供图）

税务工作

【概况】 2019年，龙泉市税务局共组织各项收入25.68亿元，同比增长7.54%。其中税收收入13.97亿元，同比增长4.4%，其中中央级收入5.79亿元，同比增长3.46%；县级收入7.8亿元，同比增长4.88%。共组织社保收入11.2亿元，同比增长11.83%，共组织非税收入0.51亿元，同比增长5.52%。全年共落实各项减免税费5.17亿元，其中促进小微企业减免税费1.58亿元，改善民生减免税费1.12亿元，鼓励高新技术发展减免税费3990万元，支持三农减免税费1105万元。及时办理因政策追溯产生的退税，涉及优惠金额73.49万元。

市税务局成立主题教育领导小组及办公室，召开“不忘初心、牢记使命”主题教育动员大会，围绕12字总要求部署具体工作任务。开展“向祖国献礼——志愿者在行动”主题志愿服务月活动，组织党员干部参加志愿服务活动200余人次，其中开展文艺志愿服务7人次，公益文化宣传98人次、文明引导28人次，平安巡逻20余人次，社区服务66人次。全年共开展主题教育理论学习中心组专题学习12次，召开党建工作领导小组会议4次。局党委书记为全体党员上党课5次，领导班子成员结合调研到基层党建联系点讲党课共计8次。

【减税降费】 2019年，市税务局成立减税降费工作领导小组，健全工作联动机制，明确任务分工，细化工作举措，定期召开减税降费工作周例会，研究减税降费推进过程中遇到的问题和风险，统筹部署减税降费工作。通过在本地报刊刊登减税降费专刊，在《今日龙泉》微信公众号、龙泉新闻网等渠道转发总局政策解读，确保纳税人应知尽知。开展对外减税降费政策培训12场，累计培训5000余人次。此外，组织业务骨干成立税收宣传小分队，对重点企业、代表委员等宣传减税降费政策。该局纪检组制定征期减税降费政策落实工作监督检查表，对照减税降费工作责任清单开展督查督办，开展7次实地督查，发现并整改问题9项。建立外部监督检查情况台账，将减税降费监督落实工作向市纪委监委负责人汇报。全面落实小微企业普惠性减免税政策、深化增值税改革政策、新个人所得税法及其实施条例等各项税收优惠政策，加强宣传辅导，做到应享尽享。

2019年4月7日，税务干部在竹垟畲族乡宣传减税降费政策　（王　潜/供图）

【征收管理】 2019年，市税务局推进税收风险防控管理，做好风险计划和应对扎口管理，保质保量完成上级推送风险任务。落实涉税数据共享交换管理办法，规范对外提供和外部获取涉税数据工作。强化部门合作，建立"工程款支付完税凭证前置"机制，以提高对外来建筑安装企业的税收征管质效。开展全市青瓷、宝剑、竹木等行业的税收风险排查工作，首批将128户青瓷企业，47户宝剑企业，236户竹木企业列入风险排查范围。提升征管水平，加强欠税管理，分级进行欠税公告，与市财政局建立"财政兑现清税前置"机制，即对享受财政奖励、补助、贴息的欠税企业，要求其缴清欠税后才给予兑现财政奖励、补助、贴息等资金。做好征期错峰申报工作，提高纳税人按期申报率。整合资源，做好电子税务局、金税三期、ITS系统、社保费系统的推广应用工作。主动对接人社、财政、医保等部门，建立协作机制，推进城乡居民两费集中征缴工作。推进税制改革，平稳实施新修订的个人所得税法，持续做好个税改革宣传培训，申报率及申报数据准确率均达到100%。全年专项附加扣除减税金额共计737.33万元，实际享受专项附加扣除人数共计9122人次。深化增值税改革政策落实，扎实做好1241户企业增值税税控盘升级工作，完成率100%。强化增值税发票管理，做好土地增值税清算，做好环保税申报数据的比对工作。加强出口退(免)税管理，推进"互联网+便捷退税"，健全出口退税风险防控机制。开展2019年分类管理评定工作，共评定出口企业类别136户。全年累计已办理退税1.59亿元，同比增长4.01%，累计办理免抵调库5500万元。

【纳税服务】 2019年，市税务局持续优化纳税服务，落实深化"放管服"和"最多跑一次"改革，开展"便民办税春风行动"，推进龙泉市"互联网+政务服务"平台建设和数字化转型工作，推进移动办税，为纳税人打造"办税服务厅、自助设备、移动平台、互联网+"四维办税模式，推行"双向预约服务"和"错峰办税"。集中开展"三服务"活动，响应龙泉市委市政府"稳企业、增动能、强信心"精准服务企业专项活动，积极参与"龙泉市百名干部进企减负"活动，成立服务企业小组，由分管领导带队，就"问需求、优服务"开展进企业服务。推进纳税信用评价工作，推进税收信用体系建设，做好2019年度纳税信用评价工作，对4134户纳税人进行纳税信用评价，其中评价A级纳税人279户，M级纳税人2228户。推进纳税信用评价结果社会化应用，推广"银税互动"。

【税收法治】 2019年，市税务局不断规范税收执法行为，多次召开全面依法行政工作领导小组会议，听取依法行政工作汇报，及时研究依法行政工作。推进“法治税务”工程，推行“三项制度”，优化税务执法方式。推进内控机制建设，加强内控监督平台的日常运用和监督管理，发挥内控机制建设严管理、控风险、治未病、保平安的积极作用。根据内控平台推送的疑点数据提醒相关股室予以纠正10次。加强涉税法制教育，抓住领导干部这个“关键少数”，组织该局领导班子集体学法，组织年度法律知识考试；启动涉税案例分析法制教育活动，开设法制教育课，提升干部的法治意识、风险意识、责任意识。经常性开展普法教育活动，1月，龙泉市青少年税收普法教育基地被命名为“浙江省法治宣传教育基地”，成为全省税务系统4家获此殊荣的单位之一。组建青少年税收普法校园联盟，实现税收普法教育基地的广覆盖、深推进。建立“法治税务合议制度”。打造由税务干部、律师、法官、企业财务、税务师组成的专家合议团。当纳税人与税务机关发生涉税政策争议时启动合议程序，由各方充分论证后，依法依规出具合议意见。

【队伍建设】 2019年，市税务局推进绩效管理和数字人事。发挥绩效管理抓班子、数字人事管队伍的导向作用，做好每月的绩效考评工作，力争不扣分、少扣分、多加分。明确数字人事工作任务，建立数字人事联络员体系，在关键节点及时提醒通报，确保任务落实有指令。加强干部队伍建设。积极解决因机构改革原因暂时超职数的问题，在职数空缺范围内提任1名正股级干部，8名副股级干部。组织一般干部职工到温州大学开展业务培训，组织中层以上干部到厦门大学开展综合培训。加强优秀年轻干部培养选拔，搭建青年干部锻炼和施展才华的平台。成立龙泉税务青年先锋队，以便及时高效地应对重点工作、突击工作、难点工作。抽调34周岁以下青年成立税费业务类的纳税辅导培训师资库，畅通税务干部培训辅导和纳税人、缴费人涉税咨询的双向沟通渠道。推进人合、事合、心合、力合“四合”建设，发挥党委以及工青妇等群团组织作用，坚持把“四合”工作做细做实。发挥基层党组织领头雁作用，带动党员干部积极参与扶贫助学、结对帮扶等活动，扩大社会影响；发挥工会桥梁纽带作用，组建羽毛球、气排球、游泳、摄影、登山等兴趣小组，以工会小组灵活多样的形式，定期开展各类有益身心健康的兴趣活动和比赛；发挥共青团生力军和突击队作用，开展“百年‘五四’、税务朗读者”“全民阅读、书香税务”“植树护绿”等一系列活动；发挥妇委会“半边天”作用，展现巾帼风采，形成队伍合力。做好职务与职级并行工作，按照浙江省、丽水市税务局职务与职级并行工作实施方案，明确具体细则，及时将任职年限达到职级晋升要求的临近退休干部和申请提前退休的干部纳入职级晋升台账，对符合晋升条件的，按要求制定拟晋升方案。在晋升过程中坚持政策底线不逾越、职级比例不突破，严格落实廉政意见审核制度，确保晋升公平公正。（王　潜）

金　融

综　述

【概况】 2019年,龙泉市金融机构各项存款余额212.02亿元,比年初增加26.14亿元,余额同比增长14.07%,存款总量列丽水市第4位,增速列第6位。各项贷款余额171.42亿元,比年初增加17.03亿元,余额同比增长11.03%,贷款总量列丽水市第4位,增速列第9位。余额存贷比80.85%,高于丽水市平均水平6.93个百分点,列丽水市第4位;新增存贷比65.14%,高于丽水平均水平2个百分点,列丽水市第7位。银行不良贷款余额1.84亿元,不良贷款率1.08%,列丽水市第6位。

该年,新引进的浙商银行顺利开业,累计发放贷款1.6亿元,其中制造业贷款8400万元(有2200万元统计在上级行)。惠农担保组织建设稳妥推进,全市现有村级惠农担保合作社17家,截至2019年,累计担保笔数2155笔,累计担保金额2.2033亿元。市金融发展中心机构改革工作顺利推进,《龙泉市金融发展中心职能配置、内设机构和人员编制规定》已经市委机构编制委员会批准印发,并完成人员转隶工作。

【帮扶企业】 5月,龙泉市政府新出台《龙泉市关于促进制造业信贷投放的实施意见(试行)》(龙政办发〔2019〕20号),将制造业贷款作为财政性资金竞争性存放和其他政府性资源要素调配的主要依据。市金融办每季度对辖内银行业金融机构开展制造业贷款指标综合评价,通报考核评价结果,将考核评价结果纳入公款竞争性存放指标体系,并与资源要素调配相挂钩。向各银行下达2019年度制造业贷款目标任务,组织开展"百名银行人员进企融资服务活动"。各银行确立了支持实体经济发展的信贷工作导向,围绕企业融资需求开展银企对接等"三服务"活动,2019年年末,龙泉市制造业贷款余额为21.46亿元,比年初增加2.16亿元,制造业贷款余额占总贷款比重为12.52%,高于丽水平均水平0.73个百分点,余额同比增长了11.20%,扭转上年以来制造业贷款持续负增长的态势,增速列丽水市第4位。

全市各金融机构积极落实中央的普惠金融政策,降低企业贷款利率成本。该年,全市享受基准利率优惠的制造业贷款企业有102家,贷款余额45613万元;建行、农商行等开展"无还本续贷"业务,累计实施企业"无还本续贷"11399.3万元,共计28笔,减轻了企业转贷成本。应急转贷中心已按审计整改要求完成了注册新主体、补交税收、归还财政借款、完善国资入股、兑现风险补偿政策等工作。共完成企业转贷16.9亿元,降低企业转贷成本1100多万元。

【农村金融改革试点】 2019年,丽水中支下达给龙泉市的"三权"抵押贷款年度新增任务为4000万元(其中,林权1300万元,农房1200万元,农地1500万元)。龙泉市"三权"抵押贷款总额已达18.76亿元,列丽水九县(市、区)第1位,余额较年初新增8353万元,完成年度任务的208.83%。龙泉市政府出台的《龙泉市惠农担保合作社管理办法》,完善政府奖励、贴息、风险补偿等方面配套机制,龙泉市村级担保组织总数达到17家,全年累计为农户贷款担保2155笔2.2亿元。配合丽水将原农户系统升级为"丽水信用信息服务平台",推进农户信用信息数据库更新和维护,深化农村信用体系建设成果转化运用。

推动由该市财政出资2000万元与农行合作成立"龙泉市小微企业帮扶基金",按1:10的杠杆机制放大资金规模,撬动资金服务于涉农领域。截至2019年年底,累计为18家涉农企业授信8380万元,贷款余额4800万元。推动由政府出资2000万元,企业家协会会员出资3000万元,共同建立5000万元"涉农中小企业转贷担保帮扶基金",实行专户管理、共同监管、封闭运转、滚动使用，为全市符合条件的涉农中小企业提供应急转贷服务。

【企业股改上市】 2019年，龙泉旅投、浙江泊客两家企业完成股改后，正在谋划新三板挂牌工作。三田公司股改工作正在逐步推进，已完成相关子公司的资产清理、产权过户等工作。1月，从杭州引进的拟境外上市的“汽配供应链平台项目”在龙泉经济开发区成功签约，已启动上市前准备工作。9月，杭州固德汽配供应公司企业负责人到龙泉对接企业迁址工作，已完成公司名称变更和迁址事项，并已发放工商营业执照。

2019年1月，拟境外上市“汽配供应链平台”招商项目签约仪式（李雅诗/供图）

【保险助推扶贫】 2019年，全市财产险保费收入1.947亿元，同比增长11.28%；累计赔款支出0.849亿元，同比增长12.27%。全年龙泉市人身险（剔除万能险）保费收入2.94亿元，同比增长7.68%；累计给付支出0.657亿元，同比下降7.46%。出台扶贫小额信贷、扶贫信贷保证保险和扶贫信贷项目补充保险政策，9月，龙泉市政府修订出台《关于做好龙泉市农村小额保险工作的通知》（龙政办发〔2019〕30号），并组织各保险公司有序开展全市农村小额保险工作。

全市农村小额保险、政策性农房农业保险等工作取得进展，促进低收入农户脱贫增收工作。截至2019年，全市农村小额保险80岁以上的老人意外险参保人数是1.05万人，投保金额是63.3万元，无赔付；政策性农村住房保险参保户数为5.3万户。全市实现保费收入4.89亿元，同比增长9.15%，理赔支出1.51亿元，同比降低17.1%，其中寿险保费收入2.84亿元，同比增长7.68%，理赔支出0.66亿元；财险保费收入1.947亿元，同比增长11.28%，理赔支出0.85亿元，同比增长12.27%。

【金融监管】 2019年，市金融办把金融风险专项整治工作作为重点工作，开展风险排查、集中宣传和专项整治等工作。出台《龙泉市开展金融秩序专项整治维护经济社会健康发展的实施方案》（龙政办发〔2019〕13号），以防范非法集资和互联网金融风险为重点开展各项排查整治工作。3月，市金融办牵头，市委政法委、公安局、市场监管局等多部门联合，集中拆除市区及龙泉经济开发区大沙区块等20多块非法金融广告牌，推进金融秩序专项整治工作。多次在人民广场组织集中宣传活动，向市民发放《防范非法集资违法犯罪活动社会宣传小册子》共860份，防范非法集资宣传纪念品500余份，要求各金融机构用LED广告播放宣传标语，向广大市民宣传普及金融基础知识。5月，组织文艺演出队进企业、进农村、进社区，开展防范非法集资宣传巡回演出，共计演出10场，观众累计达3600余人，提高群众风险防范能力，增强自觉抵制非法集资意识。协同金融机构、相关企业妥善解决贷款转贷、担保责任分割、资产处置等问题。有效防控佳和矿业集团、金中利、易之星、三和、施克、金丰机械、国立包装、亚盛汽配、金浪五金等企业引发的担保圈“两链”风险。加强小贷公司日常监管，指导小贷公司制订重组自救方案，加快贷款清收，防范小贷公司经营风险扩散。1—12月，全市金融机构共处置不良资产1.81亿元，不良贷款余额1.84亿元，比年初上升0.06亿元，不良贷款余额列丽水市第6位；不良贷款率1.08%，比年初下降0.07个百分点，不良率列丽水市第6位。（杨　帆）

人民银行

【概况】 2019年，中国人民银行龙泉市支行（以下简称市人行）指导、协调全市金融机构贯彻落实稳健的货币政策，支持实体经济发展，优化金融服务管理，推进金融支持乡村振兴，促进地方经济平稳健康发展。全市金融机构本外币各项存款余额212.02亿元，比年初增加26.14亿元，同比多增11.60亿元，余额同比增长

14.07%；本外币各项贷款余额171.42亿元，比年初增加17.03亿元，同比多增4.08亿元，余额同比增长11.03%；余额存贷款比为80.85%。

【支持实体经济发展】 2019年，市人行切实搭好银企对接桥梁，组织召开20余场银企对接会、产品推介会、融资座谈会，并组织辖内11家银行机构结合自身业务特点，就支持实体经济发展研究具体举措，出台龙泉市银行机构支持实体经济发展33条支持措施，截至12月末，小微企业贷款余额27.79亿元，新增9676万元，其中，制造业贷款余额21.46亿元，新增21613万元。

【乡村振兴】 2019年，市人行结合行政村规模调整情况，统筹抓好信用村创建和复评工作，基本实现“银村合作、整村批发”小额信贷业务信用村全覆盖。共计授信农户达3.97万户，授信总额达29.01亿元，其中实际贷款农户2.24万户19.01亿元，贷款余额13.85亿元。加快推进村级担保组织建设，全市17家惠农担保合作社累计为农户贷款担保488笔5087万元。落实好“三个一”督查制度，切实把工作抓在平时、抓在日常，“三权”抵押贷款余额18.75亿元，继续保持丽水地区第1位。

【农村金融服务站建设】 2019年，市人行加强对农村金融服务站建设的指导，发现问题及时向承办银行提出整改要求，确保服务站安全、稳定运行。推动农村金融服务站“多点合一”和业务整合，探索可持续发展模式。全年完成升级五星级服务点10家、四星级服务点30家，累计为农户办理查询14.24万笔，小额取现3.65万笔3707.1万元，代理转账6.42万笔8664.19万元，代理缴费2.36万笔39.65万元。

2019年龙泉市金融机构本外币主要指标统计情况表

表19　　单位：万元

机　构	各项存款			各项贷款		
机　构	年初余额	年末余额	比年初新增	年初余额	年末余额	比年初新增
工　行	234226	269370	35145	210761	208902	-1859
农　行	137860	145330	7470	134195	173240	39045
中　行	113501	123664	10163	160394	164233	3839
建　行	214157	187678	-26479	167935	174706	6771
农商行	694570	824866	130296	483487	580936	97449
邮储银行	69277	104159	34882	99419	102998	3579
邮政局	173389	176705	3316	—	—	—
泰　隆	85689	107279	21591	129581	142886	13305
稠　州	37484	58125	20641	35900	42889	6989
浙　商	156	21441	21285	—	9689	9689
民　泰	98330	101474	3144	122217	112161	-10056
合　计	1858888	2120165	261433	1543895	1714195	170300

【移动支付便民示范工程】 2019年，市人行促进移动支付在便民领域的应用，引导银行机构宣传推广“云闪付”APP和“手机PAY”支付，稳步推进“一元购”活动，加快示范街区（商圈）商户改造工作，为创建“移动支付应用示范县（市）”奠定基础。1—12月，全市移动支付活跃账户数为52725个，交易笔数为110626笔，“一元购”活动数为9525笔，三项考核指标均排丽水辖区前3位。

【经理国库】 2019年，市人行履行经理国库法定职责，严格落实集中支付、拨款、退税等业务工作，通过加强现场、非现场监督管理，严把资金审核关口、规范国债发行。全年柜面监督共发现不合规业务52笔，合计金额9591万元；针对储蓄国债承销机构销售、宣传等工作，全年共巡察11家银行网点，及时记录巡查情况并上报案例。

【现金服务】 2019年，市人行加强现金监测分析，有效保障现金供应，累计投放现金10.09亿元，回笼10.73亿元，净回笼0.64亿元。推进辖内安仁镇现金服务示范区创建工作，开展现金服务“六统一”标准建设，设立小面额、残损币兑换窗口和优先叫号系统，提高现金服务质量。做好2019年版第五套人民币及纪念币发行工作，确保发行工作整体安全、平稳、有序，社会反应良好。

【惩治电信网络新型违法犯罪】 2019年，市支行积极探索打击治理电信网络新型违法犯罪工作方式方法，加强与各银行机构、公安反诈中心的联系，提升同业间联防联控能力，通过建立机制、排摸线索、清理信息等系列措施，减少电信网络新型违法犯罪行为发生，加强打击治理防范能力，营造安全稳定金融环境。全年共拦截电信网络诈骗行为7起，涉案金额合计210131元。

银行业管理

【概况】 2019年，市人行持续强化基层央行金融监管工作的系统性、连续性、规范性和有效性，提升银行监管水平，促进履职效能。通过加强落实“两综合、两管理、一保护”制度，推进辖内银行业金融机构不断强化经营和服务理念，提升合规稳健经营能力和防范金融风险能力，共同推进龙泉市金融稳健高效运行和经济金融健康发展。

市人行组织修订《龙泉市银行业金融机构综合评价管理办法》，落实综合评价按季通报制度。对辖内11家银行业金融机构依法合规经营、认真执行国家有关金融法律法规、人民银行政策规定和落实人民银行工作要求等情况进行评价，并结合机构的性质、规模、业务种类等因素进行分组，2019年度综合评价结果为5家A类银行、6家B类银行。

【行业监管】 2019年，市人行严格落实宏观审慎评估工作，对辖内2家法人金融机构每季开展评级，目前评级均在B级以上。对地方法人金融机构宏观审慎评估中存在的问题共开展了3次现场核查、5次约见谈话，督促认真落实整改。市人行组织金融机构开展“客户信息提质年”活动，完善可疑交易分析研判机制，建立“银警联动”长效协作机制，注重强化日常督导工作，灵活运用走访、高管约谈、考核评级、风险评估等监管手段，打好反洗钱和反恐怖融资日常监督“组合拳”。市人行依据取消企业银行账户许可相关规定，压实银行机构账户管理责任，加强对取消账户许可、“断直连”和预算单位银行账户等工作的监督指导，全面提升企业银行账户管理与服务水平，严守机关、事业单位等其他单位账户审核工作。

市人行按照《执法检查程序规定》《执法检查程序实施细则》等规定以及人民银行丽水市中心支行的统一部署，成立跨县域综合执法检查小组，分别对云和、松阳、遂昌的浙江稠州商业银行分支行开展了综合执法检查，查出问题30余个，涉及处罚问题14个。（周佳静）

银保监管

【概况】 5月10日，中国银行业监督管理委员会丽水监管分局龙泉办事处机构更名为中国银行保险监督管理委员会丽水监管分局龙泉监管组（简称“丽水银保监分局龙泉监管组”）。龙泉市辖内共有11家银行和15家保险机构，银行分别是农发行信贷组、工行、农行、中行、建行、邮储银行、泰隆商业银行、稠州商业银行、农商银行、民泰村行、浙商银行。保险机构分别是人保财险、大地财险、中华财险、平安财险、天安财险、太保财险、大家财险、阳光财险、浙商财险、中国人寿、太保寿险、平安寿险、新华保险、人保寿险。

丽水银保监分局龙泉监管组根据“小网格、大宣传，小平台、大服务”工作理念，试点普惠金融1104模式，即探索建立“一网格一平台四专员”等三大体系，指导银行机构深入推进“金融入网格、宣传到农民”活动，截至2019年，龙泉辖内银行机构已对84个行政村开展金融知识宣教活动118次，惠及农户6735人次，有效打通广大乡村普惠金融服务“最后一公里”。

全市以“三个金融+”对接“三治融合”工作，探索激活乡村治理内生活力的普惠金融模式。以自治金融助力深化村民自治实践，打造村级担保组织、金融自治村、金融服务点平台。以法治金融助力建设法治乡村，搭建信用工程、金融大讲坛、消保驿站载体。以道德金融助力提升乡村德治水平，推出道德积分存折、道德贷款产品、红色信贷基金创新。针对特色行业企业贷款需求，辖内机构专门设计“青瓷创客贷”“瓷贷通”“菇贷通”等产品，简化贷款流程需求，辖内机构创新“大零售平台”贷款方式，实现贷

2019年5月16日，龙泉银行业保险业“乡村振兴青春建功”主题党团日活动
（刘峤靖／供图）

2019 年度龙泉保险业监管统计情况表

表20

单位	累计保费（万元）	同比2018年（%）	累计赔款给付（万元）	同比2018年（%）
人保财险	8133.71	12.53	3946.82	23.59
大地财险	493.08	1.16	188.99	38
中华财险	1264.07	24.06	445.11	-14.73
平安财险	2077.88	10.96	729.36	-16.31
天安财险	413.97	-13.52	271.58	5.1
太保财险	2069.19	14.73	672.1	38.28
大家财险	31.06	-76.54	91.28	-52
阳光财险	1456.06	9.86	605.52	14.29
国寿财险	1107.08	0.04	427.62	-17.33
浙商财险	2432.24	18.78	1116.24	39.60
中国人寿	9981.79	3.31	828.82	-7.48
太保寿险	8987.26	0.71	1064.63	52.56
平安寿险	6412.22	6.26	1207.68	3.62
新华保险	1823.93	-7.87	346.40	12.09
人保寿险	63.51	1.28	45.54	1.62
全市合计	46747.05	7.25	11987.69	-14.97

款业务办理发放 30 分钟内完成。全年辖内发放小微企业贷款 48.78 亿元，制造业贷款 27.11 亿元，分别比年初增加 4.43 亿元、2.3 亿元。

全市贷款余额 171.42 亿元，比年初增加 17.03 亿元，余额同比增加 11.03%，绿色贷款余额 54.64 亿元。

【行业监管】 2019 年，银保监会围绕市场乱象重点整治领域，紧抓重点机构风险，健全内部风险控制机制。以重点检查为抓手推进操作性风险防控。对 19 家基层网点进行安全检查和销售专区现场检查，发现并督促整改相关问题 36 个。通过“巡查走访+机构自纠”方式，推进了违规吸储、金融许可证管理的整治工作。以重点宣讲为引导推进监管政策进基层行。召开监管工作例会、专题部署会等会议，及时向银行机构传达最新监管政策精神，并通过现场观摩会推动银行机构精准落实监管政策。开展大走访大调研大抓落实活动，对辖内 10 家银行机构、6 家保险公司进行现场督导和风险提示。 （邱思诗）

金融机构选介

【中国工商银行龙泉支行】 2019 年，中国工商银行龙泉支行本外币各项存款余额 26.85 亿元，比年初增加 3.51 亿元，其中对公存款 12.6 亿元，比年初增加 8407 万元，储蓄存款 14.25 亿元，比年初增加 2.67 万元，各项存款日均余额、增量，居“工、农、中、建”四大行第一；本外币各项贷款余额 20.84 亿元，比年初减少 0.21 亿元，其中公司贷款 7.88 亿元，比年初减少 2 亿元，个人贷款 12.96 亿元，比年初净增 1.79 亿元。服务实体经济，加大贷款投放力度，全年发放制造业贷款 5.76 亿元，比年初增加 1300多万元，制造业客户 78 户，制造业贷款余额和企业数均列全市各银行第一。

对接政府性项目，支持飞地项目、鞋产业回归项目、小微企业园项目建设，其中萧山飞地项目——萧龙科创园项目贷款 24000 万元获浙江省工行审批通过，为该项目的顺利建成投入使用提供了资金保障。回归金融本源，践行普惠使命，针对小微企业缺乏抵押物等问题，推出“税务贷”“小额信用贷款”“网贷通”“经营快贷”“E抵快贷”等品种，全年为 60 多家企业办理贷款 5 亿元，减少企业担保链风险，解决企业融资需求。防控信用风险，维护金融生态环境，年末不良贷款余额 1915 万元，不良率 0.92%，贷款质量保持较好水平，全行实现安全运行，未发生重大风险事件。落实“压实责任年”主题活动，提升内控案防精细化水平，全年编发《内控通报》12 期，《风险提示》4 期。发挥党建统领作用，开展“不忘初心、牢记使命”主题教育、“双争”故事会、“党建进社区、进园区、下乡村”等活动，将党建工作贯穿业务经营全过程，营造“争先创优”良好氛围，实现以党建促业务发展目标。

【中国建设银行股份有限公司龙泉支行】 中国建设银行股份有限公司龙泉支行（以下简称为“市支行”）于 1978 年成立，办公地点位于龙泉市华楼街 268-2 号，2019 年年底，有在职员工 51 人。

截至 2019 年年底，市支行一般性存款余额 18.81 亿元，四行余额占比 25.93%，居“工、农、中、建”四大行第二。存款较年初负增长 2.7 亿元，新增占比居四大行第四位；各项贷款余额 17.51 亿元，四行余额占比 24.27%，居四大行第二。贷款较年初增长 0.7 亿元，新增占比居四大行第

市建行在市民广场开展“3•15”消费者权益保护活动　（周少珍 / 供图）

二位；实现经济增加值2308万元，税前利润5115万元。普惠金融贷款余额达3.73亿元，其中：对公1.95亿元，新增3763万元、个人1.78亿元，新增2013万元；产品创新不断，率先发放分行第一笔“工匠贷”、第一笔“跨境融资贷”、第一笔知识产权质押贷；账户营销创佳绩，新开立对公账户300户，新增对公代发工资账户42户，代发金额增长1.9亿元、同比增幅25.33%。

市支行新增裕农通服务点255个，为农村居民提供金融服务；增设智慧柜员机、龙易行等设备，让员工贴近客户服务，减少客户等候时间，提升客户对建行服务的满意度；推出“龙支付”“聚合支付”等支付结算产品，实现POS机、支付宝、微信等支付功能整合。积极拓展商户，全年新增商户262户，为全市市民生活缴费，出行支付带来便利；上线住房租赁平台，为客户免费提供自助房屋租赁业务，平台全年新增住房租赁房源212套、房源核验1107套、已签约交易合同24套、合同备案32套；积极参与医院“医共体”项目，市人民医院医共体金融科技社会化平台建设已获得审批通过，体现了该行金融科技惠及大众、践行国有大行的社会担当；3个网点建成“劳动者港湾”，为社会基层劳动者提供休息场所、茶水等服务。

市支行组织员工观看警示教育片、“四十条禁令”学习测试、合规知识测试、竞赛活动，签订合规承诺书，让干部员工树立合规是业务发展的基础的理念；业务方面，认真开展“市场乱象”整治、柜面业务、“信贷领域反腐败”、理财产品销售和双录等内部合规自查、整改工作。规范三个营业网点理财销售区、双录标准化、消保工作站制度。

市支行在营业机构、社区、乡村、企业，开展“3•15”消费者保护、反假币宣传、送金融知识到乡村、金融知识普及月等活动。建立健全反洗钱工作机制，明确责任，加大宣传，加大检查考核力度，做好客户身体识别、客户身份资料保存和交易记录。组织人员进校园、入社区普及金融知识、介绍电子银行，让越来越多的客户了解电子银行、使用电子银行，分享科技便利。

市支行强化党建工作，树立抓好党建是最大的政治的理念，切实推进“两学一做”学习教育常态化、制度化，认真开展“不忘初心、牢记使命”主题教育，加深对初心和使命的认识，坚定牢记党的宗旨，坚守初心、勇于担当的信念。坚定听党话跟党走的信心和决心。深化认识、统一思想，增强“四个意识”，坚定“四个自信”，做到“两个维护”，增强服务意识和奉献精神。认真组织学习建行离退休老同志张富清先进事迹。

全面抓好“两个责任”的落实，按“两个责任”任务清单，强化行领导班子“两个责任”和领导干部“一岗双责”的落实。把抓党建工作与日常工作紧密结合起来，把业务发展中重难点作为党建工作的着力点，充分发挥党员在落实“三大战略”、推进重点业务方面的先锋模范作用。（叶志明）

【浙江龙泉农村商业银行股份有限公司】 2019年，浙江龙泉农村商业银行股份有限公司（以下简称为龙泉农商行）各项存款余额82.48亿元，比年初新增13.02亿元，增幅为18.75%；各项贷款余额58.09亿元，比年初新增9.74亿元，增幅为20.16%。存款市场份额38.92%，较年初上升1.52个百分点；贷款市场份额33.89%，较年初上升2.57个百分点。不良贷款额率双降。五级不良贷款不良率0.97%，比年初下降0.34个百分点。全年实现营业总收入5.21亿元，同比增加3941万元，增长8.19%；总支出3.68亿元，同比增加2489万元，增长7.25%；利润总额1.53亿元，同比增加1452万元，增幅10.52%。不良贷款拨备覆盖率662.86%，同比上升107.02个百分点；成本收入比37.76%；贷款拨备率6.45%；资本充足率13.04%。

2019年，在浙江农信“走千家访万户”劳动竞赛活动中获得二等奖，在浙江省万家民企评银行活动中获得民企最满意银行，同时获得2019年度浙江农信（E类）考核一级（优胜）单位、2019年度浙江农信信息宣传先进集体。陈义达获2019年度浙江农信系统考核A级（优秀）领导干部，周祖华获2019年度浙江农信优秀通讯员，连东红获2019年度浙江农信优秀通联员。

3月18日，《浙江每日要情》刊发龙泉乡贤贷工作；该行报送的信息专报——《龙泉农商行打好金融服务组合拳助力企业疏淤解困》被龙泉政务信息录用；5月30日，《浙江日报》宣传报道龙泉农商行金融授信“贷”动乡村振兴；6月27—28日，浙江省农信联社资金工作会议在龙泉召开；11月30日，《浙江日报》宣传报道龙泉农商行支持制造贷款；12月16日，《浙江日报》宣传报道龙泉农商行强服务；12月21日，《浙江日报》宣传报道龙泉农商行工作。

与市委组织部、市委新经济与新社会组织工作委员会出台《关于推行龙泉农商银行与基层党组织开展党建共建推动金融更好服务乡村振兴的通知》，助推乡村振兴和民营经济发展。与全市19个乡镇（街道）及236个行政村签订战略合作协议并建立党建联盟，覆盖面达100%；与市公积金中心开展业务合作，独家代理住房公积金业务代办，实现全市各乡镇、全行各网点全面覆盖，助力打通群众办事“最后一公里”；与市文化和广电旅游体育局签订战略合作协议，共同为文旅融合深度发展提供新引擎、注入新动力。

推出“领雁贷”产品，将党员干部的履职情况与信用评估直接挂钩，让“履职指数”可贷款，使党员干部享受党建红利。与市委统战部建立战略合作，推出“乡贤贷”信贷产品，向全市19个乡镇（街道）的乡贤联谊会专项授信8亿元，充分满足乡贤回乡创业发展的资金需求。密切配合龙泉市农村宅基地、农房确权登记颁证工作，推出“农房贷”信贷产品，农户凭新发放的产权证即可获得30万元信用贷款，有效缓解农户融资难、担保难问题。全年发放上述贷款494笔、1.73亿元。

加快实现龙泉青瓷、宝剑特色产业从业人员创业、置业两不误，向龙泉市青瓷宝剑产业局授信3亿元，推出“青瓷产业宝”信贷产品，为剑瓷行业从业人员提供创业发展信贷支持。同时，为购置厂房的创客量身定制“购置贷”按揭贷款，助力龙泉青瓷产业集聚发展。发放上述贷款172笔、0.87亿元。积极对接“三位一体”农合联建设，向龙泉市农民合作经济组织联合会下属的食用菌、蔬菜等7个产业农合联授信7.5亿元，加强对农民合作社及农业龙头企业的资金支持，共发放农合联会员贷款4500笔、金额4亿元。

2019年，龙泉农商行运用“三个网”做好队伍思政工作。抓牢意识形态建设，铺好思想教育网。打造“线下+线上”的宣传教育阵地。发挥机关党建中心、农信史料馆的宣传作用，引导员工时刻铭记浙江农信的初心使命。推出“指尖上的课堂”，在微信公众号开通线上“学习强行”“主题教育”“初心使命”等学习专栏，让全员随时随地都可学习。

抓实主题教育工作，筑强业务发展网。通过创新形式“学”、结合党建“干”、倾听声音“研”、检视自身“改”，高质量推进“不忘初心、牢记使命”主题教育，切实把主题教育的成果运用到业务工作中去，有效夯实业务发展基础。

抓强干部队伍管理，健全人才储备网。贯彻浙江省农信联社干部选拔任用工作条例，用业绩说话、以战功服人，提拔任用群众认可、能力突出、岗位适合的农信好干部，建立健全“能者上、庸者下、平者让”的用人机制。

12月17日，第一届第十二次董事会通过宋武龙辞去浙江龙泉农村商业银行股份有限公司第一届董事会董事、董事长职务的决议。选举陈义达为浙江龙泉农村商业银行股份有限公司第一届董事会董事长，聘任刘紫波为浙江龙泉农村商业银行股份有限公司行长，聘任金小红为浙江龙泉农村商业银行股份有限公司副行长。

经行党委研究决定，对机关总部部室组织架构进行调整，设置人力资源部（党委办公室）、办公室、党群服务部、纪检办公室、业务管理部、风险合规部、财会科技部、内部审计部、安

市农商银行与市文广旅体局开展战略合作　　（聂良斌／供图）

全保卫部9个部室。

9月10—12日，以“剑瓷龙泉汇杭城、普惠金融润万家”为主题的浙江省级丰收驿站丽水月“龙泉专场”活动成功举办，并荣获丽水农信“最具特色奖”。活动期间，浙江省政协副主席孙景淼应邀出席现场指导，活动充分融合龙泉地方特色元素，展示龙泉农商银行服务乡村振兴、助力“最多跑一次”改革、推动实体经济发展的行动与成果，加深与在杭龙商、乡贤的沟通联系，有效推动“金融+文化旅游”深度融合，助力龙泉全域旅游发展再上新台阶。活动网络同步直播在线收看量6.2万人次，现场接待1536人次，展销香菇、木耳、茶叶等农副产品300余份，龙泉青瓷、宝剑等艺术品10余件，销售额2万余元。（周祖华）

【中国邮政储蓄银行龙泉支行】 2019年，中国邮政储蓄银行龙泉市支行完成业务收入4514万元，完成量列邮储全市各支行第一名，实现利润总额2872万元。个人贷款余额98872万元，较年初余额净增-547万元，贷款不良率为0.56%。小企业贷款余额5677万元，较年初余额净增1417万元，贷款不良率为0。个人储蓄存款余额58344万元，比年初净增3112万元。公司存款余额结余46022万元，较年初余额净增31977万元。

支行积极开展“不忘初心、牢记使命”主题教育活动和“合规——共产党员在行动”活动，推行孝廉文化活动；创新推出“剑瓷贷”产品；被浙江省分行选定为“代理营业机构小额贷款辅助贷款”丽水市唯一试点支行；落实开展市分行“五大提升年”活动；开展不良贷款清收工作，12月末全辖不良贷款率0.56%，全年累计清收347.19万元，完成率112%，未发生大额信用风险；开展“两到位”“两下沉”“两开展”活动，提升支行内部管理基础能力；开展防范通信网络诈骗活动，最大限度保护邮储客户的财产安全和合法权益。

2019年，支行上报《龙泉市支行防范电信诈骗、创新服务新举措》项目，荣获浙江省分行服务创新项目二等奖；支行被评为丽水市反诈联席办2019年度先进集体，支行党支部被评为丽水市分行先进党支部，安仁镇支行荣获丽水银行业保险业2018—2019年十佳“消保驿站”称号。（汤水珍）

【浙江泰隆商业银行股份有限公司龙泉支行】 2019年，浙江泰隆商业银行股份有限公司丽水龙泉支行存款余额为107283万元，较年初增加21594万元；贷款余额142886万元，较年初增加13305万元；不良贷款余额2057万元，不良率为1.44%。全年通过深化“社区化”经营，推广金融科技，不断创新产品载体，推出“泰惠收”“网申卡”等一系列金融产品。

2019年，该行根据外部监管单位工作要求及总分行发展主线，结合实际现状，从夯实经济发展、社区化经营、组织管理、队伍建设、合规管理、机制建设等方面出台了一系列措施扎实推进各项业务经营，坚持服务小微、服务大众这一根本方向，推进社区化多维度提升，运用批量化作业、积分管理等方式增强与客黏度。立足业务部署要求，深化社区化经营，严抓社区规划、“五步法”、小微金融地图，提升社区产效。以精细化管理为抓手，提升管理者履职能力，强化第一责任人意识，完善“能者上、庸者下，能者进、庸者出”机制，提升团队活力。坚持合规经营方针，落实强化风险控制，常态化开展“堵新清旧”工作，把控信贷资产质量。通过开展合规宣讲、信贷能力提升、应知应会测试等形式，提升全员主动合规的意识，加强教育学习和持续跟踪评估，强化风险的识别及管控，切实提升员工的合规履职意识，对违规行为的处罚形成高压态势。

该行持续打造客户体验中心、智能移动中心、小额理财管理中心、消费信贷中心为一体化的标杆网点，增加网点引流获客渠道，全面提升客户服务体验，提高品牌影响力。以“价值新体验、变革新举措、活动新特色”为原则，积极开展网点变革。持续推出小小银行家、民间书法大赛、道德讲坛、厅堂微沙龙等系列特色活动，全力践行最重要的是让您满意服务理念，全面提升客户满意度。（单宇燕）

【浙江稠州商业银行龙泉支行】 2019年，浙江稠州商业银行丽水龙泉支行（以下简称“支行”），支行各项存款余额58125万元，贷款余额42889万元，其中68%以上贷款资金投向中小企业和“三农”，积极为小微企业和“三农”提供高效优质的金融服务。

强化员工思想教育。支行以“不忘初心、牢记使命”主题教育为抓手，组织召开主题活动动员大会和主题教育应知应会趣味测考试，提高全员对职业初心使命的认识；组织员工走访红色基地，重温红色之旅，加强革命传统教育；同时紧贴员工思想实际，开展各种培训学习，强化员工风险意识，加强员工职业道德教育，提高员工职业素养。强化家文化建设。通过工会积极开展各项活动，关心员工实际困难，及时上门慰问生病的员工和家属，从实际出发搞好员工福利，营造以人为本的“家”文化氛围。

2019年，支行响应参与人民银行组织金融机构开展小微企业“三服务”活动。支行领导主动走访辖内小微企业，全面了解企业当前的生产经营状况和资金需求情况。采用无还本续贷方式，办理企业续贷业务，有效解决企业还贷资金困难，节省企业转贷成本。采用借新还旧方式给予资金周转困难的企业重组贷款，给予困难企业有效的帮扶和支持。截至2019年12月，支行领导走访对接6家辖内小微企业，为小微企业解决融资金额331万元。支行践行“三服务”工作，通过走访、座谈会等多种形式服务小微企业，一企一策帮助解决融资难题。（胡海媛）

【中国人寿保险股份有限公司龙泉支公司】 2019年，中国人寿龙泉支公司实现总保费收入9981.79万元，同比增长3.31%，市场占比为33.03%，总保费和市场占比均居全市第一。其中：个人营销保费7527.49万元，公司直销保费948.02万元，银行代理保险保费1506.28万元。2019年，该公司短险赔款给付538.42万元，死伤给付290.4万元；满期给付405.25万元，年金给付283.63万元。2019年年末，该公司有18位专业管理人员及292位专业销售人员。

2019年，中国人寿龙泉支公司针对不同群体开展了多种保险项目，分别在大病保险、意外保险、住院医疗等方面提供保险保障，包括重大疾病保险、康悦百万医疗保险、独生子女家庭意外伤害保险、计生特殊家庭保险、两性安康保险、残疾人保险、学生平安保险、平安大巡防志愿者保险、农民自建房保险、乡镇保洁员意外伤害保险等。全年，计生系列保险投保了11.98万人次，保障覆盖至每一个行政村，在改善民生、服务困难群体、完善社会保障体系、辅助社会管理和促进经济发展等方面起到了积极的作用。该公司与中国工商银行、中国农业银行、中国银行、中国建设银行、中国邮政储蓄银行、龙泉市农商银行保持良好的合作代理关系，并签订了长期合作协议。在与银行的合作中，中国人寿的寿险产品以其特有的保障功能在资产保全、资产传承、风险转嫁等方面发挥着重要作用，与银行实现了互惠共赢。

2019年，中国人寿龙泉支公司在全市系统首推柜员引导制度，并有效推行E化业务办理，全年保全E化率达成97.22%，无纸化率96.43%，理赔E化率67.36%，有效减少了客户排队等候时间及临柜办理业务次数。

2019年，该公司等级从D7类公司上升为D6类公司。10月，该公司通过总公司“三定改革”实现转型升级，公司部门调整为营销发展部、收展发展部、机构业务部、综合管理部和客户服务中心5个部门。12月，中国人寿龙泉支公司将坐落于查田镇的原“中国人寿保险股份有限公司龙泉市支公司查田营销服务部”迁址至城区办公，并更名为“中国人寿保险股份有限公司龙泉市支公司龙渊营销服务部”，新址位于龙泉市中山东路138号二楼，建筑面积230平方米。全年，该公司持续开展反洗钱、防范非法集资、打击非法传销、侵害消费者权益乱象整治等各项风险防范工作，有效治理了销售过程中的不合规行为，通过风险教育与现场检查相结合的方式，防范化解销售风险，强化整改责任落实，及时消除风险隐患，促进公司持续稳步健康发展。全年，该公司调整反洗钱工作领导小组和工作组3次，组织召开反洗钱工作会议2次、反洗钱宣传活动2次；组织辖内全体员工和营销员签订《防范和处置非法集资工作承诺书》，开展非法集资宣传活动1次；开展风控辅导式教育9次；开展各项内控合规排查12次。同时，该公司有效开展客户服务节、总经理接待日、金融知识普及月等客户服务工作。该公司未接到有效投诉案件，实现“客户零投诉”目标。

2019年，中国人寿龙泉支公司协助龙泉市社会保险事业管理局开展对全市参保人员外伤案件的调查工作，全年共受理调查外伤案件2494件，其中调查发现案件“阳性件”466件，有效降低了政府的财政支出。该公司积极参与地方政府扶贫结对、创国卫、浙江省文明城市复评、消费维权、治安维稳、社区共建等相关工作。全年开展保险“进社区、进农村、进学校”宣传活动60余场次，受益群众2000余人；中国人寿龙泉支公司与城北乡新宏村进行结对帮扶，多次进村入户，了解该村及农户的实际困难，根据结对村实际情况，协助完成项目立项、资金落实等相关工作，并看望困难农户，给予慰问金、棉被、米油等物品；与市消协保持密切联系，设立“消费者投诉站”，随时接受消费者的监督，“3·15”期间联合市消协举办咨询活动，向过往行人发放保护消费者权益及相关法律法规宣传资料1000余份；积极参与社区共建工作，常年与金岗社区保持密切联系，协助社区进行平安社区创建、创国卫、浙江省文明城市复评等工作。该公司连续14年保持“丽水市文明单位”称号。（毛盛瑜）

经济 商贸

综　述

【概况】 2019年，龙泉市组织开展"产业培育大比拼、项目建设大比武"等系列活动，全年实现生产总值142.55亿元，增长8.1%，在全省26个县发展实绩考核中综合排名第二，连续四年列入第一档次。全年龙泉市农业生产实现农林牧渔业增加值15.36亿元，增长2.9%；生态工业实现二产增加值52.05亿元，增长9.1%，其中规上工业增加值17.68亿元，增长12.5%；服务业发展实现服务业增加值75.24亿元，增长8.5%。三次产业占比优化调整为10.7:36.5:52.8。

该年，龙泉市发展和改革局开展"不忘初心、牢记使命"主题教育活动，组织主题教育应知会答题测试2次；深入企业、深入基层开展调研20次，完成10份调研课题；局党员领导干部到分管部门和联系单位讲专题党课7场；开展"十四五"课题谋划大比武活动，完成5个"十四五"研究课题研究工作。

【投资管理】 2019年，市发展和改革局负责重点项目和政府性资金投资项目的综合管理，对政府性投资项目严格执行法人（业主）责任制、招投标制、合同管理制、建设监理制，确保工程质量和资金使用效益；制定并提交市政府出台《龙泉市产业培育大比拼、项目建设大比武活动实施方案》文件，实行项目审批过程的全程服务和工程建设过程的跟踪监督；2019年，全市固定资产投资同比增长13.5%，排名丽水第一，民间项目投资同比增长20.4%，交通投资同比增长20.1%，生态环境和公共设施投资同比增长44%，高新技术投资同比增长48.7%；5个浙江省重点项目累计完成投资6.71亿元，完成年度计划的134.3%；9个"五个千亿元"项目完成投资14.2亿元，完成年度计划的107.6%；18个丽水市重点项目累计完成投资31.1亿元，完成年度计划的133.7%；37个市领导领办项目累计完成投资43.92亿元，完成年度计划的108.3%；全年累计争取到中央预算内资金、专项资金等上级各类补助资金1.52亿元；龙商鞋产业基地等4个项目列入2019年省市县长工程；瓯江文化休闲康养中心等9个项目列入《浙江省"五个千亿"投资工程2019年实施计划》，龙泉市站前区块市政基础设施工程（一期）等4个项目列入《2019年浙江省基础设施补短板重大项目清单（第一批）》，龙泉市汽车空调零部件（压缩机及管路）产业园项目等2个项目列入《浙江省"4+1"重大项目建设计划2019年实施计划》（张　璐）

【服务业发展】 2019年，龙泉市实现服务业增加值75.24亿元，同比增长8.5%，排名丽水第五位。市发展和改革局争取到万乘车驰汽车空调M2B电子商务交易平台项目，初步列入国家服务业引导资金项目浙江省上报计划，4个项目列入浙江省服务业重大项目，国家、省级项目争取均居丽水九县（市、区）之首；龙泉市汽车空调产业集群融合试点成为丽水市唯一入选浙江省第一批现代服务业与先进制造业深度融合试点（产业集群类）；龙泉瓯江文化休闲康养中心、龙泉宝剑小镇风情一条街等一批服务业重大项目成功落地。开展服务业政策的修订完善工作，全年新增服务业规上（限上）企业23家，兑现2018年度服务业专项扶持资金156万元，同比增长67.7%；开展总部经济招商工作，成功引进南联、云尚等总部经济企业。（全丽娟）

【能源工作】 2019年，该市委托中国电建集团华东勘测设计研究院进行龙泉市抽水蓄能电站选址规划报告编制，并被推荐为浙江省抽水蓄能电站规划建设站点。龙泉市全年村集体经济光伏项目并网55户，装机规模2691千瓦，其中16个光伏"消薄"项目成功申报纳入2019年度国补、省补指标；全年家庭屋顶光伏电站并网334户，装机规模3455千瓦；工商业屋顶光伏项目并网13户，装机规模3981千瓦。市发展和改革局组织开展清洁能源示范县光伏助农示范村和第一批项目补助申报工作，下达省级补助资金约530万元；完成大毛垟加油站和塔下加油站改造，里下畈站、上垟站、临江站三座综合供能服务站建设工作；完成丽水市“五炉”淘汰改造任务，共计淘汰改造锅炉24台；云和—龙泉天然气管道工程（龙泉段）完成投资8040万元。（周 剑）

【信用建设】 2019年，市发展和改革局全年归集诚信红名单287例、失信黑名单216例，报送“生态信用”案例60余例，上传信用承诺书120余份，协助市委宣传部、人力社保局、司法局等单位核查信用记录400余条，成功修复一起事业单位不良信用记录。12月，龙泉市城市信用状况监测在全国县级市排名跃居至23位，较2018年同期提升72位。

【价格管理】 2019年，市发展和改革局积极落实降低电价政策，开展清费减负行动，全年累计企业用能减负1440万元；着力解决小学“放学早、接送难”矛盾，在成本测算基础上，制定小学生放学后托管服务收费460元/生·学期标准；推进农业水价综合改革，全年完成改革面积4.45万亩；全面加强市场猪肉价格监测，及时了解市场行情并做好分析研判；提升成本监审，完成供水成本监审上报，核减供水成本175.14万元；结合成本调查，制定方鑫食品有限公司生猪定点屠宰服务试行价格每头65元。（邱绍林）

【对口帮扶】 2019年，市发展和改革局围绕组织领导、人才支援、资金支持、产业帮扶、劳务协作、携手奔康六大工作任务推进东西部扶贫协作工作，取得显著成绩。2019年4月26日，四川省政府常务会议宣布广元市昭化区2018年成功脱贫摘帽，并获评四川省摘帽县（区）考核、东西部扶贫协作和对口支援考核最高等级。全年昭化区成功退出贫困村4个，426户贫困户1101人实现脱贫，取得贫困发生率0%的骄人成绩。（刘日兴）

发展和改革

【计划管理】 2019年，市发展和改革局制定《关于龙泉市2018年国民经济和社会发展计划执行情况及2019年国民经济和社会发展计划草案报告》，提出全年主要经济预期目标和主要经济工作任务，调整和完善重点企业监测网络，及时反映企业动态，针对经济运行中的一些重大问题及热点、难点、焦点，深入分析研究，提出月度、季度经济运行分析材料，为市委市政府决策提供科学依据。

【规划管理】 2019年，市规划管理委员会共梳理筛选《龙泉市小微企业园高质量发展五年规划（2018—2022）》等23项发展规划纳入龙泉市2019年度规划编制计划，安排规划编制经费628.99万元。市发展和改革局上报总投资约200亿元共31个项目列入瓯江山水诗之路规划，争取到专项资金1550万元；谋划形成总投资62亿元共31个“红+绿”项目列入浙西南革命精神传承和红色资源价值转化规划；全面启动“十四五”规划总体思路研究，组织31个课题进行前期重大课题研究大比武活动。

【社会发展】 2019年，该市顺利完成省市县三级民生实事；实现城镇常住居民人均可支配收入48439元，增长9.1%，农村常住居民人均可支配收入23459元，增长10.4%，增幅位居丽水第2；低收入农户收入10687元，增长14.3%，低收入农户增收工作获浙江省政府办公厅通报表扬，脱贫攻坚专项资金管理经验在全省推广；城镇化率提升至64%，列入浙江省首批大花园典型示范建设单位，创成浙江省新时代美丽乡村示范县、浙江省首批农业绿色发展先行市和省级乡村振兴产业发展示范建设县；入选全国农村人居环境整治成效明显激励县并获国务院办公厅通报表彰，系浙江省唯一；文化教育和医疗卫生事业加快发展，举办“天下龙泉——龙泉青瓷与全球化”特展、第二届世界青瓷大会·第十一届龙泉青瓷龙泉宝剑文化旅游节等活动；稳步推进健康龙泉建设和教育基础设施项目，中医院迁建项目全面开工，萧山中医院龙泉分院挂牌成立，医共体建设得到浙江省卫生健康委和丽水市政府点名表扬，获丽水医共体建设考核第一名；进步巩固社会保障和就业体系，2019年新增城镇就业4152人，城镇登记失业率1.98%，基本医疗保险、养老保险参保率分别达99.3%和97.7%。

【大花园典型示范创建】 2019年，市发展和改革局制定明确龙泉市大花园典型建设实施方案，分解落实22个重点项目、10个大标志性工程、28项先进性指标、19项美丽载体、4个改革创新（其中4个重点项目已纳入全省大花园建设行动计划重大项目2019年实施计划）；开展全省大花园建设典型县（市、区）宣传活动，在浙江日报上整版刊登介绍龙泉市大花园建设情况，在浙江经视播出走读浙江大花园系列节目龙泉篇，在各大网络媒体推出100秒龙泉大花园建设宣传片。龙泉市荣获第一批全省大花园典型示范建设单位，市发展和改革局荣获浙江（丽水）绿色发展综合改革创新区（大花园）建设先进集体。

【生态产品价值实现机制探索】 2019年，市发展和改革局开展生态产品价值实现机制试点工作，提炼总结出20个生态产品价值实现机制典型案例（其中1个入选全国案例，9个入选丽水案例）、7个亮点工作，形成一乡二村试点三个课题研究成果，兰巨乡和西街街道荣获丽水市生态产品价值实现示范建设单位，并探索组建了两个试点乡镇（街道）生态强村公司，初步形成全市GEP核算成果。（林云云）

【特色小镇规划建设】 2019年，该市特色小镇规划建设全年达成投资20.78亿元，接待游客361.71万人次；顺利通过2018年度浙江省级特色小镇考核，其中青瓷小镇、宝剑小镇分列创建类优秀、良好等次，空调小镇位列培育类良好等次，均取得自列入省级特色小镇名单以来的最好成绩；青瓷小镇入选浙江省首批中小学研学实践教育基地名单，并作为分会场之一成功举办第二届世界青瓷大会；宝剑小镇（一期）及氧吧长寿小镇（一期）土地完成招拍挂，并分别引进龙泉宝龙公司及温州新中梁集团负责项目建设运营；兰巨乡（氧吧长寿小镇）入选省级农业绿色先行区创建名单；央视聚焦“龙泉南乡粮仓”—小梅镇（历史经典文化小镇）黄南村千亩省级粮食生产功能区，多频道分时段报道传统农耕打造农旅融合。

【铁路发展】 2019年，衢宁铁路龙泉段按计划有序推进，政策处理工作全面完成，沿线隧道、桥梁全部贯通，预计2020年9月建成通车。温武吉铁路勘察设计工作由中铁二院承接，已开展全线调研工作。2019年12月5日，中铁二院温武吉铁路设计组到龙泉调研考察，现场踏勘铁路线路走向和站点选址，并召开温武吉铁路预可研现场调研座谈会，标志着温武吉铁路项目前期工作正式启动。

【世界银行贷款项目】 2019年，该市完成世行贷款项目2个合同包采购工作，合同签约金额3555万元，全市累计合计完成36个合同包采购（其中：31个土建合同，4个货物合同，1个咨询合同），合计采购金额3.37亿元，已完工24个土建合同，工程共支付约2.16亿元，向世界银行提款报账约1.91亿元。6月，世界银行专家团会同浙江省发改委、浙江省财政厅等单位到龙泉开展项目推进检查工作。龙泉市荣获2019年度浙江省世行贷款项目推进成效奖。

（管剑锋）

粮食购销

【订单粮食规模创新高】 2019年，龙泉市轮换地方储备粮3461吨，其中落实订单粮食数量2961吨，比上年同期增加102吨，全市订单粮食收购价格当地产“中浙优”晚籼稻为140元/50千克、“甬优”晚籼稻为135元/50千克，继续执行订单粮食奖励政策，标准是每交售50千克晚稻谷奖励20元，共发放政府价外补贴款118万元，惠及农户690家，收购量创近十年来新高。创新储备模式，实行部分地方储备粮（670吨）实施包干轮换制度。

【粮食大清查工作】 根据浙江省政府办公厅《关于开展全国政策性粮食库存数量和质量大清查实施方案的通知》（浙政办发〔2018〕113号）等文件要求，扎实开展全国政策性粮食库存数量和质量大清查，制定了《龙泉市政策性粮食库存数量和质量大清查工作协调机制》（龙政办发〔2019〕37号），成立工作领导小组，保障各项工作安排到位，同时成立大清查自查工作督导组，督导与企业自查工作同步进行，坚持边查边改、即查即改、以查促改，为普查阶段打好基础。在丽水市普查期间，按照“有库必到、有粮必查、有账必核、查必彻底”的原则，逐库点、逐仓号、逐货位检查库存实物。通过对实物、账务、质量等方面的检查表明，公司账、表、卡相符，库存粮食数量真实，质量符合要求，运作合规。

【中国好粮油建设项目】 为深入推进粮食行业供给侧结构性改革，加快粮食加工企业转型升级，根据原浙江省粮食局、浙江省财政厅转发国家粮食局、财政部《关于印发“优质粮食工程”实施方案的通知》，协助龙泉市丰穗粮油有限公司申报“中国好粮油”建设项目，通过实施“中国好粮油”行动，完成“粮食储备加工中心”项目建设，龙泉市“粮食储备加工中心”项目已被列入《丽水市粮食产业经济发展规划（2017—2021）》，是丽水市重点扶持建设的粮食基础设施工程之一，项目总投资2159万元，中央财政补助资金647万元。截至2019年，项目累计投入资金达到1357万元。项目建成后，对保证完成全市地方储备粮、应急成品粮的任务，以及保证全市的粮食安全，具有重大的意义。（杨伊凡）

招商引资

【概况】 2019年，龙泉市经合中心（招商服务中心）出台《选商引资工作实施意见》《选商引资工作考核办法》《选商引资项目优惠政策》；编制《龙泉市对外重点招商项目手册》；成功举办温州鞋产业链招商大会，实现首日招商成功；借助第二届世界丽水人大会、上海丽水推介周集中签约、各地商会年会等活动载体，广泛开展投资环境宣传、项目推介和招商洽谈活动，扩大龙泉的知名度与美誉度。强化专班招商，推出《龙泉市重点项目招商专班机制》，设立57个重点招商专班，全力攻坚“大、高、精”项目。选商引资成效明显，龙泉市荣获2019年丽水市招商引资考核年度优秀。

【选商引资项目】 2019年新引进项目54个，累计协议总投资91.2亿元，引进龙商回归鞋产业链项目、宝剑小镇、氧吧长寿小镇等大项目12个，完成年度任务133%；实际利用内资23亿元，完成年度任务153.3%；新落地项目38个，投产28个。龙商回归鞋产业链项目总投资50亿元，是龙泉最大的产业链招商项目，“龙商回归”的旗帜性项目。

2019年9月22日，第二届世界丽水人大会龙泉分会场签约仪式

（市经合中心／供图）

【山海协作工程】 2019年，该市实现山海协作类招商新签约项目22个，协议投资20.29亿元，亿元以上项目6个，5亿元以上项目1个，累计到资15.2亿元；累计培训劳动力810人次；农特产品消费帮扶销售额达1175.65万元；新增群众增收和社会事业合作项目10个，到位帮扶资金共计1270万元。与萧山区方面：龙泉—萧山山海协作产业园规上工业企业实现产值13.5亿元，同比增长30.3%。萧山—龙泉“飞地”产业园一期于9月29日开工建设；萧山区捐助300万元用于两地共建乡村振兴示范点；援建1300万元的披云廊桥正式通车；龙泉市中医院成为萧山区中医院龙泉分院。与秀洲区方面：秀洲—龙泉“飞地”产业园一期累计完成投资额约1.2亿元、完成总工程量的85%；秀洲—龙泉山海协作项目粽叶种植基地、奶牛养殖基地、茶叶种植基地、藏红花培育基地落户龙泉；锦溪镇下锦村成为秀洲—龙泉两地共建乡村振兴示范点；“山海情深·共贺华诞”秀洲—龙泉文化旅游周成功举办。与杭州湾新区方面：龙泉汽车空调检测平台正式成为吉利汽车研究院第三方认可实验室；杭州湾新区援建105万元用于八都镇松渠村乡村振兴示范点建设；组织企业捐赠60万元用于八都镇瀑云小学基础设施提升项目。（徐 强 徐子豪）

供销合作

【概况】 2019年，龙泉市供销社系统经营总收入3.78亿元，商品销售总额3.78亿元，其中批发零售销售额3.03亿元，电商销售额2626万元，社办农产品销售额7454万元。10月18日、12月27日召开油茶和竹笋产业农合联成立大会暨第一次会员大会，选举产生第一届理事会；聘请科研团队和顾问团队；与龙泉市农商银行签订战略合作协议。市农商银行分别给予贷款授信1亿元，为油茶和竹笋两个产业农合联会员提供特色金融服务，解决产业农合联会员借款难的问题。两个产业农合联共吸收会员127家。

“龙泉农产品供销e城”农产品销售平台建设蔬菜基地3825亩，签约合作社18家，联结合作社150多家。2017—2019年，直接销售高山蔬菜1500万元，品牌营销带动产业销售额2.3亿元。2019年，实现销售额3000万元。

【农产品“供销e城”】 6月，市农产品“供销e城”运营中心正式启用，政采云—龙泉扶贫馆、丽水山耕区域公用品牌龙泉服务中心同时揭牌。该中心集农产品整合、对接省内外市场资源等功能为一体，配套农产品检测、蔬菜包装、冷链配送、电子商务、基地建设等系列服务，现已成为农合联开拓农产品外销的市场先锋，尤其针对大中城市消费者，为其提供便捷、安全的食材选择，满足消费多元化需求。

【农产品(蔬菜)批发市场】 2019年，农产品(蔬菜)批发市场主体工程竣工验收，市场使用运行前期准备，加快农产品批发市场项目选商引资力度，完成220名经营户报名工作。5月份完成内部设施建设、室内装饰等，9月底前做好工程验收工作。12月25日开始试营业。通过公司化运作引入民间资本，该项目节省市财政资金5000万元及每年的运营经费300万元。

【茶叶产业服务中心】 该项目由市汇农茶叶产业服务有限公司承建，租用市农产品(蔬菜)批发市场槽钢大棚1500平方米建设，租期15年。分市茶叶产业服务中心(一期槽钢大棚改造和装修)和市茶叶产业服务中心(二期茶叶生产和加工设备购置)2个子项目实施。项目建设内容包括槽钢大棚改造和装修、茶叶生产和加工设备购置。2019年1月开始建设，2月底完成，项目固定资产总投资270.5万元。项目建成后，可设茶青、茶叶交易摊位50个，年茶叶交易额可达1.5亿元；购置茶叶色选机等设备，每年可为茶叶产业农合联会员及茶农精加工(色选、精包装)茶叶600多吨，为会员及茶农节省茶叶色选费用60多万元，经济效益显著。该项目既是龙泉市茶产业的现实需要，又能够解决龙泉市茶产业质量提升的需求，有利于龙泉市茶产业的发展。

【东西部扶贫协作】 2019年，市供销社立足生产、销售两块工作，利用农合联平台，把“上级要求、扶贫所需、供销所能”结合起来，全力推动东西部扶贫协作在供销系统落地落实、开花结果。

5月17日，市供销社与嘉兴志佳商业管理有限公司、昭化讯维电子商务有限公司三方签订东西部扶贫协作农产品供需合作框架协议。协议约定建立浙广两地农产品供需结对关系，三方建立浙广东西部扶贫协作农特产品直销合作机制，推动广元(昭化)大米、乌鸡蛋、金丝皇菊等农特产品进入浙江市场；丙方按照甲、乙方要求提供名优农特产品，乙方负责产品营销，建立起长期稳定的供销渠道，带动当地群众长效稳定增收。

6月10日，龙泉—昭化东西部扶贫协作特色产品精品展销厅在城区中山西路74号开业，100多种来自四川省广元市的农产品上架销售。该举措是市供销社(农合联)按照龙泉、广元市昭化区两地政府签订东西部扶贫协作框架协议，坚持“资源共享、优势互补、发展互惠、合作双赢”原则，开展全方位的合作交流，让昭化区能高质量、高标准完成脱贫攻坚各项目标任务，全力打赢脱贫攻坚战。由市供销社(农合联)牵头在龙泉市专门设立消费扶贫示范点，昭化提供当地有品质保证的特色农产品，经过包装，在龙泉市定点出售。展销厅的开业打通了广元农产品的销路，让农产品进入龙泉市场，助力产业循环发展，推进精准扶贫。全年实现昭化农产品销售额1194万元。

【村企结对“消薄”工作】 2019年，市供销社(农合联)继续深化村企结对“消薄”机制。4月12日，在龙泉市举行的“问海借力·村企同心”2019年龙泉村企对接签约仪式上，物产中大集团股份有限公司、雅莹集团股份有限公司、温州港集团有限公司等13家企业与供销社(农合联)、蓁部村等集体经济薄弱村签订产销协议13份，资金1061万元。其中农产品订单12个，金额623万元；建设绿色农产品生产基地1050亩，投资额438万元。创建“供销e城”和合作社的利益共享机制。以大红番茄硬果为例，与合作社签订农产品购销协议，按计划布置全年种植计划(每天供应500公斤的产量)，在产品合格的基础上由“供销e城”统购，并实行最低保护价，切实保障农民受益。销售环节80%利润返还给合作社，实现二次获利。

3月27日，秀洲—龙泉粽叶生产基地启动仪式在砥石街道冷水亭村举行。市供销社(农合联)与真真老老食品有限公司签订协议，在砥石街道冷水亭村、横片村、陈村村、龙南乡麻竹坑村、金川村、兴和村、安和村、屏南镇金林村、锦溪镇下锦村、岩樟乡岱岭村、绿坑村等11个村建设粽叶生产基地550余亩，开展野生粽叶移植与栽培，秀洲区负责粽叶购销以及全程技术服务。该项目打通了粽叶种植、采摘、加工到定向收购等粽叶生产的各个环节，实现村、企、农户三方共赢。同时设置合同保护价，每公斤粽叶7元，在保护价基础上每年6月底前双方根据市场协议当年收购价格，切实保护种植户的利益。此外，秀洲区还和该市通过对粽叶生产基地的薄弱村土地流转、粽叶销售等方面给予财政补贴60万元，助推经济薄弱村产业发展。

【特色金融服务】 2019年，市农商行为农产品批发市场经营户提供低利率、服务化的金融服务，与市场管理人员约定凡是进驻市场的经营户凭签订的租赁合同可直接通过信用担保30万元。10月，市供销社(农合联)与农村商业银行组织人员对449家产业农合联会员的生产状况、经营管理、服务水平、信用履约、持续发展及资产质量等情况开展走访调查和综合考评，并进行分类评定拟授信贷款，其中A类会员100家、B类会员348

家，贷款授信总额17477万元。与浙江省农业信贷担保公司合作，共建基层农业信贷担保服务体系，已成立浙江省农担龙泉代办点，得到授牌。积极向浙江省农担公司推荐优质客户，已推荐4家农业经营主体，获取担保贷款500万元。（瞿津津）

烟草专卖

【概况】 2019年，龙泉市烟草专卖局（分公司）通过终端视觉识别系统和店堂形象改造，“香溢零售”在龙泉市场的品牌化形象初步树立。共完成终端标识改造361户，香溢合作店建设9户。通过“十百千”工程，完成1个示范镇、12个示范村、197户示范店的建设。完成经营管理平台过渡切换，依托“丁香花”宣贯，构建平台化生态圈，深化数据营销概念。“香溢购”的使用率达到102%，现代终端“香溢通”使用率达100%，已建设“香溢坊”自律互助小组103组，覆盖面达88.84%，吸收“香溢家”会员24103人，活跃消费者会员数为9592人，占比达78.22%。按照丽水市局（公司）关于“互联网+营销”新模式落地实施意见的工作要求，实现了平台、数据、终端、队伍较高质量提升。

【专卖管理】 2019年，市烟草专卖局专卖管理工作聚焦“互联网+专卖”模式，完成了各项工作任务。破获国标网络案1个，查获各类违法案件84起，查获各类违法卷烟10893条。数据监管成效凸显，专车打击的精准性提高。联合市公安部门全年查获运假专车4辆，累计查获假烟140.57万支。其中“1•6”案件，横跨多个省市，查获卷烟50多万支，涉案金额1000万余元。市场监管闭环加固。以“双随机，一公开”日常检查为基础，重点监管定点到户，清单化管理为精准辅助，联合公安、市监、邮政管理等部门对道路卡口、物流寄递等关键环节开展检查，形成多领域、跨部门协作的立体监管网络，有效延伸检查触角，重点籍零售户管理指标位列全市第一。深化落实“最多跑一次”改革，全市许可证持证数1791户，同比增加1.24%，各类许可申请办理及时准确。

【党建融合】 2019年，市烟草专卖局（分公司）始终坚持发挥党建引领作用，以“抓融合、促发展”为主目标，以“不忘初心、牢记使命”主题教育为重要抓手，扎实稳步做好党建各项工作。政治引领不断强化。依托“三会一课”“主题党日”和“学习强国”线上平台，持续深入学习贯彻习近平新时代中国特色社会主义思想，确保党员学习全覆盖。开展“不忘初心、牢记使命”主题教育，把学和做结合起来，把查和改贯通起来，主题教育期间，全局层面共检视问题26个，9个专项整治取得阶段性成效，为推进龙泉烟草实现高质量发展提供坚强的思想保证和强大的精神动力。组织建设基础不断扎实。着力提升党建工作的标准化、规范化、科学化水平，重新审议制定党费收缴使用等相关制度。党组织的战斗堡垒和党员先锋模范作用进一步发挥，通过参观革命遗址、上专题党课、体验红军餐等方式，深入开展浙西南革命精神系列弘扬践行活动，并积极组织全体党员开展平安护航中华人民共和国成立70周年大会、“守望童心”、“珍爱健康、拒绝电子烟”公益宣传等系列志愿服务活动。（邱　婷）

综合管理

审计管理

【概况】 2019年，龙泉市审计局完成审计项目52个，查出主要问题金额87201万元，其中违规金额1670万元、管理不规范金85530万元。移送司法机关、纪检监察机关和有关部门处理事项7件。报送审计专报18篇，综合报告19篇，被批示33篇；审计提出建议66条，被采纳66条；提交审计信息56篇，被批示、采用136篇（次）。向社会公告审计结果20篇。2019年，获省表彰项目1个，丽水市优秀审计项目2个，1个浙江省审计厅重点课题结题，被浙江省审计厅评为全省优秀县级审计机关；在丽水市审计系统2019年度综合考核中获得全市审计工作考核优秀。

【党建强审】 4月18日，龙泉市审计委员会第一次会议顺利召开，市审计局分3期编印乡镇（街道）、部门领导干部经济责任审计及扶贫领域风险防范清单手册，发放范围覆盖全市700多名市管领导干部。开展“不忘初心、牢记使命”主题教育活动。选派3名优秀干部担任道太乡李村村、丁江村、乌�下村第一书记；结对帮扶道太乡6户低收入农户；对7个农业综合开发工程项目、第二届世界青瓷大会资金进行审计并出具审计报告。认真落实上级审计机关审计任务及龙泉市委巡察工作。1人被抽调参与浙江省委巡视组工作，1人被抽调参与丽水市人防系统交叉巡察工作，12人全程参与全市12个单位的巡察工作。

【政府性资金审计】 2019年，市审计局开展2018年度财政预算执行审计，揭示预算编报、预算执行、预算批复和追加、财政资金统筹和安全管理等等16个方面的问题；上报的《龙泉市2018年度财政预算执行情况审计报告》《本市已车改单位公车加油卡存在问题应引起重视》均得到市主要领导批示，推动市发改局开展对全市公车加油卡清理工作。审计结果得到市人大常委会、市政府的关注和重视，市人大常委会对审计部门摸清财政家底。

【民生资金审计】 2019年，市审计局实施并完成扶贫专项审计、保障性安居工程审计、社会救助政策落实、政府购买服务资金绩效、全域旅游政

市审计局干部现场实地查看民生项目工程 （季太阳/供图）

策、民办教育、政府投资项目造价咨询。7个专项资金和审计调查项目，审计专项资金118582万元，查出主要问题资金87146万元，提出意见和建议25条。在龙泉市扶贫专项审计中，查处问题11个，向市纪委移送案件1件，上报的《本市村级扶贫资金互助会问题应引起重视》等5篇专报信息得到市政府主要领导8次批示，该项目被浙江省审计厅评为全省表彰项目。在东西部扶贫协作四川省广元市2018—2019年扶贫协作情况审计中，总结和反映全市东西部扶贫协作取得的成效和经验，揭示在政策落实、项目实施、资金管理使用等方面存在的问题，为强化责任落实、优化结对关系、深化结对帮扶和聚焦脱贫攻坚提供决策参考。在龙泉市社会救助政策落实情况审计中，向市纪委移送问题线索4起，撰写的审计专报《本市"6•25"灾后重建大沙安置小区康宁家园建成十年未办理相关手续且存在安置房闲置问题》，被丽水市审计局认定为2019年审计系统"推动老大难问题解决"的典型案例。

【经济责任审计】 2019年，市审计局完成市科技局、市公路局、市文联、市农办、西街街道、锦溪镇、龙南乡等7个单位10位领导干部经济责任审计，查出主要问题金额66286万元。推进自然资源资产责任审计。在住龙镇和市农业农村局开展领导干部自然资源资产责任审计，并首次探索将生态产品价值实现机制纳入自然资源审计，切实推动领导干部履行自然资源资产管理和生态环境保护责任，促进美丽龙泉建设。内审工作再上新台阶。落实《龙泉市创新农村审计工作运行机制的实施意见》，协助农业农村局设立了龙泉市农村审计中心，推进全市农村审计新模式的建立，为全丽水市农村审计工作提供样板。

【审计管理】 2019年，市审计局抓项目质量意识，聚焦预算法贯彻实施、打好"三大攻坚战"、推动"富民强省十大行动计划"落地、规范权力运行四大板块，完成年初既定的18个审计项目。把好审计项目实施方案、审计现场、审计结果"三个关键点"，要求每个审计项目要开好审计质量提升"三个会"，分别是"审前审计思路、方案讨论会""审中审计发现问题、线索讨论会""审后审计成果提升会"，以全链条控制、清单式管理、数据化手段，全面加强审计质量把控。不断扩大审计成果。加大审计力度，确保审深审透，并从体制机制方面提出合理化建议，发挥好参谋助手作用。向市委市政府报送审计专报18篇，综合报告19篇，得到市委市政府领导批示33篇38人次。把生态产品价值实现机制试点纳入自然资源资产离任审计内容，选取市农业农村局开展试点，推动国家重大改革落地落实。高质量完成2018年度市本级预算执行和其他财政收支的审计工作报告。全年查出违规金额1670万元，移送处理事项7件，3人受到党政纪处分。狠抓审计价值提升。审计整改继续纳入党风廉政建设工作考核；审计整改监督列入市人大常委会年度工作重点和市政府督办督查工作。市政府向28个市直部门及乡镇（街道）交办了审计整改任务清单。全年公告审计结果20个，督促被审计单位进行审计整改结果公告15个。对已经实施完成的审计项目及时进行审计回访，检查发现，2018年度23家审计问题整改责任单位的问题整改率达到了98%。

【干部队伍建设】 2019年，市审计局认真开展"不忘初心、牢记使命"主题教育。落实主体责任，履行"一岗双责"，签订《党风廉政建设目标责任书》，严格执行《廉政准则》、审计纪律"八不准"规定，筑牢廉洁从审防线。完善考试制度，完成全局所有7个中级职称事业干部的评聘工作，同时设立1个高级职业资格岗位，完善《职称考试和培训制度》，促进审计职业化人才建设，全年共有3人通过审计署计算机审计中级考试，1人通过浙江省审计厅计算机审计中级考试。 （刘滟珍）

统计工作

【概况】 2019年，龙泉市统计局全面贯彻实施"一套表"统计制度，准确、及时地完成工业、农业、批发零售住宿餐饮业、固定资产投资、综合、核算等30多项统计调查任务。

市统计局在浙江省、丽水市统计局的业务指导和支持下，加强对数据指标的跟踪比对，加强与发改、经商、财政、农业等部门工作对接，共同分析经济发展状况，针对经济发展情况和行业发展状况做好专业预测预警分析和统计指标监测，对工业、固定资产投资、贸易、服务业等主要经济指标发展及时提出意见和建议，全年撰写统计信息（分析、专报）40篇。

市统计局精准指导企业"上下规"工作，组织召开企业"上下规"业务培训会，对各行业主管部门进行业务辅导培训。主动跟踪拟上规（限）企业的经营情况及发展趋势，协助各行业主管部门认真做好新开业投产单位及"四下"升"四上"单位的摸底、申报和退出工作。

市统计局发挥统计信息咨询优势，及时发布月度、季度、年度统计数据，编印形式多样、通俗易懂的统计信息发布载体，每月编印《龙泉市主

开展法治宣传活动　　（市统计局 / 供图）

要经济指标快报数据》小册子，印发《数据龙泉》和《龙泉统计信息》，满足政府部门和社会公众的统计信息需求。出版《数据龙泉》《龙泉统计信息数据》《2018 年统计年鉴》《龙泉市主要统计指标快报数据》等统计产品，撰写《关于打造经典文化产业的思考》《论 GDP 与 GEP 的高质量转换》等课题报告。

认真开展“不忘初心、牢记使命”主题教育活动，组织党员集中学习必读书目，观看《不忘初心学党章》等教育视频，践行“初心之行”“使命之行”，重温初心，坚定使命，全面厉行“丽水之干”，为龙泉发展提供充分的统计保障。

【第四次经济普查】 2019 年，市统计局将第四次经济普查列为年度工作重点，全力以赴落实各项工作。认真抓好经济普查前期准备工作。及时下发宣传海报、普查员手册等物资；举办入户登记业务培训班，对全市各乡镇（街道）近 200 名普查员进行集中培训；及时将普查单位底册名录信息及普查表式导入 PAD（平板），作为正式登记的依据。认真做好舆论宣传工作。充分利用电视、报纸、网络、新媒体等新闻媒体和入户宣传品、经济普查宣传册、移动短信、办公助手等手段，加大经济普查工作的宣传力度，提高经济普查对象依法接受普查意识和配合度。严格抓好入户登记工作。建立工作推进督导制度，局领导及专业干部全体参与，与经普办一起分片负责，及时掌握所在片区普查工作进度，及时进行工作督导及业务指导。强化市级督导机制，奔赴各乡镇（街道）进行督导，确保普查登记工作高质量全面完成。严格抓好数据审核上报。规范开展行业划分和编码，分行业分专业开展审核，并分片区进行落实，确保审核中每个疑问能得到及时解答，每个差错得到纠正，高质量完成普查数据审核上报工作。

【法治工作】 2019 年，市统计局充分利用 LED 大屏幕和宣传车、报纸、电视、网络、短信等多种宣传方式宣传统计法律法规，将统计法律法规学习作为专业培训会议上一个重要环节进行落实，制作印发《中华人民共和国统计法》《全国经济普查条例》及宣传折页等，以通俗易懂的漫画形式宣传统计法律法规。加强统计法治基础建设。在新“三定”方案中，在综合统计科挂牌法规科。2019 年，选送 2 人参加统计执法证考试并通过，可持有执法证人数达到国家统计局规定上限，统计法治队伍进一步加强。加强统计数据质量建设。开展统计“双随机”执法检查，通过掌上执法系统完成“双随机”检查 11 家，专项检查 3 家，责令 5 家数据有差异的单位自行改正。根据浙江省、丽水市统计局统一部署，对 11 家批发业企业和 10 个投资项目开展执法检查，责令整改 4 家，对 2 家统计违法单位进行行政处罚；配合浙江省、丽水统计局对 10 家工业企业开展统计数据质量核查，对 5 家存在统计违法行为企业进行统计执法。

【体制改革】 3 月，龙泉市委办、市府办印发《龙泉市统计局职能配置、内设机构和人员编制规定》，新“三定”中明确，局机关下设办公室、综合统计科（挂法规科牌子）、专业统计科。11 月，市编委印发《龙泉市社会经济调查队职能配置、内设机构和人员编制规定》，明确市社会经济调查队是市统计局下属公益一类事业单位，机构规格相当于副科级。调查队下设综合调查科和专项调查科 2 个科室。（陈许法）

统计调查

【概况】 2019 年，国家统计局龙泉调查队为提升统计服务能力，实施“一人一课题”研究计划，全年共发表调查分析 11 篇，课题研究 5 篇，其中《全域旅游视角下龙泉市乡村旅游发展研究》获国家局内网采用，获浙江省二等奖，《乡村休闲康养产业的发展研究——以龙泉市为例》为总队单独立项课题，获丽水市二等奖，《大数据时代下开展统计调查工作的路径探析》获丽水市三等奖。全年撰写各类统计调查信息13篇，参与总队专题调研1次，编印统计资料17份。发挥新媒体传播优势，该单位微信公众号全年共发表原创类稿件16篇，其中《龙泉调查队成功举办第十届“中国统计开放日”系列活动》被总队浙江调查公众号采用，通过多平台、多渠道、多形式向各级党政领导、政府部门和社会公众提供数据服务。通过建立“责任清单”“任务清单”“问题清单”，明确责任分工、目标任务，加强干部队伍管理，提升工作效率，制定《龙泉调查队干部职工岗位目标综合考核办法(试行)》，加强规范化管理。全面加强统计执法工作，新增加1名执法人员，为独立开展统计执法提供人员保障，与丽水队开展联合执法，对5家企业进行统计执法检查。

开展“不忘初心、牢记使命”主题教育，创建党建走廊，建成党建书屋，设立党员先锋岗，开展党员“政治生日”，深入开展“党建+业务”“党建+问题”“党建+传承”等活动，积极探索与调查点支部联动，支部与工会联合开展活动，增强党员学习教育的时效性。开展“大培训”“大走访”“大评比”三大行动，以及住户、消价、粮食监测、畜牧业、工价等调查工作，提升数据质量。

【中华人民共和国成立70周年系列活动】 2019年，国家统计局龙泉调查队组织举办龙泉市农村统计实用人才素质提升培训班，邀请丽水调查队就住户调查规范、法治工作等进行集中培训，来自全市22个城乡住户一体化调查网点，共计240余人参加培训。举办“调查心向党、逐梦新时代”庆祝中华人民共和国成立70周年统计调查文艺晚会，由该队干部和调查网点、调查员、记账户自编自演自导，通过歌曲、舞蹈、小品、快板、乐器等多种表演形式，歌颂中华人民共和国70年来取得的伟大成就，展现基层统计调查工作开展的生动事例。开展住户调查技能擂台赛评比，刘四源等22名记账户获得擂台赛优胜奖。

【住户调查】 2019年，国家统计局龙泉调查队负责龙泉市住户调查工作，共有22个调查点，其中城镇调查点10个，农村调查点12个，共计样本户220户，每个调查点配备1个辅助调查员，由22个调查员承担调查工作。开展“大走访、大培训、大评比”三大活动，累计下点走访110次，培训1600余人次，并在9月组织260余位调查员、记账户参加集中培训。全年零星换户7户，换户率为3%;龙泉住户调查的月均记账笔数达140笔/月，记账笔数位居丽水九县(市、区)首位;电子记账稳步推进，有107户推行电子记账，电子记账率为48.6%。

【居民消费价格指数调查】 2019年，龙泉市共有消价采价网点(包括共享)206个，采价员6名，代表规格品891个，每月采价笔数2837笔。对服装的图库相册进行升级，将服装图片和吊牌照片组合成拼图，并添加上市价格与日常折扣等信息，更加直观了解规格品的详细信息，避免因为商品形似而采错的情况，利于工作交接、专业人员核查和规格品更换，更好地把握同质可比。

【粮食产量监测调查】 2019年，国家统计局龙泉调查队负责粮食产量监测调查工作，全市共设有调查样本村25个，全部为省级样本点，调查样方共计75个，分布在14个乡镇（街道)，共聘用辅助调查员25名。该队内购买28台PDA设备用于粮食产量监测调查工作，并组织了现场PDA教学。全面完成了春播、夏播和秋冬播共三次面积调查，全面了解调查各样方内作物播种情况。完成春粮实产调查、夏粮实产调查和单季晚稻实割实测调查三次单产调查。（周昌泉）

应急管理

【概况】 2019年，龙泉市应急管理局组织开展宣传教育进企业、进机关、

采价员在进行采价工作　　（陈雪君／供图）

进社区、进农村、进家庭、进学校、进公共场所等“七进”活动，通过集中宣传与流动宣传相结合广泛宣传，普及安全生产、防灾应急科普、森林防火、消防安全等应急科普知识。全年开展“七进”宣传教育活动80余次，宣传人数达到3.5万余人，发放宣传资料5万多份。

市应急管理局联合市财政局下拨抢险救灾资金135万元，紧急购置2000余份救灾物资，并调度下拨救灾物资1400余份，全力做好受强降雨、强台风天气等影响的受灾群众救助工作。

4月20日，龙泉市人民政府防汛抗旱指挥部及其办公室印章，由市水利局与市应急管理局办理移交。6月20日，龙泉市人民政府森林防灭火指挥部及其办公室印章，由市林业局与市应急管理局办理移交。

市应急管理局先后组织开展“八个专题”学习交流会、“对照党章党规找差距”专题会议、“讲好党课开好局”等专题教育活动6次，确定了4个主题教育调研主题。9—10月，局班子成员深入到各乡镇（街道）进行调研，撰写专题调研报告4份。全局党员干部列出“两张清单”，其中工作问题清单78项、个人问题清单52项，并立行立改。班子成员对党员上党课均在2次以上，全年累计开展主题党日活动12期。

【防汛工作】 6月1日至7月10日期间，全市先后4次普降大到暴雨，局部短时间出现大暴雨，全市平均降雨量741.7毫米，是2018年同期的3.6倍。宝溪、城北、道太、锦溪、住龙等地短时间内出现大暴雨，其中从7月9日凌晨3点到9点，披云山6个小时的降雨量达到166.7毫米，竹垟乡达到116毫米，宝溪乡达到128.3毫米，3个监测点均为历史上最大降雨量。

市防指按照防汛应急处置预案，4次启动防汛Ⅳ级应急响应，3次启动防汛Ⅲ级应急响应。据统计：4轮强降雨共导致全市11648人不同程度受灾，381户居民房屋受损，受损房屋达431间，其中严重受损52间，倒塌1间；造成道路塌方879处，电力线路中断6条，河堤冲毁62处，农田受淹6941亩，其中绝收871亩；全市直接经济损失共计1.61亿元。宝溪乡为受灾最为严重的乡镇，在7月9日强降雨期间，宝溪乡4条通乡道路全部中断，供电中断，除移动通信外其余通信全部中断，房屋受损11间，房屋进水270余户，河堤冲毁近30处，农田受淹1800余亩。

【防台抗旱】 8月9—11日期间，受第9号台风“利奇马”环流影响，全市大部分地区出现中到大雨，局部暴雨，全市平均雨量57毫米，其中城区17.2毫米，最大三个站点为：屏南南溪口168.3毫米、凤阳山159.4毫米、黄茅尖156.4毫米，东南部地区56—168毫米，北部和西部地区30—113，其余地区30毫米以下。龙南建兴村、龙南乡、兰巨官浦垟村、凤阳山出现8级以上大风，最大为龙南建兴村25米/秒（10级）。

市防指按照防汛防台应急处置预案，启动防汛防台I级应急响应。据统计：此次强台风造成该市农业累积受灾经济损失895.2万元。八都、屏南、锦溪、住龙、宝溪、龙南、岩樟、城北农业生产均受到台风天气影响：农作物受灾面积2148亩，成灾面积1287亩，经济损失810.8万元，主要品种为高山玉米；经济作物受灾面积1580亩，主要品种为高山四季豆、西红柿；其他作物经济损失80余万元。水利设施方面：全市堤防损坏24处，长度1.146千米；塘坝冲毁5处；直接经济损失443万元。

台风“利奇马”结束后，全市出现连续晴热高温天气，至10月中旬，全市面雨量累计83毫米。全市11个乡镇（街道）、村水厂，16个乡镇（街道）、181个行政村、52878人饮用水不同程度受到旱情影响。

【安全生产】 2019年，龙泉市各单位共检查生产经营单位1471家次，排查各类安全隐患1379项，部署重点行业和领域安全专项治理，督促指导重点工程、道路交通、建筑施工、消防安全等重点领域整治工作持续推进，下发各类安全生产预警5次、事故警示2次、通报1次，立案查处安全生产案件16件，其中事故案件8件、非事故案件8件，罚没款总计131.44万元。市应急管理局不定期对相关乡镇（街道）和有关重点单位开展安全生产督查和指导，指导市交通运输局、发改局、住建局等重点单位和硋石街道、安仁镇、八都镇等重点乡镇（街道）整改有关安全生产监管短板22项，督促各单位整改落实到位。9月，组织6个督导组对全市19个乡镇（街道）和20多个单位开展“防风险、迎大庆、保安全”安全生产工作巡查，督促各单位全面落实百日攻坚等各项工作部署，确保安全生产责任落实到位。

2019年，全市深入开展“五一”节前安全生产大检查、“防风险、保平安、迎大庆”安全生产百日攻坚行动、国庆节前安全生产大检查、“再战60天·全年保安全”暨小微企业安全生产和消防安全综合整治工作以及危险化学品安全生产大检查、矿山专项执法检查、“三场所两企业”专项整治、工贸行业小微企业安全专项整治等各类专项检查。

消防工作

【概况】 2019年，龙泉市消防救援大队坚持“预防为主、防消结合”的工作方针，以建立社会消防安全为主线，以防火检查为重点，建立并完善较大及以上事故工作指南构建双重预防机制，整改龙泉市贝婴教育信息咨询有限公司重大火灾隐患单位。为构筑火灾隐患和消防违法行为严管严治局面，在全市范围内开展火灾隐患排查整治工作，统筹推进今冬明春火灾防控工作、消防安全三年翻身仗行动、全国“两会”消防安保、全市危险化学品安全生产大检查、“五一”节前安全生产大检查、“防风险保平安迎大庆”消防安全执法检查、“三服务”、小微企业消防安全综合整治等各类专项行动。督促各行业主管部门集中开展消防安全整治，对人员密集的场所、出租房、高层建筑，特别是以三合一场所、厂中厂等消防重点场所联合开展消防安全大排查大整治，期间共检查单位3005家，发现火灾隐患1902处，督促整改火灾隐患1879处，下发责令改正通知书1139份，下发行政处罚决定书98份，下发临时查封决定书15份，责令“三停”单位20家，罚款28.83万元、拘留2人。该年，全市共发生火灾30起，无人员伤亡，直接经济损失122.05万元。火灾起数同比下降9.09%，直接财产损失同比上升125.59%。全年共接警116起，出动117次（含增援），出动消防车221辆次，消防人员1506人次，抢救被困人员11人，疏散人员11人，抢救财产价值532.7万元。接警起数同比下降7.2%，出动次数同比下降7.14%，出动车辆数同比上升18.82%，出动消防人员数同比上升19.05%，抢救被困人员数同比下降52.17%，疏散人员数同比下降45%，抢救财产价值同比上升236.73%。

市消防救援大队结合重点时段、重要节日，组织消防宣传人员、蚂蚁部落消防志愿者、社区消防宣传大使深入社区、农村、企业、学校等场所，通过免费发放宣传资料、张贴海报、讲解消防安全注意事项、开展疏散逃生演练等，提升市民群众消防安全意识和自防自救能力。全年累计开展服务活动200余次，发放各类宣传资料2.5万余份，播放宣传片100余场次，受培训教育村民达3万余人次，形成“人人讲防火、户户抓安全、村村保平安”的农村消防工作良好氛围。

市消防救援大队先后组织开展“两学一做”“不忘初心、牢记使命”“对党忠诚、纪律严明、赴汤蹈火、竭诚为民”等专题教育活动6次；全年共制定各类专题教育方案10份、召开各类动员部署会和推进会15次，组织召开专题民主生活会2次、各支部组织生活会4次、专题学习讨论会20次、组织撰写心得体会144份、剖析材料220余份，全年制作主题教育黑板报6块，更新橱窗10块，悬挂标语横幅16条，更新布置展板12个，使全体指战员时时处处接受教育，深化教育成效。

【应急救援队伍建设】 2019年，市消防救援大队结合辖区灾害特点，积极探索研究，优化战斗编成，通过灭火救援战例研讨、水域救援和攀爬横渡训练等措施，提高消防指战员灭火救援和抢险处突能力，逐一深入辖区重点单位和火灾易发多发区域进行实地熟悉和演练，修订灭火救援预案，对预案的针对性和操作性实兵实战拉动演练，累计修订完善作战预案110份、作战信息卡55份。此外，市消防救援大队把每周三定为下乡服务日，派出消防指战员深入全市19个乡镇（街道）开展多种形式消防队伍建设调研指导工作，全年共协助指导维护各类装备器材110件套，培训240余人次。

9月24日，八都龙竹等救援队伍驰援扑救莲都森林火灾 （市应急管理局／提供）

全年成功处置“1·28”小梅镇大窑村113号民房火灾；“5·10”八都镇中心小学东面长新弄21号徐力红户来料加工作坊火灾；“7·9”宝溪乡洪

水灾害水域救援；“9·14”龙泉山食品有限公司火灾等急难险重任务。

【森林防火灭火工作】 2019年，全市共发生森林一般火灾1起、森林火情3起，未发生重特大森林火灾，无人员伤亡。森林火灾受率、控制率、发生率等各项指标均控制在上级考核范围内。开展综合应急救援队伍体系建设，实施“1（4）+10+29”工程▲。依托1支龙泉市消防救援大队（4个乡镇消防站），新建或整合交通、电力、危化、矿山、建筑5支行业专业应急救援队伍，指导和培育蓝天等民间救援力量，提升和巩固29支区域性森林消防队伍；市应急管理局新建1支应急救援队伍。加强衔接，完善机制，将龙泉市民兵应急救援力量纳入政府应急管理体系。2019年，完成专业队伍建设6支，培育社会救援力量1支，建设应急保障队伍8支，提升和完善基层专兼职队伍23支、队员人数927名。（吴舒蓓）

▲“1(4)+10+29”：1支消防救援大队，4座基层消防站，5支行业专业救援队，5支社会救援力量，29支区域性综合救援。

国有资产监督与管理

【概况】 2019年，龙泉市全市国有资产总额约177.98亿元。其中行政事业单位资产总额39.3亿元，国有企业资产总额138.68亿元。完成资产盘活5842.5万元，其中以资产注资方式盘活5014.4万元，公开挂牌出让成交额633万元，处置资产获得补偿款195.1万元。全年租金及废旧资产处置收入1136万元，其中公司资产出租收入559万元；行政事业单位资产出租收入537万元。完成资产调剂7238.44万元，资产核销3455.25万元。行政事业单位非税收入共计1530.35万元。

1月24日，龙泉市人民政府国有资产监督管理办公室正式挂牌成立，主要工作职责为国有资产监管、办公用房监管、国有企业党建、国有企业机构编制管理等，内设办公室、监督管理科两个科室。

市国资办党委下属党总支1个，党支部14个，党员262名。9月，正式成立龙泉市人民政府国有资产监督管理办公室机关党委和机关纪委，并完成选举工作。印发《2019年龙泉市国有企业党建工作要点》（龙国资办党委〔2019〕6号），深入开展“大学习大调研大抓落实”活动，2019年，共举办龙泉市国企领导人员培训班、国企党务干部培训班、党支部书记读书交流会等合计120人次。开展警示教育月活动，以参观市警示教育中心（看守所）、党风廉政建设专题培训，召开警示大会和创建清廉文化长廊等活动落实“七个一”活动。积极弘扬践行浙西南革命精神，组织开展缅怀革命先烈活动。开展“不忘初心、牢记使命”主题教育活动，严格按照市委统一部署要求，以“组织领导有速度、活动组织有强度、活动开展有温度”的理念，对龙泉市各国有企业主题教育开展督促指导，完成主题教育各项任务。每季度进行基层党建巡查，重点就市委市政府重点工作部署、“三重一大”事项决策、“八项规定”执行情况等进行巡查，共整改落实4个方面11个问题，通过自查自纠不断规范各项工作开展。

【国有企业市场化改革】 7月，市国资办正式出台《龙泉市国有企业市场化改革方案》（龙委办发〔2019〕77号）方案按照“1+6+1”模式▲。全年开展集团公司组建、涉改企业清产核资工作。正式启动龙泉市城市建设投资集团有限公司、龙泉市交通投资集团有限公司、龙泉市水利发展集团有限公司和龙泉市剑瓷产业发展集团有限公司4大集团公司法人选聘工作，完成法人选聘报名、面试、体检和考察等环节。

▲“1+6+1”：“1”即将龙泉市国资控股集团有限公司打造为国有资本投资平台母公司；“6”即将17家国有企业纳入市场化改革，按照“六大板块”成建制整合归并为6家集团化运作公司；“1”即将经济开发区5家国有企业归并组建龙泉市经济开发区发展集团有限公司，开发区集团公司由市国资办委托浙江龙泉经济开发区管理委员会管理。

【国资监管制度体系】 7月，市国资办出台《龙泉市人民政府办公室关于印发龙泉市国有企业重大财务事项报告制度（试行）的通知》（龙政办发〔2019〕26号）、《关于印发龙泉市国有企业市场化改革相关配套文件的通知》（龙企改办〔2019〕1号），其中相关配套文件包括《龙泉市国有企业财务管理办法（试行）》《龙泉市国有企业人事管理办法（试行）》《龙泉市国有企业工资总额预算管理办法（试行）》《国有企业主要负责人经营业绩考核及薪酬管理办法（试行）》《龙泉市国有企业投资项目管理办法（试行）》等文件，对相关监管制度修订完善，初步建立起“1+1+5”▲的国资监管制度体系。

▲“1+1+5”：“1”即市委市政府出台的《龙泉市国有企业市场化改革方案》；“1”即市政府出台的《龙泉市国有企业重大财务事项报告制度（试行）》；“5”即市国企改革工作领导小组办公室出台的5个改革配套文件，分别为：《龙泉市国有企业财务管理办法（试行）》《龙泉市国有企业人事管理办法（试行）》《龙泉市国有企业工资总额预算管理办法（试行）》、《龙泉市国有企业主要负责人经营业绩考核及薪酬管

理办法(试行)》《龙泉市国有企业投资项目管理办法(试行)》。

【秀洲—龙泉“飞地”产业园】 该项目总投资约2亿元，用地面积75亩，建筑面积近4万平方米。“飞地”产业园建成后，前5年采用包租固定回报的方式，每年按实际投资总额10%作为固定投资收益回报，约1550万元；后5年采用租金收益加税收的方式，园区内厂房租金收入由国资经营公司收取，约1600万元；园区内企业税收、厂房租金形成的税收，区级地方所得部分的80%约750万元，合计收益2350万元。该项目于2018年12月开工建设，截至2019年12月底，4幢厂房已全部结顶，累计完成投资额约1.5亿元，完成总工程量的95%。

秀洲—龙泉山海协作“飞地”产业园 （沈俊卿/提供）

【办公用房管理】 1月，市办公用房监管职责由市机关事务管理局划转至市人民政府国有资产监督管理办公室。4月，积极配合丽水市清房办和市各派驻纪检组对42家行政事业单位开展办公用房使用情况实地督查，规范办公用房使用管理。6月，组织开展全市领导干部办公用房使用情况再检查，全市91家单位领导干部办公用房符合标准。8月，开展全市党政机关办公用房信息统计报告工作，全市78家单位完成办公用房信息统计报告工作。10月，印发《关于开展全市办公用房使用情况“回头看”工作的通知》(龙清房办〔2019〕3号)，开展全市办公用房使用情况“回头看”工作，实地抽查11个单位，加强对全市办公用房使用情况的监督管理。 （潘雨辰）

市场管理与监督

综　述

【概况】 2019年，龙泉市市场监管局圆满完成机构改革任务，从市发改局划入价格监督检查与反垄断相关职责，从市科技局划入知识产权保护协调和专利行政执法职责，从市经商局划入打击侵犯知识产权和假冒伪劣商品以及反垄断等相关职责，加挂龙泉市知识产权局牌子，不再保留市工商行政管理局、市质量技术监督局、市食品药品监督管理局牌子。

市市场监管局负责全市市场综合监督管理，市场主体统一登记注册，开展市场监管综合执法、反垄断执法，规范和维护市场秩序，负责食品药品安全、特种设备安全、工业产品质量安全监管、知识产权监管，统一管理计量、标准化、检验检测等工作。

【特种设备安全】 2019年，市市场监管局借助动态智能监管平台，实现"互联网+安全监管"，平台累计识别隐患219起，其中严重隐患116起，一般隐患103起，整改率100%。推动特种设备使用安全管理网上分类评价工作，推进双重预防机制建设。开展涉危险化学品企业特种设备、快开门式医用灭菌器、大型空调机组中蒸发器冷凝器油分离器三类设备、叉车等专项监督检查，全年检查特种设备使用单位182家，督促整改安全隐患154起。全面应用电梯NFC监管技术，全市951台乘客电梯开展NFC维保签到。联合小区物业、电梯维保公司开展电梯应急救援演练。监督拆除老旧燃煤锅炉16台，推动电梯责任保险投保量556台。

【产品质量安全】 2019年，市市场监管局严格工业产品获证企业日常巡查及证后监管，对5家工业产品获证企业进行分类监管。对除危险化学品以外的省级审批发证产品实行"先证后核"，全面推行食品相关产品生产许可告知承诺改革。开展生产领域产品质量监督抽查63批次，合格率100%，流通领域产品质量监督抽查40批次，合格率87.5%。开展电缆、纤维制品、竹制品、学生用品等产品质量安全专项检查。开展成品油专项整治行动，组织抽查成品油19批次，其中汽油9批次、柴油10批次，合格率为100%。完成"放心工厂"建设38家。

【放心消费建设】 2019年，按照"放心消费在浙江"工作要求，市市场监管局严格落实放心消费建设，创建承诺无理由退货商店35家、放心网店9家、放心商店23家、放心工厂36家、放心餐饮21家。依托浙江省统一政务咨询投诉举报平台、全国"12315"互联网平台，接收消费者咨询、投诉、举报779件，其中咨询投诉456件，举报323件，为消费者挽回经济损失45万余元。开展以"信用让消费更放心"为主题的2019年"3·15"国际消费者权益日宣传纪念活动，销毁假酒、假饮料、日用品等20种2000余件假冒伪劣产品。组织和参与大型宣传咨询活动8次，发布春节、"六一"等节日消费警示4条。

市场监督管理

【审批登记】 2019年，市市场监督管理局办理开业登记5702件，变更登记2626件，注销登记1624件；办理名称预先核准6012件，动产抵押登记35件，股权出质登记5件；协助市法院冻结股权111件，协助市公安局调查取证30件；办理食品经营许可448件，食品生产经营登记885件，发出食品摊贩登记卡50份；办理执业药师注册登记68件，药品经营许可36件；办理特种设备使用登记581件，特种设备作业人员证156件。市场监管领域"最多跑一次"办件量超过2.3万件。

【市场管理】 2019年，该市共有各类登记在册市场17个，均为实体市场(含消费品综合市场1个、农副产品市场9个、工业消费品市场3个、工业生产资料市场及二手车交易市场4个)，成交额超32.5亿元，摊位费1207万元。深入推进农贸市场的改造提升工作，建设浙江省放心农贸市场2个(剑池综合市场为续建项目，龙都综合市场为新建项目)。加强对农贸市场的动态管理，组织抽查暗访，排除安全隐患10余起。

【合同和广告监管】 2019年，市市场监管局以供水、供电、银行、劳务中介、大型商业经营单位等重点行业重点领域的合同格式条款为整治重点，加大对利用合同补充条款设定不平等格式条款侵害消费者权益违法行为的查处力度。发挥动产抵押职能，为企业融资1.3亿余元。开展省市县三级“守合同重信用企业”公示申报工作，动员组织22家企业参加丽水市守重公示培训，指导9家企业通过AAA级守重企业认定，5家企业通过AA级认定。

该市共有从事广告行业市场主体105家。9月，龙泉市广告协会正式成立。市市场监管局切实加强大众媒体广告监管和指导，建立大众媒体广告经营、广告发布、广告审查三分离机制，实现电视广告全覆盖全天候监测。受理登记龙泉电视台的广告发布许可申请。根据互联网金融违法行为工作要求，对市区内有关金融类广告进行整治，并拆除相关违法金融类广告牌20余块。全年办结违法广告案件8件，罚没款1.04万元。

【信用监管】 2019年，市市场监管局持续开展市场主体年报工作，指导2707户企业、575户农民专业合作社、6031户个体工商户完成2018年年度报告，工作年报率分别为79.9%、68.2%、44.1%。强化市场主体信用监管，列入经营异常名录企业504户、农民专业合作社268户，标记为经营异常状态个体工商户2726户；移出经营异常名录(经营异常状态)5810户次。推进市场出清工作，对605户吊销满两年未注销企业开展强制注销工作，对56户连续两年未年报且失联的企业启动吊销程序。指导6家企业获评浙江省级信用管理示范企业、8家企业获评丽水市级信用管理示范企业，并分别获得10万元、5万元政策奖励兑现。强力推进“互联网+监管”，应用“浙政钉•掌上执法系统”开展“双随机”检查1472次。

质量技术管理

【商标品牌建设】 2019年，龙泉市新增注册商标1191件，同比增长19.7%；累计有效注册商标6811件，同比增长20.2%，其中驰名商标3件，地理标志证明商标2件，集体商标10件，证明商标2件。成功注册“龙泉蜜语”“龙泉安仁鱼头”“龙泉市宝剑行业协会”集体商标，“龙泉空调汽配”证明商标已经由国家知识产权局受理。新增2个产品通过“浙江制造”品牌认证，5个产品通过“丽水山耕”品牌认证。严厉打击商标侵权和傍名牌行为，立案查处商标违法案件10件，没收、销毁侵权商品215件，涉案金额122.8万元。根据龙泉市政府要求，制定龙泉市饮用水公用品牌商标注册方案。推动商标品牌基地和商标示范企业列入市政府商标政策奖励范围。

【专利发展】 2019年，根据龙泉市机构改革方案，市科技局有关专利方面的职能移交到市市场监管局。1月21日，市知识产权局正式揭牌。全年龙泉市专利申请量1577件(其中发明专利127件，实用新型454件，外观设计996件)，专利授权量1167件(其中发明专利38件，实用新型434件，外观设计695件)。有效发明专利213件，每万人有效发明专利拥有量8.87件。联系协调市科技局、市财政局，向企业和个人发放2018年度专利补助资金205.1万元。开展“4•26”世界知识产权日宣传活动，联合市科技局、市司法局、市公安局等9个部门，为群众现场解答问题和提供咨询服务。

2019年1月21日，龙泉市知识产权局正式揭牌 (陈彬彬 / 供图)

【计量与合格评定】 2019年，指导该市计量检定测试所完成国家强检系统自动交换对接工作，完成水表检定实验室计量检定授权考核。市区强检计量器具检定受检率达到100%，加油机等五大类计量器具强制检定信息公开率达到100%。组织开展计量专项检查、“水效标识”产品专项监督检查，完成2019年度“CCC”认证产品、有机认证产品、能效标识产品、强检计量器具使用单位双随机检查，检查经营单位73家，发现问题责令整改23家。加强认证认可和检验检测机构监管，对17次企业认证活动实施监督抽查，协助4家检验检测机构年度能力验证核查。强化重点用能单位能源计量监管，对19家重点用能单位和企业开展监督检查。定期开展“计量便民服务日”活动，免费为市民提供血压计检定校准服务。组织市计量所联合市省级检测中心产业创新服务中心向企业开放实验室，减免企业检测等费用70余万元。

【质量与标准化】 2019年，市市场监管局开展“双百示范工程”▲和“百千万行动”▲（精准服务100家示范企业高质量发展、认真帮扶1000家重点小微企业提质增效），完成中小微企业先进质量管理方法培训80家次。完成2018年度质量品牌专项扶持资金申报工作，共计8个项目57.6万元。新增质量管理创新项目2个，QC优秀成果3个。发布“浙江制造”标准2项，分别为浙江松信汽车空调有限公司的《汽车空调（HFC-134a）用蒸发器》，三田压缩机有限公司的《新能源用汽车空调用电动压缩机》，新增企业标准自我申明62项，为主或参与修订行业标准4项。指导浙江科达生物科技有限公司、龙泉香菇博物馆完成省级食用菌产业体验带省级标准化项目试点任务，指导龙谷青创园完成丽水市级服务业标准项目。

▲“双百示范工程”：“百个先进质量管理方法示范单位”和“百个质量提升示范特色产业”。

▲“百千万行动”：精准服务100家示范企业高质量发展、认真帮扶1000家重点小微企业提质增效。

食品药品监督管理

【创建省食品安全市】 2019年，龙泉市发布《龙泉市创建省食品安全市“百日冲刺”实施行动方案》，成立以市委书记、市长为“双组长”的攻坚领导小组。3月27日，组织召开龙泉市食品安全工作会议暨浙江省食品安全市创建攻坚会议，成立龙泉市创食办，从市市场监管局、市农业局、市林业局、乡镇等单位抽调13人成立专班，集中办公。全面梳理整合2016年—2019年龙泉市食品安全工作台账资料，严肃核查创建细则对标整改。投入80余万元用于创建宣传，提升群众在创建工作上的支持率、知晓率以及满意度，在该年所有创建验收县市区中该市食品安全群众满意度位列第四。12月5日，浙江省食品安全委员会下发《浙江省食品安全委员会关于命名杭州市滨江区等34个县（市、区）为浙江省食品安全县（市、区）的通知》（浙食安委〔2019〕7号），该市被正式命名为“浙江省食品安全市”。

2019年3月18日，开展“3·15”曝光问题食品专项检查　（叶璐璐／供图）

【食品安全】 2019年，市市场监管局创建省级放心肉菜超市1家、省级名特优食品作坊2家、亮化达标小微食品生产企业6家，新增“阳光厨房”23家、放心消费示范餐饮单位21家，改造提升农村家宴放心厨房13家。以食用农产品、婴幼儿奶粉、月饼等食品为重点，开展食品生产、流通环节抽检522批次，合格率94.4%。以非法使用食品添加剂为重点，强化早餐店、熟食店、蛋糕店等单位隐患排查，开展餐饮环节抽检299批次，合格率98.7%。农贸市场快检室开展农产品快速检测37166批次，合格率99.7%。开展保健食品联合整治，重拳打击以健康养生讲座等形式进行虚假宣传的违法违规行为，以多种形式开展保健食品“进社区、进乡村、进网络、进校园、进商超”专项科普宣传活动。联合市农业农村局、市综合执法局，对农贸市场、配送企业、屠宰场等重点肉品经营单位开展非洲猪瘟防控严查严打严管专项行动。推进第三代食品安全溯源体系建设，918家食品经营户完成系统安装。开展网络餐饮服务食品安全“净网行动”专项整治工作，探索网络监管长效机制。开展学生饮食放心工程“新三年”行动，推进学校食堂餐饮服务食品安全监督量化分级管理，以春秋季学校开学及中高考时期为重点，对学校食堂及周边餐饮店进行专项检查。针对“3•15”晚会曝光的校园及周边食品店辣条等“五毛食品”存在巨大安全隐患，开展专项检查。对3家校园食品配送单位进行检查指导，逐步建立校园食品安全追溯体系。对2019年龙泉市干部大会、乡村漫游节、中高考等72次重大活动开展餐饮食品安全保障工作，活动期间未出现食物中毒等食品安全事件。

【药械安全】 2019年，市市场监管局开展药师在岗履职、中药饮片、疫苗、血液制品等各类专项检查。出动执法人员1500余人次，责令整改26家次，立案查处药品、医疗器械案件16件，完成医疗器械不良事件71例、化妆品不良反应报告30例。完成药品抽样送检75批次、化妆品16批次、医疗器械9批次，合格率100%。指导浙江龙泉正大生物科技有限公司通过药品GMP认证，服务浙江国镜药业完成新址搬迁、生产线认证工作。该年创建4家“送药上山”便民服务点。

2019年5月31日，龙泉市首个“送药上山”便民服务点揭牌成立 （孙云峰／供图）

市场秩序监管

【执法维权】 2019年，市市场监管局办理市场监管领域各类案件141件，罚没款98.4万元，其中移送市公安部门侦办11件。开展联合整治“保健”市场乱象百日行动，立案查处涉嫌虚假宣传、虚假广告案件14件，罚没款30余万元，发放《当场行政处罚决定书》6份，关停3家，暂停6家，责令整改5家。开展“亮剑2019”打击假冒伪劣综合执法行动，出动执法人员650余人次，检查经营单位400余家次。10月8日，查获一起以“清仓”为幌子大肆推销假冒知名品牌化妆品案件，涉及假冒“海飞丝”、“欧莱雅”、“力士”等30余个国内外知名品牌，涉案金额达500余万元。起草《龙泉市打击成品油、冷冻肉品等重点商品走私违法犯罪行为集中行动方案》，开展为期5个月的集中整治行动，查处成品油案件3件。开展“扫黑除恶”专项斗争，摸排涉黑涉恶线索3条并上报市扫黑除恶专项斗争领导小组。针对行业协会商会、银行、招投标、物流等领域的涉企收费情况开展专项检查，检查16个对象的会费收费、物流收费、农民工保证金、招投标保证金、基础建设设施配套费等内容。检查全市银行业抵押贷款产生的评估费用情况，抽查的6家银行行业价格秩序良好，均已全部清退2018年让抵押人承担的评估费。

【公平竞争审查】 4月26日，市市场监管局与市司法局联合发文《龙泉市市场监督管理局龙泉市司法局关于开展滥用行政权力排除限制市场准入行为专项整治的通知》(龙市监〔2019〕19号)，向全市24个部门单位布置2019年度开展滥用行政权力排除限制市场准入行为专项整治相关工作，全年审查存量政策63份。10月，发文对机构改革后公平竞争审查工作联席会议成员单位进行调整。根据上级工作安排，对市住建局、市经商局等重要部门组织文件抽查，对发现存在税收与扶持政策挂钩等限制公平竞争的文件，及时责令改正。组织召开公平竞争审查工作座谈会，调研公平竞争工作的成效、意见和建议。 （刘　悦）

教　　育

综　　述

【概况】 2019年，龙泉市有各级各类学校(包括幼儿园)89所，其中幼儿园49所，小学30所，初中6所，普通高中2所，中等职业学校1所，特殊教育学校1所。教职工2671人，其中幼儿园135人(未包括民办幼儿园非在编人员)，小学1251人，初中645人，普通高中343人，中等职业学校292人，特殊教育学校5人。在校生38756人，其中幼儿园7756人，小学15810人，初中8106人，普通高中3811人，中等职业学校3224人，特殊教育学校49人(未包含随班就读人数)。

2019年龙泉市各级各类学校情况一览表

表21

年度	学校数（所）	毕业生数（人）	招生数（人）	在校生数（人）	班数（个）	教职工总数（人）	专任教师数（人）
总计	89	10445	9843	38756	1102	2671	2431
学前教育	49	2503	2390	7756	287	135	106
义务教育	36	5601	4975	23916	643	1896	1769
小学	30	2705	2420	15810	461	1251	1170
初中	6	2896	2555	8106	182	645	599
普通高中	2	1246	1245	3811	88	343	300
特殊教育	1	9	0	49	5	5	4
中等职业教育	1	1086	1233	3224	79	292	252

全市共有教职工2671人，专任教师2431人，其中特级教师1人、丽水市名师14人、丽水市学科(德育)带头人86人、龙泉市学科(德育)带头人45人。突出实绩和质量导向，健全校长考核问责体系，落实校长“六带头”制度，规范选人用人，提升校长队伍领导力。加大优秀师资引进力度，引进紧缺教师20人，定向培养19人，入编2015级小学全科毕业生14人。推进市管校聘、教师交流、教师职务评审等人事制度改革，严格教师日常管理，完善年度考核、评优评先等管理机制。落实名师工作室考核评价，发挥18个名师工作室孵化器作用，优化师资梯队结构。落实青年教师五年成长行动，组织青年教师“两年过一关”教学比武，开展寒暑假教师集体大备课和业务水平考试。教育研究培训中心、实验小学教育集团2家单位被评为浙江省教科研先进单位。

市四套班子连续三年开展“走进课堂、把脉教育、提质发展”活动，连续三年召开教育工作座谈会；吴辉、余滢萍、邹昊飞、张家菊、范世兴、林

2019年2月18日，市委、市政府隆重表彰第二届“美丽幸福好龙泉”十大模范教师

（市教育局／供图）

莉、季明华、周小娟、周慧贞、赵根云等十名教师，被评为第二届美丽幸福好龙泉十大模范教师，并在全市领导干部大会上进行通报表彰，营造尊师重教氛围，发挥先进人物的示范引领作用，激发广大教师不忘初心、牢记使命，爱岗敬业、潜心育人的热情，合力谱写新时代龙泉教育提质发展新篇章。在丽水率先召开教育提质行动动员大会，成立市委教育工作领导小组，贯彻落实深化教育综合改革“10条意见”，出台教育提质行动四年计划、学前教育补短提质改革实施方案、产教融合实施意见等政策文件，各项教育经费优先保障到位。小学、初中质量监测水平在丽水实现进位，“一分两率”指标明显好转，其中中考总分综合T分已高于丽水平均水平，中考总分优秀率位列丽水前五。高考总上线人数1460人，比2018年增加361人，获得“九连升”。近90%的高中毕业生升入高等院校。浙江省中职名校建设扎实推进，中职校与丽水学院联合开设陶瓷艺术设计专业中职本科一体化培养试点，首次开展“3+4”（三年中职，四年本科）办学模式，学校获评全国教育系统先进集体。

该年完成教育固定资产投资15180万元，超计划完成投资比例22.6%。投入740万元，完成中小学校舍维修改造工作，新增校舍总面积40926平方米。开展教育项目百日攻坚行动，龙泉二中扩建工程、大沙幼儿园顺利完工；推进南大洋小学二标段、城东小学三标段建设；开工建设龙泉四中扩建工程；推进第五中学新建工程、安仁幼儿园项目前期。实施家庭经济困难学生营养改善计划扩面和蛋奶工程，建立“一蛋一奶”营养长效机制，地方财政补助资金98.382万元，在原有营养餐的基础上，每个人都能领到一盒牛奶和一个鸡蛋，惠及40所义务教育学校，5239名家庭经济困难学生。

市教育局4月28日起由公园路9号整体搬迁至华楼街399号（华楼街与城东二路交叉路口，东升小学南侧），4月30日，开始在新办公地址正常办公。

【党建工作】 2019年，市教育局推进剑瓷文化进校园，全面实施和开展以“忠诚之心、敬畏之心、进取之心、感恩之心、友善之心”为核心内容的“五心德育”品牌创建，创新学校德育内容、方式和载体，推进德育活动主题化、实践化、特色化、课程化、制度化，培育具有剑瓷品质的新时代剑瓷好学子。开展“剑瓷知行”研学旅行，培育好2个浙江省级研学基地和10个“绿谷知行”中小学实践基地。

推进“主题党日”常态化制度化，促进学校“党建+”融合发展。开展“不忘初心、牢记使命”主题教育，认真履行“一岗双责”，完善重要事项集体研究决策机制，开展警示教育月等活动，推动各学校党风廉政建设与教育教学中心工作紧密结合、深入开展。加强内部审计工作，推动基层学校从严落实财务内控机制。推行“阳光招生”“阳光聘任”“阳光选拔”等阳光工程。推进清廉教育、清廉学校建设，开展教师违规补课等专项整治，严格开展教育内部审计，营造干净干事良好氛围。

9月12日，教育局召开“不忘初心、牢记使命”主题教育工作会议，并成立7个主题教育工作巡回指导组，于当日赴各联系学校，对各校部署会的召开进行督查指导工作。9月20日，召开主题教育工作例会，对各校主题教育分管领导、联络员进行培训指导。将四项重点措施统筹安排、有机融合、一体推进，投入到主题教育中，涉及副科以上领导干部18人，党员1547名，基层党组织90个。

制定印发《关于开展“不忘初心、牢记使命”主题教育的实施方案》《教育系统“不忘初心、牢记使命”主题教育暨中小学教育教学蹲点视导“回头看”调研工作方案》等文件，召开各党组织“不忘初心、牢记使命”主题教育工作布置会，成立局党委主题教育领导小组及7个主题教育工作巡回指导组，将四项重点措施统筹安排、有机融合、一体推进，全面投入到主题教育中。强化教育局领导、学校书记带头示范，局班子集体开展现场学习

2019年10月18日，市教育局机关全体党员在安仁镇季山头村季步高烈士故居前重温入党誓词（市教育局/供图）

2次，集中学习4次。9月、10月教育局机关支部主题党日活动上，分别由局党委书记沙永龙上专题党课，局机关第一、第三支部书记领学“两书一章”。局党委委员分两期参加市委党校领导干部“不忘初心、牢记使命”专题读书班，开展“不忘初心、牢记使命”主题教育暨教育教学蹲点视导“回头看”调研工作。10月25日，召开调研成果交流会，收集意见21条，下属各党支部通过走访群众和征求意见，共收集问题389个，1500余名普通党员走访家长、学生，收集问题437个。科级领导班子干部梳理问题清单22份，各党组织、党员列出“两张清单”(主题教育《工作任务清单》和《支部责任清单》)1918个。实行“三时清单制”推进“8+1”专项整治▲，局班子多次召开对专项整治进行专题分析研判，各分管领导根据分工牵头抓好落实对应“8+1”专项整治项目，主动认账担责，确保整改到位，推进“不忘初心、牢记使命”主题教育往深里走、往心里走、往实里走。

▲“8+1”专项整治：1.整治对贯彻落实习近平新时代中国特色社会主义思想和党中央决策部署置若罔闻、应付了事、弄虚作假、阳奉阴违的问题；2.整治对干部不担当不作为的问题；3.整治对违反中央八项规定精神的问题和该省“36条办法”突出问题；4.整治对形式主义、官僚主义，层层加重基层负担，文山会海突出，督查检查考核过多过频的问题；5.整治对领导干部配偶、子女及其配偶违规经商办企业，甚至利用职权或职务影响为其经商办企业谋取非法利益的问题；6.整治对基层选人用人和干部因私出国(境)违规违纪的问题；7.整治对基层党建突出问题；8.整治对扶贫民生领域不正之风和侵害群众利益的问题；9.整治对黄赌毒和黑恶势力听之任之、失职失责、包庇纵容，甚至在非法生产的企业和个人充当保护伞的问题。

【清廉学校、清廉教育建设】 2019年，市教育局党委围绕打造建设“清廉学校”的“清明政风、清净校风、清正教风、清新学风”四大目标任务，严格落实党风廉政建设主体责任，营造公平公正、清廉正气的教育环境。每季度定期召开一次党风廉政建设工作例会，每半年定期召开一次党风廉政建设工作分析会，共召开党风廉政教育相关会议12次。聚焦干部任用、教师招考、教师选调等重点防控领域，排查风险点，制定防控措施，中小学在职教师有违师德师风情况诫勉谈话2人，存在违规违纪现象被问责批评教育9人，完善教育队伍选人用人制度。制定《关于深化权力制衡工作实施办法》等文件，将重大事项决策、干部任免、大额资金使用列入局党委、班子议事日程，实行集体决策。制定《进一步加强教育系统财务管理的意见》等“阳光财务”实施细则，打造阳光财务。龙泉市青少年清廉文化教育基地(小梅)，教育系统师生及其他单位参训学员已累计达7800余人次。东升教育集团“党建引领齐心共建清廉学校”作为丽水唯一典型被推荐到浙江省教育厅，并在省厅微信公众号“教育之江”刊发。2019年，完成专项审计项目1个，财务收支审计项目2个，经济责任审计项目12个，共审计金额55955万元，查出有问题资金13.2万元，挽回损失金额9.53万元，纠正违纪金额0.36万元，工程审减金额42.17万元，提出62条审计建议，提交审计报告12篇。

【“党建+”品牌创建】 提升党建工作标准化，出台主题党日活动规范、党建工作责任清单、民办学校党员管理、党费使用管理等制度，从组织建设、教育管理、阵地建设、运行机制等八个方面抓规范提升，推进党建“四个一百”工程，新创建2个党建示范点，并对原有8个示范点实施提质工程；2019年，调整党务工作者15名，选优配强党建工作力量，组织5人参加全国中小学党组织书记网络培训，组织73名支部书记到嘉兴学院培训。

【“双培养”机制】 推进“双联系、双推动”工作机制，严把党员发展质量关，规范发展党员工作程序，14位优秀教师发展为党员。2019年，34名教师新晋为丽水市学科(德育)带头人，其中25名为党员，党员名师双培养取得新突破。全面清理党员关系转办情况，切实解决党员失管漏管问题，该年无流失党员。

【教育提质政策体系】 2019年，龙泉市制定出台《龙泉市教育提质行动计划(2019—2022年)》，通过实施立德树人铸魂、教师队伍素养优化、教师管理体制创新、素质教育强基、教育资源扩量、教育信息化提升、学前教育普惠发展、初中教育“壮腰”、高中多元特色发展、集团化办学改革的十大工程，计划到2022年，义务教育学业水平质量监测达到全省平均水平，高考竞争力达到丽水中上水平，职业教育发展水平达到全省前列，力争创成全国义务教育优质均衡发展市；制定出台《龙泉市学前教育补短提质改革实施方案》，制定龙泉市学前教育专项规划，推进薄弱园幼儿园扩容工程和薄弱幼儿园改造工程，实施幼儿园教职工队伍专项建设规划，强化“一园一品”特色，提高民办幼儿园教师工资待遇和师资水平，优化学前教育资源配置。计划到2022年，普惠性等级幼儿园比例达到98%，普惠性等级幼儿园覆盖面达到92%以上，浙江省一、二级幼儿园覆盖面达62%，集团化办园覆盖面达75%；制定出台《关于深化产教融合发展实施意见》，深化“引企入教”，共同开发课程教材，共享师资资源，打造一批高水平实训基地。推进学徒制人才培养，建设“产教深度融合、校企协同发展”的龙泉特色现代职业教育体系和格局，促进学生从“学校人”向“职业人”转变，培养“龙泉工匠”。力争到2022年，建立产教融合的长效机制，青瓷宝剑技师学院几大骨干专业与地方主导产业建立具有区域影响力的产教融合共同体，推进学徒制人才培养，建成产教融合示范性实训基地6—8个，优秀校企合作企业8—10个。出台初中壮腰行动实施方案，通过立德树人铸魂、队伍建设提升、教学常规督查、精准教学改革、培优补短专项等举措，计划到2022年，全市初中文化学科教学质量监测综合水平达到丽水市中上水平，初中优质资源覆盖面达到80%以上；全面深化小学集团化办学改革，充分发挥集团总校的影响、辐射、示范和带动作用，推进集团内管理一体、资源共享、文化共建、特色融合，建设互动共赢的学校发展共同体，缩小城乡教育差距。

【教育教学质量提升】 2019年，市教育局实施“12345”工程，即围绕一个核心，把狠抓教学常规作为开展“教育教学质量提升年”活动的核心任务；坚持“两手并重”，坚持“考核奖励”和“质量问责”两手抓，奖优罚劣“两手并重”；树立“三种意识”，引导教育系统上下牢固树立全面的质量观、科学的质量观和可持续发展的质量观；抓好“四支队伍”，抓好校长、名优教师、青年教师、班主任四支队伍建设；落实“五项举措”，推进精准教学、集团办学、蹲点视导、常规督查、集体备课和业务考试五项工作。重点实施师资队伍建设、德育品牌创建、课堂精准教学、集团化办学、体育美育劳育工作提升行动，确保龙泉一中高考高端学生上线人数（985、211高校）增加，中职校在浙江省中职名校创建年度考核中力争优秀，浙大中学高考第二段上线人数大幅增加，体艺办学特色逐渐彰显，义务教育学校教学质量在丽水市质量监测中力争实现争先进位，全市体艺工作有新起色新提升，推进教育提质发展。2月18日，召开2019年春季全市校长工作会议暨“教育教学质量提升年”活动动员会，学习贯彻丽水市“两山”发展大会及龙泉市干部大会精神，总结回顾2018年全市教育工作，明确2019年全市教育工作重点和思路、举措，部署2019年各项工作。

【空调进教室工程】 4月初，启动“空调进教室”工程，不到2个月时间，龙泉市36所中小学校完成电力增容和校内线路改造工程，889间教室统一安装上1758台冷暖空调，投资额达到3200万元，覆盖率达到85.2%，受益学生3万余人。5月28日，以丽水市第三的速度，举行“空调进教室”工程竣工启用仪式，宣告“空调进教室”民生实事工程提前超额完成（原计划825间教室安装1630台空调，覆盖率80%）。

【“互联网+义务教育”结对帮扶】 推进“互联网+义务教育”结对帮扶，创新中小学校结对帮扶机制，扩大优质教育资源辐射面，促进优质教育资源共建共享，完成16所学校同步课堂建设，网络教学研修、同步课堂等常态化开展，12所乡村小规模学校结对帮扶实现全覆盖，推动城乡义务教育优质均衡发展。4月12日，该市召开“互联网+义务教育”中小学校结对帮扶部署会，11月底前完成结对帮扶工作任务。各校在“之江汇”教育广场开通学校网络空间，完善结对帮扶内容，完成浙江省政府智慧督查系统民生实事完成信息采集录入核验工作。

【校内托管服务】 2019年年初，江南小学进行托管服务试点工作，参加校内托管服务学生数占学生总数的90%。4月，成立托管工作领导小组，制订托管服务全市推广方案，并对相关学校进行摸底调查，按照“应托尽托”原则，确定有刚性需求的学校及学生数（实验小学托管321人，东升小学托管325人，南秦小学托管82人，西新小学99人，绿谷外国语实验小学托管251人）。6月28日，市发展改革局、市教育局、市财政局联合发文，出台《龙泉市小学放学后校内托管服务收费标准》，按460元/生学期进行收费，对家庭经济困难学生参加校内托管服务的，学校予以适当减免托管服务费。据统计，2019年下半年共有1348名学生参与校内托管服务（部分学生免费参加）。

【争资争项新成效】 2019年，第五中学项目争取到中央资金3803万元，教育信息化获省奖补资金1000万元。龙泉三中成功创建“国家级节约型公共机构示范单位”。全年实现招商引资任务1269.7万元，超额完成年度实际利用外资1000万元的任务。

【教育教学蹲点视导全覆盖“回头看”】 2019年，市教育局对义务教育学校开展教育教学蹲点视导活动。3月，顺风实验学校、江南小学教育教学蹲点视导;4月,龙泉四中教育教学蹲点视导;5月,东升教育集团本部教育教学蹲点视导。至此,完成对所有小学集团学校本部、江南小学及初中学校的教育教学蹲点视导工作,撰写教育教学蹲点视导反馈报告12篇。6月,编订《龙泉市中小学教育教学蹲点视导工作材料汇编》。9月,结合“不忘初心、牢记使命”主题教育活动,用3个月时间对12所学校开展教育教学蹲点视导“回头看”调研工作,重点围绕学校视导整改情况、教师满意度及整改成效展开,督促学校在问题整改中发力,巩固教育教学视导成果。

【“最多跑一次”改革】 2019年,市教育局落实“最多跑一次”改革决策部署,梳理推出62项公共服务事项,制定出台《龙泉市教育系统公共服务领域深化“最多跑一次”改革行动方案》,成立领导小组和工作专班,从招生报名、学籍管理、教育缴费、学后托管、评职评优、考试服务、“互联网+政务服务”、办学审批等“关切小事”做起,努力提高办事效率,提升教育服务水平,加快推进“最多跑一次”改革向教育公共服务领域延伸。

【教研提质】 2019年,市教育局强化教研管理机制,制定《龙泉市教研培中心教研管理质量考核办法》,重新修订出台《龙泉市中小学教学常规“飞行检查”办法》,优化《教研员联系学校制度》,构建全新的“菜单式教研服务机制”。开展“不忘初心、牢记使命”教学蹲点视导回头看调研,和义乌市教育研修院签订教研结对帮扶框架协议,举行首次初中教研活动,继续开展教师集体备课活动、业务考试和精准教学大比武,推进三中、四中和顺风实验学校创建丽水初中强校工作,全面强化公办初中指导。小学和初中均在2019年丽水毕业班学业水平监测中实现争先进位。

【学校评价考核和质量考核】 根据《龙泉市中小学校综合考核实施细则》《龙泉市中小学教育教学质量考核奖励方案》等文件精神,5月下旬至6月上旬,市教育局分五个组别对全市所有初中、小学共41所学校进行2018学年工作综合考核、教学质量考核和素质水平考核,结果以文件《关于公布2018学年义务教育学校综合考核、教学质量考核和素质水平考核结果的通知》(龙教〔2019〕144号)予以公开。龙泉四中等17所学校分获综合考核一、二等奖,龙泉四中等33所学校分获教学质量考核一、二、三等奖,素质水平考核结果分音乐、体育、美术和信息技术4个学科公布。8月,在全市校长(园长)工作会议上对获奖单位进行表彰。

学前教育

【概况】 2019年,龙泉市有幼儿园49所,其中公办幼儿园18所,在园幼儿7756人。有等级幼儿园46所,等级幼儿园比例为93.88%,等级幼儿园覆盖率为96.57%。幼儿园教职工总数1059人(在编135人),教师总数613人,其中专任教师553人,大专以上学历565人,占92.17%;持有教师资格证589人,占96.08%。

编制完成《龙泉市市域幼儿园专项布局规划(2019—2035年)》,科学合理地完善幼儿园网点布局。按照“新建一批、改造一批”的思路,完成上垟镇源底幼儿园、兰巨乡剑湖幼儿园、阳光幼儿园、娃哈哈幼儿园等4所幼儿园的撤并工作。完成查田镇中心幼儿园、龙泉市江南幼儿园(龙泉市大沙幼儿园)的新建工作,其中查田镇中心园投入使用,江南幼儿园于2020年春季投入使用,可新增学位630个,已新增学位270个。

建设“游戏化”课程,以课程改革为主阵营,成立课程改革工作室,多种形式开展课程改革教研活动,如:幼儿园课程园本化方案分享、半日观摩研讨、园长送教下乡等,以点带面的推开改革试点工作。积极开发建设以游戏为主的园本课程,市机关幼儿园进行“安吉游戏”的实践探索,市机关幼儿园滨江分园、龙渊分园,龙泉市森林幼儿园进行“云和木玩游戏”

2019年11月13日,水南幼儿园被评为二级幼儿园　　（市教育局／供图）

的实践探索，形成“一园一品”“一园多品”课改格局。

着眼“覆盖率”提升，加快幼儿园等级提升步伐，增加一、二级园数量。2019年，龙泉市共有幼儿园49所，等级园增加1所，等级园占比为93.88%，提升幅度达4.79个百分点；一、二级园增加2所，覆盖率为58.63%，提升幅度达8.2个百分点。

开展名师工作室培训，组建龙泉市第二轮“英才名师工作室”。以“请进来、走出去、实岗练”模式组织“英才名师”班学员跟岗学习。吴燕萍、詹丽华、曾晓珍等3人获得丽水市中小学学科带头人，实现零的突破；项彩霞获得丽水市教学能手；金子琪、雷燕珍等2人获得丽水市教坛新秀；季迅捷、邱晓芬等5人获得丽水市教坛新苗。12月，组织幼儿园教师19人参加丽水市幼儿园教师技能和素质比赛，荣获一级园团体1个一等奖、1个二等奖；个人单项4个一等奖、6个二等奖、9个三等奖的好成绩。

【学前教育改革】　12月2日出台《龙泉市人民政府办公室关于印发龙泉市学前教育补短提质改革实施方案的通知》（龙政办发〔2019〕40号），提高政策扶持力度，缓解学前教育普惠性资源不足、政策保障体系不完善、教师队伍建设滞后、监管机制体制不健全等问题，努力构建“公办民办齐头并举、以优质幼儿园为示范、城乡学前教育健康发展”的学前教育格局。

2019年，该市创建龙泉市机关幼儿园教育集团和龙泉市滨江幼儿园教育集团两个公办学前教育集团，构建单一法人与多法人共同组合的管理模式，采取“名园+新园”“名园+乡园”等形式，发挥优质幼儿园的辐射作用，以强带弱，以新带旧，以大带小，实现优势互补、资源共享、共同进步，逐步实现学前教育协调、普惠、优质发展。集团化办园覆盖率达73.27%，比上一年度提升10.94个百分点。

义务教育

【概况】　2019年，龙泉市有义务教育学校36所，其中初中6所（含民办1所），小学30所（含民办1所）。义务教育阶段在校生人数共23916人，其中初中8106人、小学15810人。龙泉市义务教育段外来务工人员随迁子女2142人，占学生总人数的8.96%，其中就读公办学校2004人。

该年开设的地方课程有：保卫蓝天课程9门，弘扬浙西南革命精神课程3门。其中6门被评为丽水市精品课程，6门被评为龙泉市精品课程。举办龙泉市小学地方课程评比活动，7位教师获奖，叶良如老师参加丽水市地方课程教学评比活动并获二等奖。

全市推进城区公办小学招生工作联席会议制度，纪检（监察）、人力社保、公安、建设、国土等部门全程参与招生材料审核和监督，分三批次共招收新生1753人，招生工作总体平稳，缓解城区学校就学压力。

该年，福源小学、碧龙小学生源进一步萎缩。9月，福源小学撤并到安仁镇中心小学；10月，碧龙小学撤并到住龙镇中心小学。

【“五心德育”品牌】　3月，龙泉市2019年浙江省教科院年度规划课题《打造“五心”德育，争做新时代剑瓷好学子的创建与实践》开题报告会在实验小学举行，丽水市教育教学研究院副院长郑丽丹应邀到会作指导。4月，落实《中小学德育工作指南》要求，总结交流各中小学校开展“五心”德育典型经验和做法，根据工作部署，组织“五心”德育典型案例评比活动，收到参评案例98篇，其中83篇获奖。4月底至5月初，将优秀的“五心”德育典型经验和做法进行推广，扩大优秀案例的影响力和引领力，形成激发教师队伍活力的蝴蝶效应，发挥在教师队伍建设上的示范引领作用，以锻造教育铁军的实际成效。6月，龙泉市“五心”德育品牌创建推进会在东升小学举行，会上，顺风实验学校、龙泉四中、西新教育集团分享创建“五心”德育品牌的做法。6月—8月，开展“五心”德育星级学校评选，通过查看资料、图片记录，从中筛选出一中、顺风实验学校、四中、实验小学、水南小学、绿谷外国语小学、小梅镇小7所学校为星级学校，通过对7所学校进行实地查看、访谈、调查、学生问卷等形式，最后评选出一中、四中、实验小学、小梅镇小4所学校为星级学校。8月，表彰各优秀集体和优秀个人在践行“五心”德育中取得的成绩，充分发挥他们的先锋示范作用。12月，组织“五心”德育微班会、班会录像课评比活动。

【思政教育】　3月26日至27日，丽水市教育教学研究院院长戴一仁一行到龙泉市西新小学、龙泉二中、顺风实验学校、东升小学等学校开展思想政治理论课专题调研活动。4月10日至11日，王顺发、吴松平、叶砝仙、翁志鸿等市四套班子主要领导走进中小学校园，开展“走进课堂、把脉教育、提质发展”活动，王顺发一行先后来到龙泉一中、龙泉二中、龙泉市实验小学和机关幼儿园，当起“旁听生”，现场体验思政课堂、外教授课和拓展课活动。7月，委托杭师大定向培养思政教师3名；12月，赴浙师大引进2名初中社会教师；认真制定思政专业教师培养计划，创新思政教师队伍培养举措；完善90学时培训的培训机制，提高思政教师培训实效，加大对思政队伍建设的支持力度。

【弘扬践行浙西南革命精神】 2019年，市教育局以弘扬践行浙西南革命精神为主要抓手，抓好立德树人工作。市教育局和各学校成立弘扬践行浙西南革命精神工作领导小组，出台相应的实施方案。通过创新教学设计、丰富教育形式、强化师生参与等途径，推进浙西南革命精神弘扬践行系列活动高质量开展。在东升教育集团开展“红色浙西南”讲故事大王校级赛展演，作为各校的开展样本，吸引《丽水新壹周》等媒体前来宣传报道。与市委宣传部、团市委、市融媒体中心联合开展“红色浙西南”革命故事市级赛、“弘扬浙西南革命精神·庆祝祖国七十年华诞”主题征文比赛等赛事。各中小学校组织形式多样的寒假“五心”德育实践活动、“学雷锋”活动、弘扬浙西南革命精神等主题活动。各校充分挖掘自身资源优势，推出一批红色品牌课堂、红色教育实践特色活动，构建打磨出具有实用可行性较强、具备丰富红色教育意义的红色课程及课程体系等，推进“一校一基地一队伍”建设。

2019年11月2日，龙泉市中小学生田径运动会开幕式 （学前教育中心／供图）

【素质教育】 2019年，市教育局举办全市中小学生篮球、足球、排球、乒乓球、羽毛球、健美操、游泳、田径运动会、校园文化艺术节等各类体育艺术赛事，开展全市中小学“阳光体育大课间”活动，举办快乐大课间评比活动，引导学生“走向操场、走进大自然、走到阳光下”，提高学生身体素质，增进学生身心健康，真正为学生未来可持续发展奠基。2019年，东升教育集团本部获浙江省2019—2020年度啦啦操锦标赛一等奖；龙泉市第三中学篮球队获中小学生篮球联赛晋级赛一等奖；龙泉市江南小学代表队获第五届青少年阳光体育运动会短式网球第4名。

11月2日至4日，成功举办2019年中小学生田径运动会，22个学校代表队，共484位运动员参加18个大项目的竞技角逐，通过三天激烈比拼，龙泉三中、东升教育集团本部、安仁镇中心小学分别获得初中组、城区小学组、乡镇小学组团体总分第一名。

5月，举行龙泉市首届现场书画大赛，21个学校250余名学生参与；12月，举办第十三届校园文化艺术节·文艺比赛及艺术节颁奖典礼，送优秀作品参加丽水第八届“绿谷之春·文艺”比赛，并获得4金7银4铜的佳绩。举行中小学生“剑瓷知行”研学旅行启动仪式，帮助中小学生“读万卷书、行万里路”，促进书本知识和生活经验的深度融合、知行统一。

【初中壮腰工程】 2019年，市教育局实施初中壮腰工程，计划通过三年(2019—2022)努力，全市初中文化学科教学质量监测综合水平达到丽水市中上水平，体艺素养在监测中达到丽水平均水平以上，初中优质资源覆盖面达到80%以上，龙泉一中高考高端学生上线人数明显增加。8月26日下午，龙泉市初中壮腰提质动员大会在龙泉一中报告厅召开。会议动员各学校进一步提振精神、坚定信心，以决战的姿态、冲刺的劲头、攻坚的力度，圆满完成初中壮腰提质任务。

【办学改革】 2019年，市教育局出台《关于深化小学集团化办学改革的意见》。推动建立集团书记、校长联席会议制度，组织书记、校长团队走校区调研、诊断活动。优化集团内部管理，根据具体情况积极探索适合自身特点的管理模式，充分调动成员学校参与集团化办学的积极性和主动性，在管理创新、队伍建设、品牌创建、质量提升等方面整体推进，发挥优质教育资源的引领和辐射作用。组建集团教研共同体，定期开展主题式教研活动，互帮互助，共同成长。集团总校到各校区开展教学常规检查诊断活动，强化监督指导。建立集团学科教研大组和大备课组，搭建学科沟通交流平台，共享学科教学资源，开展学科教研活动。深入开展骨干教师走校教研活动，相互交流教育教学管理经验，取长补短，共同促进教育教学管理水平的提升。加强集团学校各学科的质量提升合作，做到“监测共同开展、问题共同分析、措施共同研讨、质量共同提高”，进行集团学校统一的教学质量调研和相关质量分析。

【书香校园】 根据《义务教育课程标准》等相关文件精神，龙泉市教育局推进义务教育阅读工程。

学校以创建“书香校园”为载体，营造良好的读书学习氛围。通过发布阅读书目，建立班级图书角，配齐必读书籍，开设阅读课，建立开放式阅读环境。为学生提供舒适良好的学习阅读环境，开展“我爱阅读”手抄报比赛、推荐一本好书演讲比赛、晨诵诗歌诵读展示、经典诵读比赛等活动，举办读书节集中展示读书成果，评选书香学生、书香班级和书香教师。创建富有特色的“书香校园”，为师生提供广阔的展示空间和舞台。2019 年，丽水市教育局根据“书香校园”建设规划和评选标准，对龙泉市城区 9 所公办学校进行创建评估，均已成功创建成为“书香校园”。

高中教育

【概况】 2019 年，龙泉市有普通高级中学 2 所，教学班 88 个，在校学生 3811 人，招收新生 1245 人，毕业 1246 人。龙泉一中高考一段上线人数 242 人，龙泉浙大中学本科及以上上线 137 人，中职校获评全国教育系统先进集体（中职序列丽水唯一）。

龙泉一中有教学班 40 个，招收新生 638 人，毕业学生 639 人，在校学生 1919 人，教职员工 197 名，浙江省名师 1 人，丽水学科带头人 19 人，新增丽水市学科带头人 5 人，丽水德育名师 1 人，丽水市德育学科带头人 2 人，丽水市德育新秀 1 人，国家二级心理咨询师 1 人，国家三级心理咨询师 5 名，心理健康教育 A 证持有者 2 人，B 证持有者 19 人，C 级持有者 123 人。丽水市获奖课题 5 个，丽水市优质课评比获一等奖 2 人。组建高一高二年级数学、物理、化学、生物竞赛辅导团队和相应的辅导班级，推动学科尖子生培养。完成 2019 级新高一创新班的招生工作，正常开展初高中衔接教学和培优教学。C9 院校录取 6 人，双一流院校录取 17 人，211 院校录取 43 人，一本上线 242 人，一本上线较 2018 年增长 29 人。郭亮同学高考总分 692 分，位列丽水前 5 名，被复旦大学录取。

龙泉浙大中学有教学班 40 个，招收新生 607 人，毕业学生 607 人，在校学生 1892 人，教职工 146 人。普通类一段上线 1 人，体艺上线 44 人，普通类二段上线 92 人，三位一体本科上线 23 人，累计本科及以上上线 137 人，总上线率 99.3%，毕业率 99.8%。

龙泉浙大中学结合“不忘初心、牢记使命”主题教育，推进“清廉学校”建设，落实“五心德育”，开展阳光体艺活动。与湄潭县浙大小学、宜州区第二小学签署结对合作协议书，结对“浙大班长会”，接受 2300 册图书捐赠，建立第一所“求是书屋”；建立浙大教育学院暑期社会实践活动场所，挂牌浙江大学龙泉教育大讲坛。与杭州博美艺术培训学校合作，探索美术学生培养模式，20 多位同学在龙泉市“剑瓷之风•书法/美术”比赛中获奖。学校田径队参加丽水市中小学田径运动会，获综合高中组第四名；学生篮球队在安仁镇“竹木玩具”杯第六届篮球邀请赛中夺冠，在丽水市高中组篮球赛中获第六名。

【党建工作】 2019 年，龙泉一中开展“不忘初心、牢记使命”主题教育，引导广大教师用好“学习强国”平台，以党风廉政建设、师德师风建设为重要抓手，推进“清廉学校”建设，建立健全意识形态工作责任制，以高度的政治自觉、思想自觉、行动自觉，把意识形态工作责任制落实到工作的方方面面。牢固树立为党育人，为国育才的思想，通过各种德育活动、模拟政协等社会实践活动，提升学生的政治参与能力，树立新时代社会主义核心价值观。

【队伍建设】 2019 年，龙泉浙大中学以学校“两新”评比和“三课”活动为平台，结合常规教学检查和评价，开展教师竞争学习，促进教师专业成长。重视德育队伍建设，组织班主任例会，开展班主任学习汇报和微型班队课等活动，统一教师思想认识，提高责任担当意识，凝聚力量助力学校发展。1 位教师被评为丽水市学科带头人，12 位教师获得龙泉市级以上荣誉，52 位教师在龙泉市级获奖，60 余位教师在丽水市级及以上获奖。

【普通高中发展共同体建设】 2019 年，两所普通高中充分发挥“高中教

2019 年龙泉一中高考上线情况一览表

表22

年份	上浙大线		一本上线人数				本科上线		总上线
	上浙大线及以上人数	最高分	总人数	纯文化	体育	艺术	人数	上线率	上线率
2019	12人	692分	242人	208人	10人	24人	595人	92.90%	100%

育共同体”作用，多次在教育管理理念、师资队伍建设、教育教学资源、课程改革与建设等方面开展交流与合作，高考各学科跨校进行同课异构、听课活动成为常态。龙泉浙大中学承办丽水市高中化学课堂教学研讨暨中心组成员会议，组织教师代表到宁海知恩中学和丽水二中学习交流，丽水二中优秀教师到校送教，增加学习机会和渠道。

职业教育

【概况】 龙泉市中等职业学校(龙泉青瓷宝剑技师学院)是全国重点中等职业学校，全国中等职业教育德育实验基地、全国第四届黄炎培职业教育优秀学校，全国首批百所职业院校民族文化传承与创新示范点，浙江省首批改革发展示范学校和浙江省一级中等职业学校，全国教育集体先进单位。学校占地162000.81平方米，校舍建筑总面积112637.5平方米，教学班79个。2019年，学校在编教职工总数292人，副高级职称95人，中级职称63人，初级职称64人。2018年，被确立为浙江省“中职名校”立项建设单位。2015年7月，浙江省政府发文批复同意在市中等职业学校的基础上筹建龙泉青瓷宝剑技师学院，2019年12月，通过浙江省技师学院评审，成为丽水市唯一一所技师学院。2019年，被评为浙江省中职学校“美丽校园”、全国教育系统先进集体。

校内建有陶瓷工艺、刀剑工艺、机电、经贸、现代服务业5个实训基地和1个创新创业园，其中陶瓷工艺、机电为浙江省级示范实训基地。陶瓷工艺为浙江省级示范专业、特色专业；机械加工技术为浙江省级示范专业、骨干专业；刀剑工艺专业为浙江省优势特色专业。

该校遵循经济社会发展规律和职业教育发展规律，加强专业建设，注重内涵发展，提高人才培养的质量与层次。2019年，学校毕业生1086人，毕业率100%，升入高一级院校就读学生841人，占同年毕业生总数77.4%。

12月25日，浙江省人社厅组织技师学院评审专家组到该校进行技师学院筹建评估考核，同意筹建技师学院并报浙江省政府批复同意。

2019年，该校新增青瓷“3+4”中本一体化培养，开展高层次“非遗”传承人培养。编写2万余字的古瓷制作工艺流程，宝溪薪火传承，体验青瓷古老的烧制技艺，师生共同参与烧制成功青瓷作品300余件；组织9批次师生赴景德镇陶瓷大学、德化职业学校、温州双创博览会等交流学习，引进澳大利亚、芬兰、韩国、日本等陶艺大师及国内青瓷大师到校开展陶艺交流等14次，为企业解决技术难题15项；开发行业标准7项；申请发明专利7项。承办浙闽赣边际区域同盟学校教师培训，共培训7300人次；继续对省内外3所职业学校开展结对帮扶，先后接收昭化职高学生41人在校就读；学校高技能人才扩建项目获批，补助400万元。国家级高技能人才培训基地获批立项。

【中职教育质量提升行动】 2019年，“中职名校”考核成绩位列全省第一。11月15日，浙江省教育评估院公布第一批3名工程项目第二年度考核结果，学校5个项目获得“1优4良”优异成绩，郑国荣刀剑大师工作室连续两年获优秀，张晞青瓷大师工作室、张长友名师工作室、青瓷工艺专业、数控技术应用专业4个项目获良好，在第二批中职名校第一年年度考核中以第一名成绩获得优秀。12月，学校申报的张英英优秀毕业生典型案例、蒋氏刀剑校企合作共同体、“青瓷—新力量”创新创业实验室项目获浙江省级立项。

【校企合作、产教融合】 学校校企合作、产教融合典型经验在龙泉、丽水、浙江省政务信息(专报)发表。为解决人才培养和产业需求存在的“两张皮”问题，促进产教两端“最后一公里”的对接，学校立足产业特色，通过打造“引企入校建专业”“引协驻校定标准”“促师双栖壮队伍”“梯级拜师育学徒”“合力搭台促产业”五把金钥匙，撬动校企人才培养新引擎，打出专业共建、人才共育、技术共研、师资共培、文化传承等系列“组合拳”，成为企业转型升级的“助推器”、促进就业的“稳定器”、人才红利的“催化器”，为校企合作提质升级提供典型案例。《“五把金钥匙”打开“产教融合、校企合作”新路径》典型材料被龙泉市、丽水市、浙江省三级政务信息(专报)发表，并获浙江省副省长成岳冲批示。

成人教育

【概况】 2019年，龙泉市共有成人文化技术学校5所，分别是城区区域成技校、安仁区域成技校、八都区域成技校、小梅区域成技校和锦溪区域成技校，覆盖7个乡8个镇4个街道，覆盖率100%。其中，安仁区域成技校和小梅区域成技校已经创建成为浙江省现代化成人学校，其他3所为浙江省标准化成技校，浙江省标准化成技校100%。5所成技校现有校长5人、副校长1人、专职教师24人、兼职教师58人，负责成人教育、社区教育、老年教育培训工作。

成教工作坚持“实地、实际、实用、实效”的原则，走多渠道、多形式、多层次的培训之路，把成人教育、职业教育与区域经济发展、生产实践、社会服务、技术推广有机结合起来，发挥优势、培育特色，为龙泉经济和社会发展提供文化技术支撑。小梅区域成技校克服困难、努力突破，成功创建成为浙江省现代化成人文化技术学校；安仁区域成技校的"黑木耳栽培培训"创建为浙江省社区教育"优秀工作品牌"；小梅区域成技校的"油菜种植技术培训"成功创建为丽水市成教品牌项目；城区、八都、安仁、锦溪区域成技校各创建一个"丽水市老年教育特色基地"；有10位社区学员获得2019年"绿谷学习之星"称号。

11月8日，2019年丽水市暨龙泉市"全民终身学习活动周"总开幕式启动仪式在龙泉市中职校图书馆举行，并取得圆满成功。2019年，龙泉市政府成功创建2019年浙江省示范学习型城市。

【远程合作办学】 2019年，龙泉电大扎实推进高校之间的继续教育合作办学，与中国医科大学、大连理工大学、福建师范大学进行全面合作，借助院校强大的师资力量，继续努力建设好龙泉电大远程教育学习基地，为龙泉经济社会发展提供强大的人才支撑。2019年，共招收163名学生，超额完成计划招生100名的目标任务。

【农民大学生培养】 2019年，龙泉电大继续推进"一村一农民大学生"教育工作，助力乡村振兴，建设一支"留得住、用得上、有文化、懂技术、会经营"的新型农村实用人才队伍，该年录取45名农民大学生在校入学就读。

【社区教育】 2019年，全市共举办电子商务、育婴师、保育员等各类培训共19期，培训学员4000多人次，参加各类考证考级401人，较好地提高市民的劳动技能和服务社会的能力。为加快建设"人人皆学、处处可学、时时能学"的学习型社会，落实教育改革发展重要任务，龙泉电大积极开展学分银行业务培训，做好浙江学分银行龙泉分中心工作，全年完成17693条成果录入工作以及学分银行录入考核任务。

【特殊教育】 2019年，龙泉市3周岁至18周岁各类持证残疾人246人，义务教育阶段158人，其中随班就读111人，特殊学校就读学生25人，送教上门22人，入学率100%，学前阶段残疾幼儿41人，入学率87.8%；高中阶段47人，入学率80.85%。组织教师参加特殊教育论文评选，获奖论文3篇，其中浙江省级二等奖1篇，丽水地级二等奖1篇、三等奖1篇。组织教师参加丽水市特殊教育课堂教学比赛，获二等奖1人。创建资源教室1个。

办学条件

【概况】 2019年，龙泉市教育经费总投入90487万元，比上年的86485万元，增加4002万元，增长4.63%。其中，公共财政预算教育经费投入74644万元，占总投入的82.49%，比上年增加1018万元，增长1.38%。政府性基金预算投入7913万元，占总投入的8.74%，比上年增加2831万元，增长55.71%。事业收入7383万元，占总投入的8.16%，比上年增加292万元，增长4.12%。其他收入548万元，占总投入的0.61%，比上年减少138万元，下降20.12%。

该年，争取省补助经费10022.87万元，其中教育发展专项资金565万元，支持学前教育发展专项资金130.25万元，扶困助学专项资金1211.28万元，义务教育经费保障机制补助经费2789万元，改善基础教育办学条件专项资金1016.88万元，支持市县民办教育发展专项资金342万元，义务教育薄弱环节改善与能力提升补助资金3803万元，其他教育专项165.46万元。

南大洋小学项目二标段完成主体工程　　（市教育局／供图）

排出创建工作时间表、路线图和整改提升方案，计划于2021年申报，争取2022年创成。以创建工作为主线，继续实施教育基础设施提升工程，开展教育项目百日攻坚行动，南大洋小学、城东小学、大沙幼儿园等新建项目和二中、三中等扩建项目加速推进，启动四中扩建项目，加快第五中学项目进度，全年新增校舍总面积40926平方米。对照《县域义务教育优质均衡发展督导评估

2019年8月10日，龙泉市东升教育集团本部云机房　　（市教育局/供图）

办法》，与上一年度相比，全市义务教育学校资源配置得以优化，7项指标平均值均有不同程度提升，所有指标校际差异系数，小学均小于0.5，初中均小于0.3，各校不达标项明显减少。全市中小学校录播教室普及率达95%，教室交互式电子白板覆盖率达100%，创新实验室覆盖率达14.3%。

教育技术装备投入1200万元，更新计算机452台、交互式多媒体（希沃一体机）114套、学生课桌椅1030套。建设"互联网+义务教育"同步课堂教室18个，创新实验室1个。完成网络提升改造（一期）建设，教育城域网骨干网络和13所学校骨干网提升至万兆。完成小学教育集团本部大数据采集系统（智能网阅系统）建设，并辐射到各校区。大力推进智慧校园建设，共创建丽水市智慧校园示范校1所，优质校2所，达标校11所。

【教育项目管理】　出台《龙泉市教育基建项目管理办法》《龙泉市中小学校舍维修管理办法》《龙泉市教育局关于小额工程招标投标的管理办法》，建立龙泉市教育基建项目变更管理工作领导小组，规范项目变更管理。教育项目过程管理受到严格管控，所有政府投资项目变更程序到位，严控在概算范围内建设。规范小额工程招投标管理，小额工程公开招标比例达到94.4%。

【平安校园建设】　推进中小学"平安校园"创建，开展"等级平安校园"考评工作，完善学校安防工作制度。召开2019年第三季度全市校园安全工作例会暨"平安护航中华人民共和国成立70周年大会战"动员会，开展"从头开始、幸盔有你"校园百日交通安全竞赛活动，开展扫黑除恶宣传进校园、进家庭活动，落实法制进校园、法制副校长、法制讲座等工作，开好法制第一课，加强学校食堂硬件标准化建设，加强学校消防安全基础设施建设，引入社会化专业服务，在46所中小学（幼儿园）进行隐患排查社会化服务试点，加强与政法、公安、市场监管等部门的合作对接，对各类涉校安全隐患进行全面深入排查，逐一落实整改措施，对安全问题"零容忍"，夯实校园安全工作基础，净化优化校园及周边环境。被评为2019年丽水市教育系统安全生产目标管理责任制考核优秀单位；2019年丽水市教育局、消防救援大队暑期消防宣传先进单位；2019年龙泉市安全生产先进单位；2019年龙泉市消防工作先进单位。

【安全"五化"管理】　全面构建校园安全"118"系，即：牢抓校园安全网格化、清单化、信息化、档案化、社会化"五化"管理这一总抓手，落实"深化等级平安校园评估"这一总要求，开展校园安全防范能力提升、校园安全隐患排查提升、校园安全宣传教育提升、校园周边环境综合治理提升、预防校园暴力与欺凌提升、预防溺水提升、心理危机干预提升、平安校园常态化检查督查提升等8项提升行动，推进校园安全管理信息化和社会化管理的创新，打造校园安全管理的"龙泉样板"。

【扶困助学】　2019年，全市投入教育资助资金819.202万元，受益学生17447人次。其中，减免幼儿保育费48.81万元，受益幼儿351人次；补助义务教育营养改善计划经费245.63万元，享受免费营养餐学生5239人次；补助义务教育蛋奶工程经费98.382万元，享受免费蛋奶学生5239人次；发放义务教育困难寄宿生和非寄宿生生活补助50.75万元，受益学生1090人次；发放义务教育贫困助学金1.064万元，受益学生38人；发放普通高中扶困助学金91.776万元，受益学生688人次；发放普通高中国家助学金137万元，受益学生1370人次；发放职业高中国家助学金73.72万元，受益学生738人次；发放民族教育券65.27万元，受益学生2423人次；社会资助学生271人次，资助金额6.8万元。减免职业高中学生学费789.62万元，受益学生6269人次。

【师资队伍】　2019年，龙泉市在职教职工总数2671人，其中幼儿教育135

人、小学 1251 人、初中 645 人、高中 343 人、中职 292 人。高级教师 517人、一级教师 1157 人；教职工中研究生人数 57 人；名优教师 148 人，其中省特级教师 1 人，丽水市教学名师 14 人；丽水市德育名师 2 人；丽水市学科带头人 77 人，丽水市德育带头人 9 人，龙泉市学科(德育)带头人 45 人。

通过引进、招聘以及定向培养等模式，优化教师队伍结构。截至 8 月，招聘教师 29 人，引进高层次人才 20 人，其中硕士研究生 1 人；此外，2015 级委培的 15 名小学全科教师有 14 名正式入编，1 人没有履行协议，未回到龙泉就业。

11 月，经市中级评审会评审，推荐高级 31 人，评审通过中级 73 人，高级推荐率 93.9%、中级通过率 75%，另外，经市人社局、教育局研究决定，在龙泉一中开展中级职称自主评聘改革试点工作。

根据《丽水市教育局关于实施“绿谷名校长、名教师”培养工程的通知》，推荐王辉等 11 名校长参加“绿谷名校长”培养，推荐赵伟荣等 21 人参加“绿谷名教师”培养，每人学习期限 3 年。

实施龙泉市青年教师专业发展培养工程，通过组织 2019 届新教师岗前培训，2018 届新教师“一年起好步”，2017 届新教师“两年过一关”大比武活动，助力青年教师成长。

组织市级优秀教师(优秀教育工作者)评选工作。蒋吉林等 65 人被评为龙泉市优秀教师，徐福汉等 26 人被评为龙泉市优秀教育工作者，孙方鸿等 19 人被评为丽水市优秀校长(教师)。

【教师培训与培养】 全年举办教育管理者、教育系统后备干部、家校结合沟通技能、教务主任能力提升等培训班 32 个，共培训教师 4602 人次，完成培训总学分 263189，教师人均培训 91.16 学分。教师参加 90 学分分层分类匹配率达 88.79%；教师自主选课后实际参训率 98.35%，各项指标均达到浙江省考核优秀指标。组织实施“百校千人”乡镇教师培训计划，浙江大学教育学院副书记包松等 6 名知名教授到龙泉授课，共开设 6 场公益讲座，培训校长、教师 750 人。此外，根据青年教师成长规划方案，分别组织 2018 年入职的新教师“一年起好步”和 2017 年入职的新教师“两年过一关”等教学比武活动，让新教师尽快熟悉教学与管理业务。

根据《浙江省教育厅办公室关于做好 2019 年小学全科及中学紧缺学科教师定向培养招生工作的通知》文件精神，结合龙泉市教师需求情况，确定该年定向培养教师共 19 名(小学全科教师 10 名，高中语文 1 名、高中英语 1 名，初中语文 2 名、初中数学 1 名、初中科学 1 名、初中历史与社会 3 名)。

【高层次人才考核】 根据《关于加强高层次创业创新人才队伍建设的意见》(龙委发〔2017〕35 号)、《关于加强高层次创业创新人才队伍建设的意见操作细则(暂行)》(龙人才办〔2018〕5 号)、《龙泉市教育系统高层次人才津贴绩效考核细则(试行)》(龙教〔2018〕115 号)等文件精神，3 月，对 476 名高层次人才 2018 年的履职情况进行考核，拨付奖励资金 279.65 万元。

【教育后备干部培训】 5 月 7 日，龙泉市新时代教育系统后备干部培训班正式开班，采取“走出去”与“请进来”，理论研修与教育实践相结合的方式，对 47 名学员进行培训，促进干部队伍梯队建设和年轻干部快速成长，推进龙泉教育事业健康可持续发展。

【教育科研】 2019 年，浙江省规划课题立 1 项，省获奖 1 项(丽水共 2项)，省课题结题 3 项。丽水规划课题立 25 项，教研课题立 13 项，丽水获奖 31 项。龙泉市立项 102 项，课题结题 112，评选一、二、三等奖 96 项。龙泉市教育研究培训中心和龙泉市实验小学教育集团被评为 2018—2019 浙

2019 年 11 月 30 日，浙江师范大学人才引进现场 (市教育局 / 供图)

江省教科研先进单位。

【山海协作工程】 龙泉市与宁海县签订完善《2019年宁海县与龙泉市教育对口支援工作协议书》，宁海与龙泉结对的20所学校，在干部交流、师资培训和学生资助等方面，开展进一步交流与合作。8月21—22日，组织2019年山海协作远程培训活动，各中学中层及以上人员、各学科教研员、培训部人员近300余人参加培训，创新师训模式。积极开展"互联网+义务教育"结对帮扶工作，通过打造远程教学平台，达到优质资源共享的目的。积极与杭州江干区对接，签订教育合作框架协议书，共同促进两地教育发展。

【外籍教师援教】 8月，将浙江省教育厅、浙江省国际交流协会和美国安生教育基金会共同派遣的AYC美国青年教育使者Alex、Carla，分别安排在实验小学和龙泉二中支教。龙泉市教育局还单独聘请Vincent到实验小学，Jada到龙泉四中任教。

【教育工会活动】 2019年，龙泉市教育工会下辖34个工会组织，有会员3494人(其中在编教职工2757人，非编737人)。相继开展"我和我的祖国"庆祝中华人民共和国成立70周年教师文艺会演、教职工羽毛球比赛、师德论文评选、第二十一届全市中小学教师自制多媒体教育软件评比以及"木玩游戏"背景下的幼儿园教师专业素质技能比赛等系列活动。2019年，帮扶困难教职工78人，下发帮扶经费14万元。龙泉浙大中学江晓军被评为浙江省师德先进个人，实验小学教育集团叶羽聪、安仁中学林敏、南秦教育集团周佳妮被评为丽水市师德先进个人。7月—9月，组队参加龙泉市第三届职工运动会篮球、气排球等13个项目的比赛，取得团体总分第一，金牌总数第一的优异成绩。 （郑旭民）

科学技术

科　　技

【概况】 2019年，龙泉市科技局推进“互联网+科技成果”，利用网上技术市场发布技术难题22条，签订技术合同19项，网上技术交易额达6542.73万元，登记科技成果22个。

【科技宣传培训】 2019年，市科技局开展主题为“科技强国、科普惠民”的科技科普周活动。5月20日，举行企业研发费统计业务培训班，作为“科技活动周”启动仪式，相关部门及乡镇（街道）、企业和科研机构、科技中介服务机构参加了启动仪式和培训；5月19—26日，围绕主导产业转型升级、新能源产业培育壮大、防震减灾、食品安全、低碳节能、环境保护、“五水共治”、教育卫生等与群众生产生活密切相关的实事，通过专业培训、科普宣传、成果展示、义诊服务等形式，有针对性地开展科技服务活动。龙泉市人民医院医共体各科室专家分别在市人民医院门诊大厅、安仁分院、础石分院举行义诊活动，丽水市人民医院下沉专家参加活动。为该地群众义诊300余人次，现场发放健康宣传资料500余份。兰巨乡邀请省派科技特派员浙江树人大学张琳洁，为全市茶农进行茶叶加工技术培训。

【科技特派员】 2019年，市科技局完成农业科技特派员共引进新项目25项，引进新品种76个，推广新技术37

第十三批省派科技特派员项目汇总表

表23

序号	项目名称	项目负责人	工作单位	承担单位
1	肉羊高效生态循环养殖关键技术应用与示范	董信阳	浙江大学	竹垟乡政府
2	中峰高效生态养殖技术示范及应用	尹兆正	浙江大学	道太乡政府
3	基于药食两用中药材品种的特色农家乐（民宿）建设	王汉荣	浙江省农科院	龙南乡政府
4	“农旅融合”果药基地品牌化建设与示范	陈思宇	浙江农林大学	八都乡政府
5	岩樟自然生长茶树资源收集与产品开发利用	肖　强	浙江省茶叶研究院	岩樟乡政府
6	龙泉市锦溪镇地域文化振兴和文创产业创新设计研究	元丽莉	浙江理工大学	锦溪镇政府
7	高山蔬菜持续高产高效种植技术研究与示范	舒妙安	浙江大学	屏南镇政府
8	小梅镇黄南畈粮食生产功能区绿色防控关键技术集成和示范	林天宝	浙江省农科院	小梅镇政府
9	红心猕猴桃绿色原生态栽培关键技术示范与推广	袁少飞	浙江省林科院	城北乡政府
10	龙泉高香红茶品质提升技术应用与推广	张琳洁	浙江树人大学	兰巨乡政府
11	中小型农业规模主体提质增效技术示范推广	叶红霞	浙江大学	安仁镇政府
12	高山蔬菜品种引进和种养结合模式探索	李　东	浙江省农科院	宝溪乡政府
13	基于电子商务模式下的小型竹木家具的创新设计与开发	朱芋锭	浙江农林大学	查田镇政府
14	中华蜂高效养殖技术示范和推广	马有智	浙江大学	住龙镇政府

项；建立示范户59家，建立示范基地29个，建立示范面积达8106亩，新增就业人数2320人；举办实用技术培训班22期，累计培训人数达1490余人次，发放资料2090余份。全年，市科技局选派工业科技特派员22人；完成浙江省第十四批科技特派员选派工作，选派农业科技特派员14人，选派茶叶、中草药、果蔬产业3个团队科技特派员，落实财政帮扶资金182万元。10月15日，在2019丽水“人才•科技”峰会龙泉分会场举行助力乡村振兴专家座谈会；10月21日，在北京召开的科技特派员制度推行20周年总结会议，会上对92名科技特派员和43家组织实施单位进行了通报表扬，其中浙江共有7名科技特派员和3家组织实施单位受表彰，省派龙泉科技特派员陈思宇是其中之一。

【市校合作】 2019年，市校合作院校57家、合作专家教授62人、合作项目87项。1月17日，龙泉市政府与中国计量大学在杭州签订《合作共建中国计量大学龙泉科创中心协议书》；6月28日，在龙泉汽车空调产业创新服务综合体，举行中国计量大学龙泉科创中心揭牌仪式。7月8日—13日，浙江大学工程师学院研究生一行11人到龙泉，深入高新企业开展暑期社会实践活动。9月22日，在第二届世界丽水人大会龙泉分会场，浙江大学与龙泉市签订合作共建浙江大学龙泉创新中心协议书。10月14日，在龙泉汽车空调产业创新服务综合体，举行浙江农林大学龙泉科技特派员工作站揭牌仪式，浙江农林大学胡祖吉副校长一行出席。11月16日，在第二届世界青瓷大会暨第十一届龙泉青瓷龙泉宝剑文化旅游节开幕式上，龙泉市政府与景德镇陶瓷大学签订了产学研战略合作框架协议书。11月22日至23日，浙江大学与龙泉市共同举办了浙江大学龙泉办学80周年系列活动。

【地震管理】 2019年，市科技局荣获2018年度全省县级防震减灾先进单位、全国县级防震减灾工作综合考核先进单位、2019年度全省县级防震减灾先进单位。龙泉市防震减灾科普馆被认定为浙江省防震减灾科普教育基地，该馆总投资200万元，以“平安龙泉，减轻地震灾害”为设计主题，按照“防震减灾、科技引领，剑瓷龙泉、文化传承”的设计理念，分为“走进地球、探索地震”、“防震避险、体验训练”、“防灾减灾、工作展示”、“学习总结、留言留影”4个展区，于5月建成开馆。

做好强震台、前兆台、测震台、GNSS基本台的日常维护工作，整合资源，全力开展防震减灾科普知识宣传工作：与龙泉华数合作，在电视频道主页上全年每天滚动播放防震减灾宣传片；与市建设局合作，在市人民广场的大屏幕上不定时播放防震减灾宣传片；与市融媒体中心合作，在《今日龙泉》上不定时刊登防震减灾法律法规和条例；与龙泉市教育局合作，定期邀请小学生参观龙泉市防震减灾科普馆；要求各乡镇（街道）、有关单位结合各自工作实际，搞好地震科普知识宣传；在全国防震减灾日期间，组织科普“五进”活动；在龙渊街道村头村推进全省综合减灾示范社区创建工作。

2019年11月22日，浙江大学龙泉办学80周年纪念大会　（市科技局／供图）

科技创新

【高新技术发展】 2019年，龙泉市争取浙江省重大科技专项1项，为浙江三田汽车空调压缩机有限公司的“智能工厂集成技术研究及应用——新能源汽车空调电动涡旋压缩机智能工厂集成技术研究及应用示范”；新增省级众创空间2家，分别为浙江省龙泉市东盛标准厂房经营管理有限公司的“青瓷创客园”和龙泉市网智信息技术有限公司的“网智信息电商园”；新增省级企业研究院1家，为浙江三田汽车空调压痪机有限公司的“浙江省三田汽车空调压缩机技术研

2019年龙泉市上级科技计划项目汇总情况表

表24

序号	项目名称	承担单位	项目类别
1	智能工厂集成技术研究及应用—新能源汽车空调电动涡旋压缩机智能工厂集成技术研究及应用示范	浙江三田汽车空调压缩机有限公司	省重大科技专项
2	青瓷创客园	浙江省龙泉市东盛标准厂房经营管理有限公司	省级众创空间
3	网智信息电商园	龙泉市网智信息技术有限公司	
4	浙江省三田汽车空调压缩机技术研究院	浙江三田汽车空调压缩机有限公司	省级企业研究院
5	立丰高性能滤清器省级高新技术企业研发中心	浙江立丰机械零部件有限公司	高新技术企业研发中心
6	龙之星压缩机省级高新技术企业研究开发中心	浙江龙之星压缩机有限公司	
7	高新技术企业新认定	浙江郑氏刀剑有限公司	新认定高新技术企业
8	高新技术企业新认定	浙江金宝得汽车制冷配件有限公司	
9	高新技术企业新认定	浙江鸿业阀门制造有限公司	
10	高新技术企业新认定	浙江太钎机械设备制造有限公司	
11	高新技术企业新认定	浙江森芝宝生物科技有限公司	
12	高新技术企业重新认定	龙泉市中泰汽车空调有限公司	重新认定高新技术企业
13	高新技术企业重新认定	浙江施克汽车配件有限公司	
14	高新技术企业重新认定	龙泉市金宏瓷业有限公司	
15	高新技术企业重新认定	浙江基力思汽车空调有限公司	
16	高新技术企业重新认定	浙江创新汽车空调有限公司	
17	高新技术企业重新认定	浙江俊博汽车部件有限公司	
18	高新技术企业重新认定	浙江欧特立汽车空调有限公司	
19	浙江省科技型中小企业认定	浙江新劲空调设备有限公司	浙江省科技型中小企业认定
20	浙江省科技型中小企业认定	浙江森亚板业有限公司	
21	浙江省科技型中小企业认定	浙江德尔威工程机械设备有限公司	
22	浙江省科技型中小企业认定	龙泉市源福汽塑有限公司	
23	浙江省科技型中小企业认定	龙泉市新鼎汽车配件有限公司	
24	浙江省科技型中小企业认定	浙江利源竹木有限责任公司	
25	浙江省科技型中小企业认定	龙泉市绿宝木业有限公司	
26	浙江省科技型中小企业认定	龙泉市元智木业有限公司	
27	浙江省科技型中小企业认定	龙泉鼎成瓷业有限公司	
28	浙江省科技型中小企业认定	龙泉市硑矿有限责任公司	
29	浙江省科技型中小企业认定	浙江洁象卫浴有限公司	
30	浙江省科技型中小企业认定	龙泉市南宋哥窑瓷业有限公司	
31	浙江省科技型中小企业认定	浙江置信汽车部件有限公司	
32	浙江省科技型中小企业认定	浙江百茂板业有限公司	
33	浙江省科技型中小企业认定	龙泉市兄弟广告装饰工程有限公司	
34	浙江省科技型中小企业认定	龙泉市群力瓷业有限公司	
35	浙江省科技型中小企业认定	龙泉市兴龙生物科技有限公司	

续表24

序号	项目名称	承担单位	项目类别
36	浙江省科技型中小企业认定	浙江富瑞汽车配件有限公司	浙江省科技型中小企业认定
37	浙江省科技型中小企业认定	浙江亿奇木业有限公司	
38	车用柴油机轻量化齿轮室	龙泉置信汽车部件有限公司	省级新产品试制计划
39	大马力柴油机气缸盖罩	龙泉置信汽车部件有限公司	
40	冷藏车用轻量化高效冷凝器	浙江创立汽车空调有限公司	
41	蓄冷式车载空调蒸发器	浙江创立汽车空调有限公司	
42	滚轮组平压式竹展开机	浙江千束家居用品有限公司	
43	高效去除竹筒表面竹青设备	浙江千束家居用品有限公司	
44	快速除竹筒内节去黄机	浙江千束家居用品有限公司	
45	节能型低噪音新能浙江森亚板业有限公司源汽车空调无刷蒸发风机总成	龙泉市杰科汽车零部件有限公司	
46	高效节能型电磁离合器	龙泉市中泰汽车空调有限公司	
47	高扭矩高耐磨节能电磁离合器	龙泉市中泰汽车空调有限公司	
48	蒸发器8Z-06	浙江创新汽车空调有限公司	
49	蒸发器6B-167	浙江创新汽车空调有限公司	
50	冷凝器4232	浙江创新汽车空调有限公司	
51	蒸发器8SA-01	浙江创新汽车空调有限公司	
52	新能源汽车高效低温升无刷鼓风机驱动器YL-7395G	浙江毅力汽车空调有限公司	
53	新能源汽车冷却风机电阻YL-7700M	浙江毅力汽车空调有限公司	
54	新能源汽车温压一体式传感器YL-22010B	浙江毅力汽车空调有限公司	
55	食用菌全自动智能化制棒生产线成套装备 13ZZ-3000	龙泉市菇源自动化设备有限公司	
56	高密封性汽车空调管路总成	龙泉中天制冷设备有限公司	
57	新能源汽车空调节能型管路总成	龙泉中天制冷设备有限公司	
58	挖掘机用高稳定耐高压油封	浙江广力工程机械有限公司	
59	推土机用高密封组合式浮动油封	浙江广力工程机械有限公司	
60	可抽拉式智能型雨刮器	浙江科朗汽车配件有限公司	省级新产品试制计划
61	高性能喷水式通用型雨刮器	浙江科朗汽车配件有限公司	
62	低流阻一体式平行流冷凝器	浙江兰通空调设备有限公司	
63	节能型多层并联平行流蒸发器	浙江兰通空调设备有限公司	
64	复合式油水分离器	浙江三田滤清器有限公司	
65	新能源汽车高性能空调储液干燥器	浙江施克汽车配件有限公司	
66	SK65382耐高压汽车空调储液干燥器	浙江施克汽车配件有限公司	
67	新能源耐腐蚀冷凝器	浙江松信汽车空调有限公司	
68	一体式耐高压汽车空调冷凝器	浙江松信汽车空调有限公司	
69	环保抑菌型冷藏车蒸发器	浙江松信汽车空调有限公司	
70	自带降温系统的智能太阳伞	浙江能福旅游用品有限公司	
71	LED蓝牙卡装式太阳伞	浙江能福旅游用品有限公司	
72	轻便型一体式光伏音响太阳伞	浙江能福旅游用品有限公司	

究院”；新增省级高新技术企业研发中心2家，分别为浙江立丰机械零部件有限公司的“立丰高性能滤清器省级高新技术企业研发中心”和浙江龙之星压缩机有限公司的“龙之星压缩机省级高新技术企业研究开发中心”；新认定国家高新技术企业5家，分别为浙江郑氏刀剑有限公司、浙江金宝得汽车制冷配件有限公司、浙江鸿业阀门制造有限公司、浙江太钎机械设备制造有限公司、浙江森芝宝生物科技有限公司；重新认定国家高新技术企业7家，分别为龙泉市中泰汽车空调有限公司、浙江施克汽车配件有限公司、龙泉市金宏瓷业有限公司、浙江基力思汽车空调有限公司、浙江创新汽车空调有限公司、浙江俊博汽车部件有限公司、浙江欧特立汽车空调有限公司；新增省级科技型企业19家，分别为浙江新劲空调设备有限公司、浙江森亚板业有限公司、浙江德尔威工程机械设备有限公司、龙泉市源福汽塑有限公司、龙泉市新鼎汽车配件有限公司、浙江利源竹木有限责任公司、龙泉市绿宝木业有限公司、龙泉市元智木业有限公司、龙泉鼎成瓷业有限公司、龙泉市砩矿有限责任公司、浙江洁象卫浴有限公司、龙泉市南宋哥窑瓷业有限公司、浙江置信汽车部件有限公司、浙江百茂板业有限公司、龙泉市兄弟广告装饰工程有限公司、龙泉市群力瓷业有限公司、龙泉市兴龙生物科技有限公司、浙江富瑞汽车配件有限公司、浙江亿奇木业有限公司。

【创新平台建设】 2019年，市产业创新服务中心先后3次牵头组织召开汽车空调蒸发器、冷凝器国家行业标准制定工作组会议，于12月完成两项标准的文字制定工作并通过专家评审；2月，产业创新服务中心通过CNAS资质认定复审，成为全国汽车空调行业中首家获得该项资质的第三方专业检验机构；4月，市委书记王顺发在全省产业创新服务综合体建设现场推进会上作典型发言；6月，中国计量大学龙泉科创中心在龙泉市产业创新服务中心挂牌成立；10月14日，浙江农林大学特派员工作站在市产业创新服务中心挂牌成立；11月23日，浙江大学龙泉创新中心在市产业创新服务中心挂牌成立；市产业创新服务中心获得比亚迪汽车第三方认可实验室资质，天津中汽研合作成立联合研发实验室；荣获2019年国家中小企业公共示范平台、浙江省级中小企业公共服务示范平台、浙江省服务型制造示范平台等荣誉称号；8月，浙江省龙泉森林经济创新服务综合体入选2019年丽水市产业创新服务综合体创建名单。 （周 琦）

浙江龙泉汽车空调产业创新服务综合体 （市科技局／供图）

科技获奖项目

【第四届中国创新挑战赛（浙江）】 11月8日，第四届中国创新挑战赛（浙江）暨2019年浙江省技术需求“张榜招贤”大赛高端装备制造行业现场赛在新昌开赛。龙泉市中泰汽车空调有限公司技术需求项目“电磁离合器在线成套检测装置研制”，由挑战者中国计量大学柯海森团队和杭州量益科技有限公司邹细勇团队上场挑战，经过激烈角逐，两队分别以总分91.2分和87.2分夺得本次现场赛二、三等奖，中国计量大学柯海森团队与企业方签订了意向合作协议。

【第八届中国创新创业大赛浙江赛区】 由国家科技部、浙江省科技厅、浙江省火炬科技中心举办的2019年第八届中国创新创业大赛浙江赛区暨第六届浙江省“火炬杯”创新创业大赛，经过网评、初赛、行业半决赛、行业决赛、赛区总决赛，最终进入国家赛。浙江基力思汽车空调有限公司由刘迎文为项目负责人的“微型制冷系统用多元平行流两器的关键技术研发及产业化”项目获得优胜奖。

【浙江省科学技术进步奖】 根据《浙江省科学技术奖励办法》规定，对通过行业评审的2019年度浙江省科学技术奖候选项目进行公示，该市金宏瓷业有限公司报送的“面向龙泉青瓷柔性生产关键技术研发与产业化”项目入选浙江省科学进步奖候选项目。

科　协

【概况】 2019年，龙泉市科协下属及参加科协活动的自然科学、社会科学和交叉学科学会(协会、研究会)23个，企业科协4个，园区科协1个，乡镇(街道)科协19个。组织开展科普进农村、进社区、进企业、进学校等科技活动。联合市妇联共同承办丽水市“科普进万家”活动，开展讲座12场，1200余人现场聆听讲座；联合卓越文化传播有限责任公司举办“科普讲坛”10场，近千名社区居民、学生家长及教育爱好者聆听讲座。在锦溪镇中心小学科普协会开展“玩转海、陆、空”科普讲座，100余名学生学习和了解航模知识，感受航模运动独一无二的魅力。邀请中科院老科学家到实验小学、西新小学、安仁镇中心小学、安仁镇中学等4所中小学校讲课，参加学生800余人。开展“全国科普日”“科技(普)活动周”等科技咨询服务活动2场，现场解答群众疑问700余人次，发放宣传材料3200余份。在龙泉市中小学素质教育实践活动中心举办“中国流动科技馆”龙泉站展览，全市3000余名师生进入展馆内体验科技的魅力。

开展“农函大”农村实用人才培训15个班1501人。评定和晋升农民技术人员职称32人，其中，农民技师5人、农民技术员27人；另外由浙江省农民高级技师职称评审委员会的终审评定农民高级技师2人。管朝魁入选丽水第四届“绿谷新秀”，截至2019年，龙泉共有50名优秀青年科技人才入选丽水“绿谷新秀”。付忠亮、牟春雷、叶银鹏、周红敏4名符合条件的丽水市第二届“绿谷新秀”均通过丽水市级届满考核，其中周红敏获得优秀等级。组织34名龙泉籍“绿谷新秀(丽水三宝)”优秀青年，携带近70件青瓷宝剑作品，参加以“传承·守望·起航”为主题的2019浙江·丽水“三宝”绿谷新秀作品展，作品展历时半年。组织9名“绿谷新秀”参加丽水市科协“绿谷新秀”培训班。联合移动公司每周针对2000余名服务对象推送科普短信，全年共发送科普短信50余条、10万余人次。在《今日龙泉》报纸、龙泉新闻网和“掌上龙泉”微信公众号开设“科普园地”栏目，共刊发科普知识、“绿谷新秀”风采等内容30期。在浙江省、丽水市级科协网站刊发全市科协工作动态34篇，编发《科协简讯》5期。全年共推送4批次9名基层科协人员和科技示范户，参加浙江省、丽水市组织举办的科学素质提升班和科普干部能力提升等主题培训班。9月，市科协牵头组织农业农村局专技干部及市中药材协会20余名会员，赴安徽亳州中药材市场开展种植、销售等市场考察。

【科技咨询服务】 9月19日，市科协牵头联合市委宣传部、市教育局、市科技局、市农业农村局、市卫生健康局、锦溪镇政府，组织20余个单位60余名专业技术人员和科普工作者到锦溪镇永福广场，开展“礼赞共和国、智慧新生活”为主题的2019年“全国科普日”科技咨询服务主场活动。活动现场接受群众咨询食品安全、卫生健康、中草药等方面知识，发放《自救急救安全读本》《食品安全》《儿童安全知识》《四季养生》等科普书籍。医学会、锦溪镇卫生院科普协会为群众提供了义诊和健康咨询等服务。各单位现场共计发放科普资料近1600份，受益群众500余人次。市科协联合农工党龙泉市支部、市医学会、锦溪镇卫生院科普协会等，组织心内科、消化内科、外科等专家，专程到锦溪镇下锦村生病卧床的百岁老人蔡招莲家里开展联合会诊，为其制定详细的治疗方案。

【青少年科技创新大赛】 11月4日，市科协与市教育局、市科技局、团市委联合举办34届全市青少年科技创新大赛。征集作品230件，评选出优秀作品111件，其中，一等奖20件，二等奖34件，三等奖57件，31名教师被评为市优秀科技辅导员。组织优秀作品参加浙江省、丽水市青少年科技创新大赛，其中，21项作品获得丽水市第34届青少年科技创新大赛一、二、三等奖，其中一等奖作品3件，二等奖作品7件，三等奖作品11件，另有2名老师获科技辅导员创新成果项目三等奖。绿谷教育集团杨松梅、周晓珍被评为丽水市优秀科技辅导员，龙泉市绿谷教育集团被评为丽水市优秀组织单位。同时，有5件作品在浙江省第34届青少年科技创新大赛中获奖，其中二等奖1件，三等奖4件。

【青少年“发现之旅”科技体验活动】 10月19日，市科协联合市教育局组织举办龙泉市第五届青少年“发现之旅”科技体验活动。组织近30名在2018年度省级、丽水市级青少年科技创新大赛中获奖的学生及城区优秀学生代表，前往竹垟乡畲源农业综合开发有限公司——农村科技示范户王海和湖羊养殖基地，探寻湖羊养殖和农作物栽培等绿色环保有机的循环农业综合开发模式。

【老年科技工作者协会】 2019年，该协会共撰写文化遗产保护、经济社会发展和重大项目等方面内容建言献策9篇，其中1篇获龙泉市领导批示。《对我市旱地改水田项目实施后实地调查建议》被浙江省老科协评为2019年度优秀“建言献策”奖。参加龙泉市乡村振兴“金点子”征集大赛，李朝谦、杜方伟、吴锦荣3人提交的4篇参赛文章全部入选。10月，会同老促会、慈善总会在兰巨乡联合举办“2019年送医送药下乡活动”，为500余村民免费提供药品，赠送科普书籍等，并组织14名老医师赴城区中心敬老院为60余名老人开展义诊咨询服务活动。全年共组织19批220人次下乡服务，为600余名科技示范户和合作社专业人员举办8个技术培训班，提供培训科普书籍资料3000余份（册），并为专业公司合作社推广了1项新技术。老科协科普讲师团在龙泉电视台、全市中小学校开设了专题讲座及课程教育，举办以文学诗词、传统文化、龙泉乡土文化、爱党爱国爱家乡、龙泉革命历史等系列主题科普讲座70场，有3000余人次聆听讲课。

2019年10月19日，第五届青少年“发现之旅”科技体验活动　（市科协／供图）

【重要学（协）会活动】 2019年1月，社会经济学会召开三届一次会员大会，市委副书记翁志鸿出席大会并讲话，市科协、市民政局、市人力社保局、市老干部局、市社科联等部门及相关学（协）会负责人应邀出席。

2月17—21日，兰花协会在市文联举办为期五天的2019年春季兰花展，同时在展出现场举办了一场别开生面的兰花拍卖和捐赠活动。（黄冰梅）

旅　　游

综　　述

【概况】 2019年，龙泉市坚定不移实施“文旅兴市”战略，推动全市经济发展，全年实现旅游总收入133.85亿元，同比增长25.7%，过夜游客数同比增长22.53%。全年乡村旅游接待游客数579.55万人次，同比增长11.58%，实现旅游经营总收入10.8亿元，同比增长18.08%。成功入选2019年全国旅游综合实力百强县、浙江省第一批文旅产业融合试验区培育名单。宝溪乡溪头村入选首批全国乡村旅游重点村（丽水仅2家），剑池街道被命名为浙江省非遗主题小镇，住龙镇入选第四批浙江省旅游风情小镇培育名单，中国青瓷小镇入选浙江省首批诗路旅游目的地培育名单，龙泉市沈广隆剑铺、龙泉市白云岩景区入选2019年度浙江省放心景区。

2019年，山水旅行社被评定为四星级旅行社，起点旅行社、凤羽旅行社、旅游集散中心被评定为三星级旅行社。全市共有国家等级旅游景区11家，其中AAAA级3家，AAA级7家，AA级1家；旅游饭店9家，其中三星级4家，二星级2家，一星级1家，绿色饭店2家；旅行社11家，其中四星级2家，三星级3家。

2019年龙泉市A级旅游景区一览表

表25

序号	景区名称	等级	景区地址	电话
1	龙泉市龙泉山旅游区	AAAA	龙泉市凤阳山自然保护区	7755888
2	中国青瓷小镇•披云青瓷文化园景区	AAAA	龙泉市上垟镇	7322281
3	龙泉宝溪景区	AAAA	龙泉市宝溪乡溪头村	7421339
4	龙泉白云岩景区	AAA	龙泉市西街街道下樟村	7763657
5	龙泉宝剑厂	AAA	龙泉市大沙工业区	7218369
6	龙泉青瓷博物馆	AAA	龙泉市剑川大道258号	7129071
7	龙泉兰巨现代农业观光园景区	AAA	龙泉市兰巨乡	7761663
8	龙泉住龙红色小镇景区	AAA	龙泉市住龙镇住溪村	7181306
9	浙江龙泉唯珍堂农业科技有限公司	AAA	龙泉市西街街道周村村	7311888
10	龙泉沈广隆剑铺	AAA	龙泉市广通街88号	7122257
11	龙泉凤羽山庄	AA	龙泉市龙南乡西岙	7124999

2019年龙泉市星级、绿色饭店一览表

表26

序号	饭店名称	星级	地址	评星时间	备注
1	龙泉大酒店	3	龙泉市新华街83号	2005.12	绿色
2	龙泉香溢大酒店	3	龙泉市贤良路218号	2006.12	绿色
3	龙泉市南国花园酒店	3	龙泉市剑川大道155号	2010.12	绿色
4	龙泉市将军大酒店	3	龙泉市东茶路668号新人民医院对面	2018.12	绿色
5	龙泉市信用宾馆	2	龙泉市农资路口	2007.06	—
6	龙泉市山水商务酒店	2	龙泉市环城东路201号	2008.12	—
7	龙泉市供销商务宾馆	1	龙泉市中山西路74号	2008.12	—
8	龙泉市红豆林酒店		龙泉市清风路2号	—	—
9	龙泉市金沙温泉酒店		龙泉市金沙路26-1号	—	—

2019 年龙泉市旅行社一览表

表27

序号	旅行社名称	等级	旅行社地址
1	龙泉市龙城假期旅行社	4星	龙泉市龙翔路66号
2	龙泉山水旅行社	—	龙泉市苍松路149号二楼(万客缘超市楼上)
3	龙泉凤羽旅行社	—	龙泉市新华街83号
4	龙泉市龙泉起点旅游文化发展有限公司	—	龙泉市体育馆起点文化
5	龙泉市旅游集散中心	—	龙泉市欧冶大道299号(新车站)
6	浙江华严文化传播有限公司	—	龙泉市剑池街道大沙一区A21幢2单元301室
7	龙泉市龙渊文化旅游有限公司	—	龙泉市华楼街251-253号
8	龙泉游象户外运动有限公司	—	龙泉市中山东路77号
9	龙泉市海创文化旅游有限公司	—	龙泉市剑池街道香菇博物馆1楼
10	浙江金腾旅行社有限公司	—	龙泉市剑池街道工业园区湾头区块15-1双益菇业
11	丽水途美旅游文化发展有限公司	—	龙泉市龙渊街道环城东路196-1号

全域旅游

【产品建设】 2019 年，龙泉市紧盯重点项目，全心服务项目业主，完成涉旅项目固定资产投资达 26.7 亿元，同比增长 26.48%。推进中国青瓷小镇、披云山景区(一期)、青瓷文化创意基地(二期)等一批重点涉旅项目，完成中国青瓷小镇•披云文化园、龙泉青瓷博物馆、白云岩景区、龙泉宝剑厂、唯真堂铁皮石斛文化园等 AAA 级以上景区提升工程，完成东隅社门异地保护工程等一批文保单位修缮，开展浙江大学龙泉分校旧址(芳野曾家大屋)修缮工程前期工作。结合特色小镇创建开发，积极对接邀请上级旅游主管部门领导、旅游专家对中国青瓷小镇创AAAAA 资源评估指导把脉，开展中国青瓷小镇创 AAAAA 筹备工作。围绕全国红色旅游小镇创建标准，指导住龙镇推进红色记忆馆提升改造、红军街红色氛围提升、乌溪江修复工程及基础设施建设，2019 年 6 月，住龙镇入选第四批浙江省旅游风情小镇培育名单。

【旅游招商】 2019 年，该市加强项目谋划，委托天尚设计集团有限公司丽水分公司完成《城市艺术区项目概念性策划方案》和《五九养身基地策划方案》编制。出台《关于鼓励投资建设高品位酒店若干扶持政策的实施意见(试行)》，提升全市旅游接待水平。开展文旅项目选商引资，组织开展“中国旅游文化周”文化旅游产业主题研讨会——龙泉文旅投资项目推荐会等各类涉旅招商推荐会，用好平台，主动对接，先后引进龙泉宝剑小镇(一期)、氧吧长寿小镇(一期)、植宿漫居民宿综合体项目等多个项目，总投资达 20 亿元以上。引进景德镇陶瓷文化旅游集团共同开发总投资(不含土地成本)不少于 10 亿元的龙泉城市文化客厅项目，于 2019 年 10 月签订合作框架协议。推进城东综合体、龙泉•梦里桃源等一批已签约已投产的项目建设。联合住龙镇、宝溪乡做好与杭商旅集团等多家意向投资商考察接洽，为宝溪景区、住龙景区科学有序运营方面出谋划策，寻求合作。

【旅游基础设施建设】 2019 年，该市完善全市道路交通标识标牌，完成市区周边标识完善工程和仙仁村指引标识牌制作安装。全年建设完工 10 座旅游厕所，其中新建 7 座，改造 3 座，总投资 299 万元。指导中国青瓷小镇•披云文化园创建国家工业旅游示范基地申报，指导龙泉宝剑厂、竹垟乡盖竹村创建浙江省级研学实践教育基地和八都署网村、宋元青瓷厂等地创建丽水市研学实践教育基地。

【全域旅游工作推进会】 11 月 8 日，龙泉市 2019 年全域旅游工作推进会召开，市委副书记翁志鸿、副市长黄国勇参加会议。会议指出，要认清发展全域旅游的重要意义，明确创建全域旅游示范县的目标，充分调动资源要素，上下同心，全力推进创建工作，争取 2020 年创成浙江省全域旅游示范县(市、区)。

【“中国旅游文化周”主题研讨会】 5 月 20 日，该市举行“文化新动力•旅游新趋势•剑瓷新产业”——“中国旅游文化周”主题研讨会。中外文化交流中心主任、文化和旅游部海外文化设施建设管理中心主任段周武，中外文化交流中心副主任刘红革，市领导王顺发、吴松平、诸葛春杰、王凡、黄国勇等领导和嘉宾参加研讨会。会上，段周武表示，中外文化交流中心、文化和旅游部海外文化设施建设管理中心和来自全国各地的优秀企业家代表将按照研讨会以及战略合作协议等相关精神要求，在文旅融合理论研究、产业发展等方面与龙泉深入交流合作，寻找共同发展路径，达到“共享、共策、共力、共进”目标，推动龙泉文旅工作、文旅企业、中外文化交流发展共同做大做强。市委书记王顺发表示，希望以这次研讨会召开为新的起点，深化交流、增进了解，在文旅平台打造、文旅品牌营销、文旅发展惠民等方面加强合作。

2019 年 5 月 20 日，“文化新动力·旅游新趋势·剑瓷新产业”——“中国旅游文化周”主题研讨会在龙泉举行 （俞乐雅/供图）

旅游宣传

【旅游营销】 2019 年，龙泉市主动融入“长三角一体化”国家战略，以龙商在沪创业的酒店为平台，宣传龙泉文化和旅游，开拓长三角主客源市场。以“走出去”“请进来”相结合模式实现精准营销对接，组织景区、酒店、旅行社等旅游企业开展“一月一城”活动，并邀请上海、武夷山、温州等客源地旅行社到龙踩线。参与文旅推介，先后组织参加南京、苏州、福州、厦门、杭州等 15 个城市的文旅推介会，参与宁波国际文旅展、上海迪士尼文旅集市等推介活动，带领龙泉市涉旅企业进社区、进广场，推介龙泉文旅资源，宣传文旅产品。

【区域合作】 2019 年，该市以“旅游牵手武夷”为重要思路，发挥武夷山旅游办事处“桥头堡”作用，通过办事处加强与武夷山涉旅企业合作，推进与武夷山开展“串线游”活动，2017 年 6 月至 2019 年 12 月，已输送“串线”游客到龙泉 18 万人。主动融入长三角，接轨大上海，参加 2019 丽水（上海）周系列推介活动，打造“山海协作”升级版，创新开展秀洲—龙泉文化旅游周“五个一”系列活动，先后与秀洲区文化和旅游局、奉贤区文化和旅游局建立战略合作关系。

【媒体宣传】 2019 年，该市邀请央视《国宝·发现》、浙江经视、FM93 等主流媒体，对“不灭窑火”传统龙窑烧制活动、端午龙舟文化旅游活动、天下龙泉大型实景演出、长三角之巅·天籁音乐会等大型文旅活动开展旅游宣传并在线上进行现场直播，其中天下龙泉大型实景演出直播观看量达 300 多万人次。加强与浙江经视合作，在《新闻深呼吸》栏目开展特约标版、品牌广告、片尾贴片的播出，同时在浙江省级公共交通资源等平台开展旅游宣传，提高龙泉旅游品牌在公众中的曝光度。6 月 7 日，中国工艺美术大师、龙泉青瓷烧制技艺国家级传承人徐朝兴亮相央视综合频道《非遗公开课》，为观众展示“非遗”绝技、讲述龙泉青瓷故事。

【文化走亲】 7 月 9—12 日，“山海情深·共贺华诞”秀洲—龙泉文化旅游周“五个一”系列活动在龙泉举行。活动由秀洲区文化和旅游局、秀洲区文学艺术界联合会、龙泉市文化和广电旅游体育局主办，秀洲区副区长沈凤兴、龙泉市副市长黄国勇和两地相关部门、涉旅企业等负责人参加。此次活动围绕一次文旅推介会、一场文化走亲盛宴、一个文旅市集、一次“非遗+”研讨会、一次文艺采风等系列活动展开。活动期间，秀洲区文化和旅游局与龙泉市文化和广电旅游体育局签署《秀洲区—龙泉市文旅战略合作框架协议》，嘉兴秀洲农民画艺术创意有限公司与龙泉青瓷传统龙窑烧制技艺研究会对龙泉青瓷·秀洲农民画文创产品开发达成合作共识并签订协议书。

旅游行业管理

【概况】 2019 年，龙泉市开展星级饭店复评工作和评星工作，对山水商务酒店等 3 家星级旅游饭店进行复评；对将军大酒店、红豆林酒店、金沙温泉酒店等 3 家酒店绿色饭店创建工作提前介入，指导各参评酒店依据绿色饭店创建标准，完善软硬件设施，成功获得银树叶级绿色饭店称号。开展了“防风险、保平安、迎大庆”安全生产百日攻坚行动、大排查、交叉检查、暗访检查、双随机检查等整治行动，“1+3”（即龙泉市文化和广电旅游体育局+旅游警察、旅游巡回法庭、旅游工商所）旅游综合执法机制完善，建立高效的旅游投诉处置机制，及时、妥善处理游客投诉举报，维护消费者合法权益，提升旅游良好形象。

【品质提升】 2019 年，该市着力提升旅游服务品质，12 月 17 日—18 日组织参加丽水市第五届金牌导游大赛，龙泉市文化和广电旅游体育局因组织工作突出被授予“优秀组织奖”，龙泉市导游摘得4个“金牌导游”称号、1个“优秀导游”称号。12月28日—29日，龙泉市优秀导游大赛在龙泉博物馆C区报告厅举行，大赛设置10个优秀导游奖、5个单项奖和3个优秀组织奖，共有40名导游参赛。全年组织开展全市旅游饭店服务品质提升培训班、丽水市全域旅游踩线现场培训、民宿乡村旅游服务品质提升培训班等全域旅游人才培训活动，共计培训13190人次。9月10日，弘扬浙西南革命精神知识讲解暨导游技能提升培训班在龙泉青瓷博物馆开班，全市100余名导游参加，主要培训浙西南革命简史、龙泉红色革命故事、龙泉青瓷文化讲解等内容。

【山海协作】 10月28日至11月1日，该市邀请山海协作城市四川省广元市昭化区的15名旅游企业负责人到龙泉考察，交流学习旅游管理先进经验。11月6日至9日，全市相关涉旅企业赴山海协作城市杭州市萧山区、嘉兴市秀洲区、宁波市三地考察活动，50名涉旅企业负责人参加活动，学习考察旅游经济强市的酒店管理、景区营销推广、旅行社运营维护，推动旅游行业向高品质建设发展。

乡村旅游与民宿

【乡村旅游开发】 2019年，龙泉市培育创建26个A级景区，其中住龙镇西井村、兰巨乡炉岙村、小梅镇金村村被评为浙江省AAA级景区村。龙泉市顶峰生态高山水果采摘基地获首批银果级“浙江省采摘旅游体验基地”，下樟村“泡茶等花开”、上垟“凡已”2家精品民宿被评为浙江省银宿级民宿。举办了“屏南车盘坑梨花节”“小梅黄南农耕文化节”“又见桃花源岩樟毅行”“竹垟三月三和泼水节”“龙南香菇文化节”“兰巨仙仁长寿节”等26场乡村文化漫游节活动，打造了“桃源岩樟”“风情竹垟”“瓷源小梅”“清凉龙南”等一批乡镇旅游特色品牌。

【首届梨花节】 3月23日，“梨花又开放·龙泉市首届梨花节”暨2019年龙泉市乡村文化漫游节（屏南站）在中国传统村落、浙江省历史文化名村车盘坑村举行。每年这个时节，300多株上百年的梨树竞相开花，别具风味。梨花节当天，设置了梨花音乐节、现场绘画写生、书法创作、汉服秀、茶席琴会雅集等丰富多采的活动，吸引众多摄影爱好者和游客前来采风、游玩。

2019年3月23日，“梨花又开放”龙泉市首届梨花节在车盘坑村举行

（章福泉／供图）

【竹垟“三月三”山哈文化旅游节】 4月7日，“风情竹垟·幸福山哈”2019“三月三”山哈文化旅游节在竹垟畲族乡举行，吸引了近万名游客游玩赏景，体验独具特色的畲族风情。市委书记王顺发出席并宣布开幕，叶砭仙等市领导参加活动。活动现场热闹非凡，活动内容丰富，有风情欢乐行、长桌宴、押加大比拼、赶金猪、田踏比赛、民俗婚嫁表演、水景音乐晚会等。除了民俗表演精彩纷呈，畲乡乌饭、麻糍等特色小吃也深受游客喜爱。

旅游产品

【旅游企业选介】 龙泉将军大酒店是一家按星级标准建造的综合性酒店，是集餐饮、住宿、文化、娱乐等功能为一体的时尚新地标，于2018年被评为国家三星级旅游饭店。酒店地处龙泉新城区，属新城区核心区域的首座星级酒店。酒店以打造豪华主题宴会为特色，有主、副两幢楼，主楼高40余米，建筑面积达1.1万余平方米。拥有客房68间套（床位110个），餐饮餐位1500余个（其中包厢15个，可容纳200余人用餐），同时酒店配备有大型会议室1个、小型会议室2个、主题宴会厅5个，另设有棋牌室、卡拉OK厅等娱乐场所。

中国青瓷小镇·披云青瓷文化园

是全国唯一以青瓷为主题的国家AAAA级旅游景区，获浙江省非物质文化遗产经典旅游景区、浙江省首批工业旅游示范基地、中国十大最美小镇等称号。景区内部建有国际非遗文化中心，以国际化视野重塑青瓷，地标性建筑大烟囱广场完整保留，让人们重温国营历史。2019年，累计接待游客6.4万人次。

龙泉龙城假期旅游有限公司，成立于2008年，四星级品质旅行社，公司有员工35人，其中持国家导游证21人、中级导游员2人。公司下辖1个营业部及2个门市部，分别为浙江光大国际旅游有限公司龙泉分公司、龙泉龙城假期旅游有限公司住龙门市部、龙泉龙城假期旅游有限公司八都门市部。2019年，地接游客数2.68万人次，组团游客数1.75万人次。

龙泉市起点旅游文化发展有限公司成立于2017年，三星级品质旅行社，公司有员工21人，其中持国家导游证5人、浙江省导游证1人。2019年，地接游客数13360人次，组团游客数763人次。

【旅游商品选介】 2019年，龙泉市现有4家旅游商品购物场所，其中四星级2家（龙泉宝剑厂、沈广隆铸剑园），三星级2家（瓯江青瓷厂、金观音庄园）。全年组织旅游企业参加各式旅游推介会，向各地游客推介销售龙泉市的旅游特色产品。深入挖掘剑、瓷、茶、菌等独特资源，做好“旅游+”文章。

【“百县千碗”工程启动仪式暨“天下龙泉”美食发布会】 为挖掘龙泉美食资源，传承美食文化，提升龙泉旅游和特色美食的知名度、美誉度，打造“食养文化”样板地，9月23日，龙泉市“百县千碗”工程启动仪式暨“天下龙泉”美食发布会在龙泉国际大酒店隆重举行。原丽水市人大常委会主任、丽水市生态休闲养生（养老）经济促进会会长焦光华，龙泉市政协副主席、龙泉市生态休闲养生（养老）经济促进会会长陈吉明，上海市奉贤区文化和旅游局党委委员、副局长蒋益峰以及各商会会长、涉旅企业、媒体界代表参加发布会。

经由网络投票及专家评选，最终从众多龙泉特色美食中评选出“龙泉十大名菜”：茶丰泥鳅火锅、安仁鱼头、紫苏土豆饼、牛奶藤炖土鸡、竹笋墨鱼丝、龙泉和菜、年味豆腐肉、清炒苦槠干、椴木香菇盅、群菌荟萃，“龙泉十大特色小吃”：查田馄饨、龙泉黄粿、灰碱粽、龙南粉皮、龙泉乌饭、手工麻糍、生粉粿、山珍包子、糙米粿、油老鼠。

【旅游精品路线】 龙泉是江浙之巅、三江之源的生态绿城，也是历史悠久、人文璀璨的剑瓷名城，跟随龙泉旅游精品路线二日游，可以深度体验龙泉城市的山水之秀、剑瓷之美、活动之乐、美食之味。

第一站，龙泉宝剑厂。千百年传统宝剑的精湛工艺流程将在这里重现。可以体验DIY宝剑彩绘、观看舞剑表演，还可以换上古装，“穿越”成江湖侠客。

中午前往披云青瓷餐厅，品尝特有龙泉风味的龙窑宴。龙窑宴汇聚了龙泉农家菜之精华，并根据窑工日夜持续烧窑点火的特点进行改进，可以说龙窑宴的每道菜都与龙窑密切相关。龙窑宴菜式繁多，保存比较完整的有“三大锅十大碗”。

第二站，中国青瓷小镇。中国青瓷小镇是国内唯一的青瓷文化主题旅游景区，依托国营龙泉瓷厂文化沉淀，全面展示近、现代龙泉青瓷发展轨迹，还可以体验龙泉青瓷拉坯、彩绘、泥塑等项目，感受“龙泉一日、青瓷千年”的魅力。

终点站，龙泉宝溪景区。这里是传承“人类非遗”——龙泉青瓷传统烧制技艺的文化圣地，是绿水萦绕青山环抱的难得净土，更是窑火映照匠心营造的风情小镇。置身在此，你可激情攀登上海拔1680米的披云山，在原始森林里畅快“森”呼吸；你也可放慢身心漫行在最美乡村；还可以一睹世界上最大的古龙窑群的风采，看古水碓昼夜不停地流转，回想山村的沧桑岁月。 （张　羽）

龙窑宴 （市文化和广电旅游体育局／供图）

文　化

综　述

【概况】 2019年，龙泉市顺利通过浙江省基本公共文化服务标准化建设认定，围绕“文化让龙泉更美好”目标，通过搭文化平台、创文旅品牌等举措，完善公共文化基础设施，丰富文化惠民活动，增强群众满意度，提升文化自豪感。市文化和广电旅游体育局主要负责全市文化相关工作，内设文化科(挂文物科牌子)，下属文化单位有：博物馆、图书馆、文化馆、大剧院、文化市场行政执法大队(文物监察大队)、非物质文化遗产保护中心(龙泉市文物保护管理所、龙泉窑遗址保护管理处)。全年组织开展送戏下乡114场、送电影下乡2800场、送书下乡1.3万册、引进高雅艺术剧目16场；组织进各乡镇(街道)讲座展览15场；开展文化走亲5场；新建农村文化礼堂32个；提升八都镇、小梅镇、安仁镇等乡镇和村的文化活动中心。“三馆一院”实行免费开放，新建3个城市书房，文化馆开展免费培训50余次，图书馆接待读者共计52.12万人次，博物馆接待游客106

2019年龙泉市重点文化活动一览表

表28

序号	活动类型	活动时间	活动名称
1	文化活动	2019年3月29日	“海丝之路·南海I号”宋瓷归航大型实景演出活动
2	文化演出	2019年4月30日	弘扬践行浙西南革命精神——庆祝五一劳动节暨2019龙泉市社会业余文艺团队评星活动优秀节目展演
3	文化演出	2019年5月11日	“壮丽七十年　奋进新时代”第二届浙江省青少年声乐大赛龙泉选拔赛暨龙泉市第十一届少儿歌手大赛决赛
4	文化演出	2019年6月14日	壮丽七十年　奋进新时代“艺术嘉年华”——2019龙泉市春季成人公益艺术培训班汇报演出
5	文化演出	2019年6月19日	“天府之路·四川遂宁”龙泉青瓷归源展开幕式
6	文化演出	2019年8月20日	2019第3届吉他中国(丽水龙泉)国际吉他文化艺术节
7	文化演出	2019年8月24日	瓯江山水之路——2019“长三角之巅·天籁音乐会”
8	文艺演出	2019年9月29日	献礼中华人民共和国成立70周年 龙泉市“歌唱我的祖国”大型歌咏比赛
9	文艺演出	2019年11月4日	2019第三届华严文化艺术节开幕式
10	文艺演出	2019年11月16日	“天下龙泉”大型实景演出
11	文艺演出	2019年12月7日	瓯江山水诗路——环浙骑行·星空演唱会
12	文艺演出	2019年12月27日	“天下龙泉”第四届小城文化艺术周
13	文化培训	2019年7月1日	“壮丽70年·奋进新时代”龙泉市2019“剑瓷知行”艺教公益夏令营
14	文化培训	2019年8月31日	与浙江省文化馆联合举办了“耕山播海”全市基层文艺骨干培训班
15	文化培训	2019年12月3日	龙泉市“三团三社”乡村文艺团队暨乡村春晚“四个100”骨干人才培训班
16	艺术展览	2019年6月14日	龙泉市革命历史红色档案展览
17	艺术展览	2019年9月25日	庆祝中华人民共和国成立70周年　浙江省“江浙之巅·剑瓷龙泉”剪纸艺术作品展

万人次，大剧院承接完成各类会议活动100余场。

【长三角之巅·天籁音乐会】 8月24日晚，瓯江山水诗路——2019年“长三角之巅·天籁音乐会”在长三角第一高峰黄茅尖所在的龙泉山景区举行，这是该市首次在海拔1929米的长三角之巅龙泉山举行大型音乐会。此次活动由市政府主办，市委宣传部、市凤阳山管理处、市文化和广电旅游体育局承办，分为长三角之巅——天籁音乐会、暮光森林演唱会、音乐嘉年华三个部分。著名音乐制作人捞仔、著名唢呐演奏家杜竹松、浙江卫视知名主持人舒中胜等明星大腕参加活动。

文艺团队

【概况】 2019年，龙泉市根据浙江省文化馆关于文艺团队管理办法，推行群众文化星级示范团队评选办法，举办评星团队文艺活动比赛，激励各类文体团队不断提高艺术水平与服务能力，强化与规范群众文化团队建设。龙泉市现有在册文体团队80余支，团队成员2000余人。通过星级团队评选确定37支团队，其中五星级团队5支、四星级团队25支、三星级团队7支。

【文艺创作】 2019年，该市围绕庆祝中华人民共和国成立70周年、弘扬践行浙西南革命精神等重大主题，广泛开展文艺创作，组织专业文艺干部、社会文艺团队深入生活、深入基层，充分挖掘地方特色文化，打造文艺精品，取得丰硕成果。

图书管理

【概况】 2019，龙泉市图书馆内设外借室、少儿借阅室、24小时自助借还室、盲人图书室和视障电子阅览室、公共电子阅览室、成人报刊阅览室、资料咨询室、采编室、全国文化信息资源共享工程龙泉市支中心办公室、地方文献室、古籍工具书室、新农村图书配送中心等部室。事业在编人员7人，编外人员5人。

全年外借文献15.4万册次，借阅6.4万人次，到馆33.5万人次；新增读者1167人，累计有效读者11459人。收集地方文献图书197种计298册。投入购书经费60万元，采购新书2.5万册，馆藏总量24.1万册。全年为分馆、农家书屋、图书流通点送书1.3万余册。

开展线上线下读者活动160余场次，参与读者6万余人次，内容涉及阅读推广、展览、讲座、公益培训等。重点开展龙渊讲堂、家家讲堂、小候鸟学堂等品牌活动。举办龙渊讲堂家庭教育讲座48场，3800余人次参加；家家讲堂22场，1100余人次参加；小候鸟学堂6期，330余人次参加。全年招募志愿者200人，参与图书馆暑期志愿服务工作。

【城市书房】 2019年，城市书房建设被列为龙泉市“十件民生实事”之一，全市现有城市书房4个。年初，龙泉市首个“城市书房”龙泉市图书馆剑池分馆正式对外开放，截至12月底，

2019年龙泉市获奖作品一览表

表29

作品名称	获奖情况
《丝丝针线情》	丽水市第十一届乡村文化艺术节开幕式暨“我要上春晚”优秀节目擂台赛银奖
《丝丝针线情》	浙江省第六届乡镇(街道)社会艺术团队文艺会演银奖
《幸福新起点》	浙江省庆祝中华人民共和国成立70周年群众声乐大赛丽水赛区选拔赛青年组合组金奖
《母亲的善心》	弘扬践行浙西南革命精神丽水市原创戏剧、曲艺作品征文活动金奖
《药，不能停》	弘扬践行浙西南革命精神丽水市原创戏剧、曲艺作品征文活动银奖
《娘，春儿想你》	弘扬践行浙西南革命精神丽水市原创戏剧、曲艺作品征文活动银奖
《祖国母亲我爱你》	2019年“歌颂新时代”浙江省歌词大赛银奖
《中国印》	2019年“歌颂新时代”浙江省歌词大赛银奖
《隔壁的敲门声》	2019年浙江省微型故事征文大赛一等奖
《被退回的快递》	浙江省第十三届新故事作品征文大赛一等奖
《文化馆公益培训服务有效策略浅探》	2019年浙江省新时代基层公共文化服务创新理论论文评比一等奖
《文化馆公益培训项目化管理的应用策略》	浙江省第二十一届公共文化论坛征文二等奖
《文化馆公益培训项目化管理的应用策略》	2019年现代文化馆理论创新发展征文三等奖

共接待读者18.6万余人次。新建成瓯江花园分馆、新华书店分馆、八都镇综合文化站小镇书房等3个城市书房，总投资210万元。

【全民阅读活动】　4月—12月，市图书馆利用“图书馆+互联网”的形式，在全市范围内开展“4•23世界读书日”、长三角阅读马拉松挑战赛、“图书馆之夜”、第十五届浙江省未成年人读书节、公共图书馆服务宣传周、组织举办弘扬践行浙西南革命精神大型朗诵会暨龙泉市第三届百人诗词大会活动、“文化共享•结伴礼堂”的文艺展演等线上线下全民阅读系列活动，共计70场，参与人数达2.2万余人。在2019长三角阅读马拉松大赛中，龙泉图书馆荣获优秀组织奖，是长三角地区100多家参加活动中获此殊荣的2个县级图书馆之一，也是浙江省唯一获此殊荣的县级图书馆。

【特殊群体服务】　2019年，市图书馆参与开展第三届丽水市“敬老文明号”创建活动，设立老年服务窗口、提供为老服务场所、公开老年优待服务内容、开展志愿服务，并动员广大干部职工开展为老服务，推动落实老年优待政策。8月，丽水“敬老文明号”考评小组对龙泉市图书馆创建活动进行验收考核。10月，龙泉市图书馆被命名为“敬老文明号”。

市图书馆赴小梅镇青溪中心小学举办“传承红色基因、争做新时代好少年”庆“六一”文化活动，关爱留守儿童，让农村儿童享受平等的文化资源，该校66名学生参加此次活动。活动邀请国家级普通话水平测试员雷法全、丽水广播电视总台曾彤两位老师通过阅读的方式，与孩子们沟通，陪伴孩子们阅读。

文化市场管理

【概况】　2019年，市文化市场行政执法大队（文物监察大队）共出动检查人员998人次，检查各类文化（文物）市场经营单位817家次（处），开展护航中华人民共和国成立70周年大会战、校园周边文化环境整治、暑期文化市场检查、艺术考级、农村文化市场整治等专项行动10余次，办理行政处罚案件12件，没收各类违法物品570件，罚没款共计2.9万元。案件类型有新扩展，涵盖了网吧、娱乐场所、出版物和以往没有涉及的非法地面卫星接收设施。平安综治、安全生产、“扫黑除恶”有效开展，基层基础进一步夯实提升，确保文化市场平安健康。

【“扫黑除恶”专项行动】　2019年，市文化市场行政执法大队开展“扫黑除恶”专项行动。在网吧、歌舞娱乐场所等地加大宣传力度，通过微信公众号、影院公益投屏、悬挂横幅、张贴海报等渠道宣传；与文化经营场所签订“扫黑除恶”专项斗争承诺书；在11家网吧、9家KTV、2家影院等文化经营场所，分发3000余份“扫黑除恶”宣传资料；每月持续性开展文化市场“扫黑除恶”专项检查，坚持日常检查和“双随机一公开”等抽查工作相结合，确保“扫黑除恶”专项行动取得成效。

【校园周边文化市场管理】　2019年，市文化市场行政执法大队会同市委宣传部、公安局、市场监管局等部门，对校园周边的文具店、零售店、报刊亭、网吧、KTV等经营场所进行专项检查。全年检查网吧30家（次），歌舞娱乐20家（次），出版物和校园周边文具店等35家（次）；立案查处5起擅自从事出版物经营行为，营造良好的校园周边文化环境。

【社会艺术水平考级】　5月23日，市文化市场行政执法大队召开社会艺术水平监管工作会议，组织学习了《社会艺术水平考级管理办法》，部署了社会艺术水平考级管理系统启用工作，明确考级管理工作要点，并于5月25日、7月21日、12月7日组织执法人员对在青少年宫、艺之星培训中心举办的考级活动进行执法检查，开展社会艺术水平考级活动。

【小卫地整治】　2019年，市文化和广电旅游体育局强化卫星电视地面接收设施的管理和巡查，会同市公安局、综合执法局、市监局、华数公司，联合开展以整治非法生产、销售、安装和使用卫星电视接收设施等违法行为为重点的专项整治行动。通过广播电视、标语横幅等方式进行广泛宣传，同时为自行拆除的用户给予相关优惠政策，推动工作开展。分别到查田镇、八都镇、锦溪镇、兰巨乡等地，开展集中整治行动10余次，拆除非法卫星电视地面接收设施400余个。

文物工作

【概况】　2019年，龙泉市严格遵守《中华人民共和国文物保护法》《中华人民共和国文物保护法实施条例》《大窑龙泉窑遗址保护管理办法》等法律法规，有序开展全年文物保护工作。完成小梅镇瓦窑路青瓷窑遗址保护展示、城北上田村兰田桥修缮、兰巨乡梅地夫人殿抢险加固、上垟镇五都垟村廖氏宗祠抢险加固及清修寺大门修缮五个工程初步验收；完成瞿氏宗祠整体修缮、元公祠大门修缮、小梅瓦窑路窑址展陈工程所有前期工作，并开始施工。

龙泉青瓷博物馆举办故宫龙泉回家展、海丝之路·南海Ⅰ号龙泉青瓷归源展、天府之路·四川遂宁龙泉青瓷归源展等临时展览6次。邀请敦煌研究院考古所所长张小刚研究员、复旦大学郑建明教授等知名专家到来龙泉开展“文博大讲堂”系列讲座4次，参与人数600余人。完成青瓷馆C区报告厅改造工程项目，并于5月正式投入使用。完成青瓷馆一、二展厅电路改造工程项目，显著改善展厅消防及照明系统。截至2019年，龙泉市博物馆馆藏文物数量总数达到13195余件(套)，其中一级文物6件(套)，二级文物85件(套)，三级文物358件(套)，一般文物1件(套)。全年共修复古代龙泉窑青瓷15件，其中展览修复10件，石膏修复5件。

【深化与故宫博物院合作】 2019年，市博物馆与故宫博物院合作，在展览陈列、学术研究、文创发展等多方面取得了长足发展。1月，“故宫博物院龙泉窑研究中心”在龙泉挂牌成立，共同推进龙泉窑保护研究；特邀原故宫博物院院长单霁翔作题为《坚持文化自信，做中华文化的忠实守望者》的专题讲座。

龙泉市与故宫博物院、浙江省博物馆合作开展“天下龙泉——龙泉青瓷与全球化”系列活动。举办“天下龙泉——龙泉青瓷与全球化”特展，此次展览由故宫博物院、浙江省博物馆、丽水市人民政府联合主办，展出来自42家国内外文博机构的833件(组)青瓷文物，共分两个阶段：第一阶段于7月15日至10月20日在故宫博物院斋宫、景仁宫展出，第二阶段于11月15日至2020年2月16日在浙江省博物馆展出；11月16—17日，承办“天下龙泉——龙泉青瓷与全球化”国际学术研讨会，来自中国、美国、英国、法国、德国、日本等国家的110余位代表出席，会议提交62篇论文摘要，46位代表发言，涉及龙泉窑研究的诸多方面；合作出版发行2020年《故宫日历》系列特别版——《故宫龙泉日历》，作为紫禁城建成600周年、故宫博物院成立95周年的献礼；合作出版《天下龙泉——龙泉青瓷与全球化》图录精华版，收录包括故宫博物院在内的全世界40余家博物馆藏龙泉窑瓷器精品；完成“天下龙泉”商标注册工作；与故宫博物院合作开发50款“天下龙泉”文创产品，进驻故宫博物院斋宫西配殿，设立专门龙泉青瓷文创区域进行销售，并进驻故宫京东网上商城。

2019年10月1日，《故宫龙泉日历》签售活动 (俞乐雅／供图)

【大窑龙泉窑国家考古遗址公园】 2019年，完成《丽水市大窑龙泉窑遗址保护管理条例》立法工作，将于2020年3月1日起施行。2019年10月16日，国务院核定并公布第八批全国重点文物保护单位，源口窑遗址并入第三批全国重点文物保护单位大窑龙泉窑遗址。完成溪口瓦窑垟窑址保护展示工程；全面完成小梅镇瓦窑路窑址保护展示工程；完成溪口瓦窑垟、小梅瓦窑路两大窑址保护展示工程内部展陈初设方案。

【浙西南革命文物保护利用】 2019年，该市完成浙西南革命文物调查梳理工作，并配合丽水市完成《浙西南革命文物保护利用和红色旅游发展行动计划(2019—2022)》起草工作。完成浙江大学龙泉分校旧址修缮工程项目计划书编制工作，并报国家文物局批复；完成浙大龙泉分校旧址内部展陈提升工程，配合完成浙江大学龙泉分校办学80周年纪念活动。全年先后完成麻连岱红军标语及附属建筑保护修缮项目前期工作并启动施工，完成季步高烈士故居保护修缮工程项目前期工作。

非物质文化遗产

【概况】 2019年，龙泉市非物质文化遗产丰富，种类繁多，共有非物质文化遗产代表性项目61项，其中“人类非遗”项目1项、国家级2项、浙江省级项目10项、丽水市级35项；共有非物质文化遗产代表性项目代表性传承人199名(6人已过世)，其中国家级5名(1人已过世)、浙江省级20

2019年龙泉市非物质文化遗产代表性项目名录一览表

表30

名　称	级　别	年份	类　型	备　注
龙泉青瓷传统烧制技艺	人类非遗	2009	—	—
龙泉青瓷烧制技艺	国家级第一批	2006	传统技艺	—
龙泉宝剑锻制技艺	国家级第一批	2006	传统技艺	—
龙泉青瓷	省级第一批	2004	民间造型艺术	—
龙泉宝剑	省级第一批	2004	民间造型艺术	—
炼火	省级第一批扩展名录	2009	民俗	龙泉、云和
高机与吴三春传记	省级第二批扩展名录	2009	民间文学	—
龙泉窑传说	省级第三批	2009	民间文学	—
凳　花	省级第三批	2009	传统体育、游艺与杂技	—
开天门	省级第三批	2009	传统体育、游艺与杂技	—
香菇砍花技艺	省级第三批	2009	传统技艺	龙泉、庆元
菇民防身术	省级第四批	2011	传统体育、游艺与杂技	龙泉、庆元、景宁
龙泉石马“抢灯(丁)”习俗	省级第五批	2016	民俗	—

2019年龙泉市非物质文化遗产代表性项目代表性传承人名单一览表（省级及以上）

表31

姓　名	级　别	年份	类　型
徐朝兴	国家级第一批	2006	龙泉青瓷烧制技艺
沈新培	国家级第一批	2006	龙泉宝剑锻制技艺
毛正聪	国家级第四批	2012	龙泉青瓷烧制技艺
夏侯文	国家级第四批	2012	龙泉青瓷烧制技艺
张绍斌	国家级第五批	2018	龙泉青瓷烧制技艺
陈阿金	省级第一批	2008	龙泉宝剑锻制技艺
翁清泉	省级第三批	2009	高机与吴三春传记
赖火林	省级第三批	2009	开天门
季大科	省级第三批	2009	凳花
叶时木	省级第三批	2009	香菇砍花技艺
项木松	省级第三批	2009	炼火
陈坛根	省级第四批	2013	龙泉青瓷烧制技艺
徐定昌	省级第四批	2013	龙泉青瓷烧制技艺
陈爱明	省级第四批	2013	龙泉青瓷烧制技艺
卢伟孙	省级第四批	2013	龙泉青瓷烧制技艺
郭家兴	省级第四批	2013	龙泉宝剑锻制技艺
郑国荣	省级第四批	2013	龙泉宝剑锻制技艺
周有平	省级第五批	2017	菇民防身术
沈　州	省级第五批	2017	龙泉宝剑锻制技艺
龚益华	省级第五批	2017	龙泉青瓷烧制技艺

名（2人已过世）、丽水市级67名(3人已过世)。

联合国教科文组织人类非遗项目龙泉青瓷传统烧制技艺“3+N”▲保护行动按计划推进，举办“不灭窑火”传统龙窑烧制技艺活动21场，开通“不灭窑火”官方公众号。5月、11月，龙泉市政府与文化和旅游部中外文化交流中心签订战略合作框架协议和战略合作深化协议，龙泉市借力中外文化交流中心，正式启动“重现青瓷之路—开放之路辉煌”三年行动计划。6月8日，是文化和自然遗产日，龙泉市举办“不灭窑火”龙窑开窑等文化遗产系列活动。8月2日，龙泉宝剑锻制技艺国家级传承人沈新培抢救性记录开拍。9月30日，龙泉青瓷传统烧制技艺列入“人类非遗”十周年大事记展览及纪念会议在龙泉青瓷博物馆举行。11月18日，致敬非遗“不灭窑火”集体烧龙窑暨纪中窑首烧活动在大窑龙泉窑国家考古遗址公园金村龙窑举行，并举办线上作品拍卖节。

▲“3+N”:“3”即每年要制定1个针对项目的年度保护计划，开展1次针对性的保护传承工作座谈，递交1份专项年度保护工作总结;“N”即在做好规定动作的基础上，因地制宜，创造性的实施多个保护措施或保护活动，探索非遗项目的保护路径，形成区域经验，为人类非遗项目保护工作提供“浙江实践”。

【“非遗”对外交流】 2019年，龙泉青瓷先后走进捷克、德国、美国、韩国、西班牙、俄罗斯等多个国家巡展。4月26日至30日，组织龙泉青瓷烧制技艺、龙泉宝剑锻制技艺两大项目共10家相关企业(传承人)参加第14届中国(义乌)文交会，并举办“不灭窑火”龙窑青瓷作品专题展览，获得第

14届中国义乌文化产品交易博览会工艺美术奖金奖1个、银奖7个、铜奖3个，成绩在丽水九县(市、区)中居首位。5月24日，参加“丝茶瓷——丝绸之路上的跨文化对话”捷克巡展。6月9—14日，参与美国波士顿华人龙舟节活动，赠送“天下龙泉”号龙舟，并在波士顿福布斯艺术馆举办庆祝中美建交40周年龙泉青瓷展。6月18日至7月17日，应首尔和马德里中国文化中心邀请，分别在首尔中国文化中心、京畿道陶瓷博物馆和马德里中国文化中心举办“听瓷语·观世界”龙泉青瓷展暨“龙泉青瓷溯源之旅”旅游推介活动。9月5日，“中国青瓷小镇——浙江特色小镇海外推广展”在俄罗斯莫斯科中国文化中心开幕。9月17日，龙泉青瓷文化遗产进复旦大学暨“向古而生：龙泉青瓷古今展”在复旦大学文博学系(博物馆)开幕，并举行龙泉窑系列专题讲座。（张　羽）

文学艺术

【概况】 2019年，市文联编辑出版《龙泉》人文杂志4期：“绿道边上的瓯江往事”专号、“弘扬践行浙西南革命精神”专号(2—3期合刊)、“瓯江源诗刊”专号。编发龙泉人文微信公众号20期，推送优秀文章，发布文联工作成果和工作动态，传播龙泉文化。经过相关部门批准，原莫言文学苑与剑瓷文化研究院、龙渊印社整合成三合一机构，地点位于西街149号老总工会旧址。5月，浙江省文联党组书记、书记处常务书记陈瑶到龙泉文联调研，将龙泉文联确定为结对联系文联。共开展文学系列活动58次，对外交流活动16次。9月，完成项目初步设计批复和预算编制，10月开工修建，截至2019年年底，完成修建改造工程的80%。

市文联紧握“小机关、大服务”定位，根据上级文联深化改革实施方案的意见，结合龙泉实际，推进基层文联深化改革，强化机关自身建设，打造温馨、和谐“文艺工作者之家”。认真贯彻落实全面从严治党主体责任、意识形态工作主体责任、党风廉政建设、市委巡察整改9项专项整治工作，开展弘扬践行浙西南革命精神、“不忘初心、牢记使命”主题教育活动；推动工作重心下移，组织龙泉市文化志愿者做好乡村振兴、创新区（大花园）建设、小城镇环境综合整治、美丽龙泉建设、“五水共治”、“三服务”活动、平安综治、山海协作、东西部帮扶、世界青瓷大会、全域旅游等中心工作的文化服务151人次，送文化下乡和文艺进基层(文化礼堂)活动217人次；做好联系村龙南乡曲岱村、五星村结对工作；推进莫言文学苑(龙泉剑瓷文化研究院)建设项目；推进龙渊印社复兴、龙泉剑瓷文化“深化、物化、转化”工作；完成第二届世界青瓷大会5项子活动任务；配合市里重大宣传活动，开展“相约龙泉山·奔向最高峰”名家采风创作活动、“诗画龙泉杯”瓯江行摄影大展、“同唱祖国好”全省青年歌唱家巡回演唱会等大型文艺宣传、文艺采风创作活动。

【协会(学会、研究会)建设】 2019年，市文联紧抓文艺队伍建设重点，以“管理+培训+活动”的形式，加强对所属27个协会(学会、研究会)的指导和管理，落实市文联所属各协会(学会、研究会)2019年度各项工作计划。开展文艺培训4次，培育一批各个文艺门类新人，延伸工作手臂，加强文艺新群体的建设，壮大一批在丽水、浙江省，甚至全国产生影响的优秀创作群体。书法家协会、诗词楹联学会、摄影家协会组织会员，到西街街道河星村、安仁镇、八都镇、岩樟乡岱岭村等地开展送书法、送春联、送摄影活动。作家协会、演讲与朗诵协会、电视艺术家协会组织开展第二届“新年新诗会”、原创诗歌剧“哪儿也不去，就在龙泉”等活动。作家协会、诗词楹联学会先后组织到安仁镇季山头村、岩樟乡岱岭村、八都、西街街道岩后村、住龙、龙南曲岱村、龙泉山、小梅镇大窑村、锦溪、上垟镇源底村、丽水等地，开展创作采风(笔会)、文学交流。

组织协会会员积极参加省内外各类文学创作比赛，文学刊物投稿，并取得好的成绩，蒋达理(蒋离子)获第二届中华文学基金会茅盾文学新人奖·网络文学新人奖，2019年丽水文学大赛中龙泉作者共2人获奖，2019年丽水市“浙西南革命精神”主题文学创作大赛3人获奖。举办弘扬践行“浙西南革命精神”文学大赛、“华严龙泉”全国楹联征集比赛活动。

摄影家协会先后组织“瓷镇上垟、魅力竹乡”、“不老西街”、弘扬践行浙西南革命精神、“建设清廉机关，创建模范机关”、“诗画龙泉杯”瓯江行丽水摄影大展、“故宫龙泉日历”摄影作品征稿、新时代、新剑瓷、新生活等摄影比赛7次，并在春节、中秋等节庆，开展送摄影下乡等活动。承办“诗画龙泉”杯瓯江行丽水摄影大展，组织20多次摄影采风活动，发动会员参加全国范围内的各项摄影比赛活动，组织书法家送书法下乡及采风活动4次。美术家协会组织会员参加浙江省美协、丽水美协举办的美术展以及美术家采风活动3次。3月至7月，作协、摄影家协会、美术家协会还配合“相约龙泉山·奔向最高峰”名家龙泉采风创作活动，组织参与第二批名家采风创作及浙江展览馆布展工作。音乐、舞蹈家、戏曲家协会执行承办了“同唱祖国好”全省青年歌唱家巡回演唱会及中秋汉服雅集活动，开展送文艺下乡等活动120多次；民协组织会员参加各类展览展示，吴俊、叶芳入选浙江省新峰计划人才。持续开展“名人名家进龙泉”系列活动，钱汉东、杨扬、刘绣丽、曹元勇等作家，何涤非、金叶等书法家，骆献跃、蔡志蔚等画家，吴品禾、陶将、夏肇旭等38多名摄影家，西泠印社采风团、中国网络作家村作家团、嘉兴市秀洲文艺家采风团等走进龙泉，打造了一批体现优秀历史文化、反映新时代精神和内涵、具有一定水准的文艺精品力作，充分展示龙泉文化内涵，提升龙泉对外美誉度和影响力。

【文艺创作】 2019年，市文联组织71多次文艺创作采风，9次文艺创作比赛，87多次文艺活动。文艺精品有新成果，据不完全统计，广大文艺家创作作品9956件（篇），在丽水市级以上发表、获奖1721件，出版专著4部。邀请知名画家、摄影家赴龙泉参加“相约龙泉山·奔向最高峰”名家采风创作活动，编辑出版名家采风创作作品集——《山高人为峰》，其中作家龙一作品《携叶绍翁游龙泉》在《人民日报》海外版整版刊发，获得海内外读者的高度评价；作家陈仓作品《龙泉山浮记》在《延河》等杂志刊发，作家沙爽作品《瓯》在《福建文学》2019年第6期发表，作家傅菲作品《森林的面容》编入其最新出版的散文集，被广泛推介和阅读；不同创作风格的老中青摄影家拍摄的“龙泉影像”系列作品展，在“浙江省摄影家协会”“掌上龙泉”等摄影网、微信公众号推送，在《中国艺术报》刊发。市作协蒋离子的长篇小说《老妈有喜》入选国家新闻出版署和中国作家协会联合发布“2018年优秀网络文学原创作品”推介名单，获2018年度中国十佳数字阅读作品、第三届网络文学双年奖铜奖。市作协徐建平丽水市文艺精品扶持项目长篇散文《东街》出版。以弘扬践行浙西南革命精神为主题，组织开展弘扬践行“浙西南革命精神”主题摄影比赛、文学创作大赛。推动创作一批反映龙泉历史文化底蕴、风土人情、绿水青山的文艺精品，市摄协张路明摄影画册《凤阳山风光》出版发行；蒋离子小说《老妈有喜》、陈小龙散文集《龙渊钩沉》入选2019年丽水市文艺精品扶持项目。潘世国、张有钢、张晓华、郑叶青等人获全国、浙江省、丽水市级各类摄影奖项50余项，张路明出版摄影专集《凤阳山风光》。书法家协会组织会员参加浙江省书协、丽水书协举办的书法展，钟声作品入选“浙江书法展·沙孟海奖”第十届全浙书法篆刻大展书法入展作品。陈栋、王武、雷慧仙、周靖波参加2019年浙江省“新峰计划”2019之江国际青年艺术周作品展；杨小秋、郑先斌、徐建新、叶芳等参加第四届浙江省工艺美术双年展；卢伟孙青瓷作品《大器晚成》获第七届浙江民间文艺“映山红”奖（民间工艺美术类）。

【文化研究】 2019年，市文联以“研究+书籍”的形式，依托龙泉剑瓷文化研究院及龙泉文化研究会、香菇文化研究会、叶氏文化研究会、季氏文化研究会和徐氏文化研究会等，组织开展理论研讨、学术交流，挖掘、整合和提升本土文化资源。3月，组织召开龙渊印社复兴研讨会、龙泉宝剑礼仪文化研讨会；4月，组织召开瓯江绿道文化研讨交流；5月，组织召开九姑山文脉及叠嶂楼特色文化植入研讨交流；6月，组织召开“一带一路”与龙泉青瓷发展研讨；9月，组织召开龙泉文化融入《故宫龙泉日历》研讨交流；9月，组织召开瓷与印研讨交流。该年，借助机构改革机遇，该市明确龙泉剑瓷文化研究院职能定位、人员等，8月12号，市机构改革委员会也出台了《关于设立龙泉剑瓷文化研究院的批复》（龙编委〔2019〕14号）文件，龙泉剑瓷文化研究院正式进入实体化运作阶段。围绕挖掘、整合、弘扬和提升龙泉剑瓷文化的主旨，着力回答好“什么是剑瓷文化”这一根本性问题，结合时代特征深入发掘、提炼龙泉剑瓷的核心文化内涵、抽象表达外延，明确其定位，构筑其知识和价值体系，雷雾出版专著《龙泉窑探微》；开展龙泉宝剑礼仪文化研究，取得初步成果，形成龙泉礼仪剑产品谱系；开展欧冶子时代龙泉宝剑锻制技艺还原研究，取得明显成效；开展“海丝古镇”“水上青瓷之路”等研究，力求早出成果，出好成果。持续开展龙泉历史文化研究，尤其深入进行宋朝名人文化和进士文化研究，开展乡土文化、灵芝文化和长寿文化等研究。

【名家龙泉采风创作活动】 2019年，市文联按照浙江省委、省政府关于文化浙江的战略部署和丽水市关于推进文化“深化、物化、转化”的工作要求，举办“相约龙泉山·奔向最高峰”名家采风创作活动，邀请知名画家、摄影家、作家走进龙泉采风创作，以艺术形式大力宣传龙泉山风光、龙泉山文化和龙泉山精神，进而有效提升龙泉知名度和美誉度。该活动和浙江省委宣传部主办的“对话瓯江山水、共谋产业发展”全国网媒大咖瓯江山水诗路行有效融合，并作为瓯江“诗与远方”第一个体验点发布。历时半年多时间，按照集中采风和自由创作

2019 年 12 月 10 日,"相约龙泉山·奔向最高峰"名家采风创作成果展开展仪式

（郑本成／供图）

相结合、聚焦重点和厚植内涵相结合、扎根本土和深植时代相结合的方式，各位名家围绕龙泉山及美丽乡村、剑风瓷韵、民俗风情等进行采风创作，呈现出百花齐放景象，影响广泛而持久。浙江省文联时任党组书记田宇原、党组书记陈瑶，浙江省作协党组书记臧军等全程指导、倾力支持，浙江省作协党组书记臧军、浙江省美协副主席兼秘书长骆献跃、浙江省摄协秘书长毛小芳分别带队参加活动。活动邀请省内外的知名画家、摄影家、作家及网络作家 72 人参加，包括《潜伏》作者、天津作协副主席龙一，上海《青年报》新青年周刊主编陈仓，原中国美协水彩画艺委会委员陶世虎、原中国美协版画艺委会委员陈海燕，摄影家程学武、吴品禾，网络作家月关等，开展 102 人次的创作采风，创作了一批质量上乘的文学、美术和摄影作品。作家团队 18 人全部完成文学创作，共收到散文、诗歌和报告文学作品 42 篇（首），7.5 万字；摄影家团队 13 人全部完成摄影作品创作，共收到作品 223 幅（组），作品从不同角度和形式进行创作，具有很大的冲击力和感染力，全方位地展示龙泉山及龙泉的自然魅力和人文底蕴；画家团队 12 人基本完成作品创作，共收到油画、国画、粉彩画、版画等作品 50 幅（组），以多种绘画艺术形式展示龙泉山及龙泉自然风光和人文景观。该批作品通过报、屏、视、网、微等多种方式传播，极大地提升龙泉的知名度和美誉度。启动仪式期间，20 多家媒体和网络大咖聚焦，进行立体式宣传报道。

【展览展示】 2 月 5 日至 3 月中旬，龙泉市文学艺术界联合会、龙泉剑瓷文化研究院、龙泉书画院、龙泉市民协共同举办"又见风骨"——龙泉哥窑黑胎青瓷特展，共展出龙泉市青瓷工艺师徐殷、蒋同磊、杨小秋、汤忠仁、边见、郑先斌、郑仙水、叶传应、叶传俊等 9 人的作品 90 余件。

11 月 8—18 日，"龙泉再出发"2019 龙泉摄影作品联展在西街举行，这既是 2019 丽水摄影节的 11 个展点之一，也是第二届世界青瓷大会·第十一届龙泉青瓷龙泉宝剑文化旅游节的一个活动项目。展览分设瓯江行获奖作品展、山城巨变、剑瓷龙泉、人文龙泉和风光龙泉 5 个部分，共展出瓯江行获奖作品 116 幅，39 位摄影师参展的龙泉摄影作品联展作品 347 幅。

11 月 8 日，龙泉市文联、龙泉剑瓷文化研究院、龙泉书画院、龙渊印社联合举办"瓷留印记"瓷印作品展，将篆刻与龙泉青瓷两大"人类非遗"相结合，展出青瓷印章及青瓷印花、刻画花作品 200 余件，展示了市内外青瓷篆刻爱好者的创作成果。

11 月 8—18 日，承办龙泉宝剑礼仪文化展，展出龙泉礼仪宝剑 10 把。

12 月 10—17 日，"相约龙泉山·奔向最高峰"名家采风创作成果展在浙江省展览馆举行，共展出陶世虎、陈海燕、骆献跃等美术大家的作品 55 幅，吴品禾、夏肇旭等摄影大家作品近 150 幅，龙一、陈仓等的文学作品 50 余篇（首）。浙江省委宣传部、浙江省文联，丽水市委宣传部、丽水市文联以及龙泉市领导出席开幕式。（蒋世荣）

体　育

综　述

【概况】 2019年，龙泉市认真贯彻落实《健康中国2030规划纲要》《浙江省全民健身条例》《全民健身计划(2016—2020年)》文件精神，加大体育投入力度，推动公共体育资源向基层延伸、向农村覆盖，开发紧贴地域和人群特色的运动项目，推进体育事业和体育产业良性互动，加快构建城乡一体的体育公共服务体系。1月成功创建浙江省“四提升四覆盖”县(市、区)。全年完成水南社区多功能运动场、道太乡社区多功能运动场、屏南镇社区多功能运动场等3个多功能运动场，实验小学1个五人制笼式足球场以及11个小康体育村升级工程的建设。全年举办群众体育赛事活动59场，举办体育公益培训6次，增加室内健身器材110件。

市青少年运动员在2019年全国、浙江省、丽水市各类体育比赛中取得较好成绩，全国少年(U16)田径锦标赛荣获2金，全国青年皮划艇锦标赛荣获1金2银1铜，全国室内田径锦标赛荣获1金，浙江省少年儿童田径冠军赛荣获2金1银1铜，丽水市青少年锦标赛荣获25金11银27铜。

体育产业

【概况】 2019年，龙泉宝剑小镇、中国越野小镇等一批体育产业项目建设推进。青瓷奖牌、青瓷奖杯、青瓷吉祥物等体育文创产品的开发成果显著，龙泉青瓷成为继龙泉宝剑之后的又一大体育产业新生力量，台球界顶端赛事“斯诺克国际锦标赛”连续七届采用龙泉青瓷作为冠军奖杯，推动文化产业发展的同时带动龙泉体育产业创新发展。2018“江南之巅”天空越野赛、“诗画浙江·又见桃花源”大型公益毅行活动、2018“龙泉宝剑杯”端午龙舟赛3个体育项目成功入选2019年度浙江省体育产业发展资金项目库。通过体育赛事品牌等项目建设，带动龙泉周边区块的沿线发展，创新推动体旅融合。

【浙江省“龙泉论剑”传统武术大赛】 11月16日，2019浙江省“龙泉论剑”传统武术大赛在龙泉市体育馆举办，赛事由浙江省体育局作为指导单位，浙江省武术协会、龙泉市人民政府主办，龙泉市文化和广电旅游体育局承办。著名导演、制片人张纪中作为特邀嘉宾出席开幕式并致辞。此次赛事主要分为器械(刀、剑)类的单练、双人练、对练、集体项目，武术功法类，对抗搏击、技法对拆项目展示类和团体综艺项目等，并特设非物质文化遗产展演和“刀、剑”名师评选两个精彩传统文化展示项目，共吸引各省市45支代表队近500名运动员参加。此次活动以赛为媒，植入宝剑文化，突出刀剑主题，进一步实现龙泉与武术的深度融合。

【2019环浙骑游·瓯江山水诗路龙泉总决赛暨第三届江南之巅天空骑行挑战赛】 12月8日，由浙江省交通运输厅、浙江省文化和旅游厅主办，浙江省体育局支持，龙泉市政府、交通旅游导报社承办的2019环浙骑游·瓯江山水诗路龙泉总决赛暨第三届江南之巅天空骑行挑战赛在龙泉举行，浙江省交通运输厅副巡视员洪建浦宣布活动开幕。赛事起点在龙泉市人民广场，经锦溪镇、住龙镇、宝溪乡高山村，最终到达终点站宝溪乡。赛道设计总长70公里，寓意献礼祖国壮丽70周年。赛事共分精英组、大师组、女子组、进阶组、骑游组5个组别，共有来自美国、英国等国家和全国各地700多名选手参赛。赛事通过腾讯体育、浙江之声等媒体平台的赛事直播，吸引了10万多网友在线观看，新浪网、搜狐网、青年时报、浙江新闻等10余家媒体对赛事进行宣传报

2019 年 12 月 8 日，环浙骑游·瓯江山水诗路龙泉总决赛暨第三届江南之巅天空骑行挑战赛开赛 （张亚菁／供图）

道。此次赛事为加快推进交通、文化、旅游、体育融合发展提供了一个优质的平台。龙泉披云线（锦溪—住龙—宝溪）被浙江省交通运输厅、浙江省文化和旅游厅授予“2019 环浙骑游·瓯江山水诗路最美骑游线路”称号。

群众体育

【概况】 6 月 30 日，龙泉市完成第四次全国经济普查暨第七次体育场地统计调查，全市共有 963 个体育健身场地，面积达 68.7 万平方米。全年举办江南之巅·奔跑绿谷“宋城—龙泉山杯”登山活动、浙闽毗邻市县老年人气排球联谊赛、浙闽七县（市）老年乒乓球联谊、龙泉 2019 年“鼎丰杯”端午龙舟文化旅游活动等群众体育赛事 59 场；举办龙泉市工间操培训、龙泉市柔力球培训、中国象棋公益培训、沙氏太极拳培训、端午龙舟赛运动培训、社会指导员健身气功培训等公益培训 6 次。该年，全市经常参加体育锻炼的人数（不含学生）比例为 28.2%，国民体质合格率 93%，人均场地面积 2.91 平方米。

【端午龙舟文化旅游活动】 6 月 2 日至 4 日，2019 年“鼎丰杯”端午龙舟文化旅游活动在瓯江龙泉溪上隆重举行。此次活动由市政府主办，市文化和广电旅游体育局、市民族宗教事务局、市体育总会承办。正式比赛内容分系统组龙舟 200 米/1200 米直道预、决赛，乡村组龙舟 200 米/1200 米直道预、决赛以及系统组龙舟 1200 米直道预、决赛，共有 24 支龙舟代表队参赛。除精彩的龙舟巡游、竞赛、舞龙表演等活动，该年还将“万众一心、同舟共济、百舸争流、奋发向上”的龙舟核心文化与龙泉干部群众干事奋进的拼搏精神相结合，市四套班子领导带领部门、行业协会齐上阵，并邀请浙大学子、台湾同胞、在龙执教的外籍教师共同参与龙舟巡游和比赛，场面恢宏壮观，成为龙泉当地赛事影响力最大、群众参与最为广泛的体育赛事活动之一。

【第三届职工运动会】 7 月 26 日至 9 月 22 日，该市举办第三届职工运动会，活动由市政府主办，市文化和广电旅游体育局、市总工会承办。此届运动会共设有篮球、乒乓球、羽毛球、拔河、气排球、中国象棋、广播体操、趣味比赛等 8 个竞赛项目 19 个小项 22 块金牌，来自全市 36 支代表队 2918 名运动员参赛。其中教育局获得团体总分一等奖，经贸口、公安局、交通局获团体总分二等奖，宣传口、金融口、住龙镇、市场监督管路局、水利局获团体总分三等奖；龙南乡、八都镇、上垟镇、宝溪乡、西街街道、党群

2019 年 6 月 2—4 日，端午龙舟文化旅游活动 （吴少平／供图）

2019 年 8 月 8 日，全民健步走活动启动仪式　　（俞乐雅 / 供图）

口、府办口、计划口、卫生健康局、浙江毅力空调有限公司获体育道德风尚奖。

【全民健步走活动】 8 月 8 日，"壮丽 70 年·奋进新时代"2019 年第十一个"全民健身日"暨龙泉市全民健步走活动举行，活动由市文化和广电旅游体育局、市体育总会、市老年人体育协会主办，市红十字会协办。市人大常委会副主任罗永文参加活动。活动中，军鼓、可乐球、部门街道等 15 支方阵队伍 1100 余人，沿着华楼街、新华街进行健步走，以行动号召市民走出家门，走向室外，培养科学文明健康的生活方式，激发全市人民共同参与健康龙泉建设的热情。

竞技体育

【概况】 2019 年，龙泉市共有 300 余位学生参加青少年业余训练，为龙泉市体育后备力量提供源源不断的人才。结合龙舟赛事特色，龙泉市新组建成立了青少年皮划艇队和业余皮划艇队，为赛事发展进一步夯实人才基础。金明发、周敏燕、张伟等 7 名教练荣获"丽水市中小学校业余训练优秀指导师"称号。

龙泉市输送的体育健儿再创佳绩，2 月 19 日，在全国室内田径锦标赛分区赛中，龙泉市输送的运动员吴作城以 4 米 15 的成绩夺得女子撑竿跳高冠军；9 月 20 日至 22 日，在全国少年（U16）田径锦标赛中，龙泉市运动员徐亦添荣获女子组铅球 3 公斤冠军；7 月 11 日至 17 日，在浙江省青少年女子排球锦标赛中，龙泉市队县办项目排球代表丽水参加比赛，取得甲组第六名、乙组第六名的成绩；7 月 24 日至 29 日，在浙江省田径冠军赛中，龙泉市代表队荣获 2 金 1 银 1 铜（丽水市内唯一连续十届进入甲级队伍）的好成绩；10 月 24 日至 27 日，龙泉市承办丽水市青少年排球锦标赛（甲组），龙泉市队取得女子团体第一名、男子团体第二名的好成绩。

龙泉市运动员各类比赛成绩有新突破，相继取得丽水市青少年田径运动会 9 金 7 银 17 铜、丽水市青少年跆拳道锦标赛 5 金 4 银 4 铜、丽水市青少年羽毛球锦标赛 1 金 5 银 4 铜、丽水市青少年游泳锦标赛 2 银 8 铜、丽水市青少年网球锦标赛 9 金 4 银 4 铜、丽水市青少年足球锦标赛女子乙组第三名、丽水市青少年篮球锦标赛男子甲组第一名以及丽水市青少年排球锦标赛女子甲组第一名、女子乙组第一名、男子甲组第二名的好成绩。　　（张　羽）

卫生健康

综　述

【概况】 2019年，龙泉市共有医疗机构232家，其中公立医院2家，疾病预防控制、妇幼保健计划生育服务专业机构各1家，乡镇卫生院（社区卫生服务中心）19家，卫生分院（社区卫生服务站）25家，民营医院2家，诊所、门诊部、医务室和卫生所67家，村卫生室（巡回医疗点）115家。共核定床位数1208张，每千人床位数5.05张，民营医疗机构床位数306张，占比25.3%。有执业（助理）医师884人，每千人医生数3.69人；注册护士716人，每千人护士数2.99人。

全年县（市）级医疗机构门诊77.07万人次，人均门诊费用211.63元；住院4.0282万人次，平均住院8.4天，人均住院费用8664.9元；基层医疗机构门诊105.72万人次，人均门诊费用78.02元。

全市平均人口数290311人，男性148019人，女性142292人，男女性别比104.02。报告户籍死亡数1897人，男性1146人，女性751人，人群估计粗死亡率6.53‰，其中肿瘤479（恶性肿瘤470）人、循环系统疾病653人、呼吸系统疾病224人，三类慢性非传染性疾病占全部死亡数71.48%；损伤和中毒外部原因死亡216人，占全部死亡数11.39%；传染病和寄生虫病死亡14人（肺结核3人、病毒性肝炎7人），占全部死亡数0.74%；起源于围生期的某些情况死亡1人，占全部死亡数0.052%。全年共报告龙泉市户籍出生数2368人，其中男性1209人，女性1159人。出生率为8.16‰，男女性别比104.31。

全年落实“宫颈癌、乳腺癌”筛查、国家免费孕前优生健康检查、增补叶酸等妇幼公共卫生项目。宫颈癌筛查9769人次，乳腺癌筛查10146人次，孕前优生健康检查率92.78%。新建标准母婴室2家，为上垟中国青瓷小镇和兰巨农业光观园。

该年，创建国家级卫生乡镇5个，创建浙江省卫生乡镇1个，浙江省卫生村6个，全市已实现浙江省级卫生乡镇全覆盖，国家级卫生乡镇7个、浙江省卫生村138个。创建健康家庭420户，健康单位13家。开展名中医走基层、中医适宜技术推广应用培训、基层综合中医区建设等工作，推广适宜技术45种，8家卫生院新建中医综合服务区。享受计划生育家庭奖励扶助1726人，享受计划生育家庭特别扶助159人，发放资金302.736万元。

全年抽到国家卫生监督双随机执法任务169家，浙江省双随机执法任务184家（省级双随机按每个单月的第一个星期自行抽取的模式开展），完成率100%。

全年共接到投诉举报4起，立案查处4起（一般程序3起，简易程序1起），其中医疗卫生类3起，职业卫生1起。2019年度，未发生公共场所、饮用水等突发公共卫生事件。

市疾控中心举办一次现场流行病学培训班，参加培训成员为疾控中心全体成员和医疗机构相关人员。组织传染病应急演练1次，参加其他单位组织的应急演练4次。

【机构改革】 1月17日，龙泉市卫生健康局揭牌成立。新组建龙泉市卫生健康局将龙泉市卫生和计划生育局（市中医药管理局）的职责及其承担的龙泉市深化医药卫生体制改革领导小组办公室职责，以及市民政局承担的市老龄工作委员会办公室职责，市安全生产监督管理局的职业安全健康监督管理职责等整合，组建市卫生健康局，作为市政府工作部门。保留市老龄工作委员会，日常工作由市卫生健康局承担。不再保留市卫生和计划生育局、市深化医药卫生体制改革领导小组办公室，不再保留市中医药管理局牌子。8月16日，撤销龙泉市卫生健康局

2019 年 1 月 17 日，龙泉市卫生健康局挂牌成立　（市卫生健康局 /供图）

党组，建立龙泉市卫生健康局党委。

医学人才

【人才培养】 2019 年，市卫生健康局加大招聘力度并酌情放宽部分岗位的招聘条件，向社会公开招聘 69 名医务人员。增加定向委培生培养力度，加强技术人才储备。完成定向委培招生 60 人，其中本科 50 人，同比去年录取分数进一步提高。首批本科委培生毕业，实行医院及专业、学生意愿及在校成绩等结合分配，对报名重点建设学科、紧缺岗位的安排到省级医院进行住院医师规范化培训，并在后期职称评聘等方面政策倾斜。全年完成引进本科生 8 人，其中人民医院 3 人，中医院 5 人。市人民医院医共体首次开展自主评聘，全系统新增正高级职称 7 人，副高级职称 17 人，制定出台高层次人才津贴绩效考核实施办法并根据考核结果发放津贴。开展专技人员进城公开选调，从乡镇公开选拔 4 人到社区卫生服务中心工作。

【医教科研】 2019 年，市卫生健康局实施基层卫技人员素质提升工程，组织开展岗位培训、继续医学教育等培训。龙泉市人民医院建立基层医疗卫生人才培训基地，依托浙大二院、丽水市人民医院等优质资源开展同质化培训，重点加强基层紧缺岗位、乡村医生、护士执业资格考前培训等培训，完成各类培训千余人次。住培基地现有规培学员 22 人，医师资格考试和结业考试连续 2 年通过率 100%。市人民医院与温州医科大学签约，成为温医大在丽水唯一一家县级实习医院。妇计中心、疾控中心等单位针对各自业务需要定期开展专业人员培训，切实提升其业务能力。全年共立项丽水市级以上继续教育项目 12 个，列入 2019 年度龙泉市医卫类自筹公益性技术应用研究项目 12 个，继教项目为教学研究、技术推广应用带来良好的效果。　（朱　琳）

疾病控制

【法定传染病疫情】 2019 年度，龙泉市共报告甲、乙、丙类传染病 16 种1528 例，年报告发病率 517.47/10 万，报告死亡 4 例，年报告死亡率为 1.03/10 万。甲类法定传染病无病例报告，乙类传染病共报告发生 12 种 363 例，丙类传染病共报告发生 4 种 1165 例。手足口病 486 例、流行性感冒 389 例、其他感染性腹泻病 273 例、梅毒 93 例、肺结核 92 例、乙肝 81 例、淋病 53 例、猩红热 20 例、流行性腮腺炎 17 例、出血热 11 例、戊肝 4 例、艾滋病 3 例、丙肝 2 例、伤寒+副伤寒 2 例、布病 1例、登革热 1 例。采集手足口病标本 61 份，其中阳性 30 份，阴性 31 份。

全市共采集监测点外环境标本 60 份，实验室检测出 A 型阳性标本 0 份。其中分型结果 H5 阳性 0 份、H7 阳性 0 份、H9 阳性 0 份。

全年采集养殖、屠宰、厨师等接触牛、羊、猪人员血清 35 份，送丽水市 CDC 进行布鲁氏菌病检测，结果均为阴性。

市人民医院皮肤科每季度上报浙江省皮肤病可疑症状病例转诊单，全年共上报皮肤病可疑症状人数 21 人，可疑症状病例排查率 100%。

市人民医院、市中医院对疑似疟疾病例、临床诊断疟疾病例及不明原因发热病人开展实验室疟原虫检测。2019 年累计监测数 166 例，达0.57‰，各医疗机构无疟疾病例报告。

全年未发生一犬伤多人事件，共发现狂犬暴露总数 2179 例，其中暴露于狗 1583 例，暴露于猫 384 例，其他 212 例。免疫接种情况：单用疫苗1831 例，联合应用（狂犬疫苗+免疫球蛋白）347 例，1 例拒绝接种狂犬疫苗。

全年对市内 10 家医疗机构，10 家托幼机构、2 家其他类型单位共抽样 141 份样品，监测率 100%。

【儿童计划免疫管理】 2019 年，全市各接种门诊共有新生适龄儿童 2334 人，建证 2334 人，建证率 100%。新生儿乙肝疫苗接种率 97.8%，首针及时接种率 98.1%，卡介苗接种率 98.2%，脊髓灰质炎疫苗接种率96%，百白破疫苗接种率96%，白破疫苗接种率95.6%，麻风疫苗接种率96.7%，麻腮风疫苗接种率96.2%，A群流脑疫苗接种率95.6%，A+C流脑疫苗接种率95.9%，乙脑疫苗接种率96.5%，甲肝疫苗接种率96%，疫苗全程接种率达95.6%，各类免疫规划监测报表报告准确率、及时率100%。根据浙江省卫生厅、教育厅《浙江省入托入学儿童预防接种证查验工作规范》及市卫生健康局、教育局《关于做好幼儿学生入托入学查验预防接种证工作的通知》文件要求，每年7至8月暑期放假和春秋两季学年开学期间，开展辖区学校、托幼机构入托入学预防接种证查验和查漏补种工作,各类疫苗补种率均达95%以上。全市疑似预防接种异常反应（AEFI）监测系统共报告预防接种一般反应45例，无死亡病例和群体性反应报告，未发生疫苗接种安全事故，报告覆盖率100%。经对市人民医院、市中医院2家公立医院门诊病历和住院病历开展AFP病例主动搜索，未发现AFP病例漏报。根据浙江省的统一部署，于12月正式在础石街道预防接种门诊开展全程信息化预防接种工作。

【艾滋病、性病防控】 2019年，全市HIV抗体免费检测75538份，该地报告确认HIV抗体阳性7份。其中自愿咨询检测809人，阳性2例，检出率0.25%；接受梅毒检测809人，阳性11例，阳检率1.36%。男男同性人群干预检测99人，阳性1人；被监管人员艾滋病干预检测366人，HIV抗体阳性1人；老年人HIV抗体检测11820人，无阳性病例报告。开展市区娱乐场所预防艾滋病、性病预防知识宣传和娱乐场所从业人员HIV抗体检测，阳性1例。2019年，新增7例HIV感染者中该地报告5例，共对22例单阳性家庭配偶进行HIV抗体、梅毒抗体检测，未发现阳性病例。为10例符合抗病毒治疗条件的艾滋病病人提供免费抗病毒治疗，辖区累计抗病毒治疗82例，治疗率89.13%。

【结核病防治】 2019年，市定点医院结核病门诊共接诊初诊病人353例，免费摄胸片131例，免费查肝功能408人次，免费痰检2256人次，免费疑似耐多药病人痰培养84份（液体84份）。按现住址报告的肺结核患者和疑似患者405例（结防机构报告42例、非结防机构报告363例），重卡17例，到位346例（转诊33例、追踪到位299例、其他到位14例），住院病人19例，追踪未到位0例，转诊追踪总体到位率达95.32%。新登记结核病人97例，其中肺结核92例（涂阳35例、仅培阳6例、分子生物阳性11例、病例学阳性3例、涂阴肺结核37例、无病原学结果0例），结核性胸膜炎5例。与上年同期相比，活动性肺结核登记数下降了(97−119)/119=18.49%，免费使用一线抗结核药品（FDC）达70%以上，规则服药率达90%以上。疑似耐药肺结核患者56例，耐药推送56例，快速耐药筛查56例，快速耐药筛查结果录入56例（对R和H敏感41例），耐药筛查率100%；其中初治病原学阳性患者41例，耐多药高危人群（复发、返回、初治失败、复治失败、初治2、3月末阳性、其他）15例。

根据全国中盖结核病项目三期试点省份有关工作要求，2019年，按照结核病防治策略和项目实施要求，落实结核病防治管理工作，包括诊疗、患者社区管理、健康教育等工作。全年市人民医院中盖结核病项目信息化建设完成，开展中盖结核病电子药盒师资培训，积极推动电子药盒的使用，龙泉市电子药盒使用率达80%以上。

全年学校肺结核疫情处置4起，其中学生4例，老师0例，一般多发4月，所有疫情都及时反馈处置措施及筛查结果（龙泉市职业中学、第一中学、第五中学、查田中学小学），筛查率100%。

全年对街道、乡镇卫生院的结核病监测、疑似病人发现、转诊、病人管理、人员培训、结核病防治知识健康教育等工作开展情况进行定期督导，全年累计督导市级医疗单位和乡镇卫生院80次、参与督导80人次、医疗机构督导覆盖率100%。

【疫情处置】 全市出动应急队伍及时有效处置应急事件8起。其中影响较大的2起事件，一起是铁路建筑工地14人毒蘑菇中毒事件，是丽水市2019年中毒人数最多的食物中毒事件；二是柬埔寨归国的登革热输入性疫情，持续时间一个月，没有造成疫情传播和登革热该地病例的发生。其余6次为学校的水痘、流感和肺结核的传染病疫情，均得到及时有效的处置。

【鼠疫监测】 2019年共捕鼠712只。捕获的野鼠以黑线姬鼠、黄毛鼠和东方田鼠为主，占总数的35.67%、24.16%、28.93%；捕获的家鼠以褐家鼠为主，占总数的5.82%；共对712只鼠进行了检蚤。染蚤鼠1只，共检获蚤2匹，染蚤率为0.14%，蚤指数为0.28；共布放粘蚤纸1950张，染蚤0张，染蚤率为0，共粘获蚤0匹，蚤指数为0；712份鼠肝脾样本进行病原分离培养，结果均为阴性；F1抗体检测712份鼠血清，结果均为阴性。全年媒介病原学监测，检验数为2匹不等单蚤，结果为阴性。全年开展鼠疫“疫情三报”工作，无不明原因病、死鼠（动物）、疑似鼠疫和急死病例报告。

【肠道门诊监测】 2019年,霍乱监测共采集甲壳类、海鱼类等海产品150份、各类卤制品熟食30份、水体120份、苍蝇2份30只;采集动物宿主(鸡、鸭、鸽)粪便100份,开展霍乱、O157:H7、伤寒、副伤寒检测,均未发现阳性样本;O157:H7腹泻病例检索217份,无阳性病例。龙泉市肠道门诊共上报腹泻病例288例,未发现霍乱病例。

【地方病防治】 全市按东南西北中划分五个抽样片区,抽取龙渊、础石、查田、上垟、住龙五个乡镇(街道),各抽取一所小学,每所小学抽取8—10周岁非住校学生42人(每个年龄组14人、男女各半),检测尿碘、盐碘含量。共检测学生家中食用盐215份,结果:非碘盐4份(小于5毫克/千克),合格200份(18—33毫克/千克),合格碘盐食用率93.02%;碘盐覆盖率98.14%(大于5毫克/千克),盐碘中位数24.75毫克/千克;尿样215份,结果:中位数达218.7微克/升,其中低于100微克/升21份,占9.77%,低于50微克/升5份,占2.33%,最大值为646.3微克/升;在抽样街道、乡镇,分别抽取21名孕妇,收集孕妇食用盐样107份,尿样106份,结果:孕妇随机尿碘中位数147.55微克/升;孕妇盐碘中位数24.11毫克/千克。在已改水病区的行政村,每村采集一份末梢水样品,测定水氟含量,9个村的水氟含量均未超标;对监测村8—12周岁274名儿童进行氟斑牙检查,结果显示轻度氟斑牙1人,可疑6人。

【麻疹疫情监测】 按照《全国麻疹病例监测方案》要求,指导医疗机构开展麻疹病例主动搜索,每旬要求报告麻疹监测病例(包括"零"病例报告),龙泉市报告无麻疹、风疹病例,麻疹排除病例6例,2.49/10万,所有疑似病例均按照麻疹监测方案要求,对疫情报告、调查、风险评估等工作及时采取相关应急和控制措施,并通过麻疹监测信息报告管理系统报告调查处置信息。

【健康教育】 2019年,推进各项健康教育工作,进一步健全网络管理、加强业务指导与培训,开展各类健康教育业务培训8次,深入医疗机构、学校、社区、单位等开展健康教育检查和业务指导工作80次。全民健康促进行动,开展世界结核病防治日、全国儿童预防接种日、全民营养周、世界无烟日、全国爱牙日、全国高血压日、世界精神卫生日、世界艾滋病日等卫生日主题宣传活动12次。健康中国行活动,开展以"健康促进助力脱贫攻坚"为主题的健康教育讲座进农村、进学校、进社区、进机关、进企业,同时结合健康素养进农村文化礼堂活动,共举办各类健康知识讲座145场,受益人数9900余人次;完成省市级两场公民健康素养大讲堂活动,受益人数近400人;举办各类义诊咨询活动157场次。开展媒体宣教,通过"龙泉健康教育"微信公众号推送健康教育知识170条;龙泉市广播电视台《剑川热土》栏目设健康教育专栏,每周播放健康教育内容,2019年,总计播放时长约6小时;《今日龙泉》报纸刊出健康素养知识与重点防病信息,2019年,刊登35期;户外,人民广场、麻车头2处大型电子屏上每天滚动播放健康信息。编印健康传播资料15种,内容包括健康素养66条、三减三健、减盐、科学健身、预防近视、控烟、救灾防病、登革热防控、流感防治、结核病防治、艾滋病防治、保护劳动者健康等,共计38700余份,以画报、三折页、宣传册等形式发放到网络单位和个人。各类场所健康教育工作,创建浙江省级健康促进学校金牌2所、市级银牌2所、县级铜牌8所。完成2019年龙泉市居民健康素养和烟草使用监测工作,全年全市居民健康素养水平为24.02。

【肠道门诊监测】 2019年,霍乱监测共采集甲壳类、海鱼类等海产品150份、各类卤制品熟食30份、水体120份、苍蝇2份30只;采集动物宿主(鸡、鸭、鸽)粪便100份,开展霍乱、O157:H7、伤寒、副伤寒检测,均未发现阳性样本;O157:H7腹泻病例检索106份,无阳性病例。龙泉市肠道门诊共上报腹泻病例190例,未发现霍乱病例。

【食品卫生】 2019年,开展食品安全风险监测,肉与肉制品、水产及其制品、食用菌、蔬菜及其制品、布丁、地方食品(冷冻饮品)、干豆类及豆腐、菌类、谷物及其制品、桶装水、直饮水等10个类别255个样品,微生物合格率99.29%,理化合格率100%,总合格率99.61%。哨点医院(龙泉市人民医院/龙泉市中医院)共上报病例信息及病例399例、样本194例,如期按量完成了月指标数量。检测沙门氏菌、副溶血性弧菌、致贺氏菌,食源性致病菌阳性菌株18例,均为沙门氏菌,阳性率9.28%。2019年,未发现疑似食源性异常病例/异常健康事件报告病例。2019年,发生一起食用野生蘑菇(日本红菇)引起的食源性疾病暴发事件。

【学校卫生与营养宣教】 龙泉市学生常见病防治督导覆盖率100%。对全市安仁中小学、双岭小学开展教学环境监测，检测18个教室，2000余项目参数。该市共抽取5932名学生开展近视调查筛查。开展营养周宣传，完成15个乡镇、4个社区宣传和督导，开展人群合理膳食指导和营养标签知识宣传活动，督导率100%。开展营养教育项目，完成龙渊街道、剑池街道、大洋社区、贤良社区、水南社区、南秦社区营养知晓率调查。完成龙泉市阳光福利院老年人不良风险筛查监测工作。完成全市中小学生（安仁中学、锦溪小学）营养午餐调查工作。完成全市养老机构、幼儿机构的30%营养干预宣传工作。完成龙泉市绿谷外国语学校二、四年级学生，家长、任课老师、食堂工作人员基线调查，完成龙泉市营养教育示范基地创建工作。

【环境卫生监测】 2019年，完成城乡农村19个乡镇生活饮用水抽样监测及市自来水厂和岩樟溪水源水、瓯江水源水、二次供水、管网水等监测，完成丰水期和枯水期及加强水质的监测，全年监测水样180余份，检测项目6120个。完成国家项目泥土监测，监测点为安仁、八都、查田、兰巨、锦溪5个乡镇，20个行政村对采集的样品进行重金属铅、镉、铬及蛔虫卵等项目检测。及时掌握农村环境卫生健康危害因素水平动态变化。

【职业卫生】 辖区网络直报单位用户授权率及开通率100%，辖区内职业病体检机构重点职业病监测危害因素体检个案卡上报率100%。2019年，共上报34例中毒信息卡，与网报信息一致，职业有毒有害健康监护卡上报10张，完成职业病危害因素监测30家单位，完成36家重点危害因素企业的现状调查工作。（戴 岸）

妇幼保健

【孕产妇保健】 2019年，龙泉市活产数2287人，早孕建册人数2221人，早孕建册率97.93%；孕产妇系统管理人数2191人，系统管理率95.80%；产后访视人数2250人，产后访视率98.38%；发生1例孕产妇死亡，经丽水市级评审为不可避免；产前血清学筛查人数1321人，无创DNA筛查426例，确诊21三体综合征引产2例；严格落实高危妊娠五色分级管理，全年共筛查出橙色以上高危孕产妇303人。增补叶酸预防出生缺陷，全市服用叶酸人数2230人，其中免费发放叶酸693人，自费购买服用1537人。

【儿童保健】 2019年，新生儿访视2256人，新生儿访视率98.64%；7岁以下儿童数18317人，健康管理人数17870人，健康管理率97.56%，3岁以下儿童7974人，系统管理人数7586人，系统管理率95.13%；0—36个月儿童数7974人，中医药健康管理5238人，管理率65.69%。5岁以下儿童死亡率1.75‰，婴儿死亡率1.31‰，新生儿死亡率0.44‰；6个月内母乳喂养率93.92%，5岁以下儿童中重度贫血患病率0.19%，以上各率均达到目标要求。全年共接诊乡镇转诊的Ⅱ类高危儿128例，新筛高危儿89例。妇计中心对全市托幼机构新生入园体检，全年两学期应检1892人，实检1892人；组织各乡镇（街道）对所管辖幼儿园儿童进行一年一次的“六一”儿童体检，应检人数8193人，实检人数8193人。

【民生实事项目】 根据浙江省卫生健康委办公室《关于印发2019年度出生缺陷防治民生实事项目实施方案的通知》（浙卫办〔2019〕6号）和丽水市卫生健康委《关于印发丽水市可疑胎儿心脏超声检查及0—12月龄耳聋基因筛查项目实施方案》（丽卫〔2019〕75号）精神，圆满完成2019年民生实事项目工作任务。全年完成0—12月龄耳聋基因筛查2684例（目标数2261例），筛出阳性数108例；可疑胎儿心脏超声检查313例（目标数228例），筛出阳性病率13人，其中1例因胎儿先天性心脏病原发孔房间隔缺损孕妇引产。可疑患儿先天性心脏病双指标法722人、心脏超声筛查170人（目标数84人），筛出阳性7例。

【出生服务一体化工作】 2019年，推进出生服务一体化工作，深化医疗领域“最多跑一次改革”，实现出生“一件事”最多跑一次，提升群众获得感和满意度。6月1日开始，在市人民医院、中医医院全面推进出生“一件事”一站式联办、一体化服务工作。群众通过“掌上办”“网上办”等有序推进新生儿出生医学证明、落户登记、社会保障卡、医疗保险参保、预防接种证、婴幼儿保健册、母子健康手册等事项办理，截至12月底，共办理585件，提升群众获得感和满意度。

【“两癌”检查】 强化城乡妇女宫颈癌和乳腺癌（以下简称“两癌”）防治意识，提高“两癌”早诊早治率，降低“两癌”死亡率，根据《浙江省城乡妇女免费“两癌”检查项目实施方案》，在2017—2018两年检查工作的基础上，广泛宣传发动，加强人员培训，不断总结经验优化服务流程，有序开展2019年度免费“两癌”检查项目工作。2019年，龙泉市共完成宫颈癌筛查人数9769人，HPV阳性968人。诊断宫颈原位癌5人，微小浸润癌1人，浸润癌1人。滴虫性阴道炎130人，念珠菌性阴道炎282人，细菌性阴道病17人。乳腺癌筛查人数10146人，乳腺良性疾病中乳腺纤维腺瘤21人，乳腺癌9人。宫颈和乳腺筛查出的疾病已随访并得到治疗，部分异常病例继续跟踪随访。

【婚前孕前保健】 该年完成婚前医学检查2480人，婚检率91.72%。其中孕前优生健康检查人数1670人。高风险人数男性39人，女性276人。强化国家孕前优生健康检查项目的质量控制，严格按照国免项目的质量管理进行操作，确保检查质量，成立技术指导小组、高风险评估专家小组，对疑难病例进行小组讨论，提高咨询指导和高风险对象管理水平。专人负责早孕和妊娠结局随访，做到及时随访不漏访。强化对检验项目的质量控制，在浙江省实验室质量检查各项目达到全优。梅毒3人，HIV阳性1人，尿液常规异常329人，血液常规异常168人，血糖异常18人，生殖系统疾病58人，精神疾病1人，先天性疾病3人，甲状腺疾病97人，肝功能异常186人。婚前疑难病例36人，对参检结果及时做出评估建议告知书，依据评估结果分为一般人群和高风险人群，并给予相应的咨询指导，告知存在的风险因素及可能给后代带来的危害，提出诊断、治疗或转诊的建议和干预措施。

【避孕药具管理】 全市建立健全免费避孕药具发放网点，2019年，投入7万余元资金，为车站、乡镇（街道）办事大厅增设了免费自动发放机，切实方便广大群众。规范药具账册，统一使用丽水市卫健委提供的避孕药具免费发放登记本和收发账，对免费发放的避孕药具进行规范管理，要求做到账账相符，账物相符。做好一年2次的乡镇药具管理人员和乡镇卫生服务中心妇幼人员的督导工作，加强产后访视时的避孕指导并提供避孕工具，及时的落实避孕措施，减少非意愿妊娠。

【健康教育】 提升龙泉市妇女儿童健康服务水平，加快推广母子健康手册的使用，2019年，母子健康手册已经注册对象1687人。加强宣传教育，每月开办孕妇学校、育儿学校，开展孕妇学样、育儿学校长大讲课24期，共有800多位孕妇准妈妈准爸爸参加了听课。门诊提供形式多样的健康处方，发放新婚新育知识读本、孕期营养知识处方、胎动计数处方、产后保健知识处方、母乳喂养知识处方、优生优育优教宣传处方等健康教材20余种4000多份。进乡镇、企业、社区、学校等共开设各类健康教育课24期。 （胡晓芬）

卫生监督

【医疗卫生监管】 按国家卫生健康委等六部门《关于进一步规范儿童近视矫正工作切实加强监管的通知》要求，完成辖区内开展眼科诊疗活动的医疗机构2家，眼镜店7家进行专项监督检查。根据《2019年浙江省卫生执法监督工作任务》等要求，对中小医疗机构开展依法执业质量提升专项行动，完成中小医疗机构签订承诺书工作；开展医疗乱象专项整治工作，完成医疗机构自查工作，负责人动员培训部署会议。制定龙泉市儿童青少年“护苗计划—明视行动”、龙泉市医疗机构抗菌药物临床应用管理专项行动等方案并按要求开展监督检查。开展打击非法行医活动，全面排查辖区内非法行医窝点。开展母婴保健技术服务、计划生育技术服务、打击“两非”等监督检查工作。

【传染病防治】 对各级各类医疗机构的传染病疫情报告、疫苗接种单位预防接种、医疗废物收集处置、消毒管理、病原微生物实验室生物安全等传染病防治工作开展监督检查。开展抗（抑）菌和消毒产品监督检查工作，完成辖区内疾控机构、妇幼保健机构、二级医疗机构、诊所等共计64家医疗机构的监督检查。开展医疗机构传染病防治分类监督综合评价工作，完成传染病防治分类监督综合评价纸质检查表并全部录入浙江省卫生监督管理系统综合评价模块。2019年，传染病防治监督处罚案件19起，罚没款合计19350元。

【公共场所卫生】 2019年，辖区内有公共场所620家，其中旅店业256家，美容美发124家，沐浴业15家，游泳场所4家，其他公共场所23家，移入不发证单位库198家。以双随机检查等为契机，完成部分重点公共场所卫生监督抽检工作，抽检样品包括公共场所空气、茶具、床上用品、理发工具等，全年完成监督抽检88家。完成住宿场所乱象整治专项治理工作。在1月至3月，共对25家公共场所开展卫生监督专项检查，检查重点为住宿场所客房卫生清扫和公共用品用具清洗消毒保洁情况。在“五一”、端午、中秋、国庆等节日期间，对人员密集的旅游景点周边旅店、民宿、KTV和影院等重点公共场所开展卫生监督检查，重点检查内容包括公共场所卫生许可证、从业人员健康证持证情况、公共用品用具及卫生设施的清洗消毒保洁落实情况等。5月22日至23日，召开了住宿场所、美容美发场所、沐浴场所、KTV场所等重点公共场所卫生管理员培训会，共计300余人参加培训。推进放心游，辖区内游泳场所全面上线互联网服务平台，开展游泳场所水质检测，检测室内游泳场所水质2家，对游泳场所水质余氯偏高及时要求业主进行整改，同时加强水质自检工作。全年共立案72起，其中一般程序52起，简易程序20起，共处罚金11.1万元。

【学校卫生】 根据国家和浙江省级双随机监督检查任务，完成国家双随机监督检查9家，重点对学校的传染病防控、生活饮用水卫生、教学环境卫生等方面进行卫生监督检查，并委托第三方检测公司对9家学校的采光照明进行了检测。完成校外培训机构5家，托幼机构5家的双随机抽检工作，并委托第三方检测公司对托幼机构和校外培训机构教师的采光照明进行了检测。辖区内的43家学校均按要求完成了学校自查系统的录入和更新。开展校园健康安全行动、中高考期间学校卫生、重点场所抽查等学校卫生监督检查工作，开展预防近视、预防结核病等宣传活动。2月26日，与市教育局召开2019年第一季度校园安全和卫生工作联席会议。8月5日，与市教育局召开托幼机构、校外培训机构学校采光照明双随机抽检问题反馈联席会议。

【饮用水卫生】 按要求对4个集中供水单位的取水、制水、供水全过程开展每季度一次的监督检查和抽样检测工作，并对水源水、出厂水开展全分析水质检测(检测92项)，合格率100%。对1家城市集中供水单位、3家农村集中式供水单位和9家二次供水单位开展双随机监督监测，委托有资质的第三方检测公司对上述单位水质进行检测。每月对城区4个社区20个居民生活饮用水监测点进行一次臭和味、肉眼可见物、浊度、ph值、余氯等5项指标的水质快速监测，合格率100%。组织乡镇卫生监督协管员开展农村小型集中式供水设施调查摸底，建立当地档案，并要求开展每季一次的协管巡查工作。完成农村集中式供水安全巡查乡镇（街道）19个，巡查率100%，巡查供水工程258个。对在建的饮用水提升工程，与水利部门积极协作，提前介入监督指导。开展对农村供水单位及设施所涉及的饮用水卫生安全产品进行卫生监督检查，包括输配水设备及防护材料、生活饮用水化学处理剂等。开展对建材市场、卫浴行业的水龙头和给水管材管件等涉水产品进行排查摸底工作，与业主签订涉水产品销售单位卫生安全承诺书。开展饮用水卫生宣传周活动。5月16日、5月24日、9月19日，分别在人民广场、安仁镇、锦溪镇开展以“关注农村饮用水卫生安全、共建健康家园”为主题的宣传周活动，现场发放宣传资料500余份。

【职业(放射)卫生】 2019年，职业卫生监管职能从安监部门划入卫健部门，已明确对口科室和执法人员，开始承担职业卫生执法职责。在2019年龙泉市重点企业职业卫生基本情况调查摸底的基础上，联合各乡镇(街道)、经济开发区再次梳理，更新辖区内的职业卫生监管企业情况，辖区内有职业病危害企业334家(其中严重危害企业51家，较重126家，一般157家)，职业健康体检单位1家(龙泉市人民医院)，全年共完成职业健康检查9家企业204人次。全年收到52家企业合计职业健康检查952人次，检出职业禁忌18例。11月，联合市疾控中心对职业病危害严重企业进行了调查和职业危害因素浓度监测，实地走访企业30余家，对化工、矿山、冶金、建材等行业进行尘毒专项检查。全年职业卫生案件立案4起(其中一般程序2起，简易程序2起)，共罚款6万元。12月底，邀请丽水市卫生监督所、丽水市疾控中心、龙泉市人民医院体检中心和第三方职业卫生服务机构等专家，为企业相关人员进行培训，对2020年职业卫生工作进行专门部署，参加会议企业60家100余人，发放宣传资料100余份。利用职业病防治法宣传周、安全生产月等活动，在市人民广场、经济开发区等开展集中宣传。辖区内有15家医疗机构从事放射诊疗工作，均为X射线影像诊断。重点检查放射诊疗许可证持有情况，放射诊疗建设项目职业病危害评价情况、设备状态检测情况，放射工作人员个人剂量监测及防护情况等。全年放射卫生处罚立案1起。

【食品安全】 辖区内有餐饮具集中消毒单位1家，共计出动执法人员36人次，累计检查8次，监督抽样检测消毒后餐饮具6批次60份样品，合格60份，合格率100%。按要求拓展了检测项目，在继续开展大肠菌群、感官指标项目检测同时，增加了洗消剂残留和致病菌检测指标，结果全部合格，达到餐桌安全治理规划目标要求。企业管理实施远程监控并与卫生监督所联网实行实时监控。建立统一的卫生管理台账并做好记录，内容包括餐饮具集中消毒单位日常管理台账、检验与生产过程记录、消毒餐饮具使用单位目录、消毒餐饮具进出货管理等。配合上级部门做好食品安全标准日常备案和管理人员食品安全国家标准及规范的宣传培训工作，对

2家瓶(桶)装饮用水生产经营单位、1家植物油生产经营单位、1家监管部门、1家检验机构开展食品安全国家标准跟踪评价工作。

【卫生许可】 完成各类卫生许可现场核查308家，其中公共场所卫生许可事项许可核查114家，医疗机构执业登记注册现场审核7家，医疗机构校验现场核查136家，放射诊疗许可现场审查7家，放射诊疗建设项目预评价审查7家，放射诊疗建设项目竣工验收7家。 (田 瑛)

卫生应急

【概况】 2019年，组织开展《龙泉市突发公共卫生事件应急预案》《龙泉市应对流感大流行应急预案》《龙泉市突发公共事件医疗行动方案》三大应急预案的修编工作，已形预案初稿并向相关单位征求了修改意见。

完成卫生应急指挥平台建设，通过视联网技术，实现与市政府应急指挥平台的对接；完成丽水市卫生应急指挥系统县级建设任务，各医疗机构配置管理员，完善各医疗机构信息、应急物资等模块信息。

【应急演练】 6月，龙泉市卫生健康局组织开展了龙泉市防汛抗灾救灾卫生应急演练，围绕组织指挥、应急处置、群众转移等重点环节，制定了防汛抗灾救灾卫生应急演练方案，演练模拟龙泉市某地因连日暴雨引发山洪、滑坡等灾害事件，导致人员伤亡，情况紧急的情况下开展医疗救援和卫生防疫工作。通过实战和模拟相结合的演练方式，提高了龙泉市卫生健康系统的应急救援快速响应和应急处置能力，为实地救护打下良好的基础。 (尚向臻)

基层卫生(乡镇卫生院)

【概况】 2019年，成立龙泉市基本公共卫生服务项目管理办公室，印发《龙泉市基本公共卫生服务项目绩效考核办法(试行)的通知》，安排专人具体负责项目工作的组织实施。基本公共卫生经费人均69元/人，项目资金专款专用。规范建立电子健康档案212688份，建档率达88.26%。七苗接种率均达90%以上，流动儿童接种率达90%。辖区内全部小学和幼托机构82家开展入托和入学接种证查验工作，查验率达100%。0—6岁儿童健康管理率97.14%；0—3岁儿童系统管理率95.79%。0—6岁儿童眼保健和视力检查率62.61%，6岁儿童眼保健和视力检查率99.02%，市儿童保健门诊均开展儿童肥胖筛查与指导。早孕早建率98.02%，产后访视率99.16%；孕产妇系统管理率95.02%。65岁以上老年人健康管理率为68.24%，高血压患者健康管理率39.96%，规范管理率为64.15%，血压控制率达57.87%。糖尿病患者健康管理率35.12%，规范管理率为64.37%，血糖控制率达55.59%。严重精神障碍患者在册管理率98.21%，规范管理率97.04%，稳定率为93.45%。结核病患者健康管理率97.03%。65岁以上中医药健康管理率达管理率56.18%，0—36个月儿童中医健康管理率达62.78%。共报告甲、乙、丙类传染病15种1604例，年报告发病率584.38/10万，报告死亡病例3例(艾滋病2例，出血热1例)。突发公共卫生相关事件信息报告2起。辖区内建立由47位助理监督员为主和责任医生为辅的卫生监督协管队伍网络，44个乡镇卫生院(分院)、社区卫生服务中心(服务站)均按要求开展卫生监督协管工作，开展率达100%。

开展城乡参保居民健康体检工作，完成65岁以上老年人体检20272人；0—6岁儿童体检16423人；学生体检22352人。

【基层财政补偿机制改革】 市卫生健康局和市财政局联合出台《关于印发龙泉市基层医疗卫生机构财政补偿机制改革实施办法(试行)的通知》文件，制定《医共体建设基层医疗卫生机构补偿机制改革方案(试行)》，明确基层补偿机制改革数据测算和补偿标准核定等基础工作，明确单位标化工作当量财政付费标准。建立绩效评价信息化系统，完成1594806工作当量，发放当量经费1859.77万元。

【优质服务基层行】 市卫生健康局印发《关于做好优质服务基层行活动的通知》，明确职责分工，依托市人民医院和市中医医院两家医共体龙头组织做好成员单位“优质服务基层行”活动，协调整体推进，做好医共体成员单位的技术指导和督查审核工作，基层服务能力有较大的提升，6家基层医疗卫生单位达到“优质服务基层行”基本标准。

【全科医生签约服务】 组建2家医共体(人民医院医共体、中医院医共体)，人民医院医共体制定《关于开展“专科+全科”融合一体化运行工作方案的通知(试行)》，中医院制定《关于印发龙泉市中医院医共体专科医生签约服务团队(试行)的通知》，在原有的全科医生进行家庭医生签约服务的基础上，开展“专科+全科”融合一体化运行模式，即由医共体专科医疗团队与全科家庭医生团队一起服务签约百姓，为龙泉市签约团队注入新的活力，提高签约服务水平。建立剑池街道社区卫生服务中心省级责任医生签约服务示范点1家。2019年，共签约1022394人，签约率达35.17%，重点人群签约72908人，签约率达68.41%。 （尚向臻）

医疗保障

【概况】 2019年，龙泉市职工医保参保人数43168人，新增3692人；城乡居民医疗保险参保人数224810人。基本医疗保险参保率99.31%。生育保险参保人数25360人，新增1617人，全年受理报销生育津贴479人。预计2020年1月，生育保险和基本医疗保险合并实施。市职工医保收入15967.86万元，支出17455.24万元，累计结余13281.94万元（其中统筹基金结余3091.49万元，个账基金结余10190.46万元）。城乡医保收入29171.09万元，支出25710.11万元，累计结余22269.9万元。生育保险收入605.69万元，基金支出843.93万元，累计结余247.83万元。

市医疗保障局在现有18种慢性病和15种特殊病种基础上，对诊疗、用药范围进行适当调整和完善，优化备案流程。将21家药店纳入慢病门诊待遇结算范围，同时对21家药店进行业务培训，要求定点药店确保药品供应，按相关要求和规定执行医保支付标准，并做好系统信息对接等相关工作落实。该年医保领域"最多跑一次"全部事项（医疗保险、医疗救助和生育保险11个主项、31个子项）在浙江政务网、"浙里办"APP成功上线试运行。龙泉市医保经办事项实现"即时办、网上办、掌上办"三个百分百。积极与民政对接医疗救助移交衔接工作，全面落实医疗救助政策，探索救助新模式。

2019年4月26日，"打击欺诈骗保 维护基金安全"集中宣传月活动动员大会

（陈春顺/供图）

3月26日，实现特困、低保、低边三类医疗救助对象持社会保障卡在丽水市域内定点医药机构实现医疗救助"一站式"结算，全年实现直接救助4528人次。5月底，实现出生"一件事"一站式联办、一体化服务工作。9月底，实施退役军人"一件事"一站式联办。实现与上海异地门诊就医直接结算工作，6月12日，龙泉参保人员在上海门诊实现直接刷卡结算。10月，龙泉市人民医院开通上海市民门诊直接刷卡结算。

【机构设立】 1月18日，龙泉市医疗保障局正式挂牌成立，局机关内设办公室和综合业务科两个科室，下设龙泉市医疗保险服务中心。全市定点医疗机构56家，定点零售药店39家。主要职责：贯彻执行国家、浙江省、丽水市有关医疗保险、生育保险、医疗救助等医疗保障法律法规和政策规定，拟订医疗保障相关政策、规范性文件草案和规划、标准。组织实施医疗保险、生育保险、医疗救助等医疗保障筹资和待遇政策，完善动态调整和区域调剂平衡机制，统筹城乡医疗保障待遇标准，建立健全与筹资水平相适应的待遇调整机制。组织实施医疗保障基金监督管理办法，建立健全医疗保障基金安全防控机制，推进医疗保障基金支付方式改革，承担市医疗保障基金监督管理相关工作。组织实施定点医药机构协议管理政策和支付管理办法，完善医疗保障信用评价体系和信息披露制度，监督管理纳入医疗保障范围内的医疗服务行为和医疗费用，依法查处医疗保障领域违法违规行为。组织实施国家、浙江省、丽水市确定的药品、医用耗材、医疗服务项目、医疗服务设施等医保目录、支付标准和收费等政策。建立价格信息监测和信息发布制度。指导、监督全市药品、医用耗材的招标采购、配送及结算管理，组织落实公立医疗机构药品采购新机制工作，配合做好药品、医用耗材招标采购平台管理等工作。负责医疗保障经办管理、公共服务体系和信息化建设。实施异地就医管理和费用结算政策。健全并执行医疗保障关系转移接续制度。承担全市医疗保障经办管理，指导乡镇（街道）医疗保障经办管理、公共服务标准化建设。

【打击欺诈骗保】 2019年，市医疗保障局开展"打击欺诈骗保、专项治理行动"，组织集中宣传月、全市动员、局长访谈、专项稽核整治等系列活动。

举行大型专场主题宣传活动1场，现场发放宣传资料500余份，答疑解惑医保问题300余人次；组织基层宣传活动27场次，发放宣传资料1.5万份，入驻医疗机构动态播放宣传短片50家，粘贴宣传画报400张。市医疗保障局通过推进日常检查、专项检查，已完成39家定点零售药店检查，检查覆盖率100%，其中连锁药店9家，单体药店30家，发现存在违规药店共23家，暂停医保服务2家，书面警告7家，扣除违规金额共计52690.34元；完成56定点医疗机构检查，监察覆盖率100%，发现7家医疗机构违反服务协议规定，依规对7家违规医疗机构作出处理，违规扣款共计23725.41元，并暂停医保服务1家，提出书面警告1家，医保医师扣分18人次；约谈2家民营医院。（方雨平）

红十字会

【概况】 2019年，龙泉市红十字会有乡镇（街道）红十字会19个，乡镇（街道）建会率达100%；学校红十字会26个，乡镇级中小学校都建立红十字会；社区红十字会2个；志愿服务队伍3支，分别为阿超志愿服务小组、无偿献血及造血干细胞志愿服务队伍、龙泉市红十字救援队伍，救护培训师23名。

市红十字会与中国银行、建设银行联合开展网上募捐活动，与社会爱心人士一道搭建爱心助学平台，全年募集爱心助学基金2.8万元，不定项捐款6064元。市红十字会开展人道救助活动，给14位困难学生发放爱心助学补助2.8万元，给予岩樟乡4户火灾受灾群众和7户水灾受灾群众送去食用油、棉被等爱心物资及爱心资金补助；给因病致贫的困难群众发放爱心物资124份。

市红十字会发挥好广大志愿者的带动作用，多方位多角度组织各种活动。“5•8”世界红十字日期间，组织志愿者在全市范围内开展“爱心相伴、救在身边”为主题的第72个世界红十字日纪念活动。5月6日至12日，携手市人防办、市应急管理局，在龙泉市中小学素质教育中心、龙泉市第二中学、龙泉市江南小学等学校开展为期一周的防灾减灾安全知识宣传周活动，主要内容有现场应急救护、防灾减灾知识培训、红十字现场应急救护知识竞赛、灾害现场疏散、救援演练等，共2000余名师生参与，发放宣传资料1500余份。

加大宣传力度，弘扬红十字精神。《学习雷锋，“救”在身边》等8篇文章在《中国红十字报》刊登；《龙泉：“红十字救护知识普及进校园全覆盖”挺好的》等3篇文章，被浙江省红十字会网站录用，尤其是《新春第一笔捐款，是关于这对母子的故事，龙泉这地儿有点暖！》一文在网上得到广泛关注；《世界红十字日：我市开展“爱心相随救在身边”应急救援演练活动》等多篇文章在龙泉本地媒体刊发。

【应急救护】 2019年，市红十字会完成救护员取证912人，占当地人口比率0.325%；普及培训7809人，达到当地人口比例2.68%；走进全市15个乡镇46个行政村、3个街道14个社区、10个企业、5所学校，开展现场应急救护知识普及培训。

3月，组织开展龙泉市内企业安全员现场救护知识培训，30多个企业安全员参加培训，并获得救护员证书。4月3日，“现场救护知识普及进校园全覆盖”在龙泉市第三中学率先铺开，该校利用晚自习的时间，对全校2900余师生进行救护知识普及全覆盖，做到“校不漏班，班不漏人”。7月，分别组织红十字现场应急救护师到金盾保安公司、汽车空调企业、邮电等企业开展应急救护培训。组织开展现场应急救护知识培训进农村文化礼堂，紧紧围绕“人人学急救、急救为人人”的工作目标，以“健康浙江”——“健康龙泉”建设为主动力，努力克服困难，集中单位80%以上的人力物力，圆满完成培训任务。9月5日起，每周周三、周四到龙泉市中等职业学校，对高二段全体学生开展为期2天

2019年5月9日，龙泉市开展第72个世界红十字日纪念活动　（李廖珍/供图）

的救护员培训。同时，市红十字会组织救护员参加丽水市应急救护技能比赛，获得个人一等奖2项，团体第一的好成绩；12月8日，组织志愿者参与2019环浙骑游·瓯江山水诗路龙泉总决赛安保工作。 （李廖珍）

人民医院

【概况】 2019年，龙泉市人民医院门急诊病人493523人次，住院病人23547人次，业务收入33544.72万元。全年，投资868.96万元，购置眼科手术显微镜、超声诊断仪、减压沸腾清洗机、肺功能仪、康复训练系统、电子鼻咽喉镜系统等新设备。完成区域检验中心招标工作、采购中心加层项目。在全院各类专业技术队伍中，正高职称27人，副高职称58人，中级职称176人。

【"省市县乡"四级医疗融合体建设】 为深化"省市县乡"四级医疗融合体建设，2019年，浙医二院下派11名医师在市人民医院进行传帮带教学，丽水市人民医院选派186人、累计2600余人次帮扶指导，萧山区第一人民医院选派超声科专家、丽水二院选派精神科专家下沉帮扶指导。先后与郑伟、叶招明、谷卫、章小平、方炳木、钟根龙等8名浙江省、丽水市级专科教授签订柔性专家引进协议，并设立工作站。市人民医院成为丽水市精神医学专科联盟成员单位。搭建病理远程会诊平台，对接丽水市人民医院病理专家。神经内科加入长三角城市群医院神经内科专科协同发展战略联盟。邀请上海交通大学医学院附属瑞金医院超声诊断科主任詹维伟教授到龙泉指导授课。

【医共体建设】 落实2019年县域医共体55项清单任务。市人民医院医共体结合各分院特色，开设20个全科—专科联合门诊，48名医师常态化轮班，累计下沉923人次，授课及新技术指导培训90余次。以点带面，开展"安仁提质大会战"，在剑池分院开设泌尿外科专家门诊，丽水人民医院泌尿外科专家周小庆、周东周二上午轮流坐诊，就诊360余人次。以"师带徒"模式，提升基层医护人员业务水平。创建医共体人才培训基地，制定《龙泉市医共体专业人才培训实施方案》，融合省市教学资源，开展各类培训40余场、3900余人次，其中开展模块化培训2期。建立医共体双向转诊制度，建立转诊微信群，打通医共体间转诊通道，累计转诊1948例，其中县级下转264例，基层上转1684例。开展远程会诊450余例。市人民医院医共体探索公共卫生、慢病管理在医共体框架下的工作模式，出台一系列配套文件，将医联体下沉专家和市人民医院专科医生融入基层，成立健康顾问团队，开展20余场全—专科联合签约义诊活动，现场签约1523人。针对各单位辖区内高血压、糖尿病等常见慢性病，组建慢病管理微信群62个、共4566人，让专科医生支撑全科医生，以群管病。同时，把健康管理师与基层家庭责任医生团队相融合，结合"健康素养进文化礼堂"活动，开展健康宣教20余场。利用2辆巡回医疗车，结合原有医疗用车，分区块实行巡回医疗网格化管理，推进基层慢病管理工作，实现送医入户、送药到家。

【东西部医疗对口帮扶】 2019年，贯彻落实中央、浙江省、丽水市关于东西部扶贫协作的有关精神，市人民医院派出血液净化中心医护人员对四川省广元市昭化区人民医院的血透工作开展帮扶；6月27日，赴昭化区疗养的团队前往昭化区人民医院开展义诊活动；7月10日，举办医院品质管理培训会暨昭化—龙泉两地卫生管理干部培训研讨班；8月19日，在第二届"中国医师节"到来之际，援川专家和昭化区人民医院医护人员，联合在昭化区弘瑞广场开展义诊活动；8月22日，援川专家在昭化区人民医院开展多学科联合诊疗；9月6日，"浙江龙泉—四川昭化东西部扶

2019年4月26日，龙泉市人民医院医共体挂牌成立 （市人民医院/供图）

贫协作学术讲座”在昭化区人民医院学术报告厅举行，借技术培训提升昭化区人民医院的服务水平；10月27日，市人民医院院长邱伟文一行前往昭化区人民医院开展健康帮扶工作，并建立浙江龙泉市•昭化区东西部扶贫协作邱伟文专家工作室；“最多跑一次”工作推进小组应邀先后分2批赴昭化区人民医院开展“最多跑一次”各项推进工作，2家医院通过前期的对接、人员派驻、深度交流、实地走访调研，结合昭化区人民医院的实际拟定《广元市昭化区人民医院医疗卫生领域“最多跑一次”改革工作实施方案》，将浙江、龙泉的“最多跑一次”工作经验带到四川。

【人才队伍建设】 2019年，市人民医院引进各专业应届本科毕业生12名，面向社会公开招聘编制人员15名，招聘护理临时工3名。做好医师规范化培训工作，招收助理规培学员13名，外送规培学员14名，选派带教老师40名到上级医院进行师资培训。做好实习生带教管理工作，创建温州医科大学实习医院。举办丽水市级继教项目12期，省级继教项目1期。

【学科建设】 2019年，新开设心血管内科、神经内科、泌尿外科三个病区，丽水市人民医院专家医师长期坐诊帮扶，加强新增学科建设；派急诊医师赴浙江大学医学院附属第二医院进修介入治疗技术，推进胸痛中心建设工作；建设MMC，开展胸痛、药学、妇儿等专题讲座，组织5次急诊演练，推进MDT及远程会诊工作。呼吸与危重症医学科通过国家级PMCC项目认证，并在二级医院中被评为优秀单位；胸痛中心顺利通过认证，成为中国胸痛中心认证的国家级胸痛中心；国家标准化代谢性疾病管理中心正式授牌，成为长三角MMC联盟；普通外科学、骨外科学、专科护理学（内科护理学）、肾脏病学、内分泌学和代谢病学申报为丽水市县级龙头学科。申报龙泉市科技计划项目12项，开展新技术新项目45项。

【“最多跑一次”改革】 2019年，市人民医院开通微信预约、支付宝生活号预约、网站预约、电话预约以及现场预约五种预约就诊模式，基层医生实现诊间预约号源。市人民医院医共体22家单位接入HIS系统，基层对上实现门诊至门诊、门诊至住院预约功能。安装金苗系统，开展免疫接种预约服务，发放预防接种证。上线数字影像“云胶片”服务。开通刷脸建档服务，就诊时通过人脸识别采集信息建档就医，刷脸完成分诊、检验、检查、取药。开通电子发票服务功能，患者通过诊间结算、自助机结算、护士站结算、移动支付等智慧结算方式后，获得浙江省财政电子票据，并通过自助机打印纸质电子发票。开通医后付服务。整合医保咨询、双向转诊、投诉接待及各类证明、医疗文书审核等工作为“一站一窗一章”式服务。实现出生“一件事”五证一站式联办。开通电子健康卡及支付，完成电子社保卡测试。开通HIS版用血直免服务，献血者及其亲属在就诊用血后实现“即用即免”“异地减免”。预约挂号、检验检查报告、数字影像、免疫接种、个人健康档案、母子健康手册等端口数据及市人民医院官方APP、小程序接入丽水掌上健康平台，启用市人民医院医共体“中医云药房”，申报为“龙泉市人民医院医共体互联网医院”。院前院内急救接入丽水市院前院内急救一体化平台，完成院前急救车辆改造，实现患者信息院前院内互联互通、实时共享。（沈　眉）

中医医院

【概况】 龙泉市中医医院基础设施完善、医疗技术力量较强、科室齐全，是集医疗、科研、急救、教学、科研、预防保健、康复为一体的国家二级乙等中医医院。2019年，成功创建浙江省健康促进医院，门诊185769人次，出院人数1872人，全年总收入5309.55万元。

根据龙泉市与昭化区党委政府统一部署，市中医医院对口帮扶昭化区中医院。2019年，该院派出院领导、医务科、外联办人员到昭化区中医院帮扶调研，昭化区中医院派出针灸推拿科人员1名到市中医医院进修学习。

【“省市县乡”四级医疗融合体建设】 3月30日，市中医医院增挂“萧山中医院龙泉分院”。2019年，萧山中医院派出专家7名，分三批次驻点市中医医院进行每期三个月的帮扶，帮扶专业包括骨科、口腔科、儿科、放射科、护理管理等，提升市中医院相应科室的医疗服务能力。同时，帮扶行动还延伸到龙泉市中医院医共体八都分院、查田分院。杭师大附属医院定期下派消化内科、肛肠外科、五官科、妇科、甲乳外科、肿瘤科专家到市中医医院坐诊。4月14日，浙江大学医学院附属第四医院一行11人，到市中医医院开展帮扶调研。5月20日，派出18人赴浙江大学医学院附属第四医院交流学习，其中9人在浙大四院进行为期1个月的进修学习。7月28日，浙大四院省级继教项目《呼吸慢病规范治疗和管理》学习班在龙泉市举办。11月24日，浙大四院派出专家13人在市中医医院开展大型义诊活动。

2019 年 9 月 30 日，龙泉市中医医院迁建工程开工仪式　　（市中医院 /供图）

【中医院迁建工程】　根据市委市政府工作部署，老人民医院西侧棚户区块共 53 户的房屋征收程序启动，确定了老人民医院西侧山沿征收红线范围。1 月 28 日，成立由副市长占雅静担任总指挥的西街区块（老人民医院西侧）棚户区拆迁改造项目土地和房屋征收工作指挥部。3 月，完成签约，4 月 12 日，全部搬离腾空，随后完成被征收户货币结算工作和产权调换住户档案整理移交工作，并启动老人民医院西侧新征部分旧房拆除工作，同月完成立项申请批复、规划用地红线图、用地勘测定界图、项目选址意见书、工程地质勘探（补测）、工程土地预审。5 月，完成用地预审意见、可行性研究报告审查及批复、水土保持方案编制批复。6 月，完成项目环境评估报告及批复、建设用地规划许可证。7 月 11 日，市人大常委会主任叶砝仙、副市长占雅静到老人民医院旧址现场调研中医院迁建工程实际完成情况。7 月底前，完成初步设计批复完成、施工图图审、节能审查意见书、地质灾害评估、中医院迁建工程节能评估及审查意见书、人防及消防审查、社会稳定风险评估。9 月，完成工程预算标底审核、西侧棚户区旧房的拆、监理单位招标、土建施工单位招标。9 月 30 日，市中医医院迁建工程正式开工。10 月，完成建设用地批准书、建设工程规划许可证、施工图设计文件审查合格书，之后完成施工许可证开始项目部搭建，土石方开挖、围护桩施工。

【医共体建设】　4 月 26 日，市中医院医共体挂牌成立，医共体以中医医院为总院，含西街、八都、上垟、锦溪、住龙、岩樟、宝溪、兰巨、查田、小梅、宏山 11 个分院，新民、瀑云、南窖、泗源、双岭、剑湖、大赛、茶丰、青溪 9 个服务站共 21 家组成，成员单位人财物全面整合，功能职责整体纳入，形成管理、服务、利益责任和文化共同体，构建县域医疗卫生服务新体系。医共体成立以来，严格按照 55 项任务清单进行工作落实，市中医医院下派到分院坐诊专家 300 余人次，加强分院人才队伍建设，组织分院医务人员到总院学习 40 余人次。利用中医院的中医优势，从实效上进行融入，在分院开设了 9 家中医馆，利用住龙镇为浙西南红色革命根据地的契机，推进红色文化与医疗人文建设相融合，挖掘开发住龙老街同春堂旧址，继承和转变同春堂服务功能，开展中医药适宜技术、中医研学等工作，八都分院和查田分院住院部开始重新组建，拟在 2020 年开展住院医疗服务。7 月 1 日起，实行药品统一账户、统一目录、统一配送、统一支付。

【学科建设】　2019 年，肛肠科纳入浙江省“十三五”中医药重点专科建设，成立全仁夫名中医工作室，通过杭师大附属医院重点帮扶消化内镜中心开展胃镜、肠镜检查、肠镜下微创手术合计 2000 余例，耳鼻咽喉科、中医

2019 年 4 月 26 日，龙泉市中医院医共体挂牌成立　　（市中医院 /供图）

肿瘤科业务有较大的提升，外科团队从2018年新组建至2019年年底手术量增加约七成。

【新项目、新技术】 2019年，开展新项目、新技术15项。妇产科开展宫腔镜下手术、微创乳房旋切术、宫颈锥切术；外科开展腹腔下手术、大隐静脉抽剥术；超声科开展胎儿NT、胎儿三维、胎儿心脏B超、针吸细胞学穿刺检查；消化内镜中心开展内镜下息肉、肠腺瘤摘除术；手术室C臂机用于骨科拆内固定；中医适宜技术开展儿童生长贴敷治疗、蜡疗、脑循环功能障碍治疗。

【医疗设备配置】 2019年，购置设备投入资金共计478万元，大大改善医疗“硬件”，提升医疗服务水平。完成16排螺旋CT、口腔CT采购招标项目工作，共计405万元。为龙泉市中医院医共体成员购买新设备，投入资金共计60.97万元。

【“最多跑一次”改革】 2019年，投入98万余元，对信息化建设进行升级改造。紧紧围绕龙泉市医疗卫生服务领域“最多跑一次”改革“1+10+3”项目责任清单，搭建一个平台（预约挂号、检验检查报告、数字影像、免疫接种、个人健康档案、母子健康手册等端口数据，已接入丽水“掌上健康”平台），十项任务有序完成（实现远程视频会诊、费用结算医后付、刷脸就医新模式、健康服务一卡通、出生一件事五证一站式联办、入驻互联网医院、安装“用血直免”服务系统、成立“一站式服务中心”、数字影像“云胶片”服务系统上线、免疫接种综合管理系统上线运行），创新3项工作（中医中药一网通、双向转诊一键办、院前院内一体化），不断提升群众看病就医的获得感和满意度。

【人才队伍建设】 2019年，引进本科生5名，定向培养6名，公开招聘14人。市中医医院赴上级医院参加住院医师规范化培训人数为14人，其中丽水市中医院4人、萧山中医院4人、丽水市人民医院1人、丽水市中心医院1人、浙江省中医院1人，浙大附属口腔医院1人、浙大附属二院1人、杭州市第三人民医院1人。赴上级医院进修共13人，医共体成员单位到龙泉市中医医院进修学习23人。组织院内业务学习9次，其中4次邀请上级医院老师授课。（彭慧敏）

社会生活

综　　述

【概况】 2019年，龙泉市民政局完善制度强化内部管理，修改制定廉政效能制度、工作制度、会议与学习制度、行政事务制度、财务管理制度，加强内部管理，推进各项工作顺利开展。深化“最多跑一次”改革，强化基本民生保障职能，为困难群众、孤老孤残孤儿等特殊群体提供基本社会服务；完善社会治理方式，积极培育社会组织、社会工作者等多元参与主体，推动搭建基层社会治理和社区公共服务平台，加快推进民政事业城乡一体化进程。组织全民政系统开展“不忘初心、牢记使命”主题教育活动，组织主题教育应知应会答题测试6次；深入基层开展调研2次，完成4份调研课题；局党员领导干部到分管科室及下属单位和联系乡镇讲专题党课4场，将主题教育成果转化为干事创业的激情。荣获2019年丽水市民政局组织开展全市民政局考核三等奖。

市民政局完成机构改革，其中优抚科划转成立市退役军人事务局，避灾救灾工作划转到应急管理局。机构改革后民政局下设办公室、社会福利救助科（挂区划地名办公室牌子）、社会工作事务科（挂移民安置办公室牌子），市民政行政执法大队、市社区工作服务中心、市婚姻登记办公室、市火化殡仪馆、市公墓管理所（市革命烈士陵园管理处挂牌）、市阳光老年福利中心、市城区中心敬老院、市老年活动中心、市救助管理站等9个下属事业单位。　　（冯晓茵　吴冰玲）

民政工作

【社会救助】 2019年，印发《龙泉市低保专项治理工作实施方案》，全市开展低保自查自纠专项治理“回头看”和低保复核工作。根据《浙江省社会救助家庭供养费核算办法（试行）》开展重点回访工作，对符合相关规定且实际生活仍存在困难的人员，进行重新申请核对，真正做到“应退尽退、应保尽保。”该年提高低保标准，从每人700元/月提高到每人770元/月。截至12月，全市在册低保数有4639户、7781人，新增低保对象441户、813人；取消低保对象594户、782人；在册低保边缘户有2251户、4755人，低保边缘户注销933户、1950人，新增73户、155人；累计发放低保金4576.28万元（包括低保、低边价格补贴）。全市在册特困户498人，新增特困人员84户、84人；注销特困人员57人，累计发放资金739.4万元；临时救助2749户、3760人次，累计发放资金

2019年6月，市民政局工作人员到竹垟乡山溪口村开展低收入家庭入户调查
（陈晓夕／供图）

363.9 万元。孤困儿童 332 名，累计发放生活补助 407.83 万元，其中价格补贴 10.69 万元。完成 19 个乡镇（街道）儿童福利服务站工作人员的招聘和聘用，增强基层儿童福利工作力量。制定《龙泉市社会救助家庭供养费核算办法（试行）》，统一困难家庭供养费核算标准。“创新社会救助模式，深化临时救助改革”试点工作全面完成。全年完成福利彩票销售 3358 万元，占丽水市总销售额 16.3%。完成公益金收入 369 万元，发行费收入 168 万元。开展福彩公益金助学帮困共发放“福彩助学”10 万元，资助大学新生 25 人，“福彩助困”10 万元，资助困难人员 100 人。救助管理站全年救助总人数 362 人次，其中男性 312 人次，女性 50 人次。 （陈晓夕）

道太乡居家养老服务中心为老人进行日常健康检查服务 （胡 欣／供图）

【养老服务】 2019 年，该市完成龙渊街道、西街街道、道太乡、上垟镇和住龙镇 5 家乡镇（街道）级居家养老服务中心建设，以及上垟镇小黄南村养老照护中心建设。公办养老机构建设不断完善，阳光老年福利中心二期工程特护中心 2、3 号楼通过室外工程单项验收和消防专项验收。龙泉市养老护理团队在 2019 丽水市养老护理员职业技能竞赛中荣获团队第一名，个人二等奖 1 名，个人三等奖 3 名。阳光老年福利中心院长周友宪获得 2019 年度浙江省“最美民政人”称号。

龙泉市首家民办养老机构——龙泉市休闲养老中心（一期）投入运营，该中心占地面积 2.6 万平方米，建筑面积 3.6 万平方米，床位 1200 张，分两期建设。其中一期项目占地面积 11868 平方米，建筑面积 27184 平方米，床位 800 张。

在城北乡开展“互联网+养老”智慧养老试点工作，即在每户留守老人家门口张贴二维码，通过“扫一扫”即可掌握老人的健康情况以及子女、专职保姆和医生的联系方式，确保老人突发疾病时可在第一时间联系到医护人员和家人。为全市患老年痴呆症的失智靠人免费配置 GPS 定位器，提升服务失智老人的水平。为全市 1308 位 90 岁以上的高龄老人发放春节慰问金，共计 26.41 万元。为 517 位新增 90 虚岁以上高龄老人发放一次性奖励金，共计 56.5 万元，其中新增 100 虚岁老人 12 人。老年人优待证办理工作全面入驻行政审批中心，实现全域一证通办。市政府为全市 80 周岁以上老年人投保每年 30 元/人的老年人意外伤害保险，共支付保费 31.68 万元，由中国人民财产保险股份有限公司龙泉支公司承保。 （胡 欣）

【婚姻收养登记】 2019 年，市民政局按照《婚姻登记档案管理办法》开展信息化数据的完善工作，完成 2004 年 7 月 1 日至 2009 年期间婚姻登记历史数据核对，以及电子签名和 2014 年以来婚姻登记纸质档案的电子化和纸质档案的整理和核对工作。实现结婚生育户口“一件事”联办事项，全年共办理结婚登记 1579 对，办理离婚登记 736 对，补发结婚登记证 416 件，补发离婚登记证 78 件。开展结婚登记免费颁证工作和婚姻家庭辅导工作，全年共为新婚当事人免费颁证 360 次，为离婚当事人离婚前调解和辅导 280 次。该年，认真执行《中华人民共和国收养法》和《收养登记条例》，做好收养登记工作，截至 12 月，办理收养登记 40 件。龙泉市阳光老年福利中心 5 名弃婴寄养在丽水市万地爱心儿童福利院，其中在院“三无”对象 2 人（1 级残疾），截至 12 月，共办理婴儿收养 90 人。 （张定清）

【社会组织管理】 2019 年，市民政局加强社会组织登记管理，把好登记源头关，在社会组织章程中加入党建内容，明确党建主管单位职责。出台《龙泉市社会组织公益创投资金管理办法》，确保公益创投资金的公开、公正、透明、合理。下发《关于调整社会组织等级评估委员会组成人员的通知》《关于开展社会组织等级评估工作的通知》《关于开展申报 2019 年度社会组织公益创投项目的通知》等文件，完成社会组织等级评估4家、社会组织公益创投评审项目7个。开展社会组织党建工作业务培训，组织11家社会组织党支部书记参加党建业务知识培训学习。免除社会组织法人离任审计和注销清算报告的费用，率先与工行试点合作，由专人负责社会组织和办事群众代办社会组织相关的网上申请流程。该年，共登记社会组织476家，其中社团259家，民办非企业单位217家。（姜　巍）

【殡葬管理】 2019年，该市制定出台《六边三化三美工作生态墓园建设考评实施细则》(龙生态墓〔2019〕2号)，按季度对乡镇(街道)开展管理督查。加强农村公益性公墓管理和维护，督促乡镇(街道)完成公益性公墓年检。完成遗物焚烧炉及尾气处理系统的建设，保持火化区火化率100%。清明期间，倡导广大市民使用“鲜花祭扫”“植树祭扫”“网上祭扫”“集体公祭”和“家庭追思会”等文明环保祭扫形式，积极推行树葬、花葬、草坪葬、海葬等节地生态安葬，全年完成1例海葬。7月，市政府调整《龙泉安泽园PPP项目实施方案》，政策处理、林地报批等前期工作不断推进。

（周火金　吴德斌　周伟龙）

社区工作

【城乡社区建设】 2019年，龙泉市共有139个城乡社区，其中13个城市社区，126个农村社区，城市社区专职工作者75人。龙渊街道5个城市社区，有党支部10个、党员352人，社区专职工作者31名、党员17人；剑池街道4个城市社区，有党支部11个、党员322人，社区专职工作者23名、党员13人；西街街道3个城市社区，有党支部9个、党员267人，社区专职工作者17名、党员10人；硋石街道1个社区，有党支部2个、党员18人，社区专职工作者4名、党员2人。该年，完成13个城市社区缺岗34名社区专职工作者的招录和分配，创招录人数新高，壮大了社区专职工作者队伍。组织开展社会工作者职业水平考试考前培训，提高持证率。出台《龙泉市社区财务管理办法》，建立社区干部顶岗交流制度，理顺社区管理体制。查田镇圩头村、住龙镇住溪村入选首批浙江省农村引领型社区，宝溪乡溪头村党支部书记曾志华入选首批省级社区工作领军人才。开展社区服务设施提升建设工作，完成西街街道白云社区、西新社区，查田镇圩头村、住龙镇住溪村、岩樟乡郑庄村、城北乡上田村、安仁镇广田村等7个城乡社区，办公场所、服务场所、调解场所、文化娱乐场所、社会组织和社工活动场所的完善和提升，共拨付补助资金62.22万元。

【社区党建】 2019年，社区党组织积极引导党员、居民群众参与到小区自治建设中来。东升社区党委建立“邻里”驿站红色微阵地，金乐社区党委建立“七色花”服务团，贤良社区建立“社区党委—社区党支部—小区服务党支部—楼栋党员—小区居民”的组织网络，金岗社区探索实践“1+2+3+N”▲区域化党建模式。水南社区创建“微课堂”“微心愿”“微服务”“微循环”“微播台”“五微”工作法。

▲“1+2+3+N”：搭建一个平台、编制“两张网”、突出“三强化”、联合“N个组织”

【社区活动】 2019年，南秦社区在“老年电大”教学点建立服务支部；大沙社区暑期大学生社会实践基地，128位来自浙江大学、浙江理工大学、宁波理工大学的学生在此开展暑期社会实践，为社区青少年、外来务工子女、留守儿童提供暑期作业辅导等服务；以“五彩丝带”志愿服务队为依托，为年老体弱党员开展“送学上门”服务；城东社区开展“浓情五月天、温馨母亲节”、电梯安全知识讲座、“情满九月九、爱在重阳节”等活动；清风社区党员“爱心超市”，累计

2019年6月7日，水南社区组织社区居民开展“一粽浓情迎端午，一粽温暖送万家”活动

（杨孔丽／供图）

为社区残疾人、低保户等特殊群体提供300人次、6万余元的救助帮扶。西新社区以网格化管理为依托，为退(离)休人员提供待遇资格上门认证、上门送医、宣讲惠民政策、调解纠纷等服务。　(吴冰玲　柳　升)

行政村规模调整

【概况】 4月19日，全市村级规模调整工作全面启动。以“并建制、并三资、并人心，促发展、促民生、促振兴”为目标，6月中旬，19个乡镇(街道)131个新组建行政村完成授印挂牌仪式，村调工作圆满完成，实现了零越级上访、零负面舆情、零治安事件、零群体事件“四零”目标。本次村规模调整幅度大，从全市原有444个行政村减少到236个行政村，减少率达46.85%;“三资”完全融合率高，新组建的131个行政村中，采取完全融合的112个村，占新村总数85.5%;行政村设置更加科学。村调后，户籍人口800人以下村从356个下降至77个，村均户籍人口从573人增加到1081人。

龙泉市各乡镇(街道)行政村规模调整一览表

表32　　单位:个

乡镇(街道)	撤并前村数	撤并后村数	减少数	涉调村
龙渊街道	23	15	8	12
西街街道	18	11	7	11
剑池街道	19	11	8	16
硋石街道	17	11	6	10
八都镇	29	22	7	14
上垟镇	20	12	8	13
小梅镇	23	14	9	16
查田镇	32	17	15	26
屏南镇	28	9	19	28
安仁镇	37	14	23	34
锦溪镇	14	10	4	7
住龙镇	11	6	5	8
兰巨乡	28	18	10	16
宝溪乡	11	6	5	8
龙南乡	33	15	18	29
道太乡	45	19	26	42
岩樟乡	11	4	7	11
城北乡	35	14	21	34
竹垟畲族乡	10	8	2	4
合　计	444	236	208	339

慈善工作

【概况】 2019年，龙泉市慈善总会共接收社会捐赠770万元，上级慈善部门划拨项目款81万元，其中浙江省总会下拨48万元，丽水慈善总会下拨33万元。市慈善总会本级本金收入49万元，其中城北微孝夕阳分会收入47万元。该年，市慈善总会慈善支出总额7895741.31元，其中，定向支出5904505.31元，本级慈善救助支出971746元，上级部门下拨款项发放1019490元。

市慈善总会加大宣传力度，举办中华慈善日活动，在市区设点宣传《中华人民共和国慈善法》，印制发放宣传活册1100份。制作贯彻慈善法及介绍龙泉慈善情况视频在龙泉官方媒体平台上播放宣传。协助做好对口帮扶县四川省昭化区的结对帮扶工作，帮扶资金共计173万元，“爱云慈母基金”44万元用于救助昭化困难家庭。

【慈善拍卖活动】 2019年，市慈善总会利用道太乡蟠桃节、城北乡猕猴桃采摘节等乡村漫游活动，举行农产品慈善拍卖，其中城北乡通过拍卖募集43.9万元的慈善资金，全部用于村老年人的困难救助和各项活动。在广东省东莞市及四川省广元市举行两场大型慈善拍卖会，将龙泉青瓷宝剑行业百名工艺美术师无偿捐献的作品进行爱心拍卖，拍卖所得的200多万元慈善款全部捐给市慈善总会。设立龙泉“同心圆”公益慈善基金。城北乡微孝夕阳慈善分会发挥协会作用，城北乡在外经商乡贤发挥爱心作用，募集慈善资金54.8万元，全部用于为乡留守老人、留守儿童的帮扶救助。　(项光胜　韩　君)

老促会工作

【概况】 2019年，龙泉市老区建设促进会在龙泉市委、市政府的领导和浙江省、丽水市老促会的指导下，做好调查研究、牵线搭桥、拾遗补阙、服务老区等工作，促进老区发展。市老促会常务理事4人，深入9个老区乡镇(街道)28个老区村走访调研革命遗

硋

址修复、老区建设和消除村级集体经济薄弱村情况，并撰写了《龙泉市关于农村集体经济“消薄”情况》的调研报告上报浙江省、丽水市老促会和龙泉市党政主要领导。市老促会撰写的《龙泉市革命老区发展史》，已完成全书送审稿，进入审查修改上报阶段。

4月，“最美龙泉人”暨第六届道德模范颁奖典礼上，龙泉市老促会会长陆龙水被授予“最美龙泉人”荣誉称号。5月，浙江省老促会文件《关于颁发“革命老区建设贡献奖”奖章的决定》（浙老促〔2019〕16号），龙泉市王秀琴、陆龙水、林世荣、姚少萍、戴建华、卢书田、王锡林、张爱民、毛明库9人获得“革命老区建设贡献奖”奖章、证书。12月，陆龙水被评为浙江省离退休干部先进个人。

【宣传教育】 2019年，市老促会大力弘扬践行浙西南革命精神，做好红色文化宣教工作。全年为市直机关、学校讲课35场，受教育人数2850人次。利用红色教育基地，开展革命传统和爱国主义教育280多场，受教育人数2.5万人次。制作微视频10多个，被浙江省老促会网和中国老促会网刊发。

【革命遗址修复】 2019年，市老促会积极助力乡村振兴，深入挖掘和开发当地的红色资源，努力做好革命遗址、革命纪念地的修复工作，并取得新成果。安仁镇胜利村支坪“红色纪念廊”、住龙镇碧龙村革命英烈纪念馆、道太乡仙源村下乾革命纪念亭、城北乡麻垟桥村鹤溪红色文化公园相继建成，城北乡上田村上田战斗纪念馆复修重布展揭牌仪式及龙泉知青陈列馆开馆，为龙泉弘扬红色文化、传承红色基因增添了教育基地。

【为民办实事】 2019年，市老促会积极服务老区，为老区做好事办实事。到老区村实地勘察，为革命遗址修复选址定点出谋划策，跟踪检查指导，协助撰写布展文字，竣工后派员验收，给予老区扶助资金补助。为老区人民送医送药。为联系村东书村红星果菜专业合作社红阳猕猴桃示范基地争取到浙江省、丽水市老促会老区建设扶持资金3万元，用于病虫害防治和苗木补植。会同市民政局，做好春节期间老区慰问工作；落实好浙江省老促会拨发的老区困难群众慰问金，将1.6万元慰问金（红包）送到老区乡村10户困难烈士家属、“三老”人员后代、老党员手中，送去了浙江省老促会对革命老区人民的关怀和温暖。（卢书田）

侨务工作

【概况】 2019年，龙泉市共有华侨、华人、其他涉侨人员1906人，海外留学人员198人。龙泉籍海外侨胞分布在80多个国家和地区，主要分布在西班牙、意大利、美国、日本、法国等国家。龙泉市内共有侨资企业11家。市委统战部开展海内外世界龙泉人调查摸底，乡情数据增长率达83%。举办世界丽水人大会龙泉分会场活动，组织“相聚龙泉”家宴活动，开展世界龙泉人家乡行、海外留学生走进龙泉等活动，签约14个项目，项目累计总投资116.3亿元。铺开世界龙泉人联络站建设，建立在外乡情驿站21个、警侨驿站2个、“警商驿站”3个。

【特色活动】 9月22—23日，2019第二届世界丽水人大会龙泉分会场圆满举办，100余名来自世界各地的龙泉人和嘉宾齐聚龙泉共叙乡情友谊、共话龙泉发展。9月22日，举行“相聚龙泉”家宴活动，签约14个项目，涵盖础石鞋艺智造小镇、北欧高效生态循环农业产业园等生态工业、休闲旅游、特色农业产业项目，累计总投资116.3亿元。9月23日，举行世界龙泉人家乡行活动，根据嘉宾类型和个人需求，组织剑瓷文化考察、项目投资考察等活动。（叶　磊）

残联工作

【概况】 2019年，龙泉市持有第二代残疾人证8572人，其中视力残疾741人，听力残疾2250人，言语残疾68人，肢体残疾3506人，智力残疾671人，

2019年9月22日，世界丽水人大会龙泉分会场活动　（市委统战部／供图）

残疾人之家　　（胡慧岚 / 供图）

精神残疾 793 人，多重残疾 543 人。19 个乡镇（街道）建有残联，13 个社区和 444 个村成立残协。成立肢残人协会、盲人协会、聋人协会、智力残疾人及亲友协会、精神残疾人及亲友协会 5 个残疾人专门协会。

争取到浙江省残疾人综合服务能力提升工程竞争性项目扶持，2018—2019 年获扶持资金 1269 万元，重点用于残联综合服务设施改造、贝爱儿童康复中心提升、残疾人成人康复站建设、残疾人之家提升改造等方面，全省获资金扶持县共 23 个，其中：丽水市 6 个，龙泉市排第一位。2019 年，全市共投入各类残疾人保障、扶持资金 3125.59 万元，与 2018 年 2946.75 万元相比，增幅 6.1%，其中争取中央、浙江省级资金 2296.8 万元。

市残联出台《关于更加精准发放残疾人“两项补贴”的通知》，对残疾人“两项补贴”进行动态管理，完善乡镇动态复核、部门季度会商、动态信息共享等工作机制，强化主动服务意识和政策宣传培训，力求救助更加精准。出台《关于做好低收入农户社会救助兜低保障的实施意见》，将依靠子女供养且无法单独立户的（肢体、精神、智力、视力）一、二级残疾人直接纳入单列低保范围；将完全丧失劳动能力和部分丧失劳动能力的其他重度残疾人，在经过机构劳动能力鉴定确认后纳入单列低保范围，残疾人“两项补贴”提标扩面效果明显。该年，享受重度残疾人护理补贴 2950 人，发放资金 555.28 万元；享受困难残疾人生活补贴 3100 人，发放资金 673.28 万元。

【就业帮扶】 2019 年，市残联全面落实浙江省政府民生实事项目，对标浙江省“残疾人之家”“8 个有”▲建设要求，市残联出台《关于推进“残疾人之家”规范化建设的通知》《龙泉市残疾人小康·阳光庇护中心（残疾人之家）考核办法》，建成 4 星级残疾人之家 2 家，3 星级残疾人之家 1 家，2 星级残疾人之家 3 家，为 149 名轻度精神、智力残疾人和重度残疾人提供庇护服务。

出台《龙泉市开发残疾人专职委员（公益性岗位）方案》《龙泉市残疾人专职委员管理办法》《关于进一步开发残疾人公益性就业岗位的通知》等文件，开发乡镇（街道）残疾人专职委员 22 名，开发残疾人之家公益性就业岗位 20 名。

推进东西部残疾人扶贫协作。重点围绕挂职交流、业务帮扶、技能培训、教育帮扶、物资捐赠等六大重点，主动对接抓好与四川省昭化区残联帮扶协议的落实。协助昭化区残联抓好残疾人康复训练示范站建设等工作，开发残疾人公益性岗位 20 个，开展残疾人职业技能培训 2 期、康复服务自闭症家长培训暨儿童康复 4 名、培养特教老师 1 名。

▲“8 个有”：有合法的主体；有稳定的服务对象；有适宜的服务场所；有配套的设施设备；有完善的服务功能；有专业的管理服务团队；有健全的管理制度；有统一的名称和标识。

【康复服务】 2019 年，市残联会同市财政局、民政局、卫健局等部门联合转发《浙江省基本型辅助器具服务实施办法》，结合龙泉实际，对享受残疾人基本型辅助器具服务的对象进行适当扩面，全年完成残疾人康复服务 1218 人，基本康复服务率达到97%以上，残疾人辅助器具服务率达到 97%，残疾人社区责任医生签约率达到 85%。与市人民医院合作共建残疾人成人康复站，投入项目资金 150 万元购置一批康复器具，进一步提升和完善康复站服务能力。落实《浙江省人民政府关于完善残疾儿童康复服务制度的实施意见》，贝爱儿童康复中心全年接收残疾儿童抢救性康复 71 人次，并对 17 名在其他省级定点康复机构康复的 0—6 周岁学龄前儿童进行补助。

【无障碍环境建设】 2019 年，市残联认真宣传贯彻《浙江省实施〈无障碍环境建设条例〉办法》，以丽水市无障碍环境“四进”（进社区、进农村、进景区、进家庭）工作为载体，结合全省最美大花园和国家文明城市创建，有序开展无障碍环境建设。累计投入资金 150 余万元，完成无障碍进家庭 280 户，创成浙江省级无障碍社区 2 个、丽水市无障碍示范村1个，在建全国无障碍示范镇1个(丽水唯一)、在建丽水市无障碍示范村1个、在建丽水市无障碍景区1个。西街街道清风社区创建成效明显，成为全省第二批创成的111个无障碍社区之一，是丽水市唯一被浙江省残工委通报表扬的单位。

【涉残服务】 2019年，市残联建立助残服务“1+X”▲联办机制，以优化残疾人证办理为突破口，通过常态评定、窗口前移、上门服务等举措，跑出了“最多跑一次”改革便民新速度。联合市卫健局在市人民医院成立龙泉市残疾评定中心，实现肢体、视力、听力、言语等残疾的每周常态化评定，将“受理、评定、核准、制证”全环节流程压缩至一周左右，相比于浙江省残联规定的30日内完成，效率大幅提升。在市人民医院设立残疾人证办理专门窗口，申请人可直接到窗口领取评定申请表格，通过现场评定后，最快可以实现当天出证，相比于常态化评定一周左右出证，效率又有新的提升，初步形成残联老窗口、医院新窗口共同服务、互相补充的全新局面。推进助残延伸服务，新办证残疾人可通过窗口派发任务代办的方式，实现助残服务一窗受理，内部流转、事项联办，初步实现助残延伸服务“零次跑”。

▲“1+X”:“1”指残疾人证办理，“X”指助残服务事项。

【宣传工作】 2019年，市残联通过短信、微信公众号、新闻媒体发布残联工作动态及政策信息90余条，龙泉贝爱公众号推送24期，残疾人服务热线接待来电800余人，全市残疾人舆论宣传工作成效明显。同时，积极参与丽水市首届“最美残疾人工作者”推荐活动和丽水市残联“寻访伤残英雄 传颂红色故事”活动，向社会传播正能量。（毛利莹）

乡镇　街道

龙渊街道

【概况】 2019年，龙渊街道总面积84.9平方公里，位于龙泉城区东北部，街道下辖贤良、金乐、大洋、东升、城东5个社区，15个行政村，59个自然村，140个村民小组。街道总户数9462户，户籍人口31047人，其中农业户4405户14574人，农村劳动力9505人。山林面积7394.6公顷，耕地面积866.4公顷，家庭承包经营耕地面积558公顷。全年实现工业总产值8.6亿元，其中规上企业约4.4亿元，亿元以上企业2家，1000万元以上企业3家，500万以上企业3家，选商引资实际利用内资2024万元。龙渊街道一村、二村、三村、四村、五村、菜村和临江村7个行政村为城中村。

4月23日，龙渊街道召开行政村规模调整工作动员部署会，启动行政村规模调整工作，行政村规模调整共涉及12个行政村（调整前），街道下辖行政村由原来的23个合并调整为15个。

【龙渊公园】 龙渊公园位于城区核心地带，东至陵园路，西至清风路，南至北河街，北至九姑山，为千年古衙所在，背山面水，文化底蕴深厚。项目总用地面积约3.9万平方米，总建筑面积约4.6万平方米，其中地上建筑面积约3.2万平方米，地下建筑面积1.4万平方米，公园面积约2.2万平方米，地上三层，地下一层，项目总投资约4.14亿元。

龙渊公园及地下空间开发PPP项目建设分为公共设施部分和商业服务业设施部分。公共设施部分主要有公园、老干部活动中心、公园管理用房、架空层公共停车库等。商业服务业设施部分主要有商业店铺、餐饮、电影院、地下超市、地下车库等组成的综合体设施。建成后，龙渊公园、九姑山森林公园和场地内的府衙文化融合为一个整体。

龙渊新天地广场已入驻肯德基、大润发、时代国际影城等商户，将于2020年1月正式启用，成为龙泉市民集休闲、娱乐、健身、购物为一体的综合性活动场所。

【静脉产业项目】 龙泉市静脉产业项目——垃圾资源化协同处理工程以节约资源、保护环境为目的，运用先进技术实现生活垃圾的再利用和资源化，按照“三厂合一”的标准，采用机械炉排炉焚烧工艺，项目建设采用PPP模式。项目选址于龙渊街道沙潭村源底区块，总用地面积约5.65万平方米，总投资约2.18亿元，总设计处理能力为340吨/日，其中生活垃圾焚烧处理能力300吨/日、餐厨垃圾25吨/日及粪便15吨/日，项目建成后可年处理垃圾12万吨，年发电

2019年12月31日，静脉产业项目点火仪式　（龙渊街道/供图）

3170 万度。

12 月 31 日，市静脉产业项目——垃圾资源化协同处理工程举行点火仪式，预计 2020 年 6 月底前投入商业运营。项目完成后，龙泉市城区将彻底告别生活垃圾卫生填埋的历史，垃圾通过焚烧发电方式得到资源化利用和无害化处理，从而实现经济效益、社会效益、生态效应“三赢”。

【重点工作】 2019 年 1 至 3 月，龙渊街道联合市“三改一拆”办、市综合行政执法局、市移办等部门组织开展临江区块违建厂房拆除行动。临江区块有违建厂房 50 余家，主要为锯木厂、建材加工厂等低小散企业，其中一些违建企业涉及省“基本无违建县”现场验收整改点位，不少厂房建成有 50 年之久。截至 3 月 5 日，临江区块违建厂房拆除全部完成，共拆除违建厂房 176 栋约 10 万平方米。

8 月 29 日，龙泉市县道村沈线公路提升改造工程一期（梧桐口至源口段）在龙渊街道小白岸村开工。龙泉市县道村沈线公路提升改造工程（梧桐口至武溪）全长约 63.86 公里，其中龙渊辖区内长约 5 公里，按三级公路标准建设，设计速度 30 公里/小时，总投资约 3.7 亿元，分两期实施。村沈线公路提升改造工程需征用一村、二村和小白岸村林地 40 余亩，水田 5 余亩。

9 月 12 日，龙渊街道召开“不忘初心、牢记使命”主题教育动员部署会。主题教育期间，街道和村社党员干部共走访农户 8100 多户，征集到意见建议 900 多条，帮助解决农户饮水难、机耕路硬化和为老人办理“户口”等问题 230 多个。街道党员干部入户走访，开展“三服务”活动登上央视《新闻联播》。

10 月 20 日，中国龙泉鞋城暨鞋产业链招商（一期）大会在温州市鹿城区嘉运国际大酒店召开。龙渊街道派驻温州招商小分队逐一上门走访，全面组织发动，邀请了 43 家鞋企（其中非龙泉籍鞋企 11 家）负责人参加大会，最终完成鞋产业链项目招商 25 条生产线的任务。

11 月至 12 月，龙渊街道联合市“三改一拆”办、市综合行政执法局、自然资源和规划局等部门组织开展信义休闲山庄、灵芝休闲养生度假山庄、临江农家乐、蛤蟆砬农家乐生态园等 4 个山庄违章建筑拆除行动，共拆除违章建筑 75 幢，26602.98 平方米。其中信义休闲山庄位于龙渊街道砬步村，共有违建房屋 25 幢，总面积 9707.54 平方米左右，建于 2007 年；灵芝休闲养生度假山庄位于龙渊街道砬步村，共有违建房屋 24 幢（其中别墅 23 幢、大楼 1 幢），总建筑面积11171.56 平方米左右，建于 2007 年；临江农家乐位在龙渊街道临江村，共有违建房屋 3 幢，总面积约 1493.67 平方米，建于 2008 年；蛤蟆砬农家乐生态园位于龙渊街道砬步村，共有违建房屋 23 幢，总面积 4230.21 平方米左右，建于 2007 年。 （赖永飞）

西街街道

【概况】 2019 年，西街街道总面积约 66.2 平方公里，位于龙泉城区西北部，辖 11 个行政村、73 个自然村、114 个村民小组、3 个社区居委会；七村、八村、九村、宫头村 4 个行政村为城中村。街道总户数 8422 户，户籍人数 21648 人，山林面积 4540 公顷，耕地面积 517 公顷；全年实现工业总产值 13604 万元，其中 1000 万元以上企业 3 家，500 万元以上企业 1 家，100 万元以上企业 4 家。选商引资实际利用内资 4995 万元。

6 月 11 日，召开西街街道行政村规模调整新村成立集体授印大会。西街街道完成行政村规模调整后，原来 18 个行政村调整为 11 个。

西街街道推进辖区范围内的存量违建拆除和新发违建管控工作，在 3 月份只用 3 天时间，就“闪电”拆除了大棚房整治点位——河村红豆杉农家乐。截至 12 月 24 日，完成拆违面积共计 47815 平方米，年度任务完成率 136.61%，完成“三改”总面积 10.71 万平方米，完成年度目标。

2019 年，西街街道以开展“不忘初心、牢记使命”主题教育为契机，抓好村（社区）党组织书记队伍建设，周村村党支部书记叶建东、西新社区党委书记杨旭虹被评为丽水市兴村治社名师和丽水市级担当作为好支书。牢固树立大工委、大党委工作理念，提升城市基层党建整体效应，打响西新社区“家社区”品牌，创成清风社区“残疾人无障碍”示范社区，建立白云社区区域化党群服务综合体“微治理”模式。通过“三三”工作法，破解河村村政策处理、村基础设施、村组织建设 3 项难题；解决七村 160 亩土地征收 11 年未解的“旧账”，推动广大党员干部在一线破难中展现担当作为。联合蜂鸟义工协会召开第一届乡贤座谈会，成立乡贤联谊会救急帮困专项基金，现场筹得专项基金 20 余万元。

西街街道历史悠远，西街老街全长 1417 米，入选第一批中国历史文化街区，江滨北路（西街段）市政工程及西街历史文化街区保护利用项目被列入龙泉市重点工程。3 月 31 日，第一届“绍翁文化节”在岩后村举行，重温绍翁经典诗词，传承叶氏“武惟耕读，谋在勤俭”良好家风，弘扬中华优秀传统文化，以文旅融合助推乡村振兴。中央电视台《记住乡愁》海外版摄制组、中央电视台《风尚中国》栏目组，分别在4月、5月期间到下樟村采访拍摄。

【党风廉政建设】 2019年，西街街道开展村集体“三资”管理、农村作风巡察整改、扶贫领域腐败和作风问题等专项督查问责。批评教育相关责任人30人，诫勉谈话3人，追缴违规领取、违规报销资金21720元。以组织参观市廉政教育基地和“清风廉韵”青瓷大赛作品展，组织学习“以案明纪 警钟长鸣”违纪违法典型案例警示教育读本等方式开展警示教育月活动，筑牢思想防线。组织廉政风险排查，建立权力清单、风险清单、防控清单，并作出庄严承诺。推进监察办规范化建设，对辖区1100余名监察对象（党员）分级建立廉情档案，廉情信息实行动态管理，及时预警，抓早抓小，把牢监督关口。延伸监察网格，聘请5名特约监察员和27名村级监察联络员，将监督检查真正穿透到基层，推进监督有效全覆盖。

【重点项目】 2019年，西街街道完成龙泉广播转播台迁建项目（二期）、拔云桥重建、综合供能服务站、中医医院迁建工程、G322国道（安仁—西街）改建工程、衢宁铁路龙泉牵引站外部供电220千伏配套工程等市重点项目、重点工程政策处理工作。推进棚户区改造，完成上凉亭异地搬迁安置小区（二期）、西街区块（老人民医院西侧）棚户区拆迁征收和中波台迁建项目（二期）征收工作，确保项目如期开工。5月以来，街道主要领导靠前指挥、班子成员带领干部深入一线，全面铺开江滨北路（西街段）市政工程房屋征收工作，完成征收红线内33户房屋征迁协议签订；推进西街历史文化街区保护利用、三江口区块直管公房、林业车队房屋整治工程建设，以及杨碓弄至拔云桥段里弄小巷路面改造和管网落地工程建设。

【农文旅融合发展】 2019年，西街街道重点推进“3+2+X”▲环形旅游综合体项目。立足生态休闲周村、云坞古村下樟、绍翁故里岩后等独特的人文自然资源，整合唯珍堂石斛文化园AAA级景区、白云岩AAA级景区的优质旅游资源，规划“3村2景区多景观”二日游精品旅游环线，建设一个集生态观光、文化探秘、养生休闲、农事体验为一体的最美城市后花园。该项目于5月参加“产业培育大比拼、项目建设大比武”评选并获第三名。完成AAA景区景观桥建设和周村原小学民宿改造项目，官淤桥段防洪堤建设推进。西街街道辖内共有农家乐、民宿30家，其中三星级及以上经营户7家，共有餐位数2720个，新增200个。接待游客近29.3万人次，同比增长27.4%，营业总收入1100余万元，同比增长34%。

▲ “3+2+X”：3指下樟村、岩后村、周村村；2指白云岩AAA级景区、唯珍堂石斛文化园AAA级景区；X指多景观。

西街闹元宵活动　　（余丽美／供图）

【美丽乡村建设】 2019年，西街街道在新民村、周村村、宫头村新建公厕3座，对其他行政村部分公厕进行提升改造，常态化落实农村生活垃圾治理各项机制，农户垃圾分类意识不断增强；完成河星村等4个新时代美丽乡村创建工作；开展餐饮油烟污染整治和禁燃区蜂窝煤等高污染燃料整治，加强废弃菌棒、工业废渣管理，企业污染物实现稳定达标排放，各河流交接断面水环境质量达到要求，饮用水源水质达标率和卫生合格率均为100%；完成白云岩村（岩后）浙江省级历史文化保护利用重点村申报工作，基本完成宫头村、下樟村中国传统村落中央资金农村环境综合整治项目。　（叶春晓）

剑池街道

【概况】 2019年，剑池街道总面积40.1平方公里，位于龙泉城区南部，辖11个行政村，水南社区、南秦社区、南大洋社区、大沙社区等4个社区，街道总户数8601户，户籍人数21573人。山林面积1847公顷，耕地面积460

公顷。全年工业总产值73亿元，其中规模以上工业总产值40.62亿元；规模以上工业增加值9.75亿元；上缴税收3.04亿元。财政收入16188.9万元，财政支出16188.9万元，其中：实际支出8343.5万元，结转下年7845.4万元。村级集体经济收入1279.12万元，增长24.8%。

剑池街道区位优越，丽龙、龙庆高速公路和53、54省道穿境而过，松溪弄高速互通大道、剑川迎宾大道、后沙路分别是市区通往高速和省道的3条主要道路，龙泉汽车客运中心、衢宁铁路茶坦火车站坐落境内。剑池街道文化底蕴深厚，宋末三迁太学博士季陵、吴越农师（擅长制茶）季大蕴、宋礼部侍郎季南寿等皆出于此。剑池街道风景秀丽，境内有浙大芳野旧址、剑池湖、七星井、将军庙、华严塔、棋盘山、崇仁寺等众多名胜古迹，更有龙泉青瓷博物馆、青瓷宝剑苑、香菇博物馆、龙泉宝剑厂等旅游景点，每年吸引大批游客前来游玩。

4月21日，剑池街道行政村规模调整工作动员部署大会召开，行政村规模调整工作正式启动。历时3个月，完成村民签字、新村过渡期班子组建、新村授印挂牌等工作，剑池街道由19个行政村调整为11个，减少率为42.1%。

【社会经济发展】 2019年，剑池街道有1400多家法人单位和产业活动单位，3700多家个体经营户。全市近三分之二的生产制造类企业在剑池街道，有规上工业企业68家，规下工业企业400多家。街道扩大有效投资额达7.87亿元，完成市新入库高新技术产业投资项目计划总投资入库数1173万元。选商引资工作完成实际利用内资4199万元，项目引进1个，项目投产2个，项目落地2个。

剑池街道11个行政村集体经济总收入均达20万元以上（水南村达500万以上，南秦村达200万元以上），经营性收入均达10万元以上，其中有10个村的经营性收入达20万元以上。完成两个联建项目，一是大沙原乡政府房屋修缮项目，惠及并村前原石退村、和砻村、山里村；二是宏阳村光伏发电项目，惠及宏阳村、并村前山里村。茶坦、芳野、宏山、南秦、武潭、周际，并村前6个村的单建项目均按计划进度开展。

【项目政策处理】 2019年，剑池街道开展“产业培育大比拼、项目建设大比武”活动，共承担涉及42个项目的政策处理工作，其中新建项目11个，续建项目20个，新增项目11个。街道贯彻落实“党建+重点项目”的工作模式，支部建在项目上，把项目攻坚作为村党支部、村两委的“试剑石”。在年度工作中，街道针对每个项目均落实相应责任领导、责任单位、责任人，各重点项目推进亮点纷呈，龙泉汽车空调产业创新服务综合体东侧地块“以房换地”工作全面完成；衢宁铁路剑池街道全年无障碍施工，进入铺轨阶段；铁路站前广场区块红线范围房屋全部拆除，土石方工程顺利开展，迎宾大道隧道贯通，站房建设有序开展；南秦原国镜药业周边区块土地和房屋征收工作组完成集中签约大会当日签约190户。

【美丽城乡建设】 2019年，剑池街道对8个城中村、4个社区开展经常性检查和整治，完成国卫巩固交办单256张，完成各种节庆期间整治点位80多个。制定农村生活垃圾分类处理实施方案，开展5个村农村生活垃圾分类处理。推进“厕所革命”，完成改造农村公厕2个。深化“河长制”管理模式，完善街道境内44条河道的“河湖长制”管理网络，严格执行河长制APP巡查签到制度，实行分级分段管理。河长巡查完成率100%，问题处理率100%。开展“黑臭水体”整治回头看、“污水零直排区”创建等工作，累计投入7500多人次，机械150台次，共清理污沟5000多米，清理主要河道12.8公里，重点支流4000多米。

剑池街道共拆除违法建筑点位80个，累计拆除违法建筑面积70058.81平方米，完成三改面积98050平方米，针对欧力木业、清明湖山庄等违章建筑难点，成立专班工作组，统一部署，多方协调，完成拆违工作任务。完成1幢D级危旧房、2幢C级危旧房的改造工作，完成宏山天堂山自然村地质灾害点加固改造工程项目，消除潜在风险隐患。

【民生事业发展】 2019年，剑池街道残疾人“两项补贴”享受人员共258人，新增两项补贴25人，清退不符合困难补贴的残疾人12人，追缴4人。完成113户194人低收入农户的信息动态调整，核减调出17户25人。街道低保户在册112户187人，新增12户29人，注销27户34人；低保边缘户在册16户43人，新增1户4人，注销3户9人；困境儿童在册17人，新增4人，退出1人。临时救助104人，救助资金共计10.51万元。居家养老服务补贴惠及6人，慈善总会春节慰问、90岁上老龄老人春节慰问惠及105人。“雨露计划”助学补助惠及7名贫困学生；开展爱心助学，走访困难学子21户，10人受资助。

推动浙江省十件民生实事工作，对剑池、南秦、大沙三个残疾人小康阳光庇护中心进行“残疾人之家”

提升改造，为32名精神、智力残疾和其他肢体等重度残疾人提供阳光庇护。

加大农村妇女创业贷款扶持力度，2019年，累计扶持44名创业妇女，争取信贷扶持资金1225万元。联合农商行开展青年创业贷款扶持，扶持创业青年99人，扶持资金1985万元，缓解创业者融资难问题。

【文旅产业发展】 2019年，剑池街道举办乡村春晚12场，街道4支文艺队伍在全市各地巡回演出近100场，推选的代表队伍在浙江省、丽水市等各级比赛中取得出彩成绩。全年曾家村、石武村、芳野村建成体育小康村。旅游搭台、经济唱戏，实现旅游发展增收惠民。完成棋盘山道路硬化提升工程、水南村A级景区村庄创建、旅游厕所建设、景区景点周围环境整治等工作，优化乡村旅游环境。与省内外3家旅行社签订旅游送客协议，扩大输送到龙泉过夜游客，全年共招引游客1038人/夜。组织开展各种涉旅培训7次，覆盖500余人次。

【重点工作】 2月21日傍晚，剑池街道茶坦村发生小范围山洪泥石流，部分道路、河道受损。该村两委组织村党员干部、森林消防队员等义务投劳，开展灾后修复工作。

3月10日，剑池街道办事处通过机构改革新建"五办六中心"，完善优化机构设置和职能配置，强化管理服务职能。

3月27日，南秦村宏山垄地块的违法建筑在多方协调处理下开始有序拆除，累计拆除10余间简易棚房，整治面积达2300余平方米。

香菇博物馆花海景色　　（王旭平／供图）

6月20日上午，农产品供销e城运营中心启用仪式在剑池街道南秦村大塘湾区块新蔬菜批发市场举行，标志着全市形成农产品产、供、销一体化销售链。

6月26日，衢宁铁路龙泉站站房工程正式开工。该工程总投资1.61亿元，总占地面积4.5万平方米，主要建设内容包括站房及站场建设。其中，站房为线侧下式站房，建筑面积7992平方米，建筑高度23.6米，为衢宁铁路浙江段最大站房；站场规模为"二台四线"，设置的2个站台均为中间站台，长550米，宽11.5米，后期连接温武吉铁路。

7月21日，第二届"龙泉绿"西瓜节暨剑池街道乡村漫游节在上茶街举行，各乡镇（街道）的农业合作社、家庭农场、种瓜能手等参加比赛及展销。

8月1日，阿里研究院公布2019年中国淘宝村名单，剑池街道南秦村、松溪弄村（行政村调整前名称）名列其中。

8月21日，衢宁铁路龙泉站站前区块市政基础设施工程（一期）—剑川大道及土石方工程控制性工程—隧道工程左线贯通。

9月2日，江滨南岸南秦原国镜药业区块征收工作动员大会召开，正式启动对原国境药业厂区（含宿舍）、老交警队周边区域、南秦桥以西江滨区域三大区块的土地和房屋征收工作。

9月5日，衢宁铁路龙泉站前广场综合建设工程开工仪式在剑池街道茶坦村举行。该工程是衢宁铁路龙泉站最为重要的配套工程，是浙江省大花园建设的重点项目，总投资3.08亿元，占地面积约3.25万平方米。

9月12日，剑池街道"不忘初心、牢记使命"主题教育活动启动，42个党支部、1142名党员围绕主线主题，读原著、学原文、悟原理，并创新推出对年老党员"送学"、对在外党员"寄学"、请假党员"补学"等做法。

9月16日，南秦七星井区块城中村棚户区改造项目动员大会召开，指挥部27名干部正式集结，开始对七星井、秦山小区两个区块涉及的86户房屋进行征收。

10月15日，龙泉汽车空调产业创新服务综合体东侧（原浙闽赣边贸中心二期）地块"以房换地"工作，涉及水南村村集体经济发展用地以及71植留用地置换协议签约工作全面完成。

12月7日，南秦原国镜药业周边区块土地和房屋征收集中签约大会在原国镜药业厂举行，当日完成签约190户，签约率达46.1%。

12月14日，剑池街道曾家村寨背佛山森林防火公路正式建成通车。此条公路除保障森林防火的需要外，还可通过“龙泉第一景”观景台、仰贤亭等饱览龙泉全景，是市民登山、观景、户外锻炼的好去处。

12月23日至12月28日，剑池街道分三期举办2019年度党员集中轮训班，近千名党员在市委党校教师授课下，政治理论素质进一步提升。

12月24日，公布第五批浙江省非物质文化遗产旅游景区名单中，龙泉市剑池街道入选省级非遗主题小镇。（周昌勇）

础石街道

【概况】 2019年，础石街道总面积109平方千米，位于龙泉市东郊，距主城区3公里，辖11个行政村，68个自然村，街道总户数2979户，总人口8890人。山林总面积9500公顷，耕地面积694.2公顷。全年实现工农业总产值17.2亿元，同比增长17.33%；实现规上工业产值14.9亿元，同比增长15.5%；农业产值1.5亿元，同比增长7.14%。农民人均纯收入达到23459元。322国道、丽龙高速公路穿境而过，并设有互通口，交通便捷。金岗、金塔、季边工业园区坐落于此，素有浙南不锈钢产业基地之称，是丽水市闻名的“工业强乡”。该年，街道荣获浙江省教育强乡（街道）、体育强乡（街道）、卫生乡（街道），丽水市文化强镇（街道）等荣誉。

龙商鞋产业回归工程项目建设现场 （沈佳民／供图）

础石街道原有17个行政村中，人口500人以下的行政村有9个，占比53%；人口500—1000人的行政村6个，占比35%，1000人以上的行政村2个，占比12%。行政村规模调整后，行政村数量由17个调整为11个，调整率为35.3%。人口500—1000人的行政村8个，占比73%；人口1000人以上的行政村3个，占比27%。

础石街道开展“不忘初心、牢记使命”主题教育工作，发放学习资料488次，组织开展“初心之行”与“使命之行”活动，各党支部开展志愿服务，为群众办理好事实事598件。

【金岗工业园区】 金岗工业园区是该市生态工业发展平台“一区四园区”的基本点之一，2019年，实现规上工业产值14.9亿元，同比增长15.5%。扎实推进环保技术改造工作，共投资6000余万元，园区16家不锈钢企业完成整体改造工作，实现酸雾收集处理、酸洗场所封闭式、架空式酸洗池、污水收集管网、酸渣堆放场所、外立面和顶棚等方面的彻底改造，园区废水收集管网改造、污水处理厂技改提升全面铺开，建立地下操作流程在线监测系统，全面提升环保水平。

【龙商鞋产业回归工程】 龙商鞋产业回归工程是础石街道全面接轨主城区、融入主城区的一次历史性机遇，该项目全力招引在温龙商回归，致力打造城东鞋艺小镇，推动街道工业转型升级。2019年，完成该工程一期区块政策处理工作的林地与农田征收工作，完成工程一期范围内房屋的征收协议签约工作，并完成坟墓迁移工作的99.6%。

【美丽乡村李山头村】 础石街道李山头村距市区15公里，海拔540米，耕地面积1536.75亩，山林面积15724亩，康庄路直达。2019年6月，完成村级规模调整后，新增冷水亭、山际、岱根三个自然村，全村345户1005人，村级集体经济收入大幅度提升，达908395.7元。该村是浙江省级文明村、森林村庄、特色旅游村和村级体育俱乐部，丽水市级美丽乡村、卫生村、生态文明村，浙报集团图片新闻中心摄影创作基地，浙江大学城市学院写生摄影创作基地，丽水市、龙泉市摄影创作基地，素有“瓯江源头最美梯田、东海明珠古色村落”之美誉。该村自然生态资源丰富，重峦叠嶂环抱山村，村内民居红墙青瓦，依山势而建。33.3公顷梯田，线条优美、弯曲有型。梦幻水田、原始耕作、古村落、古树名木、烂漫山花，组成一幅美丽村庄图景。村中还有禹王庙、佛祈岭、上马亭、八宝泉等文化景点，李山头特色美食——灰碱粽，还登上中央电视台《舌尖上的中国》节目。9月30日，举办乡村文化漫游（础石站）暨金秋丰收节文化活动，开展粽子大赛、稻谷收割等节目，展现千年农耕文化。

【南弄历史名人胡深】 胡深（1314—1365），字仲渊，号芸斋，础石街道南弄村人，颖异有智略，通经史百家之学，著有《芸斋集》，明朝开国大将，为匡扶朱元璋建立明王朝立下汗马功劳，是“处州三贤”“括苍三杰”之一。为弘扬历史文化，南弄村将《明代名将——胡深的传说》申报为丽水市“非遗”项目，并对胡伯益墓志铭碑进行整修，新建胡深将军雕像和仲渊亭。（陈维彬）

八 都 镇

【概况】 2019年，八都镇总面积142.8平方公里，位于龙泉市西南部，距市区25千米，辖22个行政村。全镇总户数7038户，总人口24354人。山林面积10400公顷，耕地面积1793.3公顷。境内盛产萤石、瓷土、毛竹、食用菌。交通便利，322国道横穿全镇，龙浦高速沿镇而过。该镇是全国重点镇、浙江省级中心镇、浙江省级现代商贸示范镇，龙泉市“一区四园”工业布局中竹木制品工业生产基地，浙江省现代林业综合园区。该镇人杰地灵，文化底蕴深厚，是“章溢故里”“子奇故乡”▲，也是龙泉传统青瓷产地，百年古龙窑至今仍完好保存。

2019年，八都镇党委、政府围绕建设浙江省级中心镇样板目标，开展小城镇环境综合整治和生态工业攻坚两大战役，严守生态环保、安全生产、清正廉洁三条底线，抓好文旅发展、富民强村、社会治理、民生改善、党的建设五项重点工作，社会经济各项工作实现高质量发展。同时，围绕“做大集镇村，做强中心村”理念，在综合考虑户籍人口、地理位置、历史渊源、产业布局、发展水平等诸多因素的基础上，将原来的29个行政村调整为22个行政村。

▲章溢：辅助朱元璋建立明朝的开国功臣。叶子奇：元末明初全国有名的大学者。

【工业经济】 2019年，八都镇完成工业投资5200万元，2家规上企业实现工业产值3.34亿元，在制造业增值税税率下调3个百分点的形势下，该镇工业企业上缴税费依然增长至5800万元。工业空间拓展12.87公顷，完成全年任务的128%。与浙江千束家居用品有限公司签订总投资达1.7亿元的年产1000万片砧板自动化生产线项目，与杭州爵优公司签订总投资3000万元的“龙泉瓷器二厂工旅综合体项目”的招商协议。该年，启动溪坪、大坦2个小微园建设。

【农业经济】 2019年，八都镇食用菌年栽培量达3000万袋，蔬菜年种植160余公顷。与龙泉市鸿源农业开发公司签订“龙泉市八都镇食用菌养菌中心项目”招商协议，完成其引进、落地和投产，年产菌棒1000多万袋。高大门昌根精品果园丰富瓜果种植品类，实现葡萄、草莓、西瓜等多元化种植，吸引远近游客来此采摘。秉松中药材专业合作社林下套种三叶青项目达310余亩。

【消除集体经济薄弱村】 2019年，八都镇完成消除集体经济薄弱村工作，全镇村集体经济总收入749万元，经营性总收入230万元，均超额完成目标。思贤广场物业综合楼项目顺利完工并按期完成发包，为7个联建村带来每年42.98万元的收入。争取到14个参与市级联建项目的名额，以及4个中央和浙江省级财政扶持村集体经济发展项目，野窖村蔬菜大棚基地暨村企结对项目正在推进中。

【小城镇建设】 2019年，八都镇整合各方资金1.27亿元，按照改造提升“一个道路框架体系”▲和谋划打造“四大功能片区”▲的大格局进行规划。在129天里，完成拆破拆旧1126个点位，拆除违章违法建筑面积43675平方米，清理“脏乱差”点位1820个，粉刷赤膊墙55132平方米，整治“蓝色屋面”20167平方米，治理“空中蜘蛛网”20.2千米，新增停车场2个，停车位共138个，成功创建浙江省级卫生乡镇，并成为集镇小城镇环境综合整治省级样板，荣获“小城镇环境综合整治行动突出贡献集体”称号。

▲“一个道路框架体系”：“两纵两横道路体系”，为青年路、振兴路、新安路、328省道两侧。

▲“四大功能片区”：长安老街文化片区、思贤广场商业休闲片区、八

都溪两岸慢生活休闲片区和章府会村后花园片区。

【社会治理】 2019年，八都镇以“大党建统领、大联动治理、多数据集成、全网格覆盖”为目标，构建基层社会治理新体系，建立健全五层研判机制、应急事件联合处置机制、重大矛盾联合调处机制，创新“点对点”一线巡查处置模式。全年，该镇基层治理综合信息平台共受理事件9260件，事件处置办结率达100%，成为龙泉市唯一一个列入丽水市党建统领基层治理“四平台”和全科网格建设规范提升试点乡镇。

【文化建设】 2019年，八都镇大力弘扬社会主义核心价值观，结合八都传统的“善好”文化，总结提炼“因善而好、崇善方好”的区域思想共识。谋划“五个一”项目，即修缮长安老街、燕诒桥，新建章溢纪念馆、清风馆、小镇客厅(善好馆)，引导八都群众向善向上。八都乡贤联谊会牵头成立八都镇爱心助学专项基金，募集善款30.9万元。完成吴公村、一村等2个村文化礼堂建设。署网民族村成功创建AA级旅游景区村，章府会村成功创建A级景区村。 （雷 颖 孙梦丹）

章府会村章溢纪念馆 （八都镇／供图）

上垟镇

【概况】 2019年，上垟镇总面积162平方公里，位于龙泉市西部，距市区29公里，辖上垟和泗源两个管理区，行政村12个，自然村56个，村民小组165个。全镇总户数5312户，总人口17312人。山林面积12919.6公顷，耕地面积1133公顷，其中毛竹林面积4537.13公顷。全年，共完成农作物播种2.7万亩，其中粮食作物播种1.8万亩；种植油料708亩，中药材641亩，蔬菜7700亩，食用菌产量达850吨，新增家庭农场10家。2019年，共有工业企业18家，规模以上企业4家，实现规上工业产值1.33亿元，税收1499万元，获龙泉市剑瓷产业大比拼和土地保障大比武集体嘉奖。全年青瓷小镇旅游人数92.8万人次，旅游收入6.51亿元，其中农家乐(民宿)接待人数22.8万人次，同比增长30%，经营性总收入1443万元，同比增长33%。

该镇从严从实开展“不忘初心、牢记使命”主题教育，先后组织专题学习10场次，完成调研文章16篇，检视问题84个，强化了干部忠诚干净担当的信念，改善服务为民的作风。深化文化阵地建设，新建五都垟文化礼堂，共建成文化礼堂10个；推进新时代文明实践工作落实，发挥文化阵地作用，开展浙西南革命精神、社会主义核心价值观、移风易俗等主题宣传活动，不断满足基层群众的文化需求。

行政村规模调整中，该镇实现涉调村户代表决议签字100%、涉调村具有表决权的社员股东决议签字100%、经调整的行政村资产融合100%，顺利完成行政村规模调整工作，原有的20个行政村调整后为12个行政村。在全市范围内取得以下两个“最”：全市户籍人口最多的村——新木岱口村；该镇从原来的村均人口867人/村，调整后增加至1450人/村，成为全市村均人口最多的乡镇。

【项目建设】 2019年，上垟镇成立青瓷小镇、G322国道改建、田园综合体等项目工作专班，推进政策处理工作。该年，完成12个项目政策处理工作，完成土地征收1174亩，房屋征收2043平方米，累计清表200余亩，获得全市政策处理大比武集体嘉奖。在龙浦高速上垟出口以南地块谋划青瓷小镇产业园基础设施配套工程矿地综合利用项目，初步规划总用地面积747亩，建成后工业用地可达350亩，该项目已完成立项和项目环境影响评估方案编制送审等前期工作，并获得全市项目谋划大比武二等奖。谋划泗源竹木小微企业园项目，总用地面积50亩，项目分2期，已完成旧厂房拆除，一期开工建设。完成天丰瓷业收储工作，推进创新工坊项目，天丰瓷业新厂区单体厂房、办公楼及宿舍楼结顶，其中新厂房单体面积达到1.6万平方米，系龙泉市最大的单体厂房。注册成立运营管理公司——浙江源创旅游开发有限公司，该公司由龙泉市上垟工农业综合开发有限公司、道铭青瓷文化创意发展有限公司和乡乐汇农业开发有限公司三方合资，开展源底田园综合体项目管理和乡村文旅农旅开发工作。

【全域旅游】 2019年，上垟镇承办義和“手工者集善之家”项目授牌仪式、“龙渊重器·韵绕九州”当代龙泉青瓷巡回展、第二届青瓷大会·第十一届龙泉青瓷宝剑文化节闭幕式暨剑瓷研学游启动仪式、“破与立 碎瓷再创作”等活动，逐渐形成青瓷小镇系列品牌活动；“中国青瓷小镇——浙江特色小镇海外推广展”亮相莫斯科，提升小镇国际影响力；参加首届长三角文化旅游集市，与台湾新同盟会开展交流活动，拓宽青瓷小镇发展思路。在2019年浙江省级特色小镇考核中，中国青瓷小镇获得优秀等次。3月，举办上垟镇首届笋竹丰收节暨第八届笋王擂台赛，市委书记王顺发、浙江经视知名主持人舒中胜一起亲临现场为上垟笋竹代言，全方位、多角度地宣传笋竹文化，为下步“世界竹海公园”项目推进奠定基础。推动各项创评工作，花桥村成功申报浙江省A级景区村，木岱口村凡己民宿客栈成功申报浙江省银宿级民宿。

【基础设施】 2019年，上垟镇推进木岱口村污水零直排区创建项目，铺设污水管道约3.5公里，截污纳管200户；开展农村饮用水达标提标行动，完成10个单建项目和1个联建项目；统筹实施垃圾、厕所“两大革命”，创建农村生活垃圾分类处理村5个，新建公厕1座，重点改造公厕6座。开展“三改一拆”工作，完成拆违点位131处，拆违面积4.7万平方米，改造面积2.3万平方米，集中清理乱堆乱放800余处，整治占道经营97起，全镇12个行政村均基本达到“无违建村”的创建标准，完成国家卫生乡镇创建工作。设立花桥、小黄南两个配送餐服务点，在泗源村投资38万余元建成上垟镇示范型居家养老中心并投入使用，投资90万元建成上垟镇嵌入式养老照护中心，床位共计38个。

笋王擂台赛　　（上垟镇/供图）

【重点工作】 2月，中国青瓷小镇成为首批浙江省中小学研学实践教育基地、丽水市非物质文化遗产展示体验点。6月，完成行政村规模调整工作，在源底村召开“七一”党员大会。8月，建成上垟镇示范型居家养老中心并投入使用。8月至10月，市委第二巡察组对上垟镇党委进行政治巡察。10月，建成五都垟村文化礼堂；完成征兵工作并获得龙泉市征兵先进单位。11月，中国青瓷小镇成为龙泉市剑瓷研学游合作单位。12月，中国青瓷小镇入选浙江省首批诗路旅游目的地培育名单；建成上垟镇嵌入式养老照护中心并通过验收，有床位38个。

（邓叶飞）

小梅镇

【概况】 2019年，小梅镇总面积102.44平方公里，位于龙泉市西南部，距离市区38公里，小梅镇辖14个行政村，99个村民小组。全镇总户数3796户，总人口12251人，其中，农业人口11977人，居民人口274人。山林面积7572公顷，耕地面积1170公顷，增长32.3%，其中，水田999公顷，增长19.4%。全年农业总产值1.53亿元，比上年增长4.9%；财政总收入6463.6万元，增长6.2%。村级集体经济总收入463.16万元，增长51.84%；农民人均纯收入21018元，增长10.9%。54省道、龙庆高速穿镇而过，是通往庆元县和福建省的交通要道。小梅镇是龙泉青瓷发祥地、海上丝绸之路始发地，又是浙江省历史文化名镇、浙江省级粮食生产功能区、丽水市培育的特色小镇。

4月22日，小梅镇召开行政村规模调整动员部署会，正式启动村调工作。小梅镇原有行政村23个，经前期实地调研、召开座谈会、多方听取意见，研究讨论形成小梅镇行政村规模调整工作三上方案，确定涉调村16个，减少行政村9个，调整后行政村总数14个，减少率为39%；调整后1000人以上行政村有5个，占调整后行政村数的35.7%，500—1000人的行政村有8个，占57.14%，500人以下行政村1个，即中国传统村落、历史文化名村金村村，涉调村实现三资完全融合。2个月时间，全部涉调村完成相关会议及签字工作，确定过渡期村级组织班子名单，正式挂牌，完成村调工作。

【首个小微企业园】 8月，小梅镇完成土地流转、基础设施工程项目设计招标等工作，提前启动实施青溪竹木加工小微企业园项目。青溪竹木加工小微企业园是以村级集体经济联建模式申报，项目股东由孙坑村、郑边村、半边月村、大窑村和骆庄村组成。12月25日，小梅镇举行青溪竹木加工小微企业园建设项目（一期）基础设施工程开工仪式，该项目一期总投资约680万元，占地面积10亩。仪式上，小梅镇与浙江双枪竹木有限公司签订生态链孵化园竹材生产线引进项目协议，该项目预计2020年12月前实现投产。该年，小梅镇规上企业总产值破7135.8万元，同比增长59.3%。小梅镇最大的民间投资项目浙江龙泉山泉酒业有限公司项目有序施工建设，全年累计投入资金4030万元，完成1号主体厂房建设、行政综合楼两层和职工宿舍三层的现浇工程。

【农旅融合发展】 3月，在黄南村和大梅源千亩油菜花海，举行第八届小梅镇乡村漫游节，累计吸引2万余名市内外游客，全年旅游收入增长23%。文旅融合趋势明显，大窑龙泉窑国家考古遗址公园成为龙泉“网红景点”；“不灭窑火”系列活动连续3次走进小梅，其中11月，在金村举办的“不灭窑火”纪中窑首烧开窑暨龙窑烧制青瓷作品线上拍卖节，被国内各大主流媒体宣传报道；正月初二，大梅源各村举办瓷源祭祖活动等传统民俗活动。该年，小梅镇成功创建浙江省AAA级景区村庄1个（金村村），浙江省A级景区村庄2个（半边月村、毛山头村）。小梅镇获评浙江省级农业绿色发展示范区，黄南田园获评浙江省级最美田园。

【消除集体经济薄弱村】 2019年，小梅镇14个行政村通过物业出租、物资出售、光伏发电、飞地投资等“消薄”举措，完成“消薄”任务。小梅镇涉及萧山、桐乡等飞地项目有14个，每年将为各村带来5万—10万元的经营性收入；结合“千企结千村”工作，发展光伏发电、农贸市场等联建项目。该年，小梅镇14个行政村村集体经济总收入463.16万元，平均总收入33.08万元；14个行政村村集体经济经营性收入149.9万元，平均经营性收入10.71万元。

【民生事业】 2019年，小梅镇完成“四个平台”示范乡镇和便民服务示范乡镇建设，“四个平台”建设工作打造“小梅样板”。该镇深化“平安小梅”建设，创建骆庄村浙江省级民主法治村；提升党管武装工作水平，被丽水军分区评为先进基层武装部，组建镇村两级退役军人服务站15个，完成秋季征兵任务，为部队输送6名优秀大学生。该年，总投资2521.9万元的世行污水及集镇供排水项目开工建设；开始实施金村、郑边等8个行政村的饮用水提升工程；完成并验收小梅镇中心小学内瓦窑路遗址展示工程；实施并完成“大搬快聚、富民安居”工程，完成半边月村平坦、际里、毛断3个自然村87户286人整村搬迁工作，31户109人入住半边月新建小区，实现村民多年来的搬迁夙愿。第四次经济普查工作、危旧房改造和“治危拆违”、低收入农户“菜单式”申报等工作按要求完成任务。（郑　宠　王忠伟）

查田镇

【概况】 2019年，查田镇总面积122.36平方公里，位于龙泉市西南部，距市区27公里，辖17个行政村，全镇总户数4981户，总人口16904人，其中农业户籍人口16568人，非农业户籍人口336人。山林面积8547.94公顷，耕地面积1107.8公顷。全年实现地方生产总值8.9亿元，其中工业总产值6.79亿元，农业总产值2.11亿元；农民人均纯收入达22293元，同比增长6%。该镇是丽水市级中心镇、龙泉市“一区四园”工业重点镇、龙泉五金汽配产业发祥地。境内史上瓷窑林立，素有“五金名镇、哥窑故里”的美誉。S229省道、龙庆、龙浦高速及衢宁铁路穿镇而过。查田镇聚力聚焦高质量绿色发展，打好“产业大培育、项目大比拼”等系列组合拳，全镇经济社会发展迈上新台阶。

该年，查田镇按照“一轴、二区、三街、三园、三场”规划布局，规划小城镇项目30余项，其中重点项目15项，总投资6500余万元。广泛发动党员干部和志愿群众1万余人次，开展环境整治行动100余次，整治826个点位，累计拆违10万余平方米。建成

查田镇全貌 （查田镇／供图）

小镇书屋、听瓷公园、文化广场等一批特色项目，世行贷款污水处理、强弱电下地、道路白改黑等基础建设不断完善，环境面貌大大改善，长效管理优化提升，成为2019年度小城镇环境综合整治省级样板。

该年，完成溪口等8个村饮用水达标提标工程；茶丰、墩头、查一三个村的中央环保资金建设项目顺利建成，大樟等11个村污水处理项目实现正常运维；大力推进“厕所革命”，新建公厕3座，改造20座；率先在查一等8个村实施垃圾分类工作，投资119万元新建溪口村下保岭垃圾分类资源化处理站；推进“大搬快聚、富民安居”工程，柘坑村实现整村搬迁。

查田镇按照创新社会管理工作要求，综合原有行政村的地理位置、人口规模、经济社会发展状况及历史沿革情况，按照“弱并强、小并大、远并近”原则，顺利完成行政村规模调整工作，全镇行政村总数由32个调整为17个，调整幅度达46.8%。

【生态工业】 2019年，查田镇推进金圩、溪口、茶丰三大小微企业园建设。完成金圩A区块标准厂房建设，开工建设B区块；茶丰工业园区基础设施提升工程完成建设。全年新拓展金圩B区块工业用地28亩，扩展溪口泉圩莲区块工业用地面积67.3亩。坚持选商引资“一号工程”不动摇，推进竹木、五金等主导产业招商和培育工作。开工建设总投资5500万元、年产30万张的竹胶板生产线项目，签订年产500万平方米瓦楞纸箱生产线项目及建筑垃圾回收项目协议；年产40万套啤酒桌生产线项目顺利建成投产，康泰利机械制造二期项目实现土地挂牌；总投资2.2亿元的金圩6家企业顺利落地，其中2家建成投产。

【生态农业】 2019年，查田镇以“增效增收、因地制宜、农旅融合”为目标，发展精品农业。全年完成粮食播种面积1.9万亩，其中水稻1.6万亩；依托经济合作社、家庭农场推进养殖业发展，新增山羊养殖2户、牛蛙养殖1户，提升查三村龙虾农旅融合养殖基地；打造溪西茄子、圩头茭白等蔬菜种植基地200余亩；完成中药材小镇前期规划工作，在竹舟等村发展中药材基地400余亩，并开工建设产业发展基础设施项目。

【重点项目】 2019年，全镇重点项目19项，其中新建14个，续建5个。完成金圩小微企业园A区块建设，启动B区块建设；开工建设悦来大桥，逐步构建集镇江滨两岸交通网络；战备公路顺利竣工并通过验收；金三角、街头桥及衢宁铁路三大安置小区建设推进；完成垦造水田项目水田立项941亩，项目验收163亩；借助小城镇环境综合整治，完成集镇改造、农贸市场、停车场等项目建设。

【消除集体经济薄弱村】 2019年，查田镇通过盘活资产、项目建设、结对帮扶，多渠道强化村集体经济“造血”功能，全年实现年收益110余万元。新增“消薄”项目10个，总投资1478万元，通过土地入股、各行政村投资入股建设的“消薄”联建项目——金圩小微企业园标准厂房A区块已建成出租，并获得投资收益，成为全市“消薄”联建项目的典范；新谋划的“消薄”联建项目——查田金圩标准厂房光伏发电项目完成光伏安装和并网发电，村级单建续建项目横坑村物业大楼、住田农家乐、小查田汽校培训基地、隆丰村光伏项目等均已完工。全镇原32个行政村实现高质量“消薄”。 （张乐翩）

屏 南 镇

【概况】 2019年，屏南镇总面积285平方公里，位于龙泉市南端，距市区49公里，下辖屏南、瑞垟、均溪三个管理区，9个行政村28个自然村，全镇总户数2951户，总人口10062人。山林面积2.4万余公顷，耕地面积917公顷，森林活立木总蓄积量189万余立方米，森林覆盖率91.5%。全年实现农业产值10535余万元，同比增长7%，农村常住居民人均可支配收入17600

神奇屏南 （殷小明／提供）

元，同比增长10%，固定资产投资762万元。行政村平均海拔超800米，属亚热带季风气候，常年温和湿润，年平均气温14℃—16℃，负氧离子密集丰富，是丽水、龙泉两级摄影创作基地，被确定为丽水、龙泉两级劳模疗休养、职工疗休养基地，有着"神奇屏南"的美誉。

该年，屏南镇严格按照全市行政村规模调整工作相关要求，推进村调工作。镇党委政府召开专题会议，组织老同志、老干部座谈会，认真分析研究，开展综合研判。综合各方意见建议，最终将28个行政村根据"地缘相近、人文相亲"的原则，优化调整为9个行政村，对比调整前村数减少66.78%，为全市调整范围和调整力度最大的乡镇。

【高山农业发展】 屏南镇是龙泉市高山蔬菜主产区，2019年，屏南镇积极探索生态产品价值实现机制，成功获批浙江省农业绿色发展示范区，积极创建农产品绿色无公害示范基地，在六大蔬菜基地加装节能杀虫灯40盏，黄板与蓝板10万余张。在巩固好高山四季豆产业的基础上，继续试种新品种高山蔬菜，新建蔬菜基地200亩，并在南溪口村新建蔬菜加工厂。茶产业发展有新的突破，茶青一叶难求，外来客商高价"竞青"。全镇茶青采摘量1万余公斤，总体价格比往年提高30%以上，推广"云涧屏南"品牌，新建2家茶叶加工企业。在梧树垟、金林等自然村新培育人工粽叶基地200余亩，全镇群众采摘野生粽叶7.5万余公斤，村民实现增收180余万元。

【旅游产业发展】 2019年，屏南镇旅游产业蓬勃发展，在全市发展全域旅游的大浪潮中提供屏南元素、展现屏南特色。3月，"梨花又开放"首届梨花音乐节在车盘坑村成功举办，吸引全国各地1000余名游客共享春天"秘境"。8月，"江南之巅"跑团越野拉练赛如期而至，吸引上海、龙泉200余名跑友体验"千八线"魅力。9月，上畲自然村"彩绘水稻"精彩呈现，该村以中华人民共和国成立70周年为主题，将文化创意引入农田，成为游客的网红打卡地。10月，农民丰收节亮点纷呈，开展最美、最奇、最重南瓜评选，高山生态稻米竞拍，割稻比赛等一项项极富农耕特色的活动，吸引广大游客走进屏南、感受神奇。2019年，屏南镇获"浙江省避暑气候胜地"称号，地畲、上畲、库粗坑、南垟4个自然村被列入第五批中国传统村落名录，坪田李、车盘坑2个自然村成功创建A级景区村，"江南之巅•天空越野赛"入选2019年度浙江省体育产业发展资金项目库重点支持项目。

【重点工作】 2019年，屏南、瑞垟农田综合小流域治理项目顺利实施，推进旱塘岗梯田提升项目，完成地畲至车盘坑自然村连接线道路建设和横溪自然村道路拓宽项目，完成7个村的垃圾分类指标工作，改造公厕2座，新建1座。横坑头自然村传统古村落项目和上畲自然村美丽宜居示范村项目正稳步推进。督促落实储备补充耕地核查整改工作，对22个项目共计88个区块进行核查，10个项目37个区块完成整改工作。开展农房确权登记发证工作，共发证902件，超额完成全年目标任务，位居全市前列。 （庄承杰）

安仁镇

【概况】 2019年，安仁镇总面积208平方公里，位于龙泉市的东部，距离市区29公里，辖14个行政村，1个社区。全镇总户数5638户，总人口19224人。山林面积16457.93公顷，耕地面积2428.53公顷。森林覆盖率为79.25%，林木绿化率80.88%，其中公益林面积8324公顷，占林地面积的51%，有古树名木756株。全年实现规上工业企业产值7.76亿元，缴纳税费4804.2万元，分别同比上年增长12.6%和14.81%；财政总收入达到13998.1万元，同比上年增长38%，为年初预算的108%；村级集体经济总收入为1140.75万元，较2018年增长92.4%，经营性收入296.91万元。

该年，安仁镇按照上级的统一部署，通过实地调研、多轮认证完成37

个行政村规模调整工作。调整后行政村数量总体减少率达到62.2%,行政村减少到14个,村均人口数1381人,户籍人数最多是项边村2956人,户籍人口最少的是大舍村877人。

该镇是龙泉市城东重要的经济文化中心,G25高速公路、53省道等汇集于此,交通十分便利,是龙泉市对外连接的门户重镇。安仁镇是国家经济综合开发示范镇、中国十佳历史文化名镇和全国新农村建设示范点,是浙江省级体育强镇、教育强镇、生态镇,龙泉市首个省级中心镇。

9月,安仁镇开展"不忘初心、牢记使命"主题教育,通过读原著学原文悟原理、开展集中学习研讨等多种学习教育形式,扎实开展学习教育。聚焦贯彻落实上级重大决策部署、群众反映突出的热点问题、全镇党的建设面临的突出矛盾,把调查研究与履职尽责、完成上级部署的任务和当前正在做的事情结合起来,落实了调查研究工作。通过广泛听取意见建议,自觉对标对表查摆问题,深刻剖析反思,全面检视了自身问题。以立行立改、重点整改为导向,整改落实剖析出的各方面问题。全年向15名领导干部、1067名普通党员配发学习资料共计2164本,举办5次理论中心组集中学习、围绕"八个专题"开展1次学习交流会,镇党委及52个党支部对照党章党规找差距开展集中学习研讨共计53次。领导班子带头到联系村、工作联系点、后进党支部等开展调研,征求到各类意见建议14条,形成调研报告15份,召开专题会议交流调研成果。班子成员对照"四讲"要求带头讲授专题党课15次,党支部书记讲党课52人次,普通党员上微党课104人次。党委班子共收集意见建议17条,领导班子个人共收集意见建议8条,党支部上报的问题清单共156个。

9月29日,安仁镇机关党员干部在天平村季山头开展"初心之行"活动,向革命烈士季步高敬献花篮;10月16日,安仁镇领导班子在下山脱贫首期小区、昌文工业园区、浙江恒祥玩具有限公司开展"使命之行",重走习近平总书记安仁调研之路。10月,安仁镇各级党组织赴季山头、住龙镇等地开展主题党日活动,弘扬浙西南革命精神,庆祝中华人民共和国成立70周年。

【丽水市委提级巡察工作】 2019年,安仁镇配合丽水市委第一提级巡察组对安仁镇党委的巡察工作,反馈会当天召开专题党委会研究部署整改工作,并成立由镇党委书记担任组长的巡察整改领导小组,对巡察整改工作迅速部署并提出要求,细化分解具体整改任务,将17个问题分解成55个问题,确定牵头领导、牵头科室和完成时限,逐一交办,并制定144条整改措施。在巡察期间推进整改工作,每周召开班子会推进整改,对市委巡察组巡察期间移交的28件信访件,进行梳理和集中办理,截至2019年年底,已办结25件,3件正在办理,办结率为89.3%。市委巡察组交办问题55个,完成整改43个,按既定整改时限正在整改12个。在巡察整改工作中,对违规违纪的,龙泉市纪委已立案审查2人,诫勉7人,教育提醒20人;新制定制度14项,修改完善制度2项;收回违规资金23.96万元。

【项目建设】 2019年,安仁镇规上工业企业完成技改投入1645万元,同比增长146.74%。全面完成招商引资任务,招商引资实到资金10020万元,新签约项目指标、新落地项目指标、新投产项目指标完成率均为100%。500千伏丽西输变电工程加快推进,昌文一期空间拓展基础设施建设工程挖填方作业全部完成。

文旅项目投资项目建设推进,总投资约为1.2亿元的龙泉市瓯江绿道(安福湾—梨垟段)建设项目通过立项。历史文化村落保护及利用工作推进,安福村验收完成村内古建筑修复工作,刘坊、张畈、季山头3个村历史文化村项目完成2019年度建设任务,通过项目验收。张畈五进士村项目争取到资金约350万元,季山头村列入2020年丽水市红色乡村振兴示范村项目,安福村列入浙江省级美丽乡村创建。

水利供水设施建设全面推进,投入113.4万元,对天平、大舍、安严3个村开展饮用水达标提升工程建设,建设单村水厂8处,均已收尾。世行贷款生活污水处理厂于2019年8月正式通过项目验收,提升安仁镇的生活污水处理能力。此外,中央财政小农水项目、安仁镇支田坑堰坝工程全面完成验收。

【村集体资产清产核资清理】 2019年,根据市委、市政府的统一部署,安仁镇开展村集体资产清产核资清理工作。镇党委、政府召开会议研究部署,在充分调研的基础上,分别成立镇级、村级集体资产清产核资清理工作领导小组,召开工作动员大会,推进核资清查工作,促进农村经济社会发展。除项边、谷坑、上际、黄泥岭4个村采用村集体资产协商融合模式以外,其余涉调30个村均为完全融合模式,完全融合率达到88.23%。该年,顺利完成村级财务委托第三方代理移交工作。

【消除集体经济薄弱村】 2019年,安仁镇以增加薄弱村经营性收入为目标，完善“一村一策一计划一背书”台账，采取针对性措施，谋深、谋足、谋实全年“消薄”项目。通过巩固物业租赁经济、村级联合抱团发展、跨市飞地抱团发展、村企结对共建帮扶等举措，增加村集体经济收入来源，增强“造血”功能，提升内生动力。全年14个村全面完成村集体经济收入达10万元以上且经营性收入达到5万元以上的任务目标，完成率100%。

安仁镇“消薄”工作共有联建项目3个，分别是兰师畈小微企业园、抱团联建村级事务中心、农光互补光伏电站。兰师畈小微企业园全年完成土地规划调整20亩，计划建造标准钢构厂房4幢，占地面积约8500平方米。1—3幢厂房已完工，并已对外招租运营，参与建设项目的9个村已获得年收益5万元。叶山头、沈山头、胜游、胜岱等4村联合抱团新建村级事务中心，已完成第三层的框架建设。安福、岩头、大源、梅坑4个村利用闲置土地资源500亩，开发15兆瓦农光互补光伏电站项目，建设地点在岩头村，该项目于2018年12月底竣工，2019年2月已发电。安仁镇共有村级单建项目12个，截至2019年，11个已完工。

【“儿童之家”建设】 2019年，龙泉市启动“儿童之家”建设，安仁镇被列为首批建设点。为加强留守儿童和困境儿童关爱保障工作，健全基层儿童服务体系建设，督促落实父母的监护责任，加强家庭监护的指导、监督和干预，促进儿童健康成长，保障儿童生存、发展、受保护权利的有效实现。自11月初开始，安仁镇第一时间着手“儿童之家”建设，以“大手牵小手”为主题，把安仁传承的文化融入建设中，以“大人带着孩子读、大人带着孩子玩、大人带着孩子写”的理念，将安仁镇成人技术学校进行改造，建成了阅览室、活动室、书画室。（李袁彤 徐佳雯）

锦溪镇

【概况】 2019年，锦溪镇总面积162平方公里，位于龙泉市西部，距市区12公里，辖10个行政村，87个自然村。全镇总户数3485户，总人口10960人。山林面积12046.33公顷，耕地面积803.46公顷，其中，水田710公顷。全年财政总收入4658.99万元，增长8.16%，其中，地方财政收入1568.89万元；上缴国税、地税61万元，增长21.72%。农村经济总收入4776.84万元，增长9.6%；村集体经济总收入396.4万元，增长26.3%；农民人均纯收入17592元，增长9%。年末银行存款余额1937.17万元，增长-2.4%。境内昴山为浙江省名胜景点之一，是龙泉市唯一一座在县志中多次记载的名山，也是浙闽赣边境区域著名的佛教旅游胜地。

锦溪镇开展“不忘初心、牢记使命”主题教育，以“三学三思、三照三改”为总载体，严格将“学习教育、调查研究、检视问题、整改落实”贯穿始终。全体领导班子累计集中学习8次、学习交流发言2次、调研交流发言1次、“18个是否”交流发言1次、调研走访89人次、“走乡入村”三服务120余人次，征求意见96件。制定实施《锦溪镇“三重一大”制度细则》，筑牢领导干部依法行政、拒腐防变的政治底线。全年完成宣传报道165篇、舆情上报253篇；党报党刊覆盖全镇各基层党支部以及宗教场所；新增下锦村文化礼堂，以及1个新时代文明实践所、10个实践站、8个实践点，巩固基层思想文化宣传阵地。

该年，锦溪镇完成行政村规模调整工作，辖区内原14个行政村调整为10个行政村，总数减少28.6%。在村规模调整过程中，14个涉调村三资完全融合率达100%，完成过渡阶段组织设置和村干部选配工作。

全镇农村房屋确权登记发证工作推进，累计登记发证678户，完成率为90.28%，全国第四次经济普查全面完成，改革各项工作有序推进，为农村改革夯实基础。

【民生保障】 2019年，锦溪镇养老保险参保率95.81%，基本医疗保险参保率99.14%。该年，扶持低保对象190户304人，低保边缘对象80户197人、困境儿童10人，发放各类保障金265.73

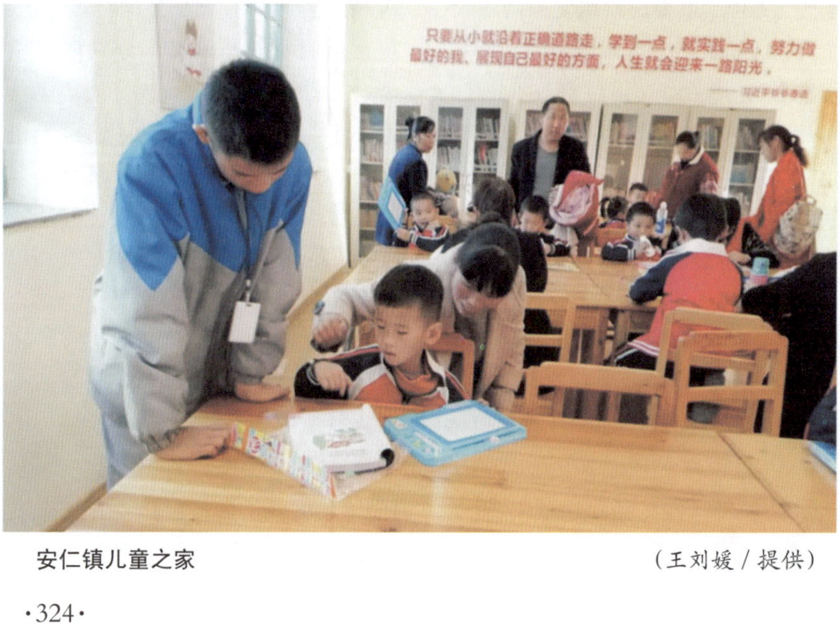

安仁镇儿童之家 （王刘媛／提供）

锦溪镇集镇入口　（张有钢 / 提供）

万元，发放各类生活补助、补贴81.1万元，其中救助困难群众133人，发放临时困难补助15.07万元。保障水平不断提高。开展各类文化演出活动37场、开展科技、科普宣传培训14场、送戏下乡20场、放映电影63场。发放各类惠农资金2000余万元，帮助42家创业申请总计940万元的小额贴息贷款。投资1.06亿余元，实施民生项目35个，落实该年度以奖代补资金48万余元用于农田基础设施修缮、地力培育、耕地保护管理；根据“大搬快聚”5年规划，完成搬迁401人，超额151人。

【项目推进】 2019年，锦溪镇项目投资额1.06余亿元，实施项目建设35个，共协调解决政策处理问题126件。其中，园区建设实现突破，成功破解中锦上垟区块工业空间拓展的政策处理难题，总投资约1420万元，占地面积约35亩的锦溪镇竹木加工小微企业园（一期）基础及设施建设工程顺利开工，工程建成后，将成为该镇第一个规范化企业园。在下锦瓦窑岭规划建设39植农民下山脱贫小区，已经完成“三通一平”；在岭上村建设总建筑面积2500余平方米的锦溪镇养老服务中心，已经完成项目总量的95%；涉及吴林、乌岙、下锦、上锦、中锦、半溪、山坑、岭上等8个村的农发项目锦旦小流域生态治理工程，已经完成总工程量的96.9%，涉及岭根、百里、黄永3个村的双岭小流域生态治理工程，已经完成总工程量的76.7%。

【环境整治】 2019年，锦溪镇推进集镇范围内的污水管网建设，投入资金2400万元，新建1座日处理450吨污水的处理厂，铺设污水管约5700米，雨水管约530米，新设污水井盖1230余个，雨水井盖120余个，新增毛发聚集池4座，隔油池8座，截污纳管286户。开展“五水共治”行动，班子成员严格落实“河长制”，全年清理河道5.1吨，整治河道27公里，辖区断面水质监测均为二类以上水质，通过了丽水市“污水零直排区”创建验收，被评为2019年度浙江省级“五水共治”工作考核优秀乡镇。小城镇环境综合整治工作，推动集镇功能优化升级，打造整洁、有序、宜人的“灵秀锦溪·非遗小镇”，开展集中整治38次，清理垃圾十万余吨，入户政策处理千余趟，拆违面积3万余平米，整合世行贷款、中央环保、污水零直排等项目资金3046万元，集镇污水管网全线铺设，主入口、主街道、江滨路、里弄小巷拓宽美化，集镇污水处理厂、垃圾资源化处理站、集镇农贸市场等有序建成。7月底，顺利通过省级验收，成为小城镇环境综合整治工作省样板镇。

【农业发展】 2019年，锦溪镇蔬菜种植3499亩，其中400亩茶叶基地，830亩高山蔬菜基地，50亩水果基地，58亩中药材基地通过“丽水山耕”海拔600米以上绿色有机农林产品基地认证。立足国家级生态镇这一优势和实际，高标准培育生态产业，争取项目资金支持推进中蜂、灵芝、金刚刺酒、肖庄笋等精品农产业发展，借力校企合作、新时代文明实践站所和区域成人技校等平台，推动生态文明建设上新台阶，“龙泉市泉灵谷森林康养基地”先后被评为浙江省级和国家级森林康养基地。

【文旅融合】 锦溪镇近郊型乡镇乡村漫游优势日益明显，“开天门”“炼火”等非遗文化和观光采摘农业园，吸引了3万余人次游客前来游玩。挖掘文化特色，依托农耕文化，新建下锦村文化礼堂；依托禅文化，新建了永福文化广场；依托儒文化，新建10个新时代文明实践站和8个新时代文明实践点；依托非遗文化，成功创建“灵秀锦溪，非遗小镇”小城镇环境综合整治省级样板镇；依托红色文化，规划修建浙西南特委书记许兴琨牺牲地。全年共接待游客11万人次，实现乡村旅游经济收入300余万元。　（翁琳慧）

住龙镇

【概况】 2019年，住龙镇总面积269.7平方公里，位于龙泉市西北部，距离市区30公里，辖6个行政村、81个居民组、62个村民小组。全镇总户数1990户，总人口6264人。山林面积25553.3公顷，耕地面积289.13公顷。全年实现村级集体经济总收入418.4万元。

9月12日，住龙镇作为第二批主题教育单位，召开主题教育动员部署会。主题教育活动中，该镇按照上级“不忘初心、牢记使命”主题教育的安排，紧紧围绕“守初心、担使命，找差距、抓落实”的总要求，将学习教育、调查研究、检视反思、整改落实四项重点措施贯穿始终，累计组织集中学习65批次1800余人次，并结合9月、10月、11月3次主题党日活动时间，调整工作部署，推动主题教育落到实处。实现主题教育理论学习有收获、思想政治受洗礼、干事创业敢担当、为民服务解难题、清正廉洁作表率的既定目标。精心规划推出的西井、碧龙、住溪等“初心之行”调研路线，成功承办丽水、龙泉两级市委“初心之行”接待、保障任务。

住龙镇完成村级行政规模调整工作，从11个行政村调整为6个行政村，调整率达45%。

2019年，住龙镇被命名为全国文明镇、浙江省爱国主义教育基地、浙江省社会科学普及基地、首批浙江省级中小学生研学实践基地，是浙江省农村公路养护管理规范站、浙江省“扫黄打非”进基层示范点，被列入全省第四批旅游风情小镇培育名单。

【项目建设】 2019年，住龙镇累计完成固定资产投资5530万元。启动省级森林特色小镇一期建设，在完善项目规划基础上，樱花主题森林公园游步道、特色农产品品牌打造等项目于10月正式启动实施；截至12月，建平村历史文化保护与利用一般村落项目、乌溪江生态修复工程等项目已正式进场施工；梦里桃源养生养老住龙基地、碧龙村委会大楼等市级重点招商引资项目，主体建筑部分已完成建设；住溪村省级历史文化保护与利用重点村落项目、省级污水“零”直排区试点建设项目顺利通过验收。

【创建全国红色旅游示范小镇】 8月9日，龙泉市“弘扬践行浙西南革命精神，创建全国红色旅游示范小镇”项目开工仪式在住龙镇擂鼓山举行。该镇依托丰厚的红色文化精神资源和绿色生态物资资源，坚定不移走“红绿”融合发展道路。成功争取到青少年综合素质拓展基地、红色遗址修复等项目支持，举办浙闽老区乡镇文化艺术节、中华人民共和国成立70周年纪念日等爱国教育文化活动，红色资源得到进一步开发利用。由住龙镇旅发公司牵头，各行政村村集体经济合作入股联合创办丽水浙西南文化发展有限公司，为游客提供第三方服务，助力各村“消薄”，该公司2019年度盈利超20万元。

9月29日，浙闽毗邻六乡镇老区节　　（住龙镇/提供）

【生物多样性本底调查】 8月21日，住龙镇联合生态环境部南京生态环境科学研究所，在丽水市率先启动生物多样性本底调查工作，完成兽类基础调查，共记录到大中型兽类4目5科6种，分别为猕猴、藏酋猴、小麂、果子狸、倭松鼠和野猪、昆虫、鸟类等，调查工作正在进行中。通过全面摸清该区域的生态系统结构，深入分析生物物种资源变化因素，科学制定物种资源保护和利用规划建议，既提出新时期生物物种和生态系统的保护对策，还将为下步探索发展遗传基因库、宠物昆虫经济、生物医药等多项高端经济发展领域做好基础工作。

【生态农业】 2019年，住龙镇与浙江大学、浙江省农科院开展院地合作，推动茶、菌、蜂、蔬、鱼五大传统产业的规模提升和质量升级，探索中药材等林下经济发展新途径。组织优质农业生产经营户参加上茶街展销会、龙泉特色商品展销会等活动。培育“互联网+”新业态、新模式，发布“三色住龙”特色商品标识，以文创设计提升产品档次。开展住溪社交电商村试点工作，两期培训共150余人次参加，组织开展网红游住龙、产品对接会等活动，累计推动全镇生态产品线上销售600多万元。（周 鹏）

兰巨乡

【概况】 2019年，兰巨乡总面积155.7平方千米，位于龙泉市南面，距离市区11公里，辖18个行政村。全乡总户数5754户，总人口18067人。山林面积12266.7公顷，耕地面积1200公顷。该年兰巨乡固定投资增长35%以上，实现工农业总产值3.27亿元，其中工业总产值5512万元，同比增长10%，农业总产值2.72亿元，同比上年增长6%；农民人均可支配收入20559元，增长10.6%。凤阳山国家级自然保护区北麓，与城区相连，衢宁铁路、龙庆高速、54省道、安豫线、528国道纵贯全境，地理位置得天独厚。境内空气质量极佳，气候条件优越，年平均气温比市区低5—10℃，素有"天然氧吧""绿色空调"之美誉。境内丘陵起伏，溪流纵横，多冲击小盆地，土壤肥沃，生产资源丰富。

兰巨乡提升通景公路党建示范带，新建5个村党群服务中心。开展"不忘初心、牢记使命"主题教育活动，以"主题党课"接受中央督导组现场检查督导，推行党员"过政治生日"制度。瞄准基层治理党员缺位问题，坚持抓"书记"与抓"党员"双向发力，立足党员"入口、管理、出口"三大关口建设，建立常态化政治体检机制，实行党员发展关口上提一级、党员教育管理下沉一级，全面破解优秀青年入党难、先锋指数考评不见效等问题。全乡入党积极分子增长370%，非党村委主任占比从33%下降到10%，教育整转警示党员60名，劝退1名。

兰巨乡组建5个村调工作组和6个村调工作专班，召开村调工作座谈会，原有行政村28个，此次涉调村有16个行政村。

引育融合、推动人才工作再提质。实施"两进两回"工程，年度新引进青瓷匠人4名、电商2家、农业主体5家、茶叶专家1名。培育丽水市高级农作师2名，兴村治社名师1名。

【重点项目】 2019年，兰巨乡推进重点项目23个，完成年度投资2亿元，项目推进工作走在全市前列。推进炉田至五梅垟十公里景观绿道建设；保障衢宁铁路项目无障碍施工；龙祥观项目政策处理全线突破；提标打造豫章至官埔垟美丽乡村风景线，巩固提升炉田美丽宜居示范村，推进梅地传统村落建设，官埔垟浙江省级历史文化村落通过验收。集镇东路口提升改造项目土地征用、地表附属物拆除、项目用地全部到位，世行集镇供排水项目完成70%工程量，衢宁铁路安置小区5幢在建房屋顺利结顶，氧吧长寿特色小镇一期5亿元招商项目签约落地，项目建设正式步入"快车道"。

瓯江绿道兰巨段 （殷小明／提供）

【小城镇环境整治】 2019年，兰巨乡整合世行、绿道、电力等项目资金5000多万元，开展五梅垟老村和银三角区块环境卫生整治，拆除破旧建筑2万余平方米，改变五梅垟和银三角的脏乱现状，对集镇范围内强电外迁、弱电下地，消除了区域内"空中蜘蛛网"；整治"低散乱"问题企业2家，实施村庄立面改造3000平方米，庭院改造50余处，新建、提升公厕4座；打造初心公园、问渠公园、涌泉广场等景观节点5处，新建和打通断头路5条，设置生态停车场6处，整治中做足五梅垟水和田园文章，将五梅垟老村打造成最美田园式村庄，小城镇环境综合整治于8月顺利通过浙江省专家组验收。

【现代农林业】 2019年，兰巨乡积极打造"5+1"▲水果新品种示范推广基地，新增水果大棚40亩，引进新品种13个，新建水果基地230亩。先后培育丽水中高级"农三师"5名，"龙泉菌师"4名，项永年灵芝系列产品获评中国长寿之乡名优产品，龙之源公司独田基地获评全国近野生铁皮石斛示范基地。开展秸秆禁烧政策宣传，新增砬湖村大球盖菇培育秸秆综合利用示范点。推进粮食生产工作，耕地地力保护4181户

16291.49亩，种粮大户57户4896.4亩，比2018年增加7户570亩。7月、9月，分别举办全市再生稻现场会、观摩优质稻米基地现场会，创成浙江省农业机器换人示范乡。加强农产品质量监控，推进全域绿色生态农产品基地建设，区域内农产品生产主体质量安全承诺书签订率100%，完成农产品快速检测310批次，合格率达99.6%以上。“夏山头”有机米获浙江省优质产品奖，阳光公司红茶多次在全国全省茶叶评比中获金奖。

▲“5+1”：阳光农业有限公司、田嫂家庭农场、邹卫剑家庭农场、杨志杰家庭农场、毛大坞山茶油专业合作社5家水果基地+1个水果产业示范村砩湖店村。

【乡村旅游业】 2019年，兰巨乡旅游接待人数60余万人次，旅游收入突破5000万元。举办兰巨现代农业观光园水果采摘节暨兰巨绿道健步赛、仙仁长寿文化漫游节（长寿宴）、何氏寻亲拜祖文化漫游节等文旅活动。新增农家乐（民宿）4家、丽水山居综合体1个、精品民宿2个，60家经营主体量效稳步增长。五梅垟、官埔垟、梅地灵芝谷、杨志杰家庭农场、现代农业园区休闲养生游、观光采摘游的知名度和美誉度进一步提升。创成中国长寿之乡乡情体验基地、浙江省乡村旅游和休闲农业精品线、炉岙浙江省AAA级景区村、砩湖浙江省A级景区村。（吴静雯 刘 莹）

宝 溪 乡

【概况】 2019年，宝溪乡总面积148平方公里，位于龙泉市西陲，距市区62公里，辖6个行政村。全乡总户数2335户，总人口7794人。山林面积13379.1公顷，耕地面积992.3公顷，林木蓄积量123.79万立方米，森林覆盖率88.3%。全年实现农业产值11200余万元，同比增长7%，农村常住居民人均收入21700余元，同比增长10%，固定资产投资2000余万元。行政村平均海拔超500米，属亚热带季风气候，常年温和湿润，年平均气温16℃—20℃。

该乡是中国工农红军挺进师入浙第一枪发生地、是国际竹建筑双年展举办地、是现存于世最大的龙窑集聚区，境内披云山海拔1675米，为瓯江、闽江、钱塘江源头，素有三江之源、青瓷故里、红色宝溪的美誉。该乡先后承办国际竹建筑双年展、“不灭窑火”传统龙窑烧制技艺活动、环浙骑游总决赛、全国乡村春晚大集、《乡村振兴大家谈——生态文明篇》录制等重大活动，并荣获全国环境优美乡、全国卫生乡、国家AAAA级旅游风景区、中国森林文化小镇、浙江省体育强乡、浙江省“我心目中最美生态乡”、浙江治水美镇、第一批浙江省美丽乡村示范乡镇、浙江省森林小镇等国家级、省级金名片。

此次行政村规模调整工作中，行政村数量从11个减少为6个，撤并率达45.5%，村均人口数量从原来的709人增加至1300人，村调工作群众知晓率100%，村民会议或户代表会议参与率93.6%，村民同意率99.1%，达到合法、科学、稳妥、有序的调整目标。

7月9日，宝溪乡遭遇百年一遇特大暴雨，道路交通、水利电力、移动通讯等一度中断，经济损失达9000余万元。险情发生后，宝溪乡党委、政府迅速启动应急预案，积极稳妥、快速有效开展抗洪救灾工作，仅用2天时间全面恢复群众生产生活秩序。

【项目建设】 2019年，宝溪乡总投资2400余万元的住溪至上垟红色旅游通景公路（宝溪—宝更段）提升改造工程顺利完工，长期制约宝溪发展的区位交通条件得到有力提升，市区至宝溪车程由90分钟缩减为45分钟；投资600余万元，开展灾后修复工作；投资200余万元，实施了宝鉴等村饮用水提升工程；投资1870余万元，实施了溪源田村小流域综合整治工程。此外，总投资4000余万元的35千伏变电所项目开工建设，披云山景区开发扫尾工作已全面完成。

宝溪乡全景 （宝溪乡／提供）

【农业发展】 2019年，宝溪乡发展农业专业合作社42家，家庭农场47家，种植高山蔬菜3538余亩，茶园培育1192亩，完成香榧基地土地流转1000余亩，完成香根草种植100余亩。推进千亩香榧康养产业园项目，完成苗木基地种植100余亩，年发放劳务工资30余万元；主动对接"丽水山耕"等线上销售平台，创新推出窑乡小礼、窑工小食系列，拓展传统高山蔬菜、天然野茶等农特产品线上线下销路，逐步走出一条产业化、规模化、品牌化发展道路。

【旅游产业发展】 2019年，宝溪景区全年接待游客约18万人次，同比上年增加了3个百分点，全乡游客量约26万人次，同比上年增加了5个百分点，全乡旅游收入约4000万元。宝溪乡与市文旅体广局合作开展"不灭窑火"龙泉青瓷传统龙窑烧制技艺系列活动13场，顺利承办浙闽边区毗邻六乡镇老区文化节，结合环浙骑游瓯江山水诗路天空越野赛在12月8日举办宝溪乡"不灭窑火"乡村漫游节，日接待游客5000余人次。宝溪乡成为浙江省旅游风情小镇，溪头村列入全国首批乡村旅游重点村。

【创新乡村治理模式】 2019年，宝溪乡组织党员参与志愿服务、实事践诺、巡河护河、治安巡逻、矛盾调解、政策处理等中心工作，设立党员服务日、党员巡河岗、党员先锋岗，全年开展志愿服务活动130余场，义务投工1800余人次，为民办实事好事780余件。推行村级项目"共议、共创、共享、共管"机制，将村庄发展规划、重大项目建设等村级重要事务列入村事共议清单；溪头村曾志华作为浙江省唯一村支部书记在全省"千万工程"现场会发言，村域治理模式受浙江省委书记车俊点赞。此外，溪头村党组织入选中组部《抓党建促脱贫攻坚案例选——战斗堡垒》一书。　　（林　琪）

龙 南 乡

【概况】 2019年，龙南乡总面积212平方公里，位于龙泉市东南部，距市区55公里，辖15个行政村。全乡总户数6646户，总人口21573人。山林面积16248.33公顷，耕地面积2473.04公顷。全年实现农业总产值14268余万元，同比增长3%；农村常住居民人均收入15850元，同比增长8%。该乡平均海拔800米以上，是典型的高山气候地区，气候上具有春季气温回升迟，秋季降温早，夏季短而无酷暑的特点，日平均气温较市区低5—6℃，且昼夜温差大。

2019年，下田村、凤阳村安和成功创建A级景区村，隐逸山庄评定为"丽水山居"农家乐综合体。浙江顶峰生态园成功获得银果级浙江省采摘旅游体验基地。全乡旅游接待人数11万余人次，旅游综合收入980万余元。

龙南乡坚持走农旅、文旅融合绿色发展之路，依托毗邻龙泉山景区、中华香菇文化历史第一乡、华东地区海拔最高乡三张"金名片"，打好高山养殖、高山蔬菜、高山水果、职工疗休养、香菇文化传承五大产业"组合拳"，拓宽农民增收渠道。

龙南乡扎实开展"不忘初心、牢记使命"主题教育，以驻村干部PK、党员管理、兴村问计等载体创新工作，先后组织开展全乡党员轮训大会、新村党组织书记"兴村问计"PK、"初心之行""使命之旅"等活动，以主题教育促能力提升、作风转变、工作推进。同时，创新推出"送党课上门"模式，10月17日，乡党委派员赶赴宁波参加区域学习小组主题教育活动，给流动党员们送去了一堂特殊的"千里党课"。该乡还以主题教育为契机，化解"骨灰"级森林纠纷21起，其中1起始于清朝光绪年间。

龙南乡率先召开行政村规模调整工作动员部署暨业务培训会和新村授印仪式大会，通过1个多月的日夜攻坚，充分调动乡贤、党员的力量，签订村干部承诺书170余份，党员承诺书700余份，全乡由33个行政村

高山果蔬展销活动　　（龙南乡／提供）

调整为15个行政村。

2019年，龙南乡荣获丽水市征兵工作先进单位；社会治理、美丽城乡两项均获龙泉市委表彰先进集体；获龙泉市政府选商引资大比武集体嘉奖、土地保障大比武集体嘉奖；荣获龙泉市综合考核二等奖。

【乡村振兴】 2019年，龙南乡助力温州鞋产业回归，26条生产线交付定金，为家乡建设添砖加瓦，该乡陈礼补、柳伟明、练良贵、叶迂平、叶芳华、吴培华、周仁茂7人因在鞋产业回归中表现突出，获市委、市政府通报表扬。积极扩大有效投资，全年完成固定资产投资750万元，完成2000万以上项目谋划5个(超额3个)。完成农村宅基地和住房确权登记发证工作，累计发证1610本，发证数全市最多。高质量推动“大搬快聚、富民安居”工程，完成青庄等村搬迁103户392人。向部队和国家输送优质新兵，首次输送女兵。

龙南乡蛟垟、下田等10个村列入中国传统村落名录。凤阳村安和浙江省级历史文化重点村落建设通过验收。开展安豫线沿线村环境综合整治，为打造最美自驾游路线奠定基础。

12月19日，龙南乡作为值班单位组织召开丽水国家公园创建暨凤阳山—百山祖毗连地区护林联防会议，筑起森林防火屏障。

【高山精品产业】 2019年，龙南乡致力开发“高山900”农产品，提升纯天然、无公害的生态高山蔬菜3000余亩，提升50亩以上蔬菜基地3个、50亩水果基地1个、50亩以上茶叶基地1个，通过“长三角之巅·天籁音乐会”展示高山精品农产品。积极协办全市番茄绿色生产技术现场观摩会，不断探索番茄育苗基地发展。不遗余力壮大野生香榧和“龙南粉皮”产业发展，助推偏远乡村特色产业升级，打造高山百姓增收新引擎。

【香菇历史文化】 龙南乡自古被誉为“香菇之乡”和“菇民之乡”，拥有众多的香菇文化遗产，境内有5座菇神庙(其中下田五显庙建于明朝万历十五年、龙井五显庙建于清光绪二十二年)，有出版于民国13年(1924年)的香菇栽培专辑《菇业备要全书》和成立于民国37年（1948年）的菇民工会，是龙泉菇民最为密集的地区。

在世代的香菇生产过程中，龙南菇民为防止盗贼和野兽的侵扰，在自卫中练就了“凳花”“扁担功”等独特的防身术。一系列习俗共同记载着深厚的香菇历史，成为香菇文化研究的活态资料。香菇砍花技艺、菇民防身术已列入丽水市、浙江省非物质文化遗产代表作名录。

龙南乡每年的农历六月二十四，结合传统菇神庙会举办“香菇文化节”。2019年，举办第十届龙庆景毗邻乡村香菇文化节暨龙南乡“千年菇乡·清凉龙南”避暑季暨非遗文化展示月活动。7月10日，避暑季启动仪式在蛟垟村开展；7月26日，“千年菇乡·清凉龙南”避暑季系列活动暨第十届龙庆景毗邻乡村香菇文化节在龙南乡下田村举办。在香菇文化广场上，来自四面八方的游客挤满了广场，开幕式上文艺演出节目多样，精彩纷呈，其中由当地菇民防身术传承人带来的菇民凳花、扁担功等节目更是备受瞩目。当天，还有菇民庙会、传统木偶戏、菇神祭拜仪式、状元石学子祭拜仪式等独具香菇文化特色的活动，依次在下田菇神庙及周边精彩开展。在避暑季期间，蛟垟村、凤阳村、大垟村、建龙村等15个行政村轮番上演精彩活动，还有香菇、米筛蒸粉皮等龙南特色美食。（叶静琳）

道太乡

【概况】 2019年，道太乡总面积351平方公里，位于龙泉市西北方向，距离市区23公里，辖19个行政村、260个村民小组。全乡总户数4480户，总人口15208人。山林面积28198.8公顷，耕地面积1071公顷。全年实现村级集体经济总收入1327万元，比上年增长65.4%。

道太乡完成行政村规模调整工作，全乡由45个行政村调整为19个行政村，总数减少57.8%。在村规模调整过程中，指导督促村级做好资产清查、账务结算、封存及资产融合等工作，42个涉调村三资完全融合率达100%，完成过渡阶段组织设置和村干部配备工作，选优配强村党组织及村务、村监会领导小组。

9月16日，该乡完成规范化人大代表联络站建设(示范点)，并正式投入使用。

【重点项目建设】 2019年，衢宁铁路(龙泉段)开展铁轨铺设，进入施工尾声。8月29日，龙泉市县道村沈线公路提升改造工程一期(梧桐口至源口段)正式启动，11月，政策处理工作全面铺开。11月，G322国道龙泉安仁至西街段改建工程全线施工。完成垦造耕地项目立项315.75亩，竣工验收1397亩，建设用地复垦立项70.25亩，验收32.04亩，启动高标准农田建设项目6个、面积达13000亩，完成下乾、毛圩2处地质灾害点治理。

【特色农业发展】 2019年，道太乡提升改造油茶300亩，新建脆红李、美人红橘子、桃园、红心猕猴桃等种植基地400亩，新增1000立方米灵芝等

2019年7月23日，道太乡第二届考坑蟠桃盛会 （吴丹蓉/供图）

中药材种植。安平等5个石蛙养殖基地、乌狮等7个美丽蜂场、上坑等13个生猪养殖规模户及渔业养殖基地规模进一步提升，发展2000羽以上禽类养殖场2个，全年种养殖业产值达5000万元，进一步拓宽农民增收渠道。

【文旅融合发展】 2019年，道太乡以全域旅游发展为主线，提档升级打造“仙宫道太、渔乐天堂”旅游品牌。完善基础设施建设，顺利完成双平跨库大桥文化旅游标志建设项目、双平考坑村新建游步道建设项目、源口村民宿示范村创建项目、荷上畈村A级景区村建设、瓯江绿道（沙潭—梨垟段）建设项目等工程。10月16日，源口窑遗址并入第三批全国重要文物保护单位大窑龙泉窑遗址，入选第八批全国重点文物保护单位；考坑村成功举办第二届考坑品桃节；锦安村成功申报龙泉市爱国主义教育基地；锦安森林古道项目完成招投标并开始建设，拍摄《守墓人》红色微电影，“红绿”融合发展特色鲜明。

【富民增收工作】 2019年，道太乡扎实推进“大搬快聚、富民安居”工程。完成8个自然村，117户445人整体搬迁，完成年度任务的111.25%，落实农户搬迁资金1085.4万元。全面消除集体经济薄弱村。开展特色光伏扶贫项目，投资430万元完成大白岸、王庄等8村800千瓦屋顶光伏发电项目建设，全年可实现村集体经济收入40多万元。完成供村、新和、仙源等村河权承包改革试点，实现河道渔业养殖承包管理，增加村级集体经济收入6万元。 （洪 婷）

岩 樟 乡

【概况】 2019年，岩樟乡总面积101平方公里，位于龙泉市西北部，距市区24公里，辖4个行政村，45个村民小组。全乡总户数1546户，总人口4197人。山林面积9080.2公顷，耕地面积259.5公顷。财政总收入2609.65万元，增长2.42%；年末银行存款余额0.548亿元，增长29.86%。

岩樟乡森林覆盖率89%，保存众多的原始次森林，其中柳山头村被誉为“华东古树第一村”。栖息的野生动物品种繁多，有金钱豹等国家一二级保护动物20余种，生存着数量繁多的猕猴种群。全乡共有生态公益林面积3860公顷，浙江省级猕猴保护小区330公顷，国家濒危珍稀物种穗花杉保护小区200公顷。2008年，被确定为龙泉市城区10万人口的饮用水水源保护地。

4月至6月，完成行政村规模调整优化工作，由原来11个行政村调整为4个行政村，调减幅度为63.6%，农村集体三资完全融合率达到100%。

8月，完成乡政府职能配置、机构设置和人员配备工作，设置党政综合办公室（挂党建工作办公室、人大办公室牌子）、社会治安综合治理办公室（挂综合信息指挥室、综合行政执法办公室牌子）、绿色发展办公室3个行政职能办公室，设置社会事务综合服务中心（挂“最多跑一次”中心、退役军人服务站牌子）、农旅发展服务中心、村镇建设服务中心（挂自然资源和规划所牌子）、财政所4个下属事业单位。

整顿转化柳山头村后进党支部，抓实主题党日，把支部主题党日作为统筹融合“三会一课”、谈心谈话、组织生活会的重要载体，推动支部结合实际开展各项志愿服务活动，提升“清亲”党建品牌。9月至11月，开展为期3个月的“不忘初心、牢记使命”主题教育，全乡13个党支部230余名党员干部参加。开展“初心之行”“使命之行”“八个专题”“对照党章党规找差距”学习交流会、党员领导干部上党课、走乡入村深化“三服务”等活动。提拔、调整中层股级干部9人，选优配强村级干部队伍，培养后备干部33人。落实75名村干部建档管理、村干部联审和动态调整制度，清理不符合条件的村两委班子成员1人，新发展党员11名。推进纪检监察工作标准化规范化建设，聘用首批特约监察员3名，监察联络员8名。开展“清廉机关”和“清廉村居”建设。做好2018年度5个村的农村巡察反馈问题整改和乡党委工作巡察反馈问题整改。

10月12日，岩樟乡谋划的整乡搬迁建设项目获得龙泉市第二期项目谋划现场大比武优秀奖。12月，建成岩樟乡乡贤馆，完成岩樟乡便民服务中心大厅改造和扩容。

【水源保护工作】 2019年，岩樟乡全域继续禁用除草剂和高毒高残农药，深化"河长制"工作，在河道沿线增设10块固定宣传牌，完成百步岭至郑庄段河道清淤工作，常态化组织开展保护水源系列宣传。全年辖区内水质达标率100%，达到或优于Ⅱ类目标水质，治水经验作为典型在《人民日报》上刊登。岩樟溪入选2019年度浙江省"美丽河湖"。浙江省生态环境厅公布的2019县级以上集中式饮用水水源地安全保障达标评估结果中，岩樟溪一级电站水库水源地安全评估等级为优。成功通过国家级卫生乡复评。

岩樟水源地 （张有钢／提供）

该乡累计拆除违章建筑10余处，2410平方米。石坑村创成浙江省级垃圾分类示范村，建立垃圾分类兑换超市，更换全乡范围内破旧垃圾桶200余个，被评为2019年丽水市美丽乡村示范乡镇。岩樟乡争取到水源地毛竹林人工抚育资金补助政策，列入市财政预算并成为常态化机制，完成生态公益林落界100%，实现全乡森林"零火灾"。

【消除集体经济薄弱村】 2019年，岩樟乡原11个村均达到集体经济总收入10万元以上，经营性收入5万元以上，除参与市级联建项目外，谋划实施郑庄村152.1千瓦和岱岭村156.9千瓦屋顶分布式光伏2个乡级联建项目，并完成并网发电。岱岭村建设3.3公顷粽叶基地，仓坞、芭蕉、柳山头、石坑、坑源底、金源村投资萧山飞地项目，岱岭、何坑投资五虎垟标准厂房项目。郑庄通过举办毅行活动、金坑村拍卖集体山林、坑源底出租红军食堂、金源村出租校舍办茶厂、岱岭村出售当地红茶等方式，增加村集体经营性收入，全面完成"消薄"任务。

【生态农业】 2019年，岩樟乡争取扶贫产业资金300多万元，发展生态精品农业，共有四季豆基地20公顷、蟠桃桃园基地20公顷、茶叶基地100公顷、猕猴桃基地13公顷、高山茄子基地10公顷。"岩樟源"和"正源红"2家茶业合作社参加了在杭州西湖举行的"龙泉红"品牌发布会，其中"岩樟源"合作社的茶叶在2017年—2019年，连续三年蝉联深圳(国际)武林斗茶大会野生老枞红茶金奖。岩樟源、正源红、金柳合作社完成质量认证。依托"浙样红·岩樟百花蜜基地"和"丽水山耕"为岩樟蜂蜜背书优势，科伦药业等企业认购蜂蜜500余公斤，初步形成"专家+蜂农+认养"的发展模式。强化中蜂扶贫，实行农户入股分成、扶贫对象上扶强扶勤、认养上结对企业、技术上现场交流、营销上树立品牌的模式，直接为127户低收入农户每户年增收500元以上。

【文旅产业】 2019年，岩樟乡创新提升与浙江经视合作的"我爱诗画浙江"全民公益毅行活动和"相约七夕节，情定柳山头"乡村漫游节、庆祝中华人民共和国成立70周年暨水源杯猕猴桃采摘季绿色骑行赛等活动，带动大批游客来岩樟观光游玩。成功创建郑庄、岱岭A级景区村和柳山头、坑源底AA级景区村，毅行活动成功入库"2019年度浙江省体育产业发展资金项目库"。12月17日，《浙江体坛报》刊登典型岩樟体旅融合发展案例——《岩樟乡巧借山水生态，打造体旅融合世外桃源》。开展践行浙西南革命精神活动，打造坑源底、郑庄红色文化村，成为新的红色文化旅游目的地，其中坑源底村中共龙泉市县委旧址被列为丽水市党史教育基地。 （殷声志 巫素敏）

城北乡

【概况】 2019年，城北乡面积232.1平方公里，位于龙泉市北面，距离城区27公里，227省道贯穿全乡，辖14个行政村（村调前35个）133个自然村。

全乡总户数3871户，总人口1.2万人。山林面积20306.66公顷，生态公益林7332公顷，毛竹林2465公顷；耕地面积986公顷，森林覆盖率87.2%。全年财政总收入5545.2万元。村级集体经济总收入848.7万元，增长19.9%；农民年人均收入20017元，增长13%。

城北乡原为城北区，由黄鹤、上东、盛溪3个乡组成，因而现城北乡下辖黄鹤、上东、盛溪3个管理区。行政村规模调整前，城北乡行政村数为35个，户籍人口300人以下的村14个，占比40%，300—500人的村16个，占比45%，500人以上的村5个，占比15%。调整后，行政村数为14个，减少率达60%。其中1000人以上的行政村4个，900人以上的行政村2个，500—900人的行政村8个。

城北乡扎实开展“不忘初心、牢记使命”主题教育，完善组织保障，组建城北乡“不忘初心、牢记使命”主题教育领导小组和办公室。开展全员化学习，“红心党员服务队”作用显著，以“集中领学、上门送学、线上线下同步学”等方式让主题教育“一个不漏”。借力农业产业载体，组织全乡党员干部走进高山茄子基地学习农业科学技术，做好在实践中理解、消化和吸收理论的“后半篇文章”。巧用新媒体技术，推出“我在城北当领读”28期美篇，受众4000余人次。认真检视问题，抓整改落实到位，全乡党员办成好事实事近700件，班子完成各类调研课题8个，解决农业产业发展难、农村饮用水难、留守老人理发难、聋哑老人办证难等多方面问题52个。

【生态产业】 2019年，全乡新增茄子作物种植面积20余公顷，新增茶叶基地5公顷，新建猕猴桃避雨大棚2万余平方米。完成竹林机耕路建设15.4千米。森林抚育118余公顷，春季绿化造林70公顷。选送的红心猕猴桃在2019年首届全国优质猕猴桃评比中荣获“中华红心类”金奖，获得丽水市“十佳猕猴桃”“最佳外观奖”，同时在龙泉市猕猴桃评比活动中获得1个金奖、3个银奖，选送的白茶获龙泉市斗茶赛银奖。

国家重点研发计划——“露地蔬菜化肥农药减施技术集成研究和示范”试点项目落户，邀请100多位专家到外埄、南溪、麻垟茄子基地指导观摩，开展科学技术培训、现场指导200余人次，助力产业发展。乡村旅游风生水起，规划“初心之行”“使命之行”主题教育旅游路线，完成上田战斗纪念馆改造提升工程，设立知青红色收藏陈列馆，打造上田红色教育基地，创建上田AA级景区村，吸引游客3000余人。举办2019年弘扬浙西南革命精神暨猕猴桃采摘季活动，推出首届北乡风情斗牛大赛，吸引游客5000余名。

【美丽乡村】 2019年，城北乡完成原河里、外埄等5个村的环境卫生治理项目。开展“三改一拆”、危旧房改造等工作，拆除违法建筑5410平方米，治理各级危旧房17栋，完成35个自然村的农房测绘和确权工作，发放农房证书867本。完成农村土地综合整治项目30余亩，完成皂口农旅观光园3000余平方米大棚房整治，新增黄鹤管理区9个垃圾分类试点村。深化“厕所革命”，新建公厕1座、改造公厕3座。开展“五水共治”工作，实施农业面源污染治理，推广使用有机肥3000余吨，投放各类鱼苗20余万尾。全乡经地表水交接断面水质监测，水体基本保持I类水质。严格落实“河长制”，实现100%巡河。

项目推进迸发新动力。涉农项目方面，垦造耕地项目26.7公顷。完成补充耕地调查核实，整改项目33个，面积159.77公顷。完成原大书、仓坛等7个村的农田水利灌渠改造项目和农田水利灌渠改造项目。水利项目方面，投入200余万元完成大贵溪联片供水项目；投入150余万元完成原库武、西溪等5个村的白雁溪综合治理项目；投入100余万完成原上田、黄畲等7个村的农村饮用水达标提标工程；投入80余万元完成原大贵溪天丁畈小流域治理项目；投入50余万元完成原大书、仓坛等7个村的农田水利灌渠改造项目。交通便民项目方面，完成原盛山后至库武连接线路面硬化工程，建设原溪下客运一体站，完成农村公路安全防护栏建设21.3公里，拓宽原黄庄桥至吴岱道路2公里，新增候车亭12个，改善村民出行环境。基础设施项目方面，投资799万元完成双溪193线、盛平195线电力线路改造项目；创成东书、双溪2个省级善治示范村，创建河里、季岱等4个新时代美丽乡村，建设双溪、大贵溪等5个清廉村居示范点；新建乡级乡贤馆和东莱村文化礼堂。

【社会事业】 2019年，城北乡原35个行政村全部完成“消薄”任务。新增4个村集体投资秀洲异地物业200万元，盛溪管理区原14个村出售林木资源增加集体收入80余万元，5个村通过“千企结千村”销售农产品50余万元。完成河坑塘农产品展销中心建设和东书猕猴桃基地提升2个联建项目。开展“山海协作”工程，完成竹林机耕路、水果保鲜贮藏冷库等项目，建设茶叶、粽叶基地60多亩。扶贫救助持续加力。投入180余万元完成吴岱、金黄鹤等8个村的产业基础设施提升项目；完成“大搬快聚、富民安居”工程零星搬迁150人以上，发放2018年度分散搬迁补助380人123万元；开展低收入农户“菜单式”扶贫项目，共补助资金17万余元；完成低收入农户动态调整364户612人，雨露计划补助13人，残疾人助学补助4人，爱心助学和企业结对11人，补助4.5万余元；发放各类低保、五保、残联两项补贴救济救灾款400余万元，发放临时救助资金13万余元，救助生活困难农户109户。完成养老保险和医疗保险扩面任务，参保率达95.4%和99%。养老服务全面深化。组织专职保姆学习培训2次，走访留守老人重点对象360人，提供服务2.4万余次。举行“服务山区留守老人”认捐仪式，筹得慈善资金43.9万元。32个自然村建立“微孝夕阳”老人免费理发室，全面铺开留守老人免费理发服务。

该年，城北乡被确立为党建网格融合发展试点示范乡镇，大贵溪村被确立为示范村。基层治理“四平台”上报事件1.2万件，“一证通办”6100余件，安装“浙里办”APP 3000余个，“一窗受理”130余件。构建值班常态化、范围全覆盖、每日都代办的村级便民代办服务机制，为村民提供“91+特色”▲优质服务。完成网格员调整试点工作，择优续聘38名网格员。开展平安巡逻2万余人次，平安通上报事件6913件，矛盾化解率和满意率双100%。全乡全年安全生产和消防隐患排查200余次，未发生一起安全生产事故。完成农村消防提升工程，建设2个规范化避灾安置场所，改造163户旧房线路。深入开展“扫黑除恶”专项斗争，辖区未发生涉黑涉恶案件。（余盛锋）

▲“91+特色”：涵盖农业、民政、公安等方面的基础事项，特色代办包括买米、买药、充话费等生活中的点滴。

竹垟畲族乡

【概况】 2019年，竹垟畲族乡总面积101.5平方公里，位于龙泉市西南部，距离市区28公里，辖8个行政村、96个村民小组。全乡总户数2325户，总人口7775人，其中畲族2391人，占30.7%。山林面积7624.6公顷，其中园林217.7公顷、林地5329.6公顷、竹林2077.3公顷；耕地面积715.4公顷，其中，水田658公顷，旱地57.4公顷。全年实现工农业总产值18179万元，比上年增长1.9%。其中农业总产值13041万元，比上年增长2%；工业总产值5138万元，比上年增长1.5%。村级集体经济总收入295.08万元，农民人均纯收入20500元，增长7.3%。

竹垟畲族乡完成村集体资产清产核资，核实耕地面积16278亩，园地面积1045亩，林地面积13万亩。龙泉农商银行竹垟分社办理“畲情贷”328笔2264.5万元，办理“乡贤贷”7户9笔688万元。金田村创成浙江省级民主法治村，盖竹村创成丽水市级民主法治村。

竹垟畲族乡完成各村集体资产清产核资清理工作，核实耕地面积16278.33亩，园地面积1045.77亩，林地面积130283.84亩，通过行政村规模调整资产融合验收。全面完成行政村规模调整，由10个行政村调整为8个行政村，实现20%调整率。

2019年，获得全国民族团结进步模范集体、国家级卫生乡镇、丽水市第三批中小学生社会实践基地等荣誉称号。

【产业发展】 2019年，竹垟畲族乡建成畲乡生态循环农业观光园采摘基地100余亩，建成标准设施大棚1.3万平方米，并于“三月三”山哈文化旅游节期间正式开园。全年粮食作物总产量4647吨，发展食用菌1100万袋，茶叶总产量64吨。创成浙江省级美丽牧场2家、丽水市示范家庭农场4家、丽水市专业合作社1家。

【生态环境】 2019年，竹垟畲族乡开展市乡村三级河长APP定期巡河876次，拆除违法建筑面积4001平方米，完成垦造耕地项目6个128亩、建设用地复垦项目5个130亩，建设高标农田4000亩，新建公厕3个，提升建设20个，建成AAA级公厕1个。盖竹村列入2019年浙江省级农村生

2019年4月7日，风情竹垟•幸福山哈“三月三”山哈文化旅游节开幕式
（吕律杨/供图）

活垃圾分类处理示范村。

【风情旅游】　2019年，竹垟畲族乡举办“三月三”山哈文化旅游节，推出“双龙戏珠”畲宴形式；风情广场建成投入使用，举办夏日泼水狂欢节；市场化运作首届音乐帐篷节。依托竹垟logo、小畲哥小畲妹形象，设计展览系列文创产品。组建盖竹、罗墩2支畲族婚嫁表演团队，年接待游客2万余人次。游客接待中心成为妇女美好生活实践基地，增加村集体经济收入1万余元。拍摄《竹垟欢迎您》宣传片、《畲家妹子》微电影，展示竹垟新形象。盖竹村获评龙泉市少数民族非遗传承基地——畲族婚嫁表演基地，金田村创成A级景区村。全年旅游人次13万余人次。

【富民强村】　2019年，竹垟畲族乡争取“消薄”项目11个600余万元，8个行政村全面完成“消薄”任务。完成龙泉市美丽乡村精品示范区块“五点五线”项目，总投资750余万元。金田十村联建标准化厂房项目开工建设，到位资金290万元。红坞•雅莹村企结对三年帮扶计划有序开展，争取到位资金15万元，完成香菇、木耳等农特产品订单销售40余万元。

【基础保障】　2019年，竹垟畲族乡新建志愿消防队伍1支，建成金田村微型消防工作站，完成老旧房屋电器线路改造53户。完成退伍军人摸底调查信息建档工作和大学生预定征兵任务，民兵组织整顿集结点验率95%。完成山溪口村吴进坑自然村整村搬迁12户52人，完成散户零星搬迁7户27人，补助搬迁经费114万元。复核大中型水库移民后期扶持人口558人，发放直补资金42万元，发放移民灾后缺粮补助和突发事件应急缺粮补助资金5000元。调查排摸并推进两违处置308件，农房确权发证670本，完成率127.3%。322国道八都至上垟段改建竹垟连接线工程开工建设。完成“7•9”洪灾水毁道路修复工程95%的工程量，总投资400余万元。

【社会保障】　2019年，竹垟畲族乡新建档困难家庭82户，新纳入低保11户，核查退出低保7户，临时救助148户，发放救助金22.36万元。增加助餐配送餐公益性岗位5个，保洁保绿公益性岗位3个。新摸排60周岁以上独生子女72户，发放奖励抚恤金6.9万元。开展心理咨询服务15次。农民健康体检率60%，两性安康保险投保1010人，完成率128%。医疗废物集中处理率100%。开展超市、小卖部食品巡查419次。组织厨师体检23人，完成22起农村集体聚餐、235桌食品安全留样检查。　（雷叶一舟）

人物　名录

新任市(处)级领导简介
(2019年)

【邹海亮】　男,1967年8月出生,汉族,浙江青田人,1984年12月参加工作,1995年5月加入中国共产党,在职湖南大学法学专业毕业,大学学历。历任青田县车辆监理站(交通监理所)监理员,青田县公安局交警大队民警,安全监理股副股长、股长,副大队长,教导员(副科级),青田县公安局副局长(兼、确定正科级)、党委委员、交警大队大队长,青田县鹤城镇党委副书记(主持政府工作,保留正科级),青田县瓯南街道党工委书记,中共庆元县委常委、公安局长。2019年7月任中共龙泉市委常委、政法委副书记,龙泉市公安局党委书记、局长、督察长。

【葛基传】　男,1973年7月出生,汉族,安徽肥西人,1992年12月参加工作,1994年9月加入中国共产党,海军电子工程学院电子对抗指挥与技术专业毕业,在职解放军电子工程学院计算机科学与技术专业毕业,大学学位。2019年10月任龙泉市人民武装部部长。

机构及负责人名录
(2019年)

【中共龙泉市委员会】
市委书记:王顺发
市委副书记:吴松平
　　翁志鸿
市委常委:熊勇军
　　诸葛春杰
　　雷　超
　　徐达伟
　　林　峰(—2019.1)
　　王　凡
　　廖卫民
　　郑建青
　　张向阳(—2019.7)
　　周吾灿
　　邹海亮(2019.5—)

【龙泉市人大常委会】
主　任:叶硋仙
副主任:叶新亚
　　叶学明
　　苏一中
　　罗永文(—2019.9)
　　何登新
党组书记:叶硋仙
党组副书记:叶新亚
　　叶学明
党组成员:陈有南(2019.8—)

【龙泉市人民政府】
市　长:吴松平
常务副市长:熊勇军
副市长:张向阳(—2019.7)
　　周吾灿
　　张长山
　　黄国勇
　　杨洪斌
　　徐怀坤
　　廖旭青
　　占雅静
党组书记:吴松平
副书记:熊勇军
党组成员(保留副县级):陈惠锋
市长助理:熊树生
　　陈思宇

【龙泉市政协】
主　席:刘赤波
副主席:曹新民
　　陈吉明
　　雷丽亚
　　童巧隽
　　卢士俊
党组书记:刘赤波
副书记:曹新民
党组成员:罗诗兰(—2019.6)

【其他副处以上领导】
龙泉市人民法院院长:罗　沛

龙泉市人民检察院检察长：周　翔
人武部部长：王国荣（—2019.4）
凤阳山管理处处长：叶伟玲
丽水生态产业集聚区龙泉分区管理委员会主任（高配副县级）：连浩松

【龙泉市人大常委会机关】

监察和法制（内务司法）委员会
主任委员：苏一中
副主任委员：周光明
项光年（2019.3—）
唐　军（—2019.3）
财政经济委员会
主任委员：叶学明
副主任委员：陈龙根
徐钢平
社会建设委员会
主任委员：叶新亚
副主任委员：唐　军（2019.3—）
机关办公室
主　任：徐东华
副主任：余良德
叶　伟（2019.7—）
监察和法制（内务司法）工作委员会
主　任：周光明
副主任：钟建友
代表与选举任免工作委员会
主　任：罗观荣
副主任：何　昀（—2019.7）
邹国琼（2019.7—）
财政经济工作委员会
主　任：陈龙根
副主任：叶　伟（—2019.7）
廖莞歆（2019.7—）
教育科技文化卫生工作委员会
主　任：吴　敏
副主任：李青羽
农业与农村工作委员会
主　任：陈光霞
副主任：谢立生
城乡建设与环境资源保护工作委员会
主　任：方晓龙
副主任：陈亦雄
社会建设工作委员会
主　任：唐　军（2019.7—）
副主任：何　昀（2019.7—）

【龙泉市政协机关】

秘书长：杨新根
机关办公室
主　任：叶有根
副主任：张海燕
张　韬（2019.5—）
提案委员会
主　任：王继春
副主任：叶晓芳
季少峰
经济委员会
主　任：徐双喜
副主任：曾伟光
农业和农村委员会
主　任：张元汉
副主任：曾为文
张兆林
社会法制和民族侨台委员会
主　任：董庆文
副主任：刘　芳
文化文史和学习委员会
主　任：陈小龙
副主任：张兆明
委员工作委员会
主　任：邹迎春
副主任：李根通

【龙泉市纪委（监委）】

纪委书记：郑建青
纪委副书记：游金元
季文峰
纪委常委：邓红华
钟祥奎
任　炜
张刚超（2019.6—）
办公室主任：张刚超（—2019.6）
谭海军（2019.6—）
干部室主任：周良俊
宣教室主任：方小萍
党风政风监督室主任：王　丹
信访室主任：吴丽霞
案件监督管理室主任：雷露生
案件审理室主任：杨　杰
第一纪检监察室主任：叶　勇
第二纪检监察室主任：陈　辉
第三纪检监察室主任：
吴宝霖（2019.6—）
第四纪检监察室主任：徐松有
机关党委专职副书记：
周丽丽（2019.6—）
市监察委员会
主　任：郑建青
副主任：游金元
季文峰
委　员：钟祥奎
任　炜
杨　宇
余海敏
市纪委监委派驻机构
派驻第一纪检监察组
组　长：金　伟
副组长：赖铁霞
沈惠萍
派驻第二纪检监察组
组　长：包成俊
副组长：杜绍均
吴昌淼
派驻第三纪检监察组
组　长：吴邦南
副组长：项光来
派驻第四纪检监察组
组　长：陈清龙
副组长：王鹤武
派驻第五纪检监察组
组　长：叶敦全
副组长：吴长辉（2019.6—）
派驻第六纪检监察组
组　长：钟章华
派驻第七纪检监察组

组　长：管策（—2019.6）
　　　　华盛强（2019.6—）
派驻第八纪检监察组
组　长：周丽丽（—2019.6）
　　　　季美莲（2019.6—）
派驻第九纪检监察组
组　长：华盛强（—2019.6）
派驻第十一纪检监察组
组　长：季美莲（—2019.6）
派驻市委组织部纪检监察组
组　长：叶伟平
副组长：王　红
派驻市人民法院纪检监察组
组　长：吴伟影
派驻市人民检察院纪检监察组
组　长：黄亚荣
派驻市公安局纪检组
组　长：蔡道高
市委巡察工作领导小组办公室
主　任：邓红华
副主任：陈智发
市委巡察组
市委第一巡察组
组　长：刘朝友
副组长：王　菲
市委第二巡察组
组　长：杨良泽
副组长：叶鹏飞
市委第三巡察组
组　长：张晓芳
副组长：郭　健
市委第四巡察组
组　长：胡龙军
副组长：陈章田
副科级巡察专员：管　策（2019.6—）
　　　　　　　　赖利平（2019.6—）

【龙泉市人民武装部】
部　长：王国荣（—2019.3）
　　　　葛基传（2019.10—）
政治委员：廖卫民
副部长：边建刚
保障科科长：季　俊

【中共龙泉市委员会工作部门】
市委办
主　任：李先顶
副主任：吕　俊
　　　　季庆祯（—2019.3）
　　　　王卫东（2019.6—）
　　　　连福茂
机要局（密码管理局）局长：柳欣
保留副科级：刘黎明
市委台湾工作办公室（市政府台湾事务办公室）
主　任：李先顶
副主任：张亦梅
市委党史研究室
主　任：季庆祯（2019.3—）
副主任：邬必锋（—2019.8）
市委组织部
部　长：雷　超
常务副部长：李　力
副部长：郑高隆
　　　　项伟剑
　　　　罗新海（兼）
　　　　王仁学（兼）
　　　　刘宝华（兼）
保留副科级：林邱平
　　　　　　杨桂兰
市委新经济与新社会组织工作委员会
书　记：郑高隆（—2019.6）
　　　　项伟剑（2019.6—）
副书记：吴德宝
　　　　金益民（兼）
　　　　李春花（兼）
市委宣传部
部　长：王　凡
常务副部长：胡盛锋
　　　　副部长：王振春
　　　　吴　敏（女）（—2019.6）
文化产业和文明实践指导中心主任：
　　　　吴　敏（女）（2019.6—）
文化产业和文明实践指导中心副主任：
　　　　周华俊
市委对外宣传办公室（市政府新闻办公室）主任：柳建松
市文化创意产业办公室主任：陶晓丽
市社会科学界联合会专职副主席：
　　　　项庆标
保留副科级：曾志伟
市委统战部
部　长：徐达伟
常务副部长：杜作秀
副部长：许积高
　　　　寿如尧
市委政法委
书　记：翁志鸿
常务副书记：林晓军
副书记：钟元根
　　　　吴谨杰
　　　　刘小东
政治处主任：徐龙伟
保留副科级：梅舒伟
市编委办
主　任：王仁学
副主任：姚淡珍
　　　　王卫东（—2019.6）
信访局
局　长：项伟青
副局长：毛秀梅
　　　　叶淼军
　　　　刘　煜
老干部局
局　长：刘宝华
副局长：陈方顺
　　　　李德菊

【龙泉市政府组成部门和机构】
市政府办公室
主　任：叶伟林
副主任：张　平
　　　　周建敏
　　　　骆营彪
　　　　桂　滨
　　　　余盛云

万莉莉
刘世映(兼)
党组书记:叶伟林
保留副科级:卢品龙
刘晓刚(—2019.4)

发展和改革局

局　长:余盛全
副局长:王永卢
夏应文
项吴亮
任　晔
重点办主任(高配副科):周世娟
党组书记:余盛全
保留副科级:吴建胜

经济商务局

局　长:汤克豪
副局长:王　萍
刘雪波
周美娟
郑绍武
总工程师:吴忠明
党组书记:汤克豪

教育局

局　长:沙永龙
副局长:连国芬
赵永长
林　峰
党委书记:沙永龙
龙泉市人民政府教育督导室专职副主任(高配副科):王少燕
保留副科级:黄武友

科学技术局

局　长:叶亚东
副局长:李文英(2019.6—)
张　伟
党组书记:叶亚东
保留副科级:柳兆鹏

公安局

局　长:邹海亮(2019.7—)
政　委:季春宝
副局长:杨孔发
叶有林
许建华
徐起金
季明龙
副政委:徐樟明
何伟高
政治处主任:陈志斌
应急联动指挥中心主任:潘　立
交警大队大队长:林　俊
交警大队教导员:吴遇有
国内安全保卫大队大队长(高配副科):
李　勇
刑事侦查大队大队长(高配副科):
李汉青
禁毒委员会办公室主任(高配副科):
曾保兴
党委书记:邹海亮(2019.5—)
党委副书记:季春宝
杨孔发
保留副科级:黄培文
吴杨敏
何春荣
张　荣
蒋一豪

民政局

局　长:林先龙
副局长:毛金廷
季向平
党组书记:林先龙
党组副书记:毛金廷

司法局

局　长:张　炜
副局长:叶必忠
江建美
党组书记:张　炜
党组副书记:叶必忠
保留副科级:刘晓刚(2019.4—)

财政局

局　长:吴小波
副局长:商越敏
邵仲昕
杨春花(2019.6—)
总会计师:张云英
财政监督局局长(高配副科):
朱光泉
党组书记:吴小波
党组副书记:商越敏
保留副科级:姜苏民
陈徐明

人力资源和社会保障局

局　长:罗新海
副局长:叶伟军
包伟明
周欧蕾
练　敏
社会保险事业中心主任:姜旭彤
党组书记:罗新海
党组副书记:叶伟军

自然资源和规划局

局　长:张永呈
副局长:张志勇
季文杰
柳伟明
总规划师:李福兴
不动产登记中心主任:胡萃利
国土资源执法监察大队大队长(高配副科):毛传登
工业园区国土分局局长(高配副科):
赵利龙
党委书记:张永呈
保留副科级:吴洪刚
周英和(—2019.6)

住房和城乡建设局

局　长:周光洪
副局长:张金树
叶培进
党组书记:周光洪
保留副科级:王务明
胡卫青

交通运输局

局　长:付建伟
副局长:李林涛
蒋伟平
叶春龙
总工程师:柳春峰
交通战备办公室专职副主任(高配副科):

方维强
党组书记:付建伟
保留副科级:张伟仁
公路管理局党总支书记:徐敏勇
公路管理局局长:季春达
道路运输管理局局长:
陈善长
道路运输管理局支部委员会书记:
陈维平

水利局

局　长:曾春一
副局长:洪长胜
吴维祺
总工程师:管为平
党组书记:曾春一
党组副书记:洪长胜
保留副科级:马百庆

农业农村局

局　长:张晓峰
副局长:潘余海
林德永
吴芝龙
总农艺师:叶松生
党组书记:张晓峰
保留副科级:王鹤松

林业局

局　长:洪一浩
副局长:吴照培
尹　斌
防火办主任(高配副科):叶茂平
党组书记:洪一浩
党组副书记:吴照培
保留副科级:季利民
森林公安局局长:季伟明
森林公安局教导员:吴长征

文化和广电旅游体育局

局　长:胡武海
副局长:朱秀亮
张国华
李苏敏
潘水平
党组书记:胡武海
党组副书记:朱秀亮
保留副科级:王　岗
夏剑峰
周玛瑾
谢建羽

卫生健康局

局　长:夏　卫
副局长:叶华荣
庄承玲
钟积水
党委书记:夏　卫
保留副科级:叶伟娟
龙泉市计生协会专职副会长:
叶华荣

退役军人事务局

局　长:刘继伟(—2019.8)
副局长:季清海
党组书记:刘继伟(—2019.08)

应急管理局

局　长:黄培松
副局长:林必力
毛义文
总工程师:钟王林
党委书记:黄培松

审计局

局　长:周欣波
副局长:余盛宽
任永红
总审计师:杨春花(—2019.6)
党组书记:周欣波
保留副科级:钱昭君

市场监督管理局

局　长:叶宪森
副局长:胡建清
毛建伟
李春花
李浙龙
邝　捷
党组书记:叶宪森
党组副书记:胡建清

国有资产监督管理办公室

主　任:吴　敏
副主任:陈正松
党委书记:吴　敏

统计局

局　长:刘世映
副局长:项周华
华伟珍
总统计师:龚荣芬
党组书记:刘世映

医疗保障局

局　长:陈正成
副局长:沈又红
党组书记:陈正成

综合行政执法局

局　长:蔡章辉
副局长:金建武
谢海根
陈志敏
蒋继尔
党组书记:蔡章辉
党组副书记:金建武

青瓷宝剑产业局

局　长:季向阳
副局长:邱张平(2019.7—)
钟马馨
党组书记:季向阳
青瓷宝剑产业保护和发展局
局　长:卢劲松(—2019.6)
党组书记:徐一桂(—2019.6)

丽水市生态环境局龙泉分局

局　长:李小龙
副局长:邱水强
项朝友
党组书记:李小龙

浙江龙泉经济开发区

主　任:连浩松
副主任:吕锦豹
赖利平(—2019.6)
吴炳炎
李　强
邱张平(—2019.6)
张　伟(2019.6—)
周　涛(2019.6—)

总工程师：徐志伟(2019.6—)
浙江龙泉—萧山山海协作产业园管委会专职副主任：郑　魁
党工委书记：连浩松
党工委副书记：吕锦豹
　　周英和(2019.6—)
保留副科级：张金炎

【龙泉市人民法院】
院　长：罗　沛
常务副院长：龚贤伟(—2019.9)
　　黄　明(2019.9—)
副院长：郑向东
　　王庆生
　　王　伟
政治部主任：姜伟忠
审判委员会专职委员：
　　季红英
　　邓雪蓉
执行局局长(高配副科)：
　　陈国树
党组书记：罗　沛
党组副书记：龚贤伟(—2019.8)
　　黄　明(2019.8—)

【龙泉市人民检察院】
检察长：周　翔
副检察长：吴孝龙
　　季土元
　　吴新宇
　　熊旭红
政治部主任：王　乐
检察委员会专职委员：
　　赵丽萍(2019.8—)
　　林　晶(2019.8—)
党组书记：周　翔
党组副书记：吴孝龙

【龙泉市消防救援大队】
政治教导员：朱立峰(—2019.3)
　　蒋韩宝(2019.3—)
大队长：吴　军
政治指导员：康凌峰
参谋兼助理工程师：
　　上官翔飞
　　韦　杰
副中队长：陈伟伟
排　长：刘　翔
　　陈懋坤

【群众团体】

总工会
主　席：曾高平
副主席：李利珺
党组书记：曾高平

共青团龙泉市委
书　记：胡观胜
副书记：李伯韬
　　吴冰寒

妇女联合会
主　席：周池梅
副主席：胡小红
　　李伟娟
党组书记：周池梅

科学技术协会
主　席：徐　伟
党组书记：金建满
副主席：季慧伟

文学艺术界联合会
副主席：徐笑霞
保留副科级：季金强

工商业联合会(总商会)
主　席(会长)：罗诗兰(—2019.06)
副主席(副会长)：金益民
　　伍　英
　　周火松
党组书记：金益民

残疾人联合会
党组书记：吴炳森
理事长：郑夏来
保留副科级：刘红星

红十字会
会　长：占雅静
常务副会长：柳盛华

【龙泉市直属事业单位】

市委党校
校　长：雷　超
常务副校长：郑高隆
副校长：胡昌富
　　杨素馨

档案馆
馆　长：魏晓霞
副馆长：毛明库
　　钱照武
　　徐菊霞
党组书记：魏晓霞

移民工作中心
主　任：周火培
党组书记：周火培
保留正科级：戴圣者(—2019.8)

供销社
理事会主任：范建伟
理事会副主任：季利民
　　王伟东
　　叶华科
党委书记：范建伟

行政服务中心
主　任：周品旺
副主任：李　春
　　华志平
党组书记：熊勇军
党组副书记：周品旺

丽水市住房公积金管理中心龙泉分中心
主　任：管忠新
副主任：陈云龙
保留副科级：金永元
　　杨惠珍

新闻传媒中心
主　任：洪汝锋
总编辑：项　敏
副主任：姜爱华
　　鄢　鸣

广播电视台
副台长：姚逸群
　　潘一小

总工程师：潘　宣

机关事务保障中心

副局长：叶继清

大数据发展中心

主　任：卢劲松（2019.6—）

经济合作交流中心

主　任：徐一桂（2019.7—）

副主任：张福回

　　　　瞿茂荣

党组书记：徐一桂（2019.8—）

凤阳山管理处

处　长：叶伟玲

副处长：丁予琪

　　　　季新良

　　　　余　英

总工程师：叶立新

党组书记：叶伟玲

党组副书记：丁予琪

土地房屋征收与储备中心

副主任：廖卫阳

　　　　曾光义

　　　　邱振昌

土地储备中心主任：吴伟健

浙江广播电视大学龙泉分校

校　长：季华欣

【龙泉市直属企业单位】

医药资产管理有限公司

董事长：张青元

副董事长：张启元

　　　　　袁灵丰

【龙泉市管非直属事业单位】

人民医院

院　长：邱伟文

副院长：徐　宇

　　　　周小庆

　　　　周永海

　　　　汤　慧

　　　　潘晓荣（2019.3—）

党委书记：雷樟根（—2019.3）

　　　　　邱伟文（2019.3—）

党委副书记：徐　宇（2019.3—）

中医院

院　长（高配副科）：张东伟

龙泉第一中学

校　长：孙方鸿

副校长：徐建军

　　　　潜银亮

党总支书记：孙方鸿

党总支副书记：章　晖

中等职业学校

校　长：曾国健

副校长：陈建敏

　　　　龚君艳

　　　　陈颖慧

　　　　季明华

党委书记：曾国健

纪委书记：徐海之

浙大中学

校　长：吴水华

副校长：兰盛华

　　　　周光辉

　　　　陈祝斌

　　　　范荣富

【垂直管理部门】

国家统计局龙泉调查队

队　长：王慧光（—2019.9）

　　　　桂　滨（2019.9—）

副队长：涂韶军

党组书记：王慧光（—2019.9）

　　　　　桂　滨（2019.9—）

丽水海关查检二科

科　长：季少华

国家税务总局龙泉市税务局

局　长：潘黎松

副局长：项旭明

　　　　季秉伟

　　　　夏永平

　　　　李饮源

　　　　徐先花

　　　　李志光

纪检组长：刘　森

气象局

局　长：刘伟儿

副局长：何建成

　　　　方江英

党组书记：刘伟儿

烟草专卖局

局长、经理：陈小龙

副经理：赵挺伟

副局长：周建平（—2019.9）

　　　　季必平（2019.10—）

协理员：连　波（2019.7—）

　　　　邹云华

副协理员：周建平（2019.10—）

　　　　　张庆丰

中国邮政集团公司浙江省龙泉市分公司

总经理：曾鹏翔

副总经理：张鑫乐

党委书记：曾鹏翔

纪委书记：张鑫乐

丽水银保监分局龙泉监管组

负责人：朱邦建

中国人民银行龙泉市支行

行　长：汤晓元

副行长：周尔华

　　　　汪朝晖

党组书记：汤晓元

工商银行龙泉支行

主持工作副行长：王爱军

副行长：陈玉飞

　　　　陈赤霄

　　　　危永波（—2019.3）

　　　　管明俊（2019.3—）

党总支副书记：王爱军

农业银行龙泉支行

行　长：林　峰

副行长：邱　剑

党委书记：林　峰

纪委书记：陆建云

中国银行龙泉支行

行　长：邓　琳

副行长：李　丹

　　　　方　乐（2019.7—）

党总支书记：邓　琳

中国建设银行股份有限公司龙泉支行

行　长：刘文庆

副行长：周　婵

　　　项晓峰

综合管理部总经理：叶志明

党总支书记：刘文庆

浙江龙泉农村商业银行股份有限公司

董事长：宋武龙（—2019.5）

行　长：陈义达（—2019.10）

监事长：梁海斌

副行长：刘紫波

　　　汤伟强

党委书记：宋武龙（—2019.5）

　　　　陈义达（2019.11—）

纪检书记：梁海斌

邮政储蓄银行龙泉支行

行　长：张军武

副行长：柳　翀

国网龙泉市供电公司

总经理：范　甬

副总经理：杨劭炜

　　　　胡　标

　　　　范素丽

党委书记：杨劭炜

党委副书记：范　甬

纪委书记：梅明星

中石化龙泉分公司

经　理：季爱俊（2018.12—）

中国电信股份有限公司龙泉分公司

总经理：卓敬东

副总经理：吴璟瑜

党委书记：卓敬东

中国移动通信集团浙江有限公司龙泉分公司

总经理：何　宏

副总经理：陈　林

联通公司龙泉分公司

总经理：郑贤波

副总经理：叶伟勇

龙泉传输分局（部、办）

局　长（主任）：钱林强

中国农业发展银行龙泉市信贷组

主　任：张丰强（—2019.9）

负责人：王晨烨（2019.9—）

银河证券

总经理：杨　烨

副总经理：刘日光（2019.09—）

中国人保财险龙泉支公司

总经理：吴根长

副总经理：陈　靓（2019.12—）

人寿保险龙泉支公司

总经理：俞　众

副总经理：谢　韫

经理助理：张捷铭（2019.05—）

中华联合财产保险公司龙泉支公司

总经理：叶　鹰

乡镇（街道）负责人名录（2019年）

【龙渊街道】

党工委书记：张启平

主　任：叶龙森

人大工委主任：龚景春

党工委副书记：叶龙森

　　　　　瞿璟峰

纪工委书记、监察办主任：周相珍

常务副主任：叶永华

党工委委员：刘伦明（人武部长）

　　　　　吴卫东（统战）

　　　　　龚建胜（宣传）

　　　　　项少艳（组织）

　　　　　张建林

　　　　　管箨筤（派出所所长）

人大工委副主任：项世和

副主任：项水泉

　　　梅卫东

　　　卓敬良

【西街街道】

党工委书记：叶庾杰

主　任：吴伟俊

人大工委主任：饶秋平

党工委副书记：吴伟俊

　　　　　汤如库

纪工委书记、监察办主任：项大华

常务副主任：李土长

党工委委员：沈世华（统战）

　　　　　叶慧珍（宣传）

　　　　　连福龙（组织）

　　　　　李海涛（派出所所长）

　　　　　周光有（人武部长）

　　　　　吴发扬

人大工委副主任：季方善

副主任：周仁祥

　　　徐志平

　　　张翔翔

【剑池街道】

党工委书记：翁积文

主　任：吴明娟

人大工委主任：张继友

党工委副书记：吴明娟

　　　　　郑国民

纪工委书记、监察办主任：

　　　吴长辉（—2019.6）

　　　徐　建（2019.6—）

常务副主任：叶兰华

党工委委员：杨　瑛（统战）

　　　　　项火培

　　　　　徐月霞（宣传）

　　　　　杨　华（人武部长）

　　　　　李和敏（派出所所长）

　　　　　叶　纬（组织）

人大工委副主任：潘立高

副主任：叶根武

　　　方廷树

　　　张　伟（—2019.6）

【础石街道】

党工委书记：余海清

主　任：翁远先

人大工委主任：游世德

党工委副书记：翁远先

　　　　　丁金伟

纪工委书记、监察办主任：周泽成
常务副主任：陈良平
党工委委员：张观秀（组织）
连巧平（统战）
杨建平（派出所所长）
丁巧莺（宣传）
张兆兴（人武部长）
人大工委副主任：吴德友
副主任：潘思源
王慧平
曾光新

【八都镇】

党委书记：刘福明
镇　长：杨华锋
人大主席：方　岳（2019.2—）
党委副书记：杨华锋
刘卫元
潘财军
纪委书记、监察办主任：黄华森
常务副镇长：吴孟秋
党委委员：叶正方（派出所所长）
刘继军（组织）
梅观龙（人武部长）
蔡浪宁（宣传）
人大副主席：严焕红
副镇长：徐春波
钟建平
吴秉文

【上垟镇】

党委书记：李建平（—2019.9）
镇　长：陈伟平
人大主席：刘晓伟
党委副书记：陈伟平
骆驰宇
纪委书记、监察办主任：金旭波
常务副镇长：吴臻华
党委委员：连倩晖（宣统）
张兆军（组织）
张光伟（人武部长）
蒋路琦（派出所所长）
人大副主席：季旭雄
副镇长：包立芬
钟水彬
张成勇

青瓷小镇管委会

主　任：李建平（—2019.9）
副主任：李文英（—2019.6）
陆庆军
邹国锋
党工委书记：
杨洪斌（—2019.2）
诸葛春杰（2019.2—）
党工委副书记（兼）：刘福明
何筱波
杨惠民
李建平（—2019.9）

【小梅镇】

党委书记：李良忠
镇　长：魏　平
人大主席：孙　峰
党委副书记：魏　平
钟建飞
纪委书记、监察办主任：季菁萍
党委委员：梅雪晖（派出所所长）
管俊莉（组织）
刘　渊（宣统）
张家伟（人武部长）
副镇长：张志军（—2019.9）
方益彬
叶芳华（2019.9—）
徐起金

【查田镇】

党委书记：徐宗南
镇　长：叶　龙
人大主席：林　波
党委副书记：叶　龙
龚华锋
纪委书记、监察办主任：叶晓敏
常务副镇长：方浩平
党委委员：李健强（宣传）
余伟卫（人武部长）
季时斌（组织）
人大副主席：沈上伟
副镇长：叶祖深
周建元
兰雪飞

【屏南镇】

党委书记：陈齐军
镇　长：陈伟平（—2019.6）
人大主席：何伟俊
党委副书记：曾　云
陈伟平（—2019.6）
赖　俊
纪委书记、监察办主任：兰　俊
常务副镇长：周慧文
党委委员：侯世昌（组织）
徐志效（人武部长）
副镇长：张伟俊
李光海
郑　渊

【安仁镇】

党委书记：季岩平
镇　长：周建伟
人大主席：林宗德
党委副书记：周建伟
林少平
张志伟
纪委书记、监察办主任：王文武
常务副镇长：叶新忠
党委委员：徐志伟（宣统）（—2019.6）
杨　勇（人武部长）
叶　莉（组织）
黄林俊（派出所所长）
人大副主席：叶火菊
副镇长：黄观宝
钟剑波
钟小伟

【锦溪镇】

党委书记：季　瑜

镇　长：甄　峻
人大主席：林　俊
党委副书记：甄　峻
　　翁正浩
纪委书记、监察办主任：
　　王劲松(—2019.6)
　　何小珍(2019.6—)
常务副镇长：彭兴龙
党委委员：刘远波(人武部长)
　　张敢长(派出所所长)
　　徐　颐(组织)
副镇长：张　意
　　张左娟
　　吕建勇

【住龙镇】
党委书记：李　宣
镇　长：张　震
人大主席：周夏荣
党委副书记：张　震
　　李朝东
纪委书记、监察办主任：季　健
常务副镇长：叶志鹏
党委委员：王　伟(组织)
　　胡伟君(人武部长)
人大副主席：季礼云
副镇长：王　浩
　　徐奇平
　　朱　艳

【兰巨乡】
党委书记：练　斌
乡　长：胡立羽
党委副书记：胡立羽
　　包炳炎
纪委书记、监察办主任：
　　张志军(2019.6—)
常务副乡长：付良斌
党委委员：刘　斌(组织)
　　潘燕飞(宣统)
　　许建新
　　(人武部长)(—2019.3)
人大副主席：许建新(2019.3—)
副乡长：汤旭日
　　毛卫英
　　张金根

【宝溪乡】
党委书记：何筱波
乡　长：管　乐
人大主席：叶苏婧
党委副书记：管　乐
　　侯兴怡
纪委书记、监察办主任：林　峰
常务副乡长：吴金美
党委委员：林　琪(组织)
　　张根荣(人武部长)
人大副主席：曾　强
副乡长：周卫平
　　宋志东
　　张平平

【龙南乡】
党委书记：戴积光
乡　长：汪　伟
人大主席：杨金福
党委副书记：汪　伟
　　朱福军
纪委书记、监察办主任：
　　叶芳华(—2019.6)
　　廖紫敬(2019.6—)
常务副乡长：项和平
党委委员：廖紫敬(组织)(—2019.6)
　　何章根(人武部长)
副乡长：刘国龙
　　方慧萍
　　徐　畅

【道太乡】
党委书记：胡丽香
乡　长：彭小军
人大主席：吴火荣
党委副书记：彭小军
　　刘　平
纪委书记、监察办主任：
　　何小珍(—2019.6)
　　周　展(2019.6—)
常务副乡长：毛传林
党委委员：叶卫平(组织)
　　刘俊伟(人武部长)
人大副主席：连建伟
副乡长：周　展(—2019.6)
　　何冬花
　　姜　浩

【岩樟乡】
党委书记：李小春
乡　长：李文秀
人大主席：周伟元
党委副书记：李文秀
　　叶　俊
纪委书记、监察办主任：
　　毛建军
常务副乡长：曾春亮
党委委员：殷声志(组织)
　　季毛俊(人武部长)
副乡长：熊　军
　　陈　婕
　　吴利花

【城北乡】
书　记：蔡章英
乡　长：杨慎荣
人大主席：李　平
党委副书记：杨慎荣
　　刘美菊
纪委书记、监察办主任：徐志勇
常务副乡长：李乐平
党委委员：徐　茜(组织)
　　沈笑峰(人武部长)

副乡长:刘　羽
金小伟
刘　翔

【竹垟畲族乡】

党委书记:杨惠民

乡　长:蓝幸杏

人大主席:许年冯

党委副书记:蓝幸杏
张海明

纪委书记、监察办主任:曹和松

常务副乡长:徐　建(—2019.6)

党委委员:吴　宣(人武部长)
朱　翔(组织)

副乡长:余盛伟
李旭军
杨晓芬

(市委组织部)

龙泉市青瓷特色人才一览表

(截至2019年12月31日)

表33

编号	姓名	荣誉称号	职称	企业名称	出生年月
中国工艺美术大师					
1	徐朝兴	中国工艺美术大师	高级工艺美术师	龙泉市朝兴青瓷苑	1943年3月
2	毛正聪	中国工艺美术大师	高级工艺美术师	龙泉市夏侯文龙泉窑研究所	1935年8月
3	夏侯文	中国工艺美术大师	高级工艺美术师	龙泉市正聪青瓷研究所	1940年10月
4	胡兆雄	中国工艺美术大师	高级工艺美术师	龙泉市天工青瓷厂	1965年10月
中国陶瓷艺术大师					
5	陈硋根	中国陶瓷艺术大师	高级工艺美术师	龙泉市古窑瓷厂	1949年9月
6	徐定昌	中国陶瓷艺术大师	高级工艺美术师	龙泉市振昌青瓷厂	1955年11月
7	卢伟孙	中国陶瓷艺术大师	高级工艺美术师	龙泉市子芦瓷坊	1962年10月
8	陈爱明	中国陶瓷艺术大师	高级工艺美术师	龙泉市大窑瓷文化研究中心	1962年12月
9	陈显林	中国陶瓷艺术大师	高级工艺美术师	龙泉市中艺瓷厂	1964年6月
10	董炳华	中国陶瓷艺术大师	高级工艺美术师	龙泉市神艺瓷厂	1952年8月
11	叶小春	中国陶瓷艺术大师	高级工艺美术师	龙泉市小春青瓷研究所	1964年2月
12	毛丹阳	中国陶瓷艺术大师	高级工艺美术师	龙泉市松林瓷庄	1966年5月
中国工美行业艺术大师					
13	张　晞	中国工美行业艺术大师	高级工艺美术师	龙泉市至德瓷坊	1972年10月
浙江省工艺美术大师					
14	徐　凌	浙江省工艺美术大师	高级工艺美术师	龙泉市朝兴青瓷苑	1973.10
15	陈先明	浙江省工艺美术大师	高级工艺美术师	龙泉市宝溪先明瓷厂	1954.05

续表33

编号	姓名	荣誉称号	职称	企业名称	出生年月
16	金逸林	浙江省工艺美术大师	高级工艺美术师	龙泉市金宏瓷业股份有限公司	1960.06
17	王传斌	浙江省工艺美术大师	高级工艺美术师	龙泉市元位青瓷工作室	1962.09
18	李邦强	浙江省工艺美术大师	高级工艺美术师	龙泉市古窑瓷厂	1964.02
19	杨建琴	浙江省工艺美术大师	高级工艺美术师	龙泉市中艺瓷厂	1966.10
20	徐峻清	浙江省工艺美术大师	高级工艺美术师	龙泉市天一青瓷工作室	1970.04
21	夏侯辉	浙江省工艺美术大师	高级工艺美术师	龙泉市夏侯文龙泉窑研究所	1972.09
22	梅红玲	浙江省工艺美术大师	高级工艺美术师	浙江天丰陶瓷有限公司	1972.12
23	毛伟杰	浙江省工艺美术大师	高级工艺美术师	龙泉市正聪青瓷研究所	1974.10
24	竺娜亚	浙江省工艺美术大师	高级工艺美术师	龙泉市朝兴青瓷苑	1973.09
25	李成汉	浙江省工艺美术大师	高级工艺美术师	龙泉市汉龙青瓷艺苑	1962.10
26	蒋同磊	浙江省工艺美术大师	高级工艺美术师	龙泉市孙坑窑瓷庄	1963.03
27	蒋小红	浙江省工艺美术大师	高级工艺美术师	龙泉市斐艺青瓷厂	1965.03
28	郑一萍	浙江省工艺美术大师	高级工艺美术师	龙泉市天工青瓷厂	1965.05
29	徐晓峰	浙江省工艺美术大师	高级工艺美术师	龙泉市金宏瓷业股份有限公司	1966.08
30	徐　殷	浙江省工艺美术大师	高级工艺美术师	龙泉市佳之韵浮雕瓷画有限公司	1969.01
31	徐建新	浙江省工艺美术大师	高级工艺美术师	龙泉市瓷中天青瓷坊	1969.05
32	王利军	浙江省工艺美术大师	高级工艺美术师	龙泉尚青瓷艺工作室	1971.04
33	潘建波	浙江省工艺美术大师	高级工艺美术师	龙泉市溢青轩青瓷坊	1974.01
34	周　华	浙江省工艺美术大师	高级工艺美术师	龙泉元昌青瓷厂	1975.02
35	季友泉	浙江省工艺美术大师	高级工艺美术师	龙泉市玉泉青瓷工坊	1976.02
36	黄长伟	浙江省工艺美术大师	高级工艺美术师	龙泉市佳伟青瓷工作室	1979.01
37	李巧强	浙江省工艺美术大师	高级工艺美术师	龙泉市巧强瓷苑	1970.04
38	丁绍杰	浙江省工艺美术大师	高级工艺美术师	龙泉市宋元青瓷厂	1956.09
39	廖秀珍	浙江省工艺美术大师	高级工艺美术师	龙泉市秀珍瓷艺工作室	1963.02
40	龚益华	浙江省工艺美术大师	高级工艺美术师	龙泉市龚三兴青瓷作坊	1963.05
41	金逸瑞	浙江省工艺美术大师	高级工艺美术师	龙泉市南宋哥窑瓷业有限公司	1970.01
42	吴致行	浙江省工艺美术大师	高级工艺美术师	龙泉市致行瓷业有限公司	1971.03

续表33

编号	姓名	荣誉称号	职称	企业名称	出生年月
43	叶小伟	浙江省工艺美术大师	高级工艺美术师	龙泉市叶小伟青瓷苑	1971.04
44	吴建春	浙江省工艺美术大师	高级工艺美术师	龙泉市建春青瓷厂	1976.03
45	陈永德	浙江省工艺美术大师	高级工艺美术师	龙泉市君德瓷厂	1977.10
46	徐象龙	浙江省工艺美术大师	高级工艺美术师	龙泉市振昌青瓷厂	1978.09
47	王　武	浙江省工艺美术大师	高级工艺美术师	龙泉市御品瓷坊	1982.11
48	陈　勇	浙江省工艺美术大师	高级工艺美术师	龙泉大窑瓷文化研究中心	1984.07
49	张英英	浙江省工艺美术大师	高级工艺美术师	龙泉市弘远瓷艺工作室	1985.02
50	苏　伟	浙江省工艺美术大师	高级工艺美术师	龙泉市天艺青瓷厂	1975.09
51	王军港	浙江省工艺美术大师	高级工艺美术师	龙泉市双渔瓷庄	1986.12
			浙江省陶瓷艺术大师		
52	杨孔星	浙江省陶瓷艺术大师	高级工艺美术师	龙泉市章窑青瓷研究所	1957.05
53	余正青	浙江省陶瓷艺术大师	高级工艺美术师	龙泉市振青瓷厂	1957.11
54	徐小康	浙江省陶瓷艺术大师	高级工艺美术师	龙泉市徐小康青瓷苑	1961.02
55	陈少青	浙江省陶瓷艺术大师	高级工艺美术师	龙泉市青子瓷艺工作室	1968.09
56	潘建武	浙江省陶瓷艺术大师	高级工艺美术师	龙泉市凝翠坊	1969.04
57	毛丹峰	浙江省陶瓷艺术大师	高级工艺美术师	龙泉松林瓷庄	1972.06
58	陈　华	浙江省陶瓷艺术大师	高级工艺美术师	龙泉市古窑瓷厂	1975.12
59	叶　伟	浙江省陶瓷艺术大师	高级工艺美术师	龙泉市叶伟青瓷工作室	1976.02
60	兰宁莉	浙江省陶瓷艺术大师	高级工艺美术师	浙江龙泉雪拉同瓷业有限公司	1977.04

注："荣誉称号"栏以最高荣誉统计，不重复累计统计。

龙泉市宝剑特色人才一览表

（截至2019年12月31日）

表34

编号	姓名	荣誉称号	职称	企业名称	出生年月
			中国工艺美术大师		
1	陈阿金	中国工艺美术大师	高级工艺美术师	龙泉市陈记阿金剑铺	1954年12月
2	沈新培	中国工艺美术大师	高级工艺美术师	龙泉市沈广隆剑铺	1948年12月
			中国工美行业艺术大师		
3	郭家兴	中国工美行业艺术大师	高级工艺美术师	龙泉神锋宝剑有限公司	1968年8月

续表34

编号	姓名	荣誉称号	职称	企业名称	出生年月
浙江省工艺美术大师					
4	季樟树	浙江省工艺美术大师	高级工艺美术师	龙泉市季字号宝剑厂	1952.7
5	季长强	浙江省工艺美术大师	高级工艺美术师	浙江成龙刀剑有限公司	1960.1
6	张叶胜	浙江省工艺美术大师	高级工艺美术师	龙泉市宝剑厂有限公司	1968.11
7	周康有	浙江省工艺美术大师	高级工艺美术师	龙泉市千字号剑铺	1964.1
8	郑国荣	浙江省工艺美术大师	高级工艺美术师	龙泉市古越剑铺	1964.4
9	郑爱新	浙江省工艺美术大师	高级工艺美术师	龙泉市秦溪剑庄	1970.11
10	汤汝平	浙江省工艺美术大师	高级工艺美术师	龙泉市古艺铸剑厂	1972.4
11	周正武	浙江省工艺美术大师	高级工艺美术师	龙泉市正武刀剑有限公司	1968.4
12	邹建明	浙江省工艺美术大师	高级工艺美术师	龙泉市元源剑坊	1968.11
13	郑伟平	浙江省工艺美术大师	高级工艺美术师	浙江郑氏刀剑有限公司(规模企业)	1969.11
14	叶端文	浙江省工艺美术大师	高级工艺美术师	龙泉市端文宝剑厂	1968.1
15	沈　州	浙江省工艺美术大师	高级工艺美术师	龙泉市沈广隆剑铺	1977.12

注:“荣誉称号”栏以最高荣誉统计,不重复累计统计。

附　　录

2019年度龙泉市主要经济指标基本情况表

表35

序号	类别	指标名称	力争年度目标(%)	计量单位	1—12月份				
					绝对额	增长(%)	增长名次	丽水增速	比丽水平均增速±%
1	GDP	GDP	8	亿元	142.55	8.1	6	8.3	-0.2
2		农林牧渔业增加值	3以上	亿元	15.36	2.9	5	2.9	0.0
3		服务业增加值	9以上	亿元	75.24	8.5	5	8.7	-0.2
4	固定资产投资	固定资产投资	15	亿元	56.4	13.5	1	11.5	2
5		交通投资	15	亿元	5.58	20.1	7	65.1	-45.0
6		生态环境和公共设施投资	15	亿元	14.85	44	3	12.6	31.4
7		高新技术产业投资	15	亿元	4.74	48.7	5	53.3	-4.6
8		民间投资(不含房地产)	15	亿元	20.86	20.4	3	12.5	7.9
9		工业投资	15以上	亿元	13.00	16.9	5	11.5	5.4
10		房地产开发投资	40以上	亿元	12.26	-3.8	5	6.5	-10.3
11	财政	一般公共预算收入	10	亿元	9.79	7.6	8	7.6	0.0
12	金融	人民币存款余额	9.5	亿元	211.03	14.2	6	18.8	-4.6
13		人民币贷款余额	10	亿元	171.37	11.1	9	16.2	-5.1
14		制造业贷款余额	30	亿元	21.46	11.2	4	7.4	3.8
15	工业	规模以上工业增加值	12	亿元	17.68	12.5	4	11.9	0.6
16		高新技术产业增加值	13	亿元	6.89	17.5	2	10.2	7.3
17		战略性新兴产业增加值	13	亿元	3.89	19.7	2	7.9	11.8
18		装备制造业增加值	13	亿元	5.78	12.6	4	11.1	1.5
19		新产品产值	20	亿元	26.49	23	4	14.8	8.2
20		规模以上工业研发费用	40	亿元	2.91	91.4	2	57.1	34.3
21	内贸	社会消费品零售总额	12	亿元	67.57	10.53	4	9.55	0.98
22	城乡居民收入	城镇常住居民人均可支配收入	9	元	48439	9.1	6	9.1	0.0
23		农村常住居民人均可支配收入	10以上	元	23459	10.4	2	10.1	0.3

注：标“*”表示牵头单位；排名前三的有7项(标红色)；排名第4—6位的有13项；排名后三的有3项(标绿色)。